阮芝生 著

史記 的读法

正史鼻祖 史学之正宗 散文大宗 无韵之离骚
一家之言 诸子之风范 百王大法 经学之血统

花山文艺出版社
河北·石家庄

图书在版编目（CIP）数据

史记的读法 / 阮芝生著. —石家庄：花山文艺出版社，2022.1
ISBN 978-7-5511-5807-7
Ⅰ.①史… Ⅱ.①阮… Ⅲ.①《史记》－研究 Ⅳ.①K204.2
中国版本图书馆CIP数据核字（2021）第238789号

书　　名：**史记的读法**
著　　者：阮芝生
策　　划：张采鑫　崔正山
责任编辑：张采鑫　李　鸥
特约编辑：李炳青　柯琳娟
责任校对：李　鸥
装帧设计：闫冠美
美术编辑：胡彤亮
出版发行：花山文艺出版社（邮政编码：050061）
　　　　　（河北省石家庄市友谊北大街330号）
销售热线：0311-88643221
传　　真：0311-88643234
印　　刷：北京天宇万达印刷有限公司
经　　销：新华书店
开　　本：880×1230　1/32
印　　张：21.5
字　　数：500千字
版　　次：2022年1月第1版
　　　　　2022年1月第1次印刷
书　　号：ISBN 978-7-5511-5807-7
定　　价：158.00元

（版权所有　翻印必究·印装有误　负责调换）

目 录

《史记》的特质 … 1
- 一、前言 … 1
- 二、论治的传统 … 2
- 三、好学深思，心知其意 … 6
- 四、百王大法 … 9
- 五、结论 … 12

司马迁的心 … 16
- 一、前言 … 16
- 二、司马谈之死 … 17
- 三、李陵与司马迁 … 21
- 四、《报任安书》里的苦衷 … 29

《报任安书》析论 … 43
- 一、前言 … 43
- 二、《报任安书》读本 … 44
- 三、"推贤进士"可以有求援之意 … 49
- 四、《报任安书》的写作年月 … 56
- 五、《报任安书》的作意与司马迁的隐衷 … 66
- 六、"太史公牛马走"的解读 … 76
- 七、司马迁之心 … 92

论司马迁所说的"究天人之际" — 100
- 一、探究的线索 — 100
- 二、治乱吉凶在人 — 102
- 三、人能弘道无如命何 — 110
- 四、究天人之际 — 118
- 五、思想渊源 — 128

试论司马迁所说的"通古今之变" — 137
- 一、历史思考的出发点 — 138
- 二、原始察终，见盛观衰 — 140
- 三、古今之大变 — 144
- 四、利与争 — 154
- 五、以礼义防于利 — 162
- 六、归本《春秋》 — 167
- 附说：《礼》《乐》二书疑仍出于太史公论 — 169

论《史记》五体及"太史公曰"的述与作 — 179
- 一、本纪 — 181
- 二、表 — 187
- 三、书 — 194
- 四、世家 — 198
- 五、列传 — 204
- 六、太史公曰 — 212
- 七、结语 — 216

论《史记》五体的体系关联 — 224
- 一、编次的先后（一） — 224

二、编次的先后（二） 232
　　三、五体的关联 240
　　四、合传、附传与类传 250
　　附：《史记》篇目 260

太史公怎样搜集和处理史料 272
　　一、基本前提 272
　　二、史料的搜集 275
　　三、史料的考订 289
　　四、史料的整理与运用 298
　　五、结语 309

千秋太史公 313

《史记·河渠书》析论 322
　　一、"书"体作法与作"书"目的 323
　　二、篇章结构 327
　　三、河渠与利害 329
　　四、"悲"《瓠子之诗》 332
　　五、余论 339

三司马与汉武帝封禅 344
　　问题点——"故"发愤且卒 344
　　一、封禅及其实行条件与目的 345
　　二、汉武帝封禅及其与始皇封禅之比较 350
　　三、《论六家要旨》的真正用意 361
　　四、司马相如的尸谏——《封禅书》 365
　　五、《封禅书》与《五帝本纪》中的黄帝 371

六、结语	376
论吴太伯与季札让国	**381**
一、前言	381
二、论吴太伯让国与开吴	382
三、论季札让国与"让以阶祸"	392
四、论季札的志节与"以让化争"	405
五、从《春秋》经义看季札让国	413
论《史记》中的孔子与《春秋》	**431**
一、前言	431
二、《史记》中的孔子	433
三、太史公所认知的《春秋》	442
四、"继《春秋》"与《公羊春秋》	454
五、"失其真"与《左氏春秋》	464
六、结语	473
论留侯	**492**
一、太史公怎样写《留侯世家》	493
二、与萧、韩、范增之比较	498
三、圯上纳履故事之分析	511
四、学术本源	523
五、余下的几个问题	533
《伯夷列传》析论	**548**
《伯夷列传》发微	**558**
一、篇章结构	558
二、怨报真情	561

三、传首微义　564
　　四、画龙点睛　568
　　五、诗文余响　570

滑稽与六艺　580
　　一、前言　580
　　二、篇章结构　581
　　三、"滑稽"四要件　582
　　四、讽谏与"谈言微中"　586
　　五、滑稽与六艺　590
　　六、评《褚续》所记滑稽六章　596
　　七、评苏辙《古史·滑稽列传》　607
　　八、结论　613

货殖与礼义　621
　　一、前言　621
　　二、解析篇章结构　622
　　三、货殖与情性　627
　　四、一之于礼义　634
　　五、传末篇终微旨　642
　　六、结语　653
　　附论一：评《货殖列传》引"《老子》曰"为赞同说　655
　　附论二：再论《礼》《乐》二书之真伪　659

《史记》的特质

一、前　言

　　《史记》不是中国最早的史书,却是最著名的一部史书。这部被誉为"史家之绝唱"①的史书,不但在中国,"二千年来学者,家弦户诵,形成国民常识之一部"②,而且随着东西文化的交流,逐渐流传到东西甚至世界,受到广大读者的赞赏。《史记》一书之所以受到如此长久而普遍的喜爱,主要是因为书中记载的故事极其动人,而司马迁(公元前145—前86年?)的文章又极其优美;二者相加,遂产生极大的魅力。然而,太史公倾其一生之力所成就的《史记》,其目的并非只要为后人留下可歌可泣的故事,以及提供令人击节称赏的文章。历史中充满了故事,动人的故事所在多有;江山代有才人,美妙的文章何代无之。这位"自请宫刑"③的史家的椎心泣血之作,实更有其庄严而深远的用意。

　　一般讲《史记》在中国古代学术史上的地位,总不外以下两点:第一,正史鼻祖。《史记》是"纪传体",乃中国第一部有组织、有方法、有宗旨的历史著作,以后历朝的"正史"写作基本上都沿袭它。第二,散文大宗。中国的文学分韵文与散文两大系统,《史记》的散文"雄深雅健"④,对唐宋以迄清末之文学产生极大之影响。史学名作通常也是文学名作，中外皆然，《史记》更是范例。故中国大学中的历史系与中文系，一般都同时开设《史记》的课程。然而，《史记》的价值不仅在于"正史鼻祖"与"散文大宗"，它的最大价值同时也是它的特殊性质乃在于它是——百王大法。

史书上记载的人事，多少都具有一些鉴戒作用，史家写史，多少也都会有些个人的批评意见。但那并不等于"百王大法"。这里所说的"百王大法"，不是指普通自然产生的鉴戒作用或批评意见；而是指司马迁在洞察古今两千年中人事的盛衰、存亡、成败、得失之后，秉持先秦学术的大传统，怀抱个人的深心宏识，在历史写作中有意无意地为现在以至未来的政治领导人（或有志于成为政治领导人者）提供一些最高的政治原理与准则（大经大法）。《史记》不仅是"一代良史"，实为"百王大法"，这话清朝的包世臣曾经说过[⑤]，但只是一句话，从未引起注意，以致现今讲《史记》者似乎皆未提及，大约不是不知便是不信了。这实是《史记》的不幸。以下谨就个人知见所及，针对此点试加论述，并就教于高明。

二、论治的传统

《史记》是"百王大法"不应只是一句空话。它的思想应有来历，并且在《史记》书中应有具体的呈现，无论其为显见或是含蓄委婉。首先考察中国古代学术中论治的传统。中国古代学术演变的大势为由王官学至百家言。王者"设官分职"，由世官、世业而形成世学，此学在官府，具有政治性，固不待言；即百家言，亦复如是。诸子百家虽众，最要者有六家，此由司马谈首先提出。他有《论六家要旨》一文，开头即引《易·大传》（即《系辞传》）"天下一致而百虑，同归而殊涂"之语，并说："夫阴阳、儒、墨、名、法、道德，此务为治者也。直所从言之异路，有省不省耳。"⑥司马谈于百家中选出六家，六家名目不同，是其异处；而异中有同者，此即六家皆从事于治道与治术的讲求，希望把国家社会治理得和平安稳。只不过各家所讲的理路不同，各有善有不善而已。⑦就其"从言异路"而言，是"殊涂""百虑"；但从其"务为治者"而言，则是"一致""同归"了。可见先秦主要六家学术的共同点，是要论治、求治。此非司马谈一人之私言，《淮南子》亦云："百家殊业，而皆务于治。"⑧见解正同，范围更广。

司马谈之后，《汉书·艺文志》举十家，并谓"其可观者九家而已"（去小说家）。此九家，"皆起于王道既微，诸侯力政，时君世主，好恶殊方。是以九家之术，蜂出并作。各引一端，崇其所善，以此驰说，取合诸侯"⑨。此言九家道术不同，"各引一端，崇其所善"，即"从言异路"；"以此驰说，取合诸侯"，亦即"皆务于治"。"九家"比"六家"多出纵横、杂、农三家。司马谈"但举六家者，纵横起于六国，杂家出于秦汉，农则无甚当于治道，故皆存而不论"⑩。简言之，其重要性都不能与司马谈所举的六家相提并论。六家之中，又以儒、道二家为主。司马谈论六家学术各有长短，唯独道家有长无短，且着墨独多，并取与儒家相较，最为推崇道家。太史公幼承庭训，自是深晓道家之学，《史记》中亦可看出受道家思想影响之处。但司马迁父子异学，太史公最推尊的是孔子，而非老子，因此将孔子独列世家，称"至圣"；而老子与申、韩同传，称"隐君子"而已。

儒家最重要的典籍是"六艺"，《诗》《书》《礼》《乐》《易》《春秋》。《史记》中有两段文字特别讲到六艺：

（1）孔子曰："六艺于治一也。《礼》以节人，《乐》以发和，《书》以道事。《诗》以达意，《易》以神化，《春秋》以义。"（《滑

稽列传》)

（2）（余闻董生曰）：夫《春秋》上明三王之道，下辨人事之纪，别嫌疑，明是非，定犹豫，善善，恶恶，贤贤，贱不肖，存亡国，继绝世，补弊起废，王道之大者也。《易》著天地阴阳、四时五行，故长于变；《礼》经纪人伦，故长于行；《书》记先王之事，故长于政；《诗》记山川、溪谷、禽兽、草木、牝牡、雌雄，故长于风；《乐》乐所以立，故长于和；《春秋》辨是非，故长于治人。是故，《礼》以节人，《乐》以发和，《书》以道事，《诗》以达意，《易》以道化，《春秋》以道义，拨乱世反之正，莫近于春秋。(《太史公自序》)

合此两段文字可知：其一，六艺的形式与功能有不同。礼是用来节制人的欲望与行为。（礼主分别，故讲亲疏等差，等级制度之根据亦在此。）乐是用来增进发扬人与人之间的和谐。（乐主和合，故独乐乐不如众乐乐。）书是用来传达历史上重要的人事经验以为后人的鉴戒。诗是用来表达人们心中的思想感情以及民意。易是用来说明推测宇宙以及人间事物的变化。春秋是用来辨别是非，建立人间的义理。此义理甚多，"其旨数千"，故王船山称《春秋》为"义海"[11]。其二，六艺于治一也。六艺的形式与功能虽有不同，但有大同处，即六艺都具备政治的功能，六艺的义理皆有关于治道，一致而不可分割。其三，六艺固然都与治道有关，但以《书》与《春秋》为甚。尤其是《春秋》，因为《春秋》"长于治人"，可以"拨乱反正"。

司马迁受父命而作《史记》，他自述："先人有言：'自周公卒五百岁而有孔子，孔子卒后至于今五百岁，有能绍明世、正《易传》、继《春秋》、本《诗》《书》《礼》《乐》之际？'意在斯乎！意在斯乎！

小子何敢让焉。"《易》《春秋》合《诗》《书》《礼》《乐》，正是六艺。可见他所当仁不让的，乃在欲据六艺的思想以从事著述，尤其明言要"继《春秋》"，即那部"长于治人"的《春秋》。由此观之，《史记》一书亦欲论治，岂非不言而喻。

  《春秋》是怎样的一部书？《春秋》是孔子六十九岁返鲁之后所作，也就是孔子不能行道于天下之后，为了让后世的人能够了解他的理想与抱负并继起奋斗而作的书。所以，《春秋》不只是单纯的史书，而是孔子政治思想寄托之所在。孔子之作《春秋》，主要是笔削《鲁春秋》而赋予微言大义。韩宣子适鲁，见《易象》与《鲁春秋》时曾说："吾乃今知周之所以王也。"⑫可见《鲁春秋》已是有义，可以看出一些周人王天下的道理。孔子修《春秋》更重"义"，"吾因其行事而加乎王心焉"⑬。行事不是重点，"王心"才是重点。所谓其事则齐桓、晋文，其文则史，"其义则丘窃取之矣"⑭。最重要的是"义"。《春秋》言"况"（比喻），孔子作《春秋》，主要是借春秋时代二百四十二年的史事来讲三世（据乱世→升平世→太平世）人群进化的治道与治法。简言之，孔子作《春秋》的目的是"立一王之法"。"一王之法"是本，"拨乱反正"是用，有本才有用。"立一王之法"是公羊家最简捷的讲法。孟子谓之"天子之事"，《史记》说是"当一王之法"⑮，都是一个意思。孔子以《春秋》当新王，故"春秋之道"虽是通三世人群进化之治道。而"春秋之法"则为继周新王之法以待后王继起师法之法。"立一王之法"者，实欲以为万王之法鉴也。⑯

  六家皆务为治，六艺于治为一，六艺中的《春秋》又"当一王之法"，可为万王之法鉴。那么，本此先秦学术旧统（论治的传统）并欲继此"一王之法"之《春秋》而作的《史记》，它之成为"百王大法"，从学术渊源来看应是不难理解的事。

《史记》的特质 | 5

三、好学深思，心知其意

《史记》若为"百王大法"，则司马迁论治的思想应在全书中随处可见，要在读者"好学深思，心知其意"[17]而已。《史记》首本纪，本纪是以宰制天下者为中心，按照时间的顺序，历记各朝的盛衰兴亡以及各种重要的人事活动，但司马迁写《史记》并不仅是在做客观的历史叙述，他在历史叙述中用各种方式加入了他个人的思想见解。例如，本纪首五帝，《五帝本纪》最特别的地方是"见其治未见其乱，见其盛未见其衰"[18]。历史的本质是变化，怎么可能只治不乱，只盛不衰呢？中国三代以下的历史不是如此，中国以外其他地区人类的历史也不是如此，而司马迁写五帝如此，唯一可能的解释是，治乱盛衰与统治者本身的好坏有密切的关系，而五帝个个都是好帝王。所以《五帝本纪》"全讲五帝德"[19]，篇中除了叙述天地山川、岁时日月、礼乐制度、设官分职等经世大典，主要讲五帝的性行德业。司马迁写五帝，皆圣德渊懿，仁民爱物，举贤惩凶，化育天下，协和万国，足为后世政教的典范。太史公开篇首重帝"德"，不论是否溢美，他写史是有深心的。《五帝本纪》后，《夏本纪》主述禹之明德，至末代夏桀"不务德"，而"汤修德"[20]，才代夏有天下。《殷本纪》写殷五盛五衰，也都与人君修德用贤与否有直接的关联。《周本纪》篇幅较长，前半部分详西周所由盛，在于效法先祖、世德相承；后半部分详东周所由衰，在于与周家旧德背反。此外，太史公在《周本纪》中不厌其烦地抄录了祭公谏穆王征犬戎，芮良夫论荣夷公专利，召穆公谏厉王弭谤以及甫刑之哀矜恻怛诸文，固然是盛陈周德，更有为后世法的用意。三代之后为秦，《秦本纪》与《秦始皇本纪》，写秦先祖以养马起家，而后逐渐壮大，由初盛、二盛以至十盛（称皇帝），然后盛极而衰。太史公既原始察终，见盛观衰，论考之行事，最后又"稽其兴坏成败之纪（理）"[21]，引贾谊《过秦论》断其败亡之故为"仁义不施，而攻守之势异也"[22]。秦之兴亡始末，足为万世炯戒，太史公心中实有此意。

《史记》欲继《春秋》，《春秋》从鲁隐公让国讲起。相传孔子不但作《春秋》，也删《尚书》，而《尚书》从尧舜禅让开始。太史公受此思想影响，所以他写《史记》，列传首伯夷，世家首吴太伯，也都因为是让国的缘故。《史记》崇让，不仅以上二例。本纪首五帝，《五帝本纪》之主要内容即是尧舜禅让，叙目中也特别提道："唐尧逊位，虞舜不台。"[23]可见也有贵让崇德之意。十表首三代，《三代世表》记载的第一件事为："帝启伐有扈，作《甘誓》。"帝启为何要伐有扈？因为"有扈氏不服"。有扈氏为何不服？因为帝启父死子继为家天下之始，与尧舜禅让不同。启伐有扈，大战于甘，其战前誓师之辞为"甘誓"。徐克范曰："《夏表》书帝启作《甘誓》，见世变也。征苗之誓惟曰：'一乃心力，其克有勋。'（大家要同心合力，才会打胜仗。）《甘誓》则曰：'不用命，孥戮汝。'（不听命令，我就杀你老婆孩子。）故君子谓读甘誓则知唐虞之风微，商周之运至矣。"[24]不服者，当服之以德，今乃以战服之；为争天下而战，不用命则"孥戮汝"，其德可知。要把这两条文字比较对看，才知道司马迁的微意。这条表文，显然以帝启为非；以帝启为非，则太史公崇尧舜德让之意可知。《史记》的十表很特别，跟其他史书中的表不同，因为不能只拿它当资料表来看。司马迁作表的目的，是要"表天下之大势与理乱兴亡之大略，而观一时之得失"[25]。十表首记"伐有扈，作《甘誓》"，正是好例证。十表之后又有八书，八书首礼。"让者，礼之实也。"[26]无让不成礼，故曰"礼让"。"安上治民，莫善于礼；移风易俗，莫善于乐。"[27]八书首礼次乐，绝非无义。司马迁作八书，绝不只是在讲典章制度史，其目的乃在于"观世变，通古今，究天人，有垂法后王之意"㉘。总合来看，《史记》五体之首都寓有贵让崇礼、礼让为国之意。不但如此，《史记》全书随处也可见到这种思想。㉙这也正是《史记》上继《春秋》、下启百代之所在。

《史记》一共只有七十篇列传，要以此有限篇数记述黄帝至汉初两千余年间的历史人物，其事甚难。这势必要有选择剪裁，有选择剪裁自然有去取之义。列传首伯夷，是殷末周初人；次管晏，是春秋时人；次老子、韩非，是春秋末战国时人。从黄帝到殷末周初约一千五百年，仅得《伯夷》一传，而此一传所写又实事少而议论多，且就实事部分言，读来也若在真假有无之间。从周初至管仲约五百年无传，其中有二百年属春秋时代，其时封建体制日趋崩溃，但也正是古典文明渐臻佳境之时，故名公巨卿辈出，贤士大夫史不绝书，一时不知出了多少人物，而司马迁都不写，独取管、晏。管、晏二人都是大政治家，不乏史料，可以写成两篇独立的专传；太史公却偏将这两个相隔一百多年的人物合传，并写成一小篇，而且略其政绩，群其交友，岂不可怪？

清初汤谐在《史记半解》中曾说："列传首《伯夷》，次《管晏》，世序故也。然伯夷、叔齐所全者，君臣父子兄弟之伦，而《管晏传》独于朋友之道三致意焉。维持人纪之义备矣，作史者其有忧患乎！"㉚伯夷让弟以遵父命是孝，兄弟相让而逃是悌，不臣二姓是忠，《管晏传》写管鲍之交，晏子赎越石父是朋友，汤氏所言正确。但《管晏传》末也写有一段御者与其妻的故事：

> 晏子为齐相，出。其御之妻从门间而窥其夫。其夫为相御，拥大盖，策驷马，意气扬扬，甚自得也。既而归，其妻请去。夫问其故，妻曰："晏子长不满六尺，身相齐国，名显诸侯。今者，

妾观其出，志念深矣，常有以自下者。今子长八尺，乃为人仆御，然子之意自以为足。妾是以求去也。"其后夫自抑损。晏子怪而问之。御以实对，晏子荐以为大夫。

此段文字乃太史公欲借御者妻之口写出晏子其人神貌，以及晏子如何嘉人用贤。但这段文字的实际内容，则为夫妻间的故事。家有贤妻，犹国有良相。御者幸有贤妻，故能夫以妻贵。听谏抑损，从善改过，此其夫妇之际亦足可传诵，立为楷模。所以，我认为，"太史公立《伯夷》《管晏》二传，实已写遍五伦。他的目的是要在写之中纲纪人伦，各留榜样，垂教后世。"[31] 汤氏虽于五伦中仅言其四，但末句讲得极好，"维持人纪之义备矣，作史者其有忧患乎"！五伦是古往今来人间五种基本的人际关系，司马迁乃各为举例。像兄弟让逃、管鲍之交这些例子，实是人伦的最佳典型，具有超脱时空、垂范永久的价值；把它们写进历史中，足可永远引起人类心灵的共鸣。中国文化特重人伦，这在经部、子部、集部的作品中常能反映出来，但史部著作能在写史之中隐含此意，并用以昭示后人者，司马迁的《史记》却为开山。[32] 这在中国固属罕见，就是在世界史学史上恐怕也难再找到例子。由此写法，可见中国文化及司马迁史学的特色；也可证明《史记》并非单纯的史部著作，与一般史书大不相同。

四、百王大法

以上系就《史记》的编次、去取、写法等个别举例，说明司马迁论治的思想。但《史记》既是通史，司马迁似应对人类数千年的生活经验有个总结,有一个通盘的见解。这就与他所说的"通古今之变"的思想有关。《史记》记载了两千多年的历史,司马迁自谓要在这两千多年历史中穷极古今,旷览时变,原始察终,见盛观衰,最后还要探寻其"成败兴坏之理",留给后人作为法戒。换句话说,太史公的"通古今之变",最后的目的是要"得古今之常"[33]。从《史记》看,古今之变莫大于周汉之际,其要有三:第一,封建改郡县;第二,礼乐之沦亡;第三,儒术之污坏。仔细分析这三大变,其始都与周衰有关。周衰之征兆,在于共和行政。共和行政,是由于厉王奔彘。厉王奔彘,是因为"弭谤"。"弭谤",是因为恶闻己过;而厉王之过则在"好利""专利"。由于"好利""专利",京师遂乱,乱自上始,天下遂趋于乱。司马迁自己说:"读《春秋历谱谍》,至周厉王,未尝不废书而叹也!"[34]公孙弘欲以利禄诱进仕途,司马迁又于《儒林列传》首说:"余读功令,至于广厉学官之路,未尝不废书而叹也。"又于《孟荀列传》首说:"余读孟子书,至梁惠王问'何以利吾国',未尝不废书而叹也。曰:'嗟乎!利诚乱之始也。夫子罕言利者,常防其原也,故曰:放于利而行,多怨。自天子至于庶人,好利之弊,何以异哉!'"三次废书而叹,都是为了"利"字,而且明白指出利为乱源与好利之弊。[35]

好利则争,争之至大对象就是国与天下,而所用以争的至大手段就是"诈"与"力"(战与杀)。这是天下大乱和生民涂炭的根本原因,考察周衰以后至武帝时代的历史,也足以证明。司马迁旷观古今,见到了为争利以致君臣相斫、父子相杀、兄弟相灭、夫妇反目、朋友成仇的例子不可胜数,乃说:"察其所以,皆失其本已。"[36] "本"是什么?就是"礼义",所以他在《平准书》的赞中说:"以礼义防于利。"这是司马迁论治的根本主张。好利则争,"争"之相反为"让","利"之相反为"义",所以司马迁崇让尚义。《史记》

书中记崇让尚义的事例颇多，其中最显明者为伯夷与吴太伯。太史公把他们列为列传与世家之首，都含有"以义绌利""以让化争""以礼义防于利"的思想在内。

崇让尚义，则必重礼。古代言礼必及乐，二者与治道皆有不可分的密切关系。《史记》八书以《礼》《乐》二篇为首，司马迁正有深意。八书是太史公的论治之言，前面说过，司马迁作八书的目的是要"观世变，通古今，究天人，有垂法后王之意"。"以礼义防于利"，正是司马迁"通古今之变"之后所得的结论（亦即"得古今之常"）。这个思想并非他个人的发明，乃有所本；本于孔子，尤其是孔子的《春秋》。孔子"罕言利"[37]，常防其原，主张"为国以礼"[38]，"见得思义"[39]，又说"安上治民，莫善于礼"[40]，"能以礼让为国乎，何有？"[41] 司马迁为孔子立世家。孔子弟子"崇仁厉义"[42]，司马迁为他们立《仲尼弟子列传》。孟子、荀子"明礼义之统纪，绝惠王利端"[43]，司马迁为他们立《孟子荀卿列传》，以明孔子之道之所传。但司马迁主张"以礼义防于利"，其最大的本源则在孔子的《春秋》，因为，"《春秋》者，礼义之大宗。"[44] 这是太史公作史大义之所本，也是《史记》之继《春秋》处。必须认识到这个思想的脉络，然后才能了解太史公何以在《自序》中不厌其详地记录了一段和壶遂谈论《春秋》的对话。这段文字，从孔子讲到《春秋》，从《春秋》讲到六艺，又从六艺讲回《春秋》，最后归结于"礼义"，又忽然冒出一笔，由"礼义"讲到"礼"与"法"的区别。"法施已然之后"，其为用易见；而"礼禁未然之前"，其所为禁者就难知了。这表示"礼"是用来预防的，乃防患于未然，制治于未乱，保邦于未危，弭乱于未形，其成效甚大却难为人知（此犹曹操所云"善战者无赫赫之功"），然而这才是从根本上解决问题。

周衰以后，礼坏乐崩，遂有孔子出来，整理六艺，作《春秋》，想要拨乱反正。孔子道不行，下边从战国到秦汉的人君，都是轻礼重法以争利。武帝之时，汉兴已百年，照司马迁的意思，这本是贤君的一个大好机会——应当上接夏商周三代绝业（不接暴秦），重新制作一代之大法，制礼作乐。然而，武帝表面上虽然也兴礼重儒，其实只是专饰钟鼓玉帛以欺世，武帝时代的严刑嗜利反而超过高、惠、文、景之世，而古代的礼乐遂从此不可复见。司马迁痛惜武帝错失了这个千载难逢的良机，以多欲侈心败坏了文景以来长期休养生息的富裕，又恐怕重蹈暴秦的覆辙，所以他才不让周孔五百之期，本《诗》《书》《礼》《乐》之际，正《易传》，继《春秋》，就数千年的历史中去申明治道，从"通古今之变"中来达制治之原，最后仍寄望于后人，说："述往事，思来者"，"俟后世圣人君子。"[45]这是司马迁也是孔子对后世的寄望和对人类的热爱。所以，《史记》不只是一部好的历史书，它还是"百王大法"。

五、结　论

《史记》基本上只是一部书，一部史书，但不是任何一部书或史书都有必要去讨论它的特殊性质。可是，《史记》这部史书特别，它有特殊性质。因为，它上承中国古代学术中论治的传统，以及《春秋》"立一王之法"的思想和精神。它的特质就在于它是"百王大法"，不明白这点，就不算对《史记》有深知。司马迁不是一般的历史家，他有一副热心肠；他对现世绝望却又对与己死后无关的后世怀抱急切的热望；他有许多从千百年历史经验中归纳、提炼出来的肺腑之言要告诉世人，希望中国、人类将来能走上一条康庄大道。不明白这点，就不算对司马迁有深知。

以四部的观点来看，《史记》是"正史鼻祖"，应属史部；《史记》

是"散文大宗",可列集部;《史记》"成一家之言"(诸子百家皆各成一家之言),又带有子书的性质(此子书不过是以史书的形式出现罢了);现在讲《史记》是"百王大法",它竟有经部的血统。最早著录《史记》的,是《汉书·艺文志》。《汉书·艺文志》把"《太史公》百三十篇"(《史记》原名《太史公》)列在"六艺略、春秋家"下,可见汉人原把它归入经(六艺)部,视它为《春秋》的嫡子。以一部书而同时横跨经史子集四部,这在中国是绝无仅有的,真是一部伟大的作品。宋朝的郑樵(1104—1162年)曾推崇《史记》是六经以后最伟大的作品:"六经之后,唯有此作。"[46]确有见地。今天我们重新审视这部伟大的作品,无论是单独就《史记》做研究,或拿它来和其他时空中产生的史学作品做比较时[47],都不应忽视这部书的特质——百王大法。

★此文为韩国中国学会主办之第八次国际中国学大会会议论文[汉城(今首尔),1988年],并载于《中国学报》1989年6月第29期。

◎ 注释

① 鲁迅说《史记》是"史家之绝唱,无韵之离骚"。见鲁迅《汉文学史纲要》。
② 梁启超语,转引自史次耘《司马迁与史记》,台北:广文书局1964年版,第2页。
③ 司马迁被判的是"诬罔"死刑(方士栾大以"诬罔"罪腰斩),他自请宫刑以赎死。详见阮芝生《司马迁的心》,《台湾大学文史哲学报》1974年第23期,第197—220页。
④ 辛弃疾:《沁园春·灵山齐庵赋》。
⑤ 包世臣:《艺舟双楫·读〈史记·六国年表叙〉》(安吴四种)。

⑥ "有省不省耳"之"省"字，宜作"善"解。《诗·皇矣》："帝省其山"，《礼记·大传》："大夫士有大事省于其君"，笺注皆训"省"为"善"。"有省有不省"，即有的地方讲得好，有的地方讲得不好，亦即各有长短。

⑦ 以上引文俱见《史记·太史公自序》。

⑧ 《淮南子·泛论篇》。

⑨ 《汉书·艺文志·诸子略》。

⑩ 吴忠匡编注：《〈史记·太史公自序〉注说会纂》，哈尔滨：黑龙江人民出版社1985年版，第20页。

⑪ 王夫之：《春秋家说》卷二。

⑫ 《左传·昭公二年传》。

⑬ 董仲舒：《春秋繁露》俞序引孔子语。

⑭ 《孟子·离娄下》。

⑮ 《史记·太史公自序》引壶遂语。

⑯ 参阮芝生：《从公羊学论春秋的性质》，见《台大文史丛刊》1969年第23期，第61—64页。

⑰ 《史记·五帝本纪·赞》。

⑱⑲ 牛运震评语，见《史记评注》（空山堂藏版）卷一。

⑳ 《史记·夏本纪》。

㉑ 见司马迁《报任安书》，《汉书》中"纪"作"理"。

㉒ 贾谊：《过秦论》，见《史记·秦始皇本纪·赞》。

㉓ 《史记·太史公自序·五帝本纪条叙目》。

㉔ 徐克范：《读〈三代世表〉补》，见《廿五史补编》，开明书店1936年版，第一册。

㉕ 阮芝生：《论〈史记〉五体及'太史公曰'的述与作》，见《台湾大学历史系学报》1979年第6期，第25页。

㉖ 《左传·襄公十三年》"君子曰：让，礼之实也。"此言让为礼之实，亦前人成语，取其无让不成礼义，然亦难考其始。

㉗ 《史记·礼书》。

㉘　阮芝生：《论〈史记〉五体及'太史公曰'的述与作》，《台湾大学历史系学报》1979年第6期，第28页。

㉙　参阮芝生：《试论司马迁所说的'通古今之变'》第五节，见《沈刚伯先生八秩荣庆论文集》，台北：联经出版公司1976年版。

㉚　汤谐：《史记半解》第二册《管晏列传》（康熙乙未慎余堂藏版）。此书在京都大学人文科学研究所得见。

㉛㉜　参阮芝生：《〈伯夷列传〉发微》，《台湾大学文史哲学报》1985年第34期，第47—49页。

㉝　徐复观：《论〈史记〉》。

㉞　《史记·十二诸侯年表·序》。

㉟　参阮芝生：《试论司马迁所说的'通古今之变'》第四节，见《沈刚伯先生八秩荣庆论文集》，台北：联经出版公司1976年版。

㊱　《太史公自序》。

㊲　《论语·子罕篇》。

㊳　《论语·先进篇》。

㊴　此子张语，但亦可视为孔子的思想。

㊵　《史记·礼书》。

㊶　《论语·里仁篇》。

㊷　《太史公自序·仲尼弟子列传叙目》。

㊸　《太史公自序·孟子荀卿列传叙目》。

㊹㊺　《太史公自序》。

㊻　郑樵：《通志·总序》。

㊼　欧西古代史著可取与《史记》做比较者，至少有：1. 希罗多德之《历史》；2. 塔西佗之《编年史》；3. 苏埃托尼乌斯之《罗马十二帝王》；4. 苏埃托尼乌斯之《名士传》；5. 普鲁塔克之《希腊罗马名人传》。稻叶一郎《〈史记〉成立に關する一考察》一文（《第二届中西史学史研讨会论文集》，台南：久洋书局1987年版，第273—306页）曾言及此，但未深入比较。

司马迁的心

一、前　言

欲读其书，先究其人；既读其书，须知其人。读书贵知人，而知人在贵知心；不知其心，则不能真知其人，也就无从真知其人的终身事业。司马迁乃非常之人，《史记》是他的终身事业，以一非常之人而终其身从事于一种事业，则其间必有一番苦心孤诣，不易为一般人所了解。这苦心必有其深处，这孤诣也必有其高处。欲量其高，先测其深。我们要想深刻了解司马迁的著述和学问，就不能不尝试一探司马迁之心。

或谓：知人不易，知心尤难，居今之世而欲测古人之心，更是难上加难。此说固然有理，但也不可一概而论，应该就个别例子探讨，否则只是从理论上观看问题，而非从实际上认识问题。就司马迁而论，其心并非全不可测。《诗》云："他人有心，予忖度之。"[1] 如何忖度呢？有两个要点：第一，言为心声，行为心迹，言行并考，听其言而观其行，庶几乎不失其真。第二，人物皆有遭逢际遇，必须从人物的遭逢变故、颠沛流离处去看他的苦思深虑和进退取舍，才能不失其心。若能把握这两大要点来考察现存有关司马迁的资料，我们虽不敢说能够窥见全貌，但相信也可思过半矣。

二、司马谈之死

本文不是要为司马迁立传,而是要探究与司马迁的肉体生命、精神生命最有关系的人物和事件;通过人经事纬的探讨,来窥测司马迁的人格和心灵。以司马迁的出生和经历,他识人自多,但对他一生具有巨大影响的人物,则不过二三人。第一位影响司马迁最大的人是他的父亲司马谈,而司马谈影响司马迁最深的事则是司马谈之死。

首先,我们要问:司马谈是怎么死的?

司马迁对这件事的记述十分简短,他说:"是岁,天子始建汉家之封,而太史公留滞周南,不得与从事,故发愤且卒。"② "是岁"是指元封元年(公元前110年),也就是汉武帝初行封禅的那一年。司马谈当然是病死的,但他是"留滞周南"以后才生病,并不是先生病而后"留滞周南"。在"不得与从事"与"发愤且卒"的上下文间,有一个"故"字;换言之,是不得参加封禅才"发愤且卒",而不是先有病而不得参加封禅才死去的。因此在"不得与从事"上只说"留滞周南",并未说"病滞"。可见司马谈的病死,另有隐情。

封禅是武帝时代的大事,也是汉朝开国以来期待已久的大典。司马谈对此一代大典的准备工作,曾有贡献。元鼎四年(公元前113年),司马谈曾与祠官宽舒及有司议立嗣后土的典礼;元鼎五年(公元前112年),司马谈又与祠官宽舒等议立太(泰)畤坛的典礼。③ 这两件事都仅在封禅之前两三年实行,乃是正式封禅的序幕。因此,当元封元年实行封禅的时候,以司马谈前此议立之功而言,应该随从前往,始终其事。以太史令的职务而言,司马谈也应该随从前往,以便"奏良日及时节禁忌"。以封禅为有汉一代大典而言,司马谈既然躬逢其时,也必定想随从前往,所以等到"不得从行"的时候,才自叹："是命也夫！命也夫！"④可见无论从哪方面看，司马谈都是要去和想去的，而终于不能去，这是什么缘故？这和他的观念与现实的冲突有关。

封禅是旷代大典，它有它的实行条件。《封禅书》的开头说："自古受命帝王，曷尝不封禅？盖有无其应而用事者矣，未有睹符瑞见而不臻乎泰山者也。虽受命而功不至，至梁父矣而德不洽，洽矣而日有不暇给，是以即事用希。"可见帝王须受命、功至、德洽、暇给才得封禅，四者缺一不可。衡诸汉代，高祖受命、成功而德未洽，文帝德洽而有不暇给，到武帝元封时，汉家开国已近百年，受命、功至、德洽而且有暇给了，正好符合封禅的实行条件。那么，封禅的实行意义又是什么呢？综合对各项材料的理解看来，封禅的意义有三：一者告代，易姓而王者必先受命，受命而王者必须报命告代。二者报功，帝王荷天命，理群生，到了德洽、暇给的地步，必须告太平于天。⑤三者追本，太平功业之成，固由人力，亦本天功，所以除了报天地之功，还要报群神之功。因此，帝王要"追本诸神名山大川"，要"万灵罔不禋祀"⑥。而告代、报功、追本三者归根结底，其意义不过是"登封告成，为民报德"⑦。所以，光武帝建元三十二年欲行封禅时，梁松上疏，"以为登封之礼，告功皇天，垂后无穷，以为万民"⑧。若从这个观点考察，则武帝的封禅，虽然合乎封禅的实行条件，却不合乎封禅的实行意义。

武帝把封禅当作求仙人不死之术，他心中羡想的对象是黄帝。方士说黄帝由封禅而"仙登天"，于是武帝就叹息道："嗟乎！吾诚得如黄帝，吾视去妻子如脱屣耳！"⑨为达此目的，武帝一方面先后宠信李少君、少翁、栾大、公孙卿等方士，一方面借用儒生议封禅仪礼。但是，封禅用希，"其仪阙然湮灭，其详不可得而记闻"⑩。群儒只有"采封禅《尚书》《周官》《王制》之望祀射牛事"⑪。武帝乃命诸儒习射牛。诸儒草封禅仪数年不成，武帝又问诸儒封禅事，诸儒对者有五十余人，不能有所定，武帝最后采用兒宽的建议，"乃自制仪，采儒术以文焉"⑫。武帝又把根据方士所说而作的封禅祀器拿给群儒看，群儒或说不与古同，徐偃又说太常诸生行礼不如鲁善，周霸属图封禅事。于是，武帝绌徐偃、周霸，而"尽罢诸儒不用"⑬。最后，武帝是按照自己的意思封禅巡狩去了。由此可见，群儒和方士的意见是不一致的，而最后武帝所采行的都是方士的意见，无论是封禅的目的、仪式和祠器，都是按照方士的规划进行；可以说武帝和方士是站在一边的。

在此情况下，司马谈的态度和立场是什么呢？我们并无直接的材料可以作依据，但可以间接推测出来。司马谈仕于建元元封之间，他的思想见于《论六家要旨》。《论六家要旨》是以论治的观点来论学的，其中最为尊崇的是道家，批驳最烈的是儒家。他说道家"使人精神专一""无为而无不为"，大道主要在"去健羡，绌聪明"；又说儒家"博而寡要，劳而少功"，"形神骚动，欲与天地长久，非所闻也"；最后说"不先定其神，而曰我有以治天下，何由哉？"⑭这根本就是针对武帝改黄老行儒术而发的。不能确定《论六家要旨》是否作于行封禅之时，但可以相信武帝行封禅之时司马谈仍保有这种思想。依此思想以观武帝，则武帝推行儒术的动机与做法，分明是多"健羡""形神骚动"而精神不专一，其封禅正是他"内多欲而外饰以仁义"⑮的一种表现。司马谈既掌天官，又以不能参加封禅为恨，当不是反对告代、报功、追本以为万民的封禅。但对武帝以致怪物与神通来比德于九皇，名为敬鬼神之祀、实则求登天之阶的这种封禅，必不会赞同。群儒的被绌，只是由于他们在封禅的仪式与祠器上和武帝的意见不一样，并未闻他们之中有人在封禅的意义上向武帝进言。⑯司马谈在仪式与祠器上的意见，是否和群儒相同，不得而知；但从司马谈的思想来看，他必定反对这种变质了的神仙化、世俗化的封禅。⑰也许就是因为他曾把自己的思想作了某种程度的表露，遂使他和群儒一样，同以不合需要、阻碍事情而被绌不用，只落得"留滞周南""发愤且卒"了。

其次，我们要问：司马谈的死，对于司马迁有什么决定性的影响？

当司马谈"发愤且卒"的时候，司马迁正好以郎中的身份奉使西南报命归来，他在河洛之间的洛阳见到了垂危的父亲。这时，司马谈执着司马迁的手泣道：

> 余先，周室之太史也。自上世尝显功名于虞夏，典天官事。后世中衰，绝于予乎？汝复为太史，则续吾祖矣。今天子接千岁之统，封泰山，而余不得从行，是命也夫！命也夫！余死，汝必为太史。为太史，无忘吾所欲论著矣。且夫孝始于事亲，中于事君，终于立身、扬名于后世以显父母，此孝之大者。夫天下称诵周公，言其能论歌文武之德，宣周邵之风，达太王王季之思虑，爰及公刘，以尊后稷也。幽厉之后，王道缺、礼乐衰，孔子修旧起废，论《诗》《书》，作《春秋》，则学者至今则之。自获麟以来，四百有余岁。今汉兴，海内一统，明主贤君、忠臣、死义之士，余为太史而弗论载，废天下之史文，余甚惧焉，汝其念哉！⑱

分析司马谈的临终之言，具有三层意思。第一，希望自己死后，司马迁能复为太史，赓续祖业，以免使太史世家、天官世业，就此中断。第二，为太史后不要忘记自己生前所欲论著的事业，这是司马谈自觉对历史文化所负的责任，现在自己既不能完成，只有付记儿子，所以说"余甚惧焉"，并引《孝经》"扬名于后世，以显父母，此孝之大者"的话来勉励他。第三,当此五百大期,此一论著应该继承并效法孔子的《春秋》,所以说"则学者至今则之""自获麟以来,四百有余岁,而诸侯相间,史记放绝",又说:"先人有言,自周公卒五百岁而有孔子,孔子卒后至于今五百岁,有能绍明世、正《易传》、继《春秋》、本《诗》《书》《礼》《乐》之际,意在斯乎!意在斯乎!"[19]可见司马谈是以孔子与《春秋》自期并期司马迁的。这就是司马谈的遗命。

对于父亲的愤死,司马迁当是悲愤难言;对于父亲的遗命,司马迁则是铭刻在心。试想,司马迁奉使归来,父亲临危授命、殷殷嘱咐,这该是何等感人的场面!当夫执妇手,说"执子之手,与子偕老"的时候,是情意绵绵、无限憧憬;可是当父执子手,交代后事的时候,则是生离死别、哀痛欲绝了。司马迁在这个当口受命,其内心自然受到深巨的震动,所以他俯首流涕地一则说:"小子不敏,请悉论先人所次旧闻,弗敢阙。"[20]再则说:"小子何敢让焉。"[21]司马谈是死了,但他却在司马迁的心中播下了一粒种子,这种子后来日益成长茁壮,成为司马迁生命的核心与生命力的动源。这股力量日后推动着他,使他不计一切、坚忍不拔地直向那目标奔去。

三、李陵与司马迁

第二位和司马迁最有关系的人物是李陵,但从司马谈死到李陵案发生,中间还经过了十一年(元封元年至天汉二年,公元前110—前99年),在这十一年间,司马迁参加了封禅大典,那是在与司马谈诀别后,因赴泰山武帝行在报命而参加的。元封三年四月,武帝至瓠子临决河,命从臣将军以下皆负薪塞河堤,司马迁也"从负薪

司马迁的心 | 21

塞宣房"[22]。元封三年，司马迁果如司马谈所料，继任为太史令，并遵照遗命"绌史记石室金匮之书"[23]准备著史，这年司马迁是三十八岁。以后几年，司马迁以太史令的身份，应当都随从武帝巡行天下，礼祠名山大川，借机纵览山川形势、考察风俗物产、探访故老遗迹、采集民间传说，以为作史的凭借。太初元年（公元前104年），司马迁与壶遂、公孙卿、唐都等数十人定律历，从此汉朝改行"太初历"，以正月为岁首，奠定了此后中国两千年夏历的基础。从太初元年起又经五年，才有李陵事件；此事几乎断送了司马迁的生命和事业，必须从头说起。

关于李陵案的前后原委，《史记》的记载颇为简略，必须参照《汉书》的记载才能明白。太初四年（公元前101年），李广利斩大宛王首、获汗血马归来，威震四夷，武帝想借此余威再定匈奴，遂下诏引《春秋》之义欲挞伐匈奴[24]。这时，匈奴且鞮侯单于初立，畏惧汉军来袭，假装与汉和好，送回被扣留的汉使，并卑辞遣使来献。武帝信以为真，遂于天汉元年派遣中郎将苏武等人持节送回被扣留在汉的匈奴使者，并厚赂单于，答其善意。苏武等人到了匈奴之后，单于骄慢，非如汉之所想。而苏武又牵涉匈奴内部的一次变乱，自杀未成，反被救活并送到北海（今贝加尔湖）去牧羊。消息传来，武帝遂于天汉二年命贰师将军李广利将三万骑出酒泉，击匈奴右贤王于天山，并召骑都尉李陵前来替贰师将军负责辎重。

李陵是李广之孙、李当户的遗腹子，曾经将八百骑深入匈奴两千里，过居延，视地形，无所见虏而返。这时他在酒泉张掖教射丹阳楚人五千人以屯卫胡，正图有所表现，自然不愿为贰师牛后、管理辎重。于是李陵就在武帝召见的时候，叩请率领荆楚勇士奇才剑客自当一队，前往兰干山南以分散单于的兵力，减轻贰师的压力。武帝说发兵已多，再也分不出骑兵给李陵，李陵答说不用骑兵，愿以寡敌众，以步兵五千人直捣单于庭。武帝壮而许之，并且诏强弩都尉路博德率兵在半路上接应李陵。但路博德从前是伏波将军，曾经伐破越南，也羞于做李陵的牛后，就上书奏言：现在是匈奴秋高马肥的时候，不如等到来春和李陵各率酒泉张掖骑五千人，到东西浚稽山去夹击匈奴，这样一定可以大有斩获。武帝读此奏书大怒，怀疑李陵后悔不欲出兵，请托路博德如此上书，于是下令路博德即刻出兵西河，又命李陵于九月出遮虏障到东浚稽山南龙勒水上观测敌情，如无所见，即回受降城（今内蒙古乌拉特中旗石兰计狼山山口西北）休养士卒，并立即以驿骑报告；前此和路博德作何言语，也要具以书对。李陵于是率步卒五千人出居延，北行三十日，抵达浚稽山下安营，沿途画下所经过的山川地形，派麾下骑陈步乐返报武帝。武帝听陈步乐说李陵能得士死力，很是高兴，就拜步乐为郎。可是陈步乐走后不久，李陵即和单于遭遇，并发生惨烈的战斗，《汉书·李陵传》对此战斗的始末，有非常动人的记载：

> 陵至浚稽山，与单于相直，骑可三万围陵军。军居两山间，以大车为营。陵引士出营外为陈，前行持戟盾，后行持弓弩，令曰："闻鼓声而纵，闻金声而止。"虏见汉军少，直前就营。陵搏战攻之，千弩俱发，应弦而倒。虏还走上山，汉军追击，杀数千人。单于大惊，召左右地兵八万余骑攻陵。陵且战且引，南行数日，抵山谷中。连战，士卒中矢伤，三创者载辇，两创者将车，一创者持兵战。陵曰："吾士气少衰而鼓不起者，何也？军中岂有女子乎？"始军出时，关东群盗妻子徙边者随军为卒妻妇，大匿车中。陵搜得，皆剑斩之。明日复战，斩首三千余级。引兵东南，循故龙城道行四五日，抵大泽葭苇中，虏从上风纵

火，陵亦令军中纵火以自救。南行至山下，单于在南山上，使其子将骑击陵。陵军步斗树木间，复杀数千人，因发连弩射单于，单于下走。是日捕得虏，言："单于曰：'此汉精兵，击之不能下，日夜引吾南近塞，得毋有伏兵乎？'诸当户君长皆言：'单于自将数万骑击汉数千人不能灭，后无以复使边臣，令汉益轻匈奴。'复力战山谷间，尚四五十里得平地，不能破，乃还。"是时，陵军益急，匈奴骑多，战一日数十合，复伤杀虏二千余人。

虏不利，欲去，会陵军候管敢为校尉所辱，亡降匈奴，具言："陵军无后救，射矢且尽，独将军麾下及成安侯校各八百人为前行，以黄与白为帜，当使精骑射之即破矣。"成安侯者，颍川人，父韩千秋，故济南相，奋击南越战死，武帝封子延年为侯，以校尉随陵。单于得敢大喜，使骑并攻汉军，疾呼曰："李陵、韩延年趣降！"遂遮道急攻陵。陵居谷中，虏在山上，四面射，矢如雨下。汉军南行，未至鞮汗山，一日五十万矢皆尽，即弃车去。士尚三千余人，徒斩车辐而持之，军吏持尺刀，抵山入峡谷。单于遮其后，乘隅下垒石，士卒多死，不得行。昏后，陵便衣独步出营，止左右："毋随我，丈夫一取单于耳！"良久，陵还，大息曰："兵败，死矣！"军吏或曰："将军威震匈奴，天命不遂，后求道径还归，如浞野侯为虏所得，后亡还，天子客遇之，况于将军乎！"陵曰："公止！吾不死，非壮士也。"于是尽斩旌旗，及珍宝埋地中，陵叹曰："复得数十矢，足以脱矣。今无兵复战，天明坐受缚矣！各鸟兽散，犹有得脱归报天子者。"令军士人持二升糒，一半冰，期至遮虏鄣者相待。夜半时，击鼓起士，鼓不鸣。陵与韩延年俱上马，壮士从者十余人。虏骑数千追之，韩延年战死。陵曰："无面目报陛下！"遂降。

李陵败降处,去边塞仅百余里,军士有四百余人逃归,边塞即刻报闻。武帝原欲李陵死战,李陵未败前,曾招李陵的母亲和妻子来,让相士给她们相面,并无死丧的气色。后来边塞报知李陵败阵,武帝大怒,责问陈步乐,陈步乐畏罪自杀。武帝又问群臣,群臣忧惧,不知所出,都怪罪李陵,没有一人为他说好话。这时,武帝"食不甘味,听朝不怡"[25],遂又问太史令司马迁的意见。

司马迁冷眼旁观事件的发展,心中倒是有些看法。首先,他见李陵未败没时,有使者来报军情,"汉公卿王侯,皆奉觞上寿",一片奉承阿谀;等过了几日,李陵败降的消息传到,武帝震怒,"群臣皆罪陵",大家又都落井下石。司马迁对此,心中非常不满。他说:"夫人臣出万死不顾一生之计,赴公家之难,斯已奇矣。今举事壹不当,而圣躬保妻子之臣,随而媒孽其短,仆诚私心痛之!"[26]他把李陵看作赴公家之难的"人臣",而把公卿王侯群臣等看作"全躯保妻子之臣",难怪他要对这种世态人情表示"私心痛之"了。其次,司马迁对李陵平素的为人,异常敬佩。他说:"然仆观其为人,自奇士,事亲孝,与士信,临财廉,取与义,分别有让,恭俭下人,常思奋不顾身以徇国家之急,其素所畜积也,仆以为有国士之风。"[27]他把李陵看作"奇士""有国士之风"。再次,司马迁对于李陵的苦战而败,是深具同情的。李陵提步卒五千,深践戎马之地,"足历王庭,垂饵虎口",这种胆气,足以令人惊佩。他以为李陵的失败是由于以寡敌众及无后援。单于"悉征其左右贤王,举引弓之民,一国共攻而围之"。李陵以五千步卒如何能敌得过单于的八万精骑?更何况李陵"转斗千里,矢尽道穷,救兵不至,士卒死伤如积"[28]呢?司马迁既有这种看法,所以当武帝询问他的意见的时候,他就本着一己的"款款之愚"和"拳拳之忠",向武帝准言以下三点:第一,李陵平素与士大夫"绝甘分少",能够得人之死力,"虽古名将不过也"[29]。

这是颂扬李陵。第二，李陵的败降，并非真的投降，而是"彼观其意，且欲得其当而报汉"[30]。即要找一个适当的机会立功归来，这是一面替李陵开脱，一面安慰武帝。第三，李陵败降，事已无可奈何，但是李陵以五千步卒敌单于八万精骑，杀伤敌骑万人，使得"旃裘之君长咸震怖"[31]，那么李陵所立的功劳，"亦足以暴于天下"[32]了。李陵败降，武帝以为大失颜面，所以司马迁以李陵的摧败之功来安慰武帝。

司马迁以上的进言，本意是要宽一宽武帝的心，挡一挡毁谤李陵的话。哪知武帝听完司马迁的话以后，大为震怒，以为司马迁"欲沮贰师，为李陵游说"[33]。贰师将军李广利是武帝爱幸的李夫人的哥哥，武帝前此命李广利率军征大宛和此次出师伐匈奴，都有一个私心在，就是给予机会立功封侯。但是，李广利征大宛，费时四年，前后出动二十几万人，所得的战果不过是几千善马；这次伐匈奴，李陵与单于相值，转战千里，而李广利又少功。现在司马迁颂扬李陵，武帝意怀猜忌，敏感地以为是在毁坏贰师，而毁坏贰师正隐隐刺痛武帝的心。于是武帝一怒之下，就把司马迁交付理官，要判他"诬罔"之罪。"诬罔"之罪是死罪，和方士栾大所判的罪相同，元鼎五年（公元前112年）栾大即是坐诬罔罪腰斩的[34]。

司马迁既被判了死罪，难道就非死不可，一无生路了吗？不是的，还有两条生路。第一条是赎钱减死一等。依照汉朝的法律，只有死罪才能赎免，需要入钱多少，前后不等。[35] 依天汉四年秋九月"令死罪人赎钱五十万，减死一等"这条法令看来，大约司马迁这时也需要五十万钱左右才能赎死。第二条是改受腐刑减死一等。景帝中元四年有诏"死罪欲腐者许之"[36]。以后武帝及东汉诸帝都沿用此诏[37]。

这两条生路，司马迁愿意做何选择呢？第一条生路需要五十万钱左右，这个数目对一个俸秩六百石的太史令来说，确实是太大了，司马迁是拿不出的，所以他说"家贫，货赂不足以自赎"[38]。那么请朋友帮忙吧，可是"交游莫救视"，甚至"左右亲近不为一言"[39]，连替他说几句话的人都没有；大约众人已经看到他仗义执言的下场，谁也不愿意去婴武帝的逆鳞了。[40]第一条生路既然走不通，那么就接受腐刑以贪生吧，可是司马迁却视腐刑为莫大的耻辱！他说："太上不辱先，其次不辱身，其次不辱理色，其次不辱辞令，其次诎体受辱，其次易朝受辱，其次关木索被棰楚受辱，其夹鬌毛发婴金铁受辱，其次毁肌肤断肢体受辱，最下腐刑极矣！"[41]他把辱分为十等，而认为最下极耻的就是腐刑，所以又说"行莫丑于辱先，诟莫大于宫刑"[42]，真是没有比宫刑更甚的耻辱了！又引自古以来受宫刑者被人贱视的例子说："昔卫灵公与雍渠载，孔子适陈；商鞅因景监见，赵良寒心；同子（赵谈）参乘，袁丝（袁盎）变色，自古而耻之。夫中材之人，事有关于宦竖，莫不伤气，况慷慨之士乎！"[43]司马迁心中是以"慷慨之士"自许的，他怎么能够忍受这种自古而耻、"莫不伤气"的耻辱呢？

司马迁既无钱可以赎死，又不愿意接受自己认为是奇耻大辱的宫刑，那么就只剩下一条路了——自裁。这一点司马迁是想到的，汉人自尽的先例不少，以"慷慨之士"自许的司马迁，也当不难引刀成一快的。可是，司马迁在经过苦思深虑之后，决定自己不能自尽。这倒不是他怕死，而是他不能死。《史记》尚未完成，他必须活下去，他有不得已的苦衷，这苦衷要到七年后他给老友任安回信的时候，才尽情地宣泄出来。为了这个苦衷，司马迁甘心下蚕室，并且是"就极刑而无愠色"[44]。我们要特别提请注意的是：司马迁被判的是"诬罔"的死罪，去势的宫刑是司马迁自请的[45]，并且这一年应是天汉三年[46]，也就是李陵败降的次年。

司马迁本于"款款之愚"和"拳拳之忠"的一番进言，换来的却是奇耻大辱的宫刑，但后来的事实证明司马迁的进言并非"愚"，而是确有见识。第一个证验是，武帝后来后悔李陵以无救败亡，就派人慰问逃归的李陵部下，并于天汉四年春派因杅将军公孙敖将兵深入匈奴迎接李陵。公孙敖出师不利，无功而还，向武帝报告说捉得的俘虏说李陵在教单于练兵，防备汉军，所以无所得而返。武帝听信此言，就下令把李陵的母亲和妻子都杀了。以后证实教匈奴为兵的是李绪而非李陵，而李陵痛全家因李绪而被诛，就派人刺杀了李绪。[47]太始元年（公元前96年）公孙敖被武帝以"亡士多"的罪名下吏腰斩[48]，也许就是武帝悔恨误信他的报告而族李陵家的一种表示。另一方面，武帝所宠爱的李广利，却于征和三年（公元前90年）兵败，投降匈奴，为单于所杀[49]。

第二个证验是宣帝即位后，霍光、上官桀辅政，二人原与李陵相好，就派李陵的故友任立政等人到匈奴去招李陵归来，并许以富贵。李陵说："归易耳，恐再辱，奈何！"任立政再劝时，李陵又说："丈夫不能再辱。"[50]终未归汉。如果不是武帝误信传言，族李陵家，断了李陵的归心，那么，李陵很可能是要归来的。

第三个证验是，苏武在匈奴持节二十年不降，临归汉前，李陵置酒贺他，并剖白自己的心迹说："今足下还归，扬名于匈奴，功显于汉室。虽古竹帛所载，丹青所画，何以过子卿！陵虽驽怯，令汉且贳陵罪，全其老母，使得奋大辱之积志，庶几乎曹柯之盟，此陵宿昔之所不忘也！收族陵家，为世大戮，陵尚复何顾乎？已矣，令子卿知吾心耳！"又起舞歌曰："径万里兮度沙幕，为君将兮奋匈奴。路穷绝兮矢刃摧，士众灭兮名已隤。老母已死，虽欲报恩将安归？"[51]又起舞歌曰："径万里兮度沙幕，为君将兮奋匈奴。路穷绝兮矢刃摧，士众灭兮名已隤。老母已死，虽欲报恩将安归？"[52]泣下数行，遂与苏武诀别。这真是一幕悲壮苍凉的场面，在生离死别、一荣一辱的情景下，李陵吐露了自己的心声。他本是要忍辱一时，效法曹沫于柯之盟劫齐桓公的，但是武帝收族了他家，使他再也无心反顾了。而这原先的李陵之心，则正如司马迁向武帝所解释者。苏武于昭帝始元六年（公元前 81 年）春回到京师，两人的诀别当在五年末或六年初，这事武帝自是不知道，恐怕司马迁也无从知道了。

四、《报任安书》里的苦衷

根据《汉书》的记载，司马迁受了宫刑以后，出任中书令，而且是“尊宠任职”[53]。中书令“领赞尚书，出入奏事，秩千石”[54]，其职务就是把皇帝的命令下达给尚书，又把尚书的奏事转呈皇帝。中书令虽然只有千石的俸禄，但比起六百石俸禄，为主上“倡优畜之”[55]的太史令，职权却是大得多。这一方面固然是武帝爱惜司马迁的才干，一方面也可能是武帝后来后悔对李陵案的处置，并了解到司马迁的忠诚。但无论武帝对司马迁怎样“尊宠任职”，在司马迁看来，他已经变成“闺阁之臣”“扫除之隶”[56]，根本无心领略这种尊宠了。他心中所有的只是深沉的愤慨和耻辱，他形容自己受刑后的感觉是“肠一日而九回，居则忽忽若有所亡，出则不知其所往”，又说“每念斯耻，汗未尝不发背沾衣也”[57]。这是心痛如绞和失魂落魄兼而有之，可是又在痛苦和迷惘中透出警惕与惊醒。他的这种心情，一直持续到七年后给任安写回信的时候，仍是如此。任安是第三位和司马迁最有关系的人物，他本身对司马迁并无巨大的影响，可是他的书信曾经一度撞击司马迁的心灵，使得司马迁倾吐自己多年来隐藏的心声，并留下了一封荡气回肠感人至深的书信——《报任安书》。

关于戾太子事件的首尾曲折，我们必须参看《史记·田叔列传》

末褚先生的《补记》,《汉书》的《公孙贺传》《江充传》《武五子戾太子传》《刘屈氂传》,以及荀悦《前汉纪》的有关记载,才能明白。武帝末年,戾太子(卫太子据)生母卫后宠衰,江充用事。江充与戾太子及卫后家有隙,恐怕武帝晏驾后为太子所诛。正巧征和二年(公元前91年)巫蛊祸起,武帝年老多病,怀疑左右用蛊道诅咒他,就命江充穷治蛊道。江充因此乘机为奸,便说宫中有蛊气。于是武帝就派按道史韩说、御史章赣、黄门苏文等协助江充治蛊。江充进入太子宫内,掘出了几个桐木人。这时武帝在甘泉(今陕西淳化县西北)避暑养病,皇后和家吏请问都不得回报。太子觉得情形可疑,又恨江充跋扈、专门离异他人父子骨肉,就派人收捕江充,并且发中厩车士,出武库兵,发长乐宫卫,召集百官,告以帝卧病甘泉,江充等谋反。太子亲自临斩江充,发兵入丞相府。武帝听信逃回来的章赣和苏文的报告,以为太平谋反,就令丞相刘屈氂发兵交战,自己又从甘泉力疾回到长安城西的建章宫,以表示太子说他卧病甘泉并非事实。太子在发兵部署的时候,曾经持节召监北军使者任安,命他发兵助战,可是任安"受节已,闭城门,不肯应太子"[38]。后来太子和丞相的军队在城中合战五日,"死者数万人,血流入沟中"[39]。太子兵败,从覆盎门(长安城南门,又名杜门)逃出,逃到长安东面的湖地,藏匿在泉鸠里。不久,被人发觉,主人格斗死,太子也闭户自经而死(征和二年八月辛亥)。

程金造分析武帝对戾太子事件的处置和反应,可以分为两个阶段:第一阶段,武帝以为太子谋反。因此,武帝从甘泉回建章宫后,立即诛死放走太子的城门司直田仁;同时又"切责"阻止丞相立斩田仁的御史大夫暴胜之,使得暴胜之皇恐自杀。回到长安以后,又赏赐那些系捕太子的人,封李寿为邗侯,张富昌为题侯。将那些随从太子或为太子而战的人都治以重罪。至于任安,武帝"以为任安为佯邪，不传事，可也"⑩。这表示武帝对任安的权变，并不责怪。第二阶段，武帝理解到太子是被迫发兵，太子的死是冤枉的。就在武帝治罪太子党羽的时候，有一个壶关三老令狐茂⑪上书说：太子是受困于奸臣江充，不能自明，冤结在心，因此，忿而发兵，诛杀江充，"子盗父兵，以救难自免耳，臣窃以为无邪心"⑫，接着高庙令田千秋（即车千秋）也上书讼太子冤。武帝这才了解到事情的真相：太子是君嗣，焉能造反？子盗父兵，并无他意。于是立刻擢升田千秋为大鸿胪，又很快地升为丞相。江充已死，但后来又以事"夷充三族"⑬，焚苏文于横桥。领兵与太子作战的丞相刘屈氂，也于次年六月下狱腰斩，妻子枭首。武帝又深怜太子无罪而死，"乃作思子宫，为归来望思之台于湖"⑭，希望能够一望太子魂魄之归。这些都充分表现出武帝心中的怨毒悔恨，而这些心理的变化，起于令狐茂和田千秋的上书，应该在是年的九、十月之间⑮。武帝心理既然转变，那么对于任安的"受节不应"，自然又有了别的看法。

任安在戾太子事件后不久，大约被任为益州刺史⑯，还未就任的时候，适巧发生了一件事情。任安笞辱北军钱官小吏，小吏上书告任安受太子节时说："幸与我其鲜好者。"武帝一听之下，便说："是老吏也，见兵事起，欲坐观成败，见胜者欲合从之，有两心。安有当死之罪甚众，吾常活之，今怀诈，有不忠之心。"⑰武帝把任安看成"老吏"，心中恨他不帮助太子，坐持两端，以观成败，怀有二心，要处他极刑大辟。可是在任安看来，自己是冤枉的；他以为自己受太子节而不发兵，这就等于帮助了丞相，也就帮助了武帝，即使无功，也并无过，现在入狱待刑，纯是由于小吏诬告，并非事实。他自然地想起了现任中书令、"尊宠任职"的老友司马迁，就写信给他，要他在武帝面前"推贤进士"一番，也就是设法援救。

司马迁接到任安的信后，心里很是为难，他了解武帝的心理变化，知道武帝现在是怨恨悲痛，意在为子报仇。平时在武帝身侧，已有"伴君如伴虎"之感；现时的武帝，则更是"天威莫测"。司马迁知道事已无可挽回，这时若有人强谏，必定又是捋虎须、撄逆鳞；而以自己隐忍苟活的目的而言，他是决不愿再遭第二次李陵之祸的。这倒不是他厚李陵而薄任安，论交情，他与李陵"素非相善""趣舍异路""未尝衔杯酒，接殷勤之欢"[68]。而他与任安则是老朋友[69]。司马迁心里是痛苦的，八年前他为一个"素非相善"的李少卿（陵字少卿）仗义执言，结果落得"身残处秽"的下场；现在一位故交老友任少卿（安亦字少卿）来信向他求援，而他却无法拔刀相助。司马迁如何把任安有死无救的消息和自己见死不救的苦衷告诉任安，使任安知道答案并谅解自己的苦衷呢？他写了一封悲愤抑郁的长信——《报任安书》。

《报任安书》写于征和二年十一月[70]。司马迁先以"推贤进士"四字约括任安来书求援之意，然后表明自己是"大质已亏缺""身残处秽，动而见尤"，对于救援他的事情必是"欲益反损""无所短长之效"[71]。况且自己以前连李陵尚且救援，岂有不肯帮助老友的道理？只是自从遭李陵之祸后，所以隐忍苟活者，完全是为了《史记》未完成的缘故。现今《史记》仍未完成，他无能也不能再为任安"论列是非"了。可是，任安在十二月就要处刑（涉旬月，迫季冬），司马迁若再不给他回信，剖白事理，则任安可能死不瞑目、抱恨而终。所以他说："今少卿抱不测之罪，涉旬月，迫季冬，仆又薄从上雍，恐卒然不可讳，是仆终不得舒愤懑以晓左右，则长逝者魂魄私恨无穷。"[72]为了让任安了解自己的处境和心情，司马迁在这封书信里，大部都是讲自己遭祸、受刑的经过以及忍辱、苟活的体验。以下再进一步分析司马迁这封《报书》的内容和言外之意。

首先，我们分析司马迁对自己遭祸受刑所感受的耻辱，这可分三层意思说。第一,《孝经》载:"身体发肤,受之父母,不敢毁伤,孝之始也。"一般人尚且以毁伤发肤即是不孝,何况是去势绝后的腐刑?所以,司马迁说"诟莫大于宫刑",自己在受刑后虽然是"尊宠任职",但他却用"刑余之人""闺阁之臣""扫除之隶"来称呼自己,说自己是"大质已亏缺""身残处秽""在阘茸之中"。第二,古者"刑不上大夫",为的是鼓励和培养士节,所以说:"士有画地为牢,势不可入,削木为吏,议不可对,定计于鲜(借为先字)也。"⑬司马迁为太史令,秩六百石,属下大夫,不但是刑上大夫,而且是受了"最下""极矣"的宫刑。第三,除了上述两层耻辱之外,司马迁还有一种愤慨,以为自己为李陵仗义执言,忠而被刑,为善无报,有如他在《伯夷列传》中所说的公正发愤每遇祸的情形。

其次,我们分析司马迁何以不就死,也不自裁?司马迁看到历史上的有名人物,像西伯、李斯、淮阴、彭越、张敖、绛侯、魏其、季布、灌夫等人,都身至王侯将相,声闻邻国,可是等到"罪至罔加"的时候,他们"不能引决自裁,在尘埃之中,古今一体,安在其不辱也"。⑭又说自己"虽怯懦欲苟活,亦颇识去就之分矣,何至自沉溺缧绁之辱哉!且夫臧获婢妾,犹能引决,况仆之不得已乎?"连"臧获婢妾"这等微贱之人,在必要的时候都懂得引决自裁,义不受辱,更何况以"慷慨之士"自许、"颇识去就之分"的司马迁?但是,司马迁不能在这时候死去,其原因也可分三层意思来说。第一,如果现在死去,别人还以为自己是罪有应得,这样死得不明不白,毫无意义。所以他说:"假令仆伏法受诛,若九牛亡一毛,与蝼蚁何异?而世又不与能死节者比,特以为智穷罪极,不能自免,卒就死耳。"⑮第二,如果现在死去,有何面目去见父母?司马谈遗命著史,现在《史记》未成,更有何面目去向父亲复命?所以他说:"仆以口语遇遭此祸,重为乡党所笑,污辱先人,亦何面目复上父母之丘墓乎?"⑯

司马迁的心 | 33

第三，如果现在死去，不但对父亲没有交代，对历史文化也无交代。史记的成否，不仅关系到父亲的遗命，也关系到"天下之史文"。司马迁自觉对历史文化负有责任，他不能"废天下之史文"。他说："人固有一死，或重于泰山，或轻于鸿毛。"[77]由以上三点来看，如果司马迁在这时候死去，这显然是"轻于鸿毛"。所以他选择了宫刑，而且是"就极刑而无愠色"。

司马迁既然不能在这时候死去，那么他就必须隐忍苟活下去，但是他的苟活并不是偷生，他说："所以隐忍苟活，幽于粪土之中而不辞者，恨私心有所不尽，鄙没世而文采不表于后也。"[78]私心未尽，文采未表，这都是为了《史记》。他想到历史上的故事，"盖西伯拘而演《周易》，仲尼厄而作《春秋》；屈原放逐，乃赋《离骚》；左丘失明，厥有《国语》；孙子膑脚，《兵法》修列；不韦迁蜀，世传《吕览》；韩非囚秦，《说难》《孤愤》；《诗》三百篇，大抵圣贤发愤之所为作也"[79]。他以这些例子自镜自励，他必须隐忍苟活，完成《史记》。而完成《史记》的目的有二：第一是以《史记》报命。司马迁以为自己下狱受刑，已是辱了父母的遗体，不能再辱父母的遗志、遗命，所以必须完成《史记》才能复上父母的丘墓。第二是以《史记》立名，并借以雪耻和扬先。古人都把名看得很重，烈士要"徇名"，闾巷之人要"砥行立名"[80]。司马迁也说："立名者，行之极也。"[81]他又屡次引孔子的话说："君子疾没世而名不称焉。"[82]可见君子也是重名的。又说："天下君王至于贤人，众矣，当时则荣，没则已焉。"[83]"古者富贵而名摩灭，不可胜记，唯俶傥非常之人称焉。"[84]可见立名是很难的。可是，司马迁自信若能完成《史记》的述作，则《史记》必能传诸后世，自己也必可因《史记》而立名。司马迁能够立名，则是做到"行之极也"，才能一洗所受宫刑的耻辱；司马迁能够立名，则是做到司马谈所说"扬名于后世，以显父母，此孝之大者"，才能光扬祖先,稍赎自己毁伤父母形体的罪过。这样说来,司马迁的隐忍苟活、续成《史记》,乃是他自救的唯一生路和寄望。

分析到此,司马迁的言外之意也可知道了。包世臣曾经一针见血地指出:"实缘自被刑之后,所以不死者,以《史记》未成之故。是史公身乃《史记》之身,非史公所得自私,史公可为少卿死,而《史记》必不能为少卿废也。"⑧⑤司马迁还是司马迁,但有些事他已经不能自己作主,他已经把自己的生命献与《史记》的述作。为了老友,司马迁可以为任安效死;为了《史记》,司马迁必须保护自己的生命,《史记》不能为任安而牺牲,也不能为任何人牺牲。司马迁既有此决心和觉悟,所以当任安要他在武帝面前"推贤进士""论列是非"时,他衡量情势,爱莫能助,只有在《报书》末尾安慰任安说:"要之,死日然后是非乃定。"这是表示生前想论列是非,已经无望,只有留待死后。而且,任安下狱有冤要论列,难道司马迁的被刑、李陵的败降,以及古往今来许许多多的人事,便无是非要论列了吗?司马迁似是在说:你我等人的是非,生前都无法论列,只有留待后人去论列了,在这一点上,我们是相共的。这时的司马迁,可以说已超越了个人的痛苦和不平,而和任安、李陵以及古往今来许许多多人物的痛苦和不平相结合。他要"述往事,思来者"⑧⑥,他要在历史中论列是非,并留给后人去评判。

任安终于被诛死(腰斩),司马迁则最后完成了他的《史记》,虽然我们无法确知是在哪一年完成的。但《史记》的写作是在以上所说司马迁这样的心境之下完成的,其中实贯注有司马迁的感情、思想和生命。因此,《史记》的去取、编次、述事、论断,往往和司马迁个人的遭际感慨有关,"或悲古以伤今,或称人以见志,或本隐以之显,或推见而至隐者"⑧⑦,随处多有。在今天看来,《史记》仍是一部有生命的书,它绝不是仅凭章句训诂的讲读,历史故实的考证或文章神韵

司马迁的心 | 35

的玩索所能了解的，这是后人研读《史记》所不可不知者。

附识：

本文为拙著《司马迁的史学方法与历史思想》之第二章，写于1972年冬。篇中以《报任安书》作于征和二年，并采包慎言说，以《报书》中"推贤进士"一语为约括任安来书求援之意，加以引申发挥。此意与1973年夏《联合报》上所载魏子云（《〈报任安书〉的问题》不同意"求援"之说；6月13、14日）、王保穗（《也谈司马迁〈报任安书〉的年代问题》以《报书》作于征和四年；6月29日）、于大成（《〈报任安书〉"东从上来"解》也反对"求援"之说；7月3日）三位先生之说不同。作者自信本篇论证多有三位先生未及发明之处，今不复一一辩难，直录旧文。读者径读本文，自得其意，若取与前述三文互校，亦能自见其是非也。

＊原载《台湾大学文史哲学报》1974年10月第23期。

◎ 注释

① 《诗经·小雅·巧言》，《史记·春申君列传》亦引。
② 《太史公自序》。本文所引《史记》，俱泷龙川资言《史记会注考证》。
③ 《封禅书》。
④ 《太史公自序》。
⑤ 《封禅书正义》引《五经通义》云："易姓而王致太平，必封泰山、禅梁父，荷天命以为王，使理群生，告太平于天，报群神之功。"又，《礼记·礼器》："因名山升中于天。"卢植注："封泰山，告太平，升中和之气于天也。"项威注同。

参《后汉书·郊祀志》。

⑥ 俱见《太史公自序·封禅书小序》。

⑦ 《东观汉记·郊祀志》,载太尉赵宪上言。

⑧ 《后汉书·祭祀志》。

⑨—⑪ 《封禅书》。

⑫ 《汉书·儿宽传》。

⑬ 《封禅书》。

⑭ 上引俱见《太史公自序》。

⑮ 汲黯对武帝言,见《汲郑列传》。

⑯ 《封禅书》。"群儒既以不能辨明封禅事",即是使封禅不可为求仙合不死之术。方苞主此,见《方望溪全集》卷二,《书封禅书后》。

⑰ 武田泰淳说:"司马谈即使与诸儒不是同意见,说他反对封禅的现代化、神仙化、通俗化,是绝对不错的。"见《司马迁——史记の世界》,东京:讲谈社1965年版,第52页。

⑱—㉑ 《太史公自序》。

㉒ 《河渠书·赞》。

㉓ 《太史公自序》。

㉔ 《匈奴传》。

㉕—㉝ 司马迁《报任安书》,见《汉书·司马迁传》。

㉞ 《汉书·武帝纪》。"诬罔"应得死罪,可参见程树德《九朝律考·汉律考》卷四《律杂考·诬罔条》。

㉟ 西汉赎钱减死,其数目可知者有四:一、《汉书·惠帝纪元年》(公元前194年)"民有罪得买爵三十级以免死罪。"应劭注一级直钱三千,是须钱六万才能免死。二、《汉书·淮南王安传》载安赐死后,"其非吏它(者),赎死金二斤八两。"此是元狩元年(公元前122年)的事。三、六臣注《文选·报任安书》"家贫,货赂不足以自赎"下引向曰:"法百金赎死罪,而迁家无之。"此是古注,不知何据,据此赎死当需百金。四、《汉书·武帝纪》天汉四年(公元前97年)秋九月,"令死罪入赎钱五十万减死一等"。据《汉书·食货志》"黄金重一斤直钱

万",则前四说出入甚大,本文暂依天汉四年令。要之,赎金必非小数目,故司马迁不能自赎。亦可参见程树德《汉律考》卷二《刑名考·赎刑条》。

㊱ 《汉书·景帝纪》。

㊲ 参见程树德:《汉律考》卷二《刑名考·宫条》。

㊳㊴ 《报任安书》。

㊵ 《韩非子·说难篇》"人主亦有逆鳞,说者能无婴人主之逆鳞,则几矣。"《史记·老子韩非传》亦引。

㊶—㊹ 《报任安书》。

㊺ 司马迁自请腐刑,前人已经言及。参见姚鼐《惜抱轩笔记》卷四,史部一;赵铭《琴鹤山房遗稿》卷五《司马迁下蚕室论》;钱穆《太史公释义》(《学术季刊》一卷四期)。

㊻ 司马迁被刑之年有三说。一、司马迁自谓:"于是论次其文,七年,而太史公遭李陵之祸。"从太初元年至天汉三年,正是七年,《集解》引《徐广注》及《张守节正义》均谓是天汉三年,《王国维太史公行年考》,亦从此说。二、王岳尘主张"七年"应从《汉书》作"十年",并谓从元封三年迁为太史令算起,中间经五年是太初元年,再过五年到天汉二年,恰好是十年。(王岳尘:《有关司马迁的两个问题》,《史学集刊》1956年第1期。)但此说算法与前不同,且泷川资言《考证》引瞿鸿机曰:"乾道本《汉书》作七年。"是《汉书》亦有作七年者,而《史记》则无作十年者。三、钱穆疑司马迁被刑当在天汉四年,并谓天汉四年秋出五十万减死一等之令,殆为迁而发(钱穆:《太史公考释》,《学术季刊》一卷四期)。据此说则司马迁系狱几近二年,以汉初用法之严酷明决,似乎不应如此长久。且司马迁不应连自己受刑之年都记错,前文无论作"七年"或"十年"解,都不应是天汉四年。故本文从第一说定为天汉三年。

㊼ 《汉书·李陵传》。

㊽ 《汉书·武帝纪》载"太始元年春正月因杅将军公孙敖有罪腰斩"。但《卫霍传》又说:"亡士多,下吏当斩,诈死亡,居民间五六岁,后觉,复系,坐妻为巫蛊族巫蛊。"事在征和二年(公元前91年)。

㊾ 参见《汉书·李广传》及《汉书·匈奴传》。

㊿—㊲ 《汉书·李陵传》。

㊳ 《汉书·司马迁传》。

㊴ 据《唐六典·九》引卫宏《汉旧仪》。

㊵—㊷ 《汉书·司马迁传》。

㊸㊹ 《汉书·公孙刘田王杨蔡陈郑传》。

⑥⓪ 《史记·田叔列传·褚补》"可"字原文作"何"字，小司马《索隐》本及《考证》均说"何"字作"可"字，作"可"字是。参见程金造《从〈报任安书〉商榷司马迁的卒年》，载《文史哲丛刊》《司马迁与〈史记〉》。

㉖① 王先谦《汉书补注卷》六三引缪荃孙曰："《后汉·张皓传·李注》，太子死后，壶关三老令狐茂上书讼太子冤。"故知茂姓令狐。

㉖② 《汉书·武五子传》。

㉖③ 《汉书·蒯伍江息夫传》："后武帝知充有诈，夷充三族。"

㉖④ 《汉书·武五子传》。

㉖⑤ 征和二年八月辛亥太子自杀于湖，又据《汉书·百官表》大鸿胪商丘成在征和二年九月选为御史大夫，田千秋当是继商丘成任为大鸿胪，则田千秋上书当在九月为大鸿胪以前。参见程金造《从〈报任安书〉商榷司马迁的卒年》。

㉖⑥ 《汉书·司马迁传》载："故人益州刺史任安予迁书，责以古贤臣之义。"是任安写信给司马迁的时候是"益州刺史"。但《汉书·刘屈氂传》载田仁、任安都是为巫蛊事而死去，当时任安是"监北军使者"；《史记·田叔列传·褚补》也说任安死于巫虫之事，当时任安是"北军使者护军"。"监""护"字义相同，所以"北军使者护军"一定就是"监北军使者"。而《褚补》所记，先任安为"北军使者护军"，后说任安为"益州刺史"；褚先生与司马迁是上下同时的人，所言应当可信。据此，则任安当于巫蛊事件后不久被任为益州刺史，在还没有上任的时候被钱官小吏诬告下狱，《汉书·司马迁传》是记载他最后的官职。参阅程金造《商榷》一文。

㉖⑦ 《史记·田叔列传·褚补》。

㉖⑧ 《汉书·司马迁传》。

㉖⑨ 据《褚补》，任安与田仁相善，司马迁说"仁与余善"，则司马迁亦当与

任安善，否则任安不会来信求援；《报书》说："少卿视仆于妻子何如哉？"则任安对司马迁的家庭颇熟悉。

⑦《报任安书》写于何年，有二说：一、太始四年（公元前93年），王国维《太史公行年考》、张鹏一《太史公年谱》、郑鹤声《司马迁年谱》、李长之《司马迁的人格与风格》（第24页）、王达津《读郭沫若先生〈太史公行年考有问题〉后》（《历史研究》，1956年第3期），均主此说。二、征和二年（公元前91年），赵翼《廿二史札记》卷一"司马迁作《史》年岁"条、包世臣《艺舟双楫·复石赣州书》、沈钦韩《汉书疏证》（《汉书补注》卷六一引）、周寿昌《汉书注校补》卷四一（第7页），程金造《从〈报任安书〉商榷司马迁的卒年》，均主此说。本文采第二说，并从包世臣说，以"推贤进士"四字为约括讳言任安来书求援之意，其理由如下：1.据《褚补》，任安为益州刺史在护北军之后，任安受节而不发兵即在护北军任上，而据《汉书·司马迁传》"故人益州刺史任安予迁书"，是任安写信给司马迁时为益州刺史，则《报》应当写于征和二年才是。2.据《报书》，书首称"今少卿抱不测之罪""恐卒然不可讳""则长逝者魂魄私恨无穷"，书尾结以"要之死日然后是非定"，则任安分明是行将就死之人。如果任安来书只是劝说"推贤进士"，别无他意，那么，对一个濒临死亡边缘的老友，不去设法拯救或安慰他，却在隔了许久之后，临死的紧要关头，来答复这个不关痛痒的问题，是否太无心肝？3.《报任安书》写得悲愤沉痛，司马迁把埋藏在心底多年的话都说出来了，而且一直在为李陵遭祸、受宫刑奇耻和隐忍苟活上面做文章，如果不是来书深深刺痛了他，他何必这样披肝沥胆地把心挖出来给别人看？如果任安不是向他求援，他何必说自己"动而见尤，欲益反损""无所短长之效，可见于此矣"？又何必说自己和李陵"素非相善也，趣舍异路，未尝衔杯酒接殷勤之欢"，尚且为他下了蚕室？又何必怕任安未收到他的回信就死去会"私恨无穷"？（若只是"推贤进士"，则是"公义"，非"私恨"；求援苦待，毫无回音而死，才是私恨无穷）任安已是就死之人，而全篇竟无一句明白安慰或救援的话，岂非大奇？其实细读全篇，每一字都在求谅解并安慰也。4.把来书求援之意，约括讳言成"推贤进士"四字，并无不当。司马迁向武帝进言，说李陵："自奇士，事亲孝，与士信，临财廉，取与义，分别有让，恭俭下人，常思奋不顾身以徇国家之

急,仆以为有国士之风。"这岂不是"推贤"?又说:"陵素与士大夫绝甘分少,能得人之死力,虽古名将不过也。"这岂不是"进士"?那么,任安如果真是向司马求援的话,所寄望于司马迁者,也不过是诸如此类,则用"推贤进士"四字来代替,亦无不合。《报任安书》篇首说:"今已亏形为扫除之隶,在阘茸之中,乃欲仰首伸眉,论列是非,不亦轻朝廷、羞当世之士邪?"这岂不是表示自己已经没有"推贤进士"的能力吗?书末又说:"要之死日然后是非乃定。"这岂不是表示此事(任安被人诬告下狱待刑之事)生前难辩,只有留待后人去评判了吗?

5.《报任安书》篇首说"曩者辱赐书",又说"今少卿抱不测之罪",来信与《报任安书》之间的时间似是一个问题。若《报任安书》作于征和二年十一月,则来书当作于被钱官小吏诬告以后。据《汉书·武帝纪》,戾太子发兵在征和二年七月壬午,出亡在庚寅(八日后),自杀于湖在八月辛亥;从出亡到自杀,中间隔了二十一日。又据《汉书·武五子传》,令狐茂上书中有言"亟罢甲兵,无令太子久亡",那么,令狐上书的时间应在七月壬午到八月辛亥的二十一日之间,车千秋上书的时间则稍后,太子兵败出亡在七月庚寅,武帝必于大乱之后对长安的防务与人事重新作一部署。"监北军使者"是一要职,则任安当在此时改调为"益州刺史",其被钱官小吏诬告亦当在此时,那么,他写信给司马迁的时间,也当在七八月间,至晚到九月。从八九月到十一月,约隔有二三个月的时间。"曩"与"今"之间,隔了二三个月,是否也说得过去呢? 6.关于王国维的说法,程金造《商榷》一文有相当详细的批判。(1)"会东从上来",官本《汉书》及《文选》作"会从东上来"。这句话可有两种解说:一是从上自东边来。王国维依此解为从武帝自封太山祠后土归来(是岁春三月行幸太山,夏四月幸不其,五月还幸建章宫)。若从此说,则从五月到十一月,中间相隔总有半年,如何能说"相见日浅"?二是从上来到东边。程金造依此解为征和二年七八月武帝由甘泉力疾回建章宫,更由建章宫回长安(建章宫在甘泉东而偏南)。和戾太子事件正好相合。(2)"仆又薄从上上雍"(《文选》不重"上"字),王国维因上有"涉旬月,迫季冬"句,遂解为太始四年冬十二月行幸雍祠五畤之事。但玩上下文,司马迁似是不忍说出任安要在十二月受刑,故用此六字点露了一下。若任安在十二月受刑,而司马迁又将于十二月随武帝到雍(汉时属右扶风,今属陕西凤翔)地去,则刑期迫近,而来书不能再不答了，故下文又说："恐卒然不可讳，是仆终已不得舒愤懑以晓左右，则长逝者魂魄私恨无穷。"如此，则"薄从上上雍"解为征和三年"春正月，行幸雍"之事，也无不可。（3）任安死于征和二年，而王氏定《报任安书》为太始四年，《报任安书》中任安明有死罪，如何解释他后来又活到征和二年？于是王氏引《田叔列传·褚补》所述武帝"任安有当死之罪甚众，吾尝活之"的话来解释。但《褚补》原文"尝"字作"常"字，"尝"则只有一次，与"众"字不符，"常"则有二次以上，王氏私改了一个字。依《报任安书》内容看，任安似是必死无疑（"要之死日然后是非乃定"），已经是最后一次了。

⑦—⑦⑧ 《报任安书》。

⑦⑨ 《报任安书》及《太史公自序》两引。

⑧⑩ 《伯夷传》。

⑧① 《汉书·司马迁传》。

⑧② 《论语·卫灵公篇》。

⑧③ 《孔子世家·赞》。

⑧④ 《报任安书》。

⑧⑤ 包世臣：《艺舟双楫·复石赣州书》（《安吴四种》）。

⑧⑥ 《报任安书》及《自序》两引。

⑧⑦ 缪凤林：《读史微言》，《史学与地学》1926 年第 1 期。

《报任安书》析论

一、前　言

司马迁《报任安书》(以下简称《报书》)可谓千古第一书信,诚挚悲痛,感人肺腑。此书是《史记》之外太史公遗存下来的唯一完整书信,它和《太史公自序》(以下简称《自序》)都是后人研究司马迁人格、思想与感情最直接的第一手资料,十分宝贵。依中国传统"读书知人""知人论世"的观念,读《史记》者应先读并读懂《自序》和《报书》,方能深入理解太史公的人格或心灵世界,并大有助于吾人对《史记》一书的了解。然而,此信却是出名的聚讼纷纭,无有定论。笔者于1974年发表《司马迁的心》[①]一文,曾对《报书》作初步的探讨,现今重读旧作,虽自认大意不差,但不免得失并陈,颇惭疏略。而二十余年来,时贤先进往复论辩,虽亦醇驳互见,但实日趋深细,似可再做归纳总结,重提看法。

本文旨在结合相关资料与古今研究,解析司马迁《报书》的内容与作意,以阐明"司马迁之心"。研究过程必然涉及任安来书的时间与目的、太史公《报书》的写作年月与真意、司马迁行年、汉代官制,以及汉武帝晚年的政情等基本问题的考订。但最基本的还是尽可能恢复《报书》的原貌;故本文将先从建立《报书》的读本开始,然后经由史料鉴别，分判史料价值，根据正确的文字解读，从事逻辑论证，最后希望能对此一特定事件获得整体的综合理解。

二、《报任安书》读本

读本说明：

其一，《报任安书》见于东汉班固（约32—92年）《汉书·司马迁传》、东汉荀悦（148—209年）《汉纪》卷一四天汉二年条，梁昭明太子萧统（501—531年）编《昭明文选》卷四一。《汉书》时代在先，略有删文；《汉纪》时代略后，仅节录一段；《文选》时代在后，但收录全文，文字与《汉书》小有出入。

其二，本篇以《汉书》（王先谦《汉书补注》本，简称"王本"）为底本，阙文用《文选》（据南宋孝宗淳熙八年尤延之贵池刊本，台北"国家图书馆"藏；因现存《文选》写本、钞本及北宋天圣明道本残卷中，均阙《报书》）补足。书信文字，《汉书》与《文选》小有出入，优劣互见；但整体而言，以《汉书》为胜。本文兼采折衷，择善求真；但入主出奴，不能全无主观臆断；故斯篇但以"读本"为名，不敢称之"定本"原文。

其三，底部画直线的文字，为《汉书》本无，据《文选》补入者；方括号〔〕内的文字，表示改用《文选》本，不从《汉书》，或保留《文选》本文字，以资对照；圆括号（）内的小字，表示非原文，而是说明文字。

其四，旧版书信文字，通篇连续，无句读标点，亦无界断提头。今分段并加新式标点符号，便利今人研读。

太史公牛马走司马迁再拜言,少卿足下:曩者辱赐书,教以慎于接物,推贤进士为务,意气勤勤恳恳,若望仆不相师用,而(如)流俗人之言。仆非敢如是也。仆虽罢驽,亦尝侧闻长者之遗风矣。顾自以为身残处秽,动而见尤,欲益反损,是以独抑郁而无谁语。谚曰:"谁为为之?孰令听之?"盖钟子期死,伯牙终身不复鼓琴。何则?士为知己者用,女为说己者容。若仆大质已亏缺矣,虽材怀随和,行若由夷,终不可以为荣,适足以发笑而自点耳。书辞宜答,会东从上来,又迫贱事,相见日浅,卒卒无须臾之间得竭指意。今少卿抱不测之罪,涉旬月,迫季冬;仆又薄从上雍,恐卒然不可讳。是仆终已不得舒愤懑以晓左右,则长逝者魂魄私恨无穷。请略陈固陋。阙然久不报,幸勿过。

仆闻之:修身者,智之府[符]也;爱施者,仁之端也;取予者,义之符[表]也;耻辱者,勇之决也;立名者,行之极也。士有此五者,然后可以托于世,列于君子之林矣。故祸莫憯于欲利,悲莫痛于伤心,行莫丑于辱先,而诟莫大于宫刑。刑余之人,无所比数,非一世也,所从来远矣。昔卫灵公与雍渠同载,孔子适陈;商鞅因景监见,赵良寒心;同子参乘,爰丝变色:自古而耻之。夫以中材之人,事有关于宦竖,莫不伤气。而况于忼慨之士乎!如今朝虽乏人,奈何令刀锯之余,荐天下豪隽哉!仆赖先人绪业,得待罪辇毂下,二十余年矣。所以自惟:上之,不能纳忠效信,有奇策材力之誉,自结明主;次之,又不能拾遗补阙,招贤进能,显岩穴之士;外之,不能备行伍,攻城野战,有斩将搴旗之功;下之,不能累日积劳[积日累劳],取尊官厚禄,以为宗族交游光宠。四者无一遂,苟合取容,无所短长之效,可见于此矣。乡[向]者,仆亦尝厕下大夫之列,陪外廷末议。

《报任安书》析论 | 45

不以此时引维纲，尽思虑，今已亏形为扫除之隶，在阘茸之中，乃欲卬（仰）首信（伸）眉，论列是非，不亦轻朝廷，羞当世之士邪！嗟乎！嗟乎！如仆，尚何言哉！尚何言哉！

且事本末未易明也。仆少负不羁之才，长无乡曲之誉，主上幸以先人之故，使得奉薄技，出入周卫之中。仆以为戴盆何以望天，故绝宾客之知，忘室家之业，日夜思竭其不肖之材力，务壹心营职，以求亲媚于主上。而事乃有大谬不然者。夫仆与李陵俱居门下，素非相善也，趣舍异路，未尝衔杯酒接殷勤之欢。然仆观其为人，自奇士，事亲孝，与士信，临财廉，取予义，分别有让，恭俭下人，常思奋不顾身以徇国家之急。其素所畜积也，仆以为有国士之风。夫人臣出万死不顾一生之计，赴公家之难，斯已奇矣。今举事壹不当，而全躯保妻子之臣随而媒孽其短，仆诚私心痛之。且李陵提步卒不满五千，深践戎马之地，足历王庭，垂饵虎口，横挑强胡，卬（仰）亿万之师，与单于连战十余日，所杀过当。虏救死扶伤不给，旃裘之君长咸震怖，乃悉征其左右贤王，举引弓之民，一国共攻而围之。转斗千里，矢尽道穷，救兵不至，士卒死伤如积。然陵一呼劳军，士无不起，躬自流涕，沫血饮泣，张空拳，冒白刃，北首争死敌者。陵未没时，使有来报，汉公卿王侯皆奉觞上寿。后数日，陵败书闻，主上为之食不甘味，听朝不怡。大臣忧惧，不知所出。仆窃不自料其卑贱，见主上惨凄怛悼，诚欲效其款款之愚。以为李陵素与士大夫绝甘分少，能得人之死力，虽古之名将，不能过也。身虽陷败，彼观其意，且欲得其当而报汉。事已无可奈何，其所摧败，功亦足以暴于天下矣。仆怀欲陈之，而未有路。适会召问，即以此指推言陵之功，欲以广主上之意，塞睚眦之辞。未能尽明，明主不深晓，以为仆沮贰师，而为李陵游说，遂下于理。拳拳之忠，终不能自列。因为诬上，卒从吏议。家贫，财［货］赂不足以自赎，交游莫救，左右亲近不为壹言。身非木石，独与法吏为伍，深幽囹圄之中，谁可告愬者！此正少卿所亲见，仆行事岂不然邪？李陵既生降，隤其家声，而仆又茸［佴］以［之］蚕室，重为天下观笑。悲夫！悲夫！事未易一二为俗人言也。

仆之先人，非有剖符丹书之功，文史星历近乎卜祝之间，固主上所戏弄，倡优畜之，流俗之所轻也。假令仆伏法受诛，若九牛亡一毛，与蝼蚁何异？而世又不与能死节者比，特以为智穷罪极，不能自免，卒就死耳。何也？素所自树立使然也。人固有一死，死有重于泰山，或轻于鸿毛，用之所趋异也。太上不辱先，其次不辱身，其次不辱理色，其次不辱辞令，其次诎体受辱，其次易服受辱，其次关木索被箠楚受辱，其次鬄（剔）毛发婴金铁受辱，其次毁肌肤断支体受辱，最下腐刑，极矣。传曰"刑不上大夫"，此言士节不可不厉也。猛虎处深山，百兽震恐，及其在阱槛之中，摇尾而求食，积威约之渐也。故士有画地为牢势不入，削木为吏议不对，定计于鲜也。今交手足，受木索，暴肌肤，受榜箠，幽于圜墙之中，当此之时，见狱吏则头枪地，视徒隶则心惕息。何者？积威约之势也。及已至此，言不辱者，所谓强颜耳，曷足贵乎！且西伯，伯也，拘于羑里；李斯，相也，具于五刑；淮阴，王也，受械于陈；彭越、张敖南乡称孤，系狱具罪；绛侯诛诸吕，权倾五伯，囚于请室；魏其，大将也，衣赭衣，关三木；季布为朱家钳奴；灌夫受辱居室。此人皆身至王侯将相，声闻邻国，及罪至罔加，不能引决自财（裁），在尘埃之中，古今一体，安在其不辱也！由此言之，勇怯，势也；强弱，形也。审矣！曷足怪乎？且［夫］人不能蚕自财绳墨之外,已稍陵夷至于鞭箠之间,乃欲引节,斯不亦远乎!古人所以重施刑于大夫者,殆为此也。夫人情莫不贪生恶死,念亲戚,顾妻子,至激于义理者不然,乃有所不得已也。今仆不幸,蚤失二亲,无兄弟之亲,独身孤立,少卿视仆于妻子何如哉?且勇者不必死节,怯夫慕义,何处不勉焉!仆虽怯耎欲苟活,亦颇识去就之分矣,何至自湛溺累绁之辱哉!且夫臧获婢妾犹能引决,况若仆之不得已乎!所以隐忍苟活,函〔幽于〕粪土之中而不辞者,恨私心有所不尽,鄙没世而文采不表于后也。

古者富贵而名摩灭,不可胜记,唯俶傥非常之人称焉。盖西伯拘而演《周易》;仲尼厄而作《春秋》;屈原放逐,乃赋《离骚》;左丘失明,厥有《国语》;孙子髌脚,《兵法》修列;不韦迁蜀,世传《吕览》;韩非囚秦,《说难》《孤愤》。《诗》三百篇,大氐贤圣发愤之所为作也。此人皆意有所郁结,不得通其道,故述往事,思来者。及如左丘明无目,孙子断足,终不可用,退论书策以舒其愤,思垂空文以自见。仆窃不逊,近自托于无能之辞,网罗天下放失旧闻,考之行事,<u>综其终始</u>,稽其成败兴坏之理,<u>上计轩辕,下至于兹,为十表,本纪十二,书八章,世家三十,列传七十</u>,凡百三十篇,亦欲以究天人之际,通古今之变,成一家之言。草创未就,适会此祸,惜其不成,是以就极刑而无愠色。仆诚已著此书,藏之名山,传之其人通邑大都,则仆偿前辱之责,虽万被戮,岂有悔哉!然此可为智者道,难为俗人言也。

且负下未易居,下流多谤议。仆以口语遇遭此祸,重为乡党戮笑,污辱先人,亦何面目复上父母之丘墓乎?虽累百世,垢弥甚耳!是以肠一日而九回,居则忽忽若有所亡,出则不知所如往。每念斯耻,汗未尝不发背沾衣也。身直为闺阁之臣，宁得自引深臧于岩穴邪？故且从俗浮湛，与时俯仰，以通其狂惑。今少卿乃教以推贤进士，无乃与仆之私恉［心］剌谬乎。今虽欲自雕瑑，曼辞以自解，无益，于俗不信，祇［适足］取辱耳。要之，死日然后是非乃定。书不能尽意，故略陈固陋。谨再拜。

三、"推贤进士"可以有求援之意

有来书才有《报书》，《报书》见在，任安（字少卿）来书却不见了。《报书》的作年与真意至今尚且有争论，则来书的年月与内容自是不明。虽是不明，但并非不能探究，其线索保留在《报书》中。《报书》开头说任安来书教以"慎于接物，推贤进士"为务，结尾再言"今少卿乃教以推贤进士，无乃与仆之私心剌谬乎？""推贤进士"四字，首尾相应。可见这八个字，尤其是"推贤进士"四字，应是任安来书之主旨。问题在于这八个字是任安来书的原文，还是太史公总括来书的本意？"推贤进士"是字面上的意思，还是讳言任安求援之意？清包世臣《复石赣州书》有云：

> 窃谓"推贤进士"非少卿来书中本语，太史公讳言少卿求援，故以四字约来书之意，而斥少卿为天下豪俊以表其冤。中间述李陵事者，明与陵素非相善，尚力为引救，况少卿有许死之谊乎！实缘自被刑后所为不死者，以《史记》未成之故。是史公之身乃《史记》之身，非史公所得自私，史公可为少卿死，而《史记》必不能为少卿废也。结以"死日是非乃定"，则史公与少卿所共者，以广少卿而释其私憾。是故文澜虽壮，而滴水归源，

一线相生，字字皆有归著也。②

包氏此言是读书百遍、深刻老到的见解，但有不少学者会质疑：一是《报书》内容根本只字未提救援一事；二是任安犯了死罪，向知心朋友求援，却转弯抹角用隐语，这种滑稽嬉戏，绝非司马迁之所为；三是退一步说，"推贤进士"是求援的隐语，那么"慎于接物"四字又从何处落实？四是还有班固说的"责以古贤臣之义"，难道是无的放矢？③以上四个疑点，并非不能解答，试作综合评析如下：

（一）事物都有阴阳、正反、虚实、显隐之两面，文章的写法也不例外。有直接、显白的陈述，也有间接、含蓄、婉转、隐约的表达。故作者的意思，有时"溢于言表"，有时"意在言外"。贾谊《过秦论》，通篇不提"汉"字，但其作意，除了"过秦"外，更重要的是在"讽汉"。④太史公写《货殖列传》讥"千乘之王、万家之侯、百室之君，尚犹患贫，而况匹夫编户之民"？只字未提万乘之天子，但其意实尤在天子患贫，这要参看《平准书》才明白。《河渠书》录武帝《瓠子歌》，看字面"为我谓河伯兮何不仁，泛滥不止兮愁吾人"，武帝似乎"闵然有吁神忧民恻怛之意"⑤，以为太史公录之"即所以予之"⑥。实则细研之下方知，太史公录《瓠子之诗》非重其文辞，而是欲其自供：“悲”武帝有求仙之心，无恤民之意，以瓠子之决归之天事，致使久不复塞，令民长陷水深之中，而犹于《瓠子诗》中谴神罪人；太史公并非"予之"，实乃讥之也⑦。当然，并非所有文字都是意在言外，或应别求深解，而是要就个别例子做整体考察判断。但太史公已告诉我们，读《史记》者应"好学深思，心知其意"⑧，对于这样的作者所写的文字，我们有理由在阅读时不应只从文字表面的意思作单线思考。

（二）不论"推贤进士"四字是否为任安来书原文，如果任安来书只是要司马迁推贤进士，则实在讲不通。

第一，不论《报书》作于何年，太史公写《报书》时，任安已是即将执刑的死刑犯。对于一位即将被处死的老友，不去营救、安慰、鼓励他，却要赶在他死前回答解释他多时以前（不论是数月或数年）的一个建议——推贤进士，这不是太奇怪了吗？试问任安做何感想？别人可以不懂，太史公为营救李陵含冤下狱时，不也是渴望朋友的帮助吗？结果"交游莫救，（那时任安做了什么？）左右亲近不为一言"，这是他的隐痛，他体会至深。所以他写《游侠列传》时，对那些"已诺必诚，不爱其躯，赴士之阨困"⑨的游侠给予相当高的评价。今故友有大难，不但不积极安慰、解救，反而努力回答跟眼前大难无直接关系的老问题，甚至通篇回信中大部分都谈自己的冤屈，这岂不是太无心肝！这个解法要能讲得通，恐怕吾人对司马迁人格的认识都要为之改观。

第二，如果"推贤进士"只是推贤进士，别无他意，则任安劝太史公推贤进士，实在有些奇怪。

首先，司马迁为李陵"游说"，在天汉二年（公元前99年），受腐刑在天汉三年（公元前98年）；而任安予司马迁书，照时贤说法，早则在天汉三、四年（公元前98—前97年），晚则至太始四年（公元前93年）或征和二年（公元前91年）。⑩太史公为李陵"游说"，即是"推贤进士"（详见下文第四小节），对一个已经或不久之前（一、二年至八年）曾因"推贤进士"而受"最下""极矣"之腐刑的朋友，又要力劝他"推贤进士"，试问任安是什么样的朋友，而司马迁还需要就此点为自己辩解吗？任安予迁书若在天汉三、四年，当时太史公新创未愈，且尚未就任或才新任中书令；若在征和二年，则岂不是令他旧创复发？

其次，任安是武帝之亲信，自己亦可推贤进士，何必非司马迁不可。任安与田仁是司马迁青年时的朋友，但两人仕进较太史公略早。两人一文一武，为武帝赏识，用为腹心爪牙。故田仁敢刺举三河太守，下吏诛死。已知任安担任过的职务，以郎中起家后，先为北军护军，后为扬州刺史、益州刺史，末为监北军使者。[11]西汉京师有南北军，南军由卫尉统领，警戒宫城（宫的内层守卫则由郎中令掌管），宿卫天子；北军由中尉率领屯兵，拱卫京师，奉诏远征。北军是唯一的常备作战部队，其指挥权直接关系皇权的存亡，故皇帝都要直接控制北军，调发北军都要皇帝命将持节才可。任安先任北军"护军"，监临诸将，督察奸宄；后任监北军"使者"，为皇帝派驻北军的代表，是北军的监军，有权决定是否发兵。这都是被皇帝视为亲信心腹者才能担任的职务。[12]元封五年（公元前106年），武帝分全国为十三部，部置刺史一人，职掌监察，以六条问事。武帝诏"令州郡，察吏民有茂才、异等可为将相及使绝国者"[13]。任安作为益州或扬州刺史，有向朝廷"奏幽隐奇士"的职责。而且，刺史每年"岁尽诣京都奏事"述职，有面圣上达之机会。由此观之，任安是武帝之亲信，职责所在，自有推贤进士之路，何必以此责备司马迁？而且褚少孙评任安"知进而不知退，久乘富贵，祸积为崇"[14]。显然，任安在戾太子事件之前，一直是仕途得意，一帆风顺的，他自己推贤进士的资格与机会都应比司马迁强。若说要借重太史公当时为中书令，"尊宠任职"，说话有力，则需考虑到：一则太史公为中书令在天汉四年或太始元年初（司马迁自请宫刑，仅能减死一等，仍系狱中；据《汉书·武帝纪》，武帝于天汉四年夏五月赦天下，司马迁方能出狱。故其任中书令之时应在天汉四年末至太始元年初。王国维《太史公行年考》置于太始元年），则主张任安予迁书在天汉三、四年（公元前98年—前97年）的说法，因当时太史公尚未为中书令，便站不住。二则若任安予迁书在太始元年至征和二年间，则参考上文新创未愈，旧创复发的顾虑，亦不合情理。若说任安热衷仕途，想引司马迁为奥援，推任安之"贤"，进任安之士，则对方目前已是即将就死之人，除非事涉援救，否则现在回答这个问题岂不是时机不当，毫无意义，甚且滑稽？

第三，如果说"推贤进士"是臣子的责任，即使司马迁曾为此遭刑受辱，也不可因私废公，应勇敢继续牺牲奉献，所以任安才不避嫌疑，力劝太史公继续推贤。但这样说还是不通。因为照此说法，推贤进士是公事或公义，不是臣子的私事或私情。然而太史公《报书》中为何要说"恐卒然不可讳，是仆终已不得舒愤懑以晓左右，则长逝者魂魄私恨无穷"，把它讲成个人的"私恨"呢？太史公为李陵辩护受腐，自觉冤屈，现在任安即将处死，太史公不问原因，不管曲直，不做安慰，更不营救，却将不执行任安过去的一个建议或请求，当作受刑人死前的一个"私恨"来认真回答。真是太奇怪了！

（三）"责以古贤臣之义"非无的放矢。"贤臣"一词，在古籍中不时出现，但怎样才算是"贤臣"，并无明确定义。一般讲，五帝三王都有贤臣，夏之皋陶，殷之三仁，周之散宜生、南宫括以及春秋之贤大夫如楚屈原、卫蘧伯玉、晋叔向、虞百里奚、齐管仲和晏婴等都是。司马迁在《管晏列传·赞》中明白指管仲是"世所谓贤臣"，并说"语曰：'将顺其美，匡救其恶。'故上下能相亲。其管仲之谓乎！"借此引申，贤臣表现出来的积极面是"将顺其美"，要成全国君的仁心德意，一定会为国举才，不嫉贤、蔽贤而进贤，此即"推贤进士"。另一表现出来的消极面是"匡救其恶"，国君是非不明，赏罚失当，贤臣一定会忠言逆耳，谏诤补过。东汉王褒（子渊）《圣主得贤臣颂》云："及其（贤臣）遇明君遭圣主也，运筹合上意，谏诤则见听。"其中所讲贤臣的两个主要工作"运筹"（运筹是军国大事的谋划计算，包括用人任贤在内）与"谏诤"，即与此相合。基于以上对"贤臣之义"的理解，如果任安自认忠而被谤、信而见疑，系罪冤屈，而希望故友帮他伺机进言，在皇帝面前讲真话、好话，在致书时含蓄的"责以古贤臣义"，应在情理之中，不能说是"无的放矢"。

（四）"推贤进士"可以有求援之意。假若任安来书只是劝司马迁推贤进士，试问：如何推贤？如何进士？这不外乎称扬自己心中所认定的"贤""士"之德、智、仁、勇等，给予正面的评价，希望获得人主的重视与任用。如果是这样的话，则司马迁在任安来书之前，已经做过推贤进士的事。李陵以五千步兵敌匈奴一国之师，最后因矢尽道穷，救兵不至而"陷败"，汉廷上的"全躯保妻子之臣，随而媒孽其短"；司马迁"私心痛之"。为援救李陵，司马迁在武帝召问时"推言陵之功"，认为李陵"自奇士""有国士之风""虽古之名将，不能过也"；认为李陵身虽"陷败"（当时尚未降），但"所杀过当""功亦足以暴于天下"，他不是投降，而是"欲得其当而报于汉"。请问这是不是"推贤"？这是不是"进士"？司马迁既然曾经"推贤进士"，并为此付出重大代价，则任安岂能"责"以不"推贤进士"？司马迁救援李陵时采用的方式是推贤进士，则任安若曾不止一次犯过死罪，并一度期望太史公救援，帮他解释说好话，则仍然逃不脱"推贤进士"四字。故"推贤进士"四字，单独看，不会有求援的意思；放在特定时空的人事背景中去看，则可以有求援的意思。是与不是，须要个案考察。以任安的案例来讲，很有可能，而非绝无可能。

原因之一，任安可能不止一次罹犯死罪。自认冤屈，死里求生，希望亲友仗义执言、以财解困、探视安慰等，是人之常情。太史公下狱时不也是为"交游莫救，左右亲近不为一言"感到心伤吗？原因之二，《报书》不仅两次讲到"推贤进士"，也两次讲到"是非"

短长的问题。"今已亏形为扫除之隶,在阘茸之中,乃欲仰首伸眉,论列是非,不亦轻朝廷,羞当世之士邪?嗟乎!嗟乎!如仆,尚何言哉!尚何言哉!"又于书信末尾说"要之,死日然后是非乃定"。可见任安来书所言之事,是有"是非"的。"论列是非"就要道短说长,而太史公已自认"无短长之效"了。若只是推贤进士,则用人用其长,推进贤士之时,只讲长处或以长处为主便好,论"高下"便好,何必要论列"是非""短长"(道短说长即是非)?从再言"嗟乎"与"尚何言哉"的语气来看,这事是大有是非的。任安既曾身陷死罪,卷入是非,则《报书》中的"推贤进士"四字的意涵,便不能被认为绝无"求援"的可能,而只作单线思考,认为只是文字表面的意思,那太简单武断了。

(五)"慎于接物"四字在"推贤进士"之前,但八字中应以"推贤进士"为主,"慎于接物"是次要的引句。"慎于接物"是指在人事的应接处理上要谨慎小心,以免出错惹祸。谨慎小心什么?言行是也。《易·系辞上传》曰:"言行,君子之枢机。枢机之发,荣辱之主也。"处乱世、涉艰危时,尤其如此。多言贾祸,一言丧邦;一棋失着,满盘皆输。司马迁见义勇为,打抱不平,帮李陵讲话,结果落得下吏受腐的下场,此即祸从口出,多言贾祸,未能"慎于接物"。天威难测,伴君如伴虎,一言一行均当谨慎小心,临深履薄,戒慎恐惧,否则后果难料。戾太子事件时,任安为北军使者护军,掌握京城军队。戾太子召任安,以节令与任安欲其发兵助己,任安却"拜受节,入闭门不出",既不助太子,亦不助丞相。此其处大事,应巨变,不可谓不知谨慎、不能达变,故太子败逃之后,武帝认为"详(佯)邪"而原谅他;但他最后仍因笞辱钱官小吏,被小吏诬告太子反时曾言"幸与我鲜好者"[⑮],因而下吏诛死。这也可说是未能"慎于接物"。此次任安来书或许不必是求援,但此四字或八字若出现在任安下吏待死之后的书信文字中，便很可能是求援的意思，而不能看成只有"推贤进士"一种意思。因此，"慎于接物"可以说是任安与司马迁的共同经验，可以说是一种相互提醒、自我辩解与求援的话语。高等人说话文雅含蓄，间接婉转，给人留情面，自己也站稳了脚步。

四、《报任安书》的写作年月

《报书》的作年，主要有两说：一是赵翼的征和二年（公元前91年）说，清人包世臣、王鸣盛、沈钦韩、周寿昌等多主此说，近代程金造、袁传彰等人亦从之。⑰二是王国维的太始四年（公元前93年）说，张鹏一、郑鹤声、李长之、张大可、施丁等人从之。⑯两说各有理据，往复论辩，愈辨愈细，最后也都坚持己见。笔者在综览各家文字之后，思之再三，亦仍主征和二年十一月之说。试将思辨过程及理由条述如下：

（一）考据应尽量依据确实的数据进行，至少不可违背基本的史实，故应尊重第一手数据。《报书》与《自序》等作者自述文字，在无版本依据及明显错误的情况下，不应随意怀疑或推翻，以迁就己说；否则，各从己是，治丝益棼，难以客观理性讨论并获致共同结论（不必是最后答案）。

（二）司马迁自言："仆赖先人绪业，得待罪辇毂下，二十余年矣。"这是指在京师为官，侍奉武帝已有二十余年。太史公不应连自己出仕的年数都记错或算错，因此，《报书》的作年必须符合或不违背此一基本事实。太史公何年入仕？根据《自序》所言："二十而南游江淮，上会稽，探禹穴，窥九江，浮于沅湘，北涉汶泗，讲业齐鲁之都,观仲尼遗风,乡射邹峄,厄困鄱薛彭城,过梁楚以归。于是迁仕为郎中,奉使西征巴蜀以南,南略邛笮昆明,还报命。是岁,天子始建汉家之封。"太史公仕为郎中是在漫游归来之后,奉使西征之前。元封元年之前的"西征巴蜀以南",应是指元鼎六年(公元前111年),平西南夷以为五郡。但太史公仕为郎中的年代至晚应可再上推一年。王国维根据《汉书·武帝纪》,元鼎五年冬武帝曾逾陇"登崆峒",而太史公于《五帝本纪·赞》中自言"余尝西至崆峒",认为这是太史公以郎中身份侍从武帝西巡的显证。[18]

施丁认为司马迁始仕郎中,肯定在元狩年间,至迟在元狩五年(公元前118年),主要证据为《封禅书》末尾讲"余从巡祭天地诸神名山川而封禅焉。入寿宫侍祠神语,究观方士祠官之意,于是退而论次自古以来用事于鬼神者,具见其表里。"太史公既曾"入寿宫侍祠神语",而寿宫为元狩五年置,因此断言太史公至迟在元狩五年仕为郎中。[19]此说有二病:其一,太史公生于建元六年(笔者另有《太史公生年研究评析》稿,太史公生年当以建元六年为是),元狩五年时太史公十八岁,有可能当郎中,但施氏主张太史公生于景帝中五年,则太史公当时已二十八岁,似乎太晚了。其二,这段话是《封禅书》的赞,是太史公总结的评论,虽是以武帝为主,但不只讲武帝,更非只讲寿宫。寿宫是元狩五年置(见《通鉴》),但太史公入寿宫不能必定此年。因为武帝即位后,即"尤好鬼神之祀",在位数十年,始终好神仙,求长生,立祠祀,候鬼神,欲与神通。故太祝领六祠、八神,而方士所立祠犹不在内。寿宫在甘泉,甘泉是申公对武帝所言"黄帝接万灵"之处,元狩二年(公元前121年)甘泉宫落成,元狩五年(公元前118年)置寿宫神君(《通鉴》考定),元封二年(公元前109年)从公孙卿言,甘泉作益寿、延寿二观(从《汉志》解,不从梁玉绳说),通天茎台,置前殿,始广诸宫室。可见文成将军少翁虽诛死，而寿宫续存不废，且更增建。武帝常至甘泉，候祠天神，冀益寿延年，并非只到甘泉寿宫一次，故不能据此判定司马迁必于元狩五年仕为郎中。

太史公入仕之年可以早到什么时候？则视对上文的解读而定，短则"有一二年的时间足矣"，长则"假定五年也不为过"。太史公生于建元六年，则二十壮游当为元鼎元年。个人理解，太史公壮游的时间不应少于二年，因为，第一，太史公的壮游不是一般的漫游，而是游历加上游学，是有计划、有目的的。司马谈刻意栽培其子司马迁继承太史的家业，从十岁诵古文到二十岁，司马迁的基础教育已经完成。二十岁后进入一个新阶段，要其爱子游历天下，行万里路，但不是为了游山玩水，而是基本上以学习为目的，锻炼体魄，增广见闻，把握机会，自由吸收。这与秦皇汉武出巡的动机、条件与限制是不一样的。第二，因为是游学，所以应将"讲业齐鲁之都"特别计算进去。齐鲁两地经济优、文化高，是孔子的故乡、儒者的居地，是汉初学术振兴的重镇。"业"是经书的大版，《国语·周语上》："三时务农而一时讲武。"韦昭注："讲，习也。"讲武即习武。《左传·昭公七年》："孟僖子病不能相礼，乃讲学之。"注："讲，习也。"习礼亦称讲。《说文》："业，大版也。所以饰县钟鼓。"是覆在悬挂钟鼓等乐器上的装饰物；又指筑墙用之大版，见《尔雅·释器》；又指书册之版。《礼记·曲礼上》："先生问焉，终则对，请业则起，请益则起。"郑玄注："业，谓篇卷也。"是解说，不是正名。故宋翔凤《过庭录·管子识误》云："古人写书用方版，《尔雅》'大版谓之业'，故书版亦谓之'业'。郑训'业'为'篇卷'，以今证古也。"又，"业"亦指写字用的业版。马瑞辰《毛诗传笺通释·周颂·有瞽》："至弟子之言习业、讲业，皆谓书所问于版，以备遗忘。盖弟子之有业版，犹人臣之有笏。"因此，"讲业齐鲁之都"表示，司马迁曾在齐鲁两地停留较长久的时间，研习学业，深有所获，所以才会说"观仲尼庙堂、车服礼器""衹回留之，不能去云"。因此，笔者以为保守的估计，司马迁仕为郎中之年不应早于元鼎三年，至晚则为元鼎五年。"二十余年"是多少年？理论上，二十一年至二十九年皆可适用。实际上，检索《史记》《汉书》中"二十余年"的例子，可考者都在二十三至二十八之间。[20]《屈贾列传》"贾生以为汉兴至孝文二十余年"，《张丞相传》"自汉兴孝文二十余年"，核算实为二十八年。从元鼎三年或五年计后二十一年，应为太始三年或征和元年；计后二十三年，应为征和元年或征和三年。因此，依据太史公"待罪辇毂下二十余年矣"一句，便可知《报书》的作年不得早于太始三年，严格地说，不能早于征和二年。因此，《报书》写于太始元年冬的新说[21]明显不能成立，而太始四年说尚勉强可列入考虑。

（三）《报书》云："涉旬月，迫季冬，仆又薄从上雍。"此句可证明《报书》必作于十一月，但是年十二月后当有武帝幸雍的记载，才能与《报书》相合。雍在陕西扶风汧县，是武帝郊天、祠畤、休养、打猎之地。甘泉宫亦在此。武帝一生幸雍多次，据施丁考察，武帝"行幸雍"的记录有元光二年冬、六年六月、元狩元年冬十月、元鼎四年冬十月、五年冬十月、元封二年冬十月、四年冬十月、太始四年十二月、征和三年春正月；另据《李将军传》，李敢"从上雍，至甘泉宫猎"，此为元狩五年事；元封六年冬、太初四年冬、太始二年春正月，"行幸回中"，天汉二年"还幸回中"，也都曾行幸雍。依上文，《报书》作年无论如何不会早于太始三年，故吾人只需考虑太始四年以后的幸雍纪录。《汉书·武帝本纪》书："征和三年春正月行幸雍，至安定北地。"一般反对征和二年说的人，引此条文字多省去"至安定北地"一句，以突显只有太始四年相合。其实，本纪记事简括，将征和二年十二月幸雍，三年正月至安定北地，约写成"征和三年春正月行幸雍,至安定北地"是完全可以的。因为"《汉书·武帝纪》说的是具体到达雍地的时间,而《报任安书》说的是迫于要跟随武帝去雍的出发时间,所以二者是完全相合的。"㉒更何况,"正月"的文字要涵盖到达"至安定北地"的时间。

(四)"会东从上来"是什么意思?《报书》写在"东从上来"之年,一般解为"从武帝还"(《汉书》服注),这是考据的另一线索。问题是"东从上来"是往东(从西向东),还是自东(从东向西)?这要由"当事人所在处所或叙事者立足点"㉓来决定。譬如,老子出关故事,关尹在函谷关望见紫气而知真人将至,故曰"紫气东来";但若从洛阳或长安看老子西行,就只能说"紫气西去"了。又譬如李白《公无渡河》诗句:"黄河西来决昆仑,咆哮万里触龙门。"此"西来"是指黄河之水,诗人写此诗时已将河水拟人化,欲先来决昆仑再去触龙门,故可如此写。若是诗人站在昆仑观河水来决,便只能说黄河"东来"或"北上"了。

"东从上来"基本上是讲东来,然而司马迁写信的地点,亦即"当事人所在处所或叙事者立足点",具体在什么地方,却无法断定。即使太史公从武帝还京可被接受,《报书》可写在途中,也可写在还京后,这是无法判定或统一规定的。因此,无法根据此点断定哪一种说法正确;只要无明显违背之处,任何说法都有它的可能。

因为太史公写信地点不明,因此我们判定王国维将"东从上来"解为由东向西的方向不一定不符,他所说的时间却有问题。他根据《汉书·武帝纪》解为"是岁(太始四年),春三月行幸太山;夏四月幸不其;五月还幸建章宫";将"会从上东来"解为"是岁(太始四年)春三月,行幸太山;夏四月,幸不其;五月,还幸建章宫"。问题是,《报书》虽不必写于太始四年,却必定写于十一月,从"五月还幸建章宫"到十一月约有半年时间,与书信内容"相见日浅,卒卒无须臾之间"不合。而且,王国维将"会东从上来"改为"会从上东来",在版本上没有根据,在文意上也略有区别。

(五)任安卒年与"吾常活之"亦应探讨。太始四年说还有一个明显的缺点,就是没有具体说明任安来书的动机和内容,解读《报书》的真正作意是什么。

《报书》篇首称"今少卿抱不测之罪""恐卒然不可讳""则长逝者魂魄私恨无穷",结尾又说"要之,死日然后是非乃定",首尾都在讲死。据此,任安分明是获死罪且行将就死之人。书信中看不出任何免死、减死的希望,也看不出任何要拯救老友的意图或行动,甚至安慰的话语;任安这次是死定了,结语"要之,死日是非乃定"即包含此意。试问任安因何事获此重罪?又如何能逃过此劫,而活到征和二年呢?

王国维解释说:"当坐他事。""他事"是何事?全无内容,于史无征。这只是推想。王国维又引武帝在征和二年欲诛任安之前曾说"安有当死之罪甚众,吾常活之",认为武帝曾免死任安,"活之"。这样讲也有疑点。首先,《史记》原文是"吾常活之",王国维引作"吾尝活之"。古书中"常"与"尝"有时相通,但并非一律通用。"尝"是一次,"常"是多次。罪甚"众"与"常"活之相应,在此应是"常"字。把"常"字改为"尝",于版本无据,在文意上出入颇大。其次,"吾常活之"一句,可从两方面设想。一是此话属虚。欲加之罪,何患无辞。武帝在明白太子冤死的实情后,心存报复,欲诛杀曾与太子对立或未曾帮助太子的大臣,故出此言。若是如此,则太始四年任安的死罪是怎么逃过的?二是此话属实。武帝敢用人、杀人,甚至杀大臣、丞相。司马光写武帝"心严峻,群臣虽素所爱信者,或小有犯法,或欺罔,辄被诛之,无所宽假"[24],这是事实,但也不能绝对化。大皇帝喜怒由心,生死一念,天威难测,我们也不好说一

《报任安书》析论 | 61

定不足信或是褚少孙编造。但任安是当时人物，又是司马迁的故人，他多次免了"当死之罪"，为何《史记》只字未提，甚至在《报书》中也无踪影呢？我们不能说必无此事，但此空白总是太始四年说的一个大缺点。

（六）"曩者辱赐书"与"阙然久不报"亦要探究。相较于太始四年说而言，征和二年说的问题较小，且可以有具体的解说。若《报书》作于征和二年十一月，其时正在戾太子事件之后，任安已被钱官小吏诬告系狱待罪。据《汉书·武帝纪》，戾太子发兵在征和二年七月壬午，出亡在庚寅（第九日），自杀于湖（县）在八月辛亥。从出亡到自杀，共计二十二日；从发兵到自杀则足足一个月。又据《汉书·武五子传》，壶关三老令狐茂上书中有言："亟罢甲兵，无令太子久亡。"那么，令狐上书的时间应在七月壬午到八月辛亥之间。车（本姓田）千秋两次上书讼太子冤，第一次也应在八月辛亥之后。此时武帝开始有些知道太子是被冤枉的。恰在此时，任安被钱官小吏诬告，武帝因心态转变，将之投狱治罪，当在九月间。

问题是从九月到十一月，只有两个月左右的时间，这样的时距能不能算"久"？因为《报书》言"阙然久不报"（"久"字，《汉书》无，《文选》有），这样的时距仍在同年之内。按《报书》称"曩者辱赐书""今少卿抱不测之罪"，是否来书与回信应间隔一年以上？笔者认为并无问题，理由如下：《尔雅·释诂》："曩者，久也。"《释言》又曰："曩者，向也。"邢昺《疏》解释为："自今而道既往，或曰曩，或曰向。"古、往、今、来，都是相对的观念，且是动态关联的。自今以往都是"往"，往日、往年、往世都是"往"，约二个月前左右的时间当然也可以是"往"，写成"曩者"应无不可。

怎样才算"久"？实际上并无一个固定的时间数据，而主要是一种心理感觉，甚至与文化观念有关。生活无目标，无聊混日子，觉得日子难挨,就会想法子"消磨时间";目标清楚,认真办事,事情老做不完,就会觉得"光阴似箭";如果生活窘迫,前途渺茫,或困守铁窗,亲友离弃,便会觉得"度日如年"。这些都是主观的感受,由当事人所处的情境来决定。以任安与司马迁书信之事而论,若"推贤进士"只是一般表面的意思,两个月左右的时间,或许还可以说不算"久";但若是任安系狱待刑,自认冤屈,欲死里求生,故向老友求救,则他必日夜引颈期盼佳音回报,其心情当如热锅蚂蚁,其感觉应有似度日如年。如此,则两个月左右的时间实在够"久",与"曩者辱赐书"及"今少卿抱不测之罪"之间的时间距离也不会冲突。不但如此,如果我们在"曩"与"今"两字之外,再注意到"会东从上来"的"会"(刚好遇到、碰上)字,就会理解到"曩"与"今"之间的事情至少应是同一年之间的事情。相隔一年以上的来信,到现在才要回答,需要用刚好遇到某件事情所以才能回信来解释吗?

(七)注意"故人益州刺史任安"。求援说的真正疑点,在于任安来书的时间。《汉书·司马迁传》写"故人益州刺史任安予迁书",把任安写成"益州刺史",而不是监北军使者。任安何时为益州刺史?根据《水经注》卷三三"(江水)又东南过犍为武阳县"下注文:"(武阳)县故大夜郎国。汉武帝建元六年开置郡县;太初四年,益州刺史任安城武阳。"可知任安至迟在太初四年(公元前101年)为益州刺史,任期短则数月,长则九年。[25]但征和二年戾太子事件时,任安的身份是"监北军使者"。因此,论者以为身份与时间不合,故将任安来书时间提前。袁传璋虽力主《报书》作年为征和二年十一月,但对任安来书时间亦从王国维太始四年说。[26]笔者对此却有不同理解,认为可能并不冲突。试申述如下:

第一,《汉书》文字应当属实,特别在无版本异文的情况下,更应予以尊重。问题出在对文字的解读上。

第二，解读文字应注意到许多问题，包括古今文字使用习惯的不同，文字的类别性质，以及个别的情况与特殊需要等，不能完全只就字面作理解。如史书记事简约，每有省略，若逢此例，就不能执着字面理解。举例来说，《汉书·武五子传》记："车千秋复讼太子冤，上遂擢千秋为丞相。"实际上，参看《史记·将相表》和《建元以来侯者年表》补表"富民侯"栏、《汉书·百官公卿表》，便知车千秋是先拜大鸿胪，再拜丞相，并非一步到位。

第三，假若任安是在征和二年戾太子事件后致书司马迁，则此时正系狱待罪，他的身份已非"监北军使者"，此时用"监北军使者"称呼并不适合，用旧衔"益州刺史"称呼任安反较妥当。若说应加一"故"字，写成"故人故益州刺史任安"，一则不辞，二则古人称呼他人并非如此千篇一律，绝无例外。李广与人田闲饮酒，夜还霸陵亭，霸陵尉呵止，广骑代答"故李将军"。当时李广已赎为庶人，在此场合中，有此必要加一"故"字回答，以明确实身份。但并非所有情况均是如此。

第四，史书中有无不称现职，反称旧衔的事例？有。例如，《史记·东越列传》记载："建元三年，闽越发兵围东瓯……天子问太尉田蚡。"但查《史记·将相表》，田蚡于建元元年为太尉，二年"蚡免太尉，罢太尉官"；《汉书·百官公卿表》记载同。但太史公写武帝于建元三年"问太尉田蚡"，仍称旧职官名。因田蚡为太尉，已习知通用，为行文方便，故如此写。又如，《史记·卫将军骠骑列传》记将军韩说："以太初三年为游击将军，屯于五原外列城。为光禄勋，掘蛊太子宫，卫太子杀之。"《卫将军传》后附传几位裨将，格局分量不同，都只能略写始末。掘蛊太子宫是征和二年事，但未写出年代，此即省文略写；若不明此，单看两句，会误以为是太初三年事。韩说掘蛊太子宫时的身份是"光禄勋"，光禄勋原名"郎中令"，武帝太初元年始改名，典领禁军，掌宫殿门户宿卫，所以才能掘蛊太子宫。《将相表》征和二年栏写"七月壬午，太子发兵杀游击将军说、使者江充"，却将韩说身份写成游击将军。这同样也是以旧衔称呼他。韩说于太初三年便为游击将军，又于天汉四年（公元前97年）与贰师将军李广利、因杅将军公孙敖皆出匈奴。他担任游击将军的时间长（最少六年以上），名气响亮、众所皆知；因功升任九卿之一的光禄勋，是事属后起。《将相表》重视将相的结局，故仍以"游击将军"旧衔称呼韩说（其实，韩说当时还有一个"案道侯"的身份，是爵名，见《史记·建元以来侯者年表》"龙"栏下；又见《汉书·武帝纪》《武五子传》；据《汉书·魏豹田儋韩王信传》，韩说为韩嫣弟，先为横海将军，以击破东越，封按道侯）。同样的情形，若任安于征和二年秋系狱待罪时致书司马迁，史家以"益州刺史"称呼他，不是不合理，也不是不可能的。任安事迹见存的，除《史记》《汉书》的有限记载外，就属曾任益州刺史"城阳武"一事了。

附带说明，上举《卫将军传》与《将相表》两条文字，学者会有不同意见。梁玉绳认为："为光禄勋以下十四字，后人以征和二年事误入也，当删。"这是臆测无根之言，韩说为光禄勋，不见于他处，这是后人能编造续入的吗？因不合己意，便疑而伪之，进而欲删之，这不是好方法。如果人人如此论学，自然难有真正的对谈并获致合理的结论（不必是最后的答案）。《将相表》也有相同情形，因为牵涉《史记》断限的问题，《将相表》文字的真伪，学者之间也存在各种不同的意见。但笔者意见较保守，认为《将相表》基本上不伪，原表写至征和二、三年是合理、可能的。此非三言两语可以说得明白，来日当有专文讨论。

五、《报任安书》的作意与司马迁的隐衷

上文考定《报书》作于征和二年十一月的可能性较大，而书中"推贤进士"一语可以有"求援"之意。二者相结合看，则任安来书与戾太子事件有关，而来书之"推贤进士"一语与"求援"有关，大有可能，不可径予摒弃。今据此分析任安来书之背景与司马迁《报书》的作意与隐衷如下：

（一）任安来书与戾太子事件

第一，任安受节不发兵。

关于戾太子事件的首尾曲折，必须参看《田叔列传》末褚先生的补记，《汉书》的《公孙贺传》《江充传》《武五子传》《刘屈氂传》以及荀悦《前汉纪》中的有关记载，才能明白。在此仅能简述经过。武帝晚年，戾太子（卫太子据）生母卫后宠衰，江充用事。江充与戾太子及卫后家有隙，害怕武帝晏驾后被太子所诛，欲先发制人。正巧征和二年（公元前91年）巫蛊祸起，武帝年老多病，怀疑左右用蛊道诅咒他，就命江充穷治蛊道。江充乘机为奸，便说宫中有蛊气。于是武帝就派按道侯韩说、御史章赣、黄门苏文等人协助江充治蛊。江充进入太子宫内，掘出了几个桐木人。这时武帝在甘泉宫（陕西淳化县西北）避暑养病，皇后和家吏请问都不得回报。太子觉得情形可疑，又恨江充跋扈，专门离异他人父子骨肉，就派人收捕江充，并且发中厩车士，出武库兵，发长乐宫卫，召集百官，告以皇上卧病甘泉，江充等谋反。太子捕得江充，并亲自临斩，发兵入丞相府。武帝听信逃回来的章赣和苏文的报告，以为太子谋反，就令丞相刘屈氂发兵交战，自己又从甘泉力疾回到长安城西的建章宫，以表示太子说他卧病甘泉并非事实。太子在发兵部署的时候，曾经

持节召监北军使者任安,命他发兵助战。可是任安"受节已,闭城门,不肯应太子"。节代表君命,不受节即违抗君命,是死罪。受节应发兵,发兵则杀丞相,而丞相此时奉君命,变成与武帝对抗,还是死罪。若以丞相为代表君命,不受节而发兵杀太子,一则不受节不能发兵,发兵即违命;二则纵使发兵,太子是君嗣,此是皇家骨肉之争,一旦涉入,前后凶险难料。因此,任安采取权变的措施,受节而不应。少了北军的助战,太子的人马和丞相的军队在城中合战五日,"死者数万人,血流入沟中"[27]。最后,太子兵败,由于城门司直田仁的纵放,太子从覆盎门(长安城南门,又名杜门)逃出,逃到长安东面的湖(县)地,藏匿在泉鸠里。不久,被人发觉,主人格斗死,太子也闭户自经而死。时为征和二年八月辛亥。

第二,上书讼冤与武帝心理的转变。

太子败亡前后,武帝对事件的处置和反应,本文基本上依据程金造的分析而略有订正,[28]可以分为二个阶段说明。第一阶段,武帝以为太子谋反,因此,武帝从甘泉回建章宫后,立即诛死放走太子的城门司直田仁,同时"切责"阻止丞相斩田仁的御史大夫暴胜之,暴胜之惶恐自杀。回到长安城后,又赏赐那些力战与系捕太子的人,征和二年七月癸巳封大鸿胪商丘成为侯(距太子壬午发兵仅十二日,可见明快),同年九月又封张富昌为题(踶)侯,李寿为邘侯。将那些随从太子或为太子而战的人都治以重罪。至于任安,武帝"以为任安为佯邪,不傅事,可也"[29]。这表示武帝对任安的权变,谅解不责怪。因为任安虽然没有助丞相(即助武帝),但也没有助太子(不傅事);否则,情势逆转,后果难料。第二阶段,武帝理解到太子是被迫发兵,太子是冤死的。就在太子逃亡的时候,壶关三老令狐茂上书说:太子是受困于奸臣江充,不能自明,冤结在心,因此忿而发兵,诛杀江充,"子盗父兵,以救难自免耳,臣窃以为无邪心",并劝武帝"无令太子久亡";书奏,天子感寤。㉚接着,车千秋也上书讼太子冤。武帝经过调查后,逐渐理解到事情的真相:太子是君嗣,焉能造反?子盗父兵,并无他意。然而太子已自经,武帝深怜太子无罪而死,"乃作思子宫,为归来望思之台于湖"㉛,希冀能一望太子魂魄之归。田千秋(车千秋本姓田)有功,起用后于征和三年九月擢升为大鸿胪(征和四年六月又升为丞相)。由于对事件的认识有变,原本以为有过的已经罚了,难以弥补,原本有功的却变成有过。江充已死,武帝后来以事"夷充三族";㉜又焚苏文于横桥;领兵与太子作战的丞相刘屈氂,也于次年六月下狱腰斩,妻子枭首。这些都充分表现出武帝心中的悔恨怨毒。而这些心理的变化,最早起于令狐茂和田千秋的上书,应该是在是年八、九月之时。

在此须要特别说明的是:

一则令狐茂上书的时间是在太子逃亡未得之时,否则不会说"令太子久亡"。令狐上书后,武帝只是"感悟",尚未能完全释疑(八月辛亥捕得太子时,太子已自缢而死);田千秋上书的时间,则在其后,是时武帝"颇知"太子惶恐无他意,"乃大感寤";等到"久之,巫蛊事多不信,上知太子惶恐无他意",才确信太子非造反。

二则巫蛊事件是大案,武帝事后必全力尽速彻查,尤其因为其中有大疑情。由于事件牵涉的人、地、事、物都在京城或其周边,调查不会耗时经年。"久之,巫蛊事多不信"的"久之",估计时间为一个月左右。车千秋第一次上书的时间,应在武帝"上知"之前。若在事件查证清楚,"上知"之后才上书进谏,便无意义,更谈不上有大功了。

三则武帝虽在九月底前已逐渐证实太子非造反,但并未为太子翻案平反(卫太子仍称"戾太子",死后葬"戾园"),因为这是他自己造成的错误。因此,表面形式的赏罚仍须照做,山阳卒张富昌与新安令史李寿"共得卫太子",分别封为题(蹑)侯与邗侯,仅得八百五十八户与一百五十户,但真正能反应武帝心理变化的赏罚,则在此后。

四则受重赏的主要是田千秋。征和二年(九月?)田千秋第一次上书时的身份是"故高庙寝郎"[33],征和三年九月继商丘成为大鸿胪,征和四年六月拜为丞相[34],不到二年的时间,即从平民升到丞相。"故高庙寝郎"是平民,只是曾经做过高庙寝郎,还不是皇帝身边的郎官。从平民不能一步跃登九卿之一的大鸿胪,应为迭次超迁,一年后到达,史文简括,未能细列罢了。田千秋体貌甚丽,武帝见而悦之,说:"此高庙神灵使公教我,公当遂为吾辅佐。"[35]遂者,终也,竟也,即期望田千秋最后成为武帝的左右手;在此之前,中间应有一过程。故"立拜千秋为大鸿胪"的"立拜"恐怕不能如颜师古解为"当其立见而拜之",这恐怕不是实情。

五则武帝既知太子冤死,心态大变,意在为子报仇,故赏罚倒置,受到重罚的是后来的"夷(江)充三族",焚苏文于横桥,腰斩刘屈氂,妻子枭首,还有就是早先的欲诛任安。由于诛杀严厉,所以征和四年六月田千秋为丞相后,"见上连年治太子狱,诛罚尤多",遂二次上书"劝上施恩惠,缓刑罚"。[36]"连年"治太子狱,不能凭空加罪,至少也要借题发挥,钱官小吏告任安之事应属其一。

第三,诬告与求援。

武帝心理既然转变,那么对任安的受节不应就有了不同的看法。若是任安肯受节发兵,太子岂不是可免冤死?此时适巧发生一事,任安笞辱北军钱官小吏,小吏上书告任安受太子节时曾说:"幸与我其鲜好者。"武帝一听之下,便说:"是老吏也。见兵事起,欲坐观成败,见胜者欲合从之,有两心。安有当死之罪甚众,吾常活之,今怀诈,有不忠之心。"[37]武帝把任安看成"老吏",认为他坐持两端,以观成败,怀有二心,且恨他不助太子,间接造成太子冤死,所以

《报任安书》析论 | 69

要处他极刑大辟。

可是，这在任安看来，却认为自己是冤枉的。他以为自己受太子节而不发兵，这就等于帮助了丞相，也就帮助了武帝；即使无功，至少无过。现在入狱待刑，纯是由于小吏诬告，并非事实。为死里求生，洗刷冤情，他自然想起了现任中书令、"尊宠任职"的老友司马迁。任安写信给司马迁，希望他能在武帝面前"推贤进士"一番，也就是设法援救。这是事态自然的演变与合理的推测。

（二）《报任安书》的作意

司马迁接到任安来书后，心中十分为难。他知道武帝的心理变化，知道武帝心中怨恨悲痛，意在为子报仇。平时在武帝身侧，已有伴君如伴虎之感；现时的武帝，更是天威莫测。司马迁知道事已无可挽回，这时若有人强谏，必定又是捋虎须、撄逆鳞，自取灭亡；而以自己隐忍苟活的目的而言，他是决不愿意重遭李陵之祸的。这倒不是他厚李陵而薄任安。论交情，他与李陵"素非相善""趣舍异路""未尝衔杯酒，接殷勤之欢"；而他与任安则是老朋友。司马迁心里是痛苦的。八年前，他为一个"素非相善"的李少卿（陵字少卿）仗义执言，结果落得"身残处秽"的下场；现在一位故交老友任少卿来信向他求援，而他却无法拔刀相助！司马迁如何把任安有死无救的消息和自己见死不救的苦衷告诉任安，使任安知道答案并谅解自己的痛苦呢？他写了一封悲愤抑郁、荡气回肠、感人至深、流传千古的长信——《报任安书》。以下分三小节分析《报书》的内容、作意与隐衷。

第一，《报书》内容结构。书信长约二千三百字，今分段叙述大意，以明其主旨。

全文分六节：

1. "阙然久不报"（起讫参看本文第二节《报任安书》读本）。首节是答任安之词，以"推贤进士"概括对方来书之意，并说明未能实时回信的因由。

2. "无短长之效"。二节愤己之被刑，说明刑余之人"无短长之效"，此时不能在朝廷上"论列是非"。

3. "少卿所亲见"。三节讲自己遭李陵之祸受腐，"重为天下观笑"，是任安所亲见，我不是不肯救人的人。

4. "隐忍苟活者"。四节讲自己所以自乞腐刑，隐忍苟活，主要是"恨私心有所不尽，鄙没世而文采不表于后也""惜其不成"，即为完成《史记》而苟活。

5. "诚已著此书"。五节讲自己发愤著书留名，一旦《史记》完成，就是自己赴死之日，万死不辞。

6. "与私愱剌谬"。末节讲因此你要我"推贤进士"，实在与我的私愱（苟活著史）相违背。此事已定，多言无益，一切是非都只有死后留待后人去评定。

以上从《报书》的内容结构来看，明显是拒绝对方的请求，说明自己隐忍苟活是为了要完成《史记》，不是不想救任安，而是救不了，也不能救。

第二，为何不就死，也不自裁。隐忍苟活，生不如死。但为何不就死或自裁，一死了之，以免此苦此辱呢？司马迁说自己并非怕死，知道历史上的著名人物，像西伯、李斯、淮阴、彭越、张敖、绛侯、魏其、季布、灌夫等人，身至王侯将相，声闻邻国，可是等到"罪至罔加"的时候，他们"不能引决自裁，在尘埃之中，古今一体，安在其不辱也！""且夫臧获婢妾犹能引决，况若仆之不得已乎！"连"臧获婢妾"这等微贱之人，在必要的时候都懂得引决自裁，义不受辱，更何况以"忼慨之士"自许、"颇识去就之分"的司马迁?但是,司马迁不能在这时候死去,原因可分三层意思来说。

一是如果现在死去,别人还以为自己是罪有应得,这样死得不明不白,毫无意义。所以他说:"假令仆伏法受诛,若九牛亡一毛,与蝼蚁何异?而世又不与能死节者比,特以为智穷罪极,不能自免,卒就死耳。"二是如果现在死去,有何面目去见父母?司马谈遗命著史,现在《史记》未成,更有何面目去向父亲复命?所以他说:"仆以口语遭遇此祸,重为乡党戮笑,污辱先人,亦何面目复上父母之丘墓乎?"三是如果现在死去,不但对父亲没有交代,对历史文化也无法交代。《史记》的成否,不仅关系到父亲的遗命,也关系到"天下之史文"。司马迁自觉对历史文化负有责任,他不能"废天下之史文",这一点要参看《太史公自序》才能明了。"死或重于泰山,或轻于鸿毛",由以上三点来看,现在不能去死,要把死看得很重,"重于泰山",不能轻易赴死;否则,这样死去的价值,真要"轻如鸿毛"了。[38]

第三,惜其不成。征和二年,距司马迁为太史令(元封三年)已经有十八年,《史记》已经成形,但尚未成书。何以知之?司马迁自言:"仆窃不逊,近自托于无能之辞,网罗天下放失旧闻,考之行事,综其终始,稽其成败兴坏之理,上计轩辕,下至于兹,为十表,本纪十二,书八章,世家三十,列传七十,凡百三十篇,亦欲以究天人之际,通古今之变,成一家之言。草创未就,适会此祸,惜其不成,是以就极刑而无愠色。仆诚已著此书,藏之名山,传之其人通邑大都,则仆偿前辱之责,虽万被戮,岂有悔哉!"从这段文字看,全书分五体,百三十篇,结构宗旨已完整;但先列"表"后列"本纪",与成书后的"本纪"先于"表"不同。故知此时《史记》尚未完成,但规模已具。司马迁因为"惜其不成",所以才自请宫刑(天汉三年)。等到征和二年写《报书》时,《史记》的写作当近尾声,但还是没有完成；否则不会说"仆诚已著此书""虽万被戮，岂有悔哉！""诚"是果真，是假设之辞；真要能够让我完成《史记》，虽万死不辞。司马迁同样是因为"惜其不成"而拒绝任安的请求。不是不想救你，而是救不了你，也不能救你；你有是非冤屈，难道李陵没有是非冤屈，我司马迁没有是非冤屈，历史上多少人物没有是非冤屈要论吗？这些都留待后人去论吧！请你谅解我。这就是《报书》全文的主意。"惜其不成"是通篇眼目。

（三）司马迁的隐衷

《报书》的作意是回绝任安"推贤进士"的请求，表示自己本来应死却为完成《史记》而自请宫刑，所以《史记》及司马迁不能再为任何人而牺牲。但为什么一定要选择走自请宫刑这条路，则司马迁还有他的隐衷。试分析如下：

第一，诬罔罪与自请宫刑。司马迁因李陵案获罪，被判的是诬罔罪，而不是腐刑。《报书》云："因为诬上，卒从吏议。""因为诬上"是指被告犯了"诬上"，即"诬罔""罔上"之罪；"卒从吏议"是指被定为此罪。"诬罔"罪在汉代是死罪。[39] 方士栾大即是坐诬罔罪腰斩（元鼎五年）。今既已被判死罪，欲求生路，只有两种可能：一是赎钱减死一等。依汉代法律，只有死罪才能赎减，需要入钱多少，前后不等。[40] 天汉四年秋九月，"令死罪（人）[入]赎钱五十万减死一等"[41]。从这条法令来看，约需五十万钱。二是改受腐刑减死一等。景帝中元四年有诏："死罪欲腐者许之。"以后武帝及东汉诸帝都沿用此诏。但司马迁只是俸秩六百石的官，"家贫，货赂不足以自赎"，又"交游莫救""左右亲近不为一言"，则剩下的便只有自请受腐一条路了。这一点极重要，前人姚鼐、赵铭、钱穆等都已讲到，但有些人还是疏忽了，故须特别强调。

第二,"最下腐刑极矣"。受腐则生,但生不如死,司马迁把腐刑看成最大的耻辱。他说:"太上不辱先,其次不辱身,其次不辱理色,其次不辱辞令,其次诎体受辱,其次易服受辱,其次关木索被箠楚受辱,其次鬄毛发婴金铁受辱,其次毁肌肤断支体受辱,最下腐刑极矣。"他将辱分为十等,而认为最下极的辱就是腐刑,所以又说:"行莫丑于辱先,诟莫大于宫刑。"真是一切的耻辱没有比宫刑更甚的了!所以又引自古以来受宫刑的人被人贱视的例子说:"昔卫灵公与雍渠载,孔子适陈;商鞅因景监见,赵良寒心;同子参乘,爰丝变色:自古而耻之。夫中材之人,事关于宦竖,莫不伤气。况忼慨之士乎!"司马迁心中是以"忼慨之士"自许的,他怎么能够忍受这种自古而耻、"莫不伤气"的奇耻大辱呢?

司马迁最后还是自请宫刑了。受腐之后他所感受到的耻辱,可分三层意思讲。首先,《孝经》说:"身体发肤,受之父母,不敢毁伤,孝之始也。"一般人尚且以毁伤发肤为不孝,何况是去势绝后的腐刑?所以说"诟莫大于宫刑"。受刑之后,司马迁虽然是"尊宠任职",但他用"刑余之人""闺阁之臣""扫除之隶"来自称,说自己是"大质已亏缺""身残处秽""在阘茸之中"。其次,古者"刑不上大夫",为的是鼓励和培养士节,所以说:"士有画地为牢,势不可入;削木为吏,议不可对,定计于鲜(借为'先'字)也。"太史令是下大夫,受腐不但是"刑上大夫",而且是"最下""极矣"之刑,这是何等耻辱。再次,除了上述二层耻辱外,司马迁还有一种愤慨,以为自己为李陵仗义执言,忠而被刑,为善无报,有如他在《伯夷列传》中所说的公正发愤每遇祸的情形。

第三,自救的唯一生路。即使是这样子的耻辱,司马迁还是选择生不如死的腐刑。这不是贪生,而是"所以隐忍苟活,函(臽—陷,或作幽于)粪土之中而不辞者,恨私心有所不尽,鄙没世而文采不表于后也"。私心未尽,文采不表,这都是为了《史记》,他想到历史上的故事,"盖西伯拘而演《周易》;仲尼厄而作《春秋》;屈原放逐,乃赋《离骚》;左丘失明,厥有《国语》;孙子膑脚,《兵法》修列;不韦迁蜀,世传《吕览》;韩非囚秦,《说难》《孤愤》;《诗》三百篇,大氐贤圣发愤之所为作也。"他以这些例子自镜自励,而悟到必须隐忍苟活,完成《史记》。

完成《史记》的目的有三:一则以《史记》报命。下狱受辱,已是辱了父母的遗体,不能再辱父母的遗志、遗命;所以必须完成《史记》,才能复上父母的丘墓。二则以《史记》立名,并借以雪耻扬先。古人将名看得很重,烈士要"徇名",闾巷之人要"砥行立名"[42],司马迁也说"立名者,行之极也",并屡次引孔子的话说:"君子疾没世而名不称焉。"[43]可见君子也是重名的。又说:"天下君王至于贤人,众矣。当时则荣,没则已焉。"[44]"古者富贵而名摩灭,不可胜记,唯俶傥非常之人称焉。"可见立名是很难的。司马迁自信,若能完成《史记》的论著,《史记》必能传诸后世,自己也必可因《史记》而立名。司马迁能够立名,做到"行之极也",才能一洗所受宫刑之耻辱;司马迁能够立名,做到司马谈所说的"扬名于后世,以显父母,此孝之大者",才能光扬祖先,稍赎自己毁伤父母遗体的罪过。三则司马迁出身太史世家,为董仲舒、孔安国弟子,复以接周孔、继《春秋》自期,故唯有完成《史记》,才能不"废天下之史文",对历史文化作出交代。这样说来,司马迁的"隐忍苟活",续成《史记》,竟是他自救的唯一生路和寄望。试想,在当时,司马迁除了自请宫刑,还有别的路可走吗?

六、"太史公牛马走"的解读

精确解析《报书》的作意与隐衷之后，回头再看书首"太史公牛马走"六字，便有可能产生新的理解。但仍须从"太史公"与"牛马走"二词的个别考据出发。

（一）"太史公"不是官名

"太史公"是官名还是尊称，是一个老问题。因为此一名称的含义牵涉对"太史公牛马走"的解读，故必须做一综合评析。认为"太史公"当为官名的主要依据有三：

一是《汉旧仪》："太史公，武帝置，位在丞相上。天下计书，先上太史公，副上丞相，序事如古《春秋》。迁死后，宣帝以其官为令，行太史公文书而已。"[45]

二是《西京杂记》卷下："汉承周史官，至武帝置太史公。太史公司马谈世为太史……谈死，子迁以世官复为太史公，位在丞相下（下文有说）。天下上计，先上太史公，副上丞相。太史公序事如古《春秋》法。……宣帝以其官为令，行太史公文书而已，不复用其子孙。"

三是《汉旧仪》："太史公秩二千石，卒史皆秩二百石。"[46]

根据以上的材料，可以得出几个要点：太史公，武帝置，秩二千石，位在丞相上；司马谈父子相继为太史公；迁死后，宣帝以其官为令。如果没有其他材料可资考证，我们当然可以同意此一简单结论，但实情恐非如此。试评析如下：

一是《汉旧仪》记载西汉典章礼仪，是东汉初年卫宏作；《西京杂记》采辑西汉遗文逸事，旧题刘歆撰，《隋书·经籍志》则认为是晋代葛洪作。两书的史料价值，不容否认。但仅就"太史公"一词而论，上举史料的价值，不应超过时代更早的当事人自身论述与更严谨正式的历史记载。

二是《汉书·百官公卿表》是记载西汉官制的专篇，其史料价值在《汉旧仪》与《西京杂记》之上，但《百官公卿表》中只有太常属官"太史令"，而无二千石的位在丞相上的"太史公"。这一点，晋灼已经指出："《百官表》无太史公在丞相上，又卫宏所说多不实，未可以为正。"[47]或以"西汉官职不见于《百官表》甚多"为解。但小官职可以漏列，二千石的官不应漏列。《百官表》记载官制的演变，如景帝六年"奉常"更名"太常"，武帝太初元年"大行令"改名"大鸿胪"等。二千石的"太史公"如为武帝所置，且于宣帝时为"太史令"，此一官制变化，实无不加记载的理由。且班家与太史公最有渊源，班斿受赐《太史公书》，[48]班彪续《太史公》，班固为兰台令史，受命撰史，览阅中外书籍最多，其《汉书》又多仿录《史记》，可以说他是汉代除了杨恽之外最了解司马迁及其《史记》的人。如果真有司马谈父子担任二千石"太史公"一官之事，班固是不应不知而且不记的。在这一点上，我们宁信《汉书》而不取东汉的卫宏与西汉末的刘歆或晋代的葛洪。

三是太史公父子并未自言担任过二千石的"太史公"。首先，司马谈只说"余先，周室之太史""汝复为太史""余死，汝必为太史""余为太史而弗论载"。司马迁也自言"卒三岁，而迁为太史令"。"太史"即"太史令"，父子两人都没有自言"余为太史公"。其次，《报书》是一手资料，《报书》的自述否定了二千石太史公的说法。钱宾四说："在司马迁《报任安书》里说：'向者仆尝厕下大夫之列，陪外廷末议。'可见太史公自己也说他只是做的'下大夫'，就是六百石的小官，其位决不在丞相之上。"[49]《自序》记载上大夫壶遂与太史公讨论《春秋》，司马贞《索隐》注："遂为詹事，秩二千石，故为上大夫也。"（新莽时更二千石曰上大夫）郎中令属官有中大夫，掌论议，太初元年更名光禄大夫，秩比二千石。汉制，二千石秩分四等，中二千石（俸禄每月百八十斛）、真二千石（百五十斛）、二千石（百二十斛）、比二千石（百斛）。太史公父子若曾为二千石之"太史公"，则当与壶遂同属上大夫，何以自称下大夫？如果他任二千石的太史公，朝位在丞相之上，又何以要说"陪"外廷"末"议？若武帝之前、宣帝之后都是太史令，中间只有司马谈父子曾任二千石的"太史公"，这是何等光彩的事，为何父子二人不但只字不提，反而自卑地说"文史星历，近乎卜祝之间，固主上所戏弄，倡优畜之"？再次，论者又引《汉书·东方朔传》言"武帝既招英俊，程其器能，用之如不及。时方外事胡越，内兴制度，国家多事，自公孙弘以下至司马迁皆奉使方外，或为郡国守相至公卿，而朔尝至太中大夫，后常为郎，与枚皋、郭舍人俱在左右，诙啁而已。久之，朔上书陈农战强国之计，因自讼独不得大官，欲求试用。"从东方朔"自讼独不得大官"，反证"太史公地位较高，在此可以得到证明"。[50]东方朔不得大官是事实，但不能反证出太史公地位较高，是二千石。东方朔只有一次做到（尝至）秩比千石的太中大夫，其余就只是为"郎"。据《汉书·百官表》，郎掌守门户，出充车骑，有议郎、中郎、侍郎、郎中，皆无定员，可以多至千人。议郎、中郎秩比六百石，侍郎比四百石，郎中比三百石。司马迁外则"奉使西征巴蜀以南"，内则任职太史令、中书令，虽然太史令秩仅六百石，但太史只有一人，且为官长，又有清望，在东方朔看来，这总比员无定额，秩"比四百石"，仅常在人主左右"诙啁"的侍郎职务要受重视，故"欲求试用"。司马迁"奉使方外"时出仕不久，也还只是郎（至少未自报官职）；他为中书令时"尊宠任职"，但中书令只有千石。故由此条材料虽可反证出司马迁地位较东方朔为高，但恐怕不能证明司马迁曾为二千石的"太史公"。

四是《茂陵书》《博物志》与《汉旧仪》《西京杂记》之比较。《自序》“谈为太史公”句下司马贞注云：“案《茂陵书》，谈以太史丞为太史令。”《茂陵书》应是武帝起造茂陵时的官府档案，记录的是司马谈由太史丞为太史令而不是“太史公”，未见由太史令为太史公的记录。《自序》“卒三岁，而迁为太史令”句下司马贞注云：“《博物志》：‘太史令，茂陵显武里大夫司马□（按：缺字），年二十八，三年六月乙卯，除六百石。’”这条是司马迁的官籍（吏籍），是汉代官吏人事数据的标准格式，与新旧出土汉简中的吏籍书写格式相合，是可信的资料。但也只有“太史令”的官籍，而无“太史公”的官籍。主张“太史公”为官名者，会强调这么几点：卫宏“好古学”；《汉旧仪》具有很高的史料价值；《史记》三家注征引《汉旧仪》有关职官建制的资料有十二条，对各条记载均一无异辞，“可见此书所载资料之可信”，又“考之《汉书》，仅《百官公卿表》颜师古注引用《汉旧仪》的资料，即多至十余条，亦未见有斥其谬误者。”(51)《汉旧仪》有其史料价值，应无疑义。但一本书很难有记载完全正确或完全错误的情形，我们要追究确认的只是这一条材料记载的正确可靠性。颜师古注虽引用《汉旧仪》十余条资料，但唯独对这一条表示异议。颜注《汉书·司马迁传》云：“谈为太史令耳，迁尊其父，故谓之为‘公’。”这是明白的不赞同，且有解说。

比对上引《西京杂记》与《汉旧仪》两段文字，颇有雷同，显见抄袭痕迹。不是《汉旧仪》抄《西京杂记》，或《西京杂记》抄《汉旧仪》，就是两书有一共同的数据来源。总之，它们应属同一信息系统，一个讲对就都对，一个讲错就都错。但笔者认为，应是《西京杂记》抄《汉旧仪》，因为它有修正，将“位在丞相上”改为“位在丞相下”，知道那一句不妥，需要修饰。近代学者对《西京杂记》一书的作者及成书时代，颇有意见。(52)总而言之，《汉旧仪》《西京杂记》

的史料价值,与《茂陵书》《博物志》是不能相提并论的。二者取一,我们宁可相信《茂陵书》与《博物志》的记述。

五是卫宏、如淳之说弄错的原因。卫宏、如淳说,太史公位在丞相上,天下计书先上太史公,副本上丞相,这恐怕是弄错了。检索《史记》、两《汉书》、两《汉纪》,从未发现有"天下计书先上太史公"的例子。《史记·张丞相列传》记萧何为相国时,张苍以明习天下图书计籍,"以列侯居相府,领主郡国上计者(张苍为计相在高祖六年,公元前202年);《后汉书·文苑传》记光和元年(178年),"举郡上计到京师。是时司徒(三公之一,与太尉、司空同为宰相)袁逢受计,计吏数百人皆拜伏庭中,莫敢仰视",都是集于相府上计。卫宏、如淳之说不合史实,二人应是弄错了。为何弄错? 钱宾四对此有一说法:"若说天下计书先上中书令,后上丞相,那是不错了。而那时的中书令正是太史公司马迁在做。若说一个秘书长的地位还在丞相之上,这也未尝不可如此讲。或许卫宏、如淳弄错了,把中书令误会到太史公。"这是一个好见解,但语焉不详。吴昌廉曾做进一步的考辨,认为计书先上尚书,卫、如二人将武帝时的中书令视为东汉尚书令,又将东汉尚书令的地位还看西汉的中书令,故有此误解。[53]

六是汉制,二千石以上官吏,可保举子弟一人为郎,此即荫任(言"任子"不周延)。《报书》称:"仆少负不羁之才,长无乡曲之誉,主上幸以先人之故,使得奉薄技,出入周卫之中。"又说:"仆赖先人绪业,得待罪辇毂下二十余年矣。"先人是指司马谈,司马迁"幸以先人之故""赖先人绪业"得为郎。论者由此反证司马谈应是二千石之官。司马迁入仕为郎与司马谈有关,此无问题,但是否因为司马谈为二千石大官,则非必然。汉代有荫任制度,假如无其他矛盾材料出现,我们可以接受太史公因其父为二千石之"太史公"荫任为郎的说法，但这与"厕下大夫之列""陪（奉）外廷末议"等资料悖逆。这些数据，是太史公正面直接陈述，"幸""赖"先人是间接侧面推敲反证。二者若有抵触，应从前者，并考虑后者文字解说的其他可能。事物都有常变，有例就有例外，不可能千篇一律，完全一致。例是常规，多数情形如此，例外是少数个案变化。即以荫任制度而论，汉制、吏二千石以上视事满三年，得保举子弟一人为郎；但据《汉书·苏建传》，苏武（苏建子）"少以父任，兄弟并为郎"，兄弟两人并为郎，不是一人。汉代郎官来历，除荫任外，还有赀选与特殊技能，如卫绾以戏车为郎，荀彘以御见侍中，亦有以孝廉为郎者（如王吉、京房、盖宽饶、杜业、师丹等人），有射策为郎者（如萧望之、马宫、何武等人）。东方朔上书，用三千奏牍，武帝读之，二月乃尽，得为常侍郎。钱宾四说："然史谓东方朔与枚皋、郭舍人俱在左右、诙啁而已。其先东方朔待遇乃与侏儒等，文士与侏儒，同样为皇帝一时好奇心所爱好，而畜之宫中，则与戏车善御皆一例也。"[54]又有太常博士弟子射策中甲科补郎、军功除郎与征辟等。[55]可见武帝用人，多途并进，不拘一格。司马迁出身太史世家，经司马谈悉心栽培，学业告成之后，又周游天下，讲业齐鲁之都，归来之日正年轻有为之时，武帝欲用他为郎，畜之宫中，正不必非经荫任一途不可。

（二）"牛马走"不是"先马走"

"太史公"是官名还是尊称，虽有争议，尚可理解。但"牛马走"则显得突兀，不知何解。不解而求解，于是博学而聪明的学者便想到古书常有"先"字讹成"牛"的例子，认为"牛马走"原本是"先马走"，因而《报书》篇首文字变成"太史公先马走司马迁"，并依此做出不同的解释。试辨析如下：

第一，古官名有"先马走"。顾炎武《日知录》卷二六《洗马》条曰：

> 《越语》："句践身亲为夫差前马。"《韩非子》云："为吴王洗马。"《淮南子》云："为吴兵（王）先马走。"《荀子》："天子出门，诸侯持轮挟舆先马。"贾谊《新书》："楚怀王无道，而欲有伯王之号，铸金以象诸侯人君，令大国之王，编而先马，梁王御，宋王骖乘，滕、薛、卫、中山之君随而趋。"然则，"洗马"者，马前引导之人也。亦有称"马洗"者。《六韬》："赏及牛竖马洗厩养之徒。"《汉书·百官表》："太子太傅、少傅属官有先马。"张晏曰："先马，员十六人，秩比谒者。先或作洗。"又考《周礼·齐右职》云："凡有牲事则前马。"注："王见牲，则拱而式，居马前却行，备惊奔也。"又《道右职》云："王式则下前马。"是此官古有之矣。

杨树达《积微居金文说》卷一《令鼎跋》云：

> （令鼎）铭文云："王大耤农于谌田，饧（飨），王射，有嗣（司）众（及）师氏小子卿（会）射。王归自谌田。王驭，溓中（仲）（仆，御车），令众（与）奋先马走。"此铭记王亲耤（藉）田，礼毕，飨其臣下。飨讫，王射，有司与师氏小子会射。及王归，王驭溓仲为王御车，令与奋二人为王车之先导。

观顾、杨两人考证，西周有"先马走"官名，见于金文《令鼎》，为"王车之先导"。春秋至战国亦有"先马走""前马""洗马""马洗""先马"之名，前三名分别见于《淮南子·道应》《国语·越语四》

《韩非子·喻老》,讲的都是勾践事吴王的同一故事,故知三名虽有小异,但实为同一官职。"先马"见《新书·春秋》,讲的是楚怀王无道,将诸侯人君铸成铜像,把大国之王的铜像编置在自己御驾车队的前头担任引导。可见"先马"即"先马走",即"前马""洗马",也可称"马洗",都是王者御驾"马前引导之人",简称"王车之先导"或"前驱"㊱。古有此官,名称虽异,不容置疑。

第二,汉官惟太子、列侯属官有"先马"。考察前四史,《史记》中无"先马"之名,但《汲郑列传》记汲黯于景帝时为"太子洗马",汲黯姑姊子司马安"亦少与黯为太子洗马"。《汉书·百官公卿表》记太子太傅、少傅"属官有太子门大夫、庶子、先马、舍人"。即有"太子先马"。张晏注:"员十六人,秩比谒者。"《后汉书·百官志四》:"太子少傅"条写作"太子洗马,比六百石",又说旧注:"太子出,则当直者在前导威仪。"《三国志·蜀书》卷四二记谯周少子谯同,被"召为东宫洗马,不就"。又《三国志·魏书》卷十六记颜斐(字文林)有才学,"丞相召为太子洗马";卷三十九《董允传》记"先主立太子,(董)允以选为舍人,徙洗马";卷四十五《杨戏传·裴注》记李密为太子洗马。又《三国志·吴书》卷五十八记太傅杨骏"辟(陆)机为祭酒,转太子洗马"。又《宋书·裴松之传》记裴松之召为"世子洗马"。以上"世子洗马""东宫洗马",都是"太子洗马",秩比六百石,重要职务为太子出时在前导威仪,即所谓前驱、先导。《后汉书·百官志五》"列侯"条云:"列侯旧有行人、洗马、门大夫,凡五官。"(连同前述之家臣、庶子合计。)《后汉书·舆服志下》记尚书陈忠奏曰:"门大夫职如谏大夫,洗马职如谒者,故皆服其服,先帝之旧也。"可见汉代列侯属官"洗马",职如谒者,穿的衣服与谒者同。

（三）"太史公牛马走"不应是"太史公先马走"

"先马走"虽是古官名，于史有据，但《报书》篇首六字"太史公牛马走"还是不宜改为"太史公先马走"。理由如下：

一是文字讹误，鲁鱼亥豕，此固有之；"先"讹为"牛"，亦不少见。[57]但不能逢"鱼"认"鲁"，见"牛"必"先"。最好在版本上要有依据；没有版本依据，也要在改字解说后让人觉得怡然理顺，不作他想。但此处"牛马走"易为"先马走"，并无版本依据，只是臆测；而易字解说后，更令人疑窦丛生，难以信服。

二是据四史，汉代并无"先马走"官名，只有太子（太傅、少傅）与列侯的属官有"先马""洗马"。我们可以认可"先马"或"洗马"为"先马走"的省称，但太史公并未做过"先马"或"洗马"的官。他先为太史令，写《报书》时是中书令，两者都是皇帝身边官吏，与东宫太子何干？他能同时担任中书令以及"秩比谒者（六百石）"为十六人之一的"先马"吗？如果《报书》确写于征和二年十一月，则当时戾太子已死，新太子未立，他书信具衔为何不写"中书令"反而写"先马走"？这讲不通。

三是把"先马走"当官职列衔，又要讲得通，笔者倒有一解。"先马走"既可省称"先马""洗马"，前文考证先马"秩比谒者"，"谒者"古者一名"洗马"。今司马迁担任的中书令，是"中书谒者令"的省称，在名义上看，谒者令是谒者的官长，也就等同是"先马"的官长。司马迁受腐后虽贵为"中书令""尊宠任职"，但他却视为奇耻大辱，认为只是"闺阁之臣"，故避而改用古官名"先马走"替代"中书令"。此其一。但这样讲还是有疑问。"先马走"在此是列衔官职，则前三字"太史公"也将变成列衔。有人认为司马迁担任中书令，同时兼摄太史令（或太史公），[58]但这有何根据？自腐减死一等，遇赦出狱,加升新官之外还要复旧职,这可能吗?班固明言"迁既被刑之后,为中书令"[59],没有说兼摄太史令。此其二。《报书》是私信,任安是老友,若以中书令为耻,篇首省去"中书令",甚至省去"太史公",直接以"司马迁"通名敬礼,难道对方不认识吗?为何一定要绕弯含蓄的用古名"先马走"来表达自己不喜欢又不贴切的身份?此其三。

四是一说"'中书令'位尊权宠,却是'宦者之职',非他所好,故而改列扈驾巡行的'先马走',那是暗用勾践忍辱事吴的典故,别具深意"[60]。这也不妥。首先,群臣随皇帝出行,都可泛称扈驾,但太史令或中书令的主要职务不是"扈驾巡行"。其次,勾践忍辱事吴是为复仇,如果篇首六字中的"先马走"是用的这个典故,"别具深意",那太危险了。司马迁言语招祸,忍辱偷生,现在《史记》未成,岂可再因文贾祸,自取灭亡?这与《报书》的私愔相违背。

五是假若"太史公先马走"中的"太史公"不是官名而是指人,则有两种情况。一则"太史公"是尊称司马谈。但司马谈已死,用不到也不该有为王者、太子、列侯前驱的"先马走"。而且,这样讲可以说是不辞。二则"太史公"是司马迁自尊之号,即使司马迁未受腐,也同样用不到、不该有"先马走"。

(四)"太史公牛马走"就是"《太史公》牛马走"

既然"牛马走"换成"先马走",再配上官名的"太史公"或人称的"太史公"作成的解释,都有上述的扞格不通之处,那么,我们何妨回到原状,换个角度,重新平直地看待这个问题。既然版本无异文,"牛马走"就且当它"牛马走"来读。"太史公"除了官名称尊称之外,是否还有其他的可能解释?如果有,不妨纳入考虑,并和"牛马走"配在一起综合理解。这样也许可以找出答案,解开谜题。钱宾四《太史公考释》一文，正为我们解开了这个谜题，以下分五点阐述补正。

第一点，《太史公考释》写定于 1953 年 5 月。此文最大的贡献，在于发明"太史公书乃家言，非官学"。此一创见乃由忆诵悟解《报书》而来，文中对《报书》内容有考释，对"太史公牛马走"六字亦有贴切的解释。其重点是：一者认为"太史公"是《史记》的原名正称；二者"太史公牛马走"中的"太史公"是尊称其父；司马迁又自称"太史公"，是因为父子相继为太史令；三者著书为何以尊号"太史公"为名？是因为"古代家言，例有自尊之称号"；四者司马迁著史是由于父亲临终遗命，他被判"诬罔"死罪而自乞宫刑、隐忍不死者，是要完成其父之遗志；故未将"牛马走"解为"先马走"，而从李善注，解为"父仆"。钱先生的结论是：

> 所以自乞宫刑而求免于死者，其用意特在于史书之未成，父命之未就。故于篇首又特举"太史公牛马走"六字，亦所以深白其忍辱偷生之隐衷。
>
> 《班书》存录此文，独削去其首句"太史公牛马走"六字。顾不知此六字，乃迁此文最要用意之所在，非偶而浮文也。

钱先生此解，不必改动"太史公牛马走"任何一字，却与书信本文密合无间，见其深妙。盖《报书》全篇主旨，已先在篇首"太史公牛马走"六字中表达出来了。此解亦与上引包世臣论《报书》语，有异曲同工之妙。故《考释》虽未提任安来书与其因戾太子案获罪求援有关，并持保留态度，但仍说："包氏臆测未知果信否，然其言亦足发明书前'太史公牛马走'六字之用意。"[61]

第二点，《考释》认为，司马迁用"太史公"三字称其父并自称，是"自尊之称号";"世嘉其高,乃因其所自尊而尊之。"甚是。但末句似稍有语病。司马氏世典周史,司马谈复为太史令,时人尊称"太史公",则子称其父自然沿用众人之尊称,而不必称为太史令;太史令已被尊为"太史公",则司马迁继父为太史令,两代太史,传为美谈(汉代太史官非世袭),也自然沿用"太史公"之尊称,并用为自尊之称号与私家著述之名称。太史令被尊称为"太史公"有文例可循吗?有。汉代县令可称公,如曹参为戚令,称"戚公"[62],夏侯婴为滕令,称"滕公"[63]。官令也有称"公"的例子,如淳于意为齐太仓令,称"太仓公",亦称"淳于公",见《孝文本纪》。高祖七年二月,萧何治未央宫,立太仓,《汉书·百官公卿表》谓太仓令为大司农属官。诸侯王亦有太仓,《将相表》孝惠六年"七月齐悼惠王薨,立太仓、西市"。太仓令可称"太仓公",则太史令也可称"太史公"。因此,"太史公"是时人对太史令司马谈之尊称,司马迁也用以称其父;司马迁继为太史令,袭用时人之尊称,并用为自尊之称号以及私家著述之名称。这样讲,多一层次,较少语病。

第三点,用自尊之称号作为私家著述之名称,有何根据?钱先生说:"《太史公》则一家之私书,当与孔子《春秋》齐类,不当与《鲁春秋》《晋乘》《楚梼杌》相例。故其书称《太史公》,犹孟轲自称'孟子',其书固亦称《孟子》,荀况自号'荀子',故其书亦称《荀子》耳。"又说:"盖古者私家著述,无不自居于尊号。自孔门《论语》称'孔子',后人递相传袭,忘其本初,因若当然。《白虎通》云:'子者,丈夫之通称。'马融、赵岐亦皆谓:'子者,男子之通称。'然此皆后汉人云耳。昔者,孔子弟子谓其师贤于尧舜,谓自生民以来所未有,有记述其师遗训,顾以男子通称称之?试读《左氏传》,则子者,当时小国诸侯及列国贤卿大夫始称之,此乃王朝尊爵,何尝为凡夫之通称哉?迁以太史公尊其父,既仍袭父职,又其著书自拟于

《报任安书》析论 | 87

孔子之《春秋》，亦欲成一家之言，故复以'太史公'之号自尊，乃先秦家学著书惯例，而后世勿知者。盖家学之微，固自迁时而然矣。"又说"古代家言，例有自尊之称号""唯褚少孙补《史记》，自称'褚先生'，孙为犹知太史公称号之微旨者。"以上所言，有原理，古代家言，例有自尊之称号；有例证，《孟子》《荀子》之书，是孟、荀（及其弟子）所著，书中皆自称孟子、荀子。钱先生又再特举褚补《史记》文字称《褚先生》为例证。本文谨就此再申进数言。褚少孙于宣帝甘露间为博士，[64]补《史》在宣元之际。[65]博士称"先生"，故"褚先生"是他人对褚少孙之尊称。褚少孙亦用他人对自己之尊称作为自尊之称号，并用作自己私人著述之名称。故其著述称"褚先生曰"，正犹如《史记》称"太史公曰"；司马迁之书名为《太史公》，褚少孙之书名则为《褚先生》，是一样的道理。

第四点，《史记》的原名、正称应是《太史公》。钱先生又说：

（杨）恽始读外祖《太史公记》，颇为《春秋》，以材能称。《史记·龟策列传》褚先生曰："臣以通经术、受业博士、幸得宿卫，窃好《太史公传》。"《后汉书·东平王传》："王上疏求诸子及《太史公书》。"此或称《太史公记》，或称《太史公传》，或称《太史公书》，皆非正称。《太史公书》者，犹云诸子书，孟子、老子书。若正名以称，则应曰《孟子》《老子》《太史公》，不得加"书"字。至曰记曰传，则举一偏以概，更非其书之本称。《后汉书·范升传》，时难者以《太史公》多引《春秋》，升又上《太史公》违戾五经谬孔子言，此始为其书之正称矣。

这与陈直《太史公书名考》一文的见解不同。陈直认为《史记》原名《太史公书》，并论由《太史公书》转变为《史记》名称的过程如下：

> 《史记·太史公自序》："凡百三十篇，五十二万六千五百字，为《太史公书》"，是司马迁自定原名为《太史公书》。嗣后西汉诸儒多沿用此名称，故《汉书·艺文志》列《太史公书》于《春秋》类。一变为《太史公记》，《汉书·杨恽传》云："恽母，司马迁女也，恽始读外祖《太史公记》"是也。再变为《太史记》，《风俗通义·正失》篇云："谨按《太史记》，燕太子丹留秦，始皇遇之益不善，燕亦遂灭。"是也。三变为今称《史记》。其他有称《太史公传》（见《史记·龟策传》褚先生补）及《太史公》者（见杨子《法言·问神》篇），均属在演变中多种的名称。⑥

笔者不赞同《太史公书》是司马迁自定原名之说。兹仍本钱先生之说申论如下：首先，《汉书·艺文志》录存秘府藏书，应是史实纪录。若有大题或书名，应不会弄错。列于《汉志》"六艺略""春秋"类下的，正是"《太史公》百三十篇"，而非"《太史公书》百三十篇"。后面一条又记"冯商所续《太史公》七篇"，书名也是《太史公》，而非《太史公书》。其次，《史记》本文更是第一手资料。《自序》："凡百三十篇，五十二万六千五百字，为'太史公书'，序略以拾遗补艺。"《史记》全书中，"太史公书"仅在此出现一次，但应作正确解读。"太史公"一词在《史记》中出现一百多次，大多数指司马迁，少数几个指司马谈或父子二人，都是人称。但此句中的"太史公"是书名，若不加"书"字，容易混淆，不易看出是书名。虽加"书"字，却不可将"太史公书"视为书名。钱先生已解释："太史公书者，犹云诸子书、孟子、老子书，若正名以称，则应曰《孟子》《老子》《太史公》，不得加'书'字。"此其一。为何以"太史公"为书名，钱

《报任安书》析论 | 89

先生已言《史记》"是司马迁一家之私书","古代家言,例有自尊之称号",这是深刻的见解,说已见前。《史记》中有一百多个"太史公曰"可以佐证。此其二。再次,褚先生去司马迁未远,好《史记》、求《史记》、补《史记》。褚补《龟策列传》言:"窃好'太史公传'",似乎《史记》已有"太史公传"之名,但《史记·三王世家》褚补有"褚先生曰:臣幸得以文学为郎,好览观《太史公》之列传"。对比之下,方知上文"太史公传"是指《太史公》之列传,亦可证《史记》原名为《太史公》。此其三。

第五点,"太史公牛马走"不是自谦之辞,自卑之辞,而是痛辞。

"太史公牛马走司马迁"是什么意思?注《文选》的李善与吕延济,都解"太史公"为司马谈,解"走"为"犹仆也",但李说:"言己为太史公掌牛马之仆,自谦之辞也。"而吕说:"言己为太史公牛马之仆,盖自卑之辞。"⑥⑦

说司马迁为其父司马谈的"掌牛马之仆",此非事实,而且司马谈已死,对亡父也无须如此自谦。说司马迁是司马谈的"牛马之仆",作为一种比喻形容,表示愿意像牛马一般地服事奉承父亲,做牛做马地服事奉承司马谈也愿意。这样讲比较通,但还是不通。因为司马谈已死,何需又如何去服事奉承?而且,有此孝心又何必对外人,特别是一个即将被处死刑的人去讲?更何必在书信开头报身份的地方讲?有人会说,这不是要服事奉承活着的司马谈,而是愿意像牛马一般地去完成司马谈的遗志。这样讲通了,但司马谈的遗志是什么?司马谈的临终遗命——"无忘吾所欲论著"是也,即完成《史记》。这就对了,《史记》的原名正是《太史公》。所以,"太史公牛马走"就是"《太史公》牛马走"。"《太史公》牛马走司马迁,再拜言少卿足下"的意思是,"为完成《史记》而忍辱偷生像牛马一般地活着的司马迁,给您少卿阁下回信报告如下"。那么,为《史记》而活着,何须如此自卑?司马谈期望他的儿子当此五百年大期，应当接周孔，继《春秋》，完成一部伟大著作；司马迁也当仁不让，自称"小子何敢让焉"，并自许这部著作可以"究天人之际，通古今之变，成一家之言"[68]。这是何等荣幸与自负，怎么会是"自卑之辞""自谦之辞"呢？

如果说"牛马走"是对任安的谦称，也同样不易讲通。因为一则"牛马走"之谦辞与"太史公"之尊辞（尊父兼自尊）对冲，先自尊后自卑，又自卑至此，极不合理。二则"走"已有"仆"义，在古代，子女事奉长辈自居自譬于仆，尚有可说，但以"牛马"喻己却非必要，甚至不敬。对平辈朋友任安，更无如此谦称之理。三则任安当时是死刑犯，对死刑犯需要自谦自卑至此吗？而实际上，司马迁什么事也没有做，只是痛苦地婉拒任安的请求而已。

为《史记》而活着，为完成《史记》即使活得像牛马一般没有人的尊严，也要活下去。这正是《报任安书》全文的主旨，也正是司马迁谢绝任安请求"推贤进士"（不论解为举贤还是求援）的正当理由。"仆诚已著此书，虽万被戮，岂有悔哉！"还活着，就是为了《史记》；我个人可以牺牲，但完成《史记》这件事，不能因任何人、任何事而牺牲；我因李陵事受腐，腐刑是最耻辱的，比死还可怕，可是我自请宫刑免死，如此忍辱偷生，隐忍苟活，为的是要完成《史记》；《史记》真要能完成，那时教我死一万次，我也心甘情愿啊！（"被万戮"是杀万刀死一次，"万被戮"则另有杀一万次的意思。）所以包世臣说："实缘被刑后，所为不死者，以《史记》未成之故。是太史公之身，乃《史记》之身，非太史公所得自私。太史公可为少卿死，而《史记》必不能为少卿废也。"而钱宾四也说："所以自乞宫刑而求免于死者，其用意特在史书之未成，父命之未就。故篇首又特举'太史公牛马走'六字，亦所以深白其偷生忍辱之隐衷。"此解不必改换一字，不必曲为说解，而可以与《报书》正文的主意密合无间,是正确的妙解。

将"太史公牛马走"中的"太史公"三字加上书名号,变成"《太史公》牛马走",文义比较明显。为《史记》而活着,就是为司马谈的遗命而活着,也就是为司马谈而活着。《史记》和司马谈,司马迁都用"太史公"指称,所以将"太史公牛马走"解成为《史记》和司马谈而活着,会更圆融,"其用意特在于史书之未成,父命之未就"就包含这两个意思。但就排序之先后、文意之主从而言,《史记》应排在前面,较无语病。此所以使用新式标点,本文会认定"太史公牛马走"就是"《太史公》牛马走"。

著史是荣耀,宫刑是耻辱,为著史而自乞宫刑,是极大的荣耀与极大的耻辱。"《太史公》牛马走"六字是司马迁庄严的誓词,它不是自谦之辞,也不是自卑之辞,读明白后会知道那是司马迁的痛辞。我们感觉到他的痛,也为之心痛。

七、司马迁之心

本文析论司马迁《报任安书》,从建立《报书》读本开始,进而推敲任安来书之意,考证《报书》写作年月及其作意与隐衷,破解书首"太史公牛马走"六字,不知不觉中融入了司马迁的思想、感情、人格与心灵世界,感悟之余,最后想提出一个名词作为文章的总结,并向司马迁致敬。这个名词是什么?"司马迁之心"是也。

"司马迁之心"是什么?总括一句来说就是,"自乞宫刑,隐忍苟活,完成《史记》,以雪耻扬亲,并对自己、对父亲、对历史文化做出交代。"隐忍苟活是忍辱,但不是贪生。为何要隐忍苟活?是为了要完成《史记》。为何一定要完成《史记》?因为只有完成《史记》

才能雪耻扬亲,对自己、亡父与历史文化作出交代。司马迁为此忍辱到什么程度?他自乞宫刑以逃死,而宫刑却是他认为"最下""极矣"的耻辱,比死刑还可怕千万倍。但他还是勇敢地提出请求,并且接受了。他为此变得男人不像男人,甚至自觉失去做人的尊严,活得不像人。但他还是选择如此非人般地苟活下去,认定只要能完成《史记》,"虽万被戮,岂有悔哉"!这是司马迁心底的呐喊,生命的真声,已藏诸心中多年,但是对谁去讲,有谁会听,又有谁能理解呢?某年(本文认定是征和二年)故友任安来书,责求司马迁"推贤进士"(不论解为举贤还是求援,皆未足为定论。本文偏主求援说,只是重提看法,补强论证,并对举贤说提出质疑),这才触动司马迁久藏的心灵伤痛,迫他剖肝掏肺,一股脑儿地把心底的真话和盘托出。回信的主旨是拒绝任安的请求。(任安来书时间与目的的争议,均不影响对此一主旨之认定,故亦不致影响本节对司马迁之心的推定。)拒绝的理由就是自己早就该死,之所以忍辱偷生就是为了要完成《史记》(惜其未成),是为《史记》而活;司马迁可以为朋友牺牲,但《史记》不能为任何人、事而牺牲;而一旦《史记》完成,也就是自己还死债的时候到了。上述的真实心声与拒绝理由,司马迁早已开门见山,一语道出,将它集中浓缩到《报书》开头的"太史公牛马走"六字上。所以这六字不是什么"自谦之辞"或"自卑之辞",而是痛辞,是他生命的庄严誓词。我们从这六个字就可以看出,可以说明"司马迁之心"。

从来只听说"司马昭之心",未闻有"司马迁之心"。"司马昭之心,路人皆知"[69],篡位夺国是也。奸雄心事,权谋术数,看似秘密难解,其实简单明白,天下皆知。司马迁之心是什么?可以从"太史公牛马走"六字看出;但要看懂这六字,并理解为"自乞宫刑,忍辱苟活,完成《史记》,以雪耻扬亲,并对自己、对父亲、对历史文化作出交代",却要历二千余年之诵读考辨方能直接说出(是否能获众人认同,犹未可知)。六字看似明白浅易,然而圣贤之道、君子之义,其实深微难测。英雄豪杰容易懂,圣贤君子(司马迁可当一贤人)才难懂,这是我们研究《报书》,明白"司马迁之心"之后的另一层体悟。"太史公牛马走"不是正常的语言,把它写成书信的开头话语,是在非常状态之下被逼出来的心声,是司马迁生命最真实的道白。文章真处见性情。从"太史公牛马走"六字,就可以看出司马迁的真性情,以及一位大史家生命的悲、壮、深、美。读明白了,不但杨恽的《报孙会宗书》远不能比,就是诸葛孔明的《出师表》也要觉得略逊一等了。

附记:

本文未及《报书》的文学造诣。原因是,太史公正用身家性命拼搏,椎心泣血陈述,我们若在此忽而转谈他的文章之美,非惟不当,抑且不忍。

本文蒙吴福助、袁传璋、阎鸿中三位先生是正,方能定稿,书此志感。

* 本文 2000 年 11 月 23 日初稿,12 月 25 二稿;初稿曾发表于"纪念钱穆先生逝世十周年国际学术研讨会"(2000 年 11 月 24—26 日)。原载《台湾大学历史系学报》2000 年 12 月第 26 期。

◎ 注释

① 阮芝生:《司马迁的心》,《台湾大学文史哲学报》1974 年 10 月第 23 期。

② 包世臣：《艺舟双辑》(《安吴四种》)。

③ 参张大可：《司马迁生卒年考辨》，见张氏著《史记研究》，兰州：甘肃人民出版社1985年版，第101—102页。

④ 过商侯评语，见清过珙评选、汤寿铭校订《言文对照古文评诠全集》中《过秦论》篇首总评。上海：会文堂1926版。

⑤ 归来子评语，见《增补史记评林》卷二九。

⑥ 牛运震：《史记评注》卷四，收入《空山堂文集》(乾隆五十六年空山堂刊本)。

⑦ 阮芝生：《〈史记·河渠书〉析论》，《台湾大学历史系学报》1990年12月第15期，第73—78页。

⑧ 《五帝本纪·赞》。本文所引《史记》，均依泷川资言《史记会注考证》。

⑨ 《游侠列传》。

⑩ 施丁主张"任安予迁书当在天汉三、四年（公元前98—前97年）之交"（见《司马迁行年新考》，西安：陕西人民出版社1995年版），自创一说，年代最早。王国维主太始四年（公元前93年）（见《太史公行年考》），袁传璋等人从之。包世臣、赵翼主征和二年，程金造等人从。程文《论王国维考定〈报任安书〉的时代与内容》，见程氏著《史记管窥》（西安：陕西人民出版社1985年版）。

⑪ 任安任职，以袁传璋考证为详，多一扬州刺史。见《从任安的行迹考定〈报任安书〉的作年》，《淮北煤师院学报》1987年第2期。

⑫ 参看袁传璋上文，劳干《论汉代的卫尉与中尉兼论南北军制度》，收在《劳干学术论文集》(台北：艺文出版社1976版)；廖伯源《汉代监军制度试释》第二节，收在《历史与制度——汉代政治制度试释》(台北：台湾商务印书馆1998版)。

⑬ 见《汉官旧仪》卷上，收在孙星衍等辑、周天游点校《汉官六种》(北京：中华书局1990年版)。

⑭ 《田叔列传》后褚补。

⑮ 《田叔列传》。

⑯ 太始四年说，见王国维《太史公行年考》；张鹏一《太史公年谱》；郑鹤

声《司马迁年谱》；李长之《司马迁的人格与风格》；王达津《读郭沫若先生〈《太史公行年考》有问题〉后》，《历史研究》1956 年第 3 期。

⑰　征和二年说，见赵翼《廿二史札记》卷一司马迁作史年岁条；包世臣《艺舟双辑·复石赣州书》；王鸣盛《十七史商榷》卷一子长游踪条；沈钦韩《汉书疏证》(《汉书补注》卷六一引)；周寿昌《汉书校注补》；程金造《从〈报任安书〉商榷司马迁的卒年》及《论王国维考定〈报任安书〉的时代与内容》，见程氏著《史记管窥》(西安：陕西人民出版社 1985 年版)；袁传璋《从任安的行迹考定报任安书的作年》，《淮北煤师院学报》1987 年 2 月。

⑱　王国维：《太史公行年考》元鼎五年条。

⑲　施丁：《司马迁行年新考》之"三、入仕始于元狩年间"，西安：陕西人民出版社 1995 年版。

⑳　如《史记·乐毅列传》："其后二十余年，高帝过赵。"案，始皇二十五年（公元前 222 年）灭赵，高祖七年（公元前 200 年）二月自平城过赵，实为二十三年。

㉑　施丁：《司马迁行年新考》之"九、报书写于太始元年冬"，西安：陕西人民出版社 1995 年版。

㉒　何世华：《〈报任安书〉并非作于太始四年考》，《人文杂志》1982 第 6 期。

㉓　袁传璋：《〈报任安书〉"会冬从上来"辨证》，《安徽师范大学学报》(哲社版)1987 年第 1 期。在所有讨论"东从上来"的文章，只有袁文清楚指出这一点。

㉔　《资治通鉴》卷一九。

㉕　参施丁考证《〈报书〉写于太始元年冬》。

㉖　袁传璋：《从任安的行迹考定〈报任安书〉的作年》，《淮北煤师院学报》1987 年第 2 期。

㉗　上引文分别见《汉书》卷六六（《汉书补注》，台北：艺文书局景本印光绪庚子王氏校刊本）。

㉘　程金造：《论王国维考定〈报任安书〉的时代与内容》，收在程氏著《史记管窥》，西安：陕西人民出版社 1985 年版。

㉙ 见《田叔列传》后褚补。"不傅事何也",《索隐》本"何"作"可",故《索隐》解作"谓诈受节不发兵,不傅会太子也"。此时,武帝认为太子反乱,任安未助成太子反乱,原谅他故说:"可也。"若作"何也?"解,则是怪罪,不必待钱官小吏上书即可定他死罪。田仁纵放太子,腰斩在先,任安则是在钱官小吏上告后,下吏诛死。二人死非一时,并非在征和二年七八月同时被腰斩。弄错了会节外生枝。

㉚ 《汉书》卷六三。

㉛ 《汉书·武五子传》。

㉜ 《汉书》卷四五。

㉝ 见《史记·建元以来侯者年表》续表"富民侯"。

㉞ 《汉书·百官公卿表》。

㉟ 《汉书·田千秋传》。

㊱ 以上俱见《汉书·田千秋传》。

㊲ 见《田叔列传》后褚补。

㊳ 泰山鸿毛古义,参王同策《"重于泰山""轻于鸿毛"究何所指》,《史学集刊》1984年第2期。

㊴ 栾大因"诬罔"腰斩,见《汉书》卷六。"诬罔"应得死罪,可参看1.程树德《九朝律考·汉律考》卷四"律杂考·诬罔"条;2.大庭修著、林剑鸣等译《秦汉法制史研究》第二篇第三章第二节"诬罔与罔上"(上海:上海人民出版社1991年版)。

㊵ 西汉赎钱减死,其数目可知者有四:一则《汉书·惠帝纪》元年(公元前194年)"民有罪得买爵三十级以免死罪",应劭〈注〉"一级直钱三千",是须纳钱六万才能免死。二则《汉书·淮南王安传》载安赐死后,"其非吏它(者),赎死金二斤八两"。此为元狩元年(公元前122年)事。三则六臣注《文选·报任安书》"家贫货赂不足以自赎"下引向曰:"法百金赎死罪,而迁金无之。"此是古注,不知何据。据此,赎死当须百金。四则《汉书·武帝纪》天汉四年(公元前97年)秋九月,"令死罪人赎钱五十万减死一等"。据《汉书·食货志》"黄金重一斤直万钱",则前四说出入甚大,本文暂依天汉四年令。亦可参看程树德

《报任安书》析论 | 97

《汉律考》卷二"刑名考·赎刑"条。

㊶ 《汉书·武帝纪》。

㊷㊸ 《伯夷列传》。

㊹ 《孔子世家·赞》。

㊺ 《太史公自序》集解引如淳曰。

㊻ 《太史公自序》正义引。

㊼ 《汉书·司马迁传》颜注引。

㊽ 《汉书·叙传》记载,班斿与刘向校秘书,"每奏事,斿以选受诏进读群书。上器其能,赐以秘书之副。时书不布,自东平思王以叔父求《太史公》、诸子书,大将军白不许。"吕世浩力主"秘书之副"中有《太史公》书,理由是:(1)班固举东平思王求《太史公》不得之例以为对照,足证其家所藏赐书中有《太史公》,否则举此例全无意义。(2)班固之父班彪作《太史公》之后传,且针对《太史公》全书作略论考班彪官仅至徐令,未能入中秘,且后传及略论作于其病免居家后,如其家无《太史公》藏书,班彪何能著作?(3)王充师事班彪,其所著《论衡》多引《太史公》为言。时《太史公》流传不广,王充应得见于班彪处,可为班家藏《太史公》书之旁证。(4)时班固于家续后传,如非家有藏书,何能父子相续不辍?以上参见吕世浩:《从五体末篇看〈史记〉的特质——以〈平准〉〈三王〉〈今上〉三篇为主》第四章一节(台湾大学历史学研究所硕士论文,1999年)。其说可从。

㊾ 钱穆:《中国史学名著》,台北:三民书局1973年版,第94页。

㊿ 赵生群:《太史公书研究》,西安:陕西人民出版社1994年版,第135页。

㋑ 赵生群:《太史公书研究》,西安:陕西人民出版社1994年版,第132页。

㋒ 参见劳干《论〈西京杂记〉之作者及其成书时代》,《历史语言研究所集刊》第33本(台北,1962年);洪业《再说〈西京杂记〉》,收在《洪业论学集》(台北:明文书局1982年版)。

㋓ 钱说,见钱穆《中国史学名著》;吴说,见《两汉计偕考》第四章(台北:兰台出版社1996年版)。

㋔ 有关汉代郎官来历,参见钱穆《国史大纲》第三编第八章第二节"西汉初年政府”。

(55) 新的研究，参见严耕望《秦汉郎吏制度考》,《严耕望史学论文选集》(台北：联经出版公司1991年版)；黄留珠《秦汉仕进制度》(西安：西北大学出版社1985年版)；廖伯源《汉代仕进制度新考》，收在《简牍与制度——尹湾汉墓简牍官文书证考》(台北：文津出版社1998年版。)

(56) 杨树达：《令鼎跋》，见《积微居金文说》卷一，台北：大通书局1971年影本)，第17页；于省吾语，见《双剑誃吉金文选》卷上之二，台北：洪氏出版社1996年版，第40页。

(57) 刘向《晏子叙录》云：“臣所校中书,《晏子》十一篇,以‘先’为‘牛’,如此类者多。”(商务《四部丛刊》正编本)。

(58) 林礽干：《“太史公牛马走”辨析》,《中国学术年刊》1999年3月第20期，第91页。

(59) 《汉书·司马迁传》。

(60) 刘向：《晏子叙录》。

(61) 钱穆：《太史公考释》，见《中国学术思想史论丛》(三)，台北：东大图书公司1977年版，第27、30页。

(62) 戚公见《萧相国世家》。

(63) 滕公见《樊郦滕灌列传》,《集解》引《汉书》曰：“(夏侯)婴为滕令奉车，故号滕公。”

(64)(65) 参易平：《褚少孙补史新考》第三节，见《台湾大学历史系学报》2000年第25期，第167—190页。

(66) 陈直：《太史公书名考》，原载《文史哲学报》1956年6月，后收入陈氏著《文史考古论丛》，天津：天津古籍出版社，1988年版，第183—184页。

(67) 分见《文选》四一卷；《五臣注文选》卷二一。

(68) 《太史公自序》。

(69) 《三国志·魏志·高贵乡公纪》注：“司马昭之心，路人所知也。吾不能坐受废辱，今日当与卿等自出讨之。”

论司马迁所说的"究天人之际"

一、探究的线索

司马迁写《史记》，自谓："亦欲以究天人之际，通古今之变，成一家之言。"他把"究天人之际"与"通古今之变"并举，二者同为他写史的最大宗旨。关于"通古今之变"，笔者已有专文讨论[①]，本文乃针对"究天人之际"一语试做分析。"天人"与"古今"对文，"古今"之义显明，较易把握；"天人"之义隐藏，不易推求。本文既欲探讨太史公所说的"究天人之际"，便不能不从他所用的"天""人"二字之含义着手。

《史记》中有单说一个"天"字的，如"岂非天哉"[②]之天；也有以"天"字与他字连合而成复词的，如"倘所谓天道"[③]之"天道"，"且陛下所谓天授"[④]之"天授"，"岂有天禄哉"[⑤]之"天禄"，"适有天幸"[⑥]之"天幸"，"太史公推古之天变"[⑦]之"天变"，"昔之传天数者"[⑧]之"天数"，"天运三十岁一小变"[⑨]之"天运"，"非天命孰能当之"[⑩]之"天命"。以上所举"天""天道""天授""天禄""天幸""天变""天数""天运""天命"诸词，名称虽异，称"天"则一。太史公既以"天人"为词，则是以"天"与"人"为相对，犹之乎以"古今"为词，是以"古"与"今"为相对。但我们发现《史记》

中凡"天"与"人"对举之处,"人"皆指人力而言。这有以下的证据：太史公赞礼说："洋洋美德乎，宰制万物，役使群众，岂人力也哉？"[11] 韩信对刘邦说："且陛下所谓天授，非人力也。"[12] 郦生说齐王："夫汉王……此蚩尤之兵也，非人之力也，天之福也。"[13] 陆贾说尉佗："五年之间，海内平定，此非人力，天之所建也。"[14] 宋昌对代王说："（诛灭诸吕）此乃天授，非人力也。"[15] 田蚡对武帝说："江河之决，皆天事，未易以人力为强塞，塞之未必应天。"[16] "人力"者，人的力量之所及也，属于"人事"的范围；反过来看，一切非人之力量所及，不属于"人事"的范围者，皆可归之于"天"。如此，则自然的运行属"天"（即自然之天），冥冥中有主宰的力量者也属于"天"（即主宰之天），凡一切如孟子所说"莫之为而为""莫之致而至"者，皆属"天"。正如司马迁写《河渠书》以"水之为利害"为贯穿全篇的线索，但不必明著"利""害"二字者方是言利害，至于"于是关中为沃野，无凶年""道果便近，而水多湍石不可漕"等文字，"虽不明言利害，而皆为利害之事实写详叙"[17]。会通此意去读《史记》，则《史记》中不必有"天"字处方是言天；我们还应扩大视野，就《史记》中言"命"、言"时"、言"势"等处，去看司马迁论"天"。至于其真实的内容，下文将有具体的讨论。

由以上所解析"天"与"人"的含义来看，"天"与"人"不能直接发生关系，而必须在事物上始能见其关系。具体地说，即是在古今的治乱、盛衰、兴废、存亡、成败、得失、吉凶、祸福上见出"天"与"人"的关系；这是"天人之际"与"古今之变"的连结点。司马氏世为史官。史官是历史的记录者，也是历史记录的保存者。古代的史官大都是世官世业，因此他们最熟悉古今的历史、人事的变迁，积时日久，自然会从长久的历史观察中，从千百年累积的人事经验中，归纳出人事现象的规则。他们发现：世有治、乱、盛、衰，国有兴、废、存、亡，事有成、败、得、失，人有吉、凶、祸、福。历史无论怎样变，总逃不出这个治乱、盛衰、兴废、存亡、成败、得失、吉凶、祸福的公式，这便是"终始之变"。站在人类的立场来看，自然是欲治不欲乱，欲盛不欲衰，欲存不欲亡，欲成不欲败，欲得不欲失，欲吉不欲凶，欲福不欲祸。因此，就要进一步追问：治乱、盛衰、兴废、存亡、成败、得失、吉凶、祸福的原因何在？是决于人的力量呢？还是于人力之外另有非人力的因素存在？若是二者的因素都有，那么，"天"与"人"的界线又在何处？必须在这个问题获得解答之后，人类才能确立正确的人生观，并据以指导自己的行为。司马迁本此古史官的传统，也要穷究这个问题，并提出自己的看法，这也便是他所说的"究天人之际"。"究"是穷究、搞通之意，但司马迁不只是"究天人"，而是"究天人之际"。"际"有"界"（《小尔雅广话》："际，界也"）与"会"（《说文》十四下："际，壁会也"）二义，则"究天人之际"当是穷究历史上的现象，指出何处是"天"、人无能为力，何处是"人"、而人事未尽。这必须划分"天"与"人"的交界线，认明"天"与"人"的会合处，方能说得明白。

二、治乱吉凶在人

司马迁是一个感情非常丰富，同时也非常理智的人。在观察、探究历史的真相和因果关系的时候，他很能善用他的理智；他喜欢在历史中追求一个"理"字，并用它来解释历史。他网罗天下旧闻，要"稽其成败兴坏之理"；他引贾谊《过秦论》说："察盛衰之理，审权势之宜"[18]；又说："凡编户之民，富相什则卑下之，佰则畏惮之，千则役,万则仆,物之理也"[19],"旱则资舟,水则资车,物之理也"[20];又说:"喜则爱心生,怒则毒螫加,情性之理也"[21];又说:"樗里子以骨肉重,固其理"[22];又说:"人理显然,相倾夺分。"[23]显然,他认为事、物、情性、成败、兴坏、盛衰,皆有其"理"。从"理"上来寻求治乱、兴废、成败、祸福的原因,司马迁是肯定"人"的因素的。

试观太史公对五帝及三代治乱、盛衰、兴亡的叙述,则知其关键莫不在"德",亦即莫不在"人"。黄帝之兴,在于"修德振兵"[24];帝尧则"能明驯德,以亲九族;九族既睦,便章百姓;百姓昭明,合和万国"[25],而其至德尤在"不以天下之病而利一人"[26],逊位于舜;舜以孝闻,试位典职,四海之内咸戴其功,"天下明德皆自虞帝始"[27],最后也逊位于那"唯禹之功为大"[28]之禹;禹治水,居外十三年,过家门不敢入,禹"拜美言",皋陶"于是敬禹之德,令民皆宗禹之明度数声乐",禹本欲授政皋陶,而皋陶先死,于是举益,"任之政十年"。[29]后来启的继位并非他的本意。《五帝本纪》所讲的全是五帝"德"("德"并非抽象的观念,而是指实际的行为,故又称"德行"),故有治而无乱,见其盛不见其衰,《夏本纪》也几乎全是述禹之明德,禹以后夏朝史事的记载不及全篇的十分之一。这与其他《本纪》之迭见盛衰,多见其乱者,便大不相同。于此可以推见司马迁写五帝、禹《本纪》,自有他的深意,并非只是漫然迁就史料、稍加剪裁而已。

太史公于《伯夷传》篇首说:"夫学者载籍极博,犹考信于六艺,《诗》《书》虽缺,然虞夏之文可知也。尧将逊位,让于虞舜。舜禹之间,岳牧咸荐,乃试之于位,典职数十年,功用既兴,然后授政,示天下重器、王者大统,传天下若斯之难也。"虞夏之"文",是指"文德"言,也即是"让"。尧、舜、禹君臣继位,皆视天下为公器,欲择人而传,未尝有丝毫自利之心,故尧说:"终不以天下之病而利一人。"无私天下之心，故能得人，能安民，这是尧舜之治的根本。君有明德，则臣作股肱，司马迁对于舜、禹、伯夷、皋陶君臣相语讨论治道的一段文字，特别详细记载，最后说："帝舜用此作歌曰：'陟天之命，维时维几，'乃歌曰：'股肱善哉，元首起哉，百工熙哉。'皋陶拜手稽首，扬言曰：'念哉！率为兴事，慎乃宪，敬哉！'乃更为歌曰：'元首明哉，股肱良哉，庶事康哉。'舜又歌曰：'元首丛脞哉，股肱惰哉，万事堕哉。'"[30]可见舜朝的治绩，完全是君臣互勉、共同努力的结果。司马迁后来又说："余每读《虞书》，至于君臣相敕，维是几安，而股肱不良，万事堕坏，未尝不流涕也！"[31]这是司马迁思古伤今，见到武帝时代本来大有可为的政治局面，却由于武帝的多欲喜功，群臣的逸侈逢迎，结果弄到政困民穷、内外不安、岌岌可危的地步。由此看来，则政治的治乱岂不都是由人为造成的吗！

尧、舜、禹皆以盛德政治，禹虽举益，"任之政十年"，但死后诸侯不归益而归启，从此遂开家天下之局，而衰弱以起。《史记》中关于衰乱的记载，始见于夏帝孔甲。孔甲好方鬼神，事淫乱，"夏后氏德衰，诸侯畔之"，"自孔甲以来，而诸侯多畔，夏桀不务德"，此时"汤修德，诸侯皆归汤"[32]，汤遂伐桀，代夏朝有天下。《殷本纪》历述殷人既衰而复兴者五，一篇关键，总在"兴衰"二字上[33]，而所以兴所以衰者，则皆在"德"字上。汤以后殷代最大的名王是盘庚，盘庚迁殷，"行汤之政，然后百姓由宁，殷遂复兴，诸侯来朝，以其遵成汤之德也。"[34]商亡于纣，而《殷本纪》于篇末详述纣王种种淫虐失德、自取灭亡之事，垂戒之意甚明。此时，代商而兴的乃是"积善累德"之西伯，西伯"阴修德行善，诸侯多叛纣而往归西伯"[35]。观周人之代兴，实累世积德所致；自后稷而公刘、而古公、而公季、而文王、而武王，周家世德相承，而文王之得立更须归功于太伯之让国，故周之代有天下，实非幸至。

太史公于《周本纪》述周八百年之盛衰，可分两大段看。"前一段曰修后稷之业，曰修后稷、公刘之业，曰修古公遗道，曰遵后稷、公刘之业，则古公、古季之法，曰文王绪业，曰遵文王，曰申告以文、武之所为，曰宣告以文、武之业，曰法文、武、成康之道，此八节关键，详西周之所由盛。后一段曰政由方伯，曰齐桓公始霸，曰赐齐桓公为伯，曰赐晋文公为伯，曰晋献公称霸，曰致伯于秦孝公，曰秦孝王称王、诸侯皆称王，此七节关键，详东周之所由衰。"[36]然而察周之所以转衰者，其机在于厉王之专利[37]，这与周之兴赖有太伯之让德者两相对比，岂不正好说明治乱盛衰都是人为自致的吗？

司马迁所仰慕的理想政治，是尧舜的禅让政治。尧舜以天下为公器，故欲"传天下"，而所传之人必须经过岳牧咸荐、典职试位、功用既兴、荐之于天等过程，然后才能授政，故说"传天下若斯之难也"。正因本于公心，以"传天下"为难，故能得人致治。但自夏启家天下以后，有私天下之心，于是由"传天下"，而逐渐演成"取天下""争天下""吞天下""强霸天下""虎争天下""鞭笞天下""分裂天下""宰割天下"的局面。故自周衰以后，衰乱不止，愈演愈烈，毋宁是自然的趋势。就是殷周之代兴，虽然是本于积德累善，但汤伐桀、武王伐纣终是出于武力，"以暴易暴"，不无惭德，这与尧舜"传天下"之德是不能相比的。公天下之大本已失，而欲其长治久安，不至于乱者，是不可能的事。三代的历史可证，周衰以后至于暴秦一统的历史尤可证。

司马迁将自高祖以至太初所封立的王侯，一共谱了三个表（表五至表七），并察其得失、存亡、尊宠、废辱之故，最后归之于"仁义"二字。他说："余读高祖侯功臣，察其首封所以失之者，曰：'异哉所闻。'《书》曰：'协和万国。'迁于夏商，或数千岁。盖周封八百，幽厉之后，见于《春秋》。《尚书》有唐虞之侯伯，历三代千有余载，

论司马迁所说的"究天人之际" | 105

自全以蕃卫天子,岂非笃于仁义、奉上法哉?汉兴,功臣受封者百有余人。……子孙骄溢,忘其先,淫嬖。至太初,百年之间,见侯五,余皆坐法,陨命亡国,耗矣,罔亦少密焉。然皆无兢兢于当世之禁云。"[38] 唐虞之侯伯,有历三代千余年尚存的,如舜之子商均,禹封之于虞,少康时有虞思,殷时封遂,周时封满,陈为其后;皋陶之后为英、六,周时尚存;伯夷之后为申、吕,周时复封为齐;柏翳与禹平水土,舜赐姓曰嬴秦。[39] 但何以汉兴功臣受封者百余人,才经过一百年,到了太初就只剩下五人呢?那是因为历三代千余年的侯伯,能够"笃于仁义奉上法",自全以蕃卫天子,而汉初功臣的子孙则"骄溢,忘其先,淫嬖",以致"坐法,陨命亡国",虽说是汉初法网严密,有意削除,但也是由于他们自己"身无兢兢于当世之禁"。根据表中所述,因"酎金""为太常牺牲不如令""为太常酒酸"等罪而失侯的,可以归因于"罔密",但因"为太守知民不用赤仄钱为赋""不偿人责""尚南宫主不敬""出入属车间""买塞外禁物""入上林谋盗鹿""为太常与乐舞人阑入函谷关""卖宅县官故贵""谋大逆""大不敬""过律""奸淫""略人""伤人"[40] 而失侯的,则完全是自己仁义不足,干禁犯法所致。汉初封功臣分二等,大者王(诸侯王),小者侯(功臣侯),以上所说是功臣侯。

至于诸侯王,司马迁立有《汉兴以来诸侯王年表》,并于表序的末尾说:"臣迁谨记高祖以来至太初诸侯,谱其下益损之时,令后世得览。形势虽强,要之以仁义为本。"[41] 高祖末年,同姓子弟为王者九国,"唯独长沙异姓",而功臣侯者百有余人。此时,诸侯疆域大,地又外接胡越,汉所有者不过是自三河至内史的十五郡,故形势在侯国。但诸侯"或骄奢,忲邪臣计谋为淫乱,大者叛逆,小者不轨于法"[42],于是汉行推恩政策,齐分为七、赵分为六、梁分为五、淮南分为三,天子支庶子为王,王子支庶为侯,诸侯或以谪削地,支郡山海，咸纳于汉。此时，诸侯"大者不过十余城，小侯不过数十里"，而汉郡又形错诸侯间，犬牙相临，乘其院塞地利，故形势在王室。诸侯不能辅卫王室，笃行仁义，故其初形势虽强，终遭削除。反过来看，"汉高猜忌功臣，诛锄异姓，而七国之祸，乃在宗亲"[43]，以前视后，亦复如是，故说："形势虽强，要之以仁义为本。""以仁义为本"而成功的最好例子，便是长沙王。司马迁说："太史公读列封至便侯（长沙王子），曰：'有以也夫！'长沙王者著令甲，称其忠焉。昔高祖定天下，功臣非同姓疆土而王者八国。至孝惠时，唯独长沙全禅五世，以无嗣绝。竟无过，为藩守职，信矣。故其泽流枝庶，毋功而侯者数人。"[44]异姓而王者八人，唯独长沙王存，而且全禅五世，以无嗣绝，这是由于长沙王能守藩职，忠王室的缘故，乃以仁义成功者。故司马迁接上文写道："及孝惠讫孝景间五十载，追修高祖时遗功臣，及从代来，吴、楚之便劳，诸侯子弟若肺腑，外国归义封者九十有余，咸表终始，当世仁义成功之著者也！"故以侯列于《惠景间侯者年表》之首。或以仁义成功，或以不仁义而废辱，则得失存亡岂不皆是人所自取的吗！

　　再看太史公对祸福吉凶的看法（福则吉，祸则凶）。他评燕哙让国于子之之事说："燕易之禅，乃成祸乱。"[45]燕王之所以让国，是因为听信了鹿毛寿的奸言："人之谓尧贤者，以其让天下于许由，许由不受，有让天下之名，而实不失天下。今王以国让于子之，子之必不敢受，是王与尧同行也。"[46]尧舜本至公之心以"传天下"，而燕王却贪虚名，欲假至公之名以逞至私之欲，故"三年，国大乱"。长平之战，秦坑赵卒四十余万；司马迁说："王悔不听赵豹之计，故有长平之祸。"[47]冯亭欲入上党之地于赵，赵王欲受，赵豹说："圣人甚祸无故之利。夫秦蚕食韩氏地，中绝不令相通，固自以为坐而受上党之地也。韩氏所以不入于秦者，欲嫁其祸于赵也。秦服其劳,而赵受其利,虽强大不能得之于小弱,小弱顾能得之于强大乎?岂可谓非无故之利哉!"㊽赵王不听,从平原君之说,故有长平之祸。楚怀王不听屈原之计,竟死于秦;司马迁论其事,说:"人君无愚智贤不肖,莫不欲求忠以自为,举贤以自佐。然亡国破家相随属,而圣君治国累世而不见者,其所谓忠者不忠,而所谓贤者不贤也。怀王以不知忠臣不分,故内惑于郑袖,外欺于张仪,疏屈平而信上官大夫、令尹子兰,兵挫地削,亡其六郡,身客死于秦,为天下笑。此不知人之祸也。《易》曰:'井渫不食,为我心恻,可以汲、王明并受其福。'王之不明,岂足福哉!"㊾知人则明,受其福;不知人则不明,受其祸。怀王不知人,故受其祸,不受其福。魏其、武安二人始相结而终则相倾、相祸,司马迁论其事曰:"魏其、武安皆以外戚重,灌夫用一时决策而名显。魏其之举以吴楚,武安之贵在日月之际。然魏其诚不知时变,灌夫无术而不逊,两人相翼,乃成祸乱。武安负贵而好权,杯酒责望,陷彼两贤。呜呼哀哉!迁怒及人,命亦不延,众庶不载,竟被恶言。呜呼哀哉!祸所从来矣!"㊿魏其、灌夫虽贤于武安,但二人之成祸乱,皆有以自招,而祸乱之总原因则在于外戚,在于太后,故再言"呜呼哀哉,祸所从来",太史公于此实深忧履霜之戒。㉛英布疑爱姬与黄赫乱,欲捕赫,赫至长安告英布反,灌使来验,布遂发兵反,终至亡国灭身。司马迁说:"祸之兴,自爱姬殖,妒媢生患,竟以灭国。"㉜这是因嫉妒而生患而亡身,是自己未能明辨事情的真相,才落此下场。由以上所述看来,不论何种原因,均可见祸福吉凶皆莫不由人自招。

此外,《史记》中还有许多话语,一看便知司马迁认为治乱、安危、成败、祸福的操持力量,是决定在人的。如:《匈奴传·赞》:"尧虽贤,兴事业不成,得禹而九州宁。且欲兴圣统,唯在择任将相哉!

唯在择任将相哉！"得人则兴，失人则败，再言"唯在择任将相"，是太史公之微词。何焯说："（《匈奴传》）下即继以卫、霍、公孙弘，而全录主父偃《谏伐匈奴书》，太史之意深矣！"[53]《楚元王世家·赞》："国之将兴，必有祯祥，君子用而小人退。国之将亡，贤人隐，乱臣贵。戊毋刑申公，遵其言，赵任防与先生，岂有篡杀之谋，为天下僇哉！贤人乎，贤人乎，非质有其内，恶能用之哉！甚矣，安危在出令，存亡在所任，诚哉是言也。"这段文字也可与前文相发明。又《孝景本纪·赞》："汉兴，孝文施大德，天下怀安。至孝景，不复忧异姓。而晁错刻削诸侯，遂使七国俱起，合从而西乡。以诸侯大盛，而错为之不以渐也。及主父偃言之，而诸侯以弱，卒心安。安危之机，岂不以谋哉！"安危以谋，而谋出于人，与前两段文字同是一个思想系统下的产物。秦缪公卒，从死者百余人，秦之良臣奄息、仲行、针虎三人，也在从死之列，秦人哀之，为作《黄鸟》之诗，司马迁引括《左传》"君子曰"之意说："秦缪公广地益国，东服强晋，西霸戎夷，然不为诸侯盟主，亦宜哉！死而弃民，将其良臣而从死者乎！是以知秦不能复东征也。"[54]观秦缪公（秦穆公）死后百年之历史，可证"秦不复能东征"之言为不误。[55]

勾践于亡国之后，"苦身进思"，卧薪尝胆，又得范蠡、大夫种的辅佐，终能复国。司马迁说："勾践可不谓贤哉！盖有禹之遗烈焉。范蠡三迁，皆有荣名，名垂后世。臣主若此，欲毋显得乎？"[56]君臣同心协力，勾践终能复国。臣主若此，虽欲不显亦不可得，于此可见人力的伟大。其余如吴起、商君、黄歇、李斯、陈涉、周亚夫、晁错等人，俱一时豪杰，而终亡其身，司马迁于各篇之后，也都著其招祸致败之由。要之，都是咎由自取。

三、人能弘道无如命何

司马迁固然相信治乱吉凶在"人",但他也承认有超于人之上的"天"的力量存在,并用以解释历史。

"非兵不强,非德不昌"[57],三代之得天下,虽也动用武力,但基本上他们都是积善累德,积时日久而后成功的。下观秦汉的代兴,则其成功的轨迹与三代大为不同。司马迁说:"秦始小国僻远,诸夏宾之,比于戎翟。至献公之后,常雄诸侯。论秦之德义,不如鲁卫之暴戾者;量秦之兵力,不如三晋之强也。然卒并天下,非必险固便,形势利也,盖若天所助焉。或曰:东方物所始生,西方物之成孰。夫作事者,必于东南,收功实者常于西北,故禹兴于西羌,汤起于亳,周之王也以丰镐伐殷,秦之帝用雍州兴,汉之兴自蜀汉。"[58]秦之德义,无可称数,兵力又非最强,而卒并天下,太史公求之不得,以为除了"险固便,形势利"之外,还有一个最基本的原因,那就是有"天助";而"天助"则显然不是由于秦人之努力。天助秦并天下,这个思想又见于《魏世家·赞》:"说者皆曰:'魏以不用信陵君故,国削弱至于亡。'余以为不然。天方令秦平海内,其业未成,魏虽得阿衡之佐,曷益乎!"即便得阿衡之佐,魏国也不能免于覆亡,这岂不是天意已定,人谋无所复施了吗?秦取天下多暴,以逆取而不能顺守,十余年而亡,司马迁引贾谊《过秦论》说:"一夫作难,而七庙堕,身死人手,为天下笑者,何也?仁义不施,而攻守之势异也。"[59]秦得天助始能成功,但系自取灭亡。

再看汉之得天下,又是如何?太史公读秦楚之际说:

> 初作难,发于陈涉;虐戾灭秦自项氏;拨乱诛暴,平定海内,卒践帝祚,成于汉家。

五年之间，号令三嬗，自生民以来，未始有受命若斯之亟也！昔虞、夏之兴，积善累功数十年，德洽百姓，摄行政事，考之于天，然后在位。汤、武之王，乃由契、后稷，修仁行义十余世，不期而会孟津八百诸侯，犹以为未可，其后乃放弑。秦起襄公，章于文、缪、献、孝之后，稍以蚕食六国，百有余载，至始皇乃能并冠带之伦。以德若彼，用力如此，盖一统若斯之难也！

秦既称帝，患兵革不休，以有诸侯也，于是无尺土之封，堕坏名城，销锋镝，锄豪杰，维万世之安。然王迹之兴，起于闾巷，合从讨伐，轶于三代。乡秦之禁，适足以资贤者为驱除难耳，故奋发其所为天下雄，安在无土不王？此乃传之所谓大圣乎？岂非天哉！岂非天哉！非大圣孰能当此受命而帝者乎？⑩

这是历考虞、夏、商、周、秦之有天下，或以德，或用力，以见一统之难。汉高祖起于匹夫，既未积善累功如虞、夏、契、稷，也未曾用力征讨如武王之会孟津、秦之蚕食六国。秦楚之际才五年，而天下之号令已经三嬗，由陈涉而项羽而高祖，用力以德如此之少（《史记》不载高祖先世，记太公、刘媪也未见其德），而成功如此之大，这是旷古未有之事。司马迁以为秦皇的禁兵与不树诸侯，正是替汉高驱除艰难，预铺坦道，并非汉高本身有什么神异之能，故归之于天，说："岂非天哉！岂非天哉！非大圣孰能当此受命而帝者乎？"刘邦之膺天命，得天助，刘邦自己与当时人都深信不疑。张良对人说"沛公殆天授"，对刘邦说"此天以臣授陛下"⑪；韩信说："且陛下所谓天授，非人力也。"⑫陆贾说尉佗："然汉王起巴蜀，鞭笞天下，劫略诸侯，遂诛项羽灭之，五年之间，海内平定。此非人力，天之所建也。"⑬司马迁也说："高祖离困者数矣，而留侯常有功力焉，岂可谓非天乎?"⁶⁴高祖击英布时,为流矢所中,吕后迎良医治病,高祖谩骂说:"吾以布衣提三尺剑取天下,此非天命乎?命乃在天,虽扁鹊何益!"⁶⁵不使治病,不久遂死。可见刘邦在临死之前,还相信自己是负荷天命的。

刘邦得天命而成功,反过来看项羽,他也认为自己是因无天助而败亡。汉骑数千人追项王,项王对他的部下说:"吾起兵至今八岁矣,身七十余战,所当者破,所击者服,未尝败北,遂霸有天下。然今卒困于此,此天之亡我,非战之罪也。今日固决死,愿为诸君快战,必三胜之,为诸君溃围斩将刈旗,令诸君知天亡我,非战之罪也。"其后项王突围至乌江,乌江亭长欲渡项王,项王笑说:"天之亡我,我何渡为?"⁶⁶都一再强调"天亡我"。但司马迁批判他说:"夫秦失其政,陈涉首难,豪杰蜂起,相与并争,不可胜数。然羽非有尺寸,乘势起陇亩之中,三年,遂将五诸侯灭秦,分裂天下而封王侯,政由羽出,号为霸王,位虽不终,近古以来,未尝有也。及羽背关怀楚,放逐义帝而自立,怨王侯叛己,难矣。自矜功伐,奋其私智而不师古,谓霸王之业,欲以力征经营天下,五年,卒亡其国,身死东城,尚不觉寤,而不自责,过矣!乃引'天亡我,非用兵之罪也',岂不谬哉!"⁶⁷这是否定天亡之说,认为是项羽自取灭亡,而且至死不悟。背关怀楚,放逐义帝,自矜功伐,奋己私智,力征经营,这些都是项羽败亡的原因,都不是"天",而是"人"。同样的情形,韩信为吕后诈擒,临斩时说:"吾悔不用蒯通之计,乃为儿女子所诈,岂非天哉!"司马迁批评他说:"假令韩信学道谦让,不伐己功,不矜其能,则庶几哉,于汉家勋可比周、召、太公之徒,后世血食矣!不务出此,而天下已集,乃谋畔逆,夷灭宗族,不亦宜乎!"⁶⁸韩信自己伐功矜能,不能学道谦让,又于天下已定之后谋叛,计谋不善,这明明是人事不修,如何能只怨天呢?所以太史公责他"夷灭宗族，不亦宜哉！"又蒙恬积功信于秦三世，而赵高害之，蒙恬临死时喟然太息说："我何罪于天，无过而死乎？"接着又说："恬罪固当死矣！起临洮，属之辽东，城堑万余里，此其中不能无绝地脉哉。此乃恬之罪也。"蒙恬不把自己的死归因于得罪于天，而认为是绝地脉，司马迁对于这一点，仍旧不能赞同。他说："吾适北边，自直道归，行观蒙恬所为秦筑长城亭障，堑山堙谷，通直道，固轻百姓力矣。夫秦之初灭诸侯，天下之心未定，痍伤者未瘳，而恬为名将，不以此时强谏，振百姓之急，养老存孤，务修众庶之和，而阿意兴功。此其兄弟遇诛，不亦宜乎！何乃罪地脉哉？"⑩这是认为蒙恬的遇诛，不能归罪于天或地脉，而应归咎自己于天下之心未定之时，轻百姓力，筑长城，阿意兴功，自招杀身之祸。

与"天"字意义相近的是"命"，命亦天也，而太史公相信有"命"。他于《外戚世家》说："人能弘道，无如命何。甚哉！妃匹之爱，君不能得之于臣，父不能得之于子，况卑下乎？既欢合矣，或不能成子姓；能成子姓矣，或不能要其终。岂非命也哉？"既欢合而不能成子姓，成子姓而不能要其终，这是无可奈何之事，非人力所能为的。具体的例子，孝惠皇后是吕后的外孙女，吕后以重亲故，"欲其生子万方，终无子"；武帝之陈皇后，是景帝姊之女，"陈皇后求子，与医钱凡九千万，然竟无子。"⑦以太后、皇后之富贵，虽想尽办法，也不能必定达成一个求子的愿望，这只好归之于"天"，归之于"命"了。吕后王诸吕，以吕禄女为少帝后，"欲连固根本牢甚"，及吕后崩，"禄、产等惧诛，谋作乱，大臣征之。天诱其统，卒灭吕氏，唯独置孝惠皇后北宫。迎立代王，是为孝文帝，奉汉宗庙。此岂非天邪？非天命孰能当之！"⑪吕后处心积虑，设计安排，终归泡影；文帝一无图谋，而受大臣迎立，竟登帝位。于此可见得失、祸福，都有非人力所能支配者，其中有"命"，有"天"。文帝即位如此，景帝即位，亦复如是。景帝的母亲是窦太后，但文帝在代时，前后有三男，"及窦太后得幸，前后死，及三子更死，故孝景得立"[72]。前后接连死了四个人，景帝才得立，这不是有天幸、有天命吗？田蚡死，韩安国行丞相事，为武帝奉引而堕车跛足。武帝议置相，欲用安国，"使使视之，蹇甚，乃更以平棘侯薛泽为丞相。安国病危，数月蹇愈，上复以安国为中尉"；[73]安国蹇而复愈，终不得为相。与司马迁共定律历，讨论春秋的壶遂，命运更为不济。司马迁说："壶遂官及詹事，天子方倚以为汉相，会遂卒。不然，虚遂之内廉行修，斯鞠躬君子也。"[74]武帝欲用二人为相，但他们一病一死，不能及时，可见其中有命。郭解少时为奸事，不可胜数；司马迁说他"适有天幸，窘急常得脱"[75]。汉伏兵马邑，诱匈奴入塞，单于得雁门尉史，问得汉兵诈谋，幸免于覆亡。太史公于《史记》中两次记载单于之言："吾得尉史，乃天也。"[76]《史记》中类似的例子，还有不少。然则，司马迁相信有天、有命，是无可置疑的了。

司马迁又信相法，《史记》中所记论相之事，每个都应验。《高祖本纪》记相吕后及高祖："吕后与两子居田中耨，有一老父过，请饮，吕后因铺之。老父相吕后曰：'夫人天下贵人。'令相两子，见孝惠，曰：'夫人所以贵者，乃此男也。'相鲁元，亦皆贵。老父已去，高祖适从旁舍来，吕后具言客有过，相我子母皆大贵。高祖问，曰：'未远。'乃追及，问老父，老父曰：'乡者夫人婴儿皆似君，君相贵不可言。'高祖乃谢曰：'诚如父言，不敢忘德。'及高祖贵，遂不知老父处。"《外戚世家》载相薄姬当生天子："（薄姬母魏）媪之许负所相，相薄姬，云当生天子。"其后薄姬"一幸生男，是为代王"，也就是后来的文帝。《黥布传》记相黥布，布"秦时为布衣，少年，有客相之曰：'当刑而王。'及壮，坐法黥，布欣然笑曰：'人相我当刑而王，几是乎！'人有闻者，共俳笑之。"后布果为九江王，又为淮南王。《绛侯世家》记许负相周亚夫,"条侯亚夫自未侯为河内守时,许负相之,曰:'君后三岁而侯,侯八岁为将相,持国秉,贵重矣,于人臣无两。其后九岁,而君饿死。'亚夫笑曰:'臣之兄已代父侯矣,有如卒,子当代,亚夫何说侯乎?然既已贵,如负言,又何说饿死?指示我。'许负指其口曰:'有从理入口,此饿死法也。'"其后,"条侯果饿死"。《佞幸传》记相邓通,"上(文帝)使善相者相邓通,曰:'当贫饿死。'文帝曰:'能富通者,在我也,何谓贫乎?'于是赐邓通蜀严道铜山,得自铸钱。邓氏钱布天下,其富如此。"其后,邓通"竟不得名一钱,寄死人家"。《卫将军骠骑传》载相卫青,"青尝从入甘泉居室,有一钳徒相青曰:'贵人也,官至封侯。'青笑曰:'人奴之生,得毋笞骂即足矣,安得封侯事乎?'"后果封为长平侯。以上有关命相的记载,前后都应验,因此,即使太史公未做直接的评论,也可见他是相信有命相存在的。依相法而言,一切枯荣、成败、祸福、吉凶,都是前定,这岂不是有"命"在"天"吗?

与相法相近而应用范围广泛的,是卜筮。《史记》中也有不少有关卜筮的记载。司马迁说:"自古圣王,将建国受命,兴动事业,何尝不宝卜筮以助善?唐虞以上,不可记已。自三代之兴,各据祯祥。涂山之兆从,而夏启出。飞燕之卜顺,故殷兴。百谷之筮吉,故周王。王者决定诸疑,参以卜筮,断以蓍龟,不易之道也。"[77]又说:"周公卜三龟,而武王有瘳。纣为暴虐,而元龟不占。晋文将定襄王之位,卜得黄帝之兆,卒受彤弓之命。献公贪骊姬之色,卜而兆,有口象,其祸竟流五世。楚灵将背周室,卜而龟逆,终被乾溪之败。兆应信诚于内,而时人明察见之于外,可不谓两合哉!君子谓夫轻卜筮,无神明者,悖;背人道,信祯祥者,鬼神不得其正。故《书》建稽疑,五谋而卜筮居其二,五占从其多,明有而不专之道也。"[78]可见太史公是相信卜筮的,以之为"有而不专"的

"不易之道"。除去上文称引者,还有以下的事例。诸吕既灭,诸大臣欲立代王,代王"犹与未定,卜之龟,卦兆得大横,占曰:'大横庚庚,余为天王,夏启以光。'"[79]后代王果立为文帝,这是王者决疑之卜。陈厉公生子敬仲完,恰巧周太史过陈,"陈厉公使以《周易》筮之,卦得观之否,'是为观国之光,利用宾于王',此其代陈有国乎?不在此,其在异国?非此其身,在其子孙。若在异国,必姜姓。姜姓,太岳之后,物莫能两大,陈衰,此其昌乎?"后来,"齐懿仲欲妻陈敬仲,卜之,占曰:是谓'凤凰于飞,和鸣锵锵。有妫之后,将育于姜。五世其昌,并于正卿。八世之后,莫之与京。'"[80]后田常果伐齐有国。毕万卜仕于晋国,"遇屯之比。辛廖占之曰:'吉。屯,固。比,入。吉孰大焉!其必蕃昌。'"晋献以魏封毕万,卜偃说:"毕万之后必大矣。万,满数也。魏,大名也。以是始赏,天开之矣。天子曰兆民,诸侯曰万民。今命之大,以从满数,其必有众。"[81]后来毕万的子孙果然据有了魏国。晋大旱,"卜之曰:'霍太山为祟。'使赵夙召霍君于齐,复之,以奉霍太山之祀,晋复穰"。赵夙的孙子赵衰"卜事晋献公及诸公子,莫吉。卜事公子重耳,吉。"后来赵衰从重耳出亡,凡十九年始得返国,终成霸佐。赵衰的儿子赵盾,"梦见叔带持要而哭,甚悲;已而笑,拊手且歌。盾卜之,兆绝而后好。赵史援占之,曰:'此梦甚恶。非君之身,乃君之子,然亦君之咎。至孙,赵将世益衰。'"[82]后来赵盾之子赵朔果然被杀,赵朔之孤儿赵武为程婴所救,日后成为晋国的正卿,子孙与韩、魏二家之后共分晋国。凡以上太史公所述有关卜筮的事例,没有不应验的,则他对于卜筮的态度,也就可知了。

司马迁不但相信卜筮,而且还相信星气,或者说相信有天运、天变、天数。他以为天上星宿的运行和地上人事的现象,有密切的关系,天象可以支配人事,人事则是天象的反映,这个思想在《天官书》中有详细的说明。司马迁说:"星气之书,乡杂禨祥,不经,推其文,考其应,不殊。比集论其行事,验于轨度以次。"[83]他虽然也批评星运之书的"不经",但并未完全否定,而是把"验于轨度",可以相信地写出来。他说:"自初生民以来,世主曷尝不历日月星辰?及至五家三代,绍而明之。"但"幽厉以往尚矣","太史公推占天变,未有可考于今者",所以他从春秋开始举例说明:

> 盖略以春秋二百四十二年之间,日蚀三十六,彗星三见,宋襄公时星陨如雨。天子微,诸侯力政,五伯代兴,更为主命,自是之后,众暴寡,大并小。秦、楚、吴、越,夷狄也,为强伯。田氏篡齐,三家分晋,并为战国。……秦之疆也,候在太白,占于狼、弧。吴楚之疆,候在荧惑,占于鸟、衡。燕齐之疆,候在辰星,占于虚、危。宋郑之疆,候在岁星,占于房心。晋之疆,亦候在辰星,占于参、罚。……诸侯更强,时灾异记,无可录者。秦始皇之时,十五年彗星四见,久者八十日,长或竟天。其后秦遂以兵灭六王,并中国,外攘四夷,死人如乱麻。因以张楚并起,三十年之间,兵相骀藉,不可胜数。自蚩尤以来,未尝若斯也。项羽救巨鹿,枉矢西流,山东遂合从诸侯,西坑秦人,诛屠咸阳。汉之兴,五星聚于东井。平城之围,月晕参、毕七重。诸吕作乱,日蚀、昼晦。吴楚七国叛逆,彗星数丈,天狗过梁野,及兵起,遂伏尸流血其下。元光、元狩,蚩尤之旗再见,长则半天。其后京师师四出,诛夷狄者数十年,而伐胡尤甚。越之亡,荧惑守斗;朝鲜之拔,星茀于河戍;兵征大宛,星茀招摇。此其荦荦大者。至若委屈小变,不可胜道。由是观之,未有不先形见而应随之者也。[84]

论司马迁所说的"究天人之际" | 117

太史公从古至今历历指证，愈后愈详，而且认为"未有不先形见而应随之者也"。他又说："夫天运三十岁一小变，百年中变，五百载大变，三大变一纪，三纪而大备，此其大数也。为国者必贵三五，上下各千载，然后天人之际续备。"[85]据此，则天运或天变似乎有一个大概的变化规律，治理国家者必须知道配合这个规律，然后才能续备"天人之际"。

四、究天人之际

司马迁既认为治乱、吉凶在"人"，却又相信天、命、卜筮、星、相（即有"天"）；然则他究竟是信"人"还是信"天"呢？可以说司马迁两者都信，他是要在具体的事情上见出两者的关系与分际，然后才有所主张。历史上的治乱、兴废、盛衰、存亡、成败、得失、吉凶、祸福，其中固然有由于人事的，但也的确有属于天命的。知何处是"天"，则知何处为人所无能为力；知何处属"人"，则知有人事未尽或人谋不臧之处。知"天"与"人"各有其界限、分际，又知"天"与"人"之间有交互作用存在，则知有尽人事以希天、合天之道；最后人道可与天道相会，而终归于一（大道）。以下试分三点进一步阐明太史公对"天人之际"的看法。

（一）于人事尽处始归之天命

历史上的成败、得失，其中若有天命（命亦天也，天命即"天"）也须在尽了人力（即"人"）之后才能讲；若人事未尽，则不得遽归之天命。故司马迁以秦之并天下为有"天助"，高祖之得天下为"岂非天哉"，认为非人力所能致；复以项羽"天亡我"之说为非，认为是由于人事未尽，咎由自取。又如吕后欲孝惠皇后生子万方，陈皇后与医钱九千万，而皆无子，此可归之于命；而韩信之以过诛罪天，蒙恬之因赐死罪地脉，此则是"人"而非"天"了。司马迁说："人能弘道，无如命何。"这正是他于人事尽处见出天命的明证。以下再举《河渠书》为证：《河渠书》记夏禹以来治河渠之大要，以见水之为利害，其中着意叙述的是武帝时代之治河渠。元光中，河决于瓠子，东南注巨野，通于淮泗。武帝使汲黯、郑当时"兴人徒塞之，辄复坏"。此时，丞相田蚡的食邑鄃在河北，河决而南，则鄃无水灾，邑收多。因此，田蚡对武帝说："江河之决，皆天事，未易以人力为强塞；塞之，未必应天。"而望气用数者也以为如此，"于是太子久之不事复塞也"[86]。那么，河决到什么时候才塞住呢？司马迁说：

> 自河决瓠子后二十余岁，岁因以数不登，而梁、楚之地尤甚。天子既封禅巡祭山川，其明年，旱。乾封少雨。天子乃使汲仁、郭昌发卒数万人塞瓠子决。于是天子已用事万里沙，则还自临决河，沉白马玉璧于河。令群臣从官自将军以下，皆负薪填决河。是时东郡烧草，以故薪柴少，而下淇园之竹以为楗。天子既临河决，悼功之不成，乃作歌曰："瓠子决兮将奈何？皓皓旰旰兮闾殚为河。殚为河兮地不得宁，功无已时兮吾山平。吾山平兮钜野溢，鱼沸郁兮柏冬日。延道弛兮离常流，蛟龙骋兮方远游。归旧川兮神哉沛，不封禅兮安知外。为我谓河伯兮何不仁？泛滥不止兮愁吾人。啮桑浮兮淮泗满，久不反兮水维缓。"一曰："河汤汤兮激潺湲，北渡迁兮浚流难。搴长茭兮沉美玉，河伯许兮薪不属。薪不属兮卫人罪，烧萧条兮噫乎何以御水！颓林竹兮楗石菑，宣房塞兮万福来。"于是，卒塞瓠子，筑宫其上，名曰宣房宫。而道河北行二渠，复禹旧迹，而梁、楚之地复宁，

无水灾。[87]

田蚡本于私心，说河决是"天事"，不易以"人力"强塞，望气用数者也以为然，"于是天子久之不事复塞也"，表示武帝同意他们的见解，以河之决塞归之于"天"。等到二十余年后，天干旱少雨时，才使人封塞。《河渠书》篇首即引《夏书》说："禹抑洪水，十三年过家不入门。"《夏本纪》也说："禹伤先人父鲧功之不成受诛，乃劳身焦思，居外十三年，过家门不敢入。"又记禹自言："予不子，以故能成水土功。"[88]明明是穷尽人力才能成治水之功。又文帝时，河决酸枣，东溃金堤，东郡"大兴"，卒塞之。河决瓠子以后至塞宣房之前，《河渠书》又载以下三事：郑当时建议通渭渠于长安，可以"损漕省卒，而益肥关中之地，得谷"；番系建议引汾水于蒲坂，"度可得谷二百万石以上，谷从渭上，与关中无异，而砥柱之东可无复漕"；又有人建议通褒斜道，"如此汉中之谷可致，山东从沔无限，便于砥柱之漕，且褒斜材木竹箭之饶，拟于巴蜀。"司马迁于三事文后都写下五个字——"天子以为然"。所以以为然者，还不是因为被引水通渠的好处说动了，以为有利而实行吗？其后通渭渠、引汾水、通褒斜的工程均告完成，或见全利，或利害参半，但都以人力做成了。然则何以独不塞河呢？恐怕还是因为塞河费力大，只能止害，而并无利可图吧！那么，河之塞与不塞，只是为与不为的问题。司马迁于《河渠书·赞》说："甚哉，水之为利害也！余从负薪塞宣房，悲瓠子之诗，而作《河渠书》。"《瓠子之诗》说什么呢？其一曰"为我谓河伯兮何不仁"，其二曰"薪不属兮卫人罪"，说来说去，不是怪罪河伯，便是怪罪卫人，而没有想到自己没有尽力去拯民于水深之中。但瓠子诗中又漏了一句，即"不封禅兮安知外"。武帝一心欲封禅求仙不死，若非为了封禅道经宣房，还不知河决水患一至于是呢！

由此看来,河决二十余年未塞,并不是什么"天事",而实是未尽"人力"之故,百姓因此受水害者达二十余年。此司马迁之所以"悲《瓠子之诗》"而作《河渠书》"也。

(二)天与人可交相作用,而以"德"为感应的枢机

就个人言,天道无亲,常与善人,为善者受福,为恶者遭殃,其中自有某种因果关系的存在。故司马迁说:"舜之德可谓至矣,禅位于夏,而后世血食者历三代。及楚灭陈,而田常得政于齐,卒为建国,百世不绝,苗裔兹兹,有土者不乏焉。"[89]以舜有至德,故后世血食,百世不绝。又以越世世为公侯、为禹之余烈,说:"越虽蛮夷,其先岂尝有大功德于民哉,何其久也!历数代常为君王,勾践一称伯。然余善至大逆,灭国迁众,其先苗裔繇王居股等犹尚封为万户侯。由此知越世世为公侯矣,盖禹之余烈也。"[90]又以楚之先为有"天禄",说:"楚之先岂有天禄哉?在周为文王师,封楚。及周之衰,地称五千里。秦灭诸侯,唯楚苗裔尚有滇王。汉诛西南夷,国多灭矣,唯滇复为宠王。"[91]以燕国后亡为召公之烈,说:"召公奭可谓仁矣,甘棠且思之,况其人乎!燕北迫蛮貉,内措齐晋,崎岖强国之间,最为弱小,几灭者数矣。然社稷血食者八九百岁,于姬姓独后亡,岂非召公之烈耶!"[92]以韩之为诸侯十余世为有阴德,说:"韩厥之感晋景公,绍赵之孤子武,以成程婴、公孙杵臼之义,此天下之阴德也。韩氏之功,于晋未睹其大者也,然与赵、魏终为诸侯十余世,宜乎哉!"[93]

反过来看,有阴祸者,终遭败亡。秦王赐白起剑自裁,"武安君(白起)引剑将自刭,曰:'我何罪于天,而至此哉!'良久,曰:'我固当死。长平之战,赵卒降者数十万人,我诈而尽坑之,是足以死。'"[94]秦二世使王翦之孙王离击赵,围赵王及张平于巨鹿城,"或曰:'王离,秦之名将也。今将强秦之兵,攻新造之赵,举之必矣!'客曰:

'不然，夫为将三世者必败。必败者何也？必其所杀伐多矣，其后受其不祥。今王离已三世将矣。'"[95]后来王离果为项羽所虏。陈平多阴祸，故后世不能复起；司马迁记其事说："始陈平曰：'我多阴谋，是道家之所禁。吾世即废，亦已矣，终不能复起，以吾多阴祸也。'然其后曾孙陈掌，以卫氏亲贵戚，愿得续封陈氏，然终不得。"[96]

就政事言，灾变与政事相应。天变"与政事俯仰，最近天人之符"[97]。人君若能修德，则人归而天与，受天明命；否则，天命靡常，自绝于天，而天亦弃之。三代之得天下，莫不以德，故皆受天命；及其衰也，皆失德，遂丧其天禄。人君失德，则天示象警惕；若能修德补过，可以安然无事，否则天将弃之。故殷太戊时，"亳有祥，桑谷共生于朝，一暮大拱。帝太戊惧，问伊陟。伊陟曰：'臣闻妖不胜德，帝之政其有阙欤？帝其修德。'太戊从之，而祥桑枯死而去。"[98]殷纣胡作非为，祖尹说："非先王不相我后人，维王淫虐用自绝，故天弃我，不有安食。"[99]周幽王时，周德若二代之季，故灾变迭见，"幽王未得褒姒而地震，伯阳曰：'周将亡矣。'幽王既得褒姒，而川竭山崩，伯阳曰：'周亡矣。'其后幽王废嫡立庶而国本摇，伯阳曰：'祸成矣，无可奈何。'"[100]与灾变相类的还有天变。天变与人事相应，但天变才现，也可以人事补救，故说："日变修德，月变省刑，星变结和。凡天变过度乃占。国君强大有德者昌，弱小饰诈者亡。太上修德，其次修政，其次修救，其次修禳，正下无之。"[101]补救的方法中，还是以"修德"为最上。司马迁又说："荧惑为孛，外则理兵，内则理政，故曰：虽有明天子，必视荧惑所在。"[102]宋景公三十七年，楚惠王灭陈，荧惑守心，心为宋之分野，故景公忧之。"司星子韦曰：'可移于相。'景公曰：'相，吾之股肱。'曰：'可移于民。'景公曰：'君者待民。'曰：'可移于岁。'景公曰：'岁饥民困，吾谁为君？'子韦曰：'天高听卑，君有君人之言三，荧惑宜有动。'于是候之，果徙三度。"[103]这是君德感天的一个好例子。

人君若不修德，反而以淫祀渎神徼福，则不但不能感天，天且将亡之。这个意思见于《封禅书》。司马迁于《封禅书》篇首说："自古帝王曷尝不封禅？"又于篇末说："究观方士祠官之意，于是退而论次自古以来用事于鬼神者，具见其表里。"故读《封禅书》须从正反、表里两面去看太史公之意。封禅是有的，但那必须在帝王受命、功至、德洽、暇给之后实行，而且是用来告代、报功、追本的，是用来"登封告成，为民报德"[104]的。汉兴，高祖"甚重祠而敬祭"，至武帝即位，"尤敬鬼神之祀"[105]。司马迁为武帝敬鬼神的成绩算了一个总账："今天子所兴祠，太一、后土，三年亲郊祠，建汉家封禅，五年一修封。薄忌太一及三一、冥羊、马行、赤星，五，宽舒之祠官以岁时致礼。凡六祠，皆太祝领之。至如八神诸神，明年、凡山他名祠，行过则祀，行去则已。方士所兴祠，各自主，其人终则已，祠官不主。他祠皆如其故。"[106]可谓洋洋大观。但武帝之敬鬼神、行封禅，纯是本于侈心。方苞说：

> 武帝名为敬鬼神之祀，而以封禅合不死。郊祀秘祝，不过与祠神君灶鬼同意耳。盖好神而实比于慢矣，故首载夏孔甲好神三世而亡，殷武乙慢神三世而亡，复大书始皇封禅后十二岁秦亡，示无德而渎于神，为亡征也。殷二宗遇物惧变而修德，国以兴，历年以永，示宝鼎、一角兽不足为符应也。其详秦先世事，及史敦、史儋语，以雍之诸祠兴于秦，而敦、儋妄称符命，以启二君之汰，为方士怪迂之微兆也。长弘欲以物怪致诸侯，无救于周之衰而身为僇，则以方祠诅匈奴、大宛者可知矣！秦穆公病寤，而世传为上天，穆公死年有征，则黄帝鼎湖之事，乃此类耳！管仲能设事以止桓公之欲，而汉公卿乃徇方士以从

论司马迁所说的"究天人之际" | 123

君于昏,是可叹也。[107]

季氏旅于泰山,孔子讥之,以为神弗享;则秦皇之行封禅以夸功德,汉武之以封禅合不死,神亦必不享。太史公写始皇帝封禅事,直为汉武写照,两者对看,则其意更明。始皇帝上泰山,"中阪遇暴风雨",已是不获神佑,又书"封禅之后十二岁秦亡",似是以秦亡与非礼之封禅有关。武帝封泰山礼毕,"独与侍中奉车子侯上泰山",虽无风雨灾,但"奉车子侯暴病一日死"。司马迁又于武帝封禅后连著天变,"其秋,有星茀于东井。后十余日,有星茀于三能。望气王朔言,候,独见填星出如瓜,食顷复入焉。有司皆曰:陛下建汉家封禅,天其报德星云。……是岁(来年),旱。于是天子既出无名,乃祷万里沙,过祠泰山,还至瓠子,自临塞决河。"[108]司马迁讥始皇帝之封禅为"无其德而用事者",以此例彼,他对武帝的封禅亦是此意,并且深忧蹈秦故辙,自招速亡。至于以星茀为德星,以天旱为乾封,则尤可见方士祠官之矫诬阿谀,太史公于此并有微意。

(三)尽人事以希天、合天

"天"的力量虽大,但并非完全独裁专制;"人"的力量虽有限,但也有其可以努力的范围。而且,若能充分发挥人力,还可能格天心、回天意,这样说来,人力还是伟大的,人类的命运并非完全取决于"天",仍可由"人"掌握。由本文二、三两节所论来看,吾人可知:人事有必然之理,循之虽未必一一成功,但不循之则必定失败。要想成功,固然除了"人"之外,有时还有待于"天",但若要失败,则仅由"人力"不足便可造成,故在人间世事上成功或有偶然的,而失败则是必然的。失败若无必然之理,则司马迁也不必稽其兴坏成败之理以垂戒后人了;成功若绝对在人,则司马迁也不必于"人"之外再言"天"了。故知人道有必然,而天道或有偶然(相对于人而言);掌握那必然的以期待那偶然的,则必能免于失败而可能成功,一旦成功,则那偶然的似乎也成为必然的了。这虽是就事之成败来说,其实无论世之治乱、道之穷通、人之吉凶祸福,莫不如此。司马迁以为天运有大数,"三十岁一小变,百年中变,五百年大变,三大变一纪,三纪而大备",这是天道之自然。物不可终通,亦不可终否,此是自然之道。故世之有治乱,道之有穷通,人之吉凶、祸福,犹如天道有四时寒暑之运行,乃自然之理,天也;但所以治之,所以通之,所以吉之、福之者,则皆有待于人。故于世之治、道之通、人之吉福处,可以见天人之合德,而显人道之尊贵。故人虽"无如命何",但毕竟"人能弘道"。人若不能弘道,则虽有命,天亦无如之何了。天道之成立,既有待于人道之向上,故一切仍须从人事做起。必须尽其在我,然后才求之于天。尽人事以待天命,进而以人合天,助成天道之化行,方能达天人合一之境界,而同归大道。以下即举人人称赏同时又是议论纷纭的伯夷列传为例,来说明太史公"究天人之际"的真实意义。

伯夷是否有怨?天道是否与善?这是司马迁在《伯夷列传》中所提出的两大疑问。伯夷以让国而逃始,却以饿死首阳终,故启人疑伯夷之有怨,惑天道之不与。太史公的文字也写得信信疑疑、是是否否,好像不得其意。其实,文字虽波澜起伏,义理却层次显明。司马迁在发此两大疑问后,已引孔子之言解答:"道不同不相为谋,亦各从其志也。"伯夷积仁洁行而饿死,颜渊好学屡空而早夭,盗跖日杀不辜竟以寿终,使人不能无疑于道之瞆瞆。故世俗不能不以积仁洁行而遇祸灾而饿死为"其轻若此",以专行不义而逸乐富厚而寿终为"其重若此",而思去轻就重。但君子特立独行,"岂以其重若彼,其轻若此哉"!故司马迁又引孔子"岁寒然后知松柏之后凋"之言,而说"举世混浊,清士乃见",这是道不同,各从其志之故。世俗之人所以知有轻有重者，是因为有"计算心"。以利计算，故有轻重，而思避轻就重。但君子怀刑（型）不怀惠；不怀利心，故无所计算，唯义所适，义无所逃。所以君子不但明其道不计其功，而且不计其害，故天道或许有祸善福淫者，君子却不会因此而改变自己的行为，非必不知，而是不顾，"穷天地亘万世而不顾"，而所以能独行不顾者，是因为"信道笃而自知明"[109]的缘故。这就是伯夷。故司马迁于伯夷之怨否、天道之与否，先暂且不直接作答，而直接以伯夷之志之道来解。以世俗之心度之，则有怨与不怨、与或不与；但以伯夷之"义"观之，则根本不知有此。

那么，伯夷究竟是怨还是不怨呢？伯夷是不怨的。以伯夷之"义"观之，是不怨；以太史公之意观之，也是不怨。司马迁于传首已明言"夫学者载籍极博，犹考信于六艺"，这句话也是为全书发凡起例的。[110] 群言淆乱衷诸圣，载籍以六艺为断，六艺以孔子为归，司马迁既引孔子"求仁而得仁，又何怨乎"之语，故知太史公以孔子之言断其不怨。可是，轶诗之辞又作何解呢？既然考信六艺折衷孔子，则是不取轶诗。而且，即就轶诗而言，也还是不怨。孔子弟子问伯夷怨乎，是因为夷伯为善无报，反受其咎，所问之"怨"，近于怨愤、怨恨之意，乃是怨天尤人之怨；轶诗之怨则否，那是怨天下不知以暴易暴之非，哀天下人之心死。伯夷所向往的是虞夏揖让之世，及饿且死之时也只说"我安适归"，而叹"于嗟徂兮，命之衰矣"（命运衰薄，未能赶上揖让之世），并非为一己为善受祸而怨。故此怨乃"诗可以兴、观、群、怨"之怨，而不是怨天尤人之怨。二者高下悬殊，细味自然有别。

那么，天道究竟是常与善人还是不与善人呢？曰：天道难知，而人道可期，似不与而仍与也。世俗之论天道，都以当身的富贵寿考论，这未免浅薄。程子说："天道甚大，安可以一人之故妄意窥测？如曰：'颜为何而夭？跖为何而寿？'此皆指一人计较天理，非知天也。"[111] 伯夷虽及身无福寿之报，但求仁得仁，已遂其志；死后又得孔子之表扬而名益彰，其心其志得显扬于后世。这岂不是天道终与善人吗？要了解这层意思，还须先明白古人对于"名"的重视。《孝经》说："立身行道，扬名于后世，孝之终也。"孔子说："君子疾没世而名不称焉。"[⑫] 司马迁也说："立名者，行之极也。"[⑬] 君子若能以三不朽立名，垂于后世，则是显己扬亲，为孝之大者。伯夷当时不荣，采薇饿死，这好像是天道之不与善人，但死后终享大名，垂诸久远，天道岂果聩聩乎！

但再回头一想，伯夷之贤终须待孔子表扬始能益彰，颜渊之行也终待附骥尾始能益显。然而与伯夷之贤、颜渊之行相等或相近的，并非无人，而名皆不传，可见名之传与不传也有"命"。君子砥行，是"人能弘道"，而砥行者之名或传或不传，则是"无如命何"之天道了。不过，从已经传名的例子来看，则天道之行似乎仍有待于人道之立。因为天本无言，须假手于人始能完成其视听行为，故天道必须在天人交接处始能显现；倘若全无人事，则天道也将不显了。倘若世上没有孔子、司马迁之伦，则将无以知，更不能传伯夷之贤，而无从显天道之"似不与而仍与"了！太史公深知显微阐幽乃史家之责，故窃比青云之士，欲传砥行立名之人，这岂不是以人道上合天道，而且助成天道吗？这是司马迁知天而不任天，尽人事以待天命、合天命之处。（关于《伯夷列传》的详细分析，另详见拙著《〈伯夷列传〉析论》）也可说是司马迁站在史家的立场，从"究天人之际"中深刻地觉悟到自己所应尽的责任。（而这也是他父亲司马谈早已意识到，并在临终前嘱咐儿子者，故曰："予为太史而弗论载，予甚惧焉。"）至于在尽到人事上的最大努力之后，所欲传的人是否一定能传，个人最后的吉凶祸福如何？则只有如他在《悲士不遇赋》中所说的："委之自然，终归一矣。"[⑭] 这大概是司马迁"究天人之际"后的最后见解吧！

五、思想渊源

倘若以上分析不差，那么司马迁这种"究天人之际"的思想是否为他个人所独创？应该不是。因为他说的是"亦欲以究天人之际"；"亦欲"是"也要"，可见他不是头一个，在他之前已经有人作过类似的思想工作。"究天人之际，通古今之变，成一家之言"三句话，虽是司马迁首先讲出，但其事实却在他之前就已存在。先秦诸子百家与汉初贾、董等人，莫不自成一家之言。历史的本质是"变"，古史官长久以来记录并存历史，他们明晓古今之变应是自然之事。孔子曾西观周室，并因《鲁史》而作《春秋》，司马迁之"通古今之变"，最后实归本于此。[15] 由此观之，太史公之"究天人之际"，应当也有所本。

一般说来，儒家讲的主要是人文之道，亦即人道；道家讲的主要是自然之道，亦即天道。"儒家是站在人的立场去看自然，要由尽己之性以尽物之性，要推扩自己的德性去成就自然。道家则是站在自然的立场来看人生，要'绝仁弃义''绝圣弃智'，把人生消纳于自然之中，把人生变为自然。"[16] 司马迁既主张"以礼义防于利"，欲尽人事以希天、合天，则其思想基本上还是立足于儒家的立场。道家中老子强调"道"，而庄子则强调"天"。但庄子的基本思想在于"顺化"，主张"不以人助天""与天为徒"而"入于寥天一"，而与上文分析的司马迁"究天人之际"的思想并不相类。甚至董仲舒的天人感应说也不应与此混同，因为董生的"天"是理性的，而太史公的"天"则不一定是理性的。

司马迁所说的"天"，实有同于命运之"命"（天、命、卜、筮、星、相总是命）。《论语》末章，子曰："不知命，无以为君子也。不知礼，无以立也。不知言，无以知人也。"徐复观说："《论语》上的'天命'与'命'的意义完全不同。命是指富贵贫贱等的遭遇而言，这不是人自己所能决定的,亦即是孔子所说的'不可求'的。由学以扩充知识,由仁义以培养人格,这是可以自己做决定的,亦即孔子所说的'所好''为仁由己'。'不知命',便会为了追求富贵、厌恶贫贱而丢掉做人的基本条件,所以孔子便说'无以为君子'。"因而认为"太史公的'究天人之际',与孔子所说的'不知命,无以为君子也'的意义,是一脉相通的。"[⑪]此话不错。尽管此章可能是郑玄以《古论》校《鲁论》所补,古本原作"孔子曰",朱子《集注》本可能误脱或删去一"孔"字,但此话是孔子所讲,孔门弟子中至少有一派认为此章重要而置于《论语》之末,应可相信。《论语》始"学而"章,《学而章》首句"学而时习之"首先提一个"学"字,此"学"是要靠自己努力,是"为仁由己",是"人能弘道"。《论语》终"不知命"章,首句"不知命,无以为君子也",则首先提一个"命"字,此"命"由天不由人,不能必定靠努力获得,是"富贵在天",是"无如命何"。学者若不知"学"所以求完成人格,富贵穷通则有"命",难免会"怨天尤人",中道而废,自然"无以为君子"。故知《论语》编者以此章殿后,实有深意。但人虽"无如命何",却不能因此废止"弘道",这是孔子的真思想、真精神,同时也即是太史公"究天人之际"思想之所本。以下更就《史记》所载孔子厄于陈蔡这一段史事来证明。

> 于是乃相与发徒役,围孔子于野,不得行。绝粮,从者病,莫能兴。孔子讲诵弦歌不衰。子路愠,见曰:"君子亦有穷乎?"孔子曰:"君子固穷,小人穷斯滥矣。"子贡色作。孔子曰:"赐,尔以予为多学而识之者欤?"曰:"然。非欤?"孔子曰:"非也,予一以贯之。"孔子知弟子有愠心,乃召子路问曰:"诗云:'匪兕匪虎,率彼旷野。'吾道非邪,吾何为于此?"子路曰:"意者吾未仁邪,人之不我信也。意者吾未知邪,人之不我行也。"孔子曰:

"有是乎？由，譬使仁者而必信，安有伯夷、叔齐？使知者而必行，安有王子比干？"子路出，子贡入见。孔子曰："赐，诗云：'匪兕匪虎，率彼旷野。'吾道非邪，吾何为于此？"子贡曰："夫子之道至大也，故天下莫能容夫子。夫子盍少贬焉？"孔子曰："赐，良农能稼，而不能为穑；良工能巧，而不能为顺；君子能修其道，纲而纪之，统而理之，而不能为容。今尔不修尔道，而求为容。赐，尔志不远矣！"子贡出，颜回入见。孔子曰："回，诗云：'匪兕匪虎，率彼旷野。'吾道非邪，吾何为于此？"颜回曰："夫子之道至大，故天下莫能容。虽然，夫子推而行之，不容何病？不容，然后见君子。夫道之不修也，是吾丑也。夫道既已大修而不用，是有国者之丑也。不容何病？不容，然后见君子。"孔子欣然而笑曰："有是哉，颜氏之子，使尔多财，吾为尔宰。"[18]

以上这段文字，其取材只是片段见于《论语》《荀子》及《韩诗外传》，因此，可能是司马迁另有所本，也可能是他根据个别材料加以综合叙述。无论是哪一种情形，司马迁于《孔子世家》中详细记述这一段文字，足以反映他的思想和看法。孔子能修道至至大，此是"人能弘道"；修道而不容、不用，此则是"无如命何"。道之行与不行，有命，故孔子说："道之将行也欤？命也；道之将废也欤？命也。"[19]但道之修与不修在人，故又说："人能弘道。"前者是"天"，后者是"人"。何以知是"天"？于人事尽头处方看出是"天"。倘若孔子不曾修道至至大，或不肯行道于天下，根本未曾努力过，他便不好把"道之不行"归罪于"天"，说成有"命"。必待"好学""上达""知其不可为而为之"之后，才能伤麟感道穷，说"吾道穷矣"，并叹为"命也"。故必人事已尽，方能显出"天"来，此处才是所谓天人之"际"。即使明知"无如命何"，却仍积极努力，尽其在我，以待天命，此即是尽人事以希天、合天。把这道理搞通，根据它来批评历史上个别史事的得失，并用以指导自己的行为，这才是司马迁所说的"究天人之际"。太史公隐忍苟活，发愤著史，述往思来，欲传砥行立名者，以完成父亲的遗命与自己对历史文化所应担当的使命，他的行为不正是此一思想的最佳诠释吗？至于他写的《史记》是否必传，他所述的往事是否必为来者所接受，则非他所能为、所能知，只有"委之自然，终归一矣"。"自然"二字为道家所宗，"一"是无分别，是大道，亦即天道。他在《悲士不遇赋》中也说"天道微哉"，"微"有隐微（看不清楚。《文选·张衡归田赋》注及《司马彪赠山涛诗》注与《陆机塘上行》注，皆引作天道"悠昧"）与微妙（高深不测）之意。天道大而人道小，然而人道可期，而天道难知（非全不可知，而是难以全知），今"人事"既尽，自有"天道"主宰，能不"委之自然"？又何思虑？

但是我们不能因为太史公用了"自然"二字，便将他的"究天人之际"的思想归之于道家，因为儒道二家的思想在这一点上是殊途同归的。《论语·述而篇》记孔子疾病，"子路请祷。子曰：'有诸？'子路对曰：'有之。《诔》曰：祷尔于上下神祇。'子曰：'丘之祷久矣。'"朱注说："其素行固已合于神明，故曰：'丘之祷久矣。'"孔子未曾明言一定有鬼神或一定无鬼神，只说"祭如在，祭神如神在"，又说"敬鬼神而远之"，故假使无鬼神，则祷之何益？假使有鬼神而可求祷，他也不会赞成事急烧香、临时求祷的办法。孔子平日的进德修业、下学上达，并不因鬼神之有无而行废，但假使真有鬼神鉴临人世，则此平日之素行应早为鬼神所肯许，即为最佳的祷求方式，而孔子行之已久，故曰"祷之久矣"，又何必临事再祷？况且，有生必有死，而"死生有命"，各有天年，纵是圣君贤相、孝子忠臣，亦岂有不死之理？今"素行固已合乎神明"，岂不是人事已尽，剩下的（无论或病或起）只有归之于"天""命"了吗？（尽人事以希天、合天。）又何祷求？

论司马迁所说的"究天人之际" | 131

又何思虑？这与"委之自然，终归一矣"有何不同？故不能因为孔子不用"自然"二字，便认为孔子无此思想或与此思想相反。

但儒道二家思想在此虽见会合，终有不同。儒家是以人合天，通过人文的努力达到自然；道家则"与天为徒"，自始至终一法自然或纯任自然。孔子的义命之学，以义正命，即是通过人文的努力达到"以人合天"的境地。孟子说："孔子进以礼，退以义，得之不得曰有命。"[120] 可说是最简短扼要的描述。其中，"进以礼，退以义"的"礼义"，乃属于人事者，这与司马迁"通古今之变"后所肯定的"礼义"以及"究天人之际"中所重视的"仁义"，也正好相合（本文不及详论）。总之，司马迁"究天人之际"的思想乃从孔子义命之学转手而来，只是他把它运用到历史上去观察、分析、批评数千年中的人事，并用以指导自己的行为，遂使此一思想显得宏大、深长而有生命。《史记》实在不同于一般所谓的"史学名著"，太史公也实在不同于一般所谓的"历史家"或"史学专家"。

★原载《史学评论》1983年9月第6期。

◎ 注释

① 阮芝生：《试论司马迁所说的"通古今之变"》，见《沈刚伯先生八秩荣庆论文集》，台北：联经出版公司1966年版，第252—284页。

② 《秦楚之际月表》。本文所引《史记》，俱本泷川资言《史记会注考证》。

③ 《伯夷列传》。

④ 《淮阴侯列传》。

⑤ 《西南夷列传》。

⑥ 《游侠列传》。

⑦—⑨ 《天官书》。

⑩ 《外戚世家》。

⑪ 《礼书》。

⑫ 《淮阴侯列传》。

⑬⑭ 《郦生陆贾列传》。

⑮ 《孝文本纪》。

⑯ 《河渠书》。

⑰ 牛运震：《史记评注》（空山堂版）卷四。

⑱ 《秦始皇本纪》。

⑲⑳ 《货殖列传》。

㉑ 《律书》。

㉒ 《樗里子甘茂列传》。又，《廉颇蔺相如列传》记宾客之言："夫天下以市道交，君有势我则从君，君无势则去，此固其理也，有何怨乎？"

㉓ 司马迁：《悲士不遇赋》，见《全汉文》卷二六。

㉔—㉘ 《五帝本纪》。

㉙㉚ 《夏本纪》。

㉛ 《乐书》。

㉜ 《夏本纪》。

㉝ 凌稚隆说："按：曰殷道衰，曰殷复兴，曰殷复衰，曰殷复兴，曰殷衰，曰殷道复兴，曰殷复衰，曰殷道复兴，曰殷复衰，曰殷益衰，一篇关键，总在兴衰二字上。"见《史记评林》卷三。

㉞㉟ 《殷本纪》。

㊱ 凌稚隆：《史记评林》卷四。

㊲ 参阮芝生《试论司马遷所说的'通古今之变'》第四节"利与争"，见《沈刚伯先生八秩荣庆论文集》，台北：联经出版公司1966年版，第252—284页。

㊳ 《高祖功臣侯者年表》。

㊴ 参《史记评林》卷十八引柯维骐《史记考要》。

㊵ 参汪越《读史记十表·读高祖功臣年表》（《廿五史补编》）。

论司马迁所说的"究天人之际" | 133

㊶㊷ 《汉兴以来诸侯王年表》。

㊸ 汪越：《读史记十表·读汉兴以来诸侯王年表》(《廿五史补编》)。

㊹ 《惠景间侯者年表》。

㊺ 《自序·燕世家叙目》。

㊻ 《燕世家》。

㊼㊽ 《赵世家》。

㊾ 《屈原贾生列传》。

㊿ 《魏其武安侯列传》。

㉑ 可参看包世臣《艺舟双楫·书〈史记·魏其武安侯传〉后》(《安吴四种》)。

㉒ 《黥布列传》。

㉓ 何焯：《义门读书记》卷十四。

㉔ 《秦本纪》。

㉕ 《考证》引顾炎武曰："秦立孝公而天子致伯，诸侯毕贺，其后始皇遂并天下。左录此言不验，太史公何以并录之乎？"孝公即位，已在缪公死百年之后，岂有以从死一事而能断百年以后之事者？按：奄息等三人，系秦之旧良臣，今既已从死，则未生新良臣之前，秦自是无力东征也。君子之言，自是不误。

㉖ 《越世家》。

㉗ 《自序·律书叙目》。

㉘ 《六国年表》。

㉙ 《陈涉世家·赞》。今文作"褚先生曰"，《集解》："徐广曰：'一作太史公'。按，班固奏事云：'太史迁取贾谊《过秦论》上下篇，以为《秦始皇本纪》《陈涉世家》下赞文。'然，则言褚先生者，非也。"

㉚ 《秦楚之际月表》。

㉛ 《留侯世家》。

㉜ 《淮阴侯列传》。又，《孝文本纪》载宋昌说："夫以吕太后之严立诸吕为三王，擅权专制，然而太尉以一节入北军呼，士皆左袒为刘氏，叛诸吕，卒以灭之。此乃天授，非人力也。"

㉝ 《郦生陆贾列传》。

㉔ 《留侯世家》。

㉕ 《高祖本纪》。

㊋㊌ 《项羽本纪》。

㊏ 《淮阴侯列传》。

㊐ 《蒙恬列传》。

㊑ 以上引文俱见《外戚世家》。

㊒ 《外戚世家》。

㊓ 《孝景本纪》。

㊔㊕ 《韩长孺传》。

㊖ 《游侠列传》。

㊗ 《匈奴列传》。

㊘㊙ 《龟策列传》。

㊚ 《孝文本纪》。

㊛ 《陈杞世家》

㊜ 以上两段引文，重见于《陈杞世家》及《魏世家》。

㊝ 《赵世家》。

㊞ 《自序·天官书叙目》。

㊟㊠ 《天官书》。

㊡㊢ 《河渠书》。

㊣ 《夏本纪》。

㊤ 《陈杞世家·赞》。

㊥ 《东越列传·赞》。

㊦ 《西南夷列传·赞》。

㊧ 《燕召公世家·赞》。

㊨ 《韩世家·赞》。

㊩㊪ 《白起王翦列传》。

㊫ 《陈丞相世家》。

㊬ 《天官书》。"天"字原作"大"字，《考证》引王元启曰："大字误，当

作天。"

⑱⑲ 《殷本纪》。

⑳ 《史记评林》卷四引凌约言语。

㉑㉒ 《天官书》。

㉓ 《宋微子世家》。

㉔ 参见阮芝生:《司马迁之心》第一节,见《台湾大学文史哲学报》1974年,第23期。

㉕㉖ 《封禅书》。

㉗ 方苞:《方望溪全集》卷二《读封禅书后》。

㉘ 《封禅书》。

㉙ 韩愈:《伯夷颂》。

㉚ 章学诚:《文史通义·书教下》:"《伯夷列传》,乃七十篇之序例,非专为伯夷传也。"

㉛ 《困学纪闻》翁元圻辑注卷十一引。

㉜ 《论语·卫灵公》,又见《孔子世家》,"疾"作"病"。

㉝ 《报任安书》,见《汉书·司马迁传》,又见《文选》。

㉞ 《悲士不遇赋》,见《全汉文》卷四。

㉟ 阮芝生:《试论司马迁所说的"通古今之变"》,见《沈刚伯先生八秩荣庆论文集》,台北:联经出版公司1966年版,第252—284页。

㊱㊲ 牟宗三、徐复观、张君劢、唐君毅:《中国文化与世界——我们对中国学术研究及中国文化前途之共同认识》(五),1957年。徐复观《论〈史记〉》对此问题已有相当深入之分析〔见《中国史学史论文选集》(三)〕。但他认为太史公之"天人之际"未讲"相与"或"感应",则与本文第四节第二目之分析不同。

㊳ 《孔子世家》。

㊴ 《论语·宪问》。

㊵ 《孟子·万章篇》。

试论司马迁所说的"通古今之变"

太史公发明"纪传体",并用以记载、表达经过他严谨考订的人类全史。[①]但他并非只是单纯的为写历史而写历史。他既网罗天下旧闻,历记古今成败,自然会产生一些对历史的看法。况且,若照他自己所说,他是要从历史发展中探寻"成败兴坏之理"[②],甚至宇宙人生的根本道理。因此,除了丰富的、客观的历史记载之外,《史记》一书还包含有众多复杂而深刻的主观的思想。司马迁把他的思想用三句话总括起来:"究天人之际,通古今之变,成一家之言。"这也是他作史的目的,是后更成为中国史学甚至中国学术最高的目标与境界。

这三句金言,并不见于《史记》,而见于《报任安书》。虽不见于《史记》,但一者《报书》确是太史公手笔,二者《自序》说:"兵权山川鬼神天人之际,承敝通变。""以拾遗补阙,成一家之言。""故礼因人质为之节文,略协古今之变。"其中明白提到"成一家之言""协古今之变""天人之际"三语,可与《报书》相印证,故应当可以信据。三句之中,尤以前两句为要,盖太史公之所以能"成一家之言"者,就在他的"究天人之际,通古今之变"上,倘能明白他所说的"究天人之际"与"通古今之变",则自能知其所成的"一家之言"。可惜太史公对此三句金言,无一曾予明白解说;后世学者虽常称引，也仅心知其意，而莫能直道其详。常言俗语之中，每有大道存焉，但人们往往习焉不察，囫囵吞过，甚为可惜。后人对于太史公这三句金言，恐亦如是。故笔者不揣浅陋，欲就《史记》前后文字钩深探微、显微阐幽，尝试一论司马迁所说的"通古今之变"，因草成此篇，以就正于高明。

一、历史思考的出发点

《史记》是部通史，基本上它是一系列客观的历史记载。那么，司马迁如何在客观的历史记载中表现他的思想，或我们当从何处发现他的思想呢？

这可从以下四类文字中寻求。第一类，《自序》：一百三十篇中，只有这一篇是司马迁在讲自己和跟自己有关的事情。其中有司马谈的"论六家要旨"，是关于司马迁思想背景的重要参考资料。其中叙述自己受命作史的经过和作《史记》的缘故，司马迁对自己的思想作了最直接的表露。其中有"叙目"，对于各篇的作意或重点，都有说明；尤其从"嘉某某，作某某"的文字上，更可见出他的思想。第二类，"太史公曰"：太史公曰有四种功能，其一是"述褒贬"。③司马迁在这里对历史人物与事件，可以作直接的批判，并吐露一己的感慨。他在这里可以"善善、恶恶、贤贤、贱不肖"，可以"别嫌疑""明是非"，甚至"贬天子""退诸侯""讨大夫"。④"太史公"曰中多有"岂不谬哉""岂不仁哉""岂不以哉""岂不哀哉""岂不亦伟哉""岂妄也哉""悲夫""惜哉"，以及其他的论断语句。这些正是寻找司马迁思想的最好指针。第三类，叙事中所夹之论断：司马迁在叙述史事时，时而杂以论断。这些论断，有的是直指，有的是暗示，有的且引他人之语以寓论断。第四类,其他:除以上所举三类外,还可从标题上(如为项羽立本纪,将孔子、陈涉列世家,仲尼弟子有传,酷吏、佞幸指斥其名)、书法上(如孔子卒,周太史儋见献公语,皆屡书而不一书),以及记事的轻重详略上,看出司马迁的用意。总之,《史记》亦如《春秋》,其中有刺讥褒贬,有正言反语,有微词隐义,必须真正掌握住司马迁所肯定的和所否定的,才能进论他的思想。

司马迁的思想既可探寻,但应从何处下手呢?这是一个十分重要的问题。近人论诸子思想(如孔子),每喜将某一家思想,区分为政治、经济、社会、教育、伦理、宗教、军事思想等范畴。这样的区分与研究,固然比较整齐细密,但极易流于呆板的形式,造成平面的叙述,而看不出其思想的线索、层次和彼此间的关联。须知真正的思想家是不会把自己的思想分裂割离为若干部分的,每个思想家也未立意要对政治、经济、社会、教育、伦理、宗教、军事等各方面,分别建立一套有系统的思想。但我们知道,每一位思想家都有他的立场、他的思想的出发点和他关心的主要问题。研究者应当摸清他的立场,抓住这个出发点,然后顺着他的思想线索,去看他对问题所涉及的各方面作如何的看法,这样才能把握住他的思想。本此认识,本文在讨论司马迁的思想时,将避免以上所说的弊病,而先从司马迁对历史思考的出发点探究起。

司马迁历史思考的出发点,在于"论治"。《论六家要旨》篇首言:"夫阴阳、儒、墨、名、法、道德,此务为治者也。"《滑稽列传》引孔子说:"六艺于治一也。"六家皆务为治,六艺于治为一,所着意者皆在"治"之一字。以上二句虽非出自太史公之口,但观其所引,他是赞同的。他既要"考信六艺",又说:"天下言六艺者,皆折衷于夫子。"[5] 可见他是主张载籍以六艺为断,而六艺以孔子为归的。这不但在取材上是如此,就是在思想上也常常表现出来。他说:"先人有言：自周公卒，五百岁而有孔子，孔子卒后，至于今五百岁。有能绍明世，正《易传》、继《春秋》，本《诗》《书》《礼》《乐》之际，意在斯乎！意在斯乎！小子何敢让焉。"⑥《易传》《春秋》与《诗》《书》《礼》《乐》，不就是六艺吗？换句话说，他所自承不让的，乃在欲据六艺的思想以从事著述。六艺于治为一，而其中司马迁明言要"继"的《春秋》，更是"长于治人"，故说太史公的历史思考的出发点是要"论治"。而这与他的写史立场⑦——"古史官"赞治的立场（周官释史"史掌官书以赞治"）——也是相符合的。司马迁著史，既要"稽其成败兴坏之理"，又说"居今之世，志古之道，所以自镜也"⑧，"述往事，思来者"，"俟后世圣人君子"⑨，分明是要从历史中找出一些规律或教训，来教育同时并世之人，并留传给后人作为参考。司马迁之论治，于全书一百三十篇中皆可见，但与十表及八书尤有关系。《史记》的表与他史不同，"表者，所以表天下之大势与理乱兴亡之大略，而观一时之得失。"⑩八书为司马迁论治之言，所记的乃是国家的大政、大法，咸与治道或治法有关。因此，我们在探讨司马迁的思想时，更应多予注意。

二、原始察终，见盛观衰

司马迁要"通古今之变"，这个"变"字是个很重要的观念。要深刻认识这个字，必须把"变""渐""终始"三个观念串通在一起看。也唯有如此，才可能进一步指出司马迁研究"变"的方法。以下先抄几段重要材料，然后再加以分析。

  1.仆窃不逊，近自托于无能之辞，网罗天下放失（佚）旧

闻，考其行事，综其终始，稽其成败兴坏之理。……凡百三十篇，亦欲以究天人之际，通古今之变，成一家之言。(《报任安书》)

2. 维三代之礼，所损益各殊务，然要以近情性，通王道，故礼因人质为之节文，略协古今之变，作《礼书》第一。(《自序》)

3. 臣弑君，子弑父，非一旦一夕之故也，其渐久矣。(《自序》)

4. 网罗天下放失旧闻，王迹所兴。原始察终，见盛观衰。……天人之际，承弊通变。(《自序》)

5. 故汉兴，承敝易变，使人不倦，得天统矣。(《高祖本纪》)

6. 守节如荀息，身死而不能存奚齐，变所从来，亦多故矣。(《郑世家》)

7. 是以物盛则衰，时极而转，一质一文，终始之变也。(《平准书》)

8. 物盛而衰，固其变也。(《平准书》)

9. 为天数者，必通三五，终始古今，深观时变，察其精粗，则天官备矣。(《天官书》)

10. 切近世，极人变，作《律书》第三。(《自序》)

11. 作《平准书》，以观事变。(《自序》)

12. 儒者断其义，驰说者骋其辞，不务综其终始。(《十二诸侯年表》)

13. 学者牵于所闻，见秦在帝位日浅，不察其终始，因举而笑之，不敢道。(《六国年表》)

14. 观所以得尊宠，及所以废辱，亦当世得失之林也，何必旧闻？于是谨其综始，表见其文。(《高祖功臣侯年表》)

15. 咸表始终，当世仁义成功之著者也。(《惠景间侯者年表》)

宇宙的运行和生物的进化，都不曾稍停；人类历史的活动，也一

试论司马迁所说的"通古今之变" | 141

直不断地在进行。历史是在"动"之中发展的,"变"实是历史的本质。一般说来,"变"是有迹象、有轨道可寻的。"变"自"渐"来,积"渐"则变,事物既变之后,又终而复始,变变不已,以至于无穷。"变"字有"动"义(如《吕后本纪》:"待吕氏变而共诛之"),有"更改"义(如《礼记·王制》:"一成而不可变");"渐"字有"进"义(《易·序卦传》:"渐者,进也"),而且这个"进"字还含有"徐进而不速"的意思(《景帝本纪·赞》:"诸侯太盛,而错为之不以渐也"),有如滴水于纸之"浸溃湿润"一般。"渐"字又有"物事之端"义(《公羊传·隐公元年》何注:"渐者,物事之端,先见之辞"),这是所以能"进"的主体。把以上这些字义融会在一起,就可看出一个完整的思想。《中庸》说:"动则变,变则化。"事物若不动,则无变化可言,故"动"为"变"之始。事物之"动"的端始,即是"物事之端"的"渐"。就物来说,如"履霜坚冰至",霜为阴之始凝,冰为阴之至盛,坚冰自阴始凝之霜而来,故霜为坚冰之"渐"。

就事来说,如,"秦襄公始封为诸侯,作西畤,用事上帝,僭端见矣"⑪。秦自襄公始封为侯,至惠文王而僭称王,至昭王而僭称西帝,至秦始皇而进称始皇帝。凡秦之僭称王称帝,皆自襄公之"作西畤,用事上帝"之"僭端"而来。此一"僭端",即是秦僭之"渐"。事物之"渐",往往隐微难见,但既已生出端始,事物便会继续发展下去,以至积渐久远,后来者改前,事物遂随之以变。这样的演变过程,也叫作"渐"。如司马迁说:"臣弑君,子弑父,非一旦一夕之故也,其渐久矣。"⑫

"渐"为"变"之始,"变"为"渐"之成,但历史无尽头,事物的演变亦无终了。事物既变之后,只是暂时成一段落,仍会终而复始地演变下去。因此,古籍多言"终始",而少用"始终"二字。盖"始终"是由始而终,一次完结,没有后来,"终始"则是"终则有始"⑬"终始相生"⑭,以至无穷,其中包含有"生生不已"的意思,故《易》有"既济",而终于"未济",这个思想是源于大易的。

历史不停地在演变之中,并且一般说来它是按照"渐—变—终始"的轨道向前进行,这原是中国人的老观念,并非始自司马迁。但司马迁明确而具体地提出了一个研究"变"的历史的方法,那就是"原始察终,见盛观衰";可能这方法也不是司马迁始创的,但至少这八字诀是他归纳提炼出来的。"物有本末,事有终始。"⑮史事虽是终而复始地向前演变,但若克就某一件史事或历史的某一段落来说,史事皆有"始"有"终";研究它的最好方法,当然就是"原始察终",也就是要把从开始到结尾,其间一切前前后后的来龙去脉,弄得一清二楚,这样便可以找出史事演变的线索,指明前后因果的关联。

不但如此,司马迁将"原始察终"的方法,又分成三层功夫:"谨其终始""察其终始""综其终始"。"谨""察""综"三字的含义,一层深入一层。"谨其终始"是记其文,把事件的终始得失都记载下来,也就是"成表终始";"察其终始"是察其迹,观察事情的演变发展;"综其终始"是得其理,通过对事件整体的综合考察,而从其中寻出演变的规律,看出历史的意义。司马迁特重"综其终始",他批评"儒者断其义,驰说者骋其辞,不务综其终始",就是因为"前者是哲学家、文学家的看法,只有他之'综其终始'才是一个历史家的看法。"⑯在"原始察终"之中,司马迁尤其着意的是"兴"与"衰",故要"见盛观衰"。事物之变与古今之变,皆不能逃出盛衰与终始的范围,故说:"物盛而衰,固其变也。"又说:"物盛而衰,时极而转,一质一文,终始之变也。"故见盛观衰,综其终始,即是观其变,也即是观古今之变或如他所说的"协古今之变"(协,合也。)。但太史公标举的"通古今之变",其意义似比"观古今之变"或"协古今之变"更进一层。

"通"字含义宏深,有"明晓洞贯"[17]"推而行之"[18]之义。"通"的观念源自《周易》,《系辞上传》:"圣人有以见天下之动而观其会通,以行其典礼。"《系辞下传》:"《易》穷则变,变则通,通则久。"又:"通其变,使民不倦。"这是把"通"的观念和"变"观念联结在一起。沈刚伯师曾指出中西史学对于"变"的观念不同,他引《系辞上传》"观其会通"一段为证,并说:"从彼时(先秦)直至近代,我们便永远把'变'和'通'联为一个观念,而将因、革、损、益的研究当作由迹象之'变'以达成至理之'通'的史学了。换句话说,就是我们已经把'变'看成宇宙间一切事事物物演进的自然现象,而想从其过程中,探寻一个合理的途径。这种演变的方向趋势便是因果定律;根据这种定律,而可知百世,是之谓'通'。"[19]这实是平正通达之论。观太史公所说"承弊通变""承敝易变,使人不倦"诸语,分明出自《周易·系辞传》(司马迁称为《易·大传》),则其关于"变"与"通"的观念,自然也受到它的影响。故司马迁所说的"通古今之变",不只是观其变、协其变,而是通其变;也就是要从古往今来种种人事演变的迹象中,找出成败兴坏的至理或定律。

三、古今之大变

《史记》记载了上下二千余年的历史,太史公于此二千年历史中,穷极古今,旷览时变,原始察终,见盛观衰,则他对古今历史的演变自有深刻的认识和看法。古今之变繁多,十表与八书详之,纪传中也有记载。我们在此只能举其荦荦大者,而略去其他的"委曲小变"[20]。

古今之变，莫大于周汉之际，要而言之有三。

（一）封建改郡县

"殷以前尚矣"，其详不可得闻。但《书·尧典》曰："协和万邦。"（"万"字只是言其多，非必实数。）可见殷前国家之多。

至于周代，"盖周封八百"[21]，爵分五等。"封伯禽、康叔于鲁、卫，地各四百里，亲亲之义，褒有德也；太公于鲁，兼公侯地，尊勤劳也。武王、成、康所封数百，而同姓五十五。地，上不过百里，下三十里，以辅卫王室。管、蔡、康叔、曹、郑，或过或省。"[22]自厉王奔彘，共和行政，乱自京师始，"是后或力政，强乘弱，兴师不请天子。然挟王室之义，以讨伐为会盟主，政由五伯，诸侯恣行，淫侈不轨，贼臣篡子滋起矣。齐、晋、秦、楚，其在成周微甚，封或百里，或五十里；晋阻三河，齐负东海，楚介江淮，秦因雍州之固。四国迭兴，更为伯主，文武所褒大封，皆威而服焉。"[23]周初之八百封国，经过力争兼并，至春秋仅余二百余国[24]，而太史公仅其著者十二，为《十二诸侯年表》。

五伯之后，"陪臣执政，大夫世禄，六卿擅晋权，征伐会盟，威重于诸侯。及田常杀简公而相齐国，诸侯晏然弗讨，海内争于战功矣。三国终之卒分晋，田和亦灭齐而有之，六国之盛自此始。务在强兵并敌，谋诈用而从衡短长之说起。矫称蜂出，誓盟不信，虽置质剖符，犹不能约束也。"[25]春秋之二百余封国，至战国尚存十余，而司马迁仅表七雄，立《六国年表》（《六国年表》据《秦纪》而作，故不数秦，称六国）。六国卒归于一，秦始皇以为："天下共苦战斗不休，以有侯王。赖宗庙，天下初定，又复立国，是树兵也，而求其宁息，岂不难哉！"[26]于是分天下为三十六郡，而郡县之制遂施于天下。

秦政暴虐，诸侯发难，扰攘数年，终定于汉。高祖以匹夫取天下,故"有功者辄裂地而封为王侯"[27],功臣受封者百有余人,爵分二等。是汉初又复封建之制。太史公接着又叙述汉初以来封建形势之演变,说:

> 高祖末年,非刘氏而王者,若无功上所不置而侯者,天下共诛之。高祖子弟同姓为王者九国,唯独长沙异姓,而功臣侯者百有余人。自雁门、太原以东至辽阳,为燕、代国。常山以南,太行左转,度河、济、阿,甄以东薄海,为齐、赵国。自陈以西,南至九疑,东带江、淮、谷、泗,薄会稽,为梁、楚、吴、淮南、长沙国。皆外接于胡、越。而内地北距山以东,尽诸侯地。大者或五六郡,连城数十,置百官宫观,僭于天子。汉独有三河、东郡、颖川、南阳。自江陵以西至蜀,北自云中至陇西,与内史凡十五郡,而公主列侯颇食邑其中。何者?天下初定,骨肉同姓少,故广强庶孽,以镇抚四海,用承卫天子也。汉定百年之间,亲属益疏。诸侯或骄奢,忕邪臣计谋为淫乱,大者叛逆,小者不轨于法,以危其命,殒身亡国。天子观于上古,然后加惠,使诸侯得推恩分子弟国邑。故齐分为七,赵分为六,梁分为五,淮南分三,及天子支庶子为王,王子支庶为侯,百有余焉。吴楚时,前后诸侯,或以适削地。是以燕、代无北边郡,吴、淮南、长沙无南边郡,齐、赵、梁、楚支郡名山陂海,咸纳于汉。诸侯稍微,大国不过十余城,小侯不过数十里。上足以奉贡职,下足以供养祭祀,以藩辅京师。而汉郡八九十,形错诸侯间,犬牙相临,秉其阸塞地利,强本干弱枝叶之势。尊卑明,而万事各得其所矣。(《汉兴以来诸侯王年表》)

读此可知:汉初惩秦之失,广强庶孽,其后又患宗室过强,用众建推恩之策以削弱之，以成其强干弱枝之势，而其后宗室过弱之患又可知矣。故读《汉兴以来诸侯王年表》，并通《王子侯年表》考之，可见汉代封建制度之利弊，以及汉初百年来之大势，而西京二百三十年之政治趋势亦从此可知[28]。以上所述，千年间封建郡县之演变大势及其得失，太史公于诸表中不过以二三千字将之总括无遗，具见其历史眼光的深沉。

（二）礼乐之沦亡

司马迁对于真正的礼和乐，推崇备至。他赞礼说："洋洋乎美德乎！宰制万物，役使群众，岂人力也哉！"[29] 又引《传》曰："治定功成，礼乐乃兴海内。"[30] 又说："乐者，所以移风易俗也。"[31] 但他对古今礼乐的演变，却深致感慨，我们且看他的叙述：

> 余至大行礼官，观三代损益，乃知缘人情而制礼，依人性而制仪，其所由来尚矣！人道经纬万端，规矩无所不贯，诱进以仁义，束缚以刑罚，故德厚者位尊，禄重者宠荣，所以总一海内而整齐万民也……
>
> 周衰，礼废乐坏，大小相逾。管仲之家，兼备三归。循法守正者见侮于世；奢溢僭差者谓之显荣。自子夏，门人之高弟也，犹云"出见纷华盛丽而说，入闻夫子之教而乐，二者心战，未能自决"，而况中庸以下，渐渍于失教，被服于成俗乎？孔子曰"必也正名"，于卫所居不合。仲尼没后，受业之徒沉湮而不举，或适齐、楚，或入河、海，岂不痛哉！
>
> 至秦有天下，悉内六国礼仪，采择其善。虽不合圣制，其尊君抑臣，朝廷济济，依古以来。
>
> 至于高祖，光有四海，叔孙通颇有所增益减损，大抵皆袭

秦故。自天子称号,下至佐僚及宫室官名,少所改变。孝文即位,有司议欲定仪礼。孝文好道家之学,以为繁礼饰貌,无益于治,躬化谓何耳,故罢去之。孝景时,御史大夫晁错,明于世务刑名,数干谏孝景曰:"诸侯藩辅,臣子一例,古今之制也。今大国专治异政,不禀京师,恐不可传后。"孝景用其计,而六国畔逆,以错首名。天子诛错以解难,事在袁盎语中。是后,官者养交安禄而已,莫敢复议。

今上即位,招致儒术之士,令共定仪,十余年不就。或言古者太平,万民和喜,瑞应辨至,乃采风俗,定制作。上闻之,制诏御史曰:"盖受命而王,各有所由兴,殊路而同归,谓因民而作,追俗为制也。议者咸称太古,百姓何望?汉亦一家之事,典法不传,谓子孙何?化隆者闳博,治浅者褊狭,可不勉与!"乃以太初之元,改正朔,易服色,封太山,定宗庙百官之仪,以为典常,垂之于后云。(《礼书》)

以上节录《礼书》的文字,首段讲三代礼仪都是根据人情人性而制作的。次段讲周衰以来礼乐之崩坏,并痛孔子之道不用。三段讲秦礼自六国而来,六国礼仪明明是僭越妄为,故秦"采择其善"的结果,自然是"不合圣制"。其中"尊君抑臣"虽说是"依古以来",却有明褒暗贬的意味。(古者尊君则有之,抑臣则未必;臣事君以忠,君使臣以礼。"尊君抑臣"是秦政专制一统以后私心自恣的主张。)四段讲汉初之礼沿袭自秦,秦礼已经"不合圣制",则汉初之礼也必是"不合圣制"了;这是司马迁"微言刺讥""言在此而意在彼"的地方。观叔孙通初试所制之礼时,"自诸侯王以下,莫不振恐肃敬",以及高帝于行礼后所说:"吾乃今日知为皇帝之贵也。"[32]可知汉初之礼的真相,其"尊君抑臣"的程度,实有乖君臣之义。文帝既罢去礼，景帝时大臣又不敢议，则汉兴百年来治定功成的制礼作乐，唯有待诸武帝了。但武帝所定之礼仪，乃"因民而作，追俗为制"，不必太古，其中依照自己的意思为多，实与三代损益之意不同。然则，有汉一代之礼乐何在？太史公说："乃以……以为典常，垂之于后云。"一个"云"字，就把武帝所定的礼仪批判到底了。况且，文中所提到的"封太山"，就是指的封禅之礼，《史记·封禅书》中专述此事，武帝将此旷代大典当作私人仙登求不死的工具，悖礼尤甚。㉝古代郊祀之义，从此遂亡。

古今之礼的演变，既如上述，那么古今之乐的演变又如何呢？司马迁说：

> 余每读《虞书》，至于君臣相敕，维是几安，而股肱不良，万事堕坏，未尝不流涕也。成王作《颂》，推己惩艾，悲彼家难，可不谓战战恐惧，善守善终哉！君子不为约则修德，满则弃礼，佚能思初，安能惟始，沐浴膏泽而歌咏勤苦，非大德谁能如斯？《传》曰："治定功成，礼乐乃兴。"海内人道益深，其德益至，所乐者益异。满而不损则溢，盈而不持则倾。凡作乐者，所以节乐。君子以谦退为礼，以损减为乐，乐其如此也。以为州异国殊，情习不同，故博采风俗，协比声律，以补短移化，助流政教。天子躬于明堂临观，而万民咸荡涤邪秽，斟酌饱满，以饰厥性。故云《雅》《颂》之音理而民正，嘄噭之声兴而士奋，郑、卫之曲动而心淫。及其调和谐合，鸟兽尽感，而况怀五常，含好恶，自然之势也？
>
> 治道亏缺，而郑音兴起。封君世辟，名显邻州，争以相高。自仲尼不能与齐优遂容于鲁，虽退正乐以诱世，作五章以刺时，犹莫之化。陵迟以至六国，流沔沉伕，遂往不返，卒于丧身灭宗，

并国于秦。

秦二世尤以为娱。丞相李斯进谏曰："放弃《诗》《书》,极意声色,祖伊所以惧也;轻积细过,恣心长夜,纣所以亡也。"赵高曰:"五帝、三王,乐各殊名,示不相袭。上自朝廷,下至人民,得以接欢喜,合殷勤,非此,和说不通,解泽不流,亦各一世之化,度时之乐,何必华山之騄耳而后行远乎?"二世然之。

高祖过沛,诗"三侯"之章,令小儿歌之。高祖崩,令沛得以四时歌舞宗庙。孝惠、孝文、孝景无所增更,于乐府习常肄旧而已。

至今上即位,作十九章,令侍中李延年次序其声,拜为协律都尉。通一经之士,不能独知其辞,皆集会五经家,相与共讲习读之,乃能通知其意,多尔雅之文。汉家常以正月上辛祠太一甘泉,以昏时夜祠,到明而终。常有流星经于祠坛上。使童男童女七十人俱歌。春歌《青阳》,夏歌《朱明》,秋歌《西暤》,冬歌《玄冥》。世多有,故不论。又尝得神马渥洼水中,复次以为《太一之歌》,歌曲曰:"太一贡兮天马下,沾赤汗兮沫流赭,骋容与兮跇万里,今安匹兮龙为友。"后伐大宛得千里马,马名蒲梢,次作以为歌,歌诗曰:"天马来兮从西极,经万里兮归有德。承灵威兮降外国,涉流沙兮四夷服。"中尉汲黯进曰:"凡王者作乐,上以承祖宗,下以化兆民。今陛下得马,诗以为歌,协于宗庙,先帝百姓岂能知其音邪?"上默然不说。丞相公孙弘曰:"黯诽谤圣制!当族。"(《乐书》)

以上首段讲音乐与政治相通,声音能感及鸟兽,何况于人?故推本《虞书·皋陶谟》之《虞歌》(歌言志,乐之所由作)以及《周颂·小毖》之诗,以见帝舜君臣与成王之德。(德音之谓乐,乐者德之华也，故观乐可以知德。《乐书》后所录《乐记》，于此发明甚深。）次段讲治道亏缺，才有郑、卫兴起，中间虽孔子正乐而莫化，一直堕落到秦。三段讲每下愈况，秦二世更是以声色之乐为乐，而不知德音之乐为何物，虽经"知六艺之归"的李斯劝谏，而终于听从赵高的邪说。四段讲汉乐的梗概，高祖之《大风歌》为思猛士而作，乃崩后竟为宗庙之歌舞，武帝制新声以为郊祀封禅之乐（郊祀封禅之义早亡），竟至五经家会读才能通知其意。"总而论之，其流沔淫佚不异于秦，又安有战战恐惧、善守善终之意哉？此子长所以读《虞书》而流涕也。"[34] 故太史公历述乐之演变至汉，实伤痛古乐自此沦亡而不可复见。

（三）儒术之污坏

司马迁不但痛礼乐之沦亡，更伤儒术之污坏。他对儒术之兴与坏，曾做以下的叙述：

> 夫周室衰而《关雎》作，幽厉微而礼乐坏，诸侯恣行，政由强国。故孔子闵王路废而邪道兴，于是论次《诗》《书》，修起《礼》《乐》，适齐闻《韶》，三月不知肉味，自卫返鲁，然后乐正，《雅》《颂》各得其所。世以混浊莫能用，是以仲尼干七十余君无所遇，曰："苟有用我者，期月而已矣。"西狩获麟，曰："吾道穷矣！"故因史记作《春秋》，以当王法，以辞微而指博，后世学者多录焉。
>
> 自孔子卒后，七十子之徒散游诸侯，大者为师傅卿相，小者友教士大夫，或隐而不见。故子路居卫，子张居陈，澹台子羽居楚，子夏居西河，子贡终于齐。如田子方、段干木、吴起、禽滑釐之属，皆受业于子夏之伦，为王者师。是时独魏文侯好学。

后陵迟以至于始皇，天下并争于战国，儒术既绌焉，然齐鲁之间，学者独不废也。于威、宣之际，孟子、荀卿之列，咸遵夫子之业而润色之，以学显于当世。

及至秦之季世，焚《诗》《书》，坑术士，六艺从此缺焉。陈涉之王也，而鲁诸儒持孔氏之礼器往归陈王。于是孔甲为陈涉博士，卒与涉俱死。陈涉起匹夫，驱瓦合适戍，旬月以王楚，不满半岁竟灭亡。其事至微浅，然而缙绅先生之徒，负孔子礼器往委质为臣者，何也？以秦焚其业，积怨而发愤于陈王也。

及高皇帝诛项籍，举兵围鲁。鲁中诸儒尚讲诵习礼乐，弦歌之音不绝，岂非圣人之遗化，好礼乐之国哉？故孔子在陈，曰："归与！归与！吾党之小子狂简，斐然成章，不知所以裁之。"夫齐鲁之间于文学，自古以来，其天性也。故汉兴，然后诸儒始得修其经艺，讲习大射、乡饮之礼。叔孙通作汉礼仪，因为太常，诸生弟子共定者，咸为选首，于是喟然叹兴于学。然尚有干戈，平定四海，亦未暇遑庠序之事也。孝惠、吕后时，公卿皆武力有功之臣。孝文时颇征用，然孝文帝本好刑名之言。及至孝景，不任儒者，而窦太后又好黄老之术，故诸博士具官待问，未有进者。

及今上即位，赵绾、王臧之属明儒学，而上亦乡之，于是招方正贤良文学之士。自是之后，言《诗》，于鲁则申培公，于齐则辕固生，于燕则韩太傅；言《尚书》，自济南伏生；言《礼》，自鲁高堂生；言《易》，自菑川田生；言《春秋》，于齐鲁自胡毋生，于赵自董仲舒。及窦太后崩，武安侯田蚡为丞相，绌黄老刑名百家之言，延文学儒者数百人，而公孙弘以《春秋》，白衣为天子三公，封以平津侯。天下之学士靡然向风矣。

公孙弘为学官，悼道之郁滞，乃请曰："……因旧官而兴焉。

为博士官置弟子五十人，复其身。太常择民年十八已上，仪状端正者，补博士弟子。郡国县道邑有好文学、敬长上、肃政教、顺乡里、出入不悖所闻者，令相、长、丞上属所二千石，二千石谨察可者，当与计偕，诣太常，得受业如弟子。一岁皆辄试，能通一艺以上，补文学掌故缺；其高弟可以为郎中者，太常籍奏。即有秀才异等，辄以名闻。其不事学若下材及不能通一艺，辄罢之，而请诸不称者罚。……请选择其秩比二百石已上，及吏百石通一艺以上，补左右内史、大行卒史；比百石已下，补郡太守卒史。皆各二人，边郡一人。先用诵多者，若不足，乃择掌故补中二千石属，文学掌故补郡属，备员。请著功令。佗如律令。"制曰："可。"自此以来，则公卿大夫士吏，斌斌多文学之士矣。(《儒林列传》)

以上首段讲儒术兴自孔子，孔子欲以儒术正世而不成，始退而论次诗书，修起礼乐，作秦秋以常王法。次段讲孔子死后，弟子犹能继承儒术，或见或隐。及至战国，儒术既绌，孟子、荀卿还能独遵其业，以学显于当世。三段讲秦末鲁中诸儒还知发愤共灭暴秦。四段讲虽然遭秦灭学，鲁中诸儒还讲诵不绝（六艺虽缺而夫绝）。其后，叔孙通弟子与鲁诸生以共定礼仪为选首，儒术自是始污。自汉与以至文、景，自天子公卿，皆不悦儒。此时，成为"汉家儒宗"的，竟是"希世""面谀"[35]的叔孙通。末段讲武帝乡儒，伏生等诸老师并出，皆历秦、汉间摧伤摈弃而犹独抱遗经不肯自贬其学者。此时，公孙弘之兴儒，却诱进以利禄，以文学礼义为官，使试于有司，以多诵为能，比之于掌故（文中叙此办法甚为详细），于是"公卿大夫士吏，斌斌多文学之士""建元、元狩之间，文辞粲如也"[36]。夫由"正世之学"降为"干禄之具"，由"为王者师"降为"试于有司"，这岂不是儒道之污、儒术之坏吗?方苞说:"自孔子以来,群儒相承之统,经秦、汉孤危而未绝者,弘乃以一言败之,而其名则曰厉贤才、悼道之郁滞,不甚可叹乎!"[37]故太史公于《儒林列传》篇首即说:"余读功令,至于广厉学官之路,未尝不废书而叹也。"公孙弘"曲学阿世""希世""从谀",司马迁于《平准书》称"公孙弘以《春秋》之义绳臣下,取汉相",又于《儒林列传》及《自序》说"公孙弘以《春秋》,白衣为天子三公",前后屡书不一书,其意可见。观公孙弘之为人,与叔孙通相近,而儒术之污坏亦成于此二人。杨绍文说:"叔孙通制礼,而先王之礼亡;公孙弘崇儒,而先王之教亡。其遗害百世,曷可道哉!"[38]太史公于此实有深痛。

四、利与争

综观以上所述古今之三大变,其始皆与周之衰有关。试分析于下。周之衰,礼乐征伐自诸侯出,力征兼并,而封建之制遂坏。于是乃有孔子出,论次《诗》《书》,修起《礼》《乐》,欲以儒术拨乱反正。礼乐征伐自天子出,是乱也,而推原其始,其征兆在于共和行政,在于厉王奔彘,所谓"乱自京师始"是也。厉王何以奔彘,京师之乱自何而来?太史公对此有相当详细的叙述:

> 厉王即位三十年,好利,近荣夷公。大夫芮良夫谏厉王曰:"王室其将卑乎?夫荣公好专利而不知大难。天利,百物之所生也,天地之所载也,而有专之,其害多矣。天地百物皆将取焉,何可专也?所怒甚多,而不备大难。以是教王,王其能久乎?夫王人者,将导利而布之上下者也。使神人百物无不得极,犹日怵

惕，惧怨之来也。故《颂》曰：'思文后稷，克配彼天，立我蒸民，莫非尔极。'《大雅》曰：'陈锡载周。'是不布利而惧难乎，故能载周以至于今。今王学专利，其可乎？匹夫专利，犹谓之盗；王而行之，其归鲜矣！荣公若用，周必败也。"厉王不听，卒以荣公为卿士，用事。王行暴虐侈傲，国人谤王。召公谏曰："民不堪命矣！"王怒，得卫巫，使监谤者，以告，则杀之。其谤鲜矣，诸侯不朝。三十四年，王益严，国人莫敢言，道路以目。厉王喜，告召公曰："吾能弭谤矣，乃不敢言。"召公曰："是鄣之也。防民之口，甚于防水。水壅而溃，伤人必多，民亦如之。是故为水者决之使导，为民者宣之使言。故天子听政，使公卿至于列士献诗，瞽献曲，史献书，师箴，瞍赋，矇诵，百工谏，庶人传语，近臣尽规，亲戚补察，瞽史教诲，耆艾修之，而后王斟酌焉，是以事行而不悖。民之有口也，犹土之有山川也，财用于是乎出；犹其有原隰衍沃也，衣食于是乎生。口之宣言也，善败于是乎兴。行善而备败，所以产财用衣食者也。夫民虑之于心，而宣之于口，成而行之。若壅其口，其与能几何？"王不听，于是国莫敢出言。三年，乃相与畔，袭厉王。厉王出奔于彘。（《周本纪》）

据此，厉王奔彘的原因，在于弭谤。所以弭谤者，是因为恶闻己过，而他的过则在"好利""专利"。由于"好利""专利"，京师遂乱，乱自上始，天下遂趋于乱。"利"之一字，关系如此之大，此太史公所以"读《春秋历谱谍》，至周厉王，未尝不废书而叹也"！㊴《史记》中，太史公废书而叹者凡三次，无一不是为"利"。㊵除前引厉王好利及公孙弘欲以利禄诱进仕途，太史公废书而叹外，他又于《孟荀列传》说："余读《孟子》书，至梁惠王问'何以利吾国'，未尝不废书而叹也。曰：'嗟乎！利诚乱之始也。夫子罕言利者，常防其原也，故曰放于利而行多怨。自天子至于庶人，好利之弊，何以异哉！'"还是为了"利"，而且这次更明白指出"好利之弊"。由此可见，司马迁是以"利"字为治乱的根源。夫好利则争，争的至大对象就是国与天下，所用以争的至大手段就是"诈"与"力"（战与杀）；这是天下大乱与生民涂炭的根本原因。观诸周衰以后至武帝时代的历史，足以证明。

京师既乱，"是后或力政，强乘弱，兴师不请天子。然挟王室之义，以讨伐会盟为主，政由五伯。诸侯恣行，淫侈不轨，贼臣篡子滋起矣"！利端一发，则有以力争者，于是贼臣篡子滋起，而有"《春秋》之中，弑君三十六，亡国五十二，诸侯奔走不得保其社稷者，不可胜数"㊶的现象产生。司马迁又叙五霸以后至战国的演变说："是后陪臣执政，大夫世禄，六卿擅晋权，征伐会盟，威重于诸侯。及田常杀简公而相齐国，诸侯晏然弗讨，海内争于战功矣。三国终之卒分晋……而纵横短长之说起，矫称蜂出，誓盟不信，虽置质剖符犹不能约束。"㊷"自是之后，天下争于战国，贵诈力而贱仁义，先富有而后推让。"㊸并说："方秦之强时，天下尤趋谋诈哉！"㊹据此，世变至于战国，可谓达于极点，不但争于战功，而且诈伪无穷。逐利、争利至此地步，则天地间再也没有任何东西可以对他们加以约束了。战国尚战功，趋诈谋的结果，六国终为那最擅诈力的"虎狼之国"暴秦所并。（"秦取天下多暴。"㊺）

等到秦失其鹿，天下共逐的时候，利争之心，并未稍减。项羽"欲以力征经营天下"㊻，刘邦欲"争天下""吞天下"㊼，至于其他起兵灭秦的诸侯，也是"以利合，非有素王之行也。……名为亡秦，其实利之也"。㊽刘邦对他们则是，"收天下之兵，立诸侯之后。降城，即以侯其将；得赂，即以分其士。与天下同其利，豪英贤才皆乐为之用"㊾。可见豪杰蜂起，表面上是要讨灭暴秦，骨子里却仍是争利。

上下皆以利合，在上者争的是整个天下，在下者则求分一杯羹。高祖既得天下后，曾向太上皇上寿说："始大人以臣无赖，不能治产业，不如仲力，今某之业所就，孰与仲多？"(50)酒后吐真言，这段得意忘形的话，充分地将高祖视天下为私人产业的心理暴露出来。蒯通教韩信反，后来被高祖抓住，蒯通说："且天下锐精持锋，欲为陛下之所当为者甚众，顾力不能耳！"(51)然则滔滔者固天下皆是，但有能与不能、幸与不幸耳！

以上所说的，都是争国、争天下，乃争之至大者。但利心既动，实无处不争，无时不争，不必大者。故《史记》中，争宠（如陈轸与张仪俱事秦惠王，二人皆贵重争宠——《苏秦传》）、争于奢侈、争名争利（争名者于朝，争利者于市——《张仪传》）、争强（如三桓争强）、争下士（如战国四公子争相倾以待士）、争获（齐懿公为公子时与丙戎之父猎，争获不胜——《齐世家》）、争桑（吴楚边邑争桑——《楚世家》）、争功（如杨仆、荀彘坐争功相嫉乖计弃市——《朝鲜传》）之类的记载，不绝于书，我们在此也就不必一一细数了。

争以诈力（二者往往并用），以"力"者易见，以"诈"者难知，而"诈"比"力"有时更为险恶可怕。周衰以来至于武帝，上下交用诈，出奇不穷，令人叹为观止，而其极则在于秦。以下姑举数例，以见其概。

小白（齐桓公）与公子纠争入，管仲射中小白带钩，"小白佯死"，以误管仲，因而先入得立。后管仲囚鲁，桓公欲倚为霸王佐，"乃佯为召管仲欲甘心，实欲用之"(52)；楚平王"以诈弑两王（灵王及子比）而自立"(53)；阳虎欲尽杀三桓，"桓子诈而得脱"(54)。

秦昭王与楚怀王约盟，"诈令一将军伏兵武关，号为秦王。楚王至，则闭武关遂与西至咸阳"(55)，怀王后来卒于秦。秦以诈力谋取天下，大功尚未告成，变已生于内部。邯郸姬有身，子楚悦之，请于吕不韦，吕不韦怒，但"欲以钓奇"[56]，遂献邯郸姬，后来生子，就是秦始皇。故秦未盗天下，而国祚已经暗移，大盗盗国，其吕不韦之谓乎！司马迁说："方秦之强时，天下尤趋于谋诈哉！"[57]吕不韦生逢其时，而又出类拔萃，这就难怪他有此惊人的表现了，古今之诈恐怕无出其右者。邯郸姬后为太后，仍与吕不韦私通，吕不韦恐怕事觉祸及，乃以大阴人嫪毐啖太后，并用"诈腐"的办法，使嫪毐得侍太后。太后绝爱嫪毐，有身，又恐怕为人知道，乃用"诈卜，当避时"[58]的办法，徙居于雍。秦始皇求长生不死，方士们"乃诈曰：'蓬莱药可得。'"[59]后来始皇崩于沙丘，赵高秘不发丧，"诈为受始皇诏"[60]，将长子扶苏赐死，谋立胡亥，是为二世。

秦政暴虐，不数年，陈涉揭竿而起，"诈自称公子扶苏、项燕，以为天下唱"[61]。及楚汉相争，韩信平齐，请于刘邦立为假王，这是诈请；刘邦先怒后许，骂曰："大丈夫定诸侯，即为真王耳，何以假为！"[62]这是诈许。后来韩信死于吕后之手，临死前说："乃为儿女子所诈。"[63]吕后的外孙女为孝惠皇后，无子，吕后乃"诈取后宫人子为子"[64]，杀其母，养公宫。淮南王安谋反，太子妃为王皇太后外孙修成君女，畏太子妃知情泄事，乃与太子谋，"令诈弗爱，三月不同席"[65]，逼使太子妃求去。

用诈至此地步，真是无往而非诈了！《史记》中类此记载甚多。机心一动，不能自止，上行下效，草偃风行，天下焉能宁定？

司马迁固然视"利"为乱之原，但他并非盲目地拒斥、否定一切"利"。他有主观的看法，但更重视客观的事实。他的主观看法是建立在客观的事实上的，而这也就增加他的主观看法的客观性。我们若能了解司马迁对于"利"的整个看法，才能认识到他的思想的宏阔、眼光的锐利、对人性的深刻了解和对历史的真实把握。

司马迁懂得"求利"是人类行为的基本动机，甚至是人类历史的推动力。他引古语:"天下熙熙,皆为利来;天下攘攘,皆为利往。"⑥⑥一语道破,并在《货殖列传》中阐释这个道理,发挥他的见解。他观察社会上各种人物的活动,说:"贤人深谋于廊庙,论议朝廷,守信死节、隐居岩穴之士,设为名高者,安归乎?归于富厚也。是以廉吏久久更富,廉贾归富。富者,人之情性,所不学而俱欲者也。故壮士在军,攻城先登,陷阵却敌,斩将搴旗,前蒙矢石,不避汤火之难者,为重赏使也;其在闾巷少年,攻剽椎埋,劫人作奸,掘冢铸币,任侠并兼,借交报仇,篡逐幽隐,不避法禁,走死地如鹜者,其实皆为财用耳!今夫赵女、郑姬,设形容,揳鸣琴,揄长袂,蹑利屣,目挑心招,出不远千里,不择老少者,奔富厚也。游闲公子,饰冠剑,连车骑,亦为富贵容也。弋射渔猎,犯晨夜,冒霜雪,驰坑谷,不避猛兽之害,为得味也。博戏驰逐,斗鸡走狗,作色相矜,必争胜者,重失负也。医方诸食技术之人,焦神极能,为重糈也。吏士舞文弄法,刻章伪书,不避刀锯之诛者,没于赂遗也。农工商贾畜长,固求富益货也。此有知尽能索耳,终不余力而让财矣。"⑥⑦真是观察深刻,描述入微。富者,人之所欲,本于情性,不学而能;所以贤人、廉吏、廉贾、壮士、闾巷少年、赵女、郑姬、弋射渔猎、博戏驰逐、医才技术、吏士以及农、工、商、贾、畜长的一切活动,都是为了"求富益货"。富厚财货,都是"利"。故司马迁实是视"求富益货",也即"求利",为人类一切活动的基本动机。

人富有什么好处?司马迁为我们举出一条定律:"凡编户之民,富相什则卑下之,佰则畏惮之,千则役,万则仆,物之理也。"⑥⑧这岂不是表明人的财富愈多,便权威愈大、支配力愈强吗!司马迁又说:"人富而仁义附焉。"⑥⑨这和他在《游侠列传》所说的"侯之门,仁义存""已飨其利者为有德"⑦⑩,可以互相发明:表示人富了就不但有了权势,而且还有了道德!巴寡妇清,以丹穴擅利致巨富,连

试论司马迁所说的"通古今之变" | 159

那位震古烁今的秦始皇都尊敬她,"以为贞妇而客之,为筑女怀清台",所以司马迁说:"礼抗万乘,名显天下,岂非以富邪?"[71]又进一步说:"千金之家比一都之君,巨万者乃与王者同乐,岂所谓素封者邪非也?"[72]富者可比于"素封",谁能不动心追求呢?司马迁说:"夫千乘之王、万家之侯、百室之君,尚犹患贫,而况匹夫编户之民乎!"[73]可见千乘之王尚且患贫,多多益善,更不要说那普通的平民了。但贫者欲求富,有什么办法呢?司马迁对此也有研究:"夫用贫求富,农不如工,工不如商,刺绣文不如倚市门,此言末业贫者之资也。"[74]又说:"夫纤啬筋力,治生之正道也,而富者必用奇。"[75]可见求富的手段有高下,而其趋向必然是"出奇致胜"的。司马迁在此又为我们举了几个"出奇致胜"的实例:"掘冢,奸事也,而田叔以起。博戏,恶业也,而桓发用富。行贾,丈夫贱行也,而雍乐成以饶。贩脂,辱处也,而雍伯千金。卖浆,小业也,而张氏千万。酒削,薄技也,而郅氏鼎食。胃脯,简微耳,浊氏连骑。马医,浅方,张里击钟。"[76]其中卖浆、贩脂等只是贱业,但像掘冢、博戏等方法,简直是不择手段了。

对于以上所述的这些客观的社会现象,司马迁是洞若观火。他并不否认、也不否定人有求富谋利之心,他所反对的只是以奸致富、好利争利。他说:"夫神农以前,吾不知已。至若《诗》《书》所述,虞夏以来,耳目欲极声色之好,口欲穷刍豢之味,身安逸乐,而心夸矜势能之荣使,俗之渐民久矣。虽户说以眇论,终不能化。故善者因之,其次利道之,其次教诲之,其次整齐之,最下者与之争。"[77]这是表明虞夏以来,人民嗜欲已开,并且成俗,要想闭塞人民欲利之心,无论如何是办不到的。老子所说"至治之极:邻国相望,鸡狗之声相闻,民各甘其食、美其服、安其俗、乐其业,至老死不相往来"的境界,就是混混沌沌、嗜欲未启、民智未开的境界。司马迁于《货殖列传》篇首曾引这段话,并立即批判说:"必用此为务,挽近世,涂民耳目,则几无行矣!"表示这是行不通的。"涂民耳目"既行不通,那该怎么办呢?他主张:"善者因之,其次利导之,其次教诲之,其次整齐之,最下者与之争。""因之""利导之"是指"农而食之,虞而出之,工而成之,商而通之。"⑱"教诲之""整齐之",则太公与管仲庶几近之。至于"最下与之争",司马迁未曾明指,但《平准书》却备载其事。⑲ 司马迁又说:"本富为上,末富次之,奸富最下。"⑳本富是指务农而富,末富是指商贾而富,奸富是指奸巧斗智、争于机利而富。司马迁并不反对人求富,但反对奸富和与民争利。不幸的是,这两件事都表现在武帝及其平准的创设上。

武帝多欲嗜利,平准之法是武帝理财的最后一着,所以代一切兴利之事。㉑ "大农之诸官,尽笼天下之货物,贵即卖之,贱则买之。如此,富商大贾无所牟大利则反本,而万物不得腾踊,故抑天下物,名曰平准。"㉒ 据此,政府是第一号大商人,平准表面上是"抑天下物",实际上却是"笼天下利"。以此巧妙的办法敛财,"争于机利"㉓,这不是"奸富"是什么?以天子而同于商贾,与商贾争利,这能不说是"最下与之争"吗?司马迁在前面只说"千乘之王"尚犹患贫,"王"以上的没说,但看《平准书》,原来"天子"也患贫,而且患得更甚!因此,他批评说:"古者曷尝竭天下之资财以奉其上,犹自以为不足也。"㉔ 但更严厉的批评,已在《周本纪》借芮良夫之口说过了。芮良夫说:"夫王人者,将导利而布之上下者也",武帝却是夺利而专之于己;"夫匹夫专利,犹谓之盗,王而行之,其归鲜矣!"司马迁似是已经看到了武帝的下场。事实上武帝为政的结果是政乱民贫,盗贼数起,最后竟至父子构兵,连家庭中都起了骨肉之变!这不能说与武帝的"多欲嗜利"没有关系。

故司马迁写《平准书》,详述其变,著其所由来之渐,以之垂戒。

据吴齐贤分析,《平准书》凡述三十七变:第一变,四方有事,中外骚扰。第二变,击匈奴,通西南夷,入奴婢,入羊。第三变,击匈奴,立武功爵。第四变,公孙弘、张汤开严刑之始。第五变,迎浑邪,赏赐有功。第六变,塞河穿渠。第七变,养马。第八变,衣食降人。第九变,救荒赈平民。第十变,造币铸金,禁盗铸。第十一变,咸阳孔仅、弘羊言利。第十二变,用武力适故吏。第十三变,作昆明池。第十四变,击胡赏赐,马死财匮。第十五变,铸五铢钱。第十六变,兴盐铁官富贾。第十七变,算缗轺车。第十八变,初置均输。第十九变,入谷补郎。第二十变,赦盗铸,举兼并。第二十一变,严刑腹诽。第二十二变,告缗钱。第二十三变,铸赤侧,废白金。第二十四变,三官钱,销废钱。第二十五变,告缗酷刑,没财破家。第二十六变,置关。第二十七变,置水衡。第二十八变,修昆明池,治楼船,作柏梁台。第二十九变,田没田,徙奴婢,官籴谷。第三十变,株送徒,入财补郎。第三十一变,下粟赈灾。第三十二变,巡幸之费。第三十三变,治道供具。第三十四变,征南越、西羌,开田斥塞。第三十五变,畜马出马。第三十六变,创郡、诛讨,仰给大农。第三十七变,置平准。[85]以上三十七变,就是司马迁在叙目中所说的"作《平准书》,以观事变"。平准为桑弘羊请置,太史公于篇末引卜式的话说:"亨(烹)弘羊,天乃雨。"则他的真意也就可见了。

五、以礼义防于利

富利之心,出于本性,但若不加约束,任由发展,必至于争。或以诈谋巧取,或以武力豪夺,其结果必至于乱。若在上位者,率先争利，扇动争心，则尤为大乱之道。太史公旷观古今，见到为了争利以致君臣相斫、父子相杀、兄弟相灭（春秋弑君三十六，皆属此类）、夫妇反目、朋友成仇（如张耳、陈馀始为生死交，以后二人据国争权，卒相灭亡。司马迁说："何乡者相慕用之诚，后相倍之戾也，岂非以利哉！"[86]）的例子，不可胜数，乃说："察其所以，皆失其本已。"[87]"本"是什么？就是"礼义"。所以他在《平准书·赞》说："以礼义防于利。"

夫好利则争，争之反者为"让"，利之反者为"义"。故司马迁崇让尚义，欲以义绌利；以让化争。（让者，礼之实也。孔子哂子路："为国以礼，其言不让。"[88]）《史记》中记崇让尚义的事例甚多，而其最特出者则为伯夷。伯夷以让国而逃始，以饿死首阳终，司马迁假太公之言，断之为"义人"，并称赞他："末世争利，维彼奔义，让国饿死，天下称之。"[89]天下滔滔，皆争利也，所争之至大者不过是国与天下，然则所让之至大者也不过是国与天下。天下争利，此天下之所以乱。今有一人，于末世争利之时，彼独奔义，此其所以为特立独行，难能可贵。伯夷之让国而逃，即是"奔义"。司马迁用"奔"字形容，真是动人已极。（"奔"者，犹卓文君夜奔之奔，乃一往不返、义无反顾之义。伯夷之奔义，实可当孔子所谓"好德如好色"者。）故司马迁尊崇伯夷，把他置于列传之首，实包含有以"让"化"争"、以"义"防"利"的思想。同样的道理，司马迁置吴太伯于世家之首，也是为了"嘉伯之让"[90]。《吴世家》载太伯让国的故事，并说："孔子言'太伯可谓至德矣，三以天下让，民无得而称焉。'"还有比借引圣人之言更高的称赞吗？

"让"可以息"争"，文王之事可证。《周本纪》载："西伯（文王）阴行善，诸侯皆来决平。于是虞、芮之人，有狱不能决，乃如周。入界，耕者皆让畔，民俗皆让长。虞、芮之人未见西伯，皆惭相谓曰：'吾所争，周人所耻，何往为？只取辱耳！'遂还，俱让而去。诸侯闻之曰：'西伯盖受命之君。'"别人刀剑、唇舌俱不能解决的事情，文王不见一面，不发一言地就把它给化解了，这是何等的德行！上举"虞芮来决狱"的故事，听起来遂像是神话了！又宋襄公为太子时，欲让庶兄目夷为嗣，桓公不听。襄公十三年秋，泓之战，襄公不击未济，不鼓不成列，宋师大败。司马迁批评此事说："襄公既败于泓。而君子或以为多，伤中国阙礼义，褒之也，宋襄之有礼让也。"[91]襄公欲让位与庶兄，固是礼让，但泓之战襄公以"迂礼"致败，并不合道，而君子仍褒之者，是因为伤中国阙礼义的缘故。于此尤其可见司马迁所尊尚的是什么。此外，让国、让位、让贤的记载还有，在此不一一细述了。

　　司马迁尚义，从《史记》中的许多故事上也可看出来。第一，豫让漆身为厉，吞炭为哑，欲为智伯报仇，自知所为者极难，"然所以为此者，将以愧天下后世之为人臣怀二心以事其君者也"[92]。故赵襄子许为"义人"，而司马迁也称赞："豫让义不为二心。"[93]第二，燕人破齐，闻画邑人王蠋贤，欲以为将，并封万家，王蠋"义不北面于燕"，说："忠臣不事二君，贞女不更二夫。齐王不听吾谏，故退而耕于野。国既破亡，吾不能存，今又劫之以兵为君将，是助桀为暴也。与其生而无义，固不如烹。"遂"自奋绝脰而死"[94]。这事补记于《田单传·赞》，是太史公对王蠋之义的特别表彰。第三，叔孙通起朝仪，曾征鲁诸生三十余人共起，鲁有两生不肯前往，说："公所事者且十主，皆面谀以得亲贵。今天下初定，死者未葬，伤者未起，又欲起礼乐。礼乐所由起，积德百年而后可兴也。吾不忍为公所为，公所为不合古。吾不行，公往矣，无污我。"[95]叔孙通讥之为"鄙儒"，不知时变。太史公对叔孙通的看法，前面已经谈过，鲁两生不肯以利污义，则此段文字分明是赞美鲁两生之义的。第四，贯高等谋弑高祖，事发后赵王被捕，贯高就系。当时汉下诏书，有敢随赵王赴京师的，罪三族。众人皆不敢随赵王，"唯孟舒、田叔等十余人，赭衣，自髡钳，称王家奴随"[96]。司马迁特记此事，也是称美田叔等人之义。

以上所举四例，已可据知司马迁尚义思想之大概，但尚觉意犹未尽，今更举另外二个特殊的例子以证成其说。鲁仲连义不帝秦，司马迁"多其在布衣之位，荡然肆志，不诎于诸侯，谈说于当世，折卿相之权"，为之立传，记其事以推崇之，但却又说："鲁连其指义（虽）不合大义。"[97]梁玉绳反对太史公的见解说："案：仲连不肯帝秦一节，政见大义，战国一人而已。太史公此语，殊未当。"[98]其实太史公殊未不当。鲁仲连何以其指义不合大义呢？这只要看他所说的话便可知道。鲁连之所以责归新垣衍者，在于"梁未睹秦称帝之害故耳"，以及"且秦无已而帝，则且变易诸侯之大臣。彼将夺其所不肖而与其所贤，夺其所憎而与其所爱。彼又将使其子女谗妾为诸侯姬妃，处梁之宫，梁王安得晏然而已乎？而将军又何以得故宠乎？"[99]这完全是从利害上——梁王以及新垣衍个人的利害上——而不是从义理上，来劝阻帝秦之议。须知鲁连主张不可帝秦是对的，荡然肆志、不诎诸侯是高尚的、令人敬佩的，在战国之世，尤为难能可贵。司马迁自是知道。唯独从利害的观点来论帝秦之非（说以利害，而未晓以大义），与太史公读《孟子》书至梁惠王何以利吾国废书而叹之意相悖，所以说其指义"不合大义"。（梁玉绳从低处向上看，觉得鲁连已是很高，不可再批评；但司马迁是从至高处往下看，觉得鲁连虽则高矣，尚有所不足。考据家多不玩大体，不求深义，好斤斤计较，自以为是，其言不可深信若此！）再看司马迁对平原君的批评："平原君翩翩浊世之佳公子也，然未睹大体。鄙语曰：'利令智昏。'平原君，贪冯亭邪说，使赵陷长平兵四十余万众，邯郸几亡。"[100]说他"未睹大体"，正是因为他见利未思义，利令智昏，几乎亡了赵国。故从鲁仲连"不合大义"及平原君"未睹大体"二事上看，司马迁尚义的思想岂不是彰明较著的吗？

尚义重让，礼始可兴。古代言礼必及乐，二者与治道皆有不可分的密切关系。太史公作《礼书》《乐书》，既略述古今礼乐演变之梗概，痛古礼古乐之丧废，故又于书后详录荀子《礼论篇》《议兵篇》及《礼记·乐记》、韩非子《十过》等文字，加以剪裁，以明礼乐制作之本原与大用。礼乐的制作，皆本于人的情性。司马迁至大行礼官，观三代损益，乃知"缘人情而制礼，依人性而作仪"，又以为"三代之礼，所损益各殊务，然要以近情性，通王道，故礼因人质为之节文"。[101] 音由心生，比音为乐，故乐也是由人心生出，即人性的表露。"礼由人起。人生有欲，欲而不得，则不能无忿，忿而无度量则争，争则乱。先王恶其乱，故制礼义以养人之欲，给人之求，使欲不穷于物，物不屈于欲。二者相待而长，是礼之所起也，故礼者养也。"[102] 故礼的制作，在于止争息乱。"声音之道与政通""乐者，德之华""德音之谓乐""唯君子为能知乐，是故审声以知音，审音以知乐，审乐以知政，而治道备矣""先王之为乐也，以法治也"[103]，"乐者，所以移风易俗也。"[104] 故乐的制作，在于移风易俗，以备治道。（吾国先民对于音乐的看法，与近代人大异。《乐记》一篇所讲的全是治心之道、治身之道、治世之道：将音乐与道德、政治融会贯通，而讲到至高的境界。）礼乐的制作，皆所以备治道，"礼以导其志，乐以和其声，政以壹其行，刑以防其奸。礼、乐、刑、政，其极一也，所以同民心而出治道也。"[105] 礼由外入，乐由内出，二者实相辅相成，其所以能制治者，乃是因为皆从人性的根本上着手，故说："先王之制礼乐也，非以极口腹耳目之欲也，将以教民平好恶，而反人道之正也。"[106] 乐至则无怨，礼至则不争，"天下从之者治，不从者乱；从之者安，不从者危"[107]。这是司马迁所深信不疑的。

六、归本《春秋》

"以礼义防于利",是太史公通古今之变后所得的结论,是可以质诸鬼神而不疑、百世以俟圣人而不惑的。这个伟大的发明,是否是他独创的呢?不是的,他有所本;本于孔子,尤其是孔子的《春秋》。孔子"罕言利",常防其原,又说"见得思义"(此子张语,但亦可视为孔子的思想),"君子义以为质"[108],也包含有"以义防利"的意思在内。孔子主张:"为国以礼。""能以礼让为国乎,何有?不能以礼让为国,如礼何?""安上治民,莫善于礼。"[109]也同样重视"礼"和"让"。孔子死后,弟子"崇仁厉义",司马迁为立《仲尼弟子列传》,孟子、荀子"明礼义之统纪,绝惠王利端"[110],司马迁为立《孟子荀卿列传》,以明孔子之道之所传。但司马迁主张"以礼义防于利",其最大的本原则在孔子的春秋,他说:"春秋者,礼义之大宗也。"这是太史公作史大义之所本,也是《史记》之继《春秋》处。必须认识这个思想的脉络,然后才能了解太史公何以在《自序》中,不厌其详地记录了一段和壶遂谈论《春秋》的对话:

> 上大夫壶遂曰:"昔孔子何为而作《春秋》哉?"太史公曰:"余闻董生曰:'周道衰废,孔子为鲁司寇,诸侯害之,大夫壅之。孔子知言之不用、道之不行也,是非二百四十二年之中,以为天下仪表。贬天子,退诸侯,讨大夫,以达王事而已矣。子曰:"我欲载之空言,不如见之行事之深切著明也。"'夫《春秋》,上明三王之道,下辨人事之纪,别嫌疑,明是非,定犹豫善善恶恶、

贤贤贱不肖，存亡国，继绝世，补敝起废，王道之大者也。《易》著天地、阴阳、四时、五行，故长于变；《礼经》纪人伦，故长于行；《书》记先王之事，故长于政；《诗》记山川、溪谷、禽兽、草木、牝牡、雌雄，故长于风；《乐》乐所以立，故长于和；《春秋》辨是非，故长于治人。是故，《礼》以节人，《乐》以发和，《书》以道事，《诗》以达意，《易》以道化，《春秋》以道义。拨乱世，反之正，莫近于《春秋》。《春秋》文成数万，其指数千，万物之散聚皆在《春秋》。《春秋》之中，弑君三十六，亡国五十二，诸侯奔走不得保其社稷者，不可胜数；察其所以，皆失其本已。故《易》曰：'失之毫厘，差以千里。'故曰：'臣弑君，子弑父，非一旦一夕之故也，其渐久矣。'故有国者，不可以不知《春秋》，前有谗而弗见，后有贼而不知。为人臣者，不可以不知《春秋》，守经事而不知其宜，遭事变而不知其权。为人君父而不通于《春秋》之义者，必蒙首恶之名。为人臣子而不通于《春秋》之义者，必陷篡弑之诛、死罪之名。其实皆以为善，为之不知其义，被之空言而不敢辞。夫不通礼义之旨，至于君不君、臣不臣、父不父、子不子。夫君不君则犯，臣不臣则诛，父不父则无道，子不子则不孝。此四行者，天下之大过也。以天下之大过予之，则受而弗敢辞。故《春秋》者，礼义之大宗也。夫礼禁未然之前，法施已然之后；法之所为用者易见，而礼之所为禁者难知。"

这段文字从孔子讲到《春秋》，从《春秋》讲到六艺，又从六艺讲回《春秋》，最后归结于"礼义"。《春秋》以道义，"长于治人"，为王道之大者。《春秋》为"礼义之大宗"，不通礼义之旨，则至于君不君、臣不臣、父不父、子不子，故有国者，为人君父、为人臣子者，皆不可不知《春秋》,可见司马迁重视《春秋》之程度。司马迁最后归结于礼义时,又谈到"礼"与"法"的区别。"法施已然之后","所为用者易见",表示"法"是用来治病的,其成效易为人知。"礼禁未然之前""所为禁者难知",表示"礼"是用来预防的,乃防患于未然,制治于未乱,保邦于未危,弭乱于未形,而其成效也就很难为人所知了,然而这才是从根本上解决问题。周衰以后,礼崩乐坏,于是有孔子出,整理六艺,作《春秋》,欲以拨乱反正。孔子之道不行,历经战国以至秦汉,皆蔑礼尚法以争利,汉初因秦不改,至于武帝,汉兴已百年,本当接三代统业,观三代损益而重新制作一代之大法,然而武帝名为兴礼重儒,其实却专饰钟鼓玉帛以欺世,其严刑嗜利反甚于高、惠、文、景之世,而古代之礼乐自此遂不可复见。

太史公痛武帝失去这个千载一时的良机,以多欲侈心败坏了文、景以来长期休养生息之富裕,深惧遵秦故辙的后果,故不让周、孔五百之期,正《易传》,继《春秋》,本《诗》《书》《礼》《乐》之际,就上下数千年的历史中去申明治道,从通古今之变中来达制治之原,最后仍寄望于后人,说:"述往事,思来者","藏之名山,副在京师,俟后世圣人君子"[⑪]。

故《史记》之为书,实如包世臣所说:"明为百王大法,非仅一代良史而已。"[⑫]这是《史记》与其他史书最不同之处,我们绝不可把它当作单纯的历史记载或史料来看待。

附说:《礼》《乐》二书疑仍出于太史公论

《礼》《乐》二书,或以为太史公原作,或以为后人增补,或以为仅《礼书》后所录荀子《礼论》《议兵》之文,《乐书》后所录《礼记·乐记》《韩非子·十过》之文为后人妄增。论者十余家，辩难极繁。笔者始读二书，信为太史公原文；既而知有"十篇缺"之说，又信为后人增补；其后再读二书，又疑非他人所能补；今则不信他人所补，而疑其大体为太史公原作。书缺有间，不能确指，古事难稽，不能期必。今但略申己见，以明取材所本而已。

1.《汉书·司马迁传》说："十篇缺，有录无书。"至魏人张晏始指出十篇的篇目，并说褚先生补缺，作《武帝纪》《三王世家》《龟策列传》《日者列传》（《汉书·司马迁传》注引）。至唐人张守节始进一步说十篇全是褚先生所补（《龟策列传正义》）。自此以后，始有信《礼》《乐》二书为褚先生所补者。褚补之说，明为后出，张守节去褚少孙约八百年，如何得知？且《史记》中凡褚补者，皆有"褚先生曰"四字，并降格以示区别，今存《礼》《乐》二书则与此异，故应非褚先生所补。

2. 不是褚先生所补，又是何人所补？余嘉锡以为系冯商诸人所续，谓："不知此十篇中，除褚少孙所补老外，尚有冯商等人之作。商受学刘向，奉诏《续太史公书》，其高才博学可知。即褚先生亦经学大儒，以《鲁诗》名家，夫岂章句小生所可比拟？"（《太史公书亡篇考》，见《余嘉锡论学杂著》，北京：中华书局1963年版，第83页。）此说本于《史通·古今正史篇》："《史记》所书，年止汉武太初，已后阙而不录。其后刘向、向子歆及诸好事者若冯商、卫衡、扬雄、史岑、梁审、肆仁、晋冯、段肃、金丹、冯衍、韦融、萧奋、刘恂等，相次撰续。迄于哀平年间，犹名《史记》。至建武中，司徒班彪以为其言鄙俗，不足以踵前史，又雄、歆褒美伪新，误后惑众，不当垂之后代者也，于是探其旧事，旁贯异闻，作《后传》六十五篇。其子固以父所撰未尽一家，乃起高皇，终乎王莽，十有二世，二百三十年，综其行事，上下通洽，为《汉书》纪、表、志、传百篇。"

但日人泷川资言云:"盖冯衍诸人纪天汉至哀、平,上以续太史公,下以起班掾者,于《史记》文字无所增损也。"(《史记会注考证·史记总论》,第107页)又,《汉志》春秋家有冯商所续《太史公》七篇,韦昭注且谓冯商"受诏续《太史公》十余篇,在班彪别录。"以上皆言"续"而不言"补"。"补"者,补其原有之缺;"续"者,续其本来所无。二者不同,岂可混为一谈?《礼》《乐》二书原具,后来始缺,冯商等人只能补此二书,焉能续此二书!

3. 十篇曾缺,此乃事实,但这是刘向、班固时之情形。《史记》多微文刺讥,自汉帝看来,实是"谤书"。《西京杂记》谓:"(司马迁)作《景帝本纪》,极言其短,及武帝过,怒而削去之。"司马迁自然亦知《史记》不会受到汉帝的欢迎,故说"藏之名山,副在京师",可见《史记》有二本,副本才放在京师,正本则藏于名山,司马迁似已虑及《史记》未来的流传。"迁既死后,其书稍出",至宣帝时,杨恽祖述其书,"遂宣布焉"。如此则焉知以后不有佚而复出者?但这也只是臆测之辞,不能断其必有,也不能断其必无。无已,只有就《礼》《乐》二书的本文来研究其是否可能为太史公之原作。

4. 《礼书》自"太史公曰"至"垂之于后云",《乐书》自"太史公曰"至"黯诽谤圣制,当族",皆概述古今礼乐之演变,其叙事简明,文义高古,读来与太史公他篇并无二致,实非太史公莫能为。《礼书》中有"事在袁盎语中"及"今上即位"之语,《乐书》中有"至今上即位"及"世多有,故不论"之话,明为太史公手笔。若必谓为后人模拟之作,则有何证明?且《礼书》篇首云:"余至大行礼官,观三代损益,乃知缘人情而制礼,依人性而作仪。"《乐书》篇首云:"余每读《虞书》,至于'君臣相敕,维是几安,而股肱不良,万事堕坏',未尝不流涕也。"模拟补作者,但叙其事理而已,岂有连太史公至何处观何物而知何事,读何书至何处而必流涕,亦加模拟之理乎?补史者有是作法乎？若将以上显证全加抹杀，则考证亦太难矣！又《自序·礼书叙目》称："维三代之礼，所损益各殊务。然要以近情性，通王道。故礼因人质为之节文，略协古今之变。"此段太史公原文与《礼书》内容正相印证。《自序·乐书叙目》称："乐者，所以移风易俗也。自《雅》《颂》之声兴，则已好郑、卫之音，郑、卫之音所从来久矣。人情之所感，远俗则怀，比《乐书》以述来古，作《乐书》。"《雅》《颂》声兴，与"成王作颂，推己惩艾，悲彼家难，可不谓战战恐惧，善守善终哉"相应。郑、卫之音所从来久，与"治道亏缺而郑音兴起"相应。若又必谓系后人据《叙目》模拟补作，则依此理以考证，不但伪篇可证成其伪，即真篇亦可证成其伪矣！

5. 若以上所论《礼》《乐》二书之文字为真。则二书后所接荀子《礼论》《议兵》之文以及《礼记·乐记》《韩非子·十过》之文，亦必为真。因为，其一，如本文所述，汉兴至武帝时，本当接三代统业，观三代损益而重新制作汉代之礼乐。然武帝多欲嗜利，名为崇儒典礼，其实专饰钟鼓玉帛以欺世，故太史公痛礼乐之真废，惧古礼乐自此不可得复见，故既略协礼乐古今之变，又录《礼论》《议兵》《乐记》《十过》之文，加以剪裁，以见礼乐之义与大用，期以救正当世之礼乐，并传诸后世。此须深知太史公此一思想背景，方能信其有录此等文字之必要。太史公录此等文字既有深意，故与"其书世多有，故不论"以及"俎豆珪币之详，则有司存"者，不可相提并论。其二，《乐书叙目》称"比《乐书》，以述来古"，《天官书叙目》亦称"比集论其行事，验于轨度以次"，"比"字之义可证。既曰"比"，曰"述来古"，则《乐书》所录《乐记》《十过》之文，《叙目》已有明证。《乐书》可录《乐记》《十过》之文，则《礼书》自亦可录《礼论》《议兵》文矣！其三，《礼》《乐》二书所录之文，俱系经过剪裁，次序有升降，文章有修饰，非漫然直抄者，此与太史公取材之惯常作风相同。《乐记》原二十三篇,《乐书》取《乐记》共十三篇(臧庸《拜经堂日记》卷九)。其次序已有升降,与今文《礼记·乐记》之文不同,而较《礼记》所载者更有伦序,分明经过整理剪裁,此非三言两语可尽,比观自得。杨循吉言:"《礼记》原笔于汉儒,此篇虽颠倒经文,亦有条理,如列三问乐于后,而文之升降反整于经。似子长次之,非皆少孙意也。"(《补标史记评林》卷二四引)此一显证,余嘉锡犹欲加以抹杀,曰:"然恐是《乐记》别本如此,与刘向校定本及小戴所见本原自不同,未必补史者以意为升降也。"(《太史公书亡篇考》,见《余嘉锡论学杂著》,北京:中华书局1963年版,第39页。)立意不信者,任何证据皆有以化解之也。

6.《乐书》为太史公原作之最大弱点,为以下一段文字:"汲黯进曰:'凡王者作乐,上以承祖宗,下以化兆民。今陛下得马,诗以为歌,协于宗庙,先帝百姓岂能知其音邪?'上默然不说。公孙弘曰:'黯诽谤圣制,当族。'"梁玉绳以为:获宛马作歌事在太初四年(公元前101年),而公孙弘卒于元狩二年(公元前121年)三月,年月不合。又汲黯未曾为中尉之官,得渥洼马时黯在淮阳为太守,无缘面讥武帝。得大宛马时,黯卒已十二年,又安得诽谤圣制?(《史记志疑》卷十五)泷川资言曾辩解云:"据公卿表,太初四年得大宛马时,公孙贺方为丞相,则'弘'字当'贺'字之讹。《史记·汲黯传》云:'上以黯故,官其弟汲仁,至九卿。'苏秦有弟苏代、苏厉,乐毅子有乐间兄弟,亲戚资性近似者,往往有之。面讥武帝者,安知非汲仁乎?后人校《史记》者,熟公孙弘、汲黯名,而不究其书,以意妄改,亦未可知也。"(《史记会注考证》卷二四。)但余嘉锡又驳云:"然汲仁之名,不见于百官公卿表。太初四年中尉无姓名,盖班固时已不可考,未必即是汲仁。且表首明言'中尉,武帝太初元年更名执金吾',当四年得大宛马时,安得更有中尉?公孙弘、汲黯之名，纵为后人所改，岂'中尉'二字亦后人所妄改乎？"（《太史公书亡篇考》，见《余嘉锡论学杂著》，北京：中华书局1963年版，第49页。）所驳甚辩，今亦无以为解，唯有待诸来日之高明矣。

总之，《礼》《乐》二书为太史公原作或后人补作，双方立论皆不能毫无破绽。此由《史记》在古代流布传抄之真相不能全知，故见仁见智，各随人意。但即今所见二篇文字论之，笔者宁信二篇大体为太史公原作，唯经过二千年之传抄刻印，其文字间或难免有羼乱与出入耳！

* 原载《沈刚伯先生八秩荣庆论文集》，台北：联经出版公司1976年12月版。

◎ 注释

① 参阅阮芝生：《司马迁的史学方法与历史思想》（未刊）第三、四章。

② 司马迁：《报任安书》，见《汉书·司马迁传》与《文选》。二者文字略有异同，《汉书》作"成败兴坏之理"，《文选》作"成败兴坏之纪"，"纪"犹"理"也，今从《汉书》。

③ 鲁实先先生言，"太史公曰"有补轶事、记经历、言去取、述褒贬四种功能。详参阮芝生《司马迁的史学方法与历史思想》第四章第六节"太史公曰"。

④ 参见翦伯赞：《论司马迁的历史学·四·司马迁的历史批判》，收入翦氏《中国史论集》1944年版。

⑤ 《孔子世家·赞》。下引《史记》文，皆以泷川资言《史记会注考证》（简称《考证》）为准。

⑥ 《太史公自序》（以下简称《自序》）。

⑦ 司马迁的写史立场，论者不一，阮芝生另为专文讨论。

⑧ 《高祖功臣侯者年表序》。

⑨ 《太史公自序》。

⑩ 参阮芝生：《司马迁的史学方法与历史思想》第四章第二节"表"。

⑪ 《六国年表序》。

⑫ 《太史公自序》。此句来自《易·坤卦·文言》："臣弑其君，子弑其父，非一朝一夕之故，其所由来渐矣。"

⑬ 《易·蛊卦·象辞》。

⑭ 《礼记·乐记》。

⑮ 《大学》。

⑯ 李长之：《司马迁之人格与风格》，上海：开明书店1948年版，第234页。

⑰ 《说文》："通，达也。"《释名·释言》："通，洞也，无所不贯洞也。"合二义而言，有明晓洞贯义。

⑱ 《易·系辞传上》："推而行之谓之通。"

⑲ 沈刚伯演讲：《古代中西的史学及其异同》，东海大学1965年8月，收入《沈刚伯文集》。

⑳ 《天官书》。

㉑ 《高祖功臣侯者年表》。但《陈杞世家》言"周武王时，侯伯尚千人"，可见数字并不确定，故司马迁用一"盖"字。此外，《吕氏春秋·观世赞》《汉书·王莽传》《通鉴·周纪》所述周初诸侯之数字，也都不同。此系陈槃庵先生所示。

㉒ 《汉兴以来诸侯王年表》。

㉓ 《十二诸侯年表》。

㉔ 此系合顾栋高《春秋大事表》及《陈槃》，不见于《春秋大事表》之《春秋方国稿》。

㉕ 《六国年表》。

㉖ 《秦始皇本纪》。

㉗ 《高祖本纪》。

㉘ 汪越以为，汉削弱宗室，矫枉过正，遂启王莽之奸心，成其篡谋，故合二表读之，究其终始，可见西京二百三十年之大势。见《读史记十表》(载《二十五

试论司马迁所说的"通古今之变" | 175

史补编》，上海：开明书店 1937 年版)。

㉙ 《礼书》。

㉚ 《乐书》。

㉛ 《自序·乐书叙目》。

㉜ 《刘敬叔孙通传》。

㉝ 参阅阮芝生：《司马迁的心》第一节。

㉞ 赵恒语，转引自有井范平《补标史记评林》卷二四，台北：兰台书局 1968 年影印本。

㉟ 《刘敬叔孙通传》。

㊱ 《自序·儒林传叙目》。

㊲ 方苞：《方望溪全集·卷二·书〈儒林传〉后》。王鸣盛《十七史商榷·儒林传》，以《儒林传》多是颂扬，可谓不以人废言，恶而知其美也。实是不察太史公深意。

㊳ 杨绍文：《云在文稿·卷一·〈史记·儒林传〉论》，受经堂稿本，道光三年。

㊴ 《十二诸侯年表》。

㊵ 包世臣：《艺舟双楫·论史记六国表叙》已言及。

㊶ 《自序》。语本《春秋繁露·灭国篇上》。

㊷ 《六国年表》。

㊸ 《平准书》。

㊹ 《樗里子甘茂列传》。

㊺ 《六国年表》。

㊻ 《项羽本纪》。

㊼ 《高祖本纪》。

㊽ 《秦始皇本纪》。

㊾ 《郦生陆贾列传》。

㊿ 《高祖本纪》。

㉛ 《淮阴侯列传》。

㉜ 《齐世家》。

㊹ 《楚世家》。

㊺ 《鲁世家》。

㊻ 《楚世家》。

㊼ 《吕不韦列传》。

㊽ 《甘罗列传》。

㊾ 《吕不韦列传》。

㊿ 《秦始皇本纪》。

60 《李斯列传》;《秦始皇本纪》。

61 《陈涉世家》。

62 63 《淮阴侯列传》。

64 《外戚世家》;《吕后本纪》。

65 《淮南王传》。

66—68 《货殖列传》。

69 70 《游侠列传》。

71—78 《货殖列传》。

79 方苞:《方望溪全集·卷二·书〈货殖传〉后》。

80 《货殖列传》。

81 《补标史记评林》卷三〇引钟惺语。

82 《平准书》。

83 《自序·平准书叙目》。

84 《平准书》。

85 见《补标史记评林》卷三〇。

86 《张耳陈馀列传》。

87 《太史公自序》。

88 《论语·先进》。

89 《自序·伯夷传叙目》。

90 《自序·吴世家叙目》。

91 《宋世家》。

试论司马迁所说的"通古今之变" | 177

㉜ 《刺客列传》。

㉝ 《自序·刺客传叙目》。

㉞ 《田单列传》。

㉟ 《刘敬叔孙通列传》。

㊱ 《田叔列传》。

㊲ 《鲁仲连邹阳列传》。

㊳ 梁玉绳:《史记志疑》卷三〇。

㊴ 《鲁仲连列传》。

⑩ 《平原君列传》。

⑩ 《自序·礼书叙目》。

⑩ 《礼书》。

⑩ 《乐书》。

⑩ 《自序·乐书叙目》。

⑩⑩ 《乐书》。

⑩ 《礼书》。

⑩ 《论语·卫灵公篇》。

⑩ 《礼记·经解篇》。

⑩ 《自序·孟荀传叙目》。

⑪ 《太史公自序》。

⑫ 包世臣:《艺舟双楫·读〈史记·六国表叙〉》。

论《史记》五体及"太史公曰"的述与作

太史公司马迁著《史记》，是要写当时所知的两千多年来人类活动的全史；他所使用的史料，是当时所能掌握的古与今、官与私、文字与口说的文献。但如何来安排这些丰富的史料，并用以叙述这两千多年的历史呢？这就需要有一套适当的格式，来容纳经过选择的史事和表现作者心中的思想。这套格式就是著述的体裁，或简称之为"体"。太史公写《史记》所使用的体裁，合而言之，就是后世所称的"纪传体"；分而言之，则其中包括有五体，即"本纪""表""书""世家""列传"。此五体究竟从何而来，是司马迁凿空独创的？还是因袭旧有的？前人所论不一。本文的目的，即在从"述"与"作"的观点对《史记》五体的来源重新作一检讨，并另加讨论贯串《史记》全书的"太史公曰"一体以及列传体中的"自序"。

前人论《史记》五体的来源，约有三说。一是凿空独创——此说肇自班彪，班彪论《史记》云："孝武之世，太史公司马迁采《左氏》《国语》《世本》《战国策》，据楚汉列国时事，上自黄帝，下迄获麟，作本纪、世家、列传、书、表，凡百三十篇。"[1]既谓之作，自是以五体为太史公所创。晋人张辅亦云："迁既造创，固又因循，难易益不同矣。"[2]是明言司马迁造创。以后，晁公武、郑樵、徐中行、王祎、王鸣盛、梁玉绳等人都同此说。③二是取式《吕览》——此说肇自刘彦和，而邵晋涵、章学诚等人承其说。邵晋涵："迁文章体例，则参诸《吕氏春秋》而稍为变通。《吕氏春秋》为十二纪、八览、六论，此书为十二本纪、十表、八书、三十世家、七十列传。"④章学诚说："《吕氏春秋》十二纪，似本纪所宗；八览，似八书所宗；六论，似列传所宗。"⑤但章氏又曾谓"本纪全法《春秋》"，"八书全本六官"。⑥关于此点，下文将再加讨论。三是祖述《世本》——此说肇自洪饴孙。洪氏说："《春秋》为编年，《世本》为纪传，太史公述《世本》以成《史记》，纪传不自《史记》始也。《左传正义》引《世本》'记文'，'记''纪'同音，此即《史记》'本纪'之所本。桓谭曰：'太史公三代世表，旁行邪上，并效周谱。'按《隋书·经籍志》有《世本·王侯大夫谱》二卷，是《世本》即《周谱》也。又《世本》有《帝系篇》，又有《作篇》，记占验、饮食、礼乐、兵农、车服、图书、器用、艺术之原，即太史公八书所本。《左氏正义》引《世本》世家文，《史记索隐》引《世本》传文。"⑦故洪氏撰《史表》，以《世本》冠诸史之首。秦嘉谟亦说："按《太史公书》，其创立篇目如本纪、如世家、如列传，皆因《世本》。"⑧

以上三说大抵是就五体立论，此外更有分论五体中某一体系出于某书，或宗某书，或仿某书者，说法益加纷纭。诸说的歧异，有一个重要的原因，就是取决的标准各不相同：或以名称之所出，或以取材之所自，或以体例之所本来决定。标准不一，取舍自异，以此相争，自然难有结论。我们以为名称、取材与体例之所从出，固不可混为一谈；一部书之部分为何与全体为何，也不可同等看待。《史记》究为创作或是因袭，此一问题之解决应从两方面着手：一是把《史记》切开来看，看各体的来源与作用；一是把《史记》合起来看，看全书的体系关联与思想宗旨。本文将根据以上的观点，把《史记》切开来分析其体裁与作法。

一、本　纪

"本纪"列于五体之首,太史公自己未言立名之义。《史记索隐》解释说:"纪者,记也,本其事而记之,故曰'本纪'。又纪,理也,丝缕有纪,而帝王书称'纪'者,言为后代纲纪也。"[9]前后二说,已自不同。而且表、书、世家、列传四者孰非"本其事而记之",何以独有十二本纪称为"本纪"?《史记正义》引裴松之《史目》解释说:"天子称本纪,诸侯曰世家。本者系其本系,故曰本。纪者,理也,统理众事,系之年月,名之曰纪。"[10]"纪者,理也",当动词解,似乎不妥。揆诸表、书、世家之"家"、列传之"传"皆为名词之例,则此"纪"字亦应当作名词解才是。"纪者,记也",这个解说比较合理,是记录、记载的意思,既可当动词用,也可当名词解。当动词用时如《竹书纪年》之"纪"字,当名词解时如《吕氏春秋》十二纪《孟春纪》《仲春纪》之"纪"字,都是"记"的意思。故"本纪"的"纪"字,亦应解作名词用的"记"字。为了进一步推究"本纪"的立名之义,下面将先分析十二本纪的内容和作法,然后再回到本题来。

十二本纪中,除《孝武本纪》已佚,可不论外,其余十一本纪可分两部分来看。自《五帝本纪》至《秦本纪》,由于代久年湮,典籍沦亡,故只有世次或有编年而不接续;自《秦始皇本纪》《景帝本纪》至《武帝本纪》,则编年而且连续(《文帝本纪》有残阙)。至于各篇本纪的主角,《五帝本纪》的黄帝、颛顼、帝喾、尧、舜,皆为帝。《夏本纪》由禹到桀,《殷本纪》由汤至纣,《周本纪》由武王到赧王,皆为王。《秦本纪》主要是叙述秦的先世,犹如《夏本纪》之追溯到颛顼、黄帝,《殷本纪》之追溯到契,《周本纪》之追溯到后稷。《秦始皇本纪》述始皇帝及二世,皆为帝。《项羽本纪》述项羽,为霸王。《高祖本纪》述高帝。《吕后本纪》述吕后、孝惠及少帝恭、少帝弘,而实以吕后(有时称太后)为主。《孝文本纪》《孝景本纪》述文景二帝。这些主角,大都为帝王、天子而又不尽然。司马迁并未自言本纪述天子,自班彪言"序帝王则曰本纪"⑪后,才有这种说法。因此,后人批评司马迁不应为项羽与吕后立本纪,乃是以后论定前说,并无根据。相反的,我们正可由司马迁之立项羽与吕后二纪,进一步理解"本纪"的意义。

项羽之立纪,太史公自有解说:"太史公曰:吾闻之周生曰'舜目盖重瞳子',又闻项羽亦重瞳子。羽岂其苗裔邪?何兴之暴也!夫秦失其政,陈涉首难,豪杰蜂起,相与并争,不可胜数。然羽非有尺寸,乘势起陇亩之中,三年遂将五诸侯灭秦,分裂天下,而封王侯,政由羽出,号为'霸王'。位虽不终,近古以来未尝有也。"⑫由这段话看,项羽之立纪,其故有二:一是暴兴灭秦。秦灭周,楚灭秦,汉则亡楚而后始有天下;二是宰制天下。项羽灭秦后,分裂天下,封诸王侯,就是汉也是楚立的,项羽立沛公为汉王,汉家有天下四百年的国号,乃由项王而来。有此二故,故项羽虽未践天子之位,号仅霸王,太史公还是把他列为本纪。十二本纪之篇名,或称帝(如五帝),或称祖(如高祖),或称后(如吕后),或称国号(如夏、商、周),或称谥号(如孝文、孝景),唯项羽称字。纪中项羽有四称,即项籍、项羽、项王、西楚霸王,若篇题称名(籍)则嫌于直斥,称王则楚汉之际五年终是一过渡局面,不能与有天下之朝代比,故称字。太史公于全书篇名称谓,未必皆有书法,也未必皆有深意,但于此处可见出分寸。又楚汉之际,不以楚年纪事,而以汉年纪事。因天下终归于汉,故以汉纪年,以立统纪;但此五年间,明是权在项羽,故虚加一"之"字,称"汉之元年","汉之二年","汉之三年","汉之四年",以示区别,至五年楚亡,然后直书"汉五年",以示一统。[13]故《项羽本纪》虽名曰"本纪",而实为"传"体。[14]此不仅与以汉年纪事有关,也与该纪的内容有关。项纪的内容限于楚汉相争有关的记载,比其他本纪之内容广泛者,实大不相同。这在太史公来说,实为不得已。就《史记》本纪来说,实为变例,但是由此变例正可见出其常例。

吕后之立本纪,从纪文中也可得到理解。一是女主称制。太史公曰:"故惠帝垂拱,高后女主称制。"纪文又于少帝恭即位后说:"元年,号令一出太后,太后称制。"[15]吕后由于称制,故能封王诸吕,废立天子,操生杀之大权,无异于天子。二是元年纪事。吕后于废杀少帝恭后,"立常山王义为帝,更名曰弘。不称元年者,以太后制天下事也"。[16]而于下文纪事时,直书"五年""六年""七年""八年",乃知非但少帝弘不纪元年,前此少帝恭即位时之元年实吕后之元年,非少帝恭之元年。如此则与实际之帝王又有何别?反观二少帝,不但未曾听政,而且非刘氏之子,根据《汉书·五行志》的记载,乃吕氏子。[17]因此,靳德峻说:"既俱吕氏子,且未听政,而俱被废诛,则马迁焉能为之立纪乎?"[18]就是断代为史的《汉书》,也不为少帝立纪。再者,《吕后本纪》非不纪孝惠,孝惠于元年即位,七年崩,俱纪孝惠年号。但孝惠自太后命观"人彘"(戚夫人)后,大哭而病,说:"臣为太后子,终不能治天下。"以后"日饮,为淫乐,不听政"。[19]此时为孝惠元年,是孝惠实际只听政一年,以后六年俱由太后专政。因此,《吕纪》前后包有十五年,以惠帝纪元者七年,以吕后纪元者八年,而全由吕后专政者十四年。《史记》中包有二人以上的本纪、世家、列传,其篇名往往以最重要的一二人的名字代表,如始皇帝、二世之本纪,只标"始皇";管、蔡、曹之世家,只标"管蔡";老、庄、申、韩之列传,只标"老子韩非"。以此例之,吕后、惠帝之纪,以"吕后"标题固宜,"纪吕可括惠,纪惠不能尽吕"[20]

故也。

由上观之，太史公之立项羽、吕后二纪，纯粹是从政治权势中心与政权接替顺序的观点来看，与道德的善恶或名号的高下无关。故靳德峻说："桀纣虽虐，不能不列本纪；孔孟诚仁，岂可上跻天子？此不能以道德仁义为权与也。"又说："五帝而称帝，三王而称王，至乎秦氏，改为皇帝，名号虽殊，其宰制天下一也。齐曾称帝，而不列本纪，楚早名王，仍跻世家，虚名号之无关也明矣。"[21] 反观项羽虽暴，号仅"霸王"；吕后虽残，号仅"太后"。但既为当时权势之中心，又承接政权之交替，则立为本纪自是顺理成章的事。

以下再就本纪的内容加以分析，看本纪中所书者究为何事。本纪的纪事除了帝王或该篇主人的姓名名号之外，包括有：始祖、感生、先世、世次、废立、让国、即位、改正朔、易服色、祭祀、巡狩、战争（征、伐、败、取、攻、拔、破、虏、定、袭）、诰命、迁都、封后（存亡继绝）、封功臣谋士、用人、制度、德行、崩葬、论治、灾异、方域（如《夏本纪》录《禹贡》，记九州之山水、田土、贡赋、草木、金革、物产、山脉、地脉）、兴作、瑞异、大赦、婚姻、谏辞、追尊、盛衰、灭国、内乱、称伯称王、纵横游说、宝器、初始（如《晋世家》"晋始作六卿"；《秦本纪》，武公卒，"初以人从死"）、列国之弑君、伐国、伯主薨卒、名臣之死、设郡县、建制、销兵、更制、大酺、封禅、神仙、微行、赎兵、滥刑、侈葬殉葬、宠奄、篡弑、亡国等，以上是本纪书事的大要。这并非说每一本纪皆必书此，但是各篇所书大抵不出这个范围。而这些内容，又可以"政刑大端""兴衰变故""列国大事"数语括之。政刑大端，兴衰变故，列国大事，皆大事也；本纪中是不宜有琐细委曲的记载的。盖本纪体贵"简要""简严"[22]。史事太繁，不能详载，则须求简，简而有别，则须知要；欲简而要，则书事自然就严了。

综上所言,本纪体裁的作法有三:一以编年为主。其无年可编或有年而不能逐年编出者,乃是不得已。二以宰制天下者为中心。此绝大多数为帝王。三体贵简严,仅书大事。[23] 由此三点看来,本纪所记的乃是历史的纲要,它是以人群组织的宰制者为统系,按照时间的顺序来记载人群各种重要的活动。因此,在《史记》一书中来说,本纪就是全书的纲领。"本"与"末"或"支"字相对(《诗·大雅·文王》:"文王子孙,本支百世"),犹如干与枝、经与纬、经与传、纲领与条目之相对。直接地说,本纪就是纲领的记载。此意章学诚业已见到,故说:"原其称本之义,司马迁意在绍法《春秋》。顾《左氏》《公》《穀》专家各为之传,而迁则一人之书更著书、表、列传以为之纬,故加'纪'以'本',而明其纪之为经耳。"[24] 分析到此,则本纪一体分明是效法《春秋》,故章学诚又说:"本纪全法《春秋》。"[25]

现在我们再回过头来批判几种误解。"本纪"之名,司马迁之前已有。《史记·大宛传》:"太史公曰:《禹本纪》言'河出昆仑。昆仑其高二千五百余里,日月所相隐避为明也。其上有醴泉瑶池。'今自张骞使大夏之后也,穷河源,恶睹夫所谓昆仑者乎?故言九州山川,《尚书》近之矣。至《禹本纪》《山海经》所有怪物,余不敢言也。"是太史公自言古有《禹本纪》之书,当为"本纪"一名之所出,但若以《禹本纪》为本纪一体之所本,[26] 则又不然。《禹本纪》是否编年记事,不得而知,且太史公既以《禹本纪》与《山海经》并举,则显是一部荒唐怪异之书,其中有他所不敢言的怪物,至少有一部分已为太史公摒弃不用。况且,《禹本纪》只是单篇,《史记》本纪则有十二篇,首尾相连,自成系统,二者实不相类。因此,说本纪一体仿自《禹本纪》,并无根据,至多也只能说袭用其名耳。

本纪有取材自《世本》者,前人已经论及。[27] 《左传·襄公二十一年》:"伊尹放太甲而相之",杜注"太甲,汤孙也"。孔颖达《正义》说:"汤孙,《世本》纪文也。"于是秦嘉谟辑《世本》时遂说:"按《左传·襄二十一年》,《正义》引纪文曰'太甲,汤孙',《史记索隐》及《路史》注并引《世本》纪文。'记'与'纪'古音同,此即《史记》本纪之所本。"㉘以为本纪之体例,乃出自《世本》。此说大有问题,程金造说:"夫一名本纪,一名为纪,名称不同,体例更不能悬定其相似,而必谓前后相规仿,则宁非傅会乎?"㉙况且孙冯翼等人所辑的《世本》中,连"纪"的名目也没有,这也不能令人无疑。

又有主张取式《吕览》者,刘勰说:"子长继志,甄叙帝比绩,尧称典,则位杂中贤,法孔题经,则文非玄圣,故取式《吕览》,通号曰纪,故本纪以述皇王。"㉚晏世澍又申论之:"观其《报任安书》曰:'不韦迁蜀,世传《吕览》。'又曰:'恨私心有祈未尽,鄙没世而文采不表于后也。'言为心声,自比如此,岂非有所欣羡于其素哉!以此知刘舍人之言为有据,其为取式《吕览》,无疑也。"㉛按《吕氏春秋》有十二纪、八览、六论,十二纪非专述帝王之事。程金造说:"夫十二纪与十二本纪,数虽相同,而一名本纪,一名为纪;一述皇王之行事,一述十二月令节候。名目不同,事义亦异,安得谓本纪之体仿于《吕览》乎?"㉜《报任安书》的原文是:"盖文王拘而演《周易》,仲尼厄而作《春秋》,屈原放逐,乃赋《离骚》,左丘失明,厥有《国语》,孙子膑脚,《兵法》修列,不韦迁蜀,世传《吕览》,韩非囚秦,《说难》《孤愤》,《诗》三百篇,大抵贤圣发愤之所为作也。"㉝所引诸人事例,原与事实不合,太史公引用乃是借喻自己著书的旨趣,岂可因"世传《吕览》"一语而说欣羡有素,遂定取式《吕览》之说?程金造又说:"必如所云者,则书中所云'韩非囚秦,《说难》《孤愤》,孙子膑脚,《兵法》修列',则史公为书,其体例亦效韩非《说难》《孤愤》与《孙子十三篇》耶?"㉞

根据以上的检讨,"本纪"的名称来自古代的《禹本纪》,而其体例实是学自《春秋》。《春秋》编年,十二公二百四十二年,皆以事系日、以日系月、以月系时、以时系年,所记朝聘、会盟、祭祀、征伐等事,也都是当时天下或列国的大事。但古时文笔简短,故鲁史书法谨严;太史公在《春秋》删定四百年之后写作本纪,自然顺从当时的文风,文字比较绵长而成篇章,书法内容也宽阔自由得多。因此,司马迁制定本纪一体的用意虽然是宗法《春秋》,但为适应自己著述的需要,在写作时已作了适当的调整。司马迁作本纪法《春秋》,乃是法其意而非法其体。

二、表

本纪之后为"表"。《史记》凡十表,其所包括的时间,上起黄帝,下迄武帝,与十二本纪相等。十表分三种:世表、年表、月表。世表一,《三代世表》;月表一,《秦楚之际月表》;其余八表,都是年表。十表实以纪年为主,太史公自序:"并时异世,年差不明,作十表。"已标出一个"年"字。又说:"维三代尚矣,年纪不可考,益取之谱牒旧闻,本于兹,于是略推,作《三代世表》。"这说明是因为"年纪不可考",才作"世表"。又说:"秦既暴虐,楚人发难。项氏遂乱,汉乃扶义征伐,八年之间,天下三嬗,事繁变众,故详著《秦楚之际月表》。"这说明是因为"事繁变众",才"详著"月表。表之有世、有年、有月,其实是很自然的。时代有远近,载记有详略。远则略,故三代只能立世表。近则详,详方能立月表。月表之立有二条件,一载记详,二事繁变重,故只有秦楚之际以后之事,因非"事繁变重",故只立年表便可。[35]十表终是以年表为主。

十表,表也,方格纵横,看似简单,其实相当复杂。十表的格式,可分四种：一是世经世国纬。《三代世表》即以世为经（纵行曰经），以世国为纬（横行曰纬）。曰黄帝、帝颛顼、帝喾、帝尧、帝舜等，是以世为经；曰颛顼属、喾属、舜属、夏属、殷属、周属，是以世国为纬。二是年经国纬。《十二诸侯年表》《六国年表》《秦楚之际月表》《汉兴以来诸侯王年表》，皆以年（月）为经，以国为纬。如《十二诸侯年表》起共和元年讫周敬王四十三年，是为经；列周、鲁、齐、晋、秦、楚、宋、卫、陈、蔡、曹、郑、燕、吴等十四国名，是为纬。三是国经年纬。《高祖功臣侯者年表》《惠景间侯者年表》《建元以来侯者年表》《建元以来王子侯者年表》，皆是国经而年纬。如《高祖功臣侯者年表》以平阳、信武、清阳等国名为经，以侯功、高祖十二、孝惠七、高后八、孝文二十三、孝景十六、建元至元封六年三十六、侯第等为纬。四是年经事纬。《汉兴以来将相名臣年表》即是以年为经而以事为纬，起高皇帝元年讫孝武天汉四年，是为经；列大事记、相位、将位、御史大夫位，是为纬。十表中的《三代世表》与《六国年表》，其本身的表式又有小小的变化。《三代世表》叙至成王诵时，表由八格变为十二格（周、鲁、齐、晋、秦、楚、宋、卫、陈蔡、曹、燕），《六国年表》叙至始皇二十七年时，由八横格变为纵格，这是因为秦并六国的缘故。以上所分的四种表式，世经世（国）纬者，乃是以世为主；年经国纬者，乃是以地为主；国经年纬者，乃是以时为主；年经事纬者，乃是以事为主。四种表式，经纬不同，随宜变化，条条理理，一丝不乱，实皆经过作者一番匠心设计，巧妙安排。

十表前后连贯，首尾浑成，司马迁是"通盘打算了然后下笔"[36]。因此，十表必须合看。汪越认为十表每篇又各有所主。读《三代世表》以黄帝为主，读《十二诸侯年表》以周为主，读《六国年表》以秦为主（周之后，汉之先），读《秦楚之际月表》以汉为主（《六国年表》末已书天下属汉),读《汉兴以来诸侯年表》以天子为主,读《高祖功臣侯者年表》以侯功为主,读《惠景间侯者年表》以四朝(孝惠、高后、孝文、孝景)事势为主,读《建元以来侯者年表》以诛伐四夷为主,读《建元以来王子侯者年表》亦以天子为主,读《汉兴以来将相名臣年表》以大事为主。[37]这表示每篇表的撰成,都有一个重心。

本纪体贵简要,表体亦贵简要,且比本纪更简。本纪记述的文字可以成段成篇,而表记述的文字则只能成句或至多成一小段而已,这与表的体例有关。本纪的文字虽然简要,但由于历史的悠长和内容的广泛,记录自繁,要想对上下数百年或一二千年的历史或某一性质的史事,作一总体把握或关键性的理解,还是十分困难。因此,就必须选择一些史事,先作"提要",然后"汇总"在一定篇幅的表格内,使得读者能够在较短的时间内迅速地把握到要点。这第一步的"提要"功夫,就是"删繁就约""删取要略",就是"断其义而不骋其辞"。例如,《十二诸侯年表》襄王五年晋表载"饥,请粟,秦与我",襄王六年晋表又载"秦饥,请粟,晋倍之",记载至为简要。而《秦本纪》记此事则颇具始末:"(缪公)十二年,齐管仲隰朋死。晋旱,来请粟。丕豹说缪公勿与,因其饥而伐之。缪公问公孙支,支曰:'饥穰更事耳,不可不与。'问百里傒,傒曰:'夷吾得罪于君,其百姓何罪?'于是用百里傒、公孙支言,卒与之粟,以船漕车转,自雍相望至绛。十四年,秦饥,请粟于晋。晋君谋之群臣,虢射曰:'因其饥伐之,可有大功。'晋君从之。"以下又有合战于韩地,虏晋惠公复立之的记载。这第二步"汇总"的功夫,便是把分于纪传的史事合于表内,以便"咸表终始"[38]"谨其终始"[39]"察其终始"[40]或"综其终始"[41]。如《汉兴以来诸侯年表》于各表书始封国名,都某地,某年某封,后或反诛,或有罪自杀、国除,或徙王，或废为侯，或无后、国除等，即是"咸表终始"或"谨其终始"。这二步功夫，缺一不可，提要是为了一览了然，汇总则便于寻检。[42] 因此，若以本纪为全书的大纲，则表实为全书大纲的大纲。

表的作用有三：一是整齐年差。春秋战国之世，各国纪年不同。究竟鲁之某公、某年当齐之某公、某年或周之某王、某年？晋之某公在郑之某公之前或在周之某王之后？这些"并时异世"，年世差别问题，在纪传中是不容易获得答案的。要想确知一切史事的先后关系，就必须有一个固定的时间尺度，来确定它们在历史中的相关位置。《史记》的表，便具有这种功用。二是通纪传之穷。历史中的人事众多，不必人人皆须立传，人人立传则嫌于轻重无别，且记事易于重见；也不必事事定能入传，事事入传则传文必定繁芜杂乱。若借重于表，则可省纪传之繁，补纪传之不足。观《高祖功臣侯者年表》，记平阳侯曹参等百余人之侯功、侯第以及封、夺、复、绝等事，多为本纪、世家与列传所不载，正可见表具有此一功用。此等事若不予记载，便是史有阙文，致命后人难以稽考；若欲记载而又不立表，则便不得不多立传，立传多则文愈繁，甚至事迹反而遗漏不举，有伤史体，司马迁把它们类聚合书，建立为表，不但没有这种害处，而且还别开生面，另有寄意，诚所谓"合之两伤、离之双美"了！但表的最大功用还在于其三，即会观诸要。十表虽是全书大纲的大纲，但原太史公作表之意，其目的不在于备索引，只供人翻查、考证。太史公作表，具有深意，他既已"咸表终始""谨其终始""察其终始""综其终始"，其目的乃在于"表见盛衰大指"，[43]"著诸兴坏之端"[44]"谱其益损之时"[45]"观所以得尊宠及所以废辱"[46]而重其为"当世得失之林"[47]。换言之，表者所以表天下之大势与理乱兴亡之大略，而观一时之得失。此须读者逐表逐格仔细读去，前后对照，参观互考，方能有得；故钟惺认为，表者是"无言之文"[48]。文须读，无言之文尤须细读，但今人读《史记》，每每置表于不顾，读完本纪，便越过表，直读世家或书，这是不了解表的性质，也是不了解司马迁的苦心。至晚，唐人读《史记》便已有此病，故刘知几说："且表次在篇第，编诸卷轴，得之不为益，失之不为损，用使读者莫不先看本纪，越至世家，表在其间，缄而不视，语其无用，可胜道哉！"[49]但他又说："观太史公之创表也……虽燕越万里，而于径寸之内犬牙可按；虽昭穆九代，而于方尺之中雁行有叙。使读者阅文便睹，举目可详。"[50]前后二说，显见矛盾。刘氏之意主何，难以确知，[51]但由前文所论观之，则当以后说为是。

分析至此，再回头来看《史记》表体的来源。《索隐》曰："应劭云：表者录其事而见之。案《礼》有《表记》，而郑玄云：'表，明也；谓事微而不著，须表明也，故言表也。'"《正义》曰："表者，明也，明言事仪。"都说"表"是"明"的意思，但《正义》进一步解为"明言事仪"，似不恰当。而沈涛又驳《索隐》曰："此说非也。表犹言谱，表谱一声之转耳。《汉书·艺文志》历家谱有《帝王诸侯世谱》二十卷，《古来帝王年谱》五卷，世表年表即世谱年谱。刘杳谓《三代世表》旁行邪上，并效《周谱》；可见表与谱同。太史公《三代世表·序》云'稽其历谱谍'，《十二诸侯年表·序》云'读《春秋历谱谍》'，又曰'于是谱十二诸侯，自共和讫孔子'。岂非变谱书表，名异而实同乎？"[52]表谱乃一声之转，变谱书表，名异而实同，这一解说相当合理。此处"谱"与"表"都当名词用，是指一种记事的体裁。若当动词用，则"谱"有"布"的意思，布列其事（《三代世表·序》："自殷以前，诸侯不可得而谱。"《正义》云："谱，布也，列其事也。"）；"表"有"明"的意思，明著其事（《十二诸侯年表·序》："表见《春秋》《国语》学者所讥盛衰大指。"此"表"有"明著"的意思。）。《史记》十表，终是用"表"字而非用"谱"字。应劭说："表者，录其事而见之。"所录何事,亦未明言,意义仍是不明。司马贞说:"谓事微而不著,须表明也。"但十表所表明的并非"微而不著"的事,司马迁自己说是要"表见盛衰大指"之类的事。依前文所述,则当如姚永朴所解:"表也者,所以删取全书之要领,著而明之者也。"[53]

《史记》"表"之立名,既自"谱"变书而来,是否其体例也是出于"谱"呢?且看司马迁的自述:

> 余读谍记,黄帝以来皆有年数,稽其历谱谍终始五德之传,古文咸不同乖异。(《三代世表·序》)
>
> 维三代尚矣,年纪不可考,盖取之谱牒旧闻,本于兹,于是略推,作《三代世表》第一。(《自序》)
>
> 太史公读《春秋历谱谍》。(《十二诸侯年表·序》)
>
> 汉兴已来,至于太初百年,诸侯废立分削,谱纪不明,有司靡踵,强弱之原云以世。(《自序》)

十表的取材,除了上述的"历谱牒"之外,尚有《大戴礼》的《五帝德》和《帝系篇》,以及《尚书·集世》《秦记》,楚汉之际,列封等。但司马迁曾一再提到"历谱牒",因此东汉的桓谭就曾说:"《三代世表》,旁行邪上,并效《周谱》。"[54]到了清代,赵翼便说:"史公作十表,仿于周之谱牒。"[55]章学诚也说:"司马迁独取旁行邪上之道,列为十表。"[56]显然是以史记的十表为仿自《周谱》。《周谱》就是周代的谱牒,《汉书·艺文志·数术略》著录有:《汉元殷周牒历》十七卷,《帝王诸侯世谱》二十卷,《古来帝王年谱》五卷。程金造以为《周谱》当在汉志所载的这三种牒谱之中,而这三种牒谱又当与太史公所称的"历谱牒""牒记"属于同类,并说:"桓氏为后汉初时之人,必亲见《周谱》之书,故言之凿凿,可信如此。"[57]其实,这个说法是很有问题的。

桓谭只提到《三代世表》，而《三代世表》之所以效《周谱》者，只是旁行邪上。因此，假令桓氏果真亲见《周谱》（此《周谱》是否即上述《汉志》所录的三种牒谱，尚有问题），也不能以一概全说十表都是仿自《周谱》。吕思勉曾分析古代的谱牒，说："谱牒之体似有二：其一，但纪世谥，而不详其君之立年（在位年数），如《大戴记》之《帝系姓》是，《史记·十二诸侯年表·序》所谓'谱谍独记世谥'者也。其一，则兼记其君之立年，《秦始皇本纪》后重叙秦之先君一段，系此体。此即《六国表》所谓'独有《秦记》，又不载日月'者也。此体之出较后，故孔子序《尚书》尚'略无年月'，至'谍记黄帝以来皆有年数'，盖后人以意为之，故众说乖异也。"[58]又说："古代记事之史，盖但记某君某年有某事，而不详其君之立年及世系（此时亦未必年年有事可记），小史又但记世系，而不详其君之立年，故年数无可稽考；其后《春秋》之记事加详，逐年皆有事迹，则君主之立年及世系，因之可考；而系世之体亦渐密，于世谥之外，并详其君之立年，而二者遂可合为一。二家体例之变，盖自共和以来，故年表之作，肇端于是也。"[59]是谱牒有两种。《三代世表》所根据的是"但记世谥"的谱牒，而《十二诸侯年表》以下所根据的则是"兼记其君之立年"的谱牒以及记事加详的《春秋》（各国史记）。但无论是何种谱牒，其格式恐怕也只是"旁行邪上"而已，和《史记》十表之为一完整结构，其中有世表、年表、月表，或世经世（国）纬，或年经国纬，或国经年纬，或年经事纬，各篇各有主旨，合起来具有整齐年差、通纪传之穷和会观诸要等三种作用比较起来，显然有天渊之别。《周谱》既是"旁行邪上"，则一经一纬、纵横成方的格式，当为《周谱》旧有。十表的外貌（今十表有旁行而无邪上）与此相似，但其剪裁镕铸之功，变化布置之妙，则非《周谱》所能望其项背。

因此，就是说十表为史公所创，也不为过。

又秦嘉谟以《隋书·经籍志》有"《世本》王侯大夫谱二卷"，而谓《世本》有谱；马融《尚书注》引《王侯世本》，而谓《世本》之谱分王侯。又因太史公自谓"稽其历谱牒终始五德之传""读《春秋历谱牒》"，而说："盖太史公采《世本》《战国策》《楚汉春秋》以成书，所云谱者即《世本》之谱也。桓谭《新论》及刘杳皆云太史公诸世表，旁行邪上，并效《周谱》。《史记索隐》则又云：'《三代系表》依《帝系》及《系本》（唐人避世作系）。'所云依《帝系》者，《三代世表》之世数与《帝系》同也；所云依《系本》者，《三代世表》旁行邪上，与《世本》之谱同也。"⑩《世本》有谱，应当可信，但《世本》之谱是否即桓谭所谓之《周谱》，则甚可怀疑。程金造驳秦氏云："夫《汉志》所录谱牒之书，不只《世本》中之一种，太史公稽历谱牒以为表者，则何必专仿《世本》之谱以为表乎？是何拘泥之甚也。"此说甚是。而且即令《世本》之谱即是《周谱》，如前所述，《周谱》与十表虽有关系，其距离尤相去悬绝，如何能说《史记》之十表乃是出于世本之谱呢？

三、书

表之后为"书"。《史记》凡八书，礼、乐、律、历、天官、封禅、河渠、平准。八书各述一件专门事情，而每件事情皆为专门之学。能知礼乐者未必能察律历，能究天官、封禅者亦未必能明河渠、平准；而司马迁叙八书却能总揽并包，推明本始，并及古今之变，最为难能。非淹通博贯者，谁能为之？《史记》称"书"，《汉书》以下则曰"志"曰"考"。江淹有言："修史之难，无出于志。"⑪良有以也。

观司马迁之作八书,自谓:"礼乐损益,律历改易,兵权山川鬼神天人之际,承敝通变,作八书。"[62]又说:"故礼因人质为之节文,略协古今之变,作《礼书》第一。"[63]"作《平准书》以观事变,第八。"[64]是司马迁之作八书,其目的在观事变,通古今,究天人,有垂法后王之意。因此,八书所述就不能只是一代的朝章国典,而必须通论古今;毕竟司马迁所写是两千多年的通史,而不是汉代或周朝的历史。

八书所记的乃是国家的大政大法,咸与治道或治法有关;换言之,八书实为太史公论之治言。八书之为体既如是,故其作法也与他体不同。约其要义有三:一是书体贵详。于每件事情之始终原委,叙述宜求详赡,这与纪表尚之简便不同。八书中最详者,莫过于《平准书》;《平准书》于平准设置之缘由,其叙述凡历三十七变。[65]大约这便是司马迁所说的作《平准书》"以观事变"了。二是述制作本意与沿革大端。书体固是贵详,但也不能失之于芜,必须详而知要。所谓"要"便包含两点:第一,叙述制作的本意,如《礼书》《乐书》便讲到制礼作乐的本原,司马迁于《礼书·序》说:"乃知缘人情而制礼,依人性而作仪。"又于《乐书·序》说:"凡作乐者,所以节乐。君子以谦退为礼,以损减为乐,乐其如此也。"第二,叙述制度沿革的大端,如司马迁于《礼书》首叙三代制礼大义后曰:"周衰,礼废乐崩,大小相逾。管仲之家,兼备三归。"于秦则曰:"悉内六国礼仪,采择其善。"于高祖则曰:"大抵皆袭秦故。"于文帝则曰:"以为繁礼饰貌,无益于治,躬化谓何耳,故罢去之(议定仪礼)。"于景帝则曰:"是后官者养交安禄而已,莫敢复议。"于武帝则曰:"乃以太初之元,改正朔,易服色,封太山,定宗庙百官之仪,以为典常,垂之于后云。"三是仪文度数,略而不论。书体既贵详而要,则自然于仪文度数等有官司专守或于民间流行的次要的事情要从略了。

例如，司马迁于《封禅书·赞》中说："若至俎豆珪币之详，献酬之礼，则有司存。"于《乐书》中说："（武帝）使僮男僮女七十人俱歌。春歌青阳，夏歌朱明，秋歌西暤，冬歌玄冥，世多有，故不论（录也）。"又于《礼书》不录太初所定礼文等是。

八书之体裁与作法已如上述，现在再回来看书体来源的问题。关于"书"的名称，司马贞说："书者，五经六籍总名也。""五经六籍"泛指载籍而言，许慎《说文·叙》云："著于竹帛谓之书。"载籍就是著于竹帛的东西，这两个解释实际上是一个，但这只是"书"字的通解。古代凡政府的档案公文以及私人的函札，都称为书；但论时代的先后，中国第一部最早的书应是《尚书》。《尚书》在先秦本名为《书》，应为《史记》"书"体名称之所本。

关于"书"体的来源，也有多种说法。刘知几以为效法《礼经》（指《仪礼》），他说："夫刑法礼乐，风土山川，求诸文籍，出于三礼，及马班等书，别裁书志，考其所记，多效《礼经》。"⑯《仪礼》虽也是一件事情作一篇记载，但它所述的是一代的礼仪，而且吉凶军宾嘉等礼的记载，显然是偏于度数仪文方面，正为八书所不取。郑樵则以为原于《尔雅》，他说："修史之难，无出于志。志之大原，起于《尔雅》，司马迁曰'书'，班固曰'志'。"⑰但《尔雅》明是字书，名物训诂与礼乐、律历、兵权、山川、鬼神、天人之际的内容自是不同。章学诚以为仿自《管子》《吕览》及《淮南子》诸书，他说："马班书志，当其创始，略存诸子之遗，《管子》《吕览》《鸿烈》诸家所述天文、地圆、官图、乐制之篇，采掇制度，运以心裁，勒成一家之言，其所仿也。"⑱《管子》书中有《五行》《封禅》《地数》诸篇，章氏以为是《封禅》《平准》诸书之所仿；《吕览》书中有十二纪及《侈乐》《适音》《古乐》诸篇，章氏以为是《律》《历》《乐》诸书之所本；《淮南鸿烈》书中有《天文》《地形》《兵略》诸篇，章氏以为是《天官》

《律》诸书之所仿。《史记》八书的取材，诚有采自《管子》《吕览》《淮南子》三书的，但三书是子书，其性质与《史记》八书异，作法也不同。其中只有《管子·封禅篇》（原文已佚，今《管子·封禅》之文，乃是取《史记·封禅书》文字所补）与《史记·封禅书》名称相同，其余亦异。又本章起首曾引洪饴孙《钩稽辑订》说："又《世本》有《帝系篇》，又有《作篇》，记占验、饮食、礼乐、兵农、车服、图书、器用、艺术之原，即太史公八书所本。"《世本》原书已佚，今就各家所辑佚文来看，《帝系篇》之文字不外是帝系的记载，生某、居某、娶某、产某、谓之某，《作篇》之文字亦不外某作某、造某；皆为单条简短的记载，与八书的体裁和文字相比，相去极远。关于《世本》，我们在论述列传时，还要再加讨论。

如果必欲说八书有所仿，则与其说仿自《世本》《吕览》诸书，不如说仿自《尚书》。程金造说："《史记》八书之名，前实有之，《尚书》是已，其所叙述，盖因《尚书》之篇，扩而充之，如《河渠》一书，以河为经，诸渠为纬，从禹之治水叙起，迄于战国秦汉水利渠田之事，则固继《尚书·禹贡》之后，而仿于《禹贡》者也。《尧典》中所言律历、祭祀、巡狩、礼乐、刑律、谷殖之事，太史公皆为之专论，扩而充之。"[69]如"乃命羲和"至"以闰月定四时成岁"一段，所述皆天文历象之事，为《史记》之《律书》《历书》《天官》之所由仿；"岁二月东巡狩"至"车服以庸"一段，所述均为巡省烟祀之事，为《封禅书》之所由仿；"咨四岳"至"直哉惟清"一段，所言为天地人之礼，为礼书之所由仿；"帝曰夔，命汝典乐"至"百兽率舞"一段，所言皆为乐之事，为《乐书》所由仿："帝曰：弃，黎氏阻饥，汝后（后为司字之反文）稷，择时百谷。"所言为食货之事，为《平准书》书之所由仿。此说近是，但也只能说《尚书》为《史记》八书之所本，八书是从《尚书》中引申扩充出来的。而实际上,"八书"体大思精,可以观事变、通古今、究天人,其精神与面貌早已非复旧观,不是《尚书》中的单篇或片段所能比拟的。

四、世　家

书之后为《世家》,《史记》凡三十世家。司马迁自序作《世家》之故说:"二十八宿环北辰,三十辐共一毂,运行无穷。辅拂股肱之臣配焉,忠信行道,以奉主上,作三十世家。"⑦"二十八宿环北辰,三十辐共一毂",这显然是比喻的话。所谓"北辰"或"一毂",当是指本纪或主上而言;所谓"二十八宿"或"三十辐",当是指世家或人臣而言。本纪所记的人主与天下的大事,世家所记的则是人臣与地区的大事,后者以前者为中心,有环绕辅助前者的记事的意思。今观三十世家,除《三王世家第三十》已佚(赞存)外,其余二十九篇约可分为三部分:第一部分《吴世家》至《田敬仲完世家》,均属先秦封国。第二部分《孔子》《陈涉》《外戚世家》,皆为司马迁所特立。第三部分《楚元王世家》至《五宗世家》,皆为汉初封国。其中,当以第一部分为主。因为先秦封国,其政治、军事与财政皆是独立的;而汉初封国则不但封土大减,天子且为设官置相,并加种种限制,乃是郡县制下的封建残余,与前者是不能相提并论的。因此,司马迁说"辅拂股肱之臣配焉",既言"配",则其非"主"明矣。萧、曹、张(留侯)、陈、周(绛侯)诸人是"辅拂股肱之臣",固不用说,就是楚元王、荆燕、齐悼惠王、梁孝王、五宗诸王的封立,也有"辅拂股肱"的作用。故司马迁于《自序》说:"以强淮泗,为汉宗藩。戊溺于邪,礼复绍之。嘉游辅祖,作《楚元王世家》。""天下未集，贾、泽以族为汉藩辅，作《荆燕世家》。""嘉肥股肱，作《齐悼惠王世家》。""七国叛逆，藩屏京师，唯梁为扞。偩爱矜功，几获于祸。嘉其能距吴楚，作《梁孝王世家》。""五宗既王，亲属洽和。诸侯大小为藩，爱得其宜。僭拟之事，稍衰贬矣。作《五宗世家》。"以下先就先秦封国诸世家来讨论世家的体裁和作法。

本纪记天下的大事，世家则记方国的大事，其性质相同，不过规模有大小之别而已。因此，刘知几便已指出："司马迁之记诸国也，其编次之体与本纪不殊。"㉑本纪之体贵简，世家之体亦贵简，故其作法亦大体相同。第一，以各国封君（侯王）为中心。第二，以编年为主。开国之后，以各国纪元，以后按年叙事，但不必逐年记事。十二本纪首尾衔接，合为天下的中心，三十世家各成局面，不相衔接，故各自为一中心，以各国纪元。第三，大事乃书。观世家所载的内容，凡开国、先世、世次、卒立、会盟、战争、灾异、灭国等，与本纪记事的性质大同，不过为方国的大事而已。第四，附见他国大事。世家固是各自为一中心，但若全不记载他国之事，则将完全孤立，不能与其他有关的本纪或世家的史事参观合看。因此，世家必须随年附见他国的大事。如《燕召公世家》书"燕惠侯，当周厉王奔彘，共和之时"；"缪侯七年，而鲁隐公元年也。"《陈杞世家》于齐桓公执陈辕涛涂后书"是岁，晋献公杀其太子申生"，郑世家于郑文公三十八年书"晋文公入襄王成周"，于幽公二十年书"韩赵魏列为诸侯"。诸如此类。因而，每读一世家时，对于上下数百千年天下的大事，皆可以有一概略的认识。这是世家与本纪的不同之处，也是世家的体例使然。由此亦可窥见司马迁写《史记》，乃"天下一局棋，中国一部史"，这是太史公写史的胸襟与学养。

以上先秦诸世家，立国比较久长，或与有周一代相终始，或不及周代之末，而皆历时百年或数百年，故记世次等较详。楚元王以下诸世家,皆汉初功臣宗室,封王侯不过百年,传世仅有三五代,其体不充,自不能如先秦诸世家一般蔚为大国,故其体裁与做法与前者颇有差别。第一,诸世家的文字,有开始封王侯的叙述,占去大半,其子孙传国者多半点序世次一过而已,记事极为简短,甚至无有。第二,萧相国、曹相国、留侯、陈丞相、绛侯五人皆汉初功臣,故所叙事大半为从高祖开国创业之事,其体裁与列传体相近,故陈仁锡说:"萧、曹、张、陈、周世家,皆列传体也。"⑫《陈丞相世家》因王陵、审食其二人并为丞相,故并传二人,有如列传中的附传一般,即是一个明证。第三,诸世家中,只有《齐悼惠王世家》《梁孝王世家》《五宗世家》,以本国之元纪事,其余世家都以汉帝之元纪年。如《曹相国世家》说:"孝惠帝元年,除诸侯相国法,更以参为齐丞相。……惠帝二年,萧何卒。参闻之,告舍人趣治行,吾将入相。"第四,不附见他国大事。秦汉为郡县一统,诸王侯非复先秦之比,故自无此必要。

三十世家中,《孔子》《陈涉》《外戚》三世家最为特别。孔子非王侯,而列为世家。王安石以为司马迁自乱其例,应当置之列传。⑬但司马迁赞孔子云:"天下君王至于贤人,众矣。当时则荣,没则已焉。孔子布衣,传十余世,学者宗之,自天子王侯,中国言六艺者,折中于夫子,可谓至圣矣!"⑭像这样的一个人,列之本纪无所系,侧于列传非其伦,只有把他列为世家。他人之列为世家,是因为代有其国,传数世或十数世;孔子之立为世家,则是因为其德学为学者所宗,为后世所仰,又以布衣传十余世,代有贤哲;此在古代绝无仅有之事。故司马迁推尊孔子为"至圣",立为世家,这是他的特识。此一特识,从孔子以后在中国历史上的地位以及传数十世二千余年的事实看来,尤可见其正确与伟大。

陈涉暴兴,称王六个月而被杀,因此司马贞主张可降为列传。

但司马迁自序作《陈涉世家》之意说:"桀纣失其道而汤武作,周失其道而《春秋》作,秦失其政,而陈涉发迹,诸侯作难,风起云蒸,卒亡秦族,天下之端,自涉发难,作《陈涉世家》。"㊄是以陈涉起义与汤武革命,孔子作《春秋》相比。因为"秦失其政",所以才有"陈涉发迹",有"陈涉发迹",才有"诸侯作乱",所以说"天下之端"自陈涉始。司马迁又于世家中说:"陈涉虽已死,其所置遣侯王将相,竟亡秦,由涉首事也。高祖时,为陈涉置守冢三十家砀,至今血食。"是陈涉虽只称王六月,但亡秦的诸侯将相,起初皆由陈涉所置立派遣,陈涉虽无后,但高祖曾为置守冢三十家,到武帝时仍继续血食。可见陈涉甚为汉帝所重视。故靳德峻说:"论功则首事,言爵则称王,时人归之,后人尊之,列于世家,谁曰不宜?"㊅

《外戚世家》记后妃及其家,徐孚远说:"纪后妃而号曰外戚,非也。"㊆其实不然。司马迁于世家篇首说:"自古受命帝王,及继体守文之君,非独内德茂也,盖亦有外戚之助焉。""内德茂"是指君言,"外戚"是指贤后妃言,故下文又说:"夏之兴也以涂山,而桀之放也以末喜,殷之兴也以有娀,纣之杀也嬖妲己,周之兴也以姜原及大任,而幽王之禽也淫于褒姒。"《索隐》所解正是此意,《正义》所谓"内德谓皇后也,外戚谓皇后亲戚也"之说实是误解,徐孚远亦因此误。司马迁以"外戚"称后妃,在当时并无错误。"宗室"一词,本为同姓之称,但西汉外戚称"宗室",而且不算是"异姓"㊇,犹如"肺腑"一词是汉代语,用以称同姓以及外戚㊈。《外戚世家》叙后妃及外家,吕后王诸吕,而薄氏侯者一人,窦氏侯者三人,王太后家侯者三人,卫氏侯者五人,这与《五宗世家》之记景十三王似同而异。《五宗世家》主记十三王,而《外戚世家》则主记后妃,其体裁在三十世家中颇为特别。就其专述汉初以来诸后妃来说,其体裁与列传中之类传相近;就其类述后妃以及通论三代帝王亦有外戚之助,"礼之用,唯婚姻为兢兢"的大道理来说,则又与书之体裁相近。司马迁作《外戚世家》,通篇以"命"字作主宰,意义宏深,实寓有究天人、通古今的意味。此篇虽与书体和类传相近,但若置诸八书之中则不称,置诸列传中又不伦(全记后妃王侯,列传中无此例),因此还是列于世家为当。

"世家"的名称,自古已有。司马贞说:"世家者,记诸侯本系也,言其下及子孙,常有国,故孟子曰:'陈仲子,齐之世家。'又董仲舒曰:'王者封诸侯,非官之也,得以代为家也。'"张守节说:"世家者,志曰:'谓世世有禄秩之家。'案累世有爵土封国,故孟子云:'陈仲子,齐之封国也。'"⑧依照他们二人的解释,世家就是世禄之家,累世有爵土封国,就三十世家来看,大体相合。孟子已用"世家"二字,语见今《孟子·滕文公下》。但孟子所言的"世家",其意义虽合于《史记》"世家"之义,其用法却属于普通名词,并非典籍之名。就《史记》本书考察,司马迁有许多次提到"世家"或"世家言"的名称,今按其句型分为三类来讨论。一是附之世家(言)。《三王世家》:"燕齐之事,无足采者,然封立三王,天子恭让,群臣守义,文辞烂然,甚可观也。是以附之世家。"此"世家"即指《三王世家》。又《管蔡世家》:"太史公曰:管蔡作乱,无足载者。然周武王崩,成王少,天下既疑,赖同母之弟成叔、冉季之属十人为辅拂,是以诸侯卒宗周,故附之世家言。"此"世家言"亦是指《管蔡世家》。两者都指司马迁自著之文。二是有世家言。如《陈杞世家》:"舜之后,周武王封之陈,至楚惠王灭之,有世家言。禹之后,周武王封之杞,楚惠王灭之,有世家言。契之后为殷,殷有本纪言。殷破,周封其后于宋,齐愍王灭之,有世家言。后稷之后为周,秦昭王灭之,有本纪言。皋陶之后,或封英六,楚穆王灭之,无谱。伯夷之后,至周武王复封于齐,曰太公望,陈氏灭之,有世家言。伯翳之后,至周平王时封于秦,项羽灭之,有本纪言。"文中所谓"世家言",分别指陈、杞、宋、齐世家,所谓"本纪言",分别指殷、周、秦本纪,皆为史记的文字。《管蔡世家》也有一段文字,句型与前引者相同,兹不赘。三是读世家言。《卫世家》:"太史公曰:余读世家言,至于宣公之太子,以妇见诛,弟寿争死以相让;此与晋太子申生不敢明骊姬之过同。俱恶伤父之志,然卒死亡,何其悲也!"此"世家言"是司马迁自指所著还是别指一书,则有异说。太史公曰:"余读云云"和《孔子世家》"余读孔氏书"、《孟荀列传》"余读孟子书"、《六国年表》"太史公读秦记"、《惠景间侯者年表》"太史公读列封"等句法相同,故赵翼、孙德谦都以为古来本有世家之书。[81]句法相同,固是一理,但从前述第一第二项文例看,司马迁自称所著为世家或世家言,而世家言又与本纪言对举。何以他处所称的"世家"或"世家言"都是自称所著,独有《卫世家》所称的"世家言"便另是一书呢?而且所言太子之事,分明就载在《卫世家》,司马迁作《卫世家》当然有他的史料根据,当他写完《卫世家》后,难道便束书不观,不再一读吗?绝无是理。那么,司马迁在重读自己所写的《卫世家》时,从宣公太子的故事联想到晋太子申生的故事,因而有感而说:"俱恶伤父之志,然卒死亡,何其悲也。"这也是很合理的。因此,"余读世家言"仍指《史记》中的《卫世家》。《史记》中的"世家"或"世家言"既然都是史公自称其书,[82]则"世家"的名称应当另有来源。

根据唐人注疏,《世本》有"世家"。《左传·桓公三年》:"曲沃武公伐翼。"杜预注:"武公,曲沃庄伯子也;韩万,庄伯弟也。"孔颖达《正义》曰:"武公庄伯子、韩万庄伯弟,《世本·世家》文也。"又《左传·襄公十一年》:"七姓,十二国之祖。"杜预注:"七姓,晋、鲁、卫、邹、曹、滕、姬姓。邾、小邾,曹姓;宋,子姓;齐,姜姓;莒,己姓；杞，姒姓；实十三国。"孔颖达《正义》曰："十三国为七姓，《世本·世家》文也。"是《世本》中有"世家"，当属可信，秦嘉谟因而主张《史记》"世家"一体因于《世本》中之"世家"。司马迁是见过《世本》的，但《世本》中的"世家"之体究为若何，难以确指。就今日所见《世本》佚文来看，其世家的文字不外是系代、谥号的记载，内容极为简单，与《史记》世家之有体有法、内容繁富者相比，相去不可以道里计。故《史记》"世家"之名当出于《世本》，其体例则司马迁对于《世本》"世家"已做了重大的革新和改进。

五、列　传

世家之后为《列传》。《史记》凡七十列传，于全书百三十篇中占去一半有余，实为《史记》的主要部分。七十列传可粗分为四类：一是普通列传。包括《伯夷》《商君》《孟尝君》《田单》《李斯》《司马相如》等"分传"和《管晏》《孙子吴起》《廉颇蔺相如》《屈原贾生》《魏其武安》等"合传"。二是四夷列传。包括《匈奴》《南越》《东越》《朝鲜》《西南夷》《大宛》六篇列传。三是类传。包括《刺客》《扁鹊仓公》（医方）、《循吏》《儒林》《酷吏》《游侠》《佞幸》《滑稽》《日者》《龟策》《货殖》十一篇列传。四是序传。即《太史公自序》。四类列传中，自以普通列传为主，以类传最为特别，需另为专文讨论。

司马迁自述作列传的缘故，说："扶义俶傥，不令己失时，立功名于天下，作七十列传。"[83]是司马迁置人物于列传的标准有二：一是扶义俶傥之士，是指伯夷、叔齐、孟子、荀卿、仲尼弟子、鲁仲连等人；二是立功名于天下者，是指管仲、晏子、穰侯、吕不韦、李斯等人。扶义俶傥之士，皆有嘉言懿行，而立功名于天下者则不必皆为善类。否则，像以酷烈为声的酷吏，曲学阿世的公孙弘，谋反逆乱的吴王濞和以色媚上的佞幸等人，就不必为之立传了。太史公于三十世家叙目每称"嘉某某，作某某"，如于曹参说"嘉参不伐功矜能，作《曹相国世家》。"但于七十列传则不称"嘉"，因为不必皆有可嘉之处才为之立传，故太史公于七十列传叙目大都直叙其事理而已，如于酷吏说："民倍本多巧，奸轨弄法，善人不能化，唯一切严削为能齐之，作《酷吏列传》。"

列传以记人物为主，而此类人物又不同于本纪、世家主人物，故其作法亦不同于本纪、世家。一是体贵详要。本纪与世家贵简，列传则贵详；若本纪世家与列传俱简，岂不是"无乃太简乎"？所谓"详"，是指记事而言。本纪记天下的大事，限于体例，不得不简；列传之记事，则除了籍贯、家世外，还要记其人物个性、师友交游、事业功罪以及人事变态等，自然要详。但所谓"详"，也不是毫无别择地一味求详，而是详于要点。本纪大事乃书，是以大事为"要"，列传则凡与该人物一生进退成败有关者皆认为"要"而书之。因此，像万石君石奋，景帝末年以上大夫禄归老在家，岁时朝请，"过宫门阙，万石君必下车趋，见路马必式焉"，[84]这本是小事，但由此可见万石君之"恭谨"，而万石君之所以起家，即由于高祖"爱其恭敬"。故此虽是小事，但能由小见大，即是"要"。其他如《司马相如传》记相如与文君琴挑夜奔的故事，《韩信传》记韩信胯下受辱、漂母饭信的故事等，皆是同样的缘故。二是规模相称。列传所载人物众多，而每一人物的格局大小不同，其于某一时代或某一事件所占的轻重比例也不一样。因此，作史者欲写一传时，其篇幅与记事必须与人的规模相称，才算得其体要。[85]篇幅的大小与记事的详略，当然与材料的多寡也有关系，但主要是基于以上所说的认识。例如，淮阴侯韩信与韩王信同名，又俱是高祖部将，但二人功业悬殊，高下有别。淮阴侯乃高祖麾下第一大将，汉之所以能灭项羽者，和他有莫大的关系，而韩王信则碌碌未有奇功，二人格局的大小，自是不同。司马迁于淮阴侯立一专传，叙述详尽，而于韩王信则于卢绾、陈豨、周昌合传，叙其大略而已。若淮阴侯与韩王信各立传，叙事俱详，或韩王信自立一传而淮阴侯竟与黥布合传，则是轻重失宜、规模不称了。三是分合连书。世家三十，列传七十，而古往今来人物众多，其势不能人人立传，也不必人人立传，于是便有分合连书的办法。分者，一人立为一传，如《伍子胥》《商君》《穰侯》《魏公子》《田单》《李斯》《张丞相》等列传。合者，二人以上立为一传，如《管晏》《老子韩非》（老子、庄子、申不害、韩非四人）、《孙子吴起》《樗里甘茂》《傅靳蒯成》（傅宽、靳歙、周緤三人）、《万石张》（万石君、卫绾、直不疑、周文、张叔五人）等列传。而不论传之分合，又往往因事类之相近或人物之关联而牵连书及他人，如《张丞相列传》连类书及王陵、周昌、周苛、赵尧、任敖、曹窋、公孙臣、邓通、晁错等人，《袁盎晁错传》牵连书及袁哙、周勃、淮南厉王、赵同、袁种、慎夫人、申屠嘉、窦婴、剧孟、张恢、刘礼、邓公等人。至如《儒林》《酷吏》等类传，所载人物更多。所以列传篇数虽只有七十，而由于分连书之故，所传人物实不下数百。四是论其行事而不论其著作。凡著书立说者，皆不录其书，而但论其行事，尤其是轶事。不录其书者，固然是因为世多传本，不必赘辞，同时也与录书易占篇幅而难见功要有关。司马迁于《管晏传·赞》说："吾读管氏《牧民》《山高》《乘马》《轻重》《九府》及《晏子春秋》，详载其言之也。既见其著书，欲观其行事，故次其传。至其书，世多有之，是以不论，论其轶事。"于《司马穰苴列传·赞》说："世既多《司马兵法》，以故不论，著穰苴之《列传》焉。"于《孙子吴起列传·赞》说："《吴起兵法》，世多有，故弗论，论其行事所施设者。"其书"世多有"，故弗论；但

"欲观其行事","故次其传""论其轶事",所谓轶事者,譬如《管晏列传》载晏子赎石父于缧绁中及荐之为大夫事,此事不见《晏子春秋》而见于《吕氏春秋·杂篇》;又载鲍叔与管仲相交事,此等事不见于《管子·牧民》诸篇,而见于《列子·力命篇》。司马迁不但论其轶事,又论其轶诗,如《伯夷列传》之录《采薇之歌》。

列传中有几篇本可列为世家而降而列传者。其一为《淮阴侯列传》。韩信功在曹参之上,且曾立为齐王,曹参立为世家,则韩信亦可立为世家。但韩信降王为侯,以反名见诛,及身而灭,不能为"辅拂股肱之臣"而为世禄之家,故只能立传。淮阴侯韩信既如是,则等而其次若张耳、陈馀、魏豹、彭越、黥布、韩王信、卢绾等人,或以反诛,或亡走匈奴,更是只能立传了。甚至像赵王武成、赵王歇、魏王咎、燕王韩广、韩王成等人,当楚汉之际,乍起乍灭,本无大功德可颂,则连立传的资格都没有,只能附见于相关的本纪、列传和《秦楚之际月表》中。其二为《吴王濞列传》,其三为《淮南衡山列传》。吴濞、淮南、衡山都是王国,而不以世家称者,陈仁锡解释说:"太史公序传,于吴则曰填抚江淮之间,于淮南衡山则曰填江淮之南,乃三国卒以叛逆诛,所谓填抚者安在?其不得为世家,宜矣!"㊻又《田儋列传》文似世家体,其实仍为列传。此传叙田氏事头绪甚多,但终是以田儋、田荣、田横兄弟三人为主,田儋起二世元年九月,田横自杀于彭越为梁王(高祖元年二月)后,是田氏兄弟三人虽更王,而前后六年即灭,未能世代相承,故仍旧置于列传。

四夷皆为一方之国,司马迁亦不立为世家而置于列传。《太史公自序》于匈奴则说:"自三代以来,匈奴常为中国患害,欲知强弱之时,设备征讨,作《匈奴列传》。"于朝鲜则说:"燕丹散乱辽间,满收其亡民,厥聚海东,以集真藩,葆塞为外臣,作《朝鲜列传》。"于南越说:"汉既平中国,而佗能集扬越以保南藩,纳贡职,作《南越列传》。"于东越说:"吴之叛逆,瓯人斩濞,葆守封禺为臣,作《东越列传》。"于西南夷说:"唐蒙使略通夜郎,而邛笮之君请为内臣受吏,作《西南夷列传》。"可见司马迁作《四夷列传》,不论其"常为中国患害"或"葆守封禺为臣",都是从中国的观点来记载它们,而不是以四夷的本国为中心来记述事情。因此,《四夷列传》也都以中国纪年记事,如《匈奴列传》书"汉孝文皇帝十四年,匈奴单于十四万骑入朝那、萧关,杀北地都尉卭,虏人民畜产甚多"。《东越列传》载"至建元六年,闽越击南越"。又四夷或为敌国,或为附庸,或为外臣,其世系多不详,如司马迁于《匈奴列传》说:"自淳维以至头曼,千有余岁,时大时小,别散分离,尚矣,其世传不可得而次云。"而《大宛列传》除大宛外又附叙西北诸国,《西南夷列传》除夜郎、滇外,又带叙西南夷君长,皆以什数,诸国新通未久,只能叙其概略,难以记其世次,故只能立于列传。《四夷列传》中唯有南越能详其世次,自尉佗初王后,历五世九十三岁而国亡,置为九郡,但南越系因反叛亡国,已失其南藩之职,故亦降为列传。

"列传"一名的取义,当是序列其人事迹使传于后世的意思。故《索隐》说:"谓叙列人臣事迹,令可传于后世,故曰《列传》。"《正义》说:"其人行迹可序列,故云《列传》。"[87] 章学诚也说:"列之为言,排列诸人为首尾,所以标异编年之传也。"[88] 古无"列传"之名,而有"传"名。传有广义狭义,广义的传系指一切古书言,即赵翼所说:"古人著书,凡发明义理,记载故事,皆谓之传,孟子曰'于传有之',谓古书也。"[89] 狭义的传系指传达经义的书而言,如《尚书大传》《公羊传》《穀梁传》等。《史记》的列传,显与狭义的经传无关,但是否与广义的书传中的某一种有关,则还须进一步追究。

《伯夷列传》说:"余悲伯夷之意,睹轶诗,可异焉!其传曰:伯夷、叔齐,孤竹君之二子也。……"司马贞于"其传曰"三字下解说:"按其传,盖《韩诗外传》及《吕氏春秋》也。"今考《韩诗外传》及《吕氏春秋》,均无此文。近人所辑《韩诗外传轶文》亦无之。《吕氏春秋·诚廉篇》虽载有伯夷叔齐事,但文字亦与此不同。司马贞之解恐是揣测之辞,故用"盖"字。因此,高步瀛(阆仙)又解说:"二书(《吕览》及《外传》)恐非史公所据,盖别有传记载其事,故曰传耳。"[90]但所谓"别有传记",其书名为何,体例若何,则无法确指。故古代或有专记伯夷叔齐其人其事的传,但难以确指《史记》列传之体是出于某一古书耳。

《世本》中有"传",《魏世家》:"魏佗之孙曰魏桓子,与韩康子、赵襄子共伐灭智伯,分其地,桓子之孙曰文侯都。"《集解》说:"徐广曰:《世本》曰斯也。"《索隐》说:"《系本》云:桓子生文侯斯,其传云'孺子疾是魏驹之子',与此系代不同也。"可见裴骃、司马贞所举《世本》书中,确有传之一体,故秦嘉谟说:"即此条可以推见,太史公作七十列传,其名亦本于《世本》也。"[91]司马迁既见过《世本》,则说七十列传之名本于《世本》,自未为不可。但司马迁所说的"其传曰"之传,是否即是《世本》,则不能证明。而且,即使七十列传之名是本于《世本》,也不能因此就进一步论定列传之体仿自《世本》的传体。试一比观《世本》各体之文便知。

纪:"文王生武王发,伐殷有天下;武王生成王诵,成王生康王钊,康王生昭王瑕。"(《诗·劳民》,《正义》引)

王侯谱:"帝颛顼,黄帝之孙。"(《左传·昭公元年》,《正义》引)

世家:"武公,庄伯子。韩万,庄伯弟。"(《左传·桓公二年》,《正义》引)

居篇:"西周桓公名揭,居河南;东周桓公名班,居洛阳。"(《史记·周本纪》,《索隐》引)

作篇:"黄帝使羲和占日,常仪占月,臾区占星气,伶伦造律

吕，大挠作甲子，隶首作算数，容成综此六术而著调历。"(《史记·历书》，《索隐》引）

传："毕万生芒季，芒季生武仲州，州生庄子降，降生献子荼，荼生简子取，取生襄子多，多生桓子驹，驹生孺子盖嬴。"(《史记·魏世家》，《索隐》引）

以上《世本》各体之文，俱见于秦嘉谟《世本辑补》，虽然各体只取例一则，但其余各条内容亦与此大同小异。今就以上各条来看，除《居篇》言某居某、《作篇》言某作某外，其余纪、谱、世家、传之文字，实大同小异，未曾超出姓氏、名号、世代、谥号、封国、崩立以及偶记大事的范围，因而亦无从看出各体体例的重大区别。《世本》的传文，不过是列卿世次与谥号的记载，《史记》的列传则如上所述，有体有法，复杂多变，故二者的精神与面貌相去极远，绝不能说列传之体本于《世本》的传体。即令说司马迁因见《世本》有传而作七十列传，但其写作法式实无异于创造也。

又《史记》的序传虽只有一篇，却自成一体。据杨家骆先生考证，《太史公自序》原篇题实为《太史公书序略》[92]，可分五段：一是司马氏世系（"昔在颛顼"至"谈为太史公"）。二是司马谈《论六家要旨》（"太史公学"至"何由哉"）。三是受命作史之由（"太史公既掌天官"至"诸神受纪"）。四是已作《史记》之故（"太史公曰"至"至于麟止"）。五是叙目（自黄帝始至百三十篇）。司马迁于前四段自叙家世、家学以及作史的因由曲折，于第五段自叙全书的内容和各篇的作意，故全篇即等于今日写书的自序和目录。但今日著书，自序与目录皆置于书前，而司马迁则将序传置于书末，与今日正相反。其实，这种体裁，在司马迁之前已有，并非全由司马迁特创。颜师古说："司马子长撰《史记》，其《自序》一卷，总历自道作书本意，篇别皆有引辞云为此事作某本纪，为此事作某年表，为此事作某书,为此事作某世家,为此事作某列传。子长此意盖欲比拟《尚书》叙耳。"㊛ 是以《自序·序目》比拟《书·序》。卢文弨又说:"古书目录往往置于末,如《淮南》之《要略》《法言》纪十三篇序皆然。吾以为《易》之《序卦传》非即六十四卦之目录欤?《史》《汉》诸序,殆昉于此。"㊜ 是以《史记·自序》昉于《易》之《序卦传》。二说不同,孰是孰非,试一比照三篇之文便知。

《序卦传》:"有天地然后万物生焉,盈天地之间者唯万物,故受之以屯。屯者,盈也;屯者,物之始生也。物之必蒙,故受之以蒙。蒙者,蒙也,物之稚也。物稚不可不养也,故受之以需。……有其信者必行之,故受之以小过。有过物者必济,故受之以既济。物不可穷也,故受之以未济终焉。"

《书·序》:"昔在帝尧,光宅天下,将逊于位,让于虞舜,作《尧典》。"

"夏师败绩,汤遂从之,遂伐三朡,俘厥宝玉,谊伯仲伯作《典宝》。"

《史记·自序·叙目》:"维昔黄帝,法天则地,四圣遵序,各成法度,唐尧逊位,虞舜不台,厥美帝功,万世载之,作《五帝本纪》第一。"

"汉既初定,文理未明,苍为主计,整齐度量,序律历,作《张丞相列传》第三十六。"

《易》六十四卦有一定之排列次序,《序卦传》乃说明六十四卦所以前后相次之故,故通篇是一完整文字。《史记·自序·叙目》则是说明各篇作意,而不说明各篇前后相次之故,故《史记》有百三十篇,《叙目》即可作百三十条看,此与《序卦传》相较,显然不同。但若与《书·序》相较,则二者十分近似。《叙目》多用四言韵语,《书·序》虽少用韵,但也喜用四言,在这一点上二者也相近。因此,颜师古的说法是正确的。但颜师古的论断有些夸大,《叙目》是《自序》中的一部分,比拟《书·序》的只是《叙目》,而不能说是《自序》。《淮南鸿烈》书末有《要略》一篇,略述全书三十篇各篇之要旨,所谓:"略数其要,明其所指,序其微妙,论其大体。"[95]与《史记·自序》之置于篇末相同,但也等于自序中叙目的部分,不过较详而已。《书·序》著成时代,当在《淮南鸿烈》之前,据近人研究,大抵不能早于战国末叶,[96]而其出现则"至孔安国书出,方知有百篇之目"[97],司马迁曾从孔安国问故,当见过此书。故《太史公自序》中的"目录"(《叙目》)部分当是本于《书·序》,至其自序家世、家学以及作史原由曲折的《自序》部分,则为其所自创,也许这就《太史公自序》是之所以为列传中的一篇之故吧!

六、太史公曰

以上所论为《史记》五体。自来论《史记》体裁渊源者皆就五体立论,其实,《史记》中还另有很重要的一体,附行于五体之内而用以贯串全书者,此即"太史公曰"。《史记》百三十篇中,唯"汉兴以来将相名臣年表"无"太史公曰",其余皆有,或置篇首,或置篇中,或置篇末,而以置篇末者为常。置于篇首者,有《孟荀传》《儒林传》《龟策传》《货殖传》《礼书》《乐书》以及十表中的九表。置于篇中者,有《伯夷传》《律书》《历书》《天官书》等。自后人观之,有所谓"序""赞"之分,置于篇首者为"序",置于篇末者为"赞",而谓"序亦赞之流也"[98]。其实,"太史公曰"自为一体,或置篇首,或置篇中,或置篇末,各有所当,此在司马迁为灵活运用,一视同仁,故不必再加区分，徒滋纷扰。百二十九篇中之"太史公曰"，有重复者，如《孝武本纪》之赞与《封禅书》之赞完全相同，当是前者抄录后者，也有后人窜乱甚或伪作的部分，如《司马相如传》赞中有了"扬雄以为靡丽之赋，劝百风一，犹驰骋郑卫之声，曲终而奏雅，不已亏乎"二十八字，显是后人以《汉书司马相如传》赞附益。[99]又如《日者列传》，内容与《叙目》所称不同，其"太史公曰"恐是后人伪托。但绝大部分可信为司马迁的文字。

分析《史记》"太史公曰"的内容，鲁实先生谓具有以下四种功能，[100]兹用其目分述之。一是补轶事。凡人物之轶事，于正文中未言及者，则于赞中言之，以见其事。如《赵世家》："太史公曰：吾闻冯王孙曰：'赵王迁，其母倡也，嬖于悼襄王。襄王废適子嘉而立迁。迁素无行，信谗，故诛其良将李牧，用郭开。'岂不谬哉！秦既虏迁，赵之亡大夫共立嘉为王，王代六岁，秦进兵破嘉，遂灭赵以为郡。"《游侠列传》："太史公曰：吾视郭解，状貌不及中人，言语不足采者，然天下无贤与不肖，知与不知，皆慕其声，言侠者皆引以为名。谚曰：'人貌荣名，岂有既乎？'於戏，惜哉！"其余若《项羽本纪》赞言："舜目盖重瞳子，又闻羽亦重瞳子"。《留侯世家》赞说"状貌如妇人好女"等皆是。二是记经历。司马迁尝周游天下，纵览山川，探察古迹，访问故老，凡此皆与著史有关，而不便述于正文中，故于赞中言之以征信。如《五帝本纪》："太史公曰：……余尝西至崆峒，北过涿鹿，东渐于海，南浮江淮矣。至，长老皆各往往称黄帝尧舜之处，风教固殊焉，总之不离古文者近是。"又如《魏公子列传》："太史公曰：吾过大梁之墟，求问其所谓夷门，夷门者，城之东门也。"《春申君列传》："太史公曰：吾适楚，观春申君故城，宫殿盛矣哉！"三是言去取。言材料之去取以见述作之意。如《五帝本纪》："太史公曰：……予观《春秋》《国语》，其发明《五帝德》《帝系姓》章矣！顾弟弗深考，其所表见皆不虚。《书》缺有间矣，其轶乃时时见于他说，非好学深思，心知其意，固难为浅见寡闻道也。余并论次，择其言尤雅者，故著为本纪书首。"《殷本纪》："太史公曰：余以《颂》次契之事，自成汤以来，采于《诗》《书》。"《封禅书》："太史公曰：余从巡祭天地诸神名山川而封禅焉，入寿宫侍祠神语，究观方士祠官之言，于是退而论次自古以来用事于鬼神者，具见其表里，后有君子得以览焉。至若俎豆珪币之详、献酬之礼，则有司存。"四是述褒贬。对人物及史事的批评，亦即司马迁最直接的历史批判。如《项羽本纪》："太史公曰：……夫秦失其政，陈涉首难，豪杰蜂起，相与并争，不可胜数。然羽非有尺寸，乘势起陇亩之中，三年，遂将五诸侯灭秦，分裂天下，而封王侯，政由羽出，号为霸王，位虽不终，近古以来未尝有也。及羽背关怀楚，放逐义帝而自立，怨王侯叛己，难矣！自矜功伐，奋其私智而不师古，谓霸王之业，欲以力征经营天下，五年卒亡其国。身死东城，尚不觉寤而不自责，过矣！乃引'天亡我，非用兵之罪也'，岂不谬哉！"《燕召公世家》："太史公曰：召公奭可谓仁矣！甘棠且思之，况其人乎？燕北迫蛮貉，内措齐、晋，崎岖强国之间，最为弱小，几灭者数矣，然社稷血食者八九百岁，于姬姓独后亡，岂非召公之烈耶！"以上是就《史记》中"太史公曰"的内容加以分析，具有此四种功能。但并非每一"太史公曰"只具有四种中的一种功能，而是往往同时兼有两三种功能。且不论各条"太史公曰"的文字是补轶事、记经历、言去取或述褒贬，其内容绝不与本篇正文重出。刘知几曾说："史之有论也，盖欲事无重出，文省可知。"[⑩]"事无重出，文省可知"八字，正可谓《史记》"太史公曰"的适当写照。

类似"太史公曰"的体裁，在《史记》之前已有。《左传》《国语》《晏子春秋》《韩非子》中，都有所谓"君子曰"者，为史家或时人对史事或人物所作的论断，其性质与"太史公曰"相近，当为《史记》"太史公曰"一体之所自出。《左传》称"君子曰"者四十有九，[102]《国语》称"君子曰"十一；《晏子春秋》称"君子曰"者五；《韩非子》称"君子曰"者五。依时代先后而论，自以《左传》在前，故《国语》与《韩非子》的文字，有与《左传》相近或抄袭自《左传》者（如《韩非子·难四》"郑伯将以高渠弥为卿"一段，即袭自《左传》桓公十七年传文）。前人有谓《左传》"君子曰"为后人所附益或出于刘歆之辞者，但《韩非子》既抄袭《左传》之文，《史记》中复有征引（如《晋世家》载荀息之事引君子曰："《诗》所谓'白珪之玷，犹可磨也，斯言之玷，不可为也'，其荀息之谓乎？"见《左传》僖公九年。）则"君子曰"为《左传》中原有之文，已成定论。[103]以下略举《左传》《国语》《晏子》《韩非子》中"君子曰"之文，以见其概。

君子曰：让，礼之主也。范宣子让，其下皆让。栾黡为汰，弗敢违也；晋国以平，数世赖之。刑善也夫！一人刑善，百姓休和，可不务乎？《书》曰："一人有庆，兆民赖之，其宁惟永。"其是之谓乎？周之兴也，其《诗》曰："仪刑文王，万邦作孚。"言刑善也。及其衰也，其《诗》曰："大夫不均，我从事独贤。"言不让也。世之治也，君子尚能而让其下，小人农力以事其上，是以上下有礼，而谗慝黜远，由不争也，谓之懿德。及其乱也，君子称其功以加小人，小人伐其技以冯君子，是以上下无礼，乱虐并生，由争善也，谓之昏德。国家之敝，恒必由之。（《左传·襄公十三年》）

君子曰：石碏，纯臣也。恶州吁而厚与焉。大义灭亲，其是之谓乎？（《左传·隐公四年》）

君子曰：勇以知礼。（评鄢之战，却至以韎韦之跗注三逐楚

论《史记》五体及"太史公曰"的述与作 | 215

平王卒,见王必下奔退战事。)(《国语·晋语六》)

　　君子曰:圣贤之君,皆有益友,无偷乐之臣。景公弗能及,故两用之,仅得不亡。(《晏子春秋·内篇·杂上第五》)

　　君子曰:昭公知所恶矣。(《韩非子·难四》)

　　由上可知"君子曰"的形式与内容都与"太史公曰"相近,但其内容只限于一类,即述褒贬,同时即于述褒贬中发明义理。刘知几说:"《春秋左氏传》每有发论,假君子以称之。二传云公羊子、穀梁子。《史记》云太史公。班固曰赞。"[104]是唐朝时刘知几即以"太史公曰"的体裁出于《左传》的"君子曰",此说甚是,但细究起来,便可知史记"太史公曰"并非一成不变地模仿《左传》"君子曰",而是作了很大的改进。《左传》"君子曰"都置于每件史事之后,《史记》"太史公曰"则视各篇需要,可置于篇首篇中或篇末。《左传》"君子曰"并非于每件史事后都有,《史记》"太史公曰"则于百三十篇中每篇皆有(《汉兴以来将相名臣年表》无,恐是原有后佚),而且贯串全书,有其一贯的作用。最重要的是,《左传》"君子曰"只有述褒贬一种功能,而《史记》"太史公曰"则具有补轶事、记经历、言去取、述褒贬四种功能。因此,"太史公曰"的形式虽与"君子曰"相同,但在运用上则比"君子曰"宽阔灵活得多,这是司马迁推陈出新的地方。

七、结　语

　　据以上各节所论,《史记》五体与"太史公曰"的名称与体裁,都各有来源。"本纪"之名源于"禹本纪","表"名系自"谱"名音变而来，"书"名源于古代之《书》（《尚书》），"世家"之名出于《世本》中之"世家"，"列传"之名或源于《世本》中之"传"。但名称相同者，未必即是体裁之所自出。《史记》中的"本纪"当仿自《春秋》，"表"当仿自《周谱》，"书"当仿自《书》（《尚书》），"世家"与"列传"或仿自世本中的"世家"与"传"，《序传》当仿自《书·序》》，"太史公曰"当仿自《左传》"君子曰"。论其体裁之来源，《史记》五体与"太史公曰"似乎多少都有些根据，但若考其实际之内容与作法，则仿拟前人之处又很少。就前者而言，那是"因"是"述"，就后者而言，却是"创"是"作"；平心而论，《史记》体裁"创""作"的成分，要比"因""述"的成分大得多。司马迁是从古代的各种体裁中，推陈出新地创出了《史记》的各体，使它们各自具有特殊的性质和作用。因此《史记》五体的形式或与古代某一体裁有近似之处，但其面貌与精神则与古代之体裁迥异，这即使在贯串全书的"太史公曰"一体上，也可清楚地看出来。司马迁写史记，并非凿空独创，但也绝非因袭墨守，他是在因袭中表现出他伟大创造力。司马迁不但重新创造了五体，同时又把五体会成一书，各体间互相配合，全书有通盘设计，使《史记》成为有组织有系统的著述，此须另为专篇论述，本文从略。

★ 原载《台湾大学历史系学报》1979年12月第6期。

◎ 注释

① 《后汉书·班彪传》。
② 《晋书·张辅传》。
③ 参程金造：《史记体例朔源》，《燕京学报》第37期，第96—97页。

④ 邵晋涵：《南江文钞·史记提要》条。

⑤ 章学诚：《文史通义·卷六·和州志列传总论》。

⑥ 章学诚：《丙辰札记》。

⑦ 洪饴孙：《钩稽辑订》。

⑧ 秦嘉谟：《世本辑补》诸书论述（世本八种）。

⑨ 《五帝本纪》，篇前索隐。

⑩ 《五帝本纪》，正义。

⑪ 《后汉书·班彪传》。

⑫ 《项羽本纪》赞语。

⑬ 陈仁锡、钟惺均有是说，见《史记评林补标》卷七引。

⑭ 陈仁锡已有是说，同前。

⑮⑯ 俱见《吕后本纪》。

⑰ 《吕后本纪》："宜平侯女为孝惠皇后时，无子，详为有身，取美人子名之，杀其母，所名人为太子。孝惠崩，太子立为帝。"是少帝恭，非刘氏子。又"（东牟侯兴居）前谓少帝曰：'足下非刘氏，不当立。'"是少帝弘亦非刘氏子。《汉书·五行志》上云："惠帝崩，嗣子立，有怨言。太后废之，更立吕氏子宏为少帝。"是二帝俱为吕氏子矣。以上参靳德峻《〈史记〉名称之由来及其体例之商榷》，《师大国学季刊》第1卷。

⑱⑲ 《吕后本纪》。

⑳ 王拯语，转引自刘咸炘《太史公书知意》卷二。

㉑ 靳德峻：《〈史记〉名称之由来及其体例之商榷》，《师大国学季刊》第1卷。

㉒ 徐乾学《修史条议》说："本纪之体，贵乎简要。"（《明史例案》卷二）王鸿绪《史例议》说："本纪体贵简严，无取繁冗，非当代记载比也。"（《明史例案》卷二）二人所言，皆系通论正史本纪一体，但以之论《史记》亦合。

㉓ 徐浩说："一纪必编年，二帝王中心，三大事乃书，故曰本纪。"（《廿五史通论》，世界）此乃通论正史之本纪，以之论《史记》亦合，但须稍加补正。

㉔ 章学诚：《章氏遗书外编·永清县志皇王纪叙例》。

㉕ 章学诚:《丙辰札记》。此句下又有"史迁隐然以十二纪仿《春秋》十二公矣。"此则非是。十二之数,纯是巧合,若宜立本纪者有十三,太史公必不能削之为十二也。

㉖ 如赵翼说:"古有《禹本纪》《尚书》《世纪》等书,迁用其体以述皇王。"(《廿二史札记·卷一·各史例目异同表》)又说:"而汉以前则有禹本纪一书,正迁所本耳。"(《陔余丛考·卷五·史记一》)尚镕说:"本纪以述皇王,《大宛传》引《禹本纪》,此则迁之所本也。"(《史记辨证》卷一)程金造说:"盖古时别有《禹本纪》之书,为述禹之行事,太史公盖放其体以述皇王也。"(《史记体例溯源》)

㉗ 如本章前引班彪论《史记》之言,司马迁所采之书中有《世本》,又如欧阳修《帝王叙次图》叙说:"司马迁作本纪,出于《大戴礼》《世本》诸书。"

㉘ 秦嘉谟:《世本辑补》卷二纪下注。

㉙ 程金造:《史记体例溯源》。

㉚ 刘勰:《文心雕龙·史传篇》。

㉛ 晏世澍:《沅湘通艺录·卷三·太史公取式吕览辩》。

㉜ 程金造:《史记体例溯源》。

㉝ 《汉书·司马迁传》。

㉞ 程金造:《史记体例溯源》。

㉟ 陈仁锡说:"近则详,详故月也,若十二诸侯六国,远不及三代,近不及秦楚,故纪其年而已。"(《史记评林补标》卷二引)只道着一半,否则《汉兴以来诸侯王年表》以下,何不也改立月表?

㊱ 潘永季:《读史记札记》(昭代丛书丁篇补)。

㊲ 参汪越:《读史记十表》,《廿五史补编》第一册。

㊳ 《惠景间侯者年表·序》。

㊴ 《高祖功臣侯者年表·序》。

㊵ 《六国年表·序》。

㊶ 《十二诸侯年表·序》。

㊷ 参姚永朴:《史学研究法》,《廿五史述要》。

㊸ 《十二诸侯年表·序》:"表见《春秋》《国语》学者所讥盛衰大指著于篇,

论《史记》五体及"太史公曰"的述与作 | 219

为成学治古文者要删焉。"

㊹ 《六国年表·序》:"著诸所闻兴坏之端,后有君子以览观焉。"

㊺ 《汉兴以来诸侯王年表·序》:"谱其下益损之时,令后世得览。"

㊻㊼ 《高祖功臣侯者年表序》:"观所以得尊宠及所以废辱,亦当世得失之林也,何必旧闻?"

㊽ 钟惺说:"《史记》诸表一图谱也,而文章间架,一经一纬,一纵一横,亦自得之,是无言之文也。"(《史记评林补标》卷二〇引)

㊾ 刘知几:《史通·内篇表历》。

㊿ 刘知几:《史通·外篇杂说》。

㉛ 此二说分别出自《史通》内外篇。浦起龙云:"大抵内外篇非出一时,互有未定之说。两存参取,折衷用之,不为无助。"(《史通通释·表历篇》)而吕思勉云:"此书外篇与内篇,复踵矛盾处颇多。就大体言,外篇盖内篇未成时随手札记之作;内篇则合外篇所见,精心结撰而成,自当以内篇为主。然曲折入微,盛水不漏,其事良难。故外篇之意,间有内篇收摄不尽者,亦有一时失检,同篇所论转不如外篇之允者,正不容作一概之论也。"(《史通评·表历》第七)

㉜ 沈涛:《铜熨斗斋随笔》卷四。

㉝ 姚永朴:《史学研究法·史法篇》。

㉞ 刘杳引桓谭语,见《梁书·刘杳传》。

㉟ 赵翼:《廿二史札记·卷一·卷各史例目异同表》。

㊱ 章学诚:《文史通义·外篇·和州舆地图序例》。

㊲ 程金造:《史记体例溯源》。

㊳㊴ 吕思勉:《史通评·大家第一》。

㊵ 秦嘉谟:《世本辑补》卷三(世本八种)。

㊶ 郑樵:《通志·总序》引。

㊷—㊹ 《太史公自序》。

㊺ 此据吴齐贤所做分析,转引自《史记评林补标》卷三〇。

㊻ 刘知几:《史通·内篇·书志第八》。

㊼ 郑樵:《通志·总序》。

⑱ 章学诚：《文史通义·方志略例·亳州志掌故例议上》。
⑲ 程金造：《史记体例溯源》。
⑳ 《太史公自序》。
㉑ 刘知几：《史通·内篇·世家第五》。
㉒ 《史记评林补标》卷五五引。
㉓ 王安石：《王临川集·卷七二·孔子世家议》。
㉔ 《孔子世家》。
㉕ 《太史公自序》。
㉖ 靳德峻：《〈史记〉名称之由来及其体例之商榷》。
㉗ 《史记评林补标》卷四九引。
㉘ 《魏其侯传》："孝景三年，吴楚反。上察宗室诸窦，毋如窦婴贤。"《索隐》："案谓宗室之中及诸窦之宗室也。又姚氏案：《酷吏传》，周阳由其父赵兼，以淮南王舅侯周阳，故因改氏，由以宗室任为郎。则似是与国有亲戚属籍者，亦得呼为宗室也。"案姚说是。《汉书补注》卷五二引沈钦韩《汉书疏证》亦解"宗室诸窦"谓指窦婴。又《汉书·何武传》："宜令异姓大臣持权，亲戚相错，为国计，便。"师古注："异姓谓非宗室及外戚。"是外戚不得为异姓。又《汉书·翼奉传》："古者朝廷必有同姓以明亲亲，必有异姓以明贤贤，此圣王所以大通天下也。……今左右亡同姓，独舅后之家为亲，异姓之臣又疏，二后之党满朝，非特处位势，尤奢僭过度，吕霍上官足以卜之。"是其意已谓用同姓与舅后之家为亲亲，外戚不仅非异姓，且有等于同姓之意。以上参阅牟润孙《汉初公主及外戚在帝室中之地位试释》，《傅故校长斯年先生纪念论文集》，1952年版。

㉙ 《汉书·刘向传》"臣幸得托肺腑"，向楚元王交之后，是同姓之义。《田蚡传》"蚡以肺腑为相"；蚡，景帝王皇后母弟，武帝之舅氏，外戚之义。参阅《史记·惠景间侯者年表》（《考证》）。
㉚ 见《吴太伯世家》篇首（《索引》《正义》）。
㉛ 赵说见《廿二史札记·卷一·各史例目异同条》；孙说见《太史公书义法·卷上·整世篇》。
㉜ 梁玉绳：《史记志疑》卷二〇云："世家言，即史公所作也，而曰余谢何

哉？岂《卫世家》是司马谈作，而迁补论之欤？"泷川资言（《考证·吴世家》篇首）、金德建（《司马迁所见书考——五论司马迁据称"世家书"系属自称所著》）均主"世家言"是自称其书，但论证不够充分。

㊷ 《太史公自序》。

㊸ 《万石张叔列传》。

㊹ 参汪文端《史裁蠡说》第七条（《明史例案》卷四）："列传详略，初无定体，然必其有关国故，而所载之事必与其人之规模相称，乃得体要。"此系通论历代正史，但以之论《史记》亦合。

㊺ 陈仁锡语，转引自《史记评林补标》卷一〇六。

㊻ 见《伯夷列传》篇首（《索引》《正义》）。

㊼ 章学诚：《文史通义·篇繁称篇》。

㊽ 赵翼：《陔余丛考·卷五·史记一》。

㊾ 程金造：《史记体例溯源》。

㊿ 秦嘉谟：《世本辑补·传》。

㊾ 杨家骆：《太史公书序略》（稿），又《史记今释》，台北：正中书局1971年版，第882页。

㊾ 颜师古：《匡谬正俗·卷五·史记条》（关中丛书）。

㊾ 卢文弨：《钟山札记·卷三·史汉目录条》。

㊾ 高诱：《淮南子·要略篇》注。

㊾ 此据屈万里先生《尚书释义叙论》二所言。

㊾ 王充：《论衡·正说篇》。

㊾ 朱东润：《史记考索·史赞质疑》。

㊾ 王应麟：《困学纪闻·卷——·〈史记〉正误司马相如传条》已言。

⑩ 章学诚尝谓《史记》论赞之文，变化不拘，"或综本篇大纲，或出遗闻轶事，或自标其义理，或杂引夫诗书。"（《章氏遗书补遗》）此说是也，但不如鲁实先生所论为简洁，本文所用四目，系1969年闻诸鲁先生者。

⑩ 刘知几：《史通·内篇·论赞篇》。

⑩ 杨明照云："第观《左氏》称'君子曰'者四十有九，'君子谓'一十有

八,'君子以为'者三,'君子是以'者十二。"见《〈春秋左氏传〉君子曰征辞》,《文学年报》1937年第3期。

⑩ 参杨向奎:《论〈左传〉"君子曰"》,《文澜学报》1936年二卷二期。

⑩ 刘知几:《史通·内篇·论赞篇》。

论《史记》五体的体系关联

《史记》一书，分开来看是为五体，各有其来源与作用，拙文《论〈史记〉五体及'太史公曰'的述与作》①业已讨论。本文乃将《史记》一书合拢来看，观其全书的体系关联，亦即欲探讨《史记》全书的通盘设计与各体间的运用配合。请先论编次的先后，次论五体的关联，终论合传、附传与类传。

一、编次的先后（一）
——五体、本纪、表、书、世家

此问题可分两层看：一是五体编次的先后，一是各体中各篇编次的先后。《史记》的编次，是有意义的安排，还是随意的放置？这是一个有争论的问题，而争论的重心则在列传的序次上。以下依次加以讨论。

五体编次的先后是：一本纪，二表，三书，四世家，五列传。但太史公原先的意思，并非如此。《报任安书》云："上计轩辕，下至放兹，为十表，本纪十二，书八章，世家三十，列传七十，凡百三十篇。"②据此可知两点：

一是司马迁写《报任安书》时,《史记》尚未完成,却说"凡百三十篇",和《史记》成书时的组织与篇数相符,可见太史公写《史记》时,至少对全书已先有过概略的通盘设计,而非随意命题写作。

二是司马迁原意是要置表于本纪之前,故说:"为十表,本纪十二",后来经过考虑,到成书时就变成"著十二本纪……作十表……作八书……作三十世家……作七十列传,凡百三十篇"[③],将表置于本纪之后。这其中改变的理由,可试做以下的推测。表的内容可分为两部分,一是本纪中所有的,一是本纪中所没有的。本纪中已有的内容,皆为大事、要事,其记载较本纪为简,如《十二诸侯年表》襄王六年晋表"秦饥,请粟,晋倍之"的记载至简,而《秦本纪》则颇具始末。本纪中所无的内容,则或别见他篇,或为十表所独有,可以通纪传之穷,如《王子侯者年表》《汉兴以来将相名臣年表》等所载即如此。

今观:(1)本纪既是全书的大纲,则表是大纲的大纲(此系就表文为本纪所有者而言)。未读大纲,焉能先看大纲的大纲?如果表在本纪之先,读表时,必有许多迷离恍惚,不甚明白的地方。如此,岂不是失去了表的作用和置于书首的意义?(2)司马迁作《史记》,固然是写历史,但也于文字中表现他的文学天才,《史记》之文雄深,皆可诵读,十表虽是"无言之文",但奈何令读者开篇便要读在那方格纵横之间的成句、成段而不成篇章的文字?如此,则不能引发读者进一步阅读的兴趣。(3)读十二本纪,可使读者对二千余年中的史事先有一个概要而具体的认识,而读十表则不能取代这个功能。十表固然可以表天下之大势与理乱兴亡之大略,可以观一时之得失,但这须经过对史事的一番选择与提炼,比起本纪的写作,已多出一层功夫。因此,无论是为读者设想,或是顾全本书的结构,本纪必须置于表前。《史记》起于黄帝,迄于当代,五体中唯有十二本纪与十表能够首尾连贯,包含这两千多年的时间,故也只有本纪与表有可能置于五体之首,但基于上述三点理由,将本纪置于表前,是自然而且正确的。

接下来,便是世家与列传的编次。在五体中,列传与世家的体裁最为接近,二者加起来的篇数共有一百,占去《史记》全书的一大半。基于下列的理由,司马迁将世家置于列传之前。(1)本纪记天下的大事,世家记方国的大事和"辅拂股肱之臣",列传记"扶义俶傥之士"与"立功名于天下者",比较起来,世家的规模小于本纪而大于列传,其篇数则又多于本纪而少于列传,故世家理应在列传之前。(2)列传的末篇为《自序》,司马迁于此序传中记家世、家学,作史因由以及全书的叙目,则此篇应为全书之殿,从而列传也应居五体之末。列传居五体之末,世家必居列传之前,而本纪与表又已居首二之位,则八书必居表与世家之间的第三位。如此,则五体的编次便成为本纪、表、书、世家、列传,这个编次是合理的,不是任何其他的排列所能取代的。

以上所论是史记五体编次的先后,以下再看各体中各篇编次的先后。十二本纪以五帝、夏、殷、周、秦、始皇、项羽、高祖、吕太后、孝文、孝景、今上为序次,一看便知是按时间的先后来序列,无可疵议。值得一究的是:《史记》何以始于黄帝?何以别立《秦本纪》置于《始皇本纪》之前?

孔子删书,断自唐虞,太史公著史则始自黄帝,其缘故在《五帝本纪·赞》中已有说明:

> 学者多称五帝,尚矣。然《尚书》独载尧以来,而百家言黄帝,其文不雅驯,荐绅先生难言之。孔子所传宰予问《五帝德》及《帝系姓》,儒者或不传。余尝西至崆峒,北过涿鹿,东渐于海,

南浮江淮矣，至长老皆各往往称黄帝、尧、舜之处，风教固殊焉，总之不离古文者近是。予观《春秋》《国语》，其发明《五帝德》《帝系姓》章矣，顾弟弗深考，其所表见皆不虚。《书》缺有间矣，其轶乃时时见于他说。非好学深思，心知其意，固难为浅见寡闻者道也。余并论次，择其言尤雅者，故著为本纪书首。

太史公所根据的是《五帝德》与《帝系姓》，这两篇书出于孔子，儒者或不传（或不传者，或传也），其所以可据信者，是因为"迁以所涉历，验之风教而近是，参之《春秋》《国语》，而所表见为不虚。是以《尚书》虽缺，而其轶之见于他说如《五帝德》《帝系姓》者，不可不言而传之也，要在学者博闻深思，精择而慎取之耳。"[4]因此，《史记》始自黄帝与《尚书》断自唐虞虽然不同，但司马迁仍是本孔子之意而以孔子所传之书为定的。《尚书》是我国古代的政书，孔子删书，一方面是保存古代的文献，一方面也自有他的取义。孔子之意并不在追溯中国信史的起源，司马迁则纯是从历史的观点来寻求一部通史的开端，故结论自然不同[5]。既是根据历史的观点，则必须追求最早可信的起源。然而什么样的记载才是比较可信的呢？那便是"古文"。《五帝德》与《帝系姓》都是文中所说的"古文"[6]，所以司马迁说："总之不离古文者近是。"

从另外一方面看，有文字才有历史记载，有史官才能记载历史，古史相传黄帝时始有史官，始有文字，故司马迁以黄帝为中国历史之始。朱希祖说："有文字而后有信史，黄帝之史苍颉，始造文字，于是乎有史，史之托始黄帝，盖以此也。"[7]这是就文字方面来说；陈柱说："道家则出于史官，史官源于黄帝，故祖述黄帝，故《太史公书》始自黄帝。"[8]则是就史官方面来说。造字之初，文字与史官是不可分的，造字之人即是史官（史）。仓颉（苍颉）造字与容成造历、伶伦造律、大挠造甲子等事俱见于《世本》,《史记》中却都未记载,是不能无疑惑。唐人孔颖达曾引《世本》"苍颉作书"并说:"司马迁、班固、韦诞、宋忠、傅玄,皆曰苍颉为黄帝之史。"[9] 班固于《汉书·古今人表》中记:"苍颉,黄帝史。"[10] 又于《司马迁传·赞》说:"自古书契之作而有史官。"[11] 可证孔氏所言班固之说不诬,则司马迁以仓颉为黄帝史,亦当可信。又司马迁于《货殖列传》说:"夫神农以前,吾不知已。"神农以前,是结绳之世,未有文字,无记事之史,故不能知,朱希祖又说:"夫以神农以前为结绳之世,则以黄帝时始有文字,彰彰明甚。"[12] 也可作为一个旁证。

十二本纪皆记一代或一朝之事,独有《秦本纪》记秦始皇以前秦先世之事。是时,秦未取天下,爵为诸侯,因此,司马贞及刘知几都主张应降为秦世家[13]。这个见解是错误的。太史公于三代本纪,都自先世叙起,故《夏本纪》溯及颛顼、黄帝,《殷本纪》溯自殷契、帝喾,《周本纪》溯自后稷、帝喾,甚至连太史公作《自序》,也溯及颛顼、重黎。秦立国久长,始皇既混一天下,对太史公要为始皇立本纪,自不能不从秦的先世叙起。三代代远事简,其先世事迹可于各篇中带叙,秦则代近事繁,若合并写,则卷帙太长,故分为两篇。归有光说:"《秦本纪》与《始皇本纪》当为一,如《周纪》始后稷也,以卷帙多,始皇自为纪。"[14] 废封建改郡县自秦始皇始,他是古代历史上的一位划时代人物,分《秦本纪》与《始皇本纪》为二,还可以突出他的地位,与项羽、高祖二纪相照应。否则,必如司马贞、刘知几之说,降《秦本纪》为世家,那岂不是"后升于前,子高过父",能不为识者所笑吗?《秦本纪》与《始皇本纪》原为一篇是不错的,但靳德峻说"《始皇本纪》,乃《秦本纪》之别录,亦可谓《秦本纪》之附庸"[15],则不能令人赞同。有始皇之混一天下,始有秦之天下,因欲写秦代之史,才必须追述秦之先世,假若始皇未曾混一天下,《秦本纪》如何能成立?如此,则怎可说《始皇本纪》是《秦本纪》的"别录"与"附庸"?《秦本纪》的末尾,有这样的文字:"五月丙午,庄襄王卒,子政立,是为《秦始皇帝》。秦王政立二十六年,初并天下为三十六郡,号为始皇帝。始皇帝五十一年而崩,子胡亥立,是为二世皇帝。三年,诸侯并起叛秦,赵高杀二世,立子婴。子婴立月余,诸侯诛之,遂灭秦。其语在《始皇本纪》中。"可见《秦本纪》是首尾俱全的一篇完整的文字。这一段文字,一方面将《秦本纪》与《始皇本纪》衔接在一起,一方面也保存了《秦本纪》作为单篇的独立性。太史公在事实上,虽将《秦本纪》与《始皇本纪》析为两篇,其实这两篇是相连贯的。

十表的编次,俱是依照时代先后排列。《三代世表》,起自黄帝,迄于二伯行政。《十二诸侯年表》,起自共和元年,迄于周敬王四十三年。《六国年表》,起自周元王元年,迄于秦二世三年。《秦楚之际月表》,起自二世元年七月,迄于汉五年后九月。《汉兴以来诸侯王年表》,始自高祖元年,迄于孝武太初四年。《高祖功臣侯者年表》,始自高祖元年,迄于元封六年。《惠景间侯者年表》,始自孝惠元年,迄于元封六年。《建元以来侯者年表》与《建元以来王子侯者年表》,皆始自元光,迄于太初四年。《汉兴以来将相名臣年表》,始自高皇帝元年,迄于天汉四年。前数表所记的都是王侯,此表所记的乃将相名臣,故虽始自高祖,仍置于表末。

八书所记的是经国的大政大法,其性质与他体异,故其编次的先后,不依时代之先后来排定,而是把性质相近相通的各篇排在一处,其中并含有太史公论治的观念。八书以《礼》《乐》二书为首,礼乐本是相辅相成之物,"礼因人质为之节文""乐者所以移风易俗"⑯,二者皆治道所不可缺,故太史公于《乐书》中录《乐记》之言,往往合论礼乐,如"礼乐政列,其极一也,所以同民心而出治道也。""知乐则几于礼矣,礼乐者得,谓之有德。"司马迁立《礼书》为八书之首,盖有论治崇礼之意[17]。《律》《历》二书,也有密切的关系。司马迁说:"律居阴而治阳,历居阳而治阴,律历更相治,间不容翲忽。"[18]因此,以《历书》与《律书》并置。但何以以《律书》接《乐书》呢?司马迁曾说:"非兵不强,非德不昌,黄帝、汤、武以兴,桀、纣二世以崩,可不慎欤?"[19]礼乐所以观德,而"六律为万事根本焉,其于兵械尤所重"[20],《律书》即《兵书》[21],故以《律书》继《乐书》,重此可以兴可以亡之"武"也。《历书》所言者为历法,《天官》所言者为星气灾异,二者似同而异,故分为二书,并不重复。《天官》与《历书》,俱是言天之学,故以《天官书》继《历书》。《封禅》《河渠》《平准》三书,多记武帝时代之事,放置于各篇之后。封禅乃祀天大典,司马迁又于封禅后连着天变,故以《封禅》继《天官》。水为利害甚大。武帝时,河决瓠子二十余年,不修,因封禅祷万里沙,乃自临决河,卒塞瓠子,《瓠子诗》曰"不封禅兮安知外",故司马迁说:"余从负薪塞宣房,悲《瓠子之诗》,而作《河渠书》。"[22]《平准书》言武帝兴利事,凡历三十七变,而结以"亨弘羊,天乃雨"一句。司马迁曾叹利为乱始,故谓"争于机利,去本趋末,作《平准书》以观事变,第八",又于赞中说"先本绌末,以礼义防于利"。可见以《平准书》殿后,是与《礼书》相应的。司马迁于八书终以《平准》,犹如于列传终以《货殖》(《自序》在外),是具有深意的。

世家的编次,大抵也依时代的先后为序。自《吴世家》第一至《田敬仲完世家》第十六,为先秦之世家。其中《吴世家》至《郑世家》第十二,次序与《十二诸侯年表》所列者不同。吴于春秋之季始通上国。《十二诸侯年表》列吴于末格,而太史公于三十世家中则置吴于第一,这是太史公因推崇吴太伯让国而特为序列的,故说:"嘉伯之让，作《吴世家》。"㉓齐、鲁、燕、管、蔡诸世家的次序，大约是按周初始封的先后为定，我们可在《周本纪》中找到一点证据："武王追思先圣王，乃褒封神农之后于焦，黄帝之后于祝，帝尧之后于蓟，帝舜之后封于陈，大禹之后于杞。于是封功臣谋士，而师尚父为首封。封尚父于营丘，曰齐。封弟周公旦于曲阜，曰鲁。封召公奭于燕，封弟叔鲜于管，弟叔度于蔡。余各以次受封。"㉔可见列《齐世家》为第二，居于《鲁世家》之前，是因为周初开国吕望功最大，为首封之缘故。齐、鲁、燕、管、蔡世家的次序，与此段文字全同，它们都是周初最重要的封国。武王追封先圣王之后，有兴灭继绝之意，但焦、祝、蓟国小，不足列于世家，而陈杞则国微，不能与齐鲁等国相比，故列于《管蔡世家》之后。且根据《陈杞世家》："（陈）至于周武王克殷纣，乃复求舜后，得妫满，封之于陈。""周武王克殷纣，求禹之后，得东楼公，封之于杞。"是陈、杞之封可能在齐、鲁等国之后，前段文字可能是为叙事方便，将它叙在齐、鲁之封的前面去了。卫、宋之封，在管、蔡之乱后，周公杀武庚、管叔，放蔡叔，以武庚殷遗民封康叔为卫君，命微子开代殷后，奉其先祀，国于宋。是卫、宋之封，在齐、鲁、陈、杞之后，故分列《陈杞世家》之后。晋唐叔虞，为周武王子、成王弟，其封在成王时，又在卫、宋之后，故置为第九。楚熊绎亦当周成王时，封于楚蛮，且为子爵，故置为第十。越非周之封国，以国微，不见于《十二诸侯年表》，司马迁"嘉句践蛮夷，能修其德，灭强吴以尊周室"㉕，立为世家。越终为楚所灭，故置于《楚世家》后。郑之封，当宣王时，在诸国后，故置为第十二。以上皆是春秋以前的封国。

赵、魏、韩、田齐则皆战国时代的国家，但田氏篡齐（公元前386年）在三家分晋（公元前453年）之后，故以赵、韩、魏三世家置于郑世家之后，又以《田敬仲完世家》置于《魏世家》之后。《孔子》

《陈涉》《外戚》三世家，皆为史公所特立，其意义已于另文讨论[26]，兹不重复。其次第之义，则或如周济所说："次三代之事，终于七国，次七国之事，终于田齐。列《孔子世家》于《田齐》后者，所以终三代也，列《陈涉世家》于'孔子'后者，所以开楚汉也，是古今之大变也。"[27]《外戚世家》主言汉事，故次《陈涉》之后。自《楚元王世家》以下，都是汉初的功臣宗室。楚元王刘交，高祖弟；荆王刘贾（燕王刘泽），是诸刘；齐悼惠王刘肥，高祖子，皆高祖六年正月封立，故《楚元王》《荆燕》《齐悼惠王》三世家，并次《外戚》之后。萧何、曹参俱是开国功臣，萧何为首功，二人先后为汉初丞相，或因"萧规曹随"之故，先列《萧相国世家》，再次《曹相国世家》。张良、陈平俱是高祖谋臣，子房智略尤高，位于三杰之首，故以《陈丞相世家》次《留侯世家》之后。周勃与陈平谋诛诸吕而立文帝，故以《绛侯世家》次陈丞相之后。梁孝王为文帝子，五宗十三王为景帝子，三王为武帝子，故《梁孝王世家》《五宗世家》《三王世家》，俱依时代先后排列。

二、编次的先后（二）
——列传

列传的编次，自唐人司马贞起，即多疑义，至清代赵翼对七十列传的编次下一总的结论："《史记》列传次序，盖成一篇即编入一篇，不待撰成全书后，重为排比。故《李广传》后忽列《匈奴传》，下又列《卫青霍去病传》。朝臣与外夷相次，已属不伦，然此犹曰诸臣事皆与匈奴相涉也。《公孙弘传》忽列《南越》《东越》《朝鲜》《西南夷》等传，下又列《司马相如传》，相如之下又列《淮南衡山王传》。

《循吏》后忽列《汲黯郑当时传》,《儒林》《酷吏》后又忽入《大宛传》。其次第皆无意义,可知其随得随编也。"㉘这是一个极端的见解。据前所述,本纪、表、书、世家的编次皆非无义,何以列传的次序便是随得随编,皆无意义呢?因此,前人如汪之昌、高步瀛等人,对赵说便已开始加以批判。由于列传篇数较多,以下将分段加以讨论。

《伯夷列传》第一至《仲尼弟子列传》第七,记春秋以前的人物。伯夷是殷末周初之人,以时代而论,他是列传人物之最早者。但《伯夷列传》议论多、叙事少,其体与他篇大不相同,且伯夷之前尚有许由、务光等贤人君子,太史公不为他们立传而特立伯夷为传首者,盖有二义:一是首揭"考信六艺"之旨,为七十列传之总序。章学诚说:"《伯夷列传》乃七十篇之序例,非专为伯夷传也。"㉙二是崇让。列传之首《伯夷》,和世家之首《吴太伯》,同样具有崇让的意思,故说:"让国饿死,天下称之。"㉚若能了解司马迁政治思想的内涵,此意将更为明白,绝非牵强附会。《管晏列传》以下六传,"皆见春秋之大势"㉛,《管晏传》讲政治,《老子韩非传》讲学术,《司马穰苴》《孙吴》二传记兵家,伍子胥复仇于楚国,为兵家之变。仲尼弟子崇仁厉义,犹见春秋之风,及入战国,则全凭诈力,是一截然不同之时代,故以《仲尼弟子》终春秋之世。以上记春秋时代之人事,虽仅数篇,并稍嫌简略,却足以表见此一时代之大势。

《商君列传》第八至《刺客列传》第二十六,记战国时期的人物。六国卒并于秦,故叙列战国以秦为要。孝公用商鞅变法,秦始强霸,故叙秦国始于商君。秦国既强,六国始畏秦,乃有合纵连横,故次以苏、张二人之传。樗里子、甘茂、魏冉、白起、王翦五人,是佐秦立功、蚕食六国的智士、功臣、武将。司马迁说:"秦所以东攘雄诸侯,樗里、甘茂之策。""苞河山,围大梁,使诸侯敛手而事秦者,魏冉之功。""南拔鄢郢,北摧长平,遂围邯郸,武安为率;破荆灭赵,

论《史记》五体的体系关联 | 233

王翦之计。"㉜故次以《樗里甘茂》《穰侯》《白起王翦》三传。以下始记六国的人物。《孟荀列传》记战国学术而独崇二人之学，其中所论及的人物有：邹忌、邹衍、淳于髡、慎到、田骈、接子、环渊、驺奭、公孙龙、剧子、李悝、尸子、长卢、吁子、墨翟。庄周、韩非、商鞅等人已别有传。故刘咸炘谓此篇"不啻诸子总传也"㉝。齐孟尝、赵平原、魏信陵、楚春申，此四人皆好客喜士，为当时众望所归，故司马迁大约依时代先后次四公子列传（四人大约同时而有先后。孟尝曾入相秦昭王，最前。信陵姊为平原君夫人，年岁当少于平原。又《汉书·司马迁传》叙目，《平原君传》序次在《孟尝君传》前，恐怕有误。因《史记·自序》与篇题次序相合，孟尝又在平原之先，且救赵事魏公子与平原君二人事相连，亦当相次为是），以见各国的人才与当时的风尚。范雎、蔡泽亦为秦相，何以不次于《白起王翦传》后而次于春申之后？苏辙曾论范蔡二人说："范雎相秦，其所以利秦者少而害秦者多。以魏冉之专，忘其旧勋而逐之，可也，并逐宣太后，使昭王以子绝母，不已甚乎……及雎任秦事，叙白起而用王稽、郑安平，使民怨于内，兵折于外，曾不若魏冉之一二。以予观之，范雎、蔡泽自为身谋，取卿相可尔，未见有益于秦也。"㉞因为他们二人基本上是自为身谋，未见有益于秦（范雎虽建远交近攻之策，但相秦期间并无大功业），不能与樗里、穰侯、白起等人并列，故司马迁论范雎说："能忍诟于魏齐，而信威于强秦"，论范、蔡二人说："推贤让位，二子有之。"㉟并于赞中说："范雎、蔡泽，世所谓一切辩士。"终以"辩士"二字归之，并未称赞到他们的功业。㊱《范雎蔡泽传》不置于《孟荀》之前而次于《春申》之后，或是为此。乐毅、廉颇、蔺相如、田单，都是与本国的强弱存亡极有关系的人物。乐毅"为弱燕报强齐之仇，雪其先君之耻"㊲。蔺相如"能信意强秦，而屈体廉子，用徇其君，俱重于诸侯"㊳。《廉蔺传》又记赵奢、李牧二人，看司马迁序次四人之线索，可以知道赵的兴亡。齐王奔莒，田单"用即墨破走骑劫，遂存齐社稷"[39]。故分别次以《乐毅》《廉颇蔺相如》《田单》三传。

鲁仲连与屈原，是战国时代的二大特殊人物。战国之士，贵爵禄，急功利，而鲁仲连不肯仕宦，好持高节，为人排难解纷，太史公说他"能设诡说，解患于围城，轻爵禄，乐肆志"[40]，实为战国时代稀有之人格。战国之士，轻故国，乐游宦，屈原信而见疑，忠而被谤，"以彼其材，游诸侯，何国不容？"[41]他却"作辞以讽谏，连类以争义"[42]，最后自沉而死，也是战国时代之一稀有人格。屈原沉死之后，群臣终莫敢直谏，"其后楚日以削，数十年竟为秦所灭"[43]。由此传可见楚国的存亡。《鲁仲连》《屈原》二传，不按时代先后排列（邹阳、贾生皆附见，可不论。鲁仲连义不帝秦，当长平战后，长平之战为秦昭王四十七年即公元前260年；屈原为楚怀王左徒，楚怀王元年为公元前328年，时代在前），此是太史公一时失检，抑或别有他意，不得而知。

吕不韦"使诸侯之士，斐然争入事秦"[44]，又以邯郸姬暗移国祚，与秦事有极密切的关系，故次以《吕不韦传》。刺客为战国时代的特殊风尚，荆轲刺秦王，亦为六国仇秦之手段，故以《刺客列传》结战国之局。《李斯》《蒙恬》二传，记秦之将相。李斯"辅始皇，卒成帝业"，秦之统一天下，"斯为谋首"[45]。蒙恬"为秦开地益众，北靡匈奴，据河为塞，因山为固，建榆中"[46]，为秦之名将。《李斯传》又载赵高、扶苏、蒙恬、胡亥、子婴事，合《蒙恬传》以观，等于一部秦代的兴亡史。

《张耳陈馀列传》至《田儋列传》，记楚汉之际的大局。秦之暴虐，陈涉首难；楚汉之际，项羽先强，而天下终归于汉。陈涉已列为世家，于是以张耳、陈馀次《蒙恬传》后，耳、馀辅涉亡秦者也。[47]

论《史记》五体的体系关联 | 235

天下终归于汉，故司马迁次群雄之列传，皆从群雄如何"助汉败楚"的观点来叙述。故司马迁序《张耳陈馀传》说："填赵塞常山，以广河内，弱楚权，明汉王之信于天下"；序《魏豹彭越传》说："收西河、上党之兵，从至彭城。越之侵掠梁地，以苦项羽"；序《黥布传》说："以淮南叛楚归汉，汉用得大司马殷，卒破子羽于垓下"；序《淮阴侯传》说："楚人迫我京索，而信拔魏、赵，定燕、齐，使汉三分天下有其二，以灭项籍"；序《韩信卢绾传》说："楚汉相距巩、洛，而韩信为填颍川，卢绾绝籍粮饷"；序《田儋传》说："诸侯畔项王，唯齐连子羽城阳，汉得以间送入彭城。"[48] 其中《张》《魏》《韩》《田》四传，则又如尚镕所说："迁于《张耳陈馀传》结赵局，《魏豹传》结魏局，《韩王信传》结韩局，《卢绾传》结燕局，故传《田儋》以结齐局焉。"[49]

樊、郦以下至刘敬、叔孙通，都是汉初功臣，又或与汉初立国制度的创建有关。樊、郦、滕、灌四人，是高祖部将，多攻城野战之功，其格局小，故次群雄之后。《张丞相传》记张苍、周苛、周昌、赵尧、任敖、曹窋、申屠嘉等人，皆为汉初御史大夫。天下初定，文理未明，张苍为主计，"整齐度量，序律历"[50]，为汉名相。郦生、陆贾，皆是辩士，二人"结言通使，约怀诸侯，诸侯咸亲，归汉为藩辅"[51] 傅宽、靳歙、周绁三人，也是高祖的部将，从高祖平定诸侯，战功甚多。刘敬、孙叔通二人，皆有高世之智；刘敬主张徙豪杰，都关中，和约匈奴，叔孙通则定朝仪，皆能为高祖建大计。以上诸人，都是高祖功臣，但各篇次第相接之义不明，也许诸人时代相同，并从高祖，大致排列在一起，也就可以了。

季布、栾布以下至田叔，都是文景时代显著的大臣。季布原为项羽将兵，栾布本从彭城游，其后皆显于文帝之时。袁盎"敢犯颜色，以达主义"，晁错"不顾其身，为国家树长画"[52]，张释之"守法不失大理"，冯唐"言古贤人，增主之明"[53]，万石君家敦厚慈孝，张欧专以诚长者处官,田叔"义不忘贤,明主之美以救过"[54],张、冯、万、欧、田诸人,皆有"长者"之名,观此数篇,可见文帝时忠厚之风。尚镕说:"袁盎晁错互相倾,卒皆不得良死。张释之以长者为廷尉,持议平致,条侯等结为亲友,冯唐论将帅,因以明魏尚之冤,视盎错之相倾何如耶?且景帝赏盎而诛错,视文帝之待张、冯何如耶?四传和连,且有微意。"[55]四人学术不同,故刘咸炘又谓:"然此四篇(《袁》《晁》《张》《冯》)则诚文景时黄老刑名之错互也。"[56]《田叔传》后继以《吴王濞》及《魏其武安》者,高步瀛说:"(《扁鹊仓公传》)盖以仓公为主,著文帝除肉刑之仁,以见吴濞虽欲反,犹感文帝之德,阴谋中止。至景帝时,晁错用事,反文帝之所为,乃举兵焉,此史公用意所在。"[57]按《仓公传》记缇萦救父之事,"上悲其意,此岁中亦除肉刑法"。《吴王濞传》说:"于是天子(文帝)乃赦吴使者归之,而赐吴王几杖,老,不朝。吴得释其罪,谋亦益解。"及孝景帝即位,错为御史大夫,说景帝削诸侯地,"吴王濞恐削地无已,因以此发谋,欲举事。"由此看来,高氏之说,似亦可通。吴楚之乱的平定,周勃、窦婴最有功,周勃已有世家,故《吴王濞传》后次以《魏其武安》。魏其、武安,皆外戚,递为丞相,亦以宾客相倾,其时汉初功臣死亡殆尽。故刘咸炘又说:"功臣亡而外戚兴,战国养士,秦相专权之风犹在,此武帝初年之形势也。此篇正以明此,遥接《张丞相列传》。"[58]《魏其武安传》中,曾言及韩安国、李广二人,田蚡死后,韩安国行丞相事,未即真而罢,故以《韩长孺传》次《魏其武安》后。

《李将军传》至《大宛传》,记武帝时代的时事大端。韩安国是忠厚长者,晚年屯守渔阳,为匈奴所欺而罢归;李氏世将善射,与匈奴力战,由于数奇命蹇,最后皆失利。二传皆与匈奴有关,故即次《匈奴传》于《李将军》后。匈奴自三代以来,常为中国患害,司马迁"欲知强弱之时，设备征讨"[59]，而作《匈奴列传》，他在《匈奴传·赞》的末尾说："且欲兴圣统，唯在择任将相哉！唯在择任将相哉！"故吴汝纶说："此篇后继以《卫霍》《公孙弘》，著所择任之将相也。"[60]公孙弘事，不尽与匈奴有关。但卫、霍之远征匈奴，在元朔、元狩年间，其时武帝之丞相为薛泽、公孙弘、李蔡、严青翟，薛、严诸人为丞相备员而已，公孙弘为相当元朔五年至元狩二年间，故举公孙弘以见武帝之用相也。又公孙弘、主父偃合传，主父偃有《谏伐匈奴》一书，司马迁详载之于本传，皆与匈奴事相涉，故次《平津侯主父传》于《卫霍》后。如果以上所说不误，则赵翼"朝臣与外夷相次，已属不伦，此犹曰诸臣事与匈奴相涉也"的话，虽亦有见，却未见得透。《匈奴》《卫霍》《平津》三传，《汉书·司马迁传》排列作：《卫将军骠骑列传》第五十，《平津侯主父列传》第五十一，《匈奴列传》第五十二。次序与《史记》传本不同，恐是班固移易，仍应以《史记》为定。

匈奴为中国患害，武帝之征伐，乃复仇雪耻，而南越、东越、朝鲜、西南夷，则是武帝开边用兵之所及，使诸国终为汉之藩辅，故次诸传于《平津》之后。公孙弘曾盛毁西南夷无用，司马相如则略定西夷，故次《相如传》于西南夷后。汪之昌说："《平津侯传》始以博士使匈奴，还报不合上意；使巴蜀还奏事，盛毁西南夷无所用；又云是时通西南夷，东至沧海，北筑朔方之都，弘数谏以为罢敝中国，是武帝之穷兵开边，弘颇以为非便。《相如传》历叙通西南夷时，相如奉使往还，所为《喻告巴蜀民檄》《难蜀父老文》，胪列详尽，见相如始终赞成斯事，与弘正反。则以《两越》《朝鲜》《西南夷传》编次于《平津》后《相如》前，殆欲读者参观之欤！"[61]《司马相如传》后，次以《淮南衡山》及《循吏》，其意义不明。淮南王安、衡山王赐谋反诛，事在元狩元年，此年前后，卫青、霍去病大出师伐匈奴，司马相如略定西夷在元封六年。或者司马迁置《淮南衡山传》于此的用意，在于表见武帝未能消除内部隐忧，而对外用兵开边。司马迁本非把"循吏"看得很高，故说："奉法循理之吏，不伐功矜能，百姓无称，亦无过行。"[62]但《循吏传》所传循吏五人中，无一是汉人，可见汉之吏治，连循吏都没有。汉所有者，为汲黯、郑当时，故次《汲郑列传》。而汲黯"学黄老之言"，郑庄"好黄老之言"，皆非儒术之效，武帝绌黄老刑名，独尊儒术，其结果却是"唯建元元狩之间，文辞粲如也"[63]。儒林既失本旨，自无儒效之可言，反而酷吏之风盛行，《酷吏传》中的十人，都是汉人，且大都在武帝之时。《酷吏传》后为《大宛传》，《大宛传》记武帝经营西北诸国，动员数十万，用兵四年，所得不过是"善马数十匹"，故高步瀛解《大宛传》不次于《两越》《朝鲜》之间而次于《酷吏》之后说："以见当时内则张酷吏之威，外则疲穷兵之力，益伤其民之不堪命。"[64]

游侠、佞幸、滑稽、日者、龟策、货殖，皆为历史中特有的一些人物，他们各以一种才能表现自己（即令是佞幸，司马迁也说他们"非独色爱，能亦各有所长"），司马迁能够透视历史，将其分门别类，各立一传。这几篇类传，都是各自独立的，既难按时代分其先后，也难说它们之间有什么相连贯的关系，因此诸篇的序次可能是随意排定的。这里仍有两个问题值得研究，一是列传何以终以《货殖》，一是《龟策传》何以不立为"书"？刘知几说："寻子长之列传也，其所编者，唯人而已矣。至于龟策异物，不类肖形，而辄与点首同科，俱谓之传，不其怪乎？且《龟策》所记，全为志体，向若与八书齐列而定以书各，庶几物得其朋，同声相应者矣！"[65]司马迁明明以列传编人编事，刘知几却只许列传编人，这是他自作多怪，不足为怪。《龟策传》诚然是近于志体，但八书所记的都是国家的大政大法，龟策虽也为自古圣王所宝，决定诸疑时"参以卜筮，断以蓍龟"，但那只是"有而不专之道"[66]，岂能与礼、乐、历、律、天官、封禅、河渠、平准等相提并论？况且，假若《龟策》与八书齐列，那《扁仓》《日者》《货殖》也都要入书吗？八书与列传，皆是司马迁所作，他把《龟策》入传，不与八书同列，自是经过一番考虑，岂有连这点基本的问题都未想过的道理？七十列传中《自序》置于最后，此无可争者，故列传实以《货殖》为殿。列传终于《货殖》，犹如八书终于《平准》，二者都属于经济的范围，似非偶合。食为民生之首，百姓有好货之心，司马迁主张为国者"善者因之，其次利道之，其次教诲之，其次整齐之，最下与之争。"[67]《平准书》记武帝假平准之名，与民争利，《货殖传》记百姓以末致财，为奸致富；前者讥上之政，后者讥下之俗，二篇有相应之处。故尚镕说："迁论《孟子传》云：'自天子至于庶人，好利之弊，何以异哉？'此史记以《货殖》为殿之深意。"[68]七十列传的排列，"或以类及，或以义推，有曲而附，有顺而致"，好学深思，自可得之。纵或有一二篇的序次，不能确指其义，但也不能因此便说七十列传是随得随编，其次第皆无意义也！

综上所论，五体的编次，是有心的安排，绝非随意放置。各篇的序次，除八书性质特异外，大抵依时代先后排列。其有不依时代先后排列的，则不是由于太史公别具史识，另有他意，就是由于时代本来相近，难以定其先后，可以便宜处理。

三、五体的关联

其次，我们要谈五体的关联性。五体不是各自孤立的，它们之间具有互相依赖，互相补足的密切关系。

历史的记载，有三种基本的方法，即记时、记人、记事。这三种方法，各有得失。记时者为编年，编年者按年月日记事，可以把时间的顺序交代得很清楚，但记事则分散、间断而不能连贯，记人也只限于某一时日，不能总叙一生，而且有些事在编年体中会写不进去。例如，孔子的生卒与周游列国，编年中可以记载，但孔子讲学是件重要的大事，编年中便写不进去。孔子的学生，子贡不如颜渊，但《左氏春秋》有子贡而无颜渊，这是因为颜渊德行虽高，却无事功，故在编年中便写不进去。记人为传记，传记以人为主，可以把人物的事迹叙述得很完整，但不能详备某一历史事件的首尾始末，也不能全载某一时期历史的多方面发展，而且有些事也会写不进去。例如，前后两朝人口的多寡、制度的异同等，这在记人的传记中便写不进去。记事为记述事情之本末，可以详备事件的首尾始末，但不能叙述人物的一生，也不能记录某一时期发生的所有历史事件，而且也有些事情会写不进去。例如，日蚀、地震、河川改道等，在记事本末中便写不进去，但在编年中却可记录。由此可见，记时、记人、记事三种方法，各有它的特殊功能，同时也就有它的各别限制。历史是整体的多方面的，事件的发展是由各种因素交织构成的；依靠单一的方法，不能记录、保存历史的全貌。司马迁要写的既是两千多年来汉人所知的人类活动的全史，那么，他就不能不考虑用什么样的方法来记录历史，才能保存历史的全貌。

司马迁所创的纪传体，便是对此问题所作的答案。纪传体其实是包括了记时、记事、记人的三种基本方法，并作了一种综合的运用。《史记》五体中，"本纪""表"与列国"世家"，是编年记时，"列传"与若干"世家"，是传记记人，八"书"与少数几篇"列传"，则是纪事本末。司马迁把这三种方法会合在一起使用，成为一种新的综合的记述方法，也就构成了《史记》的新体裁。在《史记》之前，重要的史有《尚书》《春秋》《左氏》《国语》，它们或记言，或记事，或编年为史，或国别为书，各有自己特殊的体裁和方法。换言之，它们各有自身存在的价值，不能互相取代，从较高一层次来看甚至还可说他们是互相依赖着存在，以补自身之不足。试想，假若没有一种新的综合的记述方法出现，那么，以后历史的记录，岂不是要继续依照《尚书》《春秋》《左氏》《国语》的样式写下去吗？司马迁当是有见于此，他发明了纪传体，把《春秋》《尚书》《左传》《国语》的记述方法，融化在五体中，兼收众长，互相补益，成为一种最进步的历史著作的体裁。这个事实，至晚唐人皇甫湜业已见到，他说："编年记事，束于次第，牵于混并，必举其大纲而简序事，是以多阙载，多佚文，乃别为著录，以备书之语言而尽事之本末。故《春秋》之作，别有《尚书》，《左传》之外，又为《国语》，可复省左史于右，合外传于内哉？故合之则繁，离之则异，削之则阙。子长病其然也，于是革旧典，开新程，为纪为传为表为志，首尾叙述，表里相发明，庶为得中，将以垂不朽。"[69]右史记言，左史记事，言为尚书，事为《春秋》《左氏》为内传，《国语》为外传，《史记》纪传体之所以取代前述四书之体裁，皇甫湜已经充分理解到了。

从《史记》全书的观点来看，五体各有它的功能，而且互相配合。本纪是从天下的观点，以天下的宰制者为中心，上下二千余年地记载各种重要的历史事件，即政刑大端，兴衰变故，列国大事。因此，本纪是从最高处、最大处来记载历史，自然必须简要。世家是从家国的观点，以地区（方国）的统治者为中心，上下百千年地记载各种重要的史事。世家与本纪的体裁相近，二者都是编年记事，体贵简要，记事的内容也大体相同，只是二者的规模大小不同。本纪是从天下的观点记事，十二本纪上下连贯，首尾相衡，构成史事的主干；世家是从地区的观点纪事，三十世家各篇独立，不相衔接，构成史事的枝干。从理论上说，世家的记事要比本纪低一层次，在本纪中不能记载与不能详载的史事，在世家中可以记载。列传是从个人的观点，以人物为中心，记载人物的一生的重要言行。列传的规模，比世家为小，其记事要比世家低一层次。列传记事贵详，与本纪、世家之贵简不同，它可以记本纪与世家所收不进去的形形色色的人物。因此，本纪、世家与列传三体，就把人类社会上至帝王下至医卜的各阶层各类型的人物，都收罗包括了进去。

至于历代的典章制度与一朝的大政大法，则由八书来记载。书体贵详瞻，若能通知制作本意，详明沿革大端，便可观事变，通古今，究天人，其体裁与功用比于纪传，特为不同。十表中所载的史事，虽然有不少与纪传所载的重复，但并非累赘多余。本纪贵简，表体比本纪尤简，本纪是全书的大纲，十表则是全书大纲的大纲。它除了可以综其终始，"会观诸要"之外，还有以下两个功用：

一是整齐年差。《太史公自序》："并时异世，年差不明，作十表"。可见十表并非仅便于观览，它还可用以整齐年差，这在《十二诸侯年表》与《六国年表》上，尤为显见。春秋之世，诸侯各于国内纪元，也有不奉周室正朔，与周朝历法不同的，战国亦复如是。各国纪年不同，究竟鲁之某公某年当齐之某年或周之某王某年？晋之某公在郑之某公之前或在周之某王之后？这些"并时异世"，年世差别的问题，在纪传中是不容易获得答案的。本纪记列国大事，世家附见他国大事，虽然也能由此推算列国的时君与年代，但这些记载是偶然的、间断的、无系统的，不足以推算所有年世的问题。要想确知一切史事的先后关系，就必须有一个固定的时间尺度，来确定它们在历史中的相关位置。《史记》的表，便具有这个功用。例如，《十二诸侯年表》始周共和元年，当鲁真公十五年，齐武公十年，晋靖侯十八年，秦秦仲四年，楚熊勇七年，宋厘公十八年，卫厘侯十四年，陈幽公十四年，蔡武侯二十三年，曹夷伯二十四年，燕惠侯二十四年。据《六国年表》燕王哙五年（周慎靓王五年）让国于子之，事在始皇帝元年之前七十年，在韩、赵、魏初为侯（周威烈王二十三年）之后八十七年。十表记时，虽然也有疏略抵牾之处，尤其是《六国年表》，但那是由于材料的限制或史家的不慎，并不影响表体本身所具有的功用。

二是通纪传之穷。万斯同说："表所以通纪传之穷，有其人已入纪传而表之者，有未入而牵连表之者，表立然后纪传之文可省。"[70]换言之，表可以补纪传之不录。历史中的人事众多，但不必人人立传，人人立传则嫌于轻重无别，且记事易于重见；也不必事事定能入传，事事入传则传文必定繁芜杂乱。若借重于表，则可省纪传之繁，补纪传之不足。朱鹤龄说："（表）与纪传相为出入，凡列侯将相三公九卿，其功名表著者既系之以传，此外大臣无积劳，亦无显过，传之不可胜书也，而姓名爵里存没盛衰之迹，要不容以遽泯，则于表乎载之。又功罪事实，列传中有未及悉备者，亦于表乎载之。"[71]诚如此言，表岂不是能通纪传之穷了吗！观《史记·高祖功臣侯者年表》，记平阳侯曹参等百余人之侯功、侯第，以及封、夺、复、绝等事，多为本纪、世家与列传所不载，正可见表具有此一功用。此等事若不予记载，便是史有阙文，致令后人难以稽考；若欲记载而又不立表，则便不得不多立传，立传多则文愈繁，甚至事迹反而遗漏不举，有伤史体。太史公把它们类聚合书，建立为表，不但没有这种害处，而且还别开生面，另有寄意，诚所谓"合之两伤，离之双美"了！《惠景间侯者年表》《建元以来侯者年表》《王子侯者年表》其性质与《高祖功臣侯者年表》相同，也可作如是观。综上所述，可知五体是一贯的，其功用是相配合，相补足的。

五体的功用既是相配合的、相补足的，则五体所记载的史事，也应该有相配合、相补足的关系。据此以观《史记》，将可发现《史记》

的纪与世家间、纪与传间，以及纪、传、世家与书、表间，常能成一纵横交错的有机联系，或是上下贯串，或是有无互见，或是详略互补。以下试举实例证之：

第一，上下贯串。

十二本纪前后相连，皆以时间先后为序。中间《秦本纪》与《秦始皇本纪》本是一篇而分为二，故篇首追述秦之先至五帝之颛顼，篇尾谓诸侯灭秦，"其语在《始皇本纪》中"。十表并非各别节节为之，乃是通盘打算了然后下笔，故如天孙云锦，丝牵绳联，绮回绣合。潘永季早已指出：《十二诸侯年表》《六国年表》《汉兴以来诸侯王年表》三篇，纪年相接，起共和元年至武帝太初四年，凡七百四十一年。又《十二诸侯年表》，其首在《三代世表》，周以后述鲜至燕十一国之世次是也；其尾在《六国年表》，晋、卫附予魏，郑附予韩、蔡、鲁、吴，越附予楚，宋附予齐是也。《汉兴以来诸侯王年表》已将下面四篇《高祖功臣侯者》《惠景间侯者》《建元以来侯者》《王子侯者年表》包括在里，故序中带入一句"功臣侯者百有余人"，又带入一句"王子支庶为侯"。《秦楚之际月表》在《六国年表》与《汉兴以来诸侯王年表》两篇界缝中，其尾实在《诸侯王年表》，并分出《高祖功臣》《惠景间侯者》《建元以来侯者》《王子侯者》及《汉兴以来将相名臣年表》五篇。《诸侯王者年表》起高祖元年至太初四年，凡百六十年，以后五篇所列之年正是此百六十年。又《将相名臣年表》复遥接《六国年表》。⑫除去上述十二本纪前后相连，十表上下贯通之外，最明显的例子莫如方望溪所说："《五帝纪》后，具列三代世系，《陈杞世家》后具列十一臣之后及三代间封小不足齿列者，乃通部之关键。《陈杞》以后，不复总束，以卫、晋、郑出于周，宋出于商，楚出于颛顼，越出于夏，赵、魏、韩瓜分于晋，田氏袭夺于齐，孔子出于宋，无庸更著也。"⑬按《五帝本纪》末记："自黄帝至舜、禹皆同姓，而异其国号，以章明德。故黄帝为有熊，帝颛顼为高阳，帝喾为高辛，帝尧为陶唐，帝禹为有虞，帝禹为夏后，而别氏，姓姒氏，契为商，姓子氏，弃为周，姓姬氏。"《陈杞世家》末载："舜之后，周武王封之陈，至楚惠王灭之，有世家言。禹之后，周武王封之杞，楚惠王灭之，有世家言。契之后为殷，殷有本纪言。殷破，周封其后于宋，齐湣王灭之，有世家言。后稷之后为周，秦昭王灭之，有本纪言。皋陶之后，或封英、六，楚穆王灭之，无谱。伯夷之后，至周武王复封于齐，曰太公望，陈氏灭之，有世家言。伯翳之后，至周平王时封为秦，项羽灭之，有本纪言。垂、益、夔、龙，其后不知所封，不见也。右十一人者，皆唐、虞之际名有功德臣也，其五人之后，皆至帝王，余乃为显诸侯。滕、薛、驺，夏、殷、周之间封也，小不足齿列，弗论也。"据此，五帝出于黄帝，三王及周以来列国又出唐虞之际十一臣之后，而卫、晋、郑、宋、楚、越、韩、赵、魏、田齐等国之出于三代及其封国之后，各篇世家已有明文，如此则自黄帝以来至秦两千多年间主要国家的渊源脉络，俱可由此得知。像这些文字，必须前后合看，才能见出它们的上下关联处。

第二，有无互见。

关于史事的记载，或此有彼无，或彼有此无，有无互见，可资补充者。例如：《平津侯主父列传》载始皇欲攻匈奴，李斯谏曰："不可，夫匈奴无城郭之居，委积之守，迁徙鸟举，难得而制也。轻兵深入，粮食必绝，踵粮以行，重不及事。得其地，不足以为利也，遇其民，不可役而守也，胜必杀之，非民父母也，靡弊中国，快心匈奴，非长策也。"[74]按李斯谏伐胡事，本传未载，而独载于此，太史公称"斯知六艺之归"，故能有此正言，此事亦反映出李斯之一面，应当与本传合看。又《仲尼弟子列传》中，有子贡之传，而司马迁又于《货殖列传》中载："子赣既学于仲尼，退而仕于卫，废著鬻财于曹、鲁之间。七十子之徒,赐最为饶益。原宪不厌糟糠,匿于穷巷。子贡结驷连骑,束帛之币,以聘享诸侯,所至,国君无不分庭与之抗礼。夫使孔子名布扬于天下者,子贡先后之也,此所谓得势而益彰乎!"[75]同是子贡一人之事,由于传目不同,故彼此互著,读史者须两文合看,以免顾此失彼。

与此相似者,还有淳于髡的记载。《滑稽列传》以淳于髡为首,《孟荀列传》包举战国一代的学术,亦厕淳于髡于其中,"淳于髡,齐人也,博闻强记,学无所主。其谏说,慕晏婴之为人也,然而诚意观色为务。客有见髡于梁惠王,惠王屏左右,独坐而再见之,终无言也。惠王怪之,以让客曰:'子之称淳于先生,管、晏不及。及见寡人,寡人未有得也,岂寡人不足为言邪,何故哉?'客以谓髡,髡曰:'固也。吾前见王,王志在驱逐;后复见王,王志在音声。吾是以默然。'客具以报王,王大骇曰:'嗟乎!淳于先生诚圣人也。前淳于先生之来,人有献善马者,寡人未及视,会先生至。后先生之来,人有献讴者,未及试,亦会先生来。寡人虽屏人,然私心在彼,有之。'后淳于髡见,壹语连三日三夜无倦。惠王欲以卿相位待之,髡因谢去,于是送以安车驾驷,束帛加璧,黄金百镒,终身不仕。"[76]此段文字,与滑稽无关,故不能记于《滑稽列传》,而《滑稽列传》所记淳于髡之事,若记于《孟荀列传》,则为不类,又非所以尊贤,故分著二处,语各有归,不失于杂。[77]

又少康中兴,是夏代之大事,《夏本纪》不载,而《吴世家》有之:"伍子胥谏曰:'昔有过氏杀斟灌以伐斟寻,灭夏后帝相。帝相之妃后缗方娠,逃于有仍,而生少康。少康为有仍牧正。有过又欲杀少康,少康奔有虞。有虞思夏德,于是妻之二女,而邑之于纶,有田一成,有众一旅。后遂收夏众,抚其官职。使人诱之,遂灭有过氏,复禹之绩,祀夏配天,不失旧物。'"[78]又有许多史事,不见于本纪、世家、而载于年表。如孙德谦谓《六国年表》所载"秦厉共公五年,楚人来赂。六年,义渠来赂,绵诸乞援。……(始皇帝)十一年,吕不韦之河南。十二年,发四郡兵助魏击楚"[79]等数十件秦事,皆仅录于《年表》,而不见于《秦纪》。凡此互见者,皆须综合会观,方能于事理无遗。

第三,详略互补。

关于史事的记载,或此详彼略,或彼详此略,详略互补,定须参看者。例如:孙子杀庞涓事,《田敬仲完世家》载:"齐因起兵,使田忌、田婴将,孙子为师,救韩、赵以击魏。大败之马陵,杀其将庞涓,虏魏太子申。"记载甚为简略,而《孙子吴起列传》则有以下三百余字的详细记载:"魏与赵攻韩,韩告急于齐。齐使田忌将而往,直走大梁。魏将庞涓闻之,去韩而归,齐军既已过而西矣,孙子谓田忌曰:'彼三晋之兵,素悍勇而轻齐,齐号为怯。善战者,因其势而利导之。兵法:百里而趣利者蹶上将;五十里而趣利者,军半至。使齐军入魏地为十万灶,明日为五万灶,又明日为三万灶。'庞涓行三日,大喜曰:'我固知齐军怯,入吾地三日,士卒亡者过半矣。'乃弃其步军,与其轻锐,倍日并行逐之。孙子度其行,暮当至马陵,马陵道狭,而旁多阻隘,可伏兵。乃斫大树,白而书之曰:'庞涓死于此树之下。'于是令齐军善射者万弩,夹道而伏,期曰'暮见火举而俱发'。庞涓果夜至斫木下,见白书,乃钻火烛之。读其书未毕,齐军万弩俱发,魏军大乱相失,庞涓自知智穷兵败,乃自刭,曰:'遂成竖子之名!'齐因乘胜,尽破其军,虏魏太子申以归。孙膑以此名显天下,世传其兵法。"[80]

又《秦始皇本纪》载:"二十九年,始皇东游。至阳武博浪沙中,为盗所惊。求弗得,乃令天下大索十日。"此指张良买力士击秦皇之事,在《留侯世家》中有较详细之记载:"留侯张良者,其先韩人也。

大父开地，相韩昭侯、宣惠王、襄哀王；父平，相厘王、悼惠王。悼惠王二十三年，平卒。卒二十岁，秦灭韩。良年少，未宦事韩。韩破，良家僮三百人，弟死不葬，悉以家财求客，刺秦王，为韩报仇；以大父、父五世相韩故。良尝学礼淮阳，东见仓海君，得力士，为铁锥重百二十斤。秦皇帝东游，良与客狙击秦皇帝博浪沙中，误中副车。秦皇帝大怒，大索天下，求贼甚急，为张良故也。"

又《高祖本纪》载："会项伯欲活张良，夜往见良。因以文谕项羽，项羽乃止。沛公从百余骑，驱之鸿门，见谢项羽。项羽曰：'此沛公左司马曹无伤言之。不然，籍何以生此。'"此言沛公往见事甚简，《项羽本纪》载高祖、留侯、项伯相语事，则有数百言："项伯乃夜驰之沛公军，私见张良，具告以事，欲呼张良与俱去，曰：'毋从俱死也！'张良曰：'臣为韩王送沛公，沛公今事有急，亡去不义，不可不语。'良乃入，具告沛公，沛公大惊曰：'为之奈何？'张良曰：'谁为大王为此计者？'曰：'鲰生说我曰，"距关毋内诸侯，秦地可尽王也。"故听之。'良曰：'料大王士卒足以当项王乎？'沛公默然，曰：'固不如也，且为之奈何？'张良曰：'请往谓项伯，言沛公不敢背项王也。'沛公曰：'君安与项伯有故？'张良曰：'秦时与臣游，项伯杀人，臣活之。今事有急，故幸来告良。'沛公曰：'孰与君少长？'良曰：'长于臣。'沛公曰：'君为我呼入，吾得兄事之。'张良出，要项伯，项伯即入见沛公。沛公奉卮酒为寿，约为婚姻。曰：'吾入关，秋毫不敢有所近，籍吏民，封府库，而待将军。所以遣将守关者，备他盗之出入与非常也。日夜望将军至，岂敢反乎？愿伯具言臣之不敢倍德也。'项伯许诺，谓沛公曰：'旦日不可不蚤自来谢项王。'沛公曰：'诺！'于是，项伯复夜去；至军中，具以沛公言报项王。因言曰：'沛公不先破关中，公岂敢入乎？今人有大功而击之，不义也，不如因善遇之。'项王许诺。沛公旦日从百余骑来见项王，至鸿门，谢曰：'臣与将军戮力而攻秦，将军战河北，臣战河南，然不意能先入关破秦，得复见将军于此。今者，有小人之言，令将军与臣有郤。'项王曰：'此沛公左司马曹无伤言之。不然，籍何以至此。'"[81] 故方苞说："《项羽本纪》，高祖、留侯、项伯相语，凡数百言，而此以三语括之。盖其事与言不可没，而于《帝纪》则不必详也。"[82] 此类例子犹多，毋庸一一细举。

四、合传、附传与类传

《史记》列传七十，占去全书一半以上的篇数。以七十列传，而欲记二千余年间历史上各色人物（除去本纪、世家所载者以外）其困难不书而喻。但司马迁竟能将他们包容位置，各得其所，可见必定经过一番苦心经营，天才设计。细审七十列传，其作法颇有分别。有些是一人独据一篇，有些是数人合为一篇，有些是同类之人汇为一传，有些是次要之人寄附于主要之人之传。针对这些情形，后人在研读《史记》时，遂起了以下的各种名称：专传、特传、合传、连传、类传、杂传、总传、汇传、丛传、附传、寄传等。这些名称的内容是有重复的，认真归纳起来，只能区分为四种：一是专传，亦即特传。二是合传，亦即连传。三是类传，亦即杂传、总传、汇传、丛传。四是附传，亦即寄传。这些名词都是后人所起，司马迁自己并未使用，也许有人会不同意，如刘咸炘说："因事名篇，本无专传、汇传之分。""不但无四夷、中国之分，亦且无特传、杂传之别。"[83] 但从研究的观点来看，七十篇列传确有如是之区别，故不妨使用这些名词，以作研究说明之用。须知司马迁之前，并无类似《史记》合传、附传、类传形式的文字出现，可见它们乃是司马迁的创造发明。本此认识来重读七十列传，才能理解司马迁对列传与人物在全书中所作的安排与运用。

（一）合传

凡专传都是以一人为主，如《伯夷》（夷、齐二人只共一事，二而为一，与其他合传不同），《伍子胥》《商君》《苏秦》《魏公子》《田单》《吕不韦》《淮阴侯》《韩长孺》《司马相如》等传。合传则是二人或二人以上合共一篇，在叙述上，或是二人首尾同叙，或是先此后彼，先彼后此然后合叙，或是先合叙然后分叙。史记中合传有：《管、晏》《老子、韩非》《孙子、吴起》《仲尼弟子》《樗里、甘茂》《白起、王翦》《孟子、荀卿》《平原君、虞卿》《范雎、蔡泽》《廉颇、蔺相如》《鲁仲连、邹阳》《屈原、贾生》《张耳、陈馀》《魏豹、彭越》《韩信、卢绾》《樊、郦》《郦生、陆贾》《傅、靳、蒯成》《刘敬、叔孙通》《季布、栾布》《袁盎、晁错》《张释之、冯唐》《万石、张叔》《扁鹊、仓公》《魏其、武安》《卫将军、骠骑》《平津侯、主父》《淮南、衡山》《汲、郑》等二十九传。凡合传必有合书的道理，其理各自不同，而亦可大别为几类。

第一，学术相关。

《老子韩非列传》将老、庄、申、韩四人合为一传，老、庄尚道德，申、韩尚刑名，其学不同，故自刘知几以下论者多议老子、韩非同传之非[84]。但老、韩同传的是非是一问题，司马迁以老、韩学术相关而合传，则又是一问题。自司马迁观之，老子"无为自化"，著书"言道德之意"；庄子于学无所不窥，"然其要本归于老子之言"；申不害之学，"本于黄、老而主刑名"；韩非"喜刑名法术之学而其归本于黄、老"。故司马迁又于传赞说："老子所贵道，虚无因应，变化于无为，故著书辞称微妙难识。庄子散道德，放论，要亦归之自然。申子卑卑，施之于名赏。韩子引绳墨，切事情，明是非，其极惨礉少恩。皆原于道德之意，而老子深远矣。"可见这是司马迁从历史渊源上，自源徂流、每下愈况的一种学术看法。因此，司马迁以四人合传，自有其理由，甚至还有人以此为司马氏之"特识"呢！⑧《孙子吴起列传》，以孙武、孙膑、吴起三人合传。三人俱是兵家，孙、吴"以兵法见于吴王"，孙膑"与庞涓俱学兵法""（齐）威王问兵法"，吴起"之鲁学兵法""好用兵""司马穰苴不能过也"。又三人俱有兵法书传世，孙武有十三篇，孙膑"世备其兵法"，吴起兵法"世多有"。

《仲子弟子列传》，以孔门弟子七十七人合传。弟子学术不必全同，但皆出于孔门，"咸为师传，崇仁厉义"，因此合传。《孟子荀卿列传》，传战国诸子而以孟、荀为主，孟、荀并为儒巨擘，故合传。扁鹊为春秋时良医，仓公为汉文帝时良医，司马迁谓"扁鹊言医，为方家宗，守数精明，后世循序，弗能易也，而仓公可谓近之矣。"⑧可见二人以医方合传。

第二，功业相似。

《管晏列传》以管仲、晏婴二人合传，二人皆齐名臣。晏婴在管仲"后百余年""齐桓以霸，景公以治"，故二人功业相似。樗里子、甘茂同为秦武王之左右丞相，"秦之东攘雄诸侯，樗里子、甘茂之策"，故二人共传。白起、王翦二人，俱善用兵，递为秦将。白起"南拔鄢郢，北摧长平，遂围邯郸"，王翦"破荆灭赵"，二人战功俱可观，以此合传。樊哙、郦商、夏侯婴、灌婴四人合传，亦是以战功，樊、郦战功多，滕、灌次之，故司马迁说："攻城野战，获功归报，哙、商有力焉。"郦食其、陆贾皆口辩士，二人"结言通使，约怀诸侯，诸侯咸亲，归汉为藩辅"，皆以口辩立功，故合传。傅宽、靳歙、周䌠三人合传，也是以战功。傅宽、靳歙"从高祖起山东，攻项籍，诛杀名将，破军降城以数十，未尝困辱"，战功较多；蒯成侯周䌠，"常从高祖，平定诸侯"，战功较少。刘敬主张"徙强族都关中，和约匈奴",叔孙通"明朝廷礼,次宗庙仪法",故陈仁锡说:"敬、通皆有高世之智,能为国家建大计,极得力人,故二人同传。"[87]张释之、冯唐以文帝纳谏相合,故传中详载二人言论,司马迁称"二君之所称诵,可著廊庙""守法不失大理,言古贤人,增主之明。"卫青、霍去病,俱起外戚,将兵北伐匈奴,屡立战功,故二人亦合传。

第三,行事相涉。

范雎荐蔡泽自代,司马迁说:"能忍诟于魏齐,而信威于强秦,推贤让位,二子有之",故二人合传。廉颇尚勇有战功,蔺相如多智有口辩,两人相资,并力保赵,司马迁说:"能信意强秦,而屈体廉子,用徇其君,俱重于诸侯,故两人同传。"魏豹为魏王,彭越为魏相国,二人同起魏地,魏豹"收西河上党之兵,从至彭城",彭越"侵掠梁地,以苦项羽",故亦同传。韩王信与卢绾同传,则如陈仁锡所说:"封王同,反叛同,亡匈奴同,子孙来降同,故二人同传"。[88]《淮南衡山列传》,以淮南厉王长、淮南王安、衡山王赐三人合传。淮南、衡山,亲为骨肉,谋为叛逆,父子再亡国,各不终其身,故合传。此外尚有冤结相仇,行事相连,因而合传者。如张耳、陈馀俱魏之名士,两人始相与为刎颈交,后"据国争权,卒相灭亡",故合传。袁盎素不好晁错,晁错使史案袁盎受吴王财物而抵其罪,袁盎亦言上斩错以谢吴,两人不相得而卒相倾,故合传。魏其、武安皆以外戚重,始以权势相结,继而武安负贵好权,魏其、灌夫因失势而相投,三人俱结宾客以相倾,终以杯酒责望,相残以终,故亦合传。公孙弘盛毁西南夷无所用,主父偃谏伐匈奴,其始二人皆谏止用兵,及议置朔方,公孙弘言不便,主父偃盛言其便,卒用主父之计,后公孙弘阴报其祸,族主父偃,故以二人合传。

第四,志节相类。

吴齐贤谓季布、栾布"任侠同,其气节亦同,所以为二人合传"[89]。

司马迁以万石君、张叔"敦厚慈孝,讷于言,敏于行,务在鞠躬,君子长者"[90],故合传。汲黯伉直,郑庄推贤,但二人皆"内行修洁",及中废家贫,宾客并落,遭遇亦同,故二人合传。此外又有二篇合传,最为学者所议论者,即《鲁仲连邹阳传》《屈原贾生传》。鲁连、屈原当六国之时,贾谊、邹阳在文、景之日,时代甚为乖绝,因此司马贞即认为"邹阳不可上同鲁连,贾生亦不可下同屈原"[91],张文虎也认为此为"史公合传之最不可解者"[92]。其实司马迁于传赞中已有解释:"鲁连其指意虽不合大义,然余多其在布衣之位,荡然肆志,不诎于诸侯,谈说于当世,折卿相之权。邹阳辞虽不逊,然其比物连类,有足悲者,亦可谓抗直不挠矣。吾是以附之列传焉。"司马迁对鲁仲连并未完全肯定,但他"好持高节""荡然肆志",此其所以能"不诎"于诸侯,邹阳之为人物远在鲁连之下,但从他的《狱中书》看,他也算是"抗直不挠",故孙德谦说:"一则谓其不诎;一则谓其不挠,而合传之义又明称之。"[93]司马迁所说的"附之列传",在我们看,是合传的意思,与下面所说的附传不同。屈原竭忠尽智,以事其君,而谗人间之,放逐江南,投江自沉,然"其志洁,其行廉",司马迁读《离骚》《天问》《哀郢》,而"悲其志"。贾生事孝文,建治安诸策,而亦为绛、灌、冯、敬之属所短,谪去长沙,及渡湘水,为赋以吊屈原,后为梁怀王太傅,怀王堕马死,贾生自伤为傅无状,哭泣岁余亦死。是贾生与屈原同遭谗谤,迁谪江南,二人又俱善辞赋,司马迁既悲贾生之志,"及见贾生吊之,又怪屈原以彼其材游诸侯,何国不容,而自令若是。读《鵩鸟赋》,同死生,轻去就,又爽然自失矣"。盖"同取其文,而同悲其志,故列为同传焉"[94]。

根据以上所述,凡合传者或学术相关,或功业相似,或行事相涉,或志节相类,故绝非强合。合传者不受时代隔绝的限制,故管仲、晏婴,老子、韩非,孙子、吴起,白起、王翦,鲁仲连、邹阳,屈原、贾生，扁鹊、仓公等，虽皆相去数十百年，也可合传。合传者既有相关涉之处，在文字上自然有分合贯穿，故通篇连书不断，是一完整文字，不可将合传之人"界断提头"[95]，变成分传的并合。

（二）附传

合传的人物，纵有高下，并无主附之分，但附传的人物，则皆属附记。因此，附传未有独立成篇者，它们都寄附在专传、合传或类传里，而且在本纪、世家中也存在，在篇题上自然不会标其姓名。历史上有些次要人物，史家不能一一为之分别立传，或者"事迹虽寡，名行可崇"[96]，史家不欲掩没其人，乃用牵连附书的办法以传其人，其附书或详或略，但皆非该篇的主体，对于该篇来说，好似一物附着于一物者然，其有无不足以伤及该篇的独立存在，故为附传。靳德峻曾将附书的情形，类别为四：（1）附记子孙者；（2）附记其戚友；（3）因类而附记者；（4）因事而附记者[97]。以下试参其说，分别叙述于下：

第一，因事附传。

此类例子甚多，如《管晏列传》附传鲍叔牙、越石父，《伍子胥传》附传申包胥、白公，《商君传》附传公叔痤、赵良，《孟尝君传》附传冯谖，《平原君虞卿传》附传毛遂、李同，《魏公子传》附传侯嬴、朱亥、毛公、薛公，《春申君传》附传李园、朱英，《范雎传》附传须贾、魏齐，《廉颇蔺相如传》附传赵奢、赵括、李牧，《田单列传》附传太史嫩女、王蠋，《吕不韦传》附传嫪毐，《李斯传》附传赵高，《张耳陈馀传》附传贯高、赵午，《淮阴侯传》附传漂母、蒯通，《郦生陆贾传》附传朱建，《袁盎晁错传》附传邓公，《平津侯主父传》附传徐乐、严安等，不必一一毕举。

第二，因类附传。

如《申屠嘉传》:"自申屠嘉死之后,景帝时,开封侯陶青、桃侯刘舍为丞相。及今上时,柏至侯许昌、平棘侯薛泽、武强侯庄青翟、高陵侯赵周等为丞相。皆以列侯继嗣,娖娖廉谨,为丞相备员而已,无所能发明功名有著于当世者。"陶青等为丞相备员,无所发明,故因《申屠嘉传》附传之但记姓名而已。《游侠列传》:"自是以后,为侠者极众,敖而无足数者。然关中长安樊仲子、槐里赵王孙、长陵高公子、西河郭公仲、太原卤公孺、临淮儿长卿、东阳田君孺,虽为侠,而逡逡有退让君子之风。至若北道姚氏、西道诸杜、南道仇景、东道赵他、羽公子、南阳赵调之徒,此盗跖居民间者耳,曷足道哉!此乃乡者朱家之羞也。"游侠亦有品类高下之别,司马迁所特为立传者,不过朱家、郭解等数人,其余扫数一笔带过,于篇末附传之。此外,《张丞相列传》《卫将军骠骑列传》《孟荀列传》《酷吏列传》《货殖列传》等,此例犹多。

第三,附传戚友。

如《汲郑列传》:"上以黯故,官其弟汲仁至九卿,子汲偃至诸侯相。黯姑姊子司马安,亦少与黯为太子洗马。安文深巧善宦,官四至九卿,以河南太守卒。昆弟以安故,同时至二千石者十人。濮阳段宏始事盖侯信,信任宏,宏亦再至九卿。然卫人仕者,皆严惮汲黯,出其下。"又如《儒林列传·申公传》:"弟子为博士者十余人。孔安国至临淮太守,周霸至胶西内史,夏宽至城阳内史,砀鲁赐至东海太守,兰陵缪生至长沙内史,徐偃为胶西中尉,邹人阙门庆忌为胶东内史。"《董仲舒列传》:"仲舒弟子遂者:兰陵褚大,广川殷忠,温吕步舒。褚大至梁相,步舒至长史。"

第四,附传子孙。

此类例子极多,世家列传之后,往往皆附有。如《乐毅列传》:"有乐叔,高帝封之乐卿,号曰华成君。华成君,乐毅之孙也。而乐氏之族有乐瑕公、乐巨公，赵且为秦所灭，亡之齐高密，乐巨公善修黄帝、老子之言，顾闻于齐，称贤师。"《卫将军骠骑列传》："子嬗代侯。嬗少，字子侯，上爱之，幸其壮而将之。居六岁，元封元年，嬗卒，谥哀侯；无子，绝国除。自骠骑将军死后，大将军长子宜春侯伉，坐法失侯。后五岁，伉弟二人，阴安侯不疑及发于侯登，皆坐酎金失侯。失侯后二岁，冠军侯国除。"

（三）类传

类传者，合同类之人而为传。类传之人，可以时代不同，地域不同，但必须志同行似，才能连类汇合。《史记》中的类传有十篇：《刺客》《循吏》《儒林》《酷吏》《游侠》《佞幸》《滑稽》《日者》《龟策》《货殖》。《史记》类传仍为前史所未有，试观类传的名目，便知这是太史公以他敏锐的历史眼光，透视数百年内（十类传中的人物皆在春秋至汉武时期之内）的历史人物与社会现象，所作的适当分类与高度综合。太史公以类传来表示他观察透视的结果，一方面固然忠实反映出历史的真实，另一方面也充分表现了自己的历史创作天才。类传中的人物，各具性格，各有面貌，同时又具有共同特点，太史公在叙述他们的时候，"分开看，各个人都还他一个历史的真实的原来面目；合拢看，各个人又都集聚为一个艺术的、典型的综合形象。"[98] 这是历史与文学成功而自然结合的新境界。以下试分别述之。

《刺客列传》，叙曹沫、专诸、豫让、聂政、荆轲五人，曹沫"执匕首鱼炙之腹中"因以刺杀王僚，阖闾乃立。预让"漆身为厉，吞炭为哑"，为智伯报仇，及事败，还"愿请君之衣而击之焉，以致报仇之意"；聂政"直入上阶，刺杀（韩相）侠累""因自皮面决眼，自屠出肠"；荆轲刺秦王，不中，"倚柱而笑，箕踞以骂"。这五位激烈人物的行事，或成或不成，但司马迁说他们"立意较然，不欺其志。

名垂后世,岂妄也哉!"《游侠列传》所传的是"匹夫之侠",其中最足称的有三人:朱家、剧孟、郭解。朱家所藏活豪士以百数,"然终不伐其能,歆其德""振人不赡""家无余财",专趋人之急,"甚己之私";剧孟"行大类朱家";郭解"以德报怨,厚施而薄望""振人之命,不矜其功"。游侠的共同特色,即在于"救人于危,振人不赡。""不既信,不倍言。"[99]

《循吏列传》叙孙叔敖、子产、公仪休、石奢、李离五人。循吏者,如司马迁所称:"奉法循理之吏,不伐矜能,百姓无称,亦无过行。"司马迁作《循吏列传》,盖意有所指,故说:"奉职循理,亦可以为治,何必威严哉!"孙叔敖为楚相,"施教导民,上下和合""吏无奸邪,盗贼不起。"子产治郑二十六年,及死,"丁壮号哭,老人儿啼"。公仪休为鲁相,"奉法循理,无所变更,百官自正"。石奢为楚昭王相,"坚直廉正,无所阿避。"父杀人,纵父而还自刭。李离为晋文公理官,过听杀人,伏剑而死。《酷吏列传》,叙郅都、宁成、周阳由、赵禹、张汤、义纵、王温舒、尹齐、减宣、杜周十人,他们居官治民,"皆以酷烈为声"。凌稚隆说:"太史公传十吏相效为酷处,首曰'独先严酷',而次则曰'治效郅都',曰'类成由等',曰'治酷于禹',曰'治酷放郅都',曰'声甚于宁成',曰'治放尹齐',曰'尽放温舒',曰'治与宣相放',曰'治大放张汤',曰'暴酷甚于温舒',节节血脉联络。"[100]酷吏十人,皆为汉人,循吏五人,皆为先秦之人,无一人在汉,然则司马迁的传外之意,亦可知了。

《儒林列传》,叙西汉传经诸儒。汉武即位后,招方正良文学之士,"自是之后,言《诗》,于鲁则申培公,于齐则辕固生,于燕则韩大淄傅。言《尚书》,自济南伏生。言《礼》,自鲁高堂生。言《易》,自淄川田生。言《春秋》,于齐鲁自胡毋生,于赵自董仲舒。"由是而及其余传经之儒。《佞幸列传》,叙邓通、韩嫣、李延年诸人。邓通自谨其身以媚，为文帝吮痈；韩嫣善佞，"赏赐拟于邓通"；李延年善歌，"善承意""与上卧起，其贵幸埒如韩嫣。"司马迁将他们归纳在一起，得一结论："非独女以色媚，而士宦亦有之。"并认为他们"非独色爱，能亦各有所长。"[⑩]《滑稽列传》，叙淳于髡、优孟、优旃三人。淳于髡"仰天大笑"，优孟"摇头而歌"，优旃"临槛疾呼"，三人皆"多辩"，善"谈笑解纷"，故司马迁称赞他们"不流世俗，不争势利，上下无所凝滞，人莫之害，以道之用。"[⑩]《货殖列传》，叙范蠡、子贡、白圭、猗顿、郭纵、乌氏倮、巴寡妇清、卓氏、程郑、孔氏、曹邴、刁闲、任氏诸人，但《货殖列传》范围广大，所载实不止于货殖之人，而并于天下地理、风俗、物产以及货殖之理。农工商虞，皆"求富益货"，"富者，人之情性，所不学而俱欲者"，司马迁于天下熙来攘往之际，颇多寄慨与主张，此篇须合《平准书》参看，才能明白司马迁的深意。

《日者》《龟策》二传，恐非史公原著，从略不论。

由以上各节所述，可见《史记》各体及各篇编次的先后，皆非无义，而是经过精心的安排；五体不是决然分立，互不相关的，它们具有相配合、相补足的功用，因此从全书史事记载的关系上，常见五体之间形成一种上下贯串，有无互见，详略互补的有机联系；而合传、附传、类传的运用，又加大、加深了列传体的功用，使它能够容纳更多的历史人物和社会现象。由此可知，《史记》一书有整体的通盘设计和密切的运用配合，它是整体一贯的；把五体合起来，它又是一个新创作——"纪传体"。如拙著《论〈史记〉五体及'太史公曰'的述与作》所论，《史记》五体中各体，有因有创，其"创""作"的成分要比"因""述"的成分大得多，但这还只是第一层次的创作，至于这种把五体合在一起，使之成为"纪传体"的创作，则可视为第二层次的创作。在我们看来，后者并不比前者容易，它需要同等的天才！因此，虽然司马迁把自己的写作自谦为"述故事，整齐其世传"，但就客观的事实而论，《史记》绝对是一部创多于因，作多于述的历史著作。

附：《史记》篇目

按《史记·自序》叙目与篇题及《汉书·司马迁传》所载颇有出入，今以《自序》叙目为主，校以篇题及《汉书·司马迁传》以见异同。

本纪

一 《五帝本纪》第一

二 《夏本纪》第二

三 《殷本纪》第三

四 《周本纪》第四

五 《秦本纪》第五

六 《始皇本纪》第六（篇题作"秦始皇本纪"）

七 《项羽本纪》第七

八 《高祖本纪》第八

九 《吕太后本纪》第九（篇题作"吕后本纪"，《汉书·司马迁传》同）

一〇 《孝文本纪》第十

一一 《孝景本纪》第十一

一二 《今上本纪》第十二（篇题作"孝武本纪"）

表

一三　《三代世表》第一

一四　《十二诸侯年表》第二

一五　《六国年表》第三

一六　《秦楚之际月表》第四

一七　《汉兴以来诸侯年表》第五（篇题作"汉兴以来诸王年表"，《汉书·司马迁传》作"汉诸侯年表"）

一八　《高祖功臣侯者年表》第六（《汉书·司马迁传》作"高祖功臣年表"）

一九　《惠景间侯者年表》第七（《汉书·司马迁传》作"惠景间功臣年表"）

二〇　《建元以来侯者年表》第八

二一　《王子侯者年表》第九（篇题作"建元以来王子侯者年表"）

二二　《汉兴以来将相名臣年表》第十

书

二三　《礼书》第一

二四　《乐书》第二

二五　《律书》第三

二六　《历书》第四

二七　《天官书》第五

二八　《封禅书》第六

二九　《河渠书》第七

三〇　《平准书》第八

世家

三一　《吴世家》第一（篇题作"吴太伯世家"，《汉书·司

马迁传》同）

三二 《齐太公世家》第二

三三 《周公世家》第三（篇题作"鲁周公世家"，《汉书·司马迁传》同）

三四 《燕世家》第四（篇题作"燕召公世家"，《汉书·司马迁传》同）

三五 《管蔡世家》第五

三六 《陈杞世家》第六

三七 《卫世家》第七（篇题作"卫康叔世家"，《汉书·司马迁传》同）

三八 《宋世家》第八（篇题作"宋微子世家"，《汉书·司马迁传》同）

三九 《晋世家》第九

四〇 《楚世家》第十

四一 《越王勾践世家》第十一（《汉书·司马迁传》作"越世家"）

四二 《郑世家》第十二

四三 《赵世家》第十三

四四 《魏世家》第十四

四五 《韩世家》第十五

四六 《田敬仲完世家》第十六（《汉书·司马迁传》作"田完世家"）

四七 《孔子世家》第十七

四八 《陈涉世家》第十八

四九 《外戚世家》第十九

五〇 《楚元王世家》第二十

五一 《荆燕世家》第二十一（《汉书·司马迁传》作"荆燕王

世家")

五二 《齐悼惠王世家》第二十二

五三 《萧相国世家》第二十三

五四 《曹相国世家》第二十四

五五 《留侯世家》第二十五

五六 《陈丞相世家》第二十六

五七 《绛侯世家》第二十七（篇题作"绛侯周勃世家"，泷川资言《考证》谓："古钞本'绛侯'下无'周勃'二字。与史公《自序》合。"《汉书·司马迁传》亦可证）

五八 《梁孝王世家》第二十八

五九 《五宗世家》第二十九

六〇 《三王世家》第三十

列传

六一 《伯夷列传》第一

六二 《管晏列传》第二

六三 《老子韩非列传》第三（老子庄子，唐玄宗开元二十三年奉敕升为列传首，后复旧。）

六四 《司马穰苴列传》第四

六五 《孙子吴起列传》第五

六六 《伍子胥列传》第六

六七 《仲尼弟子列传》第七

六八 《商君列传》第八

六九 《苏秦列传》第九

七〇 《张仪列传》第十

七一 《樗里甘茂列传》第十一（篇题作"樗里子甘茂列传"）

七二 《穰侯列传》第十二

七三 《白起王翦列传》第十三

七四 《孟子荀卿列传》第十四

七五 《孟尝君列传》第十五（《汉书·司马迁传》作"孟尝君列传第十六"）

七六 《平原君虞卿列传》第十六（《汉书·司马迁传》作"平原虞卿列传第十五"）

七七 《魏公子列传》第十七

七八 《春申君列传》第十八

七九 《范睢蔡泽列传》第十九

八〇 《乐毅列传》第二十

八一 《廉颇蔺相如列传》第二十一

八二 《田单列传》第二十二

八三 《鲁仲连邹阳列传》第二十三

八四 《屈原贾生列传》第二十四

八五 《吕不韦列传》第二十五

八六 《刺客列传》第二十六

八七 《李斯列传》第二十七

八八 《蒙恬列传》第二十八

八九 《张耳陈馀列传》第二十九

九〇 《魏豹彭越列传》第三十

九一 《黥布列传》第三十一

九二 《淮阴侯列传》第三十二（《汉书·司马迁传》作"淮阴侯韩信列传"）

九三 《韩信卢绾列传》第三十三

九四 《田儋列传》第三十四

九五　《樊郦列传》第三十五（篇题作"樊郦滕灌列传"，《汉书·司马迁传》同）

九六　《张丞相列传》第三十六（《汉书·司马迁传》作"张丞相仓列传"）

九七　《郦生陆贾列传》第三十七

九八　《傅靳蒯成列传》第三十八（《汉书·司马迁传》作"傅靳蒯成侯列传"）

九九　《刘敬叔孙通列传》第三十九

一〇〇　《季布栾布列传》第四十

一〇一　《袁盎朝错列传》第四十一（篇题作"袁盎晁错列传"，《汉书·司马迁传》作"爰盎晁错列传"）

一〇二　《张释之冯唐列传》第四十三

一〇三　《万石张叔列传》第四十三

一〇四　《田叔列传》第四十四

一〇五　《扁鹊仓公列传》第四十五

一〇六　《吴王濞列传》第四十六

一〇七　《魏其武安列传》第四十七（篇题作"魏其武安侯列传"）

一〇八　《韩长孺列传》第四十八

一〇九　《李将军列传》第四十九

一一〇　《匈奴列传》第五十（《汉书·司马迁传》作"匈奴列传第五十二"）

一一一　《卫将军骠骑列传》第五十一（《汉书·司马迁传》作"卫将军骠骑列传第五十"）

一一二　《平津侯列传》第五十二（篇题作"平津侯主父列传"，《汉书·司马迁传》作"平津主父列传第五十一"）

一一三　《南越列传》第五十三

一一四 《东越列传》第五十四（《汉书·司马迁传》作"闽越列传"）

一一五 《朝鲜列传》第五十五

一一六 《西南夷列传》第五十六

一一七 《司马相如列传》第五十七

一一八 《淮南衡山列传》第五十八

一一九 《循吏列传》第五十九

一二〇 《汲郑列传》第六十

一二一 《儒林列传》第六十一

一二二 《酷吏列传》第六十二

一二三 《大宛列传》第六十三

一二四 《游侠列传》六十四

一二五 《佞幸列传》第六十五

一二六 《滑稽列传》第六十六

一二七 《日者列传》第六十七

一二八 《龟策列传》第六十八

一二九 《货殖列传》第六十九

一三〇 《太公书序略》第七十（篇题作"太史公自序"）

★原载《台湾大学历史系学报》1980 年 12 月第 7 期。

◎ 注释

① 见《台湾大学历史系学报》1978 年第 6 期。
② 《汉书·司马迁传》无此文，据《文选·报任安书》。
③ 《太史公自序》。

④ 赵恒语《史记评林增补》卷一引。

⑤ 《尚书》所录者为典、谟、诰、誓之类的文字,皆是原有的政书。《史记》是通史,虽取材于典籍,但皆须从头自己写过,故不同。

⑥ 王聘珍说:"史迁所云古文,即此《五帝德》及《帝系》二篇皆在《礼记》二百篇之中,与《古文尚书》等经同出孔壁,故谓之古文也。"见《大戴礼记解诂》,目录。

⑦ 朱希祖:《史记本纪起于黄帝说》,《史地丛刊》1920年第一期。

⑧ 陈柱尊:《太史公书讲记(五帝本纪)》,《真知学报》1942年第二卷四期。

⑨ 《尚书正义·孔序》。

⑩ 《汉书·古今人表》。

⑪ 《汉书》卷六二。

⑫ 朱希祖:《史记本纪起于黄帝说》,《史地丛刊》1920年第一期。

⑬ 司马贞说见《秦本纪》篇首《索隐》;刘知几说见《史通·卷二·本纪篇》。

⑭ 《秦本纪》,泷川资言《考证》引。

⑮ 以上二语俱见靳德峻《〈史记〉名称之由来及其体例之商榷·秦本纪条》,《师大国学丛刊》第一卷。

⑯ 《太史公自序》。

⑰ 参考阮芝生:《试论司马迁所说的"通古今之变"》之(五)"以礼义防于利",《沈刚伯先生八秩荣庆论文集》,台北:联经出版公司,1976年版。

⑱ 《自序·历书叙目》。

⑲ 《自序·律书叙目》。

⑳ 《律书》。

㉑ 《史记·律书》即兵书说,可参汪之昌《〈史记·律书〉即兵书论》(《青学斋集》卷十三);杨慎《太史公律书》(《升庵文集》卷四十七)。

㉒ 《河渠书·赞》。

㉓ 《自序·吴世家叙目》。

㉔ 《周本纪》。

㉕ 《自序·越世家叙目》。

㉖ 参考阮芝生：《论〈史记〉五体及"太史公曰"的述与作》之（四）"世家"，《台湾大学历史系学报》1978年第6期，第32—33页。

㉗ 周济：《味隽斋史义·卷一·孔子世家条》。

㉘ 赵翼：《廿二史札记·卷一·史记编次条》。

㉙ 章学诚：《文史涵义·内篇·书教下》。

㉚ 《自序·伯夷传叙目》。

㉛ 高步瀛：《〈史记〉太史公自序笺证》，"列传次第非无意义"，《女师大学术季刊》1930年1卷1期。

㉜ 《自序》，樗里、穰侯、白起三传叙目。

㉝ 刘咸炘：《太史公书知意》卷六。

㉞ 苏辙：《古史·卷四十九·范雎蔡泽列传二十六·苏子曰》（四库全书珍本第六集）。

㉟ 《自序·范雎蔡泽传叙目》。

㊱ 赞中有言："及二人羁旅入秦，继踵取卿相，垂功于天下者，固强弱之势异也。"梁玉绳因说："蔡泽无分寸功于秦，所谓以口舌得官耳，而云功垂天下，何哉？"（《史记志疑》卷三〇）刘咸炘则解为："此从当时之言耳，非果褒之。"（《太史公书知意》卷六）

㊲ 《自序·乐毅传叙目》。

㊳ 《自序·廉颇传叙目》。

㊴ 《自序·田单传叙目》。

㊵ 《自序·鲁仲连邹阳传叙目》。

㊶ 《屈贾传·赞》。

㊷ 《自序·屈贾传叙目》。

㊸ 《屈贾传》。

㊹ 《自序·吕不韦传叙目》。

㊺ 《自序·李斯传序目》。

㊻ 《自序·蒙恬传叙目》。

㊼ 尚镕：《史记辨证·卷八·张耳陈馀列传条》。

㊽ 《自序》各传叙目。

㊾ 尚镕：《史记辨证·卷八·田儋列传条》。

㊿ 《自序·张丞相传序目》。

㊉ 《自序·郦生陆贾传序目》。

㊂ 《自序·袁盎晁错传序目》。

㊃ 《自序·张释之冯唐传序目》。

㊄ 《田叔传·赞》。

㊅ 尚镕：《史记辨证·卷八·张释之冯唐列传条》。

㊆ 刘咸炘《太史公书知意》卷六。

㊇ 高步瀛：《史记太史公自序笺证》，"列传次第非无意义"，《女师大学术季刊》1930 年 1 卷 1 期。

㊈ 《太史公书知意》卷六。

㊉ 《自序·匈奴传序目》。

⑥ 吴汝纶：《史记集评》卷一一〇。

⑥ 汪之昌：《〈史记〉列传编次先后有六义例说》，见《青学斋集》卷十四。

⑥ 《自序·循吏传叙目》。

⑥ 《自序·儒林传叙目》。

⑥ 高步瀛：《史记太史公自序笺证》，"列传次第非无意义"，《女师大学术季刊》1930 年 1 卷 1 期。

⑥ 刘知几：《史通·内篇·编次第十三》。

⑥ 《龟策列传》。

⑥ 《货殖列传》。

⑥ 尚镕：《史记辨证·卷十·货殖列传条》。

⑥ 皇甫湜：《持正文集》，卷二（四部丛刊初编）。

⑦ 李元度：《先正事略·卷二·万季野事略》。

⑦ 朱鹤龄：《愚庵小集·读〈后汉书〉》，卷十三，卷二至三。又赵翼说："凡列侯将相三公九卿，功名表著者，即为立传，此外大臣无功无过者，传之不胜传，

而又不容尽没，则于表载之。”（《廿二史札记·卷一·各史列目异同条》）与此大同。

⑫ 潘永季：《读〈史记〉札记》（《昭代丛书》丁篇补）。

⑬ 方苞：《方望溪全集·史记评语·五帝本纪条》。

⑭ 《平津侯主父列传》卷一一二。徐孚远以为“非事实也，意者欲沮蒙恬之功，故为正言邪。”（《史记评林补标》卷一一二引）此是臆测之书，并无实据。太史公谓“斯知六艺之归”，故为此正言，自是可能。

⑮ 《货殖列传》。

⑯ 《孟子荀卿列传》。

⑰ 以上二例，均见《太史公书义法·卷下》“互著”。

⑱ 《吴太伯世家》。

⑲ 《太史公书义法·卷下》“综观”。

⑳ 《孙子吴起列传》。

㉑ 《项羽本纪》。

㉒ 方苞：《方望溪全集·史记评语·高祖本纪会项伯欲活张良条》。

㉓ 分见《太史公知意》卷六。

㉔ 刘知几《史通·编次第十三》讥为“舛谬”，司马贞《补史》亦云“不宜同传”，然皆未详理由。自思想内容论考韩之思想根本不同者，则可参看萧公权《中国政治思想史》中有关论述。

㉕ 尹继美：《读〈史记·老庄申韩列传〉》，见《鼎吉堂文钞初编》卷一。

㉖ 《自序·扁鹊仓公传叙目》。

㉗ 《史记评林补标》卷九九引。

㉘ 《史记评林补标》卷九三引。

㉙ 《史记评林补标》卷一〇〇引。

㉚ 《自序·万石张叔传序目》。

㉛ 《鲁仲连邹阳传》篇首索隐。

㉜ 张文虎：《舒艺室随笔》卷四。

㉝ 孙德谦：《太史公书义法·合传·卷下》。

(94) 余有丁语,《史记评林》卷八四引。

(95) 《史记评林》卷六三引归有光曰:“太史公列传或数人合传,皆连书不断,今合读之,尤见其奇。自此以下,每人界断提头,必小司马之陋也。”

(96) 刘知几:《史通·列传第六》。

(97) 靳德峻:《史记释例》二附记传。卢文弨亦说:“考附传之体,或行可比伦,或以事相首尾,或以先世冠篇,或以子孙殿后,丝牵绳贯,端绪可寻。”(《读史札记·附传条》。)本文仍从靳氏分类。

(98) 卢南乔:《司马迁在祖国文化遗产上的伟大贡献与成就》,《文史哲》,1956年1月号。

(99) 《自序·游侠传序目》。

(100) 凌稚隆:《史记评林》卷一二二。

(101) 《自序·佞幸传序目》。

(102) 《自序·滑稽列传序目》。

太史公怎样搜集和处理史料

一、基本前提

历史贵乎求真,写史须有根据。太史公要写历史,首先须从搜集史料开始,否则无从写史。但在搜集史料之前,还有一个基本前提存在,那就是:太史公要写什么样的历史?这个前提,不但决定取材的范围和性质,而且也和著述的体裁与宗旨有直接关联。因此,在探讨司马迁的《史记》之前,必须先对这个基本前提有一个综合的认识。

《史记》记事的时间范围,司马迁自己便有二说:一是"卒述陶唐以来,至于麟止。"二是"余述历黄帝以来,至太初而迄。"[1] 黄帝居五帝之首,《史记》始于黄帝,原文俱在,无可争议。但《史记》记事的下限,则颇多异辞,或以为止于太初,或以终于元狩元年(冬十月获麟)[2],或以为止于太始二年(铸黄金为麟趾)[3],或以为"讫于天汉"[4],这是因为《史记》中的记事有及于天汉的缘故。诸说的差异,可自两方面加以裁决:

第一,根据太史公自己所说是"至太初而讫";这还有旁证,《汉兴以来诸侯年表·序》说"臣迁谨记高祖以来至太初诸侯",《高祖功臣侯者年表·序》也说"天下初定……至太初,百年之间,见侯五",《自序》又说"汉兴以来,至于太初百年,诸侯废立分削,谱记不明"⑤,都是以太初为断。至于"陶唐""麟止"之说,那是太史公因自己欲"继《春秋》"而比附的。《春秋》起于鲁隐元年之让国,而终于鲁哀公十四年之获麟。司马迁重让,推崇尧舜揖让之世,故说"卒述陶唐以来",武帝时代适有获麟及铸黄金为麟趾之事,故说"至于麟止",与《春秋》的始终暗合,隐示自己作史之所本。故《公羊传·哀公十四年》末尾说:"制《春秋》以俟后圣,以君子之为,亦有乐乎此也",《史记·自序》的篇末也说:"俟后世圣人君子",比附《春秋》之意,至为昭明。若必欲将"麟止"定为元狩元年或太始二年,则也须将《史记》定为始于唐陶,此与始于黄帝之事实,明明不合。

第二,从《史记》本书中找证据。李奎耀曾将《史记》各篇记事最终年限在汉武时代者,一一检出,列表统计,发现《本纪》《书》《世家》《列传》终于太初者十三,终于太初以后者计天汉四、征和九;表五至表九,记事终于太初者二十二,终于太初以后者计太始一、征和五、后元四。⑥终于太初以后的记事,有的可疑,有的已经证明为后人所续,只有少数几条为行文需要而附及。故《史记》记事的下限,当定在太初,与《自序》相合,少数几条的偶有出入,不足以为证。

从黄帝历虞、夏、商、周、秦、汉,以至太初四年,其间确实的年数,无法统计。晋人张辅以为《史记》记事首尾包含三千年⑦,那只是一个大概数字,实际上不及三千年。黄帝是司马迁所认为信史的开始,太初是武帝的年号,太初元年也是司马迁开始动笔写《史记》的一年⑧。要而言之,太史公所要写的历史,是从黄帝至武帝,也就是从古至今,前后包括两千多年的通史。

太史公怎样搜集和处理史料 | 273

《史记》记事的空间范围，随两千多年来华夏民族活动范围的扩展，以及对四周外族知识的增加而扩大。自原书看来，《史记》的记述不仅限于中国，而且还及于四夷。《匈奴》《南越》《东越》《朝鲜》《西南夷》《大宛》六篇列传，即是从中国的观点来记述它们。《匈奴传》叙及丁灵（丁零）、鬲昆（坚昆）、薪犁，《南越传》叙及闽越、西瓯、骆，《东越传》叙及东瓯和闽越，《朝鲜传》叙及辽东、右渠和朝鲜四郡，《西南夷传》叙及夜郎、汉、邛、巂、昆明、徙、筰、斯榆、冉駹、且兰、僰、髳等国，《大宛传》叙及乌孙、安息、月氏、大月氏、康居、楼兰、姑师、大夏、郁成、扜罙、于寘、条枝、黎轩、仑头、奄蔡等国，甚至还提到身毒（印度）。东起朝鲜半岛，北边自西伯利亚贝加尔湖以南，向西一直延伸到里海的东部，西南至印度，南边达于越南的北半部，这是当时汉人所知的世界范围，也是司马迁写史的空间范围。

自今日来看，《史记》的历史记载并未普及全世界，但自汉人的世界知识和太史公的写史胸襟来看，他的本意是要写世界史的。

《史记》记载的人与事的范围，至为广阔，包罗甚大。以人物言，有帝王、后妃、王侯、贵族公子、大小臣僚、政治家（或政客）、思想家（或学者）、军事家（或军人）、文学家、经学家、策士、隐士、刺客、游侠、酷吏、循吏、医生、卜者、商人、俳优等等，包括了社会各阶层的各种不同地位，不同职业，不同类型的人物。以事类言，除了政治以外，还记述了礼仪（《礼书》）、音乐（《乐书》）、军事（《律书》）、历法（《历书》）、星象（《天官书》）、宗教（《封禅书》）、水利（《河渠书》）、经济（《平准书》《货殖传》）、风俗民情（《货殖传》及他篇）、国际外交（《四夷传》）等，包括了一切有关政治、经济、社会、文化以及自然的现象和变化。乃知太史公是要写全人类各个方面的活动。

综合以上所述《史记》记事的时、空、人、事的范围来看，司马迁所要写的历史，是从古到今两千多年来的人类全史。不仅于此，他还要从两千多年人类的历史中去"稽其成败兴坏之理"⑨"究天人之际""通古今之变"，以"成一家之言"。像这样的胸襟与抱负，在司马迁以前还未出现过。

二、史料的搜集

司马迁既要写两千多年来的人类全史，自非勤搜广罗史料不可。而班固述太史公作史却只举《左氏》《国语》《世本》《战国策》《楚汉春秋》五种书⑩，郑樵更批评"亘三千年之史籍，而局蹐于七八种书"⑪，并引以为恨。但司马迁明言："百年之间，天下遗文古事，靡不毕集太史公，太史公仍父子相续纂其职。"⑫若说太史公作史只"局蹐于七八种书"，焉能令人置信？仅就《史记》书中太史公自己所说读过的书而论，已经远超过七八种，遑论那未曾明言与不言的了！

以下试将司马迁写《史记》所根据的材料，分为载籍、档案、闻见三项说明，以见《史记》取材的广度。

（一）载籍

兹将《史记》中太史公提到与引用的先秦及汉代的书籍，列表统计于下：

名　称	出　处	《汉书·艺文志》	附　注
1.《尚书》 2.《五帝德》 3.《帝系姓》 4.《春秋》 5.《国语》	《五帝本纪·赞》:《尚书》独载尧以来,而百家言黄帝,其文不雅驯。……孔子所传宰予问《五帝德》《帝系姓》,儒者或不传。……总之不离古文者近是。予观《春秋》《国语》。	《尚书》古文经四十六卷 《春秋》古经十二篇,经十一卷,《国语》二十一篇	《五帝德》《帝系姓》见《大戴礼记》
6.《夏小正》	《夏本纪·赞》:孔子正夏时,学者多传《夏小正》云。		凡《大戴礼记》
7.《诗》	《殷本纪·赞》:自成汤以来,采于《书》《诗》。	鲁、齐、韩《诗》各二十八卷,《毛诗》二十九卷	
8.《谍记》 9.《历谱谍》 10.《终始五德之传》 11.《五帝系谍》 12.《尚书集世》 13.《书序》	《三代世表序》:余读《谍记》……稽其《历谱谍》《终始五德之传》……于是以《五帝系谍》《尚书集世》,纪黄帝以来讫共和,为《世表》。 又:孔子因史文,次《春秋》……至于序《尚书》,则略无年月。 《鲁世家》:周公在丰,病,将没,曰:"必葬我成周,以明吾不敢离成王。"——本《亳姑》序		《谍记》或以为即《世本》,或以为谱牒的总称

续表

名　称	出　处	《汉书·艺文志》	附　注
14.《春秋历谱谍》 15.《左氏春秋》 16.《铎氏微》 17.《虞氏春秋》 18.《吕氏春秋》 19.《荀子》 20.《孟子》 21.《公孙固子》 22.《韩非子》 23.张苍历谱五德 24.《董仲舒春秋义》	《十二诸侯年表序》：太史公读《春秋历谱谍》……鲁君子左丘明……因孔子史记，具论其语成《左氏春秋》。铎椒为楚威王傅……采取成败，卒四十章，为《铎氏微》。赵孝成王时，其相虞卿，上采春秋，下观近世，亦著八篇，为《虞氏春秋》。吕不韦者，秦庄襄王相，亦上观尚古，删拾《春秋》，集六国时事，以为八览、六论、十二纪，为《吕氏春秋》。及如荀卿、孟子、公孙固、韩非之徒，各往往捃摭《春秋》之文以著书，不可胜纪。汉相张苍历谱五德，上大夫董仲舒推《春秋》义，颇著文焉。《孟子传》：序《诗》《书》，述仲尼之意，作《孟子》七篇。	《左氏传》三十卷 《铎氏微》三篇 《虞氏微传》二篇 《吕氏春秋》二十六篇 《孙卿子》三十三篇 《孟子》十一篇 《公孙固》一篇 《韩子》五十五篇 《张苍》十六篇 《董仲舒》一二三篇 董仲舒《春秋》灾异之记	
25.《秦记》 26.《礼（礼记）》	《六国年序·表》：太史公读《秦记》……独有《秦记》，又不载月日，其文略不具。 又：《礼》曰：天子祭天地，诸侯祭其域内名山大川。	未录 记百三十一篇	班固曾见《秦记》。《始皇本纪》卷末附载有班固之《秦记论》

太史公怎样搜集和处理史料 | 277

续表

名　称	出　处	《汉书·艺文志》	附　注
27.《乐记》 28.《甘、石历五星法》	《乐书》录《乐记》 《天官书》：故《甘、石历五星法》，唯独荧惑有反逆行。	《乐记》二十三篇	见《礼记》
29.《周官》 30.《终始五德之运》 31.《王制》 32.《礼书》	《封禅书》：《周官》曰：冬日至，祀天于南部云云。 又：自齐威、宣之时，驺子之徒论著终始之运。 又：（汉文帝）使博士诸生刺六经中作《王制》。 又：齐人公孙卿有《札书》。		金德建以为《周官》即今《王制》
33.《太公兵法》	《留侯世家》：旦日，视其书，乃《太公兵法》也。	《太公》二百三十七篇，谋八十一篇，言七十一篇，兵八十五篇	
34.《易》 35.《中庸》	《孔子世家》：孔子晚而喜《易》序略（《自序》）：太史公受《易》于杨何。 又：子思作《中庸》。	《易经》十二篇	见《礼记》
36.《管子》 37.《晏子春秋》	《管晏列传赞》：吾读管氏牧民、山高、乘马、轻重、九府，及《晏子春秋》，详哉其言之也。……至其书，世多有之。	《管子》八十六篇 《晏子》八篇	

续表

名　称	出　处	《汉书·艺文志》	附　注
38.《老子》 39.《庄子》 40.《申子》 41.《老莱子》	《老庄申韩传》：于是老子乃著书上下篇，言道德之意五千余言而去。 又：故其（庄子）著书十余万言，大抵率寓言也。 又：申子……著书二篇，号曰《申子》。 又：《老莱子》……著书十五篇。	《老子邻氏经传》四篇，《老子徐氏经说》三十七篇，《老子徐氏经说》六篇。 《庄子》五十二篇 《申子》六篇 《老莱子》十六篇	
42.《司马穰苴兵法》	《司马穰苴传》：齐威王使大夫追论古者《司马兵法》，而附穰苴于其中，因号曰《司马穰苴兵法》。 又：太史公曰：余读《司马兵法》。	《军礼司马法》百一十五篇	
43.《孙武子兵法》 44.《孙膑兵法》 45.《吴起兵法》	《孙子吴起传》：孙子武者，齐人也，以《兵法》见于吴王阖庐。阖庐曰：子之十三篇，吾尽观之矣。 又：孙膑以此名显天下，世传其《兵法》。 又：太史公曰：《吴起兵法》，世多有，故弗论。	吴《孙子兵法》八十一篇，齐《孙子》八十九篇 《吴起》四十八篇	
46.《孝经》 47.《弟子籍》 48.《论语》	仲尼弟子传：曾参作《孝经》。 又：太史公曰：……则论言《弟子籍》，出孔氏古文近是。余以弟子名姓文字，悉取《论语》弟子问，并次为篇。	《孝经》一篇 《论语》古二十一篇，齐二十二篇，鲁二十篇。	

续表

名　称	出　处	《汉书·艺文志》	附　注
49.《商君书》	《商君传·赞》：余尝读商君开塞耕战书，与其人行事相类。	《商君》二十九篇	
50.《主运》 51.《慎子》 52.《环渊子》 53.《接子》 54.《田骈子》 55.《驺奭子》 56.《公孙龙子》 57.《剧子》 58.《李悝书》 59.《尸子》 60.《长卢子》 61.《吁子》 62.《墨子》 63.《淳于子》	《孟子荀卿传》：邹子……如燕，……作《主运》。又，自驺衍与齐之稷下先生，如淳于髡、慎到、环渊、接子、田骈、驺奭之徒，各著书言治乱之事。而赵亦有公孙龙为坚白同异之辩，剧子之言，魏有李悝尽地利之教，楚有尸子、长卢，阿之吁子焉。自如孟子至于吁子，世多有其书。……盖墨翟宋之大夫，善守御，为节用。	《驺子》四十九篇 《慎子》四十二篇 《田子》二十五篇 《邹奭子》十二篇 《公孙龙子》十四篇 《尸子》二十篇 《长卢子》九篇 《墨子》七十一篇	
64.《魏公子兵法》 65.《报燕王书》	《信陵君传》：诸侯之客进兵法，公子皆名之，故世俗称《魏公子兵法》。《乐毅传·赞》：始齐之蒯通及主父偃读乐毅之《报燕王书》。	《魏公子图》二十一篇十卷	
66.《离骚》 67.《贾谊文》 68.《宋玉赋》 69.《唐勒赋》	《屈原贾生传》：余读《离骚》《天问》《招魂》《哀郢》，悲其志……及见贾生吊之（按指《吊屈原赋》）……读《服鸟赋》	《屈原赋》二十五篇 《贾谊》五十八篇 《贾谊赋》七篇 《宋玉赋》十六篇 《唐勒赋》四篇	

280 | 史记的读法

续表

名　称	出　处	《汉书·艺文志》	附　注
70.《景差赋》	楚有宋玉、唐勒、景差之徒者，皆好辞而以赋见称。		
71.蒯通长短说（《战国策》）	《田儋传·赞》：蒯通者善为长短说，论战国之权变为八十一首。	《战国策》三十三篇	参金德建《战国策作者的推测》
72.《新语》	《郦生陆贾传·赞》：余读陆生《新语》书十二篇。		金德建以为即《楚汉春秋》，见《楚汉春秋的记事范围和性质》
73.《春秋杂说》	《平津侯主父传》：公孙弘……年四十余乃学《春秋杂说》。	《公羊杂记》八十三篇	
74.《司马相如赋》	《司马相如传》：相如他所著若《遗平陵侯书》《与五公子相难》《草木书》篇不采，采其尤著公卿者云。	司马相如赋二十九篇	本传载其子虚赋、喻巴蜀檄、难蜀父老、谏猎疏、哀二世赋、大人赋、劝封禅文。
75.《韩诗内传》 76.《韩诗外传》 77.《礼（仪礼）》 78.《春秋公羊传》 79.《春秋榖梁传》	又：韩生推《诗》之意，为《内外传》，数万言。 诸学者多言《礼》……于今独有士礼，高堂生能言之。 又：汉兴至于五世之间，唯董仲舒为明于《春秋》，其传《公羊氏》也。 又：瑕丘、江生为《榖梁春秋》。	《韩诗内传》四卷 《韩诗外传》六卷 《礼经》十七篇 《公羊传》十一卷 《榖梁传》十一卷	杨树达以为《韩诗内传》未亡，今之《外传》十卷即包括《汉志》之《内外传》。说见《汉书补注补正》。

续表

名　　称	出　　处	《汉书·艺文志》	附　注
80.《禹本纪》 81.《山海经》	《大宛传·赞》：至《禹本纪》，《山海经》所有怪物，余不敢言之也。	《山海经》十三篇	
82.《周书》	《货殖传》：《周书》曰：农不出，则乏其食；工不出，则乏其事；商不出，则三宝绝；虞不出，则财匮少。	《周书》七十一篇	
83.《论六家要旨》	《自序》：太史公仕于建元、元封之间，愍学者之不达其意而师悖，乃《论六家之要旨》曰……		
84.《尚书·大传》	《鲁世家》：子之鲁，慎无以国骄人。	《尚书·大传》四十一篇	
85.《淮南子》	《殷本纪》：西伯之臣闳夭之徒，求美女奇物善马以献纣，纣乃赦西伯。——本《道应篇》	《淮南》内二十一篇	
86.《春秋纬》	《天官书》：荧惑为孛，外则理兵，内则理政。故曰：虽有明天子，必视荧惑所在。——本《文耀钩》		
87.《楚汉春秋》	《汉书·司马迁传·赞》：述《楚汉春秋》。	《楚汉春秋》九篇	

续表

名　称	出　处	《汉书·艺文志》	附 注
88. 黄帝扁鹊之《脉书》	《扁鹊仓公传》：传黄帝扁鹊之《脉书》。	《黄帝内经》十八卷 《扁鹊内经》九卷，《外经》十二卷	

说明：本表大体依据卢南乔《论司马迁及其历史编纂学》之附录以及金德建《司马迁所见书考》改作。

由上表可知，司马迁写《史记》时所使用的书籍，有八十八种。汉朝自惠帝废除禁书之律以后，到武帝时又广开献书之路，故如《自序》所说："百年之间，天下遗文古事，靡不毕集太史公。"政府的藏书再加上民间的献书，其数量自然极为可观；这些官府公家的收藏，应当就是司马迁所说的"史记石室金匮之书"。司马迁既说："䌷史记石室金匮之书"，那么，这些书他都应该看到，如何能说他只用了八十八种书呢？须知太史公看过的数据，不一定就使用，使用了的数据，也不一定都一一言明。写史必有选择，司马迁所使用的数据，必定只占他所看过的数据中的一小部分。因此，我们认为司马迁写史绝对不只用了八十八种书籍，这个数目只是为我们所知的罢了！况且，取材的完备与否，也不能以数量的多寡来决定，而应以与史事本身所遗留的史料的百分比来决定。假若关于某事的史料有一百种，而史家只用了五十种，仍不能算多；假若关于某事的史料只有一种，而史家竟用了，也不能说少。《汉书·艺文志》所载西汉时代的藏书："大凡书六略，三十八种，五百九十六家，万三千二百九十六卷。"其中除去在司马迁以后晚出者外，相信当时官府已有收藏，太史公当能见到并加以利用。班固写《汉书》，武帝以前的文字，大体上照抄《史记》，并未多加什么新的数据，从这一点就可以证明司马迁对于史料的搜集是相当完备的。[13]

（二）档案

载籍之外，还有政府的官书公文、图册条例等档案，为太史公作史的依据。这些档案，有汉代的，也有汉代以前的，当是"石室金匮之书"中的一部分，不是一般人所能看到和利用的。以下是《史记》中所见知的档案种类。

1. 秦楚之际。《秦楚之际月表序》："太史公读秦楚之际。"表中有关秦楚之际五年间兵争分合种种的记述，当是当时史臣的记录，为司马迁作表的根据。

2. 高祖侯功臣。《高祖功臣侯者年表序》："余读高祖侯功臣。"表中所记侯功、侯第、封、迁、除、复等，必有档案可稽，才能写出。

3. 列封。《惠景间侯者年表》："太史公读列封。"列封当是封国时的记录，由此可知《汉兴以来诸侯王年表》《建元以来侯者年表》《建元以来王子侯者年表》，也必有列封之类的档案作为根据。

4. 功令。《儒林传》："余读功令。"功令就是当时考绩或评定功劳的法令[14]，不是已经列入档案，就是即将列入档案的。

5. 制。如《封禅书》："是岁制曰：'朕即位十三年于今，赖宗庙之灵，社稷之福，方内艾安，民人靡疾，间者比年登，朕之不德，何以飨此？皆上帝诸神之赐也。盖闻古者飨其德，必报其功，欲有增诸神祠，有司议增雍五畤路车各一乘，驾被具；西畤、畦畤，禺车各一乘，禺马四匹，驾被具；其河、湫、汉水，加玉各二。及诸祠，各增广坛场，珪币俎豆，以差加之。而祝厘者归福于朕，百姓不与焉。自今祝致敬，毋有所祈。'"

6. 诏。如《匈奴传》："天子意欲困胡，乃下诏曰：'高皇帝遗朕平城之忧，高后时单于书绝悖逆，昔齐襄公复九世之雠，《春秋》大之。'"

7. 赞飨。如《封禅书》："（太初元年）天子亲至泰山，以十一月甲子朔旦冬至日，祠上帝明堂，毋修封禅，其赞飨曰：天增授皇帝太元神策，周而复始，皇帝敬拜太一。"

8. 图。如《留侯世家》："余以为其人魁梧奇伟，至见其图，状貌如妇人好女。"张良之图当系官府所藏。《封禅书》："济南人公玉带上黄帝时明堂图。"黄帝明堂图当是公玉带伪造，但既上与武帝后，必纳入官府档案。

以上所举秦楚之际、高祖侯功臣、列侯、功令、制、诏、赞飨、图，都是汉初以至武帝时代的档案。至今《史记》中还有一些文字，可以看出原来档案的原文的，如三王世家全录封册原文。又如赵翼已经指出："《史记·曹参世家》叙功处，绝似有司所造册籍。自后樊哙、郦商、夏侯婴、灌婴、傅宽、靳歙、周缍等传记功，俱用此法，并细叙斩级若干，生擒若干，降若干，又分书身自擒若干，所将卒擒斩若干，又总叙攻得郡若干，县若干，擒斩大将若干，裨将若干，二千石以下若干，纤细不遗，另成一法，盖本分封时所据功册，而遥料简存之者也。（《张良传》，以诸将未定封，急趣丞相御史定功行封，是必先有功册）。"[15]司马迁还看到过汉代以前的档案，这从以下二事可以证明。一是司马迁说："余至大行礼官，观三代损益，乃知缘人情而制礼，依人性而作仪。"[16]他在礼官那里能够看出三代损益的道理来，自然是汉代以前的档案。二是刘邦入关时，萧何"独先入，收秦丞相御史律令图书"[17]，以后萧何定律令，韩信申军法，张苍定章程，叔孙通起朝仪，大约都参考或根据这些图书档案，故郑樵说："且高祖以马上得之，一时间武夫役徒知诗书为何物，而此数公又非老师宿儒博通古今者，若非图书有在，指掌可明见，则一代之典未易举也。"[18] 这是不错的。

（三）闻见

载籍与档案，都是属于文字的，它们是司马迁写史的主要数据来源。但《史记》中还有一部分司马迁亲身的耳目闻见，是属于口传与实物的，数量也许不多，但却是极珍贵的直接史料。《史记》书中司马遷自述游历的文字不少，综其游踪所至来看，"则知当时全汉版图，除朝鲜、河西、岭南诸新开郡外，所历殆遍矣"[19]。在游历天下时，司马迁纵览山川形势，考察风俗物产，采访故老遗迹，采集民间传说，不但增广了他的见闻知识，而且也滋润丰富了他的性灵与心胸。

《史记》中司马迁自述闻之他人的文字有：

1.《项羽本纪》："吾闻之周生曰：'舜目盖重瞳子。'又闻项羽亦重瞳子。"

2.《赵世家》："吾闻之冯王孙曰：'赵王迁，其母倡也，嬖于悼襄王。悼襄王废適子嘉而立迁，迁素无行，信谗，故诛其良将李牧，用郭开。'"冯王孙就是冯遂，是冯唐之子，与司马迁交好[20]，此段话太史公闻之冯遂，冯遂闻之冯唐，而冯唐则是闻之冯唐的祖父（《冯唐传》也载有这段话，并说："臣大父言……"），虽然经历数代口传，却是渊源有自。

3.《刺客传》："始公孙季功、董生与夏无且游，具知其事，为余道之如是。"

4.《樊郦传》："吾适丰沛，问其遗老，观故萧、曹、樊哙、滕公之家，及其素，异哉所闻！方其鼓刀屠狗卖缯之时，岂自知附骥之尾，垂名汉庭，德流子孙哉！余与他广通，为言高祖功臣之兴时若此云。"

他广是樊哙之孙，故其言尚可信据。

5.《郦生陆贾传》："至平原君子，与余善，是以得具论之。"此平原君是指朱建，朱建之子文帝时为中大夫。

6.《卫霍传》："苏建语余曰：'吾尝责大将军至尊重，而天下之贤大夫毋称焉，愿将军观古名将所招选择贤者，勉之哉！大将军谢曰："自魏其武安之厚宾客，天子常切齿，彼亲附士大夫，招贤绌不肖者，人主之柄也，人臣奉法遵职而已，何与招士？"'"

7.《自序》："余闻董生曰：周道衰废，孔子为司寇，诸侯害之，大夫壅之，孔子知言之不用，道之不行也，是非二百四十二年之中，以为天下仪表……"此董生是董仲舒，《刺客传》所说"与夏无且游"的董生，则是另外一人。

8.《自序》："先人有言，自周公卒，五百岁而有孔子……余闻之先人曰：伏羲至纯厚，作《易》八卦，尧舜之盛，《尚书》载之，礼乐作焉……堕先人所言，罪莫大焉。"这里所说的"先人"，都是指司马谈。司马氏世为史官，则司马谈平日必有教诲，司马迁承其父学，所受于过庭之教必定不少，甚至《史记》中可能有司马谈整理过的材料或文字，只是我们不能确实指证罢了[21]。

以上所举周生、冯王孙、公孙季功、董生、樊他广、朱建之子、苏建、董仲舒、司马谈诸人，皆知其名姓，此外还有不具姓名的"长老""遗老""说者""淮阴人""墟中人""方士祠官"和其他的人。如：《五帝本纪》："余尝西至崆峒，北过涿鹿，东渐于海，南浮江淮矣。至，长老各往往称黄帝、尧、舜之处，风教固殊焉。"（《龟策传》也有"问其长老"之句，但可能不是太史公的文字）《樊郦传》："吾适丰沛，问其遗老……"《魏世家》："吾适故大梁之墟，墟中人语曰：'秦之破梁，引河沟而灌大梁，三月城坏，王请降。'……说者皆曰：'魏以不用信陵君故，国削弱至于亡。'"《淮阴侯传》："吾如淮阴，淮阴人为余言：'韩信虽为布衣时，其志与众异。其母死，贫无以葬，然乃行营高敞地，令其旁可置万家。'余视其母冢，良然。"《封禅书》："余从巡祭天地诸神……究观方士祠官之意。"《孟尝君传》："吾尝过薛，其俗闾里率多暴桀子弟，与邹鲁殊，问其故，曰：'孟尝君招致天下任侠、奸人入薛中，盖六万余家矣。'世之传孟尝君好客自喜，名不虚矣！"

耳闻之外，又有目睹，孙德谦曾将太史公所亲见者，分为见其地，见其人，见其事，见其物四项[22]，试分别言之：

1. 见其地者。如《河渠书》："余南登庐山，观禹疏九江，遂至于会稽太湟，上姑苏，望五湖；东窥洛汭、大邳，迎河，行淮、泗、济、漯、洛渠，西瞻蜀之岷山及离碓；北自龙门，至于朔方。曰：甚哉，水之为利害也！"《齐太公世家》："吾适齐，自泰山属之琅邪，北被于海，膏壤二千里，其民阔达多匿知，其天性也。"《信陵君传》："吾过大梁之墟，求问其所谓夷门，夷门者，城之东门也。"凡司马迁游踪所至者皆是。

2. 见其人者。如《韩长孺传》："余与壶遂定律历，观韩长孺之义，壶遂之深中隐厚，世之言梁多长者，不虚哉！"《李将军传》："余睹李将军，悛悛如鄙人，口不能道辞。及死之日，天下知与不知，皆为尽哀。彼其忠实心诚信于士大夫也？"《游侠传》："吾视郭解状貌不及中人，言语不足采者，然天下无贤与不肖、知与不知，皆慕其声，言侠者，皆引以为名。"

3. 见其事者。如《礼书》："余至大行礼官，观三代损益，乃知缘人情而制礼，依人性而作仪，其所由来尚矣！"《封禅书》："余从巡祭天地诸神名山川而封禅焉，入寿宫侍祠神语，究观方士祠官之意，于是退而论次自古以来用事于鬼神者。"《河渠书》："余从负薪塞宣房，悲《瓠子之诗》，而作《河渠书》。"

4. 见其物者。如《孔子世家》:"适鲁,观仲尼庙堂车服礼器,诸生以时习礼其家,余低回留之,不能去云。"《留侯世家》:"余以为其人计魁梧奇伟,至见其图,状貌如妇人好女。"

以上所述司马迁亲身耳闻目睹的闻见,只是在《史记》的文字上所能考见的部分。司马迁写《史记》,详近而略远,汉初以来,尤其是武帝时代的历史,之所以能写得那么详悉、真实而动人者,不但是因为时代越后史料越多,而且也因为他以当代人写当代史,亲身经历、耳闻目睹的事情太多的缘故。司马迁业已把他亲身的闻见,融入他的文字里,我们不可仅以有限的若干条证据来局限或估量它!

三、史料的考订

司马迁既掌握了以上所说的丰富数据,那么他又如何正确地处理这些数据呢?在载籍、档案与闻见三类数据中,闻见是亲身所经历,档案是当时的记录,最接近真实可信,唯有载籍数量庞大、性质复杂,必须先加考订,然后才能运用。考订是史家处理史料的第一步,但必须有其原则或标准。以下试举司马迁在考订史料时所遵循的几项原则。

(一)考信六艺

司马迁于《伯夷传》的开端说:"夫学者载籍极博,犹考信于六艺。"又于《孔子世家·赞》中说:"自天子王侯,中国言六艺者,折中于夫子,可谓至圣矣!"明白表示他是主张载籍以六艺为断,而六艺则以孔子为归的。《伯夷传》不仅是为伯夷作传,也是为全书之发凡起例,关于这点,章学诚早已指出[23]。但是,何以必须载籍以六艺为断,而六艺以孔子为归呢?司马迁将载籍分为"六经异传"和"百家杂语"二大类,六艺是自古传下来的经典,比起"百家杂语"来,它是比较有根据有系统的古史数据。在古代,六艺并非儒家的专利品,凡是有学问的人皆可以研究、解说,但自从孔子整理六艺以后,六艺才成为儒家的代表经典,并且变得更有系统更有内容,而为天下所宗。故司马迁考信六艺,并以孔子为断,实包含有"群言淆乱折诸圣"[24]的意思。若以实际的例子来说明,则《伯夷传》虽载《采薇》轶诗,但司马迁并不取信,而以孔子"求仁得仁,又何怨乎"断之。许由虽是高士,但不见于六艺,又不为孔子所称述,故司马迁也不为立传。《禹本纪》说河出昆仑,其高二千五百余里,其上有醴泉瑶池,《山海经》中也有谈到地理,司马迁却说:"今自张骞使大夏之后也,穷河源,恶睹《本纪》所谓昆仑者乎?"[25]除了以张骞的实地考察来反驳《禹本纪》之说以外,并主张:"言九州山川,《尚书》近之矣!"[26]认为《尚书》所说的九州岛山川,比较接近实际的地理情况。对于五帝之首的黄帝的数据,司马迁认为"百家言黄帝,其文不雅驯,荐绅先生难言之"[27],而采用"孔子所传"的"宰予问《五帝德》及《帝系姓》"[28],并且根据他自己"西至崆峒,北过涿鹿,东渐于海,南浮江淮"实地见闻有关黄帝的民间传说,加以印证,而"著为本纪书首"。

(二)多从古文

司马迁说:"总之,不离古文者近是。"[29]可见是认为古文比较可以信据。司马迁所说的"古文"指何而言呢?王国维说:"太史公修《史记》时所据古书,若《五帝德》,若《帝系姓》,若《谍记》,若《春秋历谱谍》,若《国语》,若《春秋左氏传》,若《孔子弟子籍》,

凡先秦六国遗书非当时写本者，皆谓之古文。"他还举证说："《五帝本纪》云：'孔子所传宰予《五帝德》及《帝系姓》，儒者或不传。余尝西至崆峒，北过涿鹿，东渐于海，南浮江淮矣，至，长老皆各往往称黄帝尧舜之处，风教固殊焉，总之，不离古文者近是。'《索隐》云：'古文谓《帝德》《帝系》也。'是《五帝德》及《帝系姓》二篇本古文也。《三代世表》云：'余读《谍记》，黄帝以来皆有年数，稽其《历谱谍》《终始五德》之传，古文咸不同，乖异。'是《谍记》与《终始五德传》亦古文也。《十二诸侯年表》云：'太史公读《春秋历谱谍》。'又云：'谱谍独记世谥，其辞略，欲一观诸要难，于是谱十二诸侯，自共和讫孔子，表见《春秋》《国语》，学者所讥盛衰大指，著于篇，为成学治古文者要删焉。'是《春秋》《国语》皆古文也。《吴太伯世家》云：'余读《春秋》古文，乃知中国之虞与荆蛮句吴，兄弟也。'此即据《左氏传》宫之奇所云太伯虞仲太王之昭者以为说，而谓之《春秋》古文。是太史公所见《春秋左氏传》亦古文也。《七十二弟子列传》云：'《弟子籍》出孔氏古文，近是。'此孔氏古文非壁中书，乃谓孔氏所传旧籍而谓之古文。是《孔子弟子籍》亦古文也。然则太史公所谓古文，皆先秦写本旧书，其文字虽已废不用，然在当时尚非难识，故《太史公自序》云：'年十岁则诵古文。'"㉚古文既是先秦的写本旧书，则拿它来考订先秦的史事，自然比较接近历史的真实。

（三）阙疑传疑

遇到史料有可疑之处而不能决其是非时，司马迁有两个办法，一是阙疑，一是传疑。

1. 阙疑。司马迁于《高祖功臣侯年表》说："于是谨其终始，表见其文，颇有所不尽本末，著其明，疑者阙之。"又于《仲尼弟子列传》说:"余以弟子名姓文字,悉取《论语》弟子问,并次为篇,疑者阙焉。"这是明言要阙疑。故司马迁记陈豨说"宛朐人也,不知始所以得从"[31];记荆王刘贾说"诸刘,不知其何属"[32];记楚季连之后说"其后中微,或在中国,或在四夷,弗能纪其世"[33];记勾践之先为禹之苗裔、少康之庶子,封于会稽,以奉守禹之祀,文身断发,披草莱而邑,而说"后二十余世,至允常"[34],以及其他如《匈奴传》所说"二百余年""又二百余年"等例子,[35]都是司马迁阙疑的实践。孔子曾说:"君子于其不知,盖阙如也。"[36]又说:"多闻阙疑,慎言其余。"[37]这应当是司马迁阙疑之所本。

2. 传疑。传疑与阙疑相反而实相成。《三代世表》说:"孔子因史文,次《春秋》,纪元年,正时日月,盖其详哉!至于序《尚书》,则略无年月,或颇有,然多阙不可录,故疑则传疑,盖其慎也。"据此,则传疑之法,也是本于孔子。[38]司马迁之作《三代世表》,其中即有传疑的部分。此外,《史记》书中又有许多例子。如:《周本纪》说:"西伯盖即位五十年,其囚羑里,盖益《易》之八卦为六十四卦,诗人道西伯,盖受命之年称王而断虞、芮之讼。后十年而崩,谥为文王。"文中连用三个"盖"字,"盖"者,疑辞,当时有此传说,太史公不敢必其果然,所以于"西伯崩,太子发立,是为武王"后,又补载这一段话。又如《殷本纪》采《韩诗外传》说:"纣作炮烙之刑。王子比干曰:'主暴不谏,非忠也;畏死不言,非勇也;见过即谏,不用即死,忠之至也。'"又说:"比干谏而死,箕子曰:'知不用而言,愚也。杀身以彰君之恶,不忠也。二者不可,然且为之,不祥莫大焉。'遂解发佯狂而去。"是以比干死而后箕子奴,而箕子以比干之死为非。但《宋世家》却说:"纣为淫佚,箕子谏,不听,人或曰:'可以去矣!'箕子曰:'为人臣,谏不听而去,是彰君之恶,而自说于民,吾不忍为也。'乃被发佯狂而为奴。"又说:"王子比干见者……"

箕子谏不听而为奴，则曰：‘君有过而不以死争，则百姓何辜！’乃直言谏纣，纣怒曰：‘吾闻圣人之心有七窍，信有诸乎？’乃遂杀王子比干，刳视其心。”是以箕子奴而后比干死，而比干以箕子之奴为非。二者不同。靳德峻以为“《本纪》之次，同于《韩诗外传》，而《世家》之次与《论语·微子篇》相侔，是先有此二说，史公取而并存之也。”[39]又如《老子传》说：“或曰：‘老莱子亦楚人也。’……或曰：‘儋即老子。’或曰：‘非也。’世莫知其然否！”《孟子荀卿传》说：“墨翟，宋之大夫，善守御，为节用，或曰：‘并孔子时。’或曰：‘在其后。’”对于老子是否即老莱子或太史儋，墨子是否为孔子时代的人，司马迁都不敢肯定，而并传其疑辞。阙疑固然是谨慎，传疑也是谨慎。孙德谦曾论传疑的道理说：“夫人生古人后，传闻异辞，安能由我而决之，所以传疑者，留待后贤之研讨耳！使是非任意，远行去取于其间，如我之所删存者未必得当，岂不使后人转滋疑误乎？故疑以传疑，慎之至也。”[40]

（四）订正错误

在考订史料的过程中，若发现一般的说法错误时，则加以辨别订正。如《周本纪》说：“学者皆称周伐纣，居洛邑。综其实，不然。武王营之，成王使召公卜居，居九鼎焉，而周复都丰镐，至犬戎败幽王，周乃东徙于洛邑。”这是订正周伐纣即都洛邑的错误，以为周之都洛，实在幽王以后。《苏秦传》说：“苏秦被反间以死，天下共笑之，讳学其术。然世言苏秦多异，异时事有类之者，皆附之苏秦。夫苏秦起闾阎，连六国从亲，此其智有过人者，吾故列其行事，次其时序，毋令独蒙恶声焉。”这是要订正世俗附会苏秦之事的错误。《刺客传》说：“世言荆轲，其称太子丹之命，天雨粟，马生角也。太过！又言荆轲伤秦王，皆非也。”这是订正世俗所传天雨粟、马生角和伤秦王的错误。《郦生陆贾传》说:"世之传郦生书,多曰'汉王已拔三秦,东击项籍,而引军于巩、洛之间,郦生被儒衣往说汉王',乃非也。自沛公未入关,与项羽别而至高阳,得郦生兄弟。"这是订正郦生被儒衣说汉王说的错误,而以为高祖之得郦生是在高阳,本传中业已厘定。

司马迁既用以上所说的四项原则来考订史料,那么《史记》记事的可靠性一定是很高的。这可以从两件事实来证实。一是看他对外国的记事,沈刚伯师说:"试看他所载大宛、康居、月支诸国之事,原系得之传闻,而仍有好些地方可与西人的记载互相印证;对域外之事尚且可信,则其对于本国文献之征考翔实,应可令人不必多作无凭证之怀疑了。"[41] 二是看他对古代的记事。自从殷墟发掘与甲骨文研究兴起以后,给予我们比较书本上的纸上材料与考古发掘的地下材料的机会。王国维先生首先发表他的名作:《殷卜辞中所见先公先王考》及《续考》。[42] 以下我们借用屈翼鹏先生所立的两个表,来比较《史记·殷本纪》和殷墟卜辞所记载的殷代先公先王世系名号。

殷代的先公

《殷本纪》	甲骨文	备 注
帝喾	夒	夒是否帝喾,尚难定,姑列于此
契		
昭明		
相土		
昌若		
曹圉		
	王夨	王夨世次未详,姑列于此
冥	季	季是不是冥,还难肯定,姑列于此

续表

《殷本纪》	甲骨文	备 注
振	王亥	
	王恒	王恒和王亥的关系，还不能肯定，姑列于此
微	上甲	
报丁	匚乙	
报乙	匚丙	
报丙	匚丁	
主壬	示壬	
主癸	示癸	

殷代的帝王

《殷本纪》	甲骨文	备 注
成汤、天乙（主癸子）	大乙、唐、成（示癸子）	《论语》《墨子》等书说他名履
太丁（成汤子）	大丁（同左）	《孟子》和《史记》都说他未即位
外丙（太丁弟）	卜丙（同左）	《竹书纪年》作外丙胜
中壬（外丙弟）	南壬（同左）	《孟子》《竹书纪年》《世本》，皆作仲壬
太甲（成汤孙）	大甲（同左）	
沃丁（太甲子）		《竹书纪年》作沃丁绚
太庚（沃丁弟）	大庚（大甲子）	《竹书纪年》作小庚辨
小甲（太庚子）	小甲（同左）	《竹书纪年》作小甲高
雍己（小甲弟）	己（同左、世次在大戊后）	《竹书纪年》作伷
太戊（雍己弟）	大戊（大庚子；世次在雍己前）	

续表

《殷本纪》	甲骨文	备 注
仲丁（太戊子）	中丁（同左）	
外壬（仲丁弟）	卜壬（同左）	
河亶甲（外壬弟）	戋甲（卜壬弟）	《竹书纪年》作河亶甲整，《吕氏春秋》作整甲
祖乙（河亶甲子）	中宗、祖乙（中丁子）	《竹书纪年》作中宗祖乙滕
祖辛（祖乙子）	祖辛（同左）	
沃甲（祖辛弟）	羌甲（同左）	《竹书纪年》作开甲逾，《世本》作开甲
祖丁（祖辛子）	祖丁（同左）	
南庚（沃甲子）	南庚（羌甲子）	《竹书纪年》作南庚更
阳甲（祖丁子）	象甲（同左）	《竹书纪年》作阳甲，一本作和甲
盘庚（阳甲弟）	盘庚、三祖庚（象甲弟）	《竹书纪年》作盘庚旬
小辛（盘庚弟）	小辛、二祖辛（同左）	《竹书纪年》作小辛颂
小乙（小辛弟）	小乙、下乙（同左）	《竹书纪年》作小乙敛
武丁（小乙子）	武丁（同左）	《周易》《尚书》皆有高宗之称
	祖己、兄己、小王（武丁子，未即位）	《战国策》《荀子》《庄子》等书，都作孝己
祖庚（武丁子）	祖庚（同左）	《竹书纪年》作祖庚曜
祖甲（祖庚弟）	祖甲（同左）	《竹书纪年》作祖甲载，国语作帝甲

续表

《殷本纪》	甲骨文	备 注
廪辛（祖甲子）	祖辛、三祖辛（同左）	《竹书纪年》等书作冯辛
庚丁（廪辛弟）	康丁、廪祖丁、康（祖辛弟）	
武乙（庚丁子）	武乙、武祖乙（康丁子）	
太丁（武乙子）	文武丁（同左）	《竹书纪年》作文丁
帝乙（太丁子）		《周易》《尚书》都作帝乙
帝辛、纣		《尚书》《竹书纪年》都说他名受

说明：本表取自屈万里《史记殷本纪及其他记录中所载殷商时代的史事》一文（《台湾大学文史哲学报》第十四期）。

根据上表，我们可做以下的分析。第一，上甲以下的先公先王世系名号，卜辞较《殷本纪》详细而且正确。如报甲以下三个先公，卜辞的次序是匚、𠂤、刀，而《史记》作报丁、报乙、报丙，卜辞正确。小甲以下两个先王，《史记》的次序是雍己、太戊，而卜辞则大戊在前，雍己在后，卜辞正确。《殷本纪》以太庚为沃丁之弟，而卜辞则记为大甲之子，卜辞正确。《殷本纪》只记盘庚一名，而卜辞则记有盘庚、三祖庚二名，卜辞较详。小辛、小乙、武丁，也都是如此。第二，《殷本纪》虽有错误，但较严重的错误，只有以上世次颠倒的两个例子，其余多半是文字的错误。如卜辞康丁，《殷本纪》作庚丁，误"康"为"庚"。卜辞卜丙、卜壬，《殷本纪》作外丙、外壬，误"卜"为"外"。卜辞文武丁，《殷本纪》作太丁，误"文"为"太"。这些可能是原文漫汗或传写不慎所造成的错误。第三，上甲以上的先公，卜辞虽有王夭、王恒，而《殷本纪》不载，其世次因而也不能决定。第四，《殷本纪》有契、昭明、相土、昌若、曹圉等先公，为卜辞所无；又上甲以下的先公先王沃丁、帝乙、帝辛，亦为卜辞所无。因此，若仅以世次的多寡而论，《殷本纪》较卜辞为详。根据以上的分析，以卜辞与《殷本纪》对照比较，双方的缺失与优长，都表露无遗。《殷本纪》固然有些错误，但大体来说，是有根据的，可信的。太史公不曾见到甲骨文，《殷本纪》的错误，可能是由于他所根据的史料本身已非完善所造成，而不是他的过错。

倘若以上所论不虚，《史记》所记域外与古代的史事尚且可信，则其他有关中国和近代的记事，应当更可信据才对。

四、史料的整理与运用

把搜集来的史料加以考订之后，还要懂得如何去整理、运用。考订后的史料数量庞大，性质复杂，不能不加以整理，也不能毫无别择地全加采用；必须经过整理、选择、剪裁与安排，才能见诸文字。选择是属于用与不用的问题，剪裁是详略轻重的问题，安排是位置的问题，见诸文字则是写作的问题。司马迁在运用史料时，也必定经过这个整理、选择、剪裁、安排与见诸文字的过程，只是他未曾在《史记》中向我们详细说明罢了。《史记》毕竟是两千多年前的产物，司马迁不会想到我们会如此地去分析和要求他的作品，因此，他也不会处处向我们交代他对史料的运用。以下仅是我们所知的司马迁整理、运用史料的一些原则与方法。

（一）厥协六经异传

司马迁要考信六艺，折衷孔子，但孔子之后六经有异传，那又怎么办呢？他的主张就是“厥协六经异传”。[43]“厥协”就是“协”，“协”者，合也，王先谦解释为“稽合同异，折衷取材”[44]。“厥协六经异传”，就是不偏从六经的某一传，而是把六经的各种异传都“稽合同异，折衷取裁”一番，因为它们都各有其价值，不可偏废，要紧的是善加采择。这我们只要举司马迁对《诗》《书》《春秋》三经异传的运用，便可明白。

1.《诗》。《诗》有齐、鲁、韩三家（《毛诗序》当属后起，司马迁不及见）异传，司马迁兼采三家诗说而以鲁诗为主。陈乔枞说：“《史记》叙传自言‘讲业齐、鲁之都’，子长宜习《鲁诗》。又《儒林传》言‘韩婴为《诗》与齐、鲁向殊’，似不深信韩氏。且子长时，《诗》唯鲁立博士，故《史记》所引《诗》皆鲁说也。”又说：“全氏祖望云：‘太史公尝从孔安国问《古文尚书》，安国为《鲁诗》者也，史迁所传当是《鲁诗》。’乔枞今即以《史记》证之，其传儒林，首列申公，叙申公弟子，首数孔安国，此太史公尊其师傅，故特先之。据是以断，《史记》所载《诗》，必为鲁《诗》无疑矣！”[45]《史记》中的《诗》说，绝大部分属于《鲁诗》，如《关雎》(《十二诸侯年表》《儒林传》)、《鹿鸣》(《十二诸侯年表》)、《采薇》(《周本纪》)，这是不错的，但也偶尔有例外。太史公于《司马相如传·赞》说：“《大雅》言王公大人、而德逮黎庶，《小雅》讥小己之得失，其流及上。”《索隐》引《诗纬》说：“《小雅》讥已得失，及之于上也。”二说酷似。但《荀子·大略篇》说：“《小雅》不以于污上，自引而居下，疾今之政，以思往者。”《毛诗大序》说：“王政之所由废兴也，政有小大，故有《小雅》焉，有《大雅》焉。”二说均与太史公说不同。可见司马迁是根据《诗纬》说，也就是《齐诗》说的。[46] 又孔子学琴于师襄，事见《韩诗外传》五与《淮南子·主术篇》，司马迁也许是根据《淮南子》而不是《韩诗外传》。但《循吏传》："孙叔敖者，楚之处士也。虞丘相进之于楚庄王，以自代也。"梁玉绳说："《左传》无所谓虞丘相，而《韩诗外传》七，《列女传》与《说苑·至公》同《史》。"[47]《列女传》与《说苑》俱系后出，则司马迁所言此事，显然是根据《韩诗外传》的了。可见司马迁在《诗经》异传的取材上，虽然是以《鲁诗》为主，但也偶尔采及齐、韩二家的。

2.《书》。司马迁于《书经》异传，兼采今、古文二家，而且还采及《尚书逸篇》。司马迁时，《尚书》只有欧阳一家立博士，司马迁原习《欧阳尚书》，以后又从孔安国"问故"[48]，遂兼通今古。孔安国原为今文博士，传《欧阳尚书》，但孔氏又有《古文尚书》，"而安国以今文读之，因以起其家，《逸书》得十余篇"[49]。所谓"以今文读之"者，王国维解释说："盖《古文尚书》初出，其本与伏生所传颇有异同，而尚无章句训诂。安国以今文定其章句，通其假借，读而传之，是谓以今文读之。"[50] 所谓"因以起其家"者，王引之解释说："起，兴起也；家，家法也。汉世《尚书》多用今文，自孔氏治古文经，读之，说之，传以教人，其后遂有古文家，是古文家法自孔氏兴起也。"[51] 太史公年十岁诵古文，又从孔安国问故，有此学术背景，故能博采《尚书》异传。据金德建考证，《史记》中所征引的各篇《尚书》，凡篇目六十，篇数六十四（其中盘庚、太甲均有三篇）。[52] 六十篇中，《尧典》(《五帝本纪》)、《禹贡》《皋陶谟》(《夏本纪》)、《甘誓》(《夏本纪》《三代世表》)、《汤誓》《盘庚》《高宗肜日》《西伯戡黎》(《殷本纪》)、《牧誓》(《鲁世家》)、《大诰》(《周本纪》《鲁世家》)《康诰》《酒诰》《梓材》(《周本纪》《魏世家》)、《召诰》《洛诰》《顾命》《多方》《甫刑》《洪范》(《周本纪》)、《多士》《无佚》(《周本纪》《鲁世家》)、《微子之命》(即微子,《周本纪》《宋世家》)、《君奭》(《燕世家》)、《晋文侯命》(即文侯之命,《晋世家》)、《立政》《金縢》《肸誓》(《鲁世家》)、《秦誓》(《秦本纪》),属《今文尚书》篇目;《胤征》(《夏本纪》)、《汤诰》《伊训》(《殷本纪》)、《尚书·周书·冏命》(《周本纪》),属《古文尚书》篇目;《五子之歌》(《夏本纪》)《帝诰》《汤征》《女鸠》《女房》《夏社》《典宝》《仲虺之诰》《咸有一德》《明居》《肆命》《徂后》《太甲训》《沃丁》《咸艾》《原命》《仲丁》《高宗之训》(俱见《殷本纪》)、《太誓》(《周本纪》《齐世家》)、《武成》《分殷之器物》(即《分器》)、《归禾》《嘉禾》《周官》《贿息慎之命》《毕命》(俱见《周本纪》),与百篇书序中的篇目相同;但《殷本纪》所征引的"太戊"与《周本纪》所征引的"五官有司"二篇《尚书》,其篇名都不见于百篇书序,司马迁当另有所本。

3.《春秋》。《春秋》有三传,太史公于《春秋》异传大体是史事多从《左氏》,经义则本《公羊》。[53]司马迁确实见过《左氏春秋》,并且屡加引用。如《五帝本纪》"昔高阳氏有才子八人"至"乃流四凶族,迁于四裔,以御魑魅"一段,乃据文公十八年传文;《周本纪》"齐桓公使管仲平戎"至"管仲卒受下卿之礼而还"一段,乃据僖公十二年传文;《吴世家》:"余读《春秋》古文,乃知中国之虞,与荆蛮句吴兄弟也",乃据僖公五年传宫之奇语;《历书》:"周襄王二十六年,闰三月,而《春秋》非之",乃据文公元年传文。[54]汉初称《春秋》是合经传而言的,《史记》中征引《公羊传》的文字很多,太史公并从董生那里受《春秋》义,我们在《史记》中可以举出二十条以上的证据。《儒林传》说:"故汉兴至于五世之间,唯董仲舒为明于《春秋》,其传《公羊氏》也。"《宋世家·赞》:"《春秋》讥宋之乱,自宣公废太子而立弟,国以不宁者十世",乃本隐公三年传文,《左传》则美宋宣公知人,与此意正相反。《宋世家·赞》又说:"襄公既败于泓,而君子或以为多,伤中国阙礼义,褒之也",乃本僖公二十二年传文。《淮南王安传》引《春秋》曰:"臣无将,将而诛",乃本庄公三十二年传文。《匈奴传》载武帝下诏伐匈奴,说:"昔齐襄公复百世之仇,《春秋》大之",乃本庄公四年传文。《太史公自序》:"《春秋》文成数万,其旨数千。"颜师古注说:"《公羊》经传凡四万四千余字,史迁岂谓《公羊》之传为《春秋》乎!"[55]《史记》中"春秋"一词有三义,一是指《春秋经》,一是指《左氏》,一是指《公羊》(合经言)。《左氏》记事详赡,故司马迁记事取《左氏》;《公》《穀》俱传《春秋》口义,而《公羊》较《穀梁》为长,故司马迁述《春秋》义皆本《公羊》。

(二)整齐百家杂语

司马迁对"六经异传"要厥协之,对"百家杂语"则要整齐之,故说:"整齐百家杂语。"[56]《汉志·诸子略·小说家类》有"《百家》百三十九卷",是为书名。宋本《说苑》有刘向序,其中有这样的话:"臣向所校中书,《说苑》杂事,除去与《新序》重复者,其余浅薄不中义,则集以为《百家》。"故知《百家》是刘向所辑的。[57]金德建因而主张《五帝本纪·赞》"百家言黄帝,其言不雅驯",主父偃传"学长短纵横之术,晚乃学《易》《春秋》、百家言",《甘茂传》"甘茂事下蔡史举先生,学百家之说",《范雎蔡泽传》"应侯闻曰:五帝三代之事,百家之说,吾既知之",《自序》"厥协六经异传,整齐百家语说"中的"百家",就是《汉志》所说的《百家》,并且认为"刘向之所以会用'百家'二字来做书名,我想大概是因为司马迁早就这样称呼过它,刘向便因仍旧贯,把现成有过的采取下来沿用了。"[58]但我们却持相反的看法。"百家"既是刘向"别集"辑成的,则是到刘向时才成书具名，假若司马迁时已有此书，并且已称它为"百家"，则岂能说是刘向"别集"辑成？假若《汉志》的《百家》真是司马迁所说的"百家"，那么，《汉志》的《百家》属小说家类，"浅薄不中义"，太史公写史时应该摒弃它才对，何必拿它与"六经异传"对举，而要"整齐"它？主父偃何必晚年去学它，拿它与《易》《春秋》并举？甘茂又何必事史举先生去学这种不足观的东西呢？应候说"百家之说，吾既知之"，这有什么值得夸耀的呢？因此，我们认为：《史记》所说的"百家"仍是泛指先秦的诸子百家而说，若竟把它视为一部"浅薄不中义"的书，是不正确的。诸子百家，各名一家，其说互异，故司马迁要"整齐诸子百家杂说之语"。[59] 可惜我们今天所看到的只是司马迁所整齐的结果，对于他在整齐时所经历的过程已经不能确指了。

（三）史料的去取

司马迁自述对于史料的去取，有以下的几种情形。

1. 标明取材。如《殷本纪》："余以《颂》次契之事，自成汤以来，采于《诗》《书》。"《仲尼弟子传》："余以弟子名姓文字悉取《论语》弟子问。"《司马相如传》："相如他所著，若《遗平陵侯书》《与五公子相难》《草木书篇》不采，采其尤著公卿者云。""相如虽多虚辞滥说，然其要归引之节俭，此与《诗》之风谏何异？……余采其语可论者著于篇。"此外，闻诸当世之人如公孙季功、樊他广等人者，也都自行说明史料的来源。

2. 择雅。《五帝本纪》："百家言黄帝，其文不雅驯，荐绅先生难言之……予观《春秋》《国语》，其发明《五帝德》《帝系姓》章矣，顾弟弗深考……余并论次，择其言尤雅者。"司马迁于《春秋》《国语》及孔子所传的《五帝德》《帝系姓》，尚且要"择其尤雅"，则对其他史料自然更要择雅了。司马迁于首篇发此择雅之义，也正是说明全书取材的一个共同原则。

3. 著有关天下存亡。司马迁于《留侯世家》说："（张良）所与上从容言天下事甚众，非天下所以存亡，故不著。"张良是一位与天下存亡有关系的人物，故取其大者，录其与天下存亡有关的言论与事业，否则就省略了。张良如此，则其他与张良类似的人物，其取材也必是如此。反过来看，则一些微小普通的人、事与物，司马迁将不予记载，故他于《陈杞世家》说："杞小微，其事不足称述。"又说："滕、薛、驺、夏、殷、周之间封也，小，不足齿列，弗论也。"又说："及幽厉之后，诸侯力攻相并，江、黄、胡、沈之属，不可胜数，故弗采著于传上。"他对于一些仪文度数，有官司专守的事物，也都不予记载。

4. 录轶事。《管晏传·赞》说："既见其著书，欲观其行事，故次其传，至其书，世多有之，是以不论，论其轶事。"故司马迁于《管晏传》不详其生平大事，而记其一二轶事，如管仲与鲍叔牙相交事，不见于《管子》，而见于《列子·力命篇》；晏婴赎越石父事，不见于《晏子春秋》，而见于《吕氏春秋·观世篇》。凡轶事，皆非大事，但可以因小见大，表现人物的性格或关系到他们一生的成败。

5. 世多有者不论。如管晏之书，世多有，故不论。司马迁又于《乐书》说："春歌《青阳》，夏歌《朱明》，秋歌《西皞》，冬歌《玄冥》。世多有，故不论。"又于《司马穰苴传·赞》说："世既多《司马兵法》，以故不论。"又于《孙子吴起传·赞》说："《吴起兵法》，世多有，故弗论，论其行事所施设者。"又于《孟荀传》说："自如《孟子》至于《吁子》，世多有其书，故不论其传云。"由此可知，司马迁著史，并不是要以《史记》一书取代一切之书，他只是要写"成一家之言"的《史记》，与他人之书并传。因此，凡《史记》的记载，司马迁都自有抉择，后人不可以总录一切史料的眼光来求全于他。《史记》中不载贾谊《政事疏》、董仲舒《天人三策》、晁错《言边事疏》，而《汉书》都有记载，并不是司马迁不了解它们的重要，而是因为《史记》是通史，不能把一切重要史料都录在《史记》里面。[60]司马迁传人，主要是考其行事，论其轶事，在主观的选择上，他也不想把这些长篇的文字抄载在《史记》里。这些文字，官府已有档案保存，甚至民间也有流传，他也不必担心会因为他不抄载而失传。

（四）详近略远

司马迁写《史记》，详近而略远，在时间和空间上都是如此。他写近代当代的事情要比古代的事情来得详悉，写中国的事情也比写域外的事情来得详细，这仅从《史记》篇数的分配上便可看出来。司马迁写秦以来一百多年的历史，用去了全书三分之二的篇数，而写黄帝以来至秦的两千多年的历史，却只用了不足三分之一的篇数，他写外国的篇数则有六篇。这固然是因为司马迁受到材料本身的限制，同时也是他顺应材料所作的自然的剪裁。他以为"神农以前尚矣"[61]，不予记载，而从黄帝写起。但《五帝本纪》已写得简略，写黄帝所根据的是"儒者或不传"的《五帝德》《帝系姓》，写尧舜所根据的则是那"略无年月，或颇有，然多阙不可录"的《尚书》。

司马迁又说："略推三代，录秦汉"[62]，已经自己明言要详近略远了。我们考察《周本纪》，发现"敬王以后，赧王以前，二百年无一事"[63]，这是因为周史记独藏周室，遭秦火焚灭，司马迁只能根据《诗》《书》《国语》《左传》《战国策》来写，遂有残缺。秦虽烧诸侯史记，《秦记》却得以保存，秦自文公十三年始有史官，《秦记》

应当始于这一年,秦处边远之地,又很晚才有史官,因此记六国的史事便不够完整和精确,但记秦国的史事则较完备。因此,司马迁同样根据《秦记》写六国世家与《秦本纪》,而《秦本纪》的记事却比六国世家为详细,其道理在此。刘邦入关,萧何先收秦所藏的图记,《秦记》当为后来太史公所亲见,故他写《秦始皇本纪》特别详细。而且,司马迁写列传,不详写他国人物,而独详写秦人,如商君、张仪、樗里子、甘茂、甘罗、穰侯、白起、王翦、范雎、蔡泽、吕不韦、李斯、蒙恬诸人,孙德谦说:"迁岂有私于秦哉,据《秦记》为本,此所以传秦人特详乎!"[64]秦以后,司马迁写得更为详细,五帝只合为一纪,三代也只各为一纪,秦则有《秦本纪》与《始皇本纪》两篇,汉则每帝各为一纪。而且,司马迁所写汉代的人物也更为增多,写得也更详细,尤其是他自己所亲身见闻到的史事,譬如《魏其武安侯传》所写二人争构之事便是。

(五)叙事位置的安排

事件不是由一个人所构成的,当某一事件关系到二人以上时,史家究竟将此一事件叙述在哪一个人的篇章里呢?须知同一事件对于关系到的各个人,往往是有不同轻重的,史家对此一事件叙述位置的安排,即可反映出他对此一事件与其所关系到的各个人的轻重的看法。司马迁便是如此。譬如:刘邦过鲁祀孔子,司马迁不载于《高祖本纪》,而载于《孔子世家》,因为祀孔子一事在刘邦是平常的,在孔子则为一种殊荣。朱家救季布,司马迁不载于《游侠列传》中的《朱家传》,而载于《季布传》,因为对经常收藏亡命的朱家来说,收藏季布并不是什么特殊的举动,而对于季布来说,则是性命攸关的大事。同样地,张良蹑汉王足诈封韩信为齐王,又许封韩信、彭越以土地二事,司马迁在《留侯世家》中仅略提一下,而详载于《淮阴侯传》和《项羽本纪》,也是因为张良常为刘邦出谋划策,此事在张良不过是其中一例,而在韩信与彭越来说,则有生死存亡的关系(以上三例皆为季镇淮所举)。把事件载于此篇而不载于彼篇,或略叙于此篇而详叙于彼篇,是为互见法,《史记》中这类的例子很多。《秦本纪》有"其事在商君语中""其语在《始皇本纪》中",《吕后本纪》有"语在齐王语中",《孝文本纪》有"事在《吕后》语中",《礼书》有"事在《袁盎》语中",《赵世家》有"语在《晋》事中",《萧相国世家》有"语在《淮阴侯》事中",《留侯世家》有"语在《淮阴》事中""语在《项籍》事中",《绛侯世家》有"其语在《吕后》《孝文》事中",《袁盎晁错传》有"其语具在《吴》事中",《郦生陆贾传》有"语在《南越》语中""语在《黥布》语中",《滑稽传》有"语在《田完世家》中",都是属于这种情形,但还有许多是没有明言的。季镇淮进一步指出:这种互见法的作用,不只是消极地避免叙述事件的重复,而是积极地运用资料,集中事件,或补充事件,以塑造人物的形象。[65]季氏的看法是非常正确的。

(六)整齐古代语文

史料经过处理后,方可见诸文字,但古代的语文往往艰深难解,如果一字不改地照抄使用,不但与史家的文笔不能配合,而且也难使读者看懂,有违史家写史的本意。司马迁在写《史记》时,对于古代的语文常加上一层整齐的功夫,他把那些艰深、拗口的古代语文,都翻译成平浅、流畅的通俗语言。这样一来,一般人就是读那佶屈聱牙的周诰殷盘,也不会觉得太费力了。

以下试比照《尚书·尧舜典》与《史记·五帝本纪》所记尧典的文字,以为证明。

《尧典》	《五帝本纪》
帝曰："畴咨若时登庸？"放齐曰："胤子朱启明。"帝曰："吁！嚚讼，可乎？"帝曰："畴咨若予采？"讙兜曰："都！共工方鸠僝功。"帝曰："吁！靖言庸违，象恭滔天。"帝曰："咨！四岳。汤汤洪水方割，荡荡怀山襄陵，浩浩滔天，下民其咨，有能俾乂？"佥曰："於！鲧哉！"帝曰："吁！咈哉！方命圮族。"岳曰："异哉！试可，乃已。"帝曰："往，钦哉！"九载，绩用弗成。	尧曰："谁可顺此事？"放齐曰："嗣子丹朱开明。"尧曰："吁！顽凶！"不用。尧又曰："谁可者？"讙兜曰："共工旁聚布功，可用。"尧曰："共工善言，其用僻，似恭漫天，不可。"尧又曰："嗟，四岳，汤汤洪水滔天，浩浩怀山襄陵，下民其忧，有能使治者？"皆曰："鲧可。"尧曰："鲧负命毁族，不可。"岳曰："异哉，试不可用而已。"尧于是听岳用鲧。九载，功用不成。

从以上的对照，可以很清楚地看出司马迁对《尧典》文字的改易是很多的。但司马迁引用《左传》《国语》《战国策》来写春秋战国的历史时，却很少更动词句，因为这些文字已容易为一般人所了解。

司马迁引用古代资料每每改易原文，这一点宋代的王观国已经注意到，他说："观《史记》用《尚书》《战国策》《国语》《世本》《左传》之文，多改其正文。改'绩用'为'功用'，改'厥田'为'其田'，改'肆觐'为'遂见'，改'宵中'为'夜中'，改'咨四岳'为'嗟四岳'，改'革奸'为'主奸'，改'慎徽'为'慎和'，改'烈风'为'暴风'，改'克从'为'能从'，改'浚川'为'决川'，如此类甚多。"⑥其中多半以训诂字与同音字代替，也有改其语气的。这是司马迁处理史料文字的一部分方法，进一步的分析则将进入文学的范围，本文从略。

五、结　语

　　司马迁决心写一部人类全史，这件工作太巨大了，为达成目的，他搜集史料异常辛勤，采获十分丰富；他对史料有考订的眼光，也有鉴别的能力，更有传疑、阙疑的审慎谨严的态度；他在整理、选择、剪裁、安排史料的过程上，能提出正确的原则和方法；他能自己说明史料的来源，何以记载和不记载某些史事；他还能齐史料文字之不齐，把艰深难解的文字改写或翻译成平浅易懂的文字，以求明白通晓；这些多半是《史记》以前的史书所不具备的。司马迁对于自己的写史工作，具有充分的反省和自觉，他的史学方法和精神与现代的史学方法和精神是非常相近的。以今日的眼光来看，《史记》或许还有不足之处，但那是受到时代与文字的局限。倘若我们能从以上所叙述的已知部分，来透视司马迁写史时的内心活动，则我们将发现：生活在两千多年前的司马迁，实具有一个现代史家的心灵，这才是太史公的伟大处。

　　★本文原为作者博士论文《司马迁的史学方法与历史思想》中的第三章"史料的搜集与处理"。征得作者同意，改易今名，发表于台北《书目季刊》1975年3月第7卷4期。

◎ 注释

　　① 《太史公自序》。
　　② 班彪《略论》："上自黄帝，下讫获麟。"《汉书·扬雄传》："太史公记六国，历楚汉，讫麟止。"后人多引此以为终于元狩元年之证。崔适《史记探源》并引八证以圆其说。但刘咸炘《太史公书知意·序论》及李奎耀《史记决疑·四·记事年限》（《清华学报》四卷一期），对崔氏所举八证均有详驳。

③ 《汉书·司马迁传》服虔注:"武帝至雍,获白麟,而铸金作麟足形,故曰麟止,迁作《史记》止于此,犹《春秋》终于获麟然也。"以"趾"与"止"通,故作此解。

④ 《汉书·司马迁传》。裴骃《集解·序》,司马贞《索隐·序》《索隐·后序》,张守节《正义·序》,皆从其说。

⑤ 参泷川资言:《考证·史记总论·史记记事》。

⑥ 李奎耀:《史记决疑·(四)·记事年限》,《清华学报》第四卷第一期。

⑦ 《晋书·张辅传》。

⑧ 王国维说:"案《自序》五年而当太初元年,于是论次其文。是史公作《史记》,虽受父谈遗命,然其经始则在是年。盖造历事毕,述作之功乃始也。"见《太史公系年考略》。

⑨ 《文选·报任安书》作"稽其成败兴坏之纪",《汉书·司马迁传》"纪"字作"理",此从《汉书》。

⑩ 《汉书·司马迁传·赞》。

⑪ 郑樵:《通志叙》。

⑫ 《太史公自序》。

⑬ 参卢南乔:《论司马迁及其历史编纂学》,《文史哲》1955年第11期。

⑭ 陈槃先生说:"功令者,一切考绩署功劳之令之通称。奖励学官之令,自亦包括其中。"见《汉晋遗简偶述·(壹)功令条》,《史语所集刊》第十六本。

⑮ 赵翼:《廿二史札记·卷一·史记变体》。

⑯ 《礼书·序》。

⑰ 《萧相国世家》。

⑱ 郑樵:《通志·图谱略一》。

⑲ 梁启超:《要籍解题及其读法·史记》,中华书局版。

⑳ 《冯唐传》:"武帝立,求贤良,举冯唐。唐时年九十余,不复为官,乃以唐子遂为郎。遂字王孙,亦奇士,与余善。"

㉑ 顾颉刚有《司马谈作史考》(见《周叔弢先生六十生日纪念论文集》),企图证明《史记》中有若干篇出自司马谈手笔,但顾氏并无确证。

㉒　孙德谦：《太史公书义法·卷下·征见》。

㉓　章学诚：《文史通义·书教下》说："《伯夷列传》，乃七十篇之序例，非专为伯夷传也。"

㉔　扬雄：《法言·君子篇》。

㉕㉖　《大宛传》。

㉗—㉙　《五帝本纪》。

㉚　王国维：《观堂集林·史记所谓古文说》。

㉛　《韩信卢绾传》。梁玉绳驳传文说："常功臣表，豨以前元年从起，何云不知始所从。"(《志疑》，卷三二)《功臣表》所记的是时间，不是因缘，梁氏误驳。

㉜　《荆燕世家》。

㉝　《楚世家》。

㉞　《越王勾践世家》。

㉟　参靳德峻：《史记释例十四·阙文传疑例》，国学小丛书，商务印书馆版。

㊱　《论语·子路篇》。

㊲　《论语·为政篇》。

㊳　参崔述：《丰镐考信录》卷二。(《崔东壁遗书》)。

㊴　靳德峻：《史记释例一·两存传疑例》。

㊵　孙德谦：《太史公书义法·卷上·载疑》。

㊶　沈刚伯：《古代中西的史学及其异同》，1965年8月，东海大学。

㊷　王国维：《观堂集林》卷九。

㊸　《太史公自序》。

㊹　王先谦：《汉书补注》卷六二。

㊺　陈乔枞：《鲁诗遗说考》卷一；另参金德建《司马迁所见书考·史记所引诗系鲁诗说》。

㊻　此例系内野熊一郎所举，见《史記に於はる史遷の詩說》，《东方学报》（东京）第一〇册。

㊼　梁玉绳：《史记志疑》卷三五。

㊽　梁玉绳：《史记志疑》。

太史公怎样搜集和处理史料　｜　311

㊾ 《汉书·儒林传》。

㊿ 王国维：《观堂集林·史记所谓古文说》。

㉛ 王念孙：《读书杂志》卷三之六。

㉜ 金德建：《司马迁所见书考·史记所引各篇尚书考》。

㉝ 关于这一点，前人如邵晋涵（《四库提要分纂稿·史记条》）、高步瀛（《太史公自序笺证》）均已指出。又，张鹏一有《史记本于公羊考》，载《陕西教育月刊》1937 年三卷三期至四期，未见。

㉞ 参孙德谦：《太史公书义法·卷下·据左》；金德建：《司马迁所见书考·司马迁所称〈春秋〉系指〈左传〉考》。

㉟ 《汉书补注》卷六二。以上参金德建《司马迁所称春秋亦指公羊传考》。

㊱ 《太史公自序》。

㊲ 此说本胡寄尘，转引自金德建《司马迁所见书考·"百家"书的性质》。

㊳ 金德建：《司马迁所见书考·"百家"书的性质》。

㊴ 张守节《正义》以此解"整齐百家杂语"。

㊵ 刘咸炘说："凡马不载之文，班载之者，皆马体通史，不能详，班书断代，可以详。昔人多谓班载文过多为好文章，又或谓马不载，逊于班，皆谬论也。吾谓读史公书须先将'黄帝以来迄于麟止'八字熟记，诸论班马异同者，皆未熟记耳。"见《太史公言知意》卷六。（推十书）

㊶ 《历书》。

㊷ 《太史公自序》。

㊸ 方苞：《史记评语·周纪条》（方望溪全集）。

㊹ 孙德谦：《太史公书义法·详近篇》。

㊺ 季镇淮：《司马迁》，上海：上海人民出版社 1955 年版，第 113—114 页。

㊻ 王观国：《学林·卷三·五帝本纪条》。

千秋太史公

《史记》是中国的正史鼻祖、散文大宗,且是一部"百王大法"[①]。在中国,它是一部"奇书",金圣叹誉为"才子"之作。

在海外,它拥有众多读者,列在世界名著之林。日本近邻中国,《史记》流传已久,往昔汉学者能直接研读,近代学者则努力进行日译,已有多部问世。《新释汉文大系》中的《史记》[②],即为吉田贤抗与水泽利忠后出之新译。至于欧美,因流传较晚,文字悬殊,故《史记》迄今未见西方语文之全译本。法国早期汉学家沙畹,美国现代学者华特生及俄国汉学家越特金,均曾各自用他们自己国家的文字移译部分篇卷,但皆未竟全功[③]。近年,以美国维士康辛大学倪豪士教授为首之四人小组,有志将《史记》全部译成英文,并加详注,实乃一时盛事[④]。

回视国内,五四以来,白话风行;古典文言,阅读为艰。故约自1960年代起,台湾地区提倡今注今译,大陆则流行新校新注。现今海峡两岸已出版之《史记》全译或全注本,至少当在五种以上;多半出自众手,也不乏独力完成者。其中,王利器先生主编之《史记注译》四大册[⑤],系由大陆四十位学者共同注译完成;由于体例统一,注释简明,译笔流畅,堪称佳本。台湾古籍出版社立意将之重印,并请张烈先生等增订详校,着意加工,以期完善。稿成,索序于我。念及诸先生尽瘁于此,有功斯文,繁体排印,美观逼真,凡此均对保存学术遗产、普及文化知识,贡献良多,且为两岸合作之佳例,故不能推辞,且不愿虚应。以下谨就往日学思所及,略陈管见,并就教于大雅君子。

第一,《史记》是中国古代第一部有组织、有方法、有宗旨、规模宏大、思想丰富且创造力高的历史著作。

《史记》以前,不能明显看出已有成熟的史学出现。所谓"成熟的史学",沈刚伯师曾认为应具备下列六个条件:"(一)对直接间接的史料,有精确的考证;(二)对杂乱的史料,有成系统的排列;(三)对历史的发展,寻出因果关系;(四)对过去的史实,有正确的解释和评价;(五)使古人的陈迹成为有益于今人的知识;(六)由历史知识培养成历史思想。"[6]以此衡量中国古代的史籍,则那"文选式"的《尚书》,"账簿式"的《春秋》,甚至"叙事有系统,有别裁,确成为一种'组织体'的著述"[7]的《左传》,都未完全具备,或仅具体而微;唯有《史记》,对此各种条件,无不圆满具备。

《史记》有系统的组织,有相当完备的史学方法,有极高超的著述宗旨。它所记载的时间,上下两千余年;所记载的空间,遍及当时的世界(天下);所记载的人物,涵盖上自帝王下至医卜的各个社会层面;所记载的事情,上自天文,下至地理,大自朝章国典,小至民生日用;举凡时代政治的演变,社会经济的动态,学术思想的趋向,民族文化的状况等,莫不包罗容纳,实在是一部空前的著作。自从《史记》出现以后,中国史学的园地拓宽了,也凿深了,由附庸蔚成"大国",逐渐演成正史的谱系,难怪郑樵要称赞它是"六经之后,唯有此作"[8]。

第二,《史记》是以述为作,但"作"的成分要比"述"的成分多。

述与作,因与创,本来不可严格分别;作中必有述,创中也必有因，天下绝无无因之创与无述之作。因此，有明明是"作"的，而作者往往谦称为"述"，不敢自居于作；其他所谓"述"者，乃以述为作。孔子之"述而不作"[9]，便是如此；孟子之"述仲尼之意，作《孟子》七篇"[10]，也是如此。唐人司马贞与张守节，俱注《史记》，前者说《史记》是"汉太史司马迁父子之所述"[11]，后者认《史记》为"汉太史公司马迁作"[12]，两人各执一词，各有所偏。司马迁自己说："余所谓述故事，整齐其世传，非所谓作也。"[13] 但这只是太史公的谦辞，犹之乎他一方面以壶遂比《史记》于《春秋》为"谬"，另方面又以"继《春秋》"为"小子何敢让焉"[14]一样，须要识得真意。

《史记》之以述为作，可以从其取材、体裁与思想、宗旨看出来。《史记》的取材，莫不有根据，诚所谓"述故事"；但对史料的处理和运用，却系经过史家的一番别出心裁。《史记》的体裁，本纪、表、书、世家、列传与"太史公曰"，多少都有所本；但其五体与"太史公曰"各自所具有的复杂而灵活的功能，使得它们与旧有的面貌精神完全不同。我们在每一体上，都可看出司马迁的创造力。不但如此，司马迁又进一步把五体与"太史公曰"合而构成一种综合的"纪传体"，以本纪为经，其他诸体为纬；使它们虚实相资，详略互见，彼此配合，各尽其用，既有整体的通盘设计，又有密切的联络配合，这又是一层伟大的创作。司马迁成功地运用这种"纪传体"，有系统地容纳那些经过考信的史事，把两千多年来的人类历史，做了一次全盘的清理，并在其中"究天人之际，通古今之变"，从客观的历史事实出发，来说明自己对于历史与人生的看法。于是，《史记》之为学，已经超出史学与文学的范畴，而达到一种历史思想之境界了。

像这样一部体大思精、"体圆用神"[15]的作品，无论如何是不能全视之为"述"的。太史公虽然不愿自居于"作"，但我们不能不承认它实在是创作。

第三,《史记》不仅是一部良史,而且是百王大法;司马迁不但是一位超卓的史学家,而且还是一位经世的思想家。

先秦诸子,各名一家。西汉去战国未远,司马迁承战国诸子遗风,著书亦"成一家之言"。故《史记》虽是史书,而带有子书的性质。它不是官书的"记注",而是私家的"撰述",所以太史公才说要"藏之名山""传之其人"。先秦各家的学说,政治气味极浓。司马迁世为史官,又欲"继《春秋》",二者都与政治有密切的关系,故《史记》之富于政治思想,乃必然之事。史官"历记成败、存亡、祸福、古今之道"[16],最明白政治与人事的道理。《周官》属"太史"于"春官",为治人事之官,明言"史掌官书以赞治"[17]。可见上古的史官,本来是一种与政事有密切关系的官职。

《史记》之继《春秋》,不在体裁上,《史记》的"纪传体"比《春秋》的"编年体"要进步得多;不在取材上,《史记》的取材比《春秋经》或《左传》要丰富得多;不在文字上,《史记》的文字比《春秋经》与《左传》要生动有趣得多;而是在精神和思想上。司马迁在《史记》中所陈述的《春秋》,是一部"垂空文以断礼义""以达王事""以寓王法""当一王之法""长于治人"的书。孔子作《春秋》,立一王之法,冀能"拨乱反正"。司马迁作《史记》,则于两千多年历史中,推明成败得失之故、盛衰治乱之由,最后提出"以礼义防于利"的主张,实是归本于那"礼义之大宗"的《春秋》[18]。故司马迁不仅是一位卓越的历史家,更是一位通达治道之原的思想家。

他既不能达其所学以改变汉朝的政治(从司马迁政治思想的高度往下看,他对汉之立国,尤其是武帝时代的政治,甚感失望,颇多微言;这与后人艳称武帝功业者的认识不同),乃想将他的思想传之后世。不仅如此,他还在历史中的治乱吉凶上,穷究天人的关系,阐明天人的界限，提高人道的尊严和可贵，让我们懂得尽人事以希天、合天[19]，觉悟到原来史学中也可以有一套安身立命之学。史学讲到这个地步，真是高明极了！

但这一部伟大的《史记》，这一种高明的史学，是司马迁用他的血泪与生命换来的。在前后约二十年的写作中，司马迁自有他的一番惨淡经营，匠心独运，来写出他的宏识孤怀与深心微意。后人如果不明其作史大义，不知其时代背景，不察其个人遭际，而支离片段地加以批评，是不会得其真相，也不能深入堂奥的。根据以上所述，今人把《史记》只当作正史鼻祖的"史书"，已是认识不足；倘若再把它视同廿四史般仅供翻查检阅的"史料"，那更是大错而特错了。

第四，纪传体的《史记》，是古代史学的经典著作，但不必是后代史书的不变样板。

章实斋曾说："宪法久而必差，推步后而愈密，前人所以论司天也；而史学亦复类此。""纪传行之千有余年，学者相承，殆如夏葛冬裘，渴饮饥食，无更易矣。然无别识心裁，可以传世行远之具，而斤斤如守科举之程式，不敢稍变，如治胥吏之簿书，繁不可删。以云方智，则冗复疏舛，难为典据；以云圆神，则芜滥浩瀚，不可诵识。盖族（诸）史但知求全于纪、表、志、传之成规，而书为体例所拘；但欲方圆求备，不知纪传原本《春秋》，《春秋》原合《尚书》之初意也。《易》曰：'穷则变，变则通，通则久。'纪传贵为三代以后之良法，而演习既久，先王之大经大法，转变末世拘守之纪传所蒙，曷可不思所以变通之道欤！"（章学诚《文史通义·书教下》）把后世史书墨守成规、不知变通的弊病，说得很透彻。凡学术必须"接着讲"，而不可"照着讲"。"照着讲"是重复古人的话语，照抄古人的格式，如此则学术将逐渐失去其精神和生命。"接着讲"是本着古人的创作智慧和立说精神，因应时代的需要，不断地通变适用，这样才能让学术向前推进，日新盛大。我们要谈历史，讲传统，只有在这种情形下，方才显得有意义、有价值，方能使历史和传统成为后人的丰厚遗产，而非令人厌恶的沉重包袱。《史记》之后，历代正史莫不奉为圭臬，大体不能出其范围，于此可见司马迁创造力的雄伟，足以笼罩千古。但诸史的墨守成规，章氏早有深入的批评。今日随着帝王政体的结束以及时代学术的演进，显然必须重新考虑未来史书的体裁。今后的史书，可以采用多种的新体裁，也可以改进"纪传体"以求适用；但这都无碍司马迁所创"纪传体"的成就与《史记》在中国学术史上的地位。

现代史学著述体裁的种类日益繁多，研究的方法与理论也日益精细；但那多半是时代的进步，未必真是我们胜过司马迁。倒是透过《史记》一书所呈现的，一位两千多年前史家所具有的高尚的情操，宽大的胸怀，卓绝的意志力，深邃的历史眼光和雄伟的创造力，将永远令人向往与忻慕。

第五，更有一事当知，即《史记》这部书是写给谁看的？此一简单而基本的问题，两千余年来似乎无人正式讨论过。尤其今日教育普及、出版发达，人人皆可自行购阅借读，更不会觉得会是问题。但这的确是个问题。《史记》是写给"圣人君子"看的，也就是给君子以上的人看的。

司马迁写《十二诸侯年表》，说是"为成学治古文者要删焉"。可见是为"成学"者删繁取要，不是写给"初学"者看的。司马迁又写《六国年表》，"后有君子，以览观焉"，明白告示，这是写给"君子"看的。但最直接完整的陈述，见于《太史公自序》的结尾。司马迁在叙完全书的结构、篇数、字数、书名之后，接着说要"藏之名山、副在京师,俟后世圣人君子",明白肯定地说是写给"圣人君子"看的。这种想法,不是出自他个人的发明,而是来自《春秋》。孔子作《春秋》,《公羊传》说是"以俟后圣"[20]。《史记》继《春秋》,故太史公亦比附为"俟后世圣人君子"。《自序》是司马迁自己写的,加"君子"二字,词气便谦缓许多。其实,"圣人"也是君子,是盛德君子;在古代还另有一种意思,指近乎理想的帝王(政治领袖)所以说,《史记》是写给君子以上的人看的。

但什么是"君子"?简单地说,向道的便是"君子",背道的即为"小人"。因为向道,所以有道德,修身爱人,自然朝积善成德的路子走,因此"君子"是成德之人,称"有道君子""仁人君子"。此为一般人所理解。因为向道,所以有道术。好学深观,渐能识时知几,不乏"先见""前知"之明,因此"君子"也是"知化之士",世称"知几君子""知几其神"。这一面含义,却为一般人所忽略。笼总来看,"君子"应是德慧兼修或术德兼备的人,绝不只是一个没头脑、不通气的好好先生。政治应由有道德、有道术的人来主导,对国家才真正有利。"惟仁者宜在高位"[21]"贤者在位,能者在职"[22];这表示有才能的人应为国家做事,但上面要由有道德的人来领导节制,而道德不足的人是不能担任国家领导人的。贾谊《过秦论》末尾说"故君子为国"如何如何[23],反过来说,不是"君子"就不应当为(国);唯有"君子",才可当领导人。这个道理,简单深刻,但其深意后人未必真正领会。孔子不能行道于天下,故作《春秋》,立"一王之法"[24]以待百王之继起,所以《公羊传》才说"以俟后圣"。司马迁不能"达所学以变汉"[25],故继《春秋》作《史记》,"以俟后世圣人君子",而成其为"百王大法"。此意淹晦已久,二千年来知音稀啊!

"《史记》原来是写给'君子'看的,不是写给我看的!"这是某年月日，我在《史记》讲堂上的猛然省悟。但我已经看了，便只好勉力学为君子，并与同学共勉。今日在此吐露，亦愿与诸君子共勉之。

★此为王利器先生主编《史记注译》之台湾版序。1996年12月18日写于台湾大学历史系第十一研究室。

◎ 注释

① 《史记》的特质是"百王大法"。参见阮芝生《〈史记〉的特质》，《中国学报》［汉城（今首尔）：韩国中国学会1989年］第29辑，第63—71页。

② 吉田贤抗、水泽利忠注译：《史记》卷一一二，五—七：卷八一九（《新释汉文大系》）。东京：明治书院1973年版。

③ 沙畹译出四十七篇，见 Chavannes, Edouard. *Les M'emoires historiques de Se-ma Ts'ien.*（5V., Paris：Ernest Leroux, 1895—1905.）华特生译出八十卷，见 Watson, Burton. *Records of the Grand Historian of China*（2V., New York：Columbia University Press, 1961）; *Records of the Historian, Chapters from the Shih chi of Ssu-ma Ch'ien*（New York：Columbia, 1969）; *Records of the Grand Historian：Qin Dynasty*（Hong Kong and New York：Renditions-Columbia, 1993）至于越特金，据传第六册《史记》译本已出版，见 Viatkin, R.V. *Istoricheskie zapiski*（"*Shi Tszi*"）（6V., Moscow：Nauka, 1972.）此书不可得见，以上系据倪豪士教授新书（见注④）导言所记。

④ 英文名为 *The Grand Scribe's Records：The Basic Annals of Pre-Han China*（Bloomington and Indianapolis：Indiana University Press, 1994）William H.Nienhauser, Jr.（倪豪士）主编，翻译者除主编外，另有 Tsai-fa Cheng（郑再发），Zongli Lu（吕宗力）及 Robert Reynolds 三人。

⑤ 王利器主编：《史记注译》，西安：三秦出版社1988年版。

⑥ 沈刚伯:《古代中西的史学及其异同》,见《沈刚伯先生文集》上集,台北:"中央"日报编印 1982 年版。

⑦ 梁启超:《中国历史研究法》,台北:中华书局影本,第 4 页。

⑧ 《通志·总序》。

⑨ 《论语·述而》。

⑩ 《史记·孟子荀卿列传》。

⑪ 《史记索隐·序》。

⑫ 《史记正义·序》。

⑬⑭ 《史记·太史公自序》。

⑮ 见章学诚:《文史通义·书教下》。

⑯ 《汉书·艺文志》"诸子略""道家"后序。

⑰ 《周官》"宰夫"掌百官府之征令,辨其八职,六曰"史掌官书以赞治"。

⑱ 参见阮芝生:《试论司马迁所说的"通古今之变"》,收入《沈刚伯先生八秩荣庆论文集》,台北:联经出版公司 1976 年版。

⑲ 参见阮芝生:《试论司马迁所说的"九月纪履纶"》,《史学评论》第 6 期。

⑳ 见《公羊传·哀公十四年》。

㉑ 《孟子·离娄上》。

㉒ 《孟子·公孙丑上》。

㉓ 见《史记·秦始皇本纪·赞》引。

㉔ 见阮芝生:《从公羊学论〈春秋〉的性质》,《台湾大学文史丛刊》1969 年第 28 期。

㉕ 包世臣语,见《艺舟双楫·读〈史记·六国表叙〉》。

《史记·河渠书》析论

　　《史记》之文"雄、深，雅、健"[1]，名篇无虑十数，而《河渠书》不名焉。此非《河渠书》不善，实乃《河渠》一篇不易为读者所明耳。盖众人之所赏者文辞，所爱者人物，所好者故事；故言"本纪"则必标举《项羽》《高祖》，说"列传"则艳称《伯夷》《游侠》，道"世家"则歌颂《留侯》《陈涉》，言及十"表"，则但重表序（表序篇篇佳），而轻表文（表格内的文字）[2]，至于八"书"，则归之典章制度，视为专门之学，少肯究心，即有称述，也仅及《封禅》《平准》，以其"事繁变重"[3]，又与武帝有关，易生兴味故也。若《河渠书》者，历叙古今治河穿渠之事，一件件，一条条，地名水名层出，方位里程莫辨，若非看得真切明白，读来模糊一片，自难令人喜好、赢得称赏。反言之，若能剖析真切，看得明白，则有一旦豁然之感，所谓诸非名篇者，未尝不觉其妙。《河渠书》一篇正是如此。况且，《史记》书中人物之精彩、故事之奇特与文章之美妙，固足引人入胜，流传百世，但人物早已俱逝，往事亦成土苴，文章实乃余技；太史公发愤著史、隐忍苟活，岂徒欲为后人留下一些动人的故事、美丽的辞章以供茶余饭后之谈资？太史公著史，实不如此，而有其更大之目的。否则，何必自谓："欲以究天人之际，通古今之变，成一家之言"[4]？何必说："述往事，思来者"[5]？须知《史记》固为"正史鼻祖"与"散文大宗",而其书之特质乃更在为"百王大法"。余去岁已草文专论此意⑥,今则更举《河渠书》一篇证明,以见太史公之深心密意与批判精神实无处不在也。

一、"书"体作法与作"书"目的

凡物皆有体,天有天体、星体,人有人体,物有物体。其体异,则其为用不同,此自然之理。书亦一物也,故有书体。书海无边,史书仅为诸书种类之一。又中外古今史书之种类繁多,以言中国古代史书,约分三大类,曰"编年体""纪传体""纪事本末体"。《史记》为"纪传体"之滥觞,亦为正史之鼻祖,其书复由"本纪""表""书""世家""列传"五体所组成。本文所欲论者为《史记·河渠书》,故须先明《史记》五体中"书"体之作法与太史公作"书"之目的。

《史记》有八书,《礼》《乐》《律》《历》《天官》《封禅》《河渠》《平准》。大体而言,《礼书》讲礼义教化,《乐书》讲音乐理论,《律书》讲律法兵械,《历书》讲岁时历法,《天官书》讲天文星象,《封禅书》讲宗教祭神,《河渠书》讲地理水利,《平准书》讲财政经济。个别视之,八书各述一件专门事情,件件都是专门之学;总合而论,八书内容宏富,所记都属朝章国典与大政大法。能知礼乐者未必能察律历,能究天官、封禅者亦未必能明河渠、平准;今观太史公之叙八书,却能总揽并包,推明本始,并及古今之变,可说最为难能。非淹通博贯者,孰能为之?昔江淹有言:"修史之难,无出于'志'。"⑦(《史记》称"书",《汉书》以下曰"志"曰"考")故后世官书、私史每合众手以成,或于"书、志"门类省缺,留待后贤追补。

"书"体之作法为何？约其要义有三：第一，书体贵详。"本纪"者，根本的记载，体贵简严，以其所记乃历史的纲要，故仅书大事、要事。"表"体亦贵简，且比"本纪"尤简，以其所记为全书大纲的大纲，必须会观诸要、"综其终始"⑧，才能达到作表的最大目的。"书"体贵详，以其所记为朝章国典、大政大法，必须于每件事情之始终原委叙述详赡，方成典要，此与"纪""表"之尚简者不同。八书中最详者，莫过于《平准书》；《平准书》于"平准"设置之缘由，其叙述凡历三十七变，⑨正合太史公自言作《平准书》"以观事变"⑩。第二，述制作本意与沿革大端。"书"体固是贵详，但不能失之于芜，必须详而知要。所谓"要"者有二：首先，述制作本意。如《礼书》《乐书》皆言制礼作乐之本原。《礼书》序云："乃知缘人情而制礼，依人性而作仪。"《乐书》序云："凡作乐者，所以节乐。君子以谦退为礼，以损减为乐，乐其如此也。"其次，叙沿革大端。如太史公于《礼书》首叙三代制礼大义，后曰："周衰，礼废乐崩，大小相逾。管仲之家，兼备三归。"于秦则曰："悉内六国礼仪，采择其善。"于高祖则曰："大抵皆袭秦故。"于文帝则曰："以为繁礼饰貌，无益于治，躬化谓何耳，故罢去之（议定仪礼）。"于景帝则曰："是后官者养交安禄而已，莫敢复议。"于武帝则曰："乃以太初之元，改正朔，易服色，封太山，定宗庙百官之仪，以为典常，垂之于后云。"已备述古今变化之要节。第三，仪文度数，略而不论。"书"体既贵详要，自然于仪文度数等有官司专宗或于民间流行等次要之事从略。故《封禅书》不录太初所定礼文，并谓："若至俎豆珪币之详，献酬之礼，则有司存。"《乐书》则曰："（武帝）使童男童女七十人俱歌，春歌《青阳》，夏歌《朱明》，秋歌《西皞》，冬歌《玄冥》。世多有，故不论（录）。"

"书"体作法既如上述，然而司马迁之作八书，却另有目的。《史记》成书已二千余年,然而此问学者论八书之"体裁""体制"或"体例"者似乎均未及此[11],此则甚为可怪。以下试举数家之说以概其余:

1. "书"者,五经六籍总名也。此之八书,记国家大体。"(司马贞《史记索隐》)

2. 五经六籍,咸谓之"书"。故《曲礼》云:"道德仁义,非礼不成;教训正俗,非礼不备;分争辩讼,非礼不决。"云云。(张守节《史记正义》)

3. 夫刑法、礼乐、风土、山川,求诸文籍,出于三礼。及班、马著史,别裁书志。考其所记,多效《礼经》。且纪传之外,有所不尽,只字片文,于斯备录。语其通博,信作者之渊海也。(刘知几《史通·书志》)

4. 江淹有言:"修史之难,无出于'志'。"诚以"志"者,宪章之所系,非老于典故者不能为也。(郑樵《通志·总序》)

本纪纪年,世家传代,表以正历,书以类事,传以著人。(郑樵《通志·总序》)

5. 史家书志一体,古人官礼之遗也。周礼在鲁,而《左氏春秋》典章灿著,不能复备全官,则以依经编年,随时错见,势使然也。自司马八书,孟坚十志,师心自用,不知六典之文,遂使一朝大典,难以纲纪。后史因之,详略去取,无所折衷。(章学诚《文史通义·永清县志六书例议》)

6. 司马迁参酌古今,发凡起例,创为全史。本纪以序帝王,世家以纪侯国,十表以系时事,八书以详制度,列传以志人物。然后一代君位政事、贤否得失,总汇于一编之中。(赵翼《廿二史札记》)

八书乃史迁所创，以纪朝章国典也。《汉书》因之作十志。（赵翼《廿二史札记》）

7. "书"叙述文化的各部门，如礼节、历法、祭祀、水利、财政等，都分类叙述，使读者对于这些方面得到系统的知识。（朱自清《史记导读》）

8. 至于八书，仿佛是新闻纸的专栏。《礼书》是礼俗专栏，《乐书》是音乐专栏，《律书》是军事与气象专栏，《历书》是历法专栏，《天官书》是天文学专栏，《封禅书》是宗教专栏，《河渠书》是地理与水利专栏，《平准书》便是财政经济专栏。（潘重规《史记导论》）

由上举八例可知，古今学者言"八书"者，或解"书"之名义，或论"书"体来历，或责"八书"缺失，然其主要言论实集中在"八书"之内容。所谓"记国家大体""语其通博""宪章之所系""书以类事""以详制度""叙述文化的各部门""仿佛是新闻纸的专栏"等，皆属"八书"的性质或记载的内容，其中并无一语及于司马迁作"八书"时内心深层的写作动机或较高的写作目的。

一言以蔽之，"八书"之内容属朝章国典，所记者不外国家之大政大法，此为众所共认，并无异议。但司马迁之作"八书"，却另有更高之目的。何以知之？观太史公《自序》云："礼乐损益，律历改易，兵权、山川、鬼神，天人之际，承敝通变，作八书。"又曰："故礼因人质为之节文，略协古今之变，作《礼书》第一。""作《平准书》以观事变，第八。"可知司马迁之作"八书"，其目的在于观世变，通古今，究天人，有垂法后王之意。故"八书"实为太史公论治之言，其所记之大政大法，咸与治道或治法有关；不知此即不知"八书"也。此犹如太史公作"十表"之最大目的，乃在于"表天下之大势与理乱兴亡之大略而观一时之得失"⑫，并非成一资料表以供后人不时之翻查，不知此，即不知"十表"也。

八书乃太史公"论治之言"，太史公作"八书"之目的乃在于"观世变，通古今，究天人，有垂法后王之意"。此言甚有意味，但终觉语大不实。空言不信，请举《河渠书》一篇实证。以下即次第剖析《河渠书》。

二、篇章结构

欲明《河渠书》，先须从事两项基本工作：其一绘制地图。必对篇中所言郡县方位、都邑道里、山川走向有个大致了解，方知太史公所说无有虚构，皆可征实。其二解析篇章结构。《史记》文字，原本各篇通篇连书，并未界断提头；今人初读，往往不得其意。但若稍加解析，便知文章原自段落分明，眉目清楚，言之有物。以下即解析《河渠书》篇章结构，并附"河渠书要图"。

《河渠书》河渠夹叙，结构特殊，可细分为二十节：1. 大禹道河（篇首至"功施于三代"）。此为总序，亦为河一（篇中首次言及河）。2. 鸿沟（"自是之后"至"与济汝淮泗会"）。此为渠一（篇中首次言及渠）。3. 楚西渠（"于楚"至"之野"）。此为渠二。4. 楚东渠（"东方"至"江淮之间"）。此为渠三。5. 渠（"于吴"至"五湖"）。此为渠四。6. 齐渠（"于齐"至"之间"）。此为渠五。7. 蜀渠（"于蜀"至"之中"）。此为渠六。8. 莫足数也（"此渠"至"数也"）。以上为战国以前河渠，至此散序一段收结。9. 魏渠（"西门豹"至"河内"）。此为渠七。10. 郑国渠（"而韩闻"至"命曰郑国渠"）。此为渠八。11. 孝文塞河（"汉兴"至"大兴卒塞之"）。此为河二。12. 河决瓠子（"其后四十"至"不事复塞也"）。此为河三。
13. 漕渠（"是时郑当时"至"溉田矣"）。此为渠九。14. 河东渠（"其后河东守"至"以为稍入"）。此为渠十。15. 穿褒斜道（"其后人有"至"不可漕"）。此为渠十一。16. 龙首渠或井渠（"其后庄熊罴"至"未得其饶"）。此为渠十二。17. 自临决河（"自河决瓠子"至"以为楗"）。此为河四。18. 瓠子歌二章（"天子既临"至"无水灾"）。19. 不可胜言（"自是之后"至"然其著者在宣房"）。以上为下半篇，序战国及汉河渠，亦散序一段收结。20. 太史公曰。此为太史公自言为何作《河渠书》。

河渠书章节表

上

1. 河₁大禹道河（总序）

2. 渠₁鸿沟（通宋郑陈蔡曹卫与济汝淮泗会）

3. 渠₂楚西渠（通渠汉水云梦之野）

4. 渠₃楚东渠（通沟江淮之间）

5. 渠₄吴渠（通三江五湖）

6. 渠₅齐渠（通淄济之间）

7. 渠₆蜀渠（穿二江成都之中）

8. 莫足数也（散序收结）

下

9. 渠₇魏渠（引漳水溉邺）

10. 渠₈郑国渠（凿径水自中山西邸瓠口）

11. 河₂孝文塞河（河决酸枣东溃金堤）

12. 河₃河决瓠子（久之不事复塞）

13. 渠₉漕渠（引渭穿渠起长安，并南山下至河）

14. 渠₁₀河东渠（引汾水皮氏汾阴下，引河溉汾阴蒲坂下）

15. 渠₁₁穿褒斜道（上沔入褒，车转，从斜下渭）

16. 渠₁₂龙首渠（井渠。自征引洛水至商颜下）

17. 河₄自临决河（将军已下皆负薪）

18. 瓠子歌（二章）

19. 不可胜言（散序收结）

20. 太史公曰（悲《瓠子之诗》）

三、河渠与利害

《河渠书》以"河渠"名篇，所记自是以"河""渠"为主。观上文所析章节，通篇凡述河四（大禹道河、孝文塞河、河决瓠子、自临决河），渠十二（鸿沟、楚西渠、楚东渠、吴渠、齐渠、蜀渠、魏渠、郑国渠、漕渠、河东渠、穿褒斜道、龙首渠）。吴齐贤谓乃以河作经，以渠为纬，又河重于渠，故起自大禹道河，中间历九州、九泽仍归至河起⑬，又谓全文可分上下两半篇，上半篇序战国以前河渠（河一至渠六），散序一段结（莫足数也）；下半篇序战国及汉河渠（渠七至《瓠子歌》），亦散序一段结（不可胜言）。两篇照应，以为章法⑭。下半篇因写武帝自临决河，卒塞宣房，故录其《瓠子歌》二章。下半篇后尚有"太史公曰"一节，即就"悲《瓠子之诗》"而自言作《河渠书》之意。故全篇经纬贯穿，部帙井然；初看凌乱，细读方知其严整也。

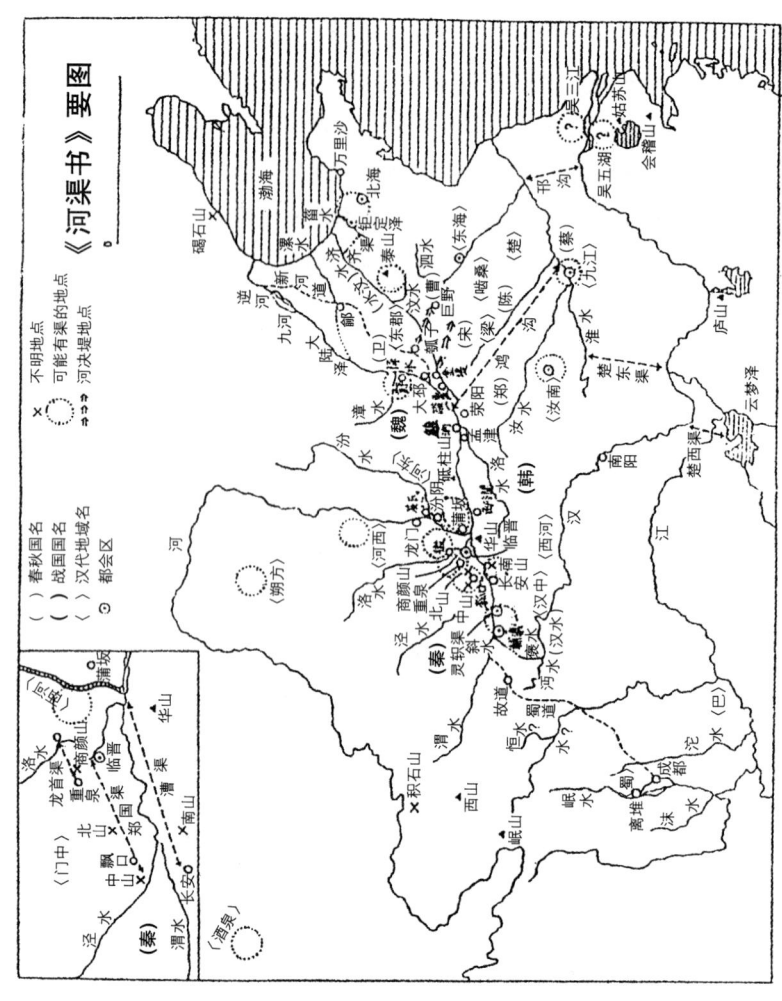

《河渠书》要图

以上系就文章形式结构分析，若就文章内容主旨来看，则又当别论。清人牛运震有《空山堂史记评注》一书，不为泷川资言《考证》所引，然其中多有所见，其言曰：

篇中以河、渠夹叙，而总以利害为言，故屡屡点逗此二字以为眼目。叙治河则曰"河灾衍溢，害中国也尤甚"，叙治渠则曰"有余则用溉浸，百姓享其利"，又曰"然渠成亦秦之利也"，又曰"通，以漕，大便利""渠不利，则田者不能偿种"，又曰"自是之后，用事者争言水利"，至所云"诸夏艾安，功施于三代"，"于是关中为沃野，无凶年"，"道果便近，而水多湍石不可漕"，"渠颇通，犹未得其饶"，"岁因以数不登，而梁楚之地尤甚"，"复禹旧迹，而梁楚之地复宁，无水灾"，虽不明言"利""害"，而皆为利害之事实写详叙。赞语括之曰："甚哉，水之为利害也！"义旨既已显明，章法何等缜密，此有纲领有血脉之文也。[15]

牛氏所言，甚为精确。"河""渠"皆水也，水之为物，不外"利""害"。水之"利"为溉田、灌田、通漕〔溉田不拘水量多寡；灌田则必水量多而急，方能引壅泥（淤浊之水）灌注田地，如郑国渠成，"用注填阏之水、溉泽卤之地"；通漕则不限水多，但畏湍石〕。水之"害"为河溢、河决、河徙（溢则满出四流，决则冲破河堤，徙则河水改道）。若从"溉、灌、漕"与"溢、决、徙"之观点检视全篇，则《河渠书》除随处可见"利""害"二字外，其余多处虽未明著"利""害"二字，但亦为"实写详叙"利害之事。篇末太史公曰："余南登庐山，观禹疏九江，遂至于会稽太湟，上姑苏，望五湖；东窥洛汭、大邳，迎河，行淮、泗、济、漯、洛渠；西瞻蜀之岷山及离碓；北自龙门至于朔方。曰：甚哉，水之为利害也！"即自言东西南北到过许多地方、见过许多河渠（水），心中感想只有一句："甚哉，水之为利害也！"（这都关系太大了！无论水是为利还是为害。）只此一句，似未说尽，却又说尽。读文至此，真觉"斯言括尽一书矣！"[16]故牛氏谓《河渠书》章法缜密，义旨显明，乃"有纲领、有血脉之文"。

所谓"纲领",乃指"河、渠";所谓"血脉",乃指水之为"利、害"。"利、害"二字为全篇眼目,即读《河渠书》当从此二字看进去,方觑得明白也。

《河渠书》河经渠纬,其叙历代治水,利害井然,可谓深得"以简御繁"之法[17]。牛运震又谓:"《河渠害》叙次地理水道处,井井条晰,而句法极简峭,可悟作志书图经之法。"[18]论其文字则曰:"《河渠书》精严遒峭,始终是一格文字,此汉文本色也。"[19]以"精、严、遒、峭"四字论《河渠书》,形容较为精细;但邓以赞以"雅严"[20]二字赞《河渠书》,亦颇简明。太史公于《五帝本纪·赞》云"择其言尤雅者",实自负其百三十篇无不雅。然他篇雅犹易明,写《河渠书》而能雅,则非识者不能道也。

四、"悲"《瓠子之诗》

上文言《河渠书》有纲领、有血脉,太史公以简御繁,写得雅严。但此非作意。太史公为何要作《河渠书》?观其自言,乃"余从负薪塞宣房,悲《瓠子之诗》而作《河渠书》"。《瓠子之诗》(即《瓠子歌》)何人所作?作于何时?为何而作?太史公因何"悲"之而作《河渠书》?此则吾人所当深究也。

元光三年(公元前132年)黄河决于瓠子(亦称瓠子口,在河南濮阳县西南),东南注入巨野泽(约在今山东巨野县北部),并流入淮水、泗水等河。武帝使汲黯、郑当时塞河,成而复坏。是时丞相为武安侯田蚡,其奉邑鄃(在山东平原县西南)在黄河之北;若河决西南,则鄃无水灾,邑收多。故田蚡对武帝言:"江河之决皆天事,未易以人力为强塞,塞之未必应天。"而望气用数者亦以为然,于是武帝久之不事复塞。经历二十二年，当元封元年（公元前 110 年），武帝往泰山封禅并巡祭山川。元封二年（公元前 109 年），旱，乾封少雨，武帝乃使汲仁（汲黯弟）、郭昌发卒数万人塞瓠子决。所以塞河者，因是年春武帝至东莱山寻神仙未获，于是便以祷于万里沙神祠为借口出行，道经瓠子，遂首次亲临决河。为求塞河成功，故一则"沉白马玉璧于河"，一则"令群臣从官自将军已下皆负薪置决河"。武帝既临河决，悼功之不成，乃作歌二章，其辞曰：

瓠子决兮将奈何？皓皓旰旰兮闾殚为河！殚为河兮地不得宁，功无已时兮吾山平。吾山平兮钜野溢，鱼沸郁兮柏冬日。延道弛兮离常流，蛟龙骋兮方远游。归旧川兮神哉沛，不封禅兮安知外！为我谓河伯兮何不仁，泛滥不止兮愁吾人！啮桑浮兮淮泗满，久不反兮水维缓。（首章）

河汤汤兮激潺湲，北渡迂兮浚流难。搴长茭兮沉美玉，河伯许兮薪不属。薪不属兮卫人罪，烧萧条兮噫乎何以御水！隤林竹兮楗石菑，宣房塞兮万福来。（二章）

《瓠子歌》言河水为害之甚，因封禅而出方知外，责河伯不仁，沉美玉祭河，罪卫人薪不属，陈塞河之方（下淇园之竹以为楗），末乃祈福。后人论此歌者偏向二端。一就文学论，《瓠子歌》古雅，若"烧萧条兮噫乎何以御水"句，唱叹深长，晋调最妙。[21] 汉家颇具文学才能，武帝天资高，受过良好教育，故《瓠子之诗》雅，应无异议。一就思想论，以为武帝有忧民之心，太史公录诗乃予之。兹录诸家之说如下：

1. 先是帝封禅巡祭山川，殚财极侈，海内为之虚耗。及为

《史记·河渠书》析论 | 333

此歌,乃闵然有吁神忧民恻怛之意云。(《史记评林》卷二九引归来子语)

2.汉武诛匈奴,平荡滇越辽蜀,固不爱通侯之赏,而亦重修其罚,大者抵罪,小者夺爵。而所任汲仁辈,不以河故而少贬其秩,至亲临祭,令群臣皆负薪置决河,功成而歌咏之,盖真见夫治河之艰于治边也。(《史记评林》卷二九引王世贞语)

3.武帝塞宣房,实有一段畏惧之意,所谓以秦皇之力行尧汤之心,功成而利亦溥,未可概以好大二字抹杀之。(《史记评林》卷二九引钟惺语)

4.《河渠书》直书事情,无一贬词。盖汉自河决瓠子,屡塞辄坏,梁楚之地屡受其害。武帝自临决河,率从官负薪填石,卒成宣房之绩,复禹旧迹,殆有不得已者。读瓠子二歌,犹恻然有忧世牧民之思焉。太史公备著之,以为较贤于开边、封禅、求仙等事也。故曰"余从负薪塞宣房,悲《瓠子之诗》而作《河渠书》",即所以予之也。(牛运震《史记评林》卷四)(《空山堂文集》)

5.《封禅书》极写武帝荒侈,《河渠书》极写武帝励精,然其雄才大略,正复彼此可以参看,非彼绌而此伸也。特采瓠子两歌,缠绵掩抑,格自沉雄。先辈谓子长所以能成《史记》者,亦以当时文章足供掇拾,谅哉言也。(姚祖恩《史记菁华录》卷三)

诸家谓《河渠书》"极写武帝励精""治河艰于治边",武帝塞宣房乃"以秦皇之力行尧汤之心",其为《瓠子歌》"乃闵然有吁神忧民恻怛之意""恻然有忧世救民之思焉",太史公悲《瓠子之诗》而作《河渠书》,"即所以予之也"。众口一词,似不可易。其实非也!

"河""渠"皆水也,司马迁于遍观天下河渠后只言一句:"甚哉,水之为利害也!"乃深感于水无论其为利或为害,皆影响国计民生甚大。但试思,水乃天地间自然之物,水本无心,其性就下,曷尝有意为利或为害于人哉!其所以言"利""害"者,乃系就人之立场以言。人性求利避害,故于水之业已为利于人者,欲求保固并增大之;于水之业已为害于人者,欲求去其害并转害而为利。故从来只有"水利局",未闻设"水害局"也!人唯求水利去水害,故乃道(治)河、穿渠及从事其他作为;凡此皆须人事努力,并非一事无为,听任自然,坐待天恩。禹时"河灾衍溢,害中国也尤甚",经大禹道河,不但"诸夏艾安"而且"功施于三代"者,乃"十三年"治水之努力、"过家不入门"之精神所致。文帝十二年,河决酸枣,东溃全堤,复成水害,文帝使东郡"大兴卒"塞之,亦是尽人力之结果。他若《河渠书》所言鸿沟,通宋郑陈蔡曹卫与淮汝淮泗会;楚西渠,通渠汉水云梦之野;楚东渠,通沟江淮之间;吴渠,通三江五湖;齐渠,通淄济之间;皆为利甚薄,当日穿凿之时,亦必费了许多工夫、尽了许多人事。至于人事已尽,其结果是否必善,则非一言可尽,其中有"天人之际"在也。

　　《瓠子歌》作于元封二年(公元前109年),去河决瓠子已二十三年,"岁因以数不登,而梁楚之地尤甚"。何以至此?武帝使汲黯、郑当时兴人徒塞河"辄复坏"后不事复塞故也。何以久之不事复塞?一则听丞相田蚡之言:"江河之决皆天事,未易以人力为强塞。塞之未必应天。"二则"望气用数者亦以为然"。换言之,武帝相信天事而罢弃人力。今事隔二十余年,武帝何以又决定塞河?乃因武帝亲临决河,发觉事态严重("皓皓旰旰兮闾殚为河""吾山平兮钜野溢""啮桑浮兮淮泗满"),又逢乾封少雨,乃下决心塞河。武帝何以会亲临决河?《河渠书》云:"天子既封禅,巡祭山川。"《封禅书》曰:"(天子)乃祷万里沙,过祠泰山,还至瓠子,自临塞决河。"即顺道经过,非专程而来也。封禅与巡祭,古有其礼,亦有其义。[22]然而武帝之封禅乃为求仙不死,其祷万里沙神祠,亦系信方士之言于东莱寻仙不得后,以此为出行之借口;换言之,为己不为民也。既临决河,亲睹河害之深,武帝有何反应?一则沉白马玉璧于河,令群臣从官自将军已下皆负薪置决河,此见武帝之决心;一则诗心大发,作歌二章。《瓠子歌》言何?"不封禅兮安知外"一句,透露武帝不因封禅巡祭而出犹不知关外有此大水,[23]而此大水已漫二十余年。"为我谓河伯兮何不仁""薪不属兮卫人罪"二句,透露武帝全无反省,谴河神罪卫人,通是责人而不责己。人力未尽,便归天事,灾及黎民,犹不自责而责人,此与大禹治水十三年"过家不入门"之精神、功绩相较,相去何啻天渊。此太史公之所以录《瓠子歌》,并谓"悲"《瓠子之诗》而作《河渠书》也!

"悲者,痛也。"(《说文》)"悲《瓠子之诗》"者,乃太史公在遍历天下河渠、亲身负薪塞河之后,于读《瓠子之诗》时,心中伤而痛之;此乃隐含批判、刺讥之意,并非太史公"被《瓠子之诗》所感动"。[24]太史公所伤痛者,武帝有求仙之心而无恤民之意,以瓠子之决归之天事,致使久不复塞,令民长陷水深之中,而犹于《瓠子之诗》中谴神罪人。瓠子之决,不得尽归之天事者:一河为自然生成,渠由人工开凿,无论求利去害、转害为利,皆恃人力,本非坐待。二禹抑洪水,其事难于武帝塞河(依《史记》,大禹道河自积石至渤海,其工程自较武帝卒塞宣房一地为浩大),才费时十三年,而"功施于三代"。而武帝塞河时,已去瓠子之决二十三年。岂塞河较诸道河为尤难乎?若大禹亦以洪水为天事,未易以人力为强道,则洪水岂有平抑之时乎?三武帝卒塞宣房,终是以人力强塞成功,并非"天事"所成。或谓适逢元封二年"旱,乾封少雨"之故。然而,二十余年来从未有干旱之时乎？可见"干旱少雨"并非唯一或最要之条件。人事（人力）未尽，不得归诸天命（天事），人事尽头处方可言天命。武帝人事未尽，遽归天命，后并水患之深而不知（亲临决河方知），弃民于水火而犹信方士、求神仙，此所以令太史公为之伤痛也。四《河渠书》称"河决瓠子"至"卒塞宣房"间记载三事：其一郑当时建议开漕渠，谓"损漕省卒，而益肥关中之地，得谷"；其二番系建议开河东渠，谓"度可得谷二百万石以上，谷从渭上与关中无异，而砥柱之东可无复漕"；其三有人建议穿褒斜道，谓"如此汉中之谷可致，山东从沔无限，便于砥柱之漕，且褒斜材木竹箭之饶，拟于巴蜀"。太史公于三事后皆大书"天子以为然"五字。其所以以为然者，盖见引水穿渠之利也。其后通漕渠、引汾水、穿褒斜之工程均告完成，或见全利，或利害参半，但皆以人力做成。然则何以独不塞河？天子不以为然也。不以为然者，塞河费力大，只能止害，未见其利也。田蚡以已奉邑在河北鄃县，欲河南决，亦是从"利"字着眼，㉕而武帝信之，均是利孔之见。然则，河之塞与不塞，只是人之为与不为，并非天之应与不应。

　　《瓠子之诗》虽古雅，实乃武帝之供词。太史公采之入书，并非重其文辞，而是欲其自供。《史记》乃一家之言，并非史料全集或选集，其于辞章之采录，均有深意，不以多备取胜。章实斋有言："熙载赓歌，见于《虞典》，诗非不可以入书也。《鸱鸮》之诗，《金縢》存目而略其辞。典籍互有，不必取备于一篇之中也……古人之去取，古人之心也。"㉖旨哉斯言。史家去取有义，吾人当于去取处见史家之心。既知太史公录《瓠子之诗》以为供词，复读《河渠书》又知篇首自"禹抑洪水十三年，过家不入门"写起，乃是欲与《瓠子之诗》遥相对照，篇末再点明"悲《瓠子之诗》而作《河渠书》"。合而观之，乃恍然大悟于"悲"字之微妙与《河渠书》之深旨也。此即明帝所谓"微文刺讥,贬损当世"[27],而太史公之所以于《史记》篇首直告:"非好学深思,心知其意,固难为浅见寡闻道也。"[28]

前言八书所记乃国家之大政大法,并为太史公论治之言,太史公作八书之目的为"观世变,通古今,究天人,有垂法后王之意"。今观《河渠书》历叙三代、春秋、战国、秦、汉二千年间道河穿渠之缘由及其利害得失之变故,此非"观世变,通古今"乎?道河治渠,本恃人力,非由天功。太史公于篇中最崇大禹,以其治水十三年"过家不入门",故著其"功施于三代";太史公于篇中贬损者武帝,以其信天事、废人力,久不塞河,使梁楚之地不宁者二十余岁,未犹不自责而谴神、罪人,故为录《瓠子之诗》,并谓"悲"之而作《河渠书》;此非"究天人"乎?(本书前录作者二文,专论"通古今之变"与"究天人之际"[29],若能合看,益见此言不空也。)太史公写河渠,总归一句:"甚哉,水之为利害也!""河""渠"皆水也,然中国之水,天下之水,实不仅止此。"河"字原为"北方流水之通名"[30],在此则专指黄河。武帝时,长江与珠江亦在版图,而太史公皆不及之,故知《河渠书》初无意于写遍天下河川。(《史记》为一家之言,百三十篇篇篇有义,学者若纯就史料观点求全责备,则鲜不以《史记》为疏略,然其病正在不知"疏略"之妙。)太史公但择黄河与十二渠为主题,乃全从"水之为利害"着眼,而写"河"尤重于写"渠"者,以"河"之为利害关系国计民生尤大,故历叙自夏禹迄武帝二千年间道河、穿渠之由及其成败利害之故,其意归重于人事之存废与君心之敬肆。(《尧典》言一"钦"字,尧德首"钦"。钦,敬(事)也。禹敬而武帝肆。)故太史公之作《河渠书》,乃"述往事,思来者"[31],欲借此以警后世为治者之心(君心),此岂非有"垂法后王之意"乎?余重言《史记》之特质为"百王大法",此亦一佳例也。

五、余　论

　　河、渠皆水也，但史家著史未必肯写水，写水亦未必只择黄河与十二渠为主题，并就"利害"着眼立论。今观太史公作《河渠书》，河经渠纬，河渠夹叙而河重于渠，首称禹抑洪水之功，末引武帝《瓠子之诗》，历述二千年间道河穿渠之由，并及利害得失之故，全篇以"利害"二字贯串，实写详叙，篇终以"甚哉，水之为利害也！"括尽一篇，并因而点明"悲"《瓠子之诗》而作《河渠书》之意，深心微旨，真乃一篇妙文；而学者不识"微文刺讥"之辞，不达"垂法后王"之意，竟以为武帝励精图治，有忧世救民之思，太史公为作《河渠书》以予之，此则大悖本旨也。但太史公作《河渠书》或八书之时，何以能于其中"观世变，通古今，究天人，有垂法后王之意"？此与太史公之"史心"有关。"史心"者，史家之心理、胸怀与思想。史家之心、胸、思想不同，则其作品之选题、取材、见解与著述目的均将随之而异。司马迁出身太史世家，幼承庭训，亲炙名师，遍游名山大川，博览诸子百家，临终受命著史，欲承周孔、继《春秋》，故述往明来，以俟后圣，并以之显己扬亲；其心中有生民休戚，有天下后世，有史家之责，方能将"八书"写成如此这般，使《史记》成为"百王大法"。昔刘知几以"史才""史学""史识"为史家三长，章实斋复倡"史德"以补足之。窃谓欲究史家底蕴，于才、学、识、德外，更须明其"史心"也。（此仅发端，不能深论。）

　　《河渠书》写水，写水之利害，并以"利害"二字为全篇之眼目与主旨。六十四年前，钱宾四先生正有一文，名曰"水利与水害"[32]其上篇论北方黄河，下篇论南方江域，辞浅义深，言近而远。盖"水可为利，亦可为害"，则黄河不就是害，长江亦不就是利。其中有一段文字，颇值玩味：

自春秋战国下迄汉唐盛世，中国史上最灿烂最光荣的时期，便在黄河流域发皇滋张。那时的长江，在历史上还占不到重要位置。自唐代天宝以后，中国史渐渐走上衰运，而长江流域却渐渐见其重要……原来黄河为害中国之信念，亦恰起于中唐天宝之后，经宋元明清历代之相传而其说益坚。那时黄河流域的文化，逐渐衰颓，中国人的智慧力量，已是不再能运用黄河了，而才说黄河为中国之害。依照最近事况，长江流域的文化，日趋倒退堕落之境，中国人的智慧力量，又渐渐地表示不能再运用长江了。若循此下去，老还是筑堤抢险，拼命效法共工伯鲧的故智，来防御长江之水害，恐怕在不久将来，便会有一个长江为害中国之新信念，深印在我们不长进的中国人脑里。

水可为利，亦可为害。智慧力量足够，则黄河亦可为利；智慧力量不足，则长江亦将转而为害。禹抑洪水，"功施于三代"者，一则用疏导不用防御，此是智慧；二则"过家门而不入"，具奉公救民之精神；三则十三年中，"九川既疏，九泽既洒"，当有大规模细密的水利工程以为疏导（即沟洫网。孔子曾言，禹"卑宫室而尽力乎沟洫"[33]），此种精神魄力是力量。凡此智慧与力量，皆属人事；人事不修，则利去害来。中唐以后，北方河域大半长期在蕃将牙兵黑暗统治之下，水道沟洫只有破坏而无兴修。宋代以后，河患益亟，而治河之方唯知高筑堤防、束水归槽，远师鲧之故智；若治河者再视河工为美缺以中饱私囊，则何尝有奉公除害之精神？复因政治等种种原因，眼光短浅，魄力不足，唯以补漏救急为能事，不能就黄河全流域之水利作一彻底整修，以致水利不修而水害不去。（明徐贞明言："水害未除，正由水利未兴。"[34] 刘献廷说："沟洫通而水利修也。"[35] 正指大规样细密的水利工程。）此即中国人之智慧力量不足以运用黄河，遂视黄河为百害，抑怀"河殇"之情矣！夫"治国"之"治"，犹"治水"之"治"也。水之为利害如何，端视人之智慧与力量而定，治国亦然。观禹治水，启示良多。但不知今日十亿民族之智慧与力量若何？余怀深惧，敢质国人。

★原载《台湾大学历史系学报》1990年12月第15期。

◎ 注释

① 辛弃疾：《沁园春·灵山齐庵赋》。

② 《史通·表历》："且表次在篇第，编诸卷轴，得之不为益，失之不为损；用使读者莫不先看本纪，越至世家，表在其间，缄而不视，语其无用，可胜道哉！"可见读本纪、世家而不读表，至迟唐人已有此病。

③ 借用《自序》中《秦楚之际月表》叙目语。

④ 《报任安书》。

⑤ 《太史公自序》。

⑥ 阮芝生：《史记的特质》，《中国学报》29，韩国中国学会1989年。

⑦ 郑樵：《通志·总序》引。

⑧ 《十二诸侯年表·序》。

⑨ 此据吴齐贤所做分析，见《史记评林补标》卷三〇。

⑩ 《太史公自序》中《平准书》叙目语。

⑪ 除正文所引者外，论《史记》体例者尚有下列诸文：1. 孙德谦：《体例辨》，《东方杂志》1924年，二一卷一九号。2. 胡韫玉：《史记体例之商榷》，《国学丛刊》一卷四期。3. 靳德峻：《史记名称之由来及其体例之商榷》，《师大国学丛刊》1930年一卷一期。4. 黄文弼：《史记源流及其体例》，《吴稚晖氏颂寿纪念论文集》，1944年。5. 程金选：《〈史记〉体例溯源》，燕京学报三七期，1949年12月。6. 逸民：《〈史记〉体制探源》，《学艺》1937年，一六卷三期。7. 卢南乔：

《论司马迁及其历史编纂学》，《文史哲》1955 年 11 期。8. 郑鹤声：《司马迁生平及其在历史学上的伟大贡献》，《山东大学学报》1955 年二卷二期。9. 张大可：《史记体制义例简论》。10.［日］加地伸行：《史记の"书"について》，《森三树三郎博士颂寿纪念东洋学论集》，朋友书店 1979 年版。

⑫ 阮芝生：《论史记五体及"太史公曰"的述与作》，《台湾大学历史系学报》，1979 年第六期，第 25 页。

⑬⑭ 见《史记评林》卷二、卷九。

⑮ 牛运震：《史记评注》卷四。（《空山堂文集》）。

⑯ 见《史记评林》卷二九。

⑰ 陈仁锡语，见《史记评林补标》卷二九。

⑱⑲ 牛运震：《史记评注》卷四。（《空山堂文集》）。

⑳ 《史记评林》卷二九。

㉑ 牛运震：《史记评注》卷四。（空山堂文集）

㉒ 参阮芝生：《司马迁之心》，《台湾大学文史哲学报》二三期第 199 页。

㉓ 颜师古曰："言不因巡狩封禅而出，则不知关外有此水。"见《汉书·沟洫志》颜注。

㉔ 张文渊、李庆善：《史记·河渠书》译文，见王利器主编《史记注译》（二），西安：三秦出版社 1988 年版，1029 页。

㉕ 田蚡谓"塞之未必应天"，钱大昕曰："此老成谋国之言。当时恶蚡者，谓蚡邑在河北，故沮塞河之役，其实非公论也。建元三年，闽越举兵围东瓯，使人告急，蚡云：'越人相攻击，固其常，又数反复，不足烦中国往救。'此语与汲黯相似。蚡虽进由外戚，负贵好权，此两事殊不称也。"（《考证》引）此言非是。其一，塞河与闽瓯是两事，不救相攻是，沮塞河未必是。其二，钱氏谓"河决而南则鄃无水灾，邑收多"，乃"恶蚡者"之言，别无它据。然钱氏在千余年后何以知是"恶蚡者"之言？太史公生当其时，亲历其事，明言如此，倘无显证，如何推翻？总之，钱氏与太史公意见相反，但有臆测，并无确证，其说不足信也。

㉖ 章学诚：《文史通义·杂说》。

㉗ 《艺文类聚》卷十引班固《典引·叙》中语。

㉘ 《五帝本纪·赞》。

㉙ 阮芝生:《试论司马迁所说的"通古今之变"》,《沈刚伯先生八秩荣庆论文集》,联经出版公司1976年版;阮芝生:《试论司马迁所说的"究天人之际"》,《史学评论》1983年第6期。

㉚ 朱熹:《诗集传》之《关雎》篇注语。

㉛ 《太史公自序》。

㉜ 钱穆:《水利与水害》,原载《禹贡》半月刊四卷一期,后收在钱氏著《古史地理论丛》,台北:东大图书公司1982年版,第222—244页。

㉝ 《论语·泰伯篇》。又施之勉《史记会注考证订补·河渠书第七》引俞樾曰:"太史公作《河渠书》,以禹抑洪水发端。司马贞释之曰:'抑者,遏也。洪水滔天,故禹遏之,不令害人也。《汉书·沟洫志》作"堙"。堙、抑,皆塞也。'嗟乎,一字之误解,遂成千古治河之通病矣。其引《汉志》为证,何不引《太史公自序》为证乎。《自序》于《河渠书》曰:'维禹浚川,九州攸宁。'《春秋》浚洙,孟子浚井,皆有浚之使深之意。然则抑者,亦当是抑之使下,非遏之也……鲧之治水九年而无成功,其失正在堙之一字。禹知其然,故继鲧而治水,则变'堙'之一字为'掘'之一字。《孟子》曰:'禹掘地而注之海。'掘之一字,此禹治水之要言,亦千古治水之良法也。"可见禹治水,用疏导不用防御也。

㉞ 《明史·徐贞明传》。

㉟ 刘献廷:《广阳杂记》卷四。

三司马与汉武帝封禅

问题点——"故"发愤且卒

众所周知,司马迁写《史记》是由于其父亲司马谈的临终遗命。司马谈是怎么死的?司马迁语焉不详,且事有蹊跷。何以知之?据《太史公自序》,汉武帝元封元年(公元前110年),"天子始建汉家之封,而太史公留滞周南,不得与从事,故发愤且卒。"司马迁在"发愤且卒"与"不得与从事"之间,有一个"故"字。这一个"故"字,暗示或点明了其中另有隐情。司马谈是"发愤"而死的,而他的"发愤"与"不得与从"直接有关。"不得与"三字是重要的。《太史公自序》后文中再记司马谈临终之言:"今天子接千岁之统,封泰山,而余不得从行,是命也夫!命也夫!"重提"不得与"三字。"不得与"者,是不能够、不许可参与之意,而不是不愿参加。《封禅书》记始皇帝绌儒生、直上泰山封禅,然后说:"诸儒生既绌,不得与用于封事之礼。"这"不得与"三字,点明是不让他们参与,而非有病不能参与或不想参与。可见司马谈之死,跟汉武帝不让他参加封禅有关,他因此"发愤"而卒。武帝为何不让司马谈参加封禅?司马谈对武帝封禅的看法如何?一路追踪下来,便有许多问题可讲。

一、封禅及其实行条件与目的

封禅是什么？司马谈父子是否相信古代有封禅？如果过去曾经有或可以有封禅，那实行封禅的条件与目的又是什么？汉武帝的封禅是怎么回事？解答这些问题之后，才能谈到司马谈父子对武帝封禅的看法。

《史记》有《封禅书》[①]，可以看成是司马谈、司马迁父子的共同创作或意见[②]。《封禅书》开头就说：

> 自古受命帝王，曷尝不封禅？盖有无其应而用事者矣，未有睹符瑞见而不臻乎泰山者也。虽受命而功不至，至梁父矣而德不洽，洽矣而日有不暇给，是以即事用希。《传》曰："三年不为礼，礼必废；三年不为乐，乐必坏。"每世之隆，则封禅答焉，及衰而息。厥旷远者千有余载，近者数百载，故其仪阙然堙灭，其详不可得而记闻云。

既然说"自古受命帝王，曷尝不封禅？"可见太史公相信古代曾有帝王实行封禅。这另有两点佐证：

一为《庄子》佚文："易姓而王，封于泰山、禅于梁父七十二代，其有形兆垠堮勒石，凡八千百余处。"（《后汉书·祭祀志》引）贾谊《新书·治教篇》："（成王）是以封于泰山，而禅于梁父，朝诸侯，一天下。"《淮南子·缪称训》："泰山之上，有七十坛焉。"另外《山海经·中山经》也有类似文字，可见诸书都曾言及，不是太史公一家之言。

二为《封禅书》篇内叙及齐桓公既霸而欲封禅，管仲谏止说："古者封泰山、禅梁父者七十二家，而夷吾所记者十有二焉。昔无怀氏封泰山，禅云云……周成王封泰山，禅社首：皆受命然后得封禅。"③又说孔子论述六艺，"传略言易姓而王，封泰山、禅乎梁父者七十余王矣，其俎豆之礼不章，盖难言之。""爰周德之洽维成王，成王之封禅则近之矣。"管仲说古代有封禅，儒家的记载里也曾提到，周成王封禅比较合乎条件。另外，始皇焚书坑儒后，百姓怒，天下叛，都谣传"始皇上泰山，为暴风雨所击，不得封禅"，这也反证有其德即可以用事。从《封禅书》内前后文印证，太史公承认古代帝王曾行过封禅，因此，以后的帝王如果合乎条件，也可以实行封禅。据此，后世有关"封禅非古制"乃"秦汉之作为"的讲法④，并不能成立，最多只能说秦皇汉武的封禅非古制，而不能说古代根本没有封禅。如果没有封禅，那古代泰山上那么多的刻石是从哪里来的呢？

帝王只要合乎条件，就可以封禅。那封禅的条件是什么呢？据篇首所言，可分为四项：

一受命——先要获得天命，方可改朝换代，所谓"自古受命帝王""皆受命然后得封禅"；

二功至——应指改朝换代成功，国家统一，而且政权稳固；

三德洽——应指政治上轨道，人民安和乐利，安于新朝代；

四暇给——以上三项工作都完成了，开始有闲暇从事于礼乐，封禅即是古代帝王之大礼。

以上四者，缺一不可。符瑞则属后起，并非必要条件，而且可以伪造。古代行过封禅的帝王，未必都具备这四项条件，但这至少代表司马谈父子的意见，可以作为我们讨论的依据。以此四项条件衡诸汉代，高祖受命、功至而德未洽，文帝德洽而有不暇给，至武帝元封元年时，汉家开国已近百年，受命、功至、德洽而有暇给了，是符合条件，可以封禅的。

"封禅"究竟是什么？这牵涉稍广，比较复杂。但如果仅从祭祀的层面看，则较为简单。"封禅"是由"封"与"禅"组成，它是针对不同对象所使用的两种祭祀方法。张守节说："泰山上筑土为坛以祭天，报天之功故曰封；泰山下小山上除地，报地之功故曰禅。"(《封禅书》正义) 据此，"封"是用来祭天，"禅"是用来祭地，二者都是一种重要的祭祀活动或仪式，其目的是要"报"答天地之功。在帝王行封禅的时候，"封"要在泰山上举行，"禅"则选在泰山下的小山上，不限于一山，见于载记的有梁父(甫)、云云、亭亭、会稽、社首诸山。在泰山上要"筑土为坛"，在泰山下小山上要"除地"。《礼记·祭法》云："封土为坛，除地曰墠。""禅"古代通作"墠"，"墠"也就是"场"，颜师古说："筑土为坛，除地为场。"(《汉书·文帝本纪》注)"墠"《说文》解作"野土"，段注解为"于野治地除草"，也就是在野地(郊外)扫地除草，作为预备祭祀的场地(祭祀时须加席，再设神位、供品行礼)和祭神道。这也是一种至敬之祭，因为在祭祀上"有以下为贵者，至敬不坛，扫地而祭"(《礼记·礼器》)。至于"坛"，则是在扫地除草之后进行筑土，也就是要加土、封土；要先加土，才能封土，筑土(版筑的筑)。筑土在"墠"(扫地除草后的"场")之上为"坛"，土坛的形制——土基几尺，土阶几等之类——则因时各异(鲁庄公升坛，为"土基三尺，土阶三等。"——《春秋·庄公十三年》何注；武帝封泰山，"封广丈二尺，高九尺。"——《封禅书》)。总之，封土曰坛，除地曰墠，"坛无不墠，而墠有不坛。"(朱骏声《说文通训定声》)，"凡言封禅，亦是坛墠而已。"(《礼记·祭法》注) 所以凌纯声说："中国古代一切祀神祭鬼之礼，多在墠坛举行，故太史公的《史记》称《祭祀志》为《封禅书》。"[5] 如果仅从祭祀的层面考虑，封禅即坛墠(封用坛，禅用墠)，那么霍去病平定匈奴时，"封狼居胥山，禅于姑衍"[6]，以一将军而行封禅，也就不足为怪了！

从政治层面看,"封禅"为一代大典,较为复杂;古代祭政合一,它也不能完全与祭祀分开。就祭祀而言,"封"与"禅"可以分开使用;但就帝王大典而言,有"封"必有"禅","封"与"禅"组合成一套大礼仪,而且秦汉以前这套大礼仪必在泰山举行。帝王行此"封禅"大典的目的是什么?史书没有明文说得那么清楚,我们只能从有限资料中爬梳整理,并归纳为以下三点:

第一,受命告代。易姓而王者必先受命,受命而王后必须报命告代。管仲对桓公说"皆受命然后得封禅",太史公也说"自古受命帝王"。"受命"是资格或条件,"告代"是义务或目的。为何告代要在泰山?阮元对此解说最为清楚:"泰山者,上古大山,居天下之中者也。""泰山曰岱。岱者,代也,古帝王告代之处也。(《后汉书》注云:'太山者,王者告代之处,为五岳之宗,故曰岱宗。')"齐处东海,为何说是居天下之中?因为:(一)泰山所居曰齐州。齐者,中也,居天下之中也。《尔雅》曰:"齐,中也。"又曰:"中有岱岳。"《列子·汤问篇》言齐州,《黄帝篇》言齐国,皆中州、中国也。(二)"古水土未平,中国地褊,泰山齐国地高而无洪水,遂为天下之中。"⑦古代之时,燔柴置牲而燎之,"升中于天",即使香气随烟而上达于天⑧,示知诸侯,并让百姓共见。

第二,报功追本。帝王受命易代,不只是要拥有天下,而且要治理天下。既获天命,当理群生,以致太平,所以到德洽暇给之时,必须告太平于天,一则报(告)成功,二则表示无辱使命。但太平功业之成,固由人力,亦本天功,所以除了报(答)天地之功外,还要报(答)群神之功。因此,帝王要"追本名山大川",要"万灵罔不禋祀"⑨,即感谢天地之外,还要感谢群神万灵。礼,天子祭天下名山大川,这原是天子的义务或权利。是否迷信,暂且不论,古人原有此观念或信仰。

第三，巡守考绩。太史公说封禅"即事用希""其详不可得而记闻"。其"详"不可得而记闻，表示还"略"可知道，那么，其"略"是什么？黄帝虽有封禅，但文献无征，所以太史公写《封禅书》从虞舜讲起：

> 《尚书》曰：舜在璇玑玉衡，以齐七政。遂类于上帝，禋于六宗，望山川，遍群神。辑五瑞，择吉月日，见四岳诸牧，还瑞。岁二月，东巡狩，至于岱宗。岱宗，泰山也。柴，望秩于山川。遂觐东后。东后者，诸侯也。合时月正日，同律度量衡，修五礼，五玉三帛二牲一死贽。五月，巡狩至南岳。南岳，衡山也。八月，巡狩至西岳。西岳，华山也。十一月，巡狩至北岳。北岳，恒山也。皆如岱宗之礼。中岳，嵩高也。五载一巡狩。

这一段文字，可以看作司马迁认可的古代封禅形式。其中提出五年一巡守的期限和框架，还有辑瑞、还端，也提到调正历法、统一度量衡、制定朝见的赞礼等次和祭祖。但最重要的还是巡狩，以及随着巡狩而实施的辑瑞，也就是考绩（因为调正历法等很多年才做一次，而考绩则每五年就要做一次）。所以孙星衍（渊如）直说："封禅者，巡守考绩之礼。天子五年一升方岳，封诸侯，明黜陟，辑瑞柴燎以告天，示至公不自专，上古圣人敬天敬事之至也。"[⑩] 巡狩，《尧典》作"巡守"，《史记》作"巡狩"。据寒峰研究，巡守制度起源于古代的远狩活动。此种远狩活动亦即武装巡视，具有军事训练演习和监视的作用（监视敌国，考察方国，视察封国），其内容以军事为主。其后随着王朝统一性的加强，外来的威胁减少，其内容变成以政治为主，即变成巡视诸侯为王朝所守卫的疆土。所以由"巡狩"变成"巡守"（巡所守也）。[⑪] 在巡守过程中，天子于四岳接见四方诸侯，有一重要活动，即辑五瑞。"五瑞"乃公侯伯子男所执之玉以为瑞信者，《周官·典瑞》说："公执信圭，伯执躬圭，子执谷璧，男执蒲璧。"诸侯受封时，天子赐圭，并在上面刻识以为符信。辑瑞时，则使诸侯执圭来朝，以合其刻识而辨其真伪。此时，天子执冒，诸侯执圭，以冒覆圭为"合符"，亦曰"辑瑞"，"有过者，复其事，能改者，复之；不复者，黜其爵地，则其义也。"⑫合符辑瑞，也就是考绩，也就是黜陟。孙氏又说："古者黜陟皆称'天'，其在《尧典》曰'惟时亮天工'，《皋陶谟》曰'天工人其代之'，又曰'天命有德''天讨有罪'，又曰'敕天之命'。诸侯者，代天工以佐天子，或命或讨，天子皆登名山，考其绩，积柴燔牲告天以黜陟之事，或书之金策玉检，山高升中，冀达于天，诸侯之所共见。"⑬

以上所说封禅的目的在于"受命告代，报功追本，巡守考绩"，三者在封禅的过程中虽有先后轻重，但归根结柢其意义应如赵宪所说"登封告成，为民报德"⑭，或如梁松上疏光武帝所言"登封之礼，告功皇天，垂后无穷，以为万民"⑮。"为民报德"与"以为万民"，其意义都不是为己，而是为民。从这个观点考察，汉武帝的封禅虽是合乎封禅的条件，但却不合乎封禅的目的与意义。下文即考察武帝封禅的实际及其与始皇帝封禅的比较。

二、汉武帝封禅及其与始皇封禅之比较

关于秦始皇帝、汉武帝封禅之事，前人已有不少论述⑯，本文在此不拟就事件始末重作复述，谨本"略人所详、详人所略"之旨将二人封禅之事列表对照，然后比较分析其异同：

秦始皇帝、汉武帝封禅对照表

秦始皇帝	汉武帝
前221（始皇帝二十六年） 自定尊号为始皇帝。 于雍建四畤，分祠、黄、赤、白四上帝，三年一郊（秦立时祀四上帝在此之前，但不在一时，也不在一地）。 销天下兵器，铸金人十二。以有十二大人，皆夷狄服，见于临洮，喜以为瑞，故铸而象之。 前219（始皇帝二十八年） 东巡上邹峄山，立《峄山刻石》。与鲁诸生议刻石颂秦德，议封禅望祭山川之事。 封泰山，禅梁父，立石颂德，是为《泰山刻石》，齐鲁儒生、博士因抵制，遭黜，不预封禅。 复东抵之罘，南登琅琊，又立《琅琊刻石》颂秦功德。 此后多次出巡，祭祀名山大川，并恢复八神之祠。 派遣方士徐市（福）率童男女数千及技艺工匠，入海求仙及不死之药。 前218（始皇帝二十九年） 复巡之罘及其东观，分别立《之罘刻石》与《东观刻石》。 前215（始皇帝三十二年） 东巡至碣石，立《碣石刻石》。 使韩终（众）、侯公、石生求仙人不死之药。	前140　建元元年 初即位，尤敬鬼神之祀，搢绅之属皆望天子封禅改正度。 赵绾、王臧草巡狩、封禅、改历服色事。未就，自杀，诸所兴为皆废。 前139　建元二年 始筑茂陵。 前133　元光二年 郊祀五帝之畤，后常三岁一祀。 李少君以祀灶、谷道、却老方见上，上尊之。少君言"祠灶则致物，致物而丹沙可化为黄金，黄金成以为饮食器则益寿，益寿而海中蓬莱仙者乃可见，见之以封禅则不死，黄帝是也。" 武帝始亲祠灶，遣方士入海求蓬莱安期生之属，而事化丹沙诸药齐为黄金。 李少君病死，使宽舒受其方。 海上燕齐怪迂之方士，多更来言神事矣。 谬忌奏祠太一方，如忌方。 以天子苑白鹿皮为币，以发瑞应，造白金。 前122　元狩元年 郊雍，获一角兽，若麃然，盖麟云。 锡诸侯白金，风符应合于天。 济北王上书献泰山及其旁邑。 五岳皆在天子之郡。

续表

秦始皇帝	汉武帝
方士庐生奉始皇命入海求神仙不死之药，还奏录图书曰："亡秦者胡。"乃使蒙恬将兵三十万北击胡。 前212　始皇帝三十五年 　　侯生、卢生以始皇贪于权势，未可为求仙药，乃亡去。始皇以诽谤妖言罪，坑杀方士、儒生四百六十余人于咸阳。 前211　始皇帝三十六年 　　燔销陨石（上书：始皇帝死而地分）。 　　使博士为《仙真人诗》，及行所游天下，传令乐人歌弦之。 　　秋，始皇使者夜过华阴，有人出曰："今年祖龙死。"始皇因此问卜，得卦"游徙吉"，遂迁北河、榆中三万家，以应卦词。 前210　始皇帝三十七年 　　南巡至会稽山，立《会稽刻石》。梦与海神战，问占梦。乃令入海赍捕巨鱼具，而自以连弩候大鱼出射之。	前121　元狩二年 　　少翁以鬼神方见上，盖夜致王夫人及灶鬼之貌云。 　　拜少翁为文成将军，以客礼礼之。 　　岁余，造诈败露，被诛。 　　甘泉宫落成，作柏梁台、铜柱、承露仙人掌。 前120　元狩三年 　　病鼎湖甚，巫医无所不致。 　　置寿宫神君。 前113　元鼎四年 　　郊雍，始立后土祠汾阴脽丘。 　　拜方士栾大为五利将军，继封乐通侯，妻以卫长公主，刻玉印曰"天道将军"，佩六印，贵震天下。而海上燕齐之间，莫不搤捥而自言有禁方，能神仙矣。 　　夏六月，得宝鼎，迎至甘泉，有司皆曰："盖若兽为符，唯受命而帝者心知其意而合德焉。" 　　自得宝鼎，与公卿诸生议封禅，公孙卿称申公鼎书曰"汉主亦当上封，上封则能仙登天矣。" 　　公孙卿称黄帝铸鼎荆山，鼎湖升天。武帝曰："嗟乎！吾诚得如黄帝，吾视去妻子如脱屣耳！" 前112　元鼎五年 　　郊雍，至陇西，西登崆峒。 　　幸甘泉，令祠官宽舒等具太一祠坛。 　　十一月辛巳朔旦冬至，昧爽，天子始郊拜太一。

续表

秦始皇帝	汉武帝
	秋，五利将军栾大以方术无验，腰斩。
前110 元封元年
冬，上议曰："古者先振兵释旅，然后封禅。"乃北巡朔方，勒兵十余万，还祭黄帝冢桥山。上曰："吾闻黄帝不死。今有冢，何也？"
封禅用希旷绝，莫知其仪礼，而群儒采《封禅》《尚书》《周官》《王制》之望祀射牛事。丁公曰："封禅者，合不死之名也。秦皇帝不得上封。陛下必欲上，稍上即无风雨，遂上封矣。"武帝于是令诸儒习射牛，草封禅仪。群儒不能辨明封禅事。武帝为封禅祠器示群儒。绌徐偃、周霸，尽罢诸儒不用。
三月礼登中岳太室。令人上石，立之泰山巅。
东巡海上，行礼祠八神。宿留海上，予方士传车及间使求仙以千数。
四月，封泰山下东方，如郊祀太一之礼。丙辰，禅泰山下阯东北肃然山，如祭后土礼。
复东至海上望，冀遇蓬莱。并海上，北至碣石，巡自辽西，历北边至九原。
五月，至甘泉。
前109 元封二年
幸侯氏城，遂至东莱，无所见。见大人迹云。

三司马与汉武帝封禅 | 353

续表

秦始皇帝	汉武帝
	复遣方士求神怪,采芝药以千数。是岁旱,于是天子既出无名,乃祷万里沙,过祠泰山。 信越巫、越祠,鸡卜始用。 公孙卿言仙人好楼居。于是令长安作蜚廉、桂观,甘泉作益寿、延寿二观,乃作通天茎台,甘泉更置前殿,始广诸宫室。 四月中,至奉高修封焉。 公玉带上黄帝时明堂图,上令奉高作明堂汶上,始拜明堂如郊礼。 前107 元封四年 亲至泰山,以十一月甲子朔旦冬至日,祠上帝明堂,毋修封禅。东至海上,考入海及方士求神者,莫验,然益遣,冀遇之。 十二月甲午朔,亲禅高里,祠后土。 前104 太初元年 柏梁灾,以"越俗有火灾,复起屋必以大,用胜服之",于是作建章宫,度为千门万户。 前102 太初三年 东巡海上,考神仙之属,未有验者。 如方士言,为五城十二楼,以候神人,命曰"明年"。上亲祠上帝。 夏,至东泰山,还泰山,修五年之礼如前,而加以禅祠石闾(方士言此仙人之闾也)。 后五年,复至泰山修封,还过祭恒山。

续表

秦始皇帝	汉武帝
	武帝建汉家封禅，五年一修封。太祝领六祠，至于八神。明年、凡山他名祠，行过则祀，去则已。方士所兴祠，各自主，其人终则已，祠官不主。方士之候祠神人，终无效验，天子益怠厌方士之怪迂语矣。然羁縻不绝，冀遇其真。

根据上列对照表，秦皇、汉武封禅的共同点有：

一是就封禅目的而言，二人都求长生不死。

始皇帝二十八年登封泰山，《本纪》未明言目的是求长生，但赵高与李斯合谋所作的伪诏中明说："朕巡天下，祷祀名山诸神，以延寿命。"[17]伪诏要逼真，才能取信，可见始皇始封泰山即是求延寿长生。长生只是延长寿命，不一定不死，而始皇封泰山以后即遣徐芾率童男女入海求"仙人"及"不死之药"，以后韩终（众）、卢生也都先后奉命求仙人不死之药；可见始皇不仅求长生，而且求不死。武帝尊信李少君，亲祀灶，以便致物而化丹沙为黄金，"黄金成以为饮食器则益寿"。公孙卿说"仙人好楼居"，武帝就在甘泉宫作益寿、延寿二观。也是先求延寿、益寿。益寿何为？"益寿而海中蓬莱仙者乃可见，见之以封禅则不死，黄帝是也。"最后的目的是求不死。丁公说"封禅者，合不死之名也"，劝武帝一定要上封，武帝自是听从。

二是绌罢儒生不用。

封禅原是告代、报功、考绩的大典，现在却用来求长生不死，因此必然与儒生的意见不合，二人也必然都黜罢儒生不用。在封禅之前，始皇帝曾征齐鲁诸生博士到泰山下议论，最后以儒生之议"各乖异，难施用，由此黜儒生""诸儒生既黜，不得与用于封事之礼。"武帝则自得宝鼎以后，即与公卿诸生议封禅，本来想借用儒术来文饰一番，最后也因为群儒"不能辨明封禅事""牵拘于诗书古文而不能骋"，又不赞同武帝照自己意思所做的封禅祠器，而"尽罢诸儒不用"。

三是仿郊雍之礼行封禅。

二人都尽罢诸儒不用，那么用什么礼仪来行封禅呢？《封禅书》说："遂除（修建）车道，上自泰山阳至巅，立石颂秦始皇帝德，明其得封也。从阴道下，禅于梁父。其礼颇采太祝之祀雍上帝所用，而封藏皆秘之，世不得而记也。"可见始皇主要是模仿、采用雍畤祀上帝之礼。雍畤礼上帝之礼如何？其详不得而知，只知秦襄公作西畤，祠白帝，"其牲用骍（骝）驹、黄牛、羝羊各一云"；至秦文公作鄜畤，"用三牲郊祭白帝"；其后七十八年，德公用三百（当为"白"字之讹）牢于鄜畤。

武帝的封禅又如何呢？武帝"封泰山下东方，如郊祀太一之礼"。郊祀太一之礼，又是何礼？栗原朋信根据《封禅书》"元鼎元年十一月辛巳朔旦冬至，昧爽，天子始郊拜太一。朝朝日，夕夕月，则揖；而见太一如雍郊礼"。指出郊祀太一礼即是雍郊之礼，并认为"在这一点上，武帝的仪礼与始皇帝的仪礼，可以说是同样的东西"。[18]秦祭四天帝（白、赤、黄、青），至汉高祖加立黑帝祠，变成五天帝。到汉武帝又采用亳（薄）人谬忌的建议："天神贵者太一，太一佐曰五天帝。"于是令太祝在长安东南郊立太一祠，"用太牢，七日，为坛开八通之鬼道"。元鼎元年，武帝幸甘泉，令祠官宽舒供设太一祠坛，即"放薄忌太一坛，坛三垓。五帝坛环居其下，各如其方，黄帝西南，除八通鬼道。太一，其所用如雍一畤物，而加醴枣脯之属，杀一狸牛以为俎豆牢具。而五帝独有俎豆醴进。其下四方地，为醊食群神从者及北斗云。已祠，胙余皆燎之。其牛色白，鹿居其中，彘在鹿中，水而洎之。祭日以牛，祭月以羊彘特。太一祝宰则衣紫及绣。五帝各如其色，日赤，月白。"汉武郊雍的畤坛与用牲，比起始皇雍时的用牲"骊驹、黄牛、羝羊各一"或"三白牢"，显然大有过之。

四是秘密进行封事。

秦皇、汉武都想以封禅合不死，所以封禅典礼的最重要部分都是秘密进行的。始皇帝的封禅，"封藏皆秘之，世不可得而记"，表示没有人或极少人看到。"藏"应该是指埋藏玉牒，"封"在这里应说是指最后埋藏玉牒的整个仪式过程。汉武帝的封禅，"封广丈二尺，高九尺，其下则有玉牒书，书秘。礼毕，天子独与侍中奉车子侯上泰山，亦有封，其事皆禁。"可见有玉牒，玉牒上写什么是秘书，怎样埋藏玉牒是秘藏，独自带领子侯一人上泰山山巅，再行一次封事是秘封，这些都是秘密进行，不许人知道的（禁）。下山后一段时日，子侯忽然一日暴卒，此事最后果然只有武帝一人知道，秘密到极点了。

武帝封禅礼仪早已不传，但建武二十三年（47年），汉光武帝也封禅泰山，其仪礼乃"仿前汉故仪"，也就是汉武帝的封禅仪礼。马第伯是光武帝封禅时的随从官员，他根据亲身经历撰写了一篇"封禅仪"的文字，记录了光武帝封禅的全部过程。此文虽已残阙，但其中最重要的部分仍可作为参考：

> 使谒者以一特牲于常祠泰山处，告祠泰山，如亲耕貙刘、先祠先农、先虞故事。至食时，御辇升山，日中后至山上更衣。早晡时，即位于坛北面，群臣以次陈后，西上，毕位升坛，尚书令奉玉牒检，皇帝以寸二分玺亲封之。讫，太常命人发坛石，尚书令藏玉牒已，复石覆讫，尚书令以五寸印封石检。事毕，皇帝再拜，群臣称万岁。……太常跪曰事毕，皇帝从下道。（应劭引《汉官封禅仪》）

从这一段文字可知，封禅仪礼进行中有封坛，封坛本是"封"；有玉牒，玉牒要皇帝用玺来亲"封"，根据《白虎通》的说法，不外乎"金泥银绳"或"石泥金绳"[19]；有石检，石检要尚书令用较小的印来"封"。这样看来，从封坛到封检整个礼仪过程都可以叫作"封"或"封事"。当然，封禅要祭祀天地群神，必有祝词，应包括在封禅过程之中。始皇、武帝以封禅合不死，当另有秘密的祝词或咒语，也是可以理解的（光武封禅亦不求仙登，所以整个过程是在群臣列侍下进行的，与秦皇、汉武之封禅不同）。但这种秘祝或祝语应是后起的，只是封禅的部分内容。因此，栗原朋信所说："'封'的原始意义，当是以不老仙登为目的的祝术"[20]是不足信的。

五是从信用方士到杀方士。

刘向《七略》中有《方伎略》，内分医经家、方（伎）家、房中家、神仙家，四者都属"方"。见于载籍的，有医方、筑方、禁方、鬼神方、却老方、神仙方等等。秦法，"不得兼方，不验辄死。"[21]即不准学二种以上的方术，只能专精，务求灵验，不验则死。一切方术中，最难能、最能耸动人主的莫过于不老、却死、神仙方了。富贵已极，唯一能长保富贵或更上一层的就是长生不死，此帝王之共通心理。所以始皇帝为求长生不死之仙药，前后派遣徐芾、韩终、侯公、石生等人求仙人不死之药，最后卢生亡去，始皇即以诽谤妖言罪，坑杀方士儒生四百多人。武帝尊信方士，比始皇有过之而无不及，其中最重要的是李少君、谬忌、少翁、乐大、公孙卿、公玉带等人。武帝尊李少君，拜少翁为文成将军，"以客礼礼之"，拜栾大为五利将军，封为"乐通侯"，甚至妻以卫长公主，刻玉印曰"天道将军"。方士建言亲祀灶，祠太一，作宫观，用鸡卜，拜明堂，起楼候神等等，武帝无不听从。但等到事久不验，诈伪泄漏之时，则也天威震怒，终至文成将军畏罪自杀，栾大以"诬罔"罪腰斩。

以上讲秦皇、汉武行封禅，因为心同理同，所以其行事之轨迹有共同近似之处。但二人之封禅，也有相异之处：

一是始皇只是求仙不死，武帝则最后醉心于黄帝。

始皇派人求仙药，求"芝、寿药"；武帝也一样，"复遣方士求神、采芝药以千数"，规模大，次数多。但武帝另有一花样，想学黄帝乘龙仙登，则是始皇所没有的。文献上未见始皇求仙不死与黄帝有何关系。武帝听信李少君之说"见之以封禅则不死，黄帝是也"，想通过封禅追求不死，而以黄帝为典型。相传黄帝有封禅，但讲黄帝以封禅合不死则始于此。可是，令武帝下定决心要封禅的，则是元鼎元年获宝鼎之事。公孙卿对武帝说：黄帝采首山铜，铸鼎荆山，最后鼎湖升天，乘龙仙去；武帝听了，非常歆羡，说道："嗟乎！吾诚得如黄帝，吾视去妻子如脱躧耳！"（《封禅书》）这是始皇帝所不知、所不及的。

二是始皇封禅重刻石，武帝封禅重符应。

始皇帝前后五巡行、六刻石，即《峄山刻石》《泰山刻石》《琅琊刻石》《之罘刻石》《东观刻石》《碣石刻石》与《会稽刻石》。刻石的用意都在颂秦功德，"自颂功德"。为何要颂秦功德，自颂功德？因为理论上，要有功德才能封泰山，自颂功德，所以"明己得封"也。武帝之封禅，则重视符应，这在始皇的封禅中几乎不见。唯一可称述的是，始皇二十六年有大人见于临洮，始皇喜以为瑞，为铸金人十二。但符应与武帝的封禅却有密切关系，视为大事。所以武帝在位期间，获神鼎、赤雁（太始三年）、白麟、天马（太初四年），都甚为轰动，并为郊歌。为何武帝封禅重视符应？也是根据理论须有符应才能封禅；"睹符瑞见"，才能封禅，"无其应"而用事，则终致失败。元狩元年，获一角兽，武帝锡诸侯白金，"风（讽）符应于天"，表示自己可以封禅，应当封禅了，于是济北王遂上书"献泰山及其旁邑",终使五岳皆在天子郡。

三是始皇求仙至死不悟,武帝则至晚年似稍有悔意。

始皇廿六年统一天下,铸十二金人,廿八年始封泰山,至三十七年始皇卒,前后共十二年。十二年中,登封泰山,巡行刻石,入海求仙,燔销陨石,为《仙真人诗》,出游应卜等,都与鬼神或求仙有关。最后一年,始皇梦与海神战,如人状。问占梦,以为是大鱼蛟龙,乃恶神,应当除去才能招善神来。于是始皇"令入海者赍捕巨鱼具,而自以连弩候大鱼出射之"。从琅琊北一路到荣成山,都未发现,行到之罘才发现巨鱼,始皇射一鱼。始皇即薨于是年,可见至死不悟。武帝在位时间长达五十二年(公元前140—前89年),前后五封禅,中间与鬼神求仙有关之事,比始皇要多得多。武帝一生曾多次沿袭始皇旧迹前往海边求神仙,最后一年(征和四年)巡行至东莱亦复如是。他一生信用大小方士无数,其中有的病死,有的自杀,有的腰斩,但仍派遣成千上万的方士求仙、求药。武帝也多次"考验"入海及方士求神者,都未有效验,但还是"益遣,冀遇之";即使"益厌方士之怪迂语矣",也还是"羁縻不绝,冀遇其真"。一直到最后,武帝才说:"天下岂有仙人?尽妖妄耳!"(此语虽仅见《汉武故事》一书,但不无可信)似乎稍有悔意。正如同他的"轮台之召"一样,虽然为时已晚,但终有区别。

从以上对始皇帝与汉武帝封禅求仙的比较与分析中可知,武帝比始皇更沉迷于封禅求仙,因为他在位的时间长,求仙的规模大,花样也多,陷得也更深,所以对国家与人民所造成的伤害与损失也更大。在封禅求仙这件事上,他可以说"比秦始皇有过之而无不及"。司马迁即使不卒于武帝之后,至少也卒于武帝末年,他对武帝一生封禅求仙的全程是十分了然的;司马谈卒于元封元年,距武帝即位也有三十年,也把武帝从即位之初就"尤好鬼神之祀",到终于走上封禅之路，看得一清二楚。他们父子，尤其是司马谈，在当时对武帝即将举行的封禅能无意见、无批评吗？事实上，司马谈对武帝的封禅，是很有意见的。怎么知道？请看他写的《论六家要旨》。

三、《论六家要旨》的真正用意

《论六家要旨》讲些什么？司马谈为何要作《论六家要旨》？俱见《史记·太史公自序》。因为是习见的长文，所以在此不再抄录，而直接分析评论。《要旨》本文可分三段：

一段皆务为治（篇首至"有省不省耳"）——六家是异，"皆务为治"是异中之同，乃一致同归处。

二段六家短长（"窃尝观"至"非所闻也"）——讲六家各自的短处和长处。

三短长之故（"夫阴阳四时"至"何由哉！"）——是对六家短长之处个别扼要的解说。

历来言及《论六家要旨》者，不外几种意见：

一是综括一代学术，始立六家，能知类而举要。如梁启超云："其骠括一代学术之全部而综合分析之，用科学的分类法，厘为若干派，而比较评骘，自司马谈也。"㉒ 在此之前，《庄子·天下篇》《荀子·非十二子篇》也论列诸子，但皆仅对一人或其学风相同之二三人以立言。

二是论断精确，文章奇伟。如何良俊云："其述六家之事，指陈得失，有若案断，历百世而不能易。又其文字贯串，累累如贯珠，灿然夺目，文章之奇伟，孰有能过此者耶！"㉓

三是为人豁达大度如庄周，能见异量之美，故论学有偏重而无偏废。如钱钟书云:"庄周固推关尹、老聃者,而豁达大度,能见异量之美。故未尝非'邹鲁之士',称墨子曰'才士',许彭蒙、田骈、慎到曰'概乎皆掌有闻'。推一本以贯万殊,明异流之出同源,高瞩遍包,司马谈殆闻其风而悦者欤!……是以谈主道家,而不嗜甘忌辛,好丹摈素;于阴阳家曰'不可失',于名家曰'不可不察',于儒家曰'虽百家弗能易',于墨家曰'虽百家弗能废',于法家曰'虽百家弗能改',盖有偏重而无偏废。庄周而为广大教化主,谈其升堂入室矣。"㉔

四是班氏父子讥太史公"论大道则先黄老而后六经",此一问题古今论者已多,且有定论,此处略过。

以上各家都言之有理,但未触及司马谈写作《论六家要旨》的原始动机或真正用意。唯有邵懿辰指出,司马谈写《论六家要旨》乃"有为而发""论治非论学也"㉕,堪称卓见。以下即本邵氏之旨,试做进一步的分析:

文章开头讲"夫阴阳、儒、墨、名、法、道德,此务为治者也。"末尾又说:"由是观之,神者生之本也,形者生之具也,不先定其神,而曰'我有以治天下',何由哉!"明明首尾都在论治,他讲六家"皆务为治",并非特创。《淮南子·泛论训》说:"百家殊业,而皆务于治。"大意相同。而且,中国古代学术的大传统(王官之学)的一大特色,本来就是论治,所以司马迁在《滑稽列传》篇首即引孔子的话说:"六艺于治一也。"㉖

司马谈论六家,其他家都有短有长,唯有道家有长无短,因为道家乃集各家之长,所谓"因阴阳之大顺,采儒墨之善,撮名法之要"。不但有长无短,而且长处甚大,所以篇内讲道家长处的文字也最多。但司马谈在评其他家短处的时候,主要的对象是儒家,所以他在讲完五家短长、道家之长以后,又单独挑出儒家再加批评:"儒者则不然，以为人主天下之仪表也，主倡而臣和，主先而臣随。如此，则主劳而臣逸。至于大道之要，去健羡，绌聪明，释此而任术，夫神大用则竭，形大劳明敝。形神骚动，欲与天地长久，非所闻也。"文中提到"形神"的问题，而司马谈于篇末讲完道家之长以后，突然重提"形、神"的关系，并以之作结："凡人所生者神也，所托者形也。神大用则竭，形大劳则敝，形神离则死。死者不可复生，离者不可复反，故圣人重之。由是观之，神者生之本也，形者生之具也。不先定其神形，而曰'我有以治天下'，何由哉！"把这两段文字合起来看，司马谈批判武帝的用意，岂不昭然若见！文曰"我有以治天下"，谁治天下？当然是天子皇帝；曰"欲与天地长久"，谁"欲与天地长久"？不正是今天子武帝吗？大道主要在"去健羡，绌聪明"，"去健羡"就是"啬"，少私寡欲，不贪求；"绌聪明"就是"拙"[27]，天机自然，不用智术。武帝"内多欲而外饰以仁义"，其尊儒实是阳儒阴法，好用智术以治国御下，其开边塞、伐四夷、修宫室、建封禅等等，无不是多欲之表现，而其欲之最大至贪者，莫过于求仙不死。多欲好兴事（不"清静"），造成了"形神骚动"，不能"先定其形神"，怎么可能"有以治天下"，怎么可能"与天地长久"？

司马迁在《论六家要旨》文前，正有一小段"乃论六家"的文字，说明司马谈为什么要作《要旨》："太史公学天官于唐都，受《易》于杨何，习道论于黄子。太史公仕于建元、元封之间，愍学者之不达其意而师悖，乃论六家之要指。"可见司马谈《论六家要旨》的写作动机，主要是"愍学者之不达其意而师悖"，是有感、有为而发的。"愍"者，忧悯、伤念之意。"不达其意"是指学者不懂得文中所说的六家短长及其所以然之故，其实主要是指儒道之对较。"师悖"是以反逆为师，与"大道之要"相反的即是"反"，即是"逆"，也即是"悖"。也就是说，司马谈每一想到当时学者因为不懂得正确的道理而产生一些错误的思想和行为，便感到痛心，所以才写《论六家要旨》。"学者"二字，表面看是指儒者或当时的知识分子，但实际上是暗指武帝。否则，何必在文中对"学者"批评说"我有以治天下""欲与天地长久"？这不是很清楚吗？司马谈怎么知道"学者"有一些错误的思想和行为呢？因为他"仕于建元、元封（公元前 140—前 110 年）之间"，在这三十年之间，他亲身经历并见证了武帝种种侈心多欲的表现，并深知其病根之所在，他为此感到伤痛，所以才写这《论六家要旨》，目的是希望武帝能"达其意"而加以改正。但他不能直斥武帝而加以批评，所以只能以"学者"为名来论学。邵懿辰说《论六家要旨》是"有为而发"，是"论治非论学也"，确是有深见。也许"论治非论学"是说过头了，但如改成"借论学以论治"，则决不错。这样说来，《论六家要旨》也不妨说是司马谈的"谏书"，因为对象是天子，所以仅能隐约其词，委婉讽谏。正如贾谊写《过秦论》，名为"过秦"，其实意在"讽汉"[28]，不明乎此，终是一间未达，不到通透也。

《论六家要旨》不能确定作于何年，但以元鼎五年（公元前 112 年）至元封元年（公元前 110 年）之间的可能性为大，并很有可能是作于封禅之前，（不到紧要关头，不会也不必写这种文章）。至少可以这样说，直到元封元年，司马谈仍保有这种思想。依此思想来观照武帝的封禅，则武帝封禅的动机与目的，分明是"多健羡"与"形神骚动"的一种表现，司马谈是不会赞同的。司马谈既掌天官，又以不能参加封禅为恨，当不会反对"告代、报功、考绩""以为万民"的封禅。元鼎四年（公元前 113 年）司马谈曾与祠官宽舒议立祠后土的仪礼；元鼎五年又与宽舒议立太一畤坛的仪礼。这两件事都仅在元封元年封禅之前两三年实行，乃是正式封禅的序幕。因此，当元封元年实行封禅的时候，以前此议立之功而言，司马谈应当随从前往、始终其事。以太史令的职务而言，司马谈也应当扈从，以便"奏良日及时节禁忌"[29]。以封禅为有汉一代大典而言，司马谈既然躬逢其盛，也必然想随从前往，所以等到"不得与从行"的时候，才自叹"是命也乎！是命也乎！"可见无论从哪一方面看，司马谈都是应该去、必须去、也想去的，而终于不能去，这是什么缘故？从《论六家要旨》的思想来看，司马谈必不会赞同武帝以致怪物与神通来比德于九皇，名为敬鬼神之祀而实则求登天之阶的这种变质的、神仙化的封禅。合理的解释，由于司马谈把自己的思想作了某种程度的表露——很可能就是这篇文章，遂使他和其他群儒一样，同样因不合需要、阻碍事情而被绌不用，只落得"留滞"周南（洛阳），"发愤"且卒了。（太史令是史官之长，平日当在京师，皇帝出行则理当扈从。今司马谈身在洛阳，是武帝曾把他带到洛阳，而最后却把他"留"在洛阳者，明是不让他再跟随前去。司马迁始终未说他父亲是因为生病才留在洛阳，或因而未能参加封禅。司马迁史公决不提一"病"字。）

四、司马相如的尸谏——《封禅书》

前面说《论六家要旨》实是谏书，乃谏止武帝封禅求仙。写谏书的不止司马谈一人，司马谈也不是最早向武帝写谏书的人。司马相如（公元前179—前117年）的遗著《封禅书》，也是谏书，它出现在元狩六年，在司马谈卒前八年。司马相如以《子虚赋》见知于武帝，获召见询问，相如又补作《天子游猎赋》（即《上林赋》）进献，武帝大悦。相如见武帝"好仙道"，又进《大人赋》（《大人之颂》），武帝读后"飘飘然有凌云之气，似游天地之间意。"末了，相如家居茂陵，病重。武帝派所忠去取书，所忠至相如家，相如已死，家无书。问相如妻文君，文君说："长卿未死时，为一卷书，曰：'有使者来求书，奏之。'无他书。"这一卷书就是《封禅书》，司马迁把它录在《司马相如传》的末尾。后人因为其中有"意者泰山梁父设坛场望幸，盖号以况荣，上帝垂恩储祉，将以荐成，陛下谦让……皇皇哉斯事（封禅）！天下之壮观，王者之丕业，不可贬也。愿陛下全之。……宜命掌故悉奏其义而览焉"之语，末后又代天子作颂六章，所以扬雄说他"靡丽之赋，劝百风一，犹驰骋郑卫之声，曲终而奏雅，不已亏（戏）乎！"[30]后人且讥刺相如"导谀""谄事武帝，至死不已。"[31]但事实不是如此，它原是讽谏之作。何以是讽谏之作？以下试作几点分析：

一者，"讽谏"原是赋体的二大功能之一。

赋由诗出，为古诗之流，"诗言志"，所以赋在本质上也不脱"言志"的本色。诗有六义，"风"为其一，赋体美风（讽），"风谏"也就成为它的另一个特色。赋的早期代表人物为荀况与屈原，班固说："大儒孙卿及楚君屈原，离谗忧国，皆作赋以讽，咸有恻隐古诗之义。"[32]可见赋家之祖，早已立此典范。清人刘熙载说古人赋诗与后世作赋，"事异而意同"；作赋的用意大抵有二，一是言志，一是讽谏。[33]这是通说，在此可不必细论。

二者，相如的赋作中早有讽谏之作，并非一向只以文辞取悦谀媚世主。《汉志·诗赋略》记载有《司马相如赋二十九篇》，大都失传，有的仅存篇名[34]，其传世名篇有《子虚》《上林》《大人》《长门》《美人》《哀二世》六赋。前三篇都登录在《相如传》中。《子虚》《上林》赋假借子虚、乌有先生、亡是公三个假想人物的相互诘难和议论，通过对天子和诸侯苑囿、游猎的描述，最后归结到节俭和勤政，以讽谏帝王。所以，司马迁说："相如以'子虚'，虚言也（空言虚语），为楚称；'乌有先生'者，乌有此事也，为齐难；'无是公'者，无是人也，明天子之义。故空藉此三人为辞，以推天子诸侯之苑囿，其卒章归之于节俭,因以风谏。"所谓"卒章归于节俭"的文字,是指"于是酒中乐酣,天子芒然而思,似若有亡,曰:'嗟乎!此泰奢侈。'"应当"游乎六艺之囿,骛乎仁义之途,览观《春秋》之林。""务在独乐,不顾众庶,忘国家之政,而贪雉兔之获,则仁者不由也。从此观之,齐、楚之事,岂不哀哉!地方不过千里,而囿居九百,是草木不得垦辟,而民无所食也。夫以诸侯之细,而乐万乘之所侈,仆恐百姓之被其尤也。"竟似为民请命了!

武帝好田猎,而且"好自击熊彘,驰逐野兽",相如常跟从武帝至长杨打猎,因而上疏谏之(即《长杨赋》),赋中有这样的文字:"虽万全无患,然本非天子之所宜近也。""夫轻万乘之重不以为安,而乐出于万有一危之涂以为娱,臣窃为陛下不取也。"这已不是讽谏,而是正言直谏了。秦二世葬杜南宜春苑中,相如随武帝过宜春宫,奏赋《哀二世》,辞曰:"持身不谨兮,亡国失势;信谗不寤兮,宗庙灭绝。呜呼,哀哉!""持身不谨"与"信谗不寤",这是对所有人君的最佳警惕,而相如当时进言的对象是汉武帝。

相如见武帝"好仙道",又作《大人赋》以讽谏。《大人赋》写得"靡丽多夸",何以知道它也是讽谏?观赋中"吾乃今目睹西王母矐然白首,载胜而穴处兮,亦幸有三足乌为之使。必长生若此而不死兮,虽济万世不足以喜"诸语可知。赋中的西王母,既不是豹尾虎齿而喜啸的怪物(见《山海经》),也不是年约三十、容貌绝世的女神(见《汉武内传》),而是白发皤然的老婆婆,她住在洞穴里,依靠三足青鸟为她取食,如果长生不死都像这样的话,不要说万年,即使是万世,一点也不值得欣喜、追求。所以司马迁在《司马相如传·叙目》中早说"《子虚》之事,《大人》赋说,靡丽多夸,然其指风谏,归于无为。"

可见相如各篇赋作,都有讽谏之意,太史公早有明言;太史公以后,也有不少学者继续阐明。如清人蒋彤说:"《史记》载司马相如文独多,非贪其美于文,为其切时事而合于风让之义也。……相如文士,而立言能得其体。《子虚》《上林》,风当时之苑囿也;《喻巴蜀檄》,难父老,风开塞也;《大人赋》,风好仙也;《封禅书》,风夸功也;从长杨猎,而陈《谏书》;过宜春,而《哀二世》。文必指事,文备而事著矣,故并载之。后之为史者,取厌其糜,去伤其别,抑独何哉?"[35] 吴汝纶也说:"此篇以讽谏为主。……《喻巴蜀檄》《难蜀父老》二篇,讽天子罢中国以事夷狄也。而西南夷开路,谓由长卿建议者,亦非事实也。传中明谓'其进仕宦,未尝首与公卿国家之事'矣,若果建议开西夷,岂得谓非公卿国家之事乎!子长以非实之事传长卿者,以当时言长卿者俱如此论,故弟仍之而详载其文,以俟知者,不忧其真不出也。他文不载,独载数篇者,以诸文讽谏武帝,所关最巨也。《平准书》亦言'唐蒙、司马相如开路西南夷',则以相如奉使,故举以为言,其实非相如所好也。"[36] 根据蒋、吴二人的意见,连《喻巴蜀檄》《难蜀父老》都有讽意,与太史公《相如传》赞、叙目之意相同,可谓深得太史公之心。

三者今再细论何以《封禅书》也是讽谏,是"讽夸功"。

《封禅书》写得"瑰丽而古质"[37],文中讲到"陛下(武帝)仁育群生""德侔往初""意者泰山、梁父设坛场望幸""皇皇哉斯事(封禅)!天下之壮观,王者之丕业,不可贬也""宜命掌故悉奏其义(仪)而览焉",最后并代武帝作颂六章收结。何以解说为讽谏?兹分六点分析:

1. 武帝好田猎、好仙道、广苑囿、乐开塞,相如都为赋讽谏;今武帝欲封禅,并且以之求仙不死,则相如写《封禅书》用以讽谏,并不奇怪。若说《封禅书》鼓励武帝封禅,反而觉得奇怪。

2. 文中所谓泰山望幸、掌故奏仪、奉符行事、不为进越之类的话,乃是假借大司马之口的进言。文章有正言、有反语、有门面语、有真实语等等，应予分别，不应都看成是司马相如的个人意见。

3. 文中说周朝并"未有殊尤绝迹"可以同今日相比，但还是"躅梁父、登泰山、建显号、施尊名"，而大汉之德像泉涌一般，如何如何，符瑞奇物，又如何如何。符兆祥瑞，多到如此，还自以为德薄，不敢讲到封禅，行事真是小心谨慎呀！周初开国的时候，鱼儿从水中跳起坠落在船上，武王就把鱼儿烘烤了拿去祭天，把它当作符兆。符兆这么微小，居然因此而登上泰山，岂不显得惭愧吗？周朝不可以封禅，汉朝可以封禅而不去封禅，差异多么大啊！（"钦哉！符瑞臻兹，犹以为，不敢道封禅。盖周跃鱼陨杭，休之以燎，微夫斯之为符也，以登介丘，不亦恧乎！进让之道，其何爽与？"）似乎大贬周朝而进汉，认定周不如汉。但事实是如此么？周家积德累善十余世而有天下，汉如何能比？即如这段文字的上头，司马相如讲周朝，从后稷到公刘到文王，然后说"爰周郅隆（极盛），大行（道）越（于是）成"，即使日后衰微，也"千载无声（恶声）"，可谓"善始善终"。相如之意，真是认为周家不可以封禅，还是意在讽喻武帝与周家相比而稍加自省呢？

4. 在大司马进言之后，"于是天子沛然改容，曰：'愉乎！朕其试哉！'乃迁思回虑，总公卿之议，询封禅之事。"把武帝写成原本不想封禅，是因为大臣的恳请，才"迁思回虑"的。"迁思回虑"四字，值得玩味。如果武帝真的是原来不想封禅，那"迁思回虑"四字是请求武帝改变主意，要去封禅。如果武帝原本渴想封禅，那"迁思回虑"四字，正是请他回心转意，打消这个念头。而武帝说即位之年就"尤敬鬼神之祀"，并开始议封禅了呀！

5. 首尾措辞的寓意。《封禅书》开头讲古代七十二君"罔若淑而不昌，畴逆失而能存"。若者顺（天）也，淑者善良，指德而言，逆失则指逆（天）行失德。意思是：纵观历史，没有谁顺天善良（有德）

而不兴盛,谁逆行失德而能生存。这不是要以史为鉴么?《封禅书》末尾代武帝作颂六章,末章最后几句说"圣王之德,兢兢翼翼也,故曰:'兴必虑衰,安必思危。'是以汤武至尊严,不失肃祗;舜在假典,顾省厥遗,此之谓也。"汉朝至武帝,正是"兴"和"安"的时候,这几句话正是提醒武帝:要居安思危,防微杜渐,兢兢翼翼,小心应付;要效法汤武,敬礼土地神,效法大舜,省察政事的得失。武帝真要是这样,还能去封禅么?

6. 或许有人会说,《封禅书》中夸功劝进之辞那么多、那么明显,而暗喻自损之辞又那么少、那么隐晦,如何能说是讽谏呢?回答是:这正是所谓的"曲终奏雅""劝百风一"。我们必须考虑到两点:一是在帝王时代,不同身份地位的人向国君进言时,所可能采取的态度与方式。二是辞赋体裁本身的特性与局限。作赋讲究"丽""雅"二字。辞欲丽,义欲雅。《文心雕龙·诠赋》说"丽辞雅义",扬雄也说"司马相如作赋,甚宏丽温雅"[38],都点出这二字。若要以赋言志、讽谏,也非"雅、丽"二字无以达成。文辞不丽,不虚辞滥说、天花乱坠一番,帝王读不进去,哪有进言机会?如果全是虚辞滥说、歌功颂德,却又变成谀辞,那又成何文字,何必为他立传?所以只能在文章的首尾或中间,隐约显明正义,尤其是末尾最为重要,这就变成"曲终奏雅""劝百风一"了,实在也是不得已,别无选择。试想,连"劝百风一"都未必有效,如果换成"风百劝一",帝王还看得下去吗?

四者如果以上分析得不错,那么相如于临终前作成此篇,并交代妻子等候天子使者来求书的时候献上,可谓用心良苦,并且果然被他料中了。这样说来,相如遗下《封禅书》岂仅是讽谏而已,竟成"尸谏"了(因谏而死,是"死谏";非谏而死,但死后犹欲进谏,则是"尸谏")。这个意思,前人讲过,吴汝纶说:"《封禅文》则直古人尸谏之旨,而读者乃以为导谀。呜呼,长卿之意隐矣。"[39]

诗赋都有讽谏的作用，但赋的讽谏效果显然比诗要小得多。扬雄是东汉辞赋大家，但却在自叙传中坦承："雄以为赋者，将以风也。必推类而言，极丽靡之辞，闳侈巨衍，竞于使人不能加也。既乃归之于正，然揽者已过矣。往时武帝好神仙，相如上《大人赋》欲以讽，帝反缥缥有凌云之志。繇是言之，赋劝而不止，明矣。"所以，郭绍虞直说辞赋"只是照着一空的型体，堆积辞句，铺陈形势，外表华丽非凡，内面空洞无物。就是说到讽谏，那也只是骗人的美名，实在没有半点效果。"[40]扬雄到了晚年，也觉悟到这种宫廷文学只是"雕虫小技"，而说"壮夫莫为"了。相如作《长杨赋》以谏，武帝并未因此而止猎；上《大人赋》以讽，武帝不但没有自抑，反而飘飘欲仙。讲效果，确是没有，但不能因此说《长杨》《大人》诸赋，没有讽谏之意。同理，相如遗著《封禅书》一卷，讽武帝不要夸功封禅，武帝八年之后还是封泰山了，但不能因此说《封禅书》不是讽谏，而是"导谀"或"至死从谀"。上文说《封禅书》不只是讽谏，简直是尸谏，但此尸谏亦无效果，还不如史鰌（子鱼）的尸谏来得有效[41]。这到底是因为辞赋体裁的缘故，还是因帝王本身之不同而有差异？实在值得玩味。

五、《封禅书》与《五帝本纪》中的黄帝

司马相如以《封禅书》尸谏，武帝仍于八年后往封泰山。封泰山之前，司马谈作《论六家要旨》以当谏书，武帝把他留置洛阳，径去封禅。综计武帝一生，封禅五次，求仙至死，其艳羡的对象是黄帝。对武帝一生封禅求仙最了解的是司马迁，《史记》中的《封禅书》（还有《汉书》的《郊祀志》），对武帝的封禅有详细的记录[42]；《史记》中的《五帝本纪》，则对武帝心中的偶像有正面的陈述。但司

迁在《封禅书》与《五帝本纪》中所写的黄帝，似乎不一样。以下试就《书》《纪》中有关黄帝的叙述，摘要列表对照，然后再作分析。

《封禅书》《五帝本纪》黄帝对照表

封禅书	五帝本纪
黄帝于雍郊上帝——或曰 黄帝封泰山、禅亭亭——管仲谏桓公语 见之以封禅则不死——李少君 黄帝作宝鼎三，象天地人——有司 黄帝得宝鼎宛朐，迎日推策，三百八十年，黄帝仙登于天。 封禅七十二王，唯黄帝得上泰山封。 华山、首山、太室、泰山、东莱，此五山黄帝之所常游，与神会。 黄帝且战且学仙，患百姓非其道者，乃断斩非鬼神者。百余岁然后得与神通。 黄帝郊雍上帝，宿三月。 黄帝接万灵明廷（明堂） 黄帝铸鼎荆山，鼎湖升天——李少君 吾闻黄帝不死。今有冢，何也？——武帝 黄帝时封则天旱——公孙卿 济南人公玉带上黄帝时明堂图 黄帝就青灵台，十二日（月）烧，黄帝乃治明廷。——公孙卿 黄帝时为五城十二楼，以候神人于执期，命曰迎年。——方士 风后、封巨、岐伯令黄帝封东泰山，禅凡山，合符然后不死焉。——公玉带	少典之子，公孙轩辕 长成以前之神灵聪明 习用干戈，以征不享 修德振兵，治五气，蓺五种，抚万民，度四方 与炎帝战于阪泉之野，三战然后得其志与蚩尤战于涿鹿之野，遂禽杀蚩尤 代神农氏，是为黄帝 披山通道，未尝宁居 东西南北所至，合符釜山 迁徙往来无常处，以师兵为营卫 以云命官，置左右大监 万国和，而鬼神山川封禅与为多焉 获宝鼎，迎日推筴 举风后、力牧、常先、大鸿以治民，顺天地之纪、幽明之占、死生之说、存亡之难，时播百谷草木，淳化鸟兽虫蛾，旁罗日月星辰水波土石金玉，劳动心力耳目，节用于水火材物，有土德之瑞，故号黄帝 二十五子，得姓者十四人 正妃嫘祖，生二子玄嚣、昌意，其后皆有天下 崩葬桥山

一是《封禅书》中出现的黄帝是神仙的黄帝，而《五帝本纪》

中出现的黄帝则是历史的黄帝。《封禅书》中的黄帝曾郊雍上帝,得宝鼎(作宝鼎可视为与得宝鼎为一事,先作后得),迎日推筴,三百八十年后仙登,造青灵台,作明廷(明堂),造五城十二楼以候神人,封泰山、禅亭亭或封东泰山、禅凡山,并以封禅合符不死,常游于五山(华山、首山、太室、泰山、东莱)以与神会,且战且学仙,百年后与神通,或说黄帝铸鼎荆山,鼎湖升天等等,莫不与神仙有关,所以是神仙的黄帝。至于《五帝本纪》中的黄帝,面貌完全不同。他有来历(少典之子),有姓名(姓公孙,名轩辕),司马迁写黄帝从生而神灵一直写到最后崩葬桥山为止,中间写他神异之处,战胜炎帝,擒杀蚩尤,疆理所至,以云命官,迎日推筴,土德之瑞,正妃嫘祖,二十五子等等,都是把他当作历史人物看待,是写人物传记的正式写法。

二是神仙黄帝的形象,是由众方人士之口塑造的,尤其是李少君。因为出于众口,所以说法不一,或有矛盾。如黄帝封泰山与封东泰山;黄帝三百八十年后仙登,还是百余岁后与神通,黄帝封禅合符然后不死,还是鼎湖升天、乘龙仙去等等。这些都属于方士之说、神仙家言,《汉书·艺文志》中保存有不少他们著述的条目。历史黄帝的形象,则由司马迁一人传述。《五帝本纪》中的黄帝事迹与《封禅书》相合者,只有获宝鼎、迎日推筴与封禅三事,但也只是提到一下而已。司马迁写《史记》始自黄帝,是断制不苟的。其文献上的主要依据,是《五帝德》与《帝系姓》,系宰予向孔子请教五帝的事情,孔子所作的回答,由孔门传下来的。换言之,司马迁从黄帝写起是溯源孔子,仍是"考信六艺、折衷孔子"之意,他是在严肃地写历史。他写《史记》的取材标准是"择雅",而写《五帝本纪》更是"择其言尤雅者",要雅中之雅(雅者,正也),特别慎重。因为"择言尤雅",所以"百家"[⑥]虽然也讲黄帝,但"言不雅驯"(不雅所以不顺），因而不予采用。像《封禅书》中黄帝且战且学仙、乘龙升天等讲法，正是不雅驯，司马迁是不信不采的；太史公只把这些方士之说、谬悠之辞，集中放在《封禅书》中处理，而且也每作疑辞，无一实语。

因此，《史记》中虽有二个黄帝，一个是神仙的黄帝，一个是历史的黄帝[44]，但司马迁心中却只有一个真正的黄帝，那就是历史的黄帝。看了《五帝本纪》中的历史的黄帝，就应该知道《封禅书》中神仙的黄帝是不可信的。看了《五帝本纪》对黄帝的写法，就应该知道是对《封禅书》中迷信神仙黄帝者的一种批判，也就是对汉武帝的一种批判。清李邺嗣说："史公所作《黄帝本纪》，简而雅，质而不夸。其叙黄帝修政，一曰师兵，二曰疆理，三曰设官，四曰定历，复举其要曰治五气、蓺五种，曰劳动心力耳目、节用材物，俱治天下之大本大经为万世法，而鬼神山川封禅与焉，则仅一言及之，不复道。至后书黄帝崩，葬桥山，而世所传鼎澜上仙及诸荒怪不经，尽可不辨而见矣。余尝考《汉书·艺文志》，道家载《黄帝书》一百篇，神仙家载《黄帝书》六十一卷，所谓百家言黄帝，俱一时方士诡撰以欺人主，荐绅先生难言之。今《本纪》尽削不载，而别于《封禅书》俱述前说，而直断之曰'海上怪迂之方士、阿谀苟合之徒，所言不经无验者'。盖一以征信，一以斥诬，使人主开卷惕然，知黄帝忧劳圣人，诸所以治天下如此。"[45]这是好见解，不用再申述了。

三是崩葬微意。《五帝本纪》中《黄帝纪》的末尾，司马迁写"黄帝崩，葬桥山"。既然有"崩""葬"二字，表示黄帝有死有葬，先死后葬，与常人一般。司马迁正面写黄帝是这样。黄帝既有死，那么《封禅书》中所说黄帝以封禅合不死、乘龙升天等故事之不足信，也就可知矣。武帝封禅求仙，皆托在黄帝，因而有数十年中种种的愚痴行为，现在直书黄帝"崩葬"，无异是对武帝的讽刺与批判。这点微意，如果只看《五帝本纪》或《封禅书》单篇，是看不出来的；必须合读两篇，才能知其微意。这也正是司马迁在《五帝本纪·赞》中所说的"好学深思"。读《史记》的紧要处与难处，都在这里。但梁玉绳并不赞成书"葬"有义，他说："使书'葬桥山'为唤醒求仙之惑，则舜纪书'葬零陵'，当作何解？"[46]也就是说书舜"葬零陵"为无义，则书黄帝"葬桥山"也应无义。乍听似乎有理，其实不然。陈柱说："世不以舜为神仙，故书葬无义；以黄帝为神仙，故书葬为有义。犹世不以孔子为神仙，故《孔子世家》书孔子子孙为无义；以老子为神仙，故列传书老子子孙为有义也。"[47]

四是《黄帝本纪》也隐含谏书之意。前面三点如果能够成立，则很自然地也会把《黄帝本纪》讲成是谏书。这也是前人已有的见解，李邺嗣说："史公称《尚书》载尧以来，而今自黄帝始。盖《黄帝本纪》实太史公之谏书也，当与《封禅书》并读，即可见矣。"[48]这并非他一人之孤明独见，蒋士学即赞同此说："方士托言黄帝，以为是天子而圣人者也，以圣人天子而终之铸鼎，以作神仙，此真汉武之所甘心矣。史迁盖曰：以臣所闻，古黄帝何尝若此。而朝廷方惑于其说，又不能孰书策所当考信者而力争之，则《史记》之首称黄帝，故阙三皇也。

鄞人李邺嗣以为太史公之谏书，得其指矣。则夫孝武晚年之悔所云'天下岂有仙人'者，安知不从读史中来，而子长忠爱之思有以讽之乎！"[49]武帝是否读过《五帝本纪》并因而有悔意，不得而知，但司马迁写《五帝本纪》（不止《黄帝本纪》）有讽有谏，则是毋庸置疑的。

六、结　语

　　本文从司马谈之死追究起，本欲写司马谈父子与汉武帝封禅，不意一路探讨下来却成了三司马与汉武帝封禅。司马相如的《封禅书》、司马谈的《论六家要旨》以及司马迁《史记》的《封禅书》与《五帝本纪》，都与武帝的封禅直接有关。"文章西汉两司马"，其实不止司马相如是辞赋大家、司马迁是散文大家，二人文章写得好；司马谈是古代大学问家，文章也写得奇伟。他们三人对武帝封禅求仙的基本态度是一致的，但无论生前、死后怎么讽喻、尸谏，对武帝都未能产生一点作用。由此看来，知识、道德与文采，似乎都敌不过人主一己的私念，怎能不令人慨叹！虽然如此，他们三人都为后世留下伟大的篇章，其中的深心宏识还需要后人的仔细解读才能明白。司马迁在三人中最为晚出，又是在他父亲"发愤且卒"之下临终受命著史，他对武帝的封禅做了忠实的历史记录，在《封禅书》与《五帝本纪》中也做了深刻的历史批判。武帝未必看到这两篇文字，或肯接受他的讽谏，司马迁并不寄望这一点。他写《史记》是"述往事，思来者"，是"以俟后世圣人君子"，是要让后世的圣人（人主）君子得以观览。今天在座诸君子之所以能在此讨论这个题目，正是拜司马迁之赐。

　　＊1991年8月山东泰安"第5次秦汉史年会暨国际研讨会"论文、初稿；载《台湾大学历史系学报》1996年11月，第20期，第307—340页。1996年5月经台大史研所"史记专题研究班"讨论后定稿。

◎ **注释**

① 班固说《史记》"十篇缺，有录无书"。但《封禅书》并不在这十之内（据

张晏说)。清人崔适《史记探源》始说《史记》中有二十九篇为后人所补和妄人所续,认为《封禅书》系"妄人录"《汉书·郊祀志》(见其书卷四《封禅书第六》,北京:中华书局,1986 年)。但李镜池《封禅书著作问题》曾比对《封禅书》与《郊祀志》,已证明崔氏之说不足信 (见《中山大学 (台湾) 文史学研究所月刊》,1993 年)。

② 《史记》中是否有司马谈著史的材料与意见,可参看顾颉刚《司马谈作史》(见《史林杂识》初编,1963 年);赵生群《司马谈作史考述》(《太史公书研究》,西安:陕西人民出版社,1994 年);张大可《司马谈作史考论述评》(《青海师院学报》1984 年 2 期);佐藤敏《司马谈作史考》(《东北大学东洋史论集》,1992 年)。

③ 有的学者认为现行《管子·封禅篇》中与此相同的一段文字,系后人取自《史记》,而非《史记》引《管子》,故前文不引。

④ 梁许懋 (见《梁书·许懋传》)、隋王涌 (见《中说·王道篇》) 早已相斥封禅,以后宋王禹偁 (《唐鉴》卷四)、王应麟 (《困学纪闻》卷一一)、清秦蕙田 (《五礼通考》卷四九)、金鹗 (《求古录礼说》卷一五) 都同此见解。

⑤ 凌纯声:《北平的封禅文化》,见《"中央"研究院民族所集刊》16 期,1965 年。详细考证请看该文第一节"封禅与坛墠"。

⑥ 《史记·卫将军骠骑列传》。

⑦ 阮元《封泰山论》,见《揅经室二集》(《百部丛书》),此文亦收在金《泰山志》中。

⑧ 参王国维《锥诰解》,见《观堂集林》。

⑨ 《史记·封禅书》叙目。

⑩ 孙星衍:《封禅论》,见《岱南阁集》。古代学者讲封禅最明白者为此篇及阮元《封泰山论》。

⑪ 寒峰:《古代巡守制度的史迹及其图案化》,见《中国史研究》1993 年第 3 期。

⑫⑬ 孙星衍:《封禅论》,见《岱南阁集》。

⑭ 《东观汉记·郊祖志》,载太尉赵宪上言。

⑮ 建武三十二年，光武帝欲行封禅，梁松上疏为此言，见《后汉书·祭祀志》上。

⑯ 最近一篇的相关论文是，杨振之《秦皇、汉武封禅意图考》，见《四川师范大学学报》，1990年第1期。

⑰ 见《史记·李斯传》。此点早经栗原朋信指出，见《秦汉史の研究》（东京：吉川弘文馆，1960年），第36页。

⑱ 栗原朋信：《秦汉史の研究》，该书第三章第二节"始皇帝の封禅と汉の武帝の封禅との相违"可参看。

⑲ 《白虎通·封禅篇》云："或曰封者金泥银绳，或曰石泥金绳，封之印玺也。"虽不能确定是哪一种，当非空穴来风。

⑳ 栗原朋信：《秦汉史の研究》。此说创自津田左右吉，见《汉代政治思想の一面》的《封禅》项，也收在《儒教の研究》。日本人有关封禅的研究，著名者另有木村英一《封禅思想の成立》，收在《中国の实在观の研究》；福永光司《封禅说の形成》，见《东方宗教》1954年第6、7号。以福永、栗原二人用力最深。

㉑ 《史记·秦始皇本纪》。

㉒ 梁启超：《饮冰室全集·司马谈〈论六家要旨〉书后》。

㉓ 清何良俊：《日友斋丛说卷五·史一》。

㉔ 钱钟书《管锥编》第一册，第389—391页，北京：中华书局，1979年。

㉕ 邵懿辰：《书太史公自序》，见《半岩庐遗集》（即《邵位西遗书》，光绪三十四年刊本）卷下。

㉖ 参阮芝生：《史记的特质》，《中国学报》29期，汉城（今首尔）：韩国中国学会，1989年。

㉗ "去健羡"，如淳注云："知雄守雌，是去健也；不见可欲，使心不乱，是去羡也。""绌聪明"，如淳注云："不尚贤，绝圣弃智也。"钱钟书说如淳之解甚确，并一步指出："去羡者，老子所谓'少私寡欲''不欲以静''常无欲'也；去健者，老子所谓'专气致柔''果而勿强''柔弱胜刚强''强梁者不得其死''守柔曰强''坚强者死之德''柔弱者生之徒''弱之胜强，柔之胜刚'也。绌聪明，亦即《货殖列传》所驳老子之'涂民耳目'。"（《管锥编》第一册第391—392页）

繁说缛解，可以讲许多。但如一字解之，则作者以为以"啬"解"去健羡"，以"拙"解"绌聪明"，较为精当。

㉘ 过珙评语，见《古文评注》第 152 页，台南：经纬复印件。

㉙ 《后汉书·百官志》载太史令"当天时星历。凡岁时将终，奏新年历；凡国祭祀丧娶之事，掌奏良日及时节禁忌；国有瑞应灾异，掌记之。"《北堂书钞·设官部》引卫宏《汉旧仪》略同。

㉚ 《汉书·司马相如传》。

㉛ 《东坡志林·卷二·朣仙帖》。

㉜ 《汉志·诗赋略》。

㉝ 参刘熙载《赋概》，收在何沛雄编《赋话六种》（香港：生活·读书，新知三联书店，1982 年）。

㉞ 关于司马相如的著作，参看郑嘉蒻《司马相如著述考》，《东方文化》（上海，1943 年 5 月）2 卷 5 期；刘开扬《论司马相如及其作品——纪念司马相如诞生 2140 周年》，《江海学刊》9 期，1962 年 9 月；田倩君《司马相如及其赋》。

㉟ 蒋彤：《书司马相如传后》，见《丹棱文钞》（《常州先哲遗书》）卷二。本文转引自杨燕起、陈可青、赖长扬编《历代名家评史记》，北京：北京师范大学出版社，1985 年，第 689—690 页。

㊱ 吴汝纶：《桐城吴先生点勘史记读本》卷一一七。

㊲ 吴齐贤语，见《补标史记评林》卷一一七。

㊳ 《汉书·扬雄传》语。

㊴ 吴汝纶：《桐城吴先生点勘史记读本》卷一一七。

㊵ 郭绍虞《中国文学批评史》，台北：华正书局，第 150 页。

㊶ 史鰌遗命置丧于北堂以谏卫灵公，事见《新序·杂说》。

㊷ 《史记》的下限是太初，所以，《封禅书》写到太初三年就做总结。太初以后的记事，则见诸《汉书·郊祀志》。

㊸ 依据《汉书·艺文志》，"百家"二字有两义：一指小说家之《百家》，一指儒家以外诸家。见吕思勉《秦汉史》。

㊹ 参见逯耀东：《汉武帝封禅与史记封禅书》，收在《第二届史学史国际研

讨会论文集》，第288页，台中：青峰出版社，1991年。

㊺ 李邺嗣：《五帝本纪论》，见《杲堂文钞》。转引自《历代名家评〈史记〉》。

㊻ 梁玉绳：《史记志疑》卷一。

㊼ 陈柱：《太史公书讲记——〈五帝本纪〉》，见《真知学报》第2卷，1942年12月。

㊽ 李邺嗣：《五帝本纪论》，见《杲堂文钞》。转引自《历代名家评〈史记〉》。

㊾ 蒋士学：《书小司马补三皇纪后》，见《蛟川先正文存》。转引自《历代名家评〈史记〉》。

论吴太伯与季札让国

一、前　言

笔者前撰《论禅让与让国》一文，并于1986年中研院举办第二届国际汉学会议上提出报告。该文解析《尚书·尧典》与《史记·五帝本纪》所言尧舜禅让故事，实包含有三要件（生让、侧陋、试可）与三思想（公天下、传天下、则天无为）；并据此辨明"让国"不等于"禅让"，所谓"选侯制"实不足以解释"禅让"，《公羊春秋》对"生让"义之强调，以及《尚书》《春秋》《史记》三书在思想上相通承袭之处。大旨虽已粗陈，余义仍犹未尽。本篇再论禅让与让国，将赓续前文未竟之研究，计分两部分：一、评论顾颉刚之"禅让传说起于墨家"说；二、综合考察吴太伯与季札之让国及其相关问题。此研究之进行，基本上仍不离"三要件、三思想"之观点及其运用。

自忖写作过程，始则殚思竭虑，细心深入；终则文成累万，初不自料；其为新义，抑或陈言，亦中不暇辨；唯知真理是求，是所自励也。

二、论吴太伯让国与开吴

笔者在《论"禅让"与"让国"》一文中,曾考察历代让国史例,论定中国历史上真心让国者约有十二人;十二人中,仅太伯、伯夷、宋宣公、邾娄叔术四人之让国属于"让与",其余宋公子目夷、郑公子去疾、楚公子申、卫公子郢、曹子臧、吴季札、楚公子启、拓跋孤等八人则是"辞让"。人数虽属稀少,但已非凤毛麟角。十二例中,除伯夷让国故事最为世人知晓并兴发感慨外,其次莫如吴太伯与季札之让国。太伯后被推尊为吴之初祖,季札则为吴末季之公子;二人同为让国,后先呼应,但所值吴国兴亡之世有别,也因此引起后人不少议论。笔者既已总论"禅让""让国"之思想与史事,愿就太伯、季札让国与吴之兴亡一事再作进一层之析论。

首言太伯让国。《史记》载:

> 吴太伯、太伯弟仲雍,皆周太王之子,而王季历之兄也。季历贤而有圣子昌,太王欲立季历以及昌。于是太伯、仲雍二人乃奔荆蛮,文身断发,示不可用,以避季历。季历果立,是为王季,而昌为文王。太王之奔荆蛮,自号句吴。荆蛮义之,从而归之千余家,立为吴太伯。(《吴太伯世家》)

> 古公有长子曰太伯,次曰虞仲。太姜生少子季历,季历取太任,皆贤妇人,生昌,有圣瑞。古公曰:"我世当有兴者,其在昌乎!"长子太伯、虞仲知古公欲立季历以传昌,乃二人亡如荆蛮,文身断发,以让季历。(《周本纪》)

太伯让国事,不见于《尚书》;《诗经·大雅·皇矣篇》也只说:"帝作邦作对,自太伯王季",并未显言让国;《左传·僖公五年》

只言:"太伯不从,是以不嗣。"含义不明,而且只说"不嗣"(未继承君位)。太伯让国之所以广为人知、受到尊崇,太史公且将他列为世家之首,主要是因为孔子曾特别表彰:"太伯其可谓至德也已矣,三以天下让,民无得而称焉。"(《论语·泰伯》)《史记·吴太伯世家·赞》即引这句话论断太伯。吴在周初,比于蛮夷,为诸夏所排斥;论宗支远近,不如晋、鲁;论功臣大小,当首齐(太公)、燕(召公)。然而,太史公却以吴为世家之首者,正是因为太伯让国甚受孔子重视、获得表彰之故。这与本纪首黄帝,是因为孔子曾讲到五帝(宰予问,孔子讲,记录为《五帝德》《帝系姓》二篇,今在《大戴礼记》中),比百家言黄帝来得"雅驯";列传首伯夷,是因为孔子曾几度称赞伯夷、叔齐"不念旧恶""求仁得仁","学者"比"说者"注重"考信",其言比较可信;[①]同样都是司马迁写史"考信六艺""折衷孔子"的表现。但"太伯其可谓至德也已矣,三以天下让,民无得而称焉"这句话乍看简单,其中却隐藏不少问题与义理,值得细加分疏。

(一)太伯是"让国"还是"让天下"?

古公(太王)时,周为诸侯,偏在西方,为殷属国,未有天下。明明只是"让国",如何能说是"让天下"?归有光云:"国与天下,常言之通称也。苟得其让,奚辨其国与天下也。"[②]国与天下,明有分别,漫言"通称",弥缝强合,实不足取信。梁皇侃曰:"今让者,诸侯位耳,而云让天下者,是为天下而让。"[③]太伯是见父之意、成父之志,谈不到"为天下而让"。若说成"为天下而让",则是太王或太伯当时已有夺殷天下之志。顾炎武说:"今将称泰伯之德,而先以莽操之志加诸太王,岂夫子立言之意哉?"[④]且以当时内外形势而论,亦不容许太王有代殷有天下之志与事(见下文)。"为天下而让"

一解,说得过早过远,难以采信。然而,是否孔子说错?孔子为周人,好古敏求,博学多识,周游天下,洞悉世情。他究心三代文化,熟知当代历史,岂有不知古公时周尚为侯国之理?是必有说。倘若吾人不拘执文字表面,不以辞害意而以意说之,则太伯"让天下"之说可做如下解释:

1. 自后世已然而言。萧穆说:"虽当其先为商之天下,泰伯之让亦第让国而已;而自后世观之,则泰伯之让国固即以天下让也。"[5]清方大淳也说:"当是时,以国让也;而自后日言之,则以天下让也。"[6]杨名时说:"因周后有天下,故云以天下让,特据已然而言。非泰伯知文王将有天下,而让以成之也。"[7]此说可通,但义较浅近。

2. 以太伯之德大言之。刘子曰:"唯至德者,能以百里王天下。以百里王天下者,虽未得天下,能以百里让,是让天下矣。"[8]刘宝楠说:"此自美太伯之德,大言之耳;明太伯嗣周能有天下也。《荀子·正论篇》:'天下者,至大也,非圣人莫之能有也。'《孟子·公孙丑篇》言:'伯夷、伊尹与孔子得百里之地而君之,皆能以朝诸侯、有天下。'即此义也。其德能有天下而让之人,是谓以天下让。"[9]钱穆云:"孔子以泰伯之德亦可以有天下,故曰以天下让,非泰伯自谓以天下让也。"[10]此说与前说并不冲突,但义解较深,可以两存。前说据实事言,后说据虚理言。

(二)太伯三让,是"让商"还是"让周"?

"让商"之说是指,太王欲翦商,而太伯不从;太伯不从,周不远王,而两祚复延。此因《诗·鲁颂·閟宫》称太王:"居岐之阳,实始翦商。"《左传·僖公五年》记孔叔之言:"太伯不从,是以不嗣。"杜注"不从"为"不从父命"翦商,后人遂缀合二文作此理解。

此说不通,因为:

1.《诗》与《左传》所言之事本不相及，是后人勉强牵合而生误解。"太伯不从"，《史记·晋世家》作："太伯亡去，是以不嗣。"解"不从"为"亡去"，是指"不从太王在岐"⑪或"不在太王之侧"⑫并非不从翦商之志。

2. "实始翦商"乃追叙王业所由起。诗人谓太王"实始翦商"，并非指太王居岐时已有灭商之志，乃"谓后之灭商，始于岐也，此追原太王传季及昌之事也"⑬"诗人之本意，盖言商道渐衰，周德日盛，周之王业创自太王，后人追溯之，言其势非言其志也。"⑭

3. 夷考史事，太王居岐时之内外情势，实不容有翦商之志与事。

第一，揆以两之时势而不合。太王迁岐，在小乙之世，迁岐未三年而武丁立，殷道中兴者五十九年，"朝诸侯，有天下，犹运之掌"（孟子语），"太王以岐邦新造之基，值武丁中兴之盛，安得遽怀翦商之心乎？且是时文王犹未生也。考文王之生，适当祖甲之二十有八祀。《书》曰'其在祖甲……爰知小人之依，能保惠于庶民'，是祖甲亦贤君也，又云殷道中衰乎？"⑮

第二，揆以周之时势也不合。方大淳云：

> 太王之事，《诗》与《孟子》言之详矣。《诗》曰："古公亶公，来朝走马。率西水浒，至于岐下。"《孟子》曰："一太王居邠，狄人侵之，去之岐山之下居焉。"太王流亡播迁之不暇，而暇谋商乎？《诗》曰："天作高山，太王荒之。"又曰："帝省其山，柞棫斯拔，松柏斯兑。帝作邦作对，自太伯王季。"《孟子》曰："文王以百里。"太王虽迁岐，而生聚犹未众，田野犹未辟。至于王季，始启山林；文王，然后蕃盛，疆宇犹仅百里也。太王之世，周安得日强大乎？且使太王如果强大，则何不恢复故土，逐獯鬻于塞外，以雪社稷之耻，乃反晏然不以为事，而欲伐天

论吴太伯与季札让国 | 385

下之共主，是司马错之所不为也，太王岂为之乎？且纣之暴虐极矣，武王孟津之会犹迟之十三年之后；使纣能自悛，武王亦必不伐之。武王犹不忍伐纣，而太王乃远谋翦商，必不然也。⑯

朱子《四书章句》于此章注云："太王因有翦商之志，而泰伯不从。"多加一个"志"字，增字解经，实不可从。⑰

"让周"之说是指，太王因季历生子昌，有圣瑞，遂欲传位季历以及昌；太伯知之而逃，国遂传于季历，后世遂有天下（周之天下）。本来只是太伯让国，无所谓"让周"或"让商"，后因有人强调"让商"，于是遂举"让周"与"让商"并行讨论。今"让商"之说既然不能成立，则似乎唯有从"让周"之说。不然，上文讲太王居岐时，周为新造之邦，又当武丁中兴之世，太王（应为古公，太王乃后世追尊之辞）与太伯都不应有翦商之志与事；因此，"或谓其让商，则天下固犹是商之天下也，何得言让？而或谓其让周，则天下未敢谓即周之天下也，又何得言让？"⑱天下将是谁家天下，当时既不敢说，甚至不敢想，则如何能说让周之天下？

"让周"与"让商"，两皆不是，究应做何解释？其实，此一问题，本来多余。回到原点，当初只是太王"欲立"，而太伯让逃。太伯只是一片孝友之心，欲全父志而已。周为侯国，故太伯让逃之结果在当时为让国。倘若太王时周已有天下，以太伯孝友之心观之，唯有让逃而成为让天下。倘若太王当时不有天下、不有国，而仅为一家君，太伯亦唯有同出一途，不致因让家、国、天下之大小难易而别有选择。由此而论，太伯在当时既非"让商"，也非"让周"，而只是让位、让国。但从后世已然观之，以太伯之德大而论之，则不妨说成是让天下也。此乃后人，主要是孔子，对太伯之推崇。此一推崇亦有其理，因太伯让是"三让"，民无得称，乃"至德"也。

（三）太伯"三让"，作何解释？

"三以天下让"，可作虚解与实解。虚解则为"固逊"（朱子《集注》）、"固让"或"终以天下逊（让）"。三为数之成[19]，古人礼成于三[20]，"三揖""三逊"，见于《礼经》者非一；辞让以三为节，一辞为礼辞，再辞为固辞，三辞为终辞（《士冠礼》）：皆不离三，无三不成礼也。若做实解，则须实指其目，孔子既未明言，后人乃各自臆解：

1.《论语》皇侃《疏》引范宁说有二解，其第一解为：

> 托采药于吴越而不返，太王薨而季历立，一让也；季历薨而文王立，二让也；文王薨而武王立，于此遂有天下，是为三让也。

此解不适。假若太伯之后，历二世即得天下，或历五世始得天下，是否因而称之为"二让"或"五让"？

2. 其第二解为：

> 太王病，而托采药出，生不事之以礼，一让也；太王薨，而不返，使季历主丧，死不葬之以礼，二让也；断发文身，示不可用，使季历主祭礼，不祭之以礼，三让也。

此解与郑玄《注》大致相同：

> 太王疾，泰伯因适吴越采药，太王没而不返，季历为丧主，一让也；季历赴之，不来奔丧，二让也；免丧之后，遂断发文身，三让也。

如果省去"主祭""丧主"这些枝辞，就其核心内容——托采药出，没而不返，断发文身——而言，二者见解一致。但《吴越春秋》讲："古公卒，泰伯、仲雍归。赴丧毕，还荆蛮。"《韩诗外传》言：

> 太王薨，季之吴告伯仲，伯仲从季而归。群臣欲伯之立季，季又让。伯谓仲曰："今群臣欲我立季，季又让，何以处之？"仲曰："刑有所谓矣。要于扶微者，可以立季。"季遂立而养文王，文王果受命而王。

《论衡·四讳篇》说：

> 太王薨，太伯还。王季辟主，太伯再让，王季不听。三让曰："吾之吴越，吴越之俗，断发文身；吾刑余之人，不可为社稷宗庙之主。"王季知不可，权而受之。

三书皆言太伯还奔丧，但实可疑。刘宝楠说："太王薨后，季宜摄主，断无置丧事国事于不问，而往吴告伯、仲之理。设使伯、仲俱不随季而归，将季遂偕逝乎？抑将受伯、仲之让独自归乎？《外传》之言，于是为竦矣。太王殁，太伯若以奔丧反国，则本为嫡长，理应嗣立，群臣何敢与立季之议？且后既反国，则其始之采药荆蛮，夫何为者？《论衡》此义，亦为未达。泛观诸说，惟郑为允。"（《论语正义·泰伯》）而且，此一说法实与孔子之言相抵触。因为倘若太伯还奔丧，与群臣共立季历然后返吴，则太伯让国之事当为群臣所见并为吴人所共知，孔子焉能称赞为"民无得而称焉"？

3. 程子曰："不立，一也；逃之，二也；文身，三也。"[21]此说后出而新奇，但亦不足信。太伯以让逃始，程子却在让逃之前加一"不立",实为画蛇添足。

总之,以上三解悉出后人解说,第一、第三解明显不能成立,唯有第二解尚可接受。第二解中,"不还奔丧"(即"没而不返")虽与《吴越春秋》《韩诗外传》《论衡》所记不同,但与孔子之言相应。至于何者可信,则视读者对古代人物的理解与史料价值的认知而定。依理而言,第二解实较通洽。"托采药出",是抽身退出,造成既成事实;父没之时,季历必立,别无选择,是为初让。"不还奔丧",则季历必为丧主,自然继承君位。倘若太伯还奔丧,则必然面临主持丧事与继承君位的问题,如此则"托采药出"之初让便失去意义,是为二让。"断发文身",则季历即使不愿继位并派人劫持太伯返国继嗣,因"刑余主人,不可以为宗庙社稷主",亦不能达到目的,是为三让。让而至此,让无可让,岂非"固让""终让"?其实,只要能够让逃在先并文身,"固让""终让"的目的便算达成,"奔丧"与否,已不重要,也非必要了。

(四)孔子何以称太伯为"至德"?

《论语》中,孔子以"至德"称许者有两人:其一,"三分天下有其二,以服事殷;周之德,其可谓至德也已矣!"这是指文王。其二,"泰伯,其可谓至德也已矣!三以天下让,民无得而称焉。"孔子为殷人之后,周灭殷,而所称许为"至德"之二人却均为周人,且是周家开国之人。孔子好古敏求,序列古之仁圣贤人,不轻许人,故若非实有其事、真有其德,孔子当不至以"至德"二字称许之。孔子称许太伯为"至德",是因为太伯"三以天下让,民无得而称焉"。此言甚著,历代学者有不少发挥。[22]以下即综合各家之说,就太伯让国一事再作申论。

太伯让国是心在让而口不言让,有让行而无让事。在让的过程中,有几点值得注意。

1. 主动逃让:史称太王"欲立"季历以及昌。"欲立"云者,是心欲之而不必有言行。只是孝子先意承志,太伯曲体亲心,主动逃让以顺成父志而已;并非应太王之要求或受到压迫才让逃。

2. 偕仲而逃:太伯逃之目的是让季历,倘若太伯不偕仲雍而逃,太伯逃让,季历亦逃让,则仲雍将变成伯夷、叔齐让国故事中之"中子",而难辞国人之立了。如此一来,目的未达,亲心未惬,让逃岂不失去原有之意义?故太伯必须偕仲而逃,二人同心同德,方能成就此事。

3. 托采药出:"我世必有兴者,其在昌乎!"太伯默体亲心,决志行让,但口不言让。倘若明言而公让,则父子兄弟之间能无讨论争辩?恐将横生枝节与波折。纵使太伯、季历愿意接受,而废长立幼,太王于心能无不安,季历为弟能无惭德?故太伯曲体善会,于太王病时托词采药而出,口中不言"让"字,而实际行动却造成"让"之后果;季历无从推辞,太王于心亦安,其结果是"俾父慈弟友,两无惭德于骨肉间"㉓。太伯之让,可谓曲尽人情,不仅牺牲自己,且为对方设想。尤可贵者,太伯之让,泯然无迹,不欲人知,人莫得见。阎若璩云:

> (太伯)不让国于传位之日,而让国于采药之时;是盖有伯夷之心,而无其迹,然后可以行伯夷之事,遂伯夷之心。古今之让,从未有曲而尽如此焉者。此夫子之所以深叹其不可及也。㉔

杨名时说:

> 玩夫子本意,只称其能让国于弟,以成父志,而其逊隐微,

无迹可见，上以全其父之慈，下以成其弟之友，视伯夷之让尤为尽善，故称之为至德，见其能全天伦而不伤耳。[25]

刘悌堂也评曰：

> 泰伯之先意承志，上令太王无舍长立爱之嫌，下以全王季则友其兄之美，并不令天下后世知己有弟兄让国之行。是其一往深情，德盛礼恭，浑然无迹，真有无穷无尽之心者，非徒一再让之而遂已：故曰"三以天下让也"，故曰"至德"，故曰"民无得而称"也。向非孔子，虽周公且无从而称之，何况民乎？[26]

都是很深入而中肯的评论。

4. 文身断发：太伯既已托词逃让，继之文身断发。文身断发乃荆蛮习俗，太伯为此，乃永断归心、示不可用、让国到底。先前托词采药，口不言让，但太王、季历其后终当知觉，倘若季历执意不肯受让，进而追踪、劫持，而太伯既已文身断发，不堪为宗庙社稷主，亦将徒劳。此乃太伯为达让国之目的，不惜出此下策，以示决心，既作最坏之打算，复采最佳之防备。从"文身断发"回想"托采药出""偕仲而逃"与"主动逃让"，便可深刻了解太伯让国的真诚、彻底和有技术。可知太伯并非仅是一简单的好人。孔子称伯夷"求仁得仁"，只许他为"古之贤人"，但孔子却许太伯为"至德"，孔子看重太伯似乎犹在伯夷之上！

"自古只有争天下，哪有让天下。""亲兄弟尚且争钱财，何况让国。"常言如此。故对史书上载之高人异行，往往置疑；甚至以客观理性自许，而斥为虚妄夸诞；即令口上不加反对，但心中亦不过视他为一好好道学先生而已。太伯让国高行，常人亦皆耳闻，大约视他为一好人。殊不知此好人有仁心，亦有仁术；心好，脑亦甚好也。孝弟为仁之本，太伯心存让国，对父称孝，友爱兄弟，是有"仁心"。观其让国，曲体亲心，委曲周至，泯然无迹，终成善果，是有"仁术"。但太伯之"仁术"实由"仁心"而来。只因发心真诚，念头单纯，其行动亦变得简单（托词采药、偕仲而逃、文身断发）；认定目标，直直做去，毋须多言，自然合道。笔者昔年论留侯"至诚即是妙术"时曾言：有德者未必有智，有智者亦未必有德，但最高之德必与最高之智相合。[27]这从太伯让国所见之仁心仁术上，亦可得到印证。

太伯本此仁心仁术让国，终能善始成终，历文、武而开周家八百年之天下。不但周家开国，拜赐于太伯"至德"者多多；即吴之开国，亦全由荆蛮之归心向德。史称太伯奔荆蛮，"荆蛮义之，从而归之千余家，立为吴太伯。"此即孔子所谓"言忠信，行笃敬，虽蛮貊之邦行矣"[28]。太伯让逃，荆蛮亦知"义之"，并因而归从，奉为吴国初祖，岂非因太伯让德之故？太伯前让一国，至此又开一国，且"不必籍太王之业，不必待武王之封"[29]，实为史上罕见。谁谓道德与政治无关，政治不必讲究道德？

三、论季札让国与"让以阶祸"

吴开国后，历十九世至寿梦，少子季礼贤，寿梦亦欲立之，于是吴又有季札让国之事，与太伯让国事后先映照。以下先抄录《史记·吴太伯世家》有关季札让国之文字：

> 寿梦有子四人，长曰诸樊，次曰余祭，次曰余昧，次曰季札。季札贤，而寿梦欲立之，季札让不可。于是乃立长子诸樊，

摄行事当国。王诸樊元年，诸樊已除丧，让位季札。季札谢曰：
"曹宣公之卒也，诸侯与曹人，不义曹君，将立子臧。子臧去之，
以成曹君。君子曰：'能守节矣。'君义嗣，谁敢干君？有国，
非吾节也。札虽不材，愿附于子臧之义。"吴人固立季札，季札
弃其室而耕，乃舍之……

十三年，王诸樊卒，有命授弟余祭，欲传以次，必致国于
季札而止，以称先王寿梦之意。且嘉季札之义，兄弟皆欲致国，
令以渐至焉……

十七年，王余祭卒，弟余眛立……

四年，王余眛卒，欲授弟季札。季札让逃去。于是吴人曰：
"先王有命，兄卒弟代立，必致季子。季子今逃位，则王余眛后
立，今卒，其子当代。"乃立王余眛之子僚为王……公子光者，
王诸樊之子也。常以为吾父兄弟四人，当传至季子。季子即不
受国，光父先立，即不传季子，光当立……

十三年春，吴欲因楚丧而伐之，使公子盖余、烛庸以兵围
楚之六、潜，使季札于晋，以观诸侯之变。楚发兵绝吴兵后，
吴兵不得还。于是吴公子光曰："此时不可失也。"告专诸曰："不
索何获。我真王嗣，当立。吾欲求之，季子虽至，不吾废也。"……
四月丙子……遂弑王僚。公子光竟代立为王，是为吴王阖闾，
阖闾乃以专诸子为卿。季子至，曰："苟先君无废祀，民人无废
主，社稷有奉，乃吾君也。吾敢谁怨乎？哀死事生，以待天命。
非我生乱，立者从之，先人之道也。"复命，哭僚墓，复位而待。

据此，季札让国不居，吴国让事不断，最后以公子光弑王僚收结；
时当王僚十二年，为周敬王五年、鲁昭公二十七年（公元前 515 年）。
越灭吴，在夫差二十三年，为鲁哀公二十二年、周元王三年（公元
前 473 年）。亦即公子光弑僚后四十二年，吴亡。上计太伯开吴，历

六百余岁灭国。㉚故历代对季札让国固多推崇，但也不乏谴责季札固让不化，以致吴国乱亡者：

董份曰："季子历之列国，决其兴亡，如蓍兆响应；而不能知公子光之将弑僚，何也？其知而不言，以滋乱贼之祸，则不可晓，岂以为真当立国耶？吴国兄弟皆相祝早亡以传次于札，弟受位不敢私，子失位而不敢言，其信札专矣。诚以光为当立，则以大义责其国人而立之，僚必不敢不听，何至滋乱世也。盖札自洁之士，而于身任社稷或非其才所能耶？岂止洁其身而不顾社稷耶？"（《史记评林》卷三一）

又曰："观非生乱云云，札之心见矣。言我不生乱，则自洁矣；至于立者，吾不与也。然予思之，札盖有高世之见，而非命世之才，又无当国之权，亦不得已耳！"（同上）

金履祥曰："吴诸樊兄弟相传，凡以为季子耳。季子不立，则国固诸樊子之国也。僚恃余祭以结国人而立，固已非矣。春秋不以弑罪归光，则季子亦难以弑罪仇光也。然季子逊国而光弑君，为季子者终于上国，不亦可乎！复命哭墓，复位而待，亦季子过矣！"（《史记评林》卷三八）

钟惺曰："季札，古之笃于友者也。所至以人才为念，不识其贤者不已。与人处，吐出心肝，忠告动人，盖有心用世人也。独爱身一念太重耳，故凡事皆不肯犯手。当阖闾弑立之际，趋避员捷，与晏子处崔杼之乱同一机权，是古今一大乡愿也。"（《史记评林·补标》卷三一）

独孤及曰："以季子之闳达博物，慕义无穷，而使当寿梦之眷命，接余昧之绝统，则大业用康，多难不作，阖闾安得谋诸窟室，专诸何所施其匕首？乃全身不顾其业，专让不夺其志，善自牧矣，谓先君何？吴之覆亡，君实阶祸。"（《吴季子札论》）

胡安国曰:"札者,吴之公子。何以不称公子? 贬也。辞国而生乱者,札之为也,故因其来聘而贬之示法焉……夷末卒,则季子宜受命以安社稷,成父兄之志矣,乃徇匹夫之介节,辞位以逃……叔齐之德,不越伯夷;孤竹舍长而立幼,私意也。诸樊兄弟父子,无及季札之贤者;其父兄所为眷眷而欲立札,公心也。以其私意,故夷、齐让国为得仁,而先圣之所贤;以其公心,故季子辞位为生乱,而《春秋》之所贬。苟比而同之,过矣……彼王僚无季历之贤、武王之圣,而季子为太伯之让,岂至德乎? 使争弑祸兴,覆师丧国,其谁阶之也? 若季子之辞位守节,立名全身,自牧则可矣;概诸圣王之道,则过矣。《中庸》曰:'道之不明不行也,我知之矣。'季子所谓贤且智、过而不得其中者也。使由于季历、武王之义,其肯附子臧之节而不受乎? 惜其择乎中庸,失时措之宜尔。此仲尼所以因其辞国生乱而贬之也。"(《四库全书》本《胡氏春秋传》卷二三襄公二十九年"吴子使札来聘"条)

以上对季札的责难,包括"爱身""自洁",不肯"以身殉鸥夷",是"古今一大乡愿";虽有"高士之见",但非"命世之才",不足"身任社稷";不应"专让""辞国","宜受命以安社稷",即使不"当寿梦之眷命",也应"接余昧之绝统";如果认为公子光当立,则应"以大义责其国人而立之";既不受国,又不立公子光,结果只有"滋乱贼之祸",导致"吴之覆亡";季札公子啊,你只是善于"自牧(照顾保护自己)",但怎么对得起"先君"! 大要如此。其中有关季札才德高下的部分,可暂勿论。但说季札"让以阶祸"(包括"让以生乱"、辞国"滋乱"、导吴"覆亡"),则是严重的控诉与误解,不可不辨。

吴虽由太伯开国,但地处荆蛮,文化落后,自寿梦以前不通中国,比之夷狄。季札在此环境中脱出,表现超特,有似奇葩。观其聘鲁,闻声知政,观乐知德,可见其深思好学,天资绝人;观其历聘上国（使齐、使郑、适卫、适晋），预决兴亡，友其贤士大夫，忠告动人，似乎其智犹在晏子、叔向之上；观其挂剑于徐君墓上，忠肝仁心，见其有古道热肠。㉛这样一位智慧高超、见事明敏又心好肠热的人，对他国之事一目了然，对己国之事难道不能明白洞悉？对新交朋友，能热心忠告，弃宝剑如敝屣；对自己家国，难道不肯真心关怀，舍身命以救济？断无是理。倘若季札不辞国而受命，就能安社稷、救乱亡；那么既可为君，又可救国，其事甚美，何乐不为，季札何必专让？可见季札不是这么想，而事情也非如此！以下即就季札专让与吴之乱亡事，逐层细论。

（一）季札能否不辞让而受国？

季札父寿梦欲立季札，其兄诸樊欲让季札，甚至其侄公子光弑僚后也欲让季札，季札能否不辞让而受国？不能也。因为：第一，破坏君位继承法并伤害兄弟友情。太王之时，周家未得天下，君位继承法尚未确立，彼时舍长立贤，尚有可说；但也并非怡然理顺，毫无难处，否则太伯不必让逃。周得天下之后，建立宗法分封制度，而其骨干则为嫡长子继承制。鲁国在哀公之前，虽常表现出"一生一及"的特色，但仍以父子相继的"生"为常，兄终弟及的"及"为变。㉜吴国太伯无子，故卒后仲雍立，但自仲雍以后至寿梦十八世皆是父死子继。今寿梦欲舍长立幼或兄弟相及，均是破坏君位继承制度，并开启日后纷争；请问季札卒后，将用"子继"还是"弟及"？况且，"欲立季札"是发自寿梦，并非由诸樊主动倡议。诸樊碍于父命，口上虽无异议，心中未必同情；即使心口如一，终是损害兄长权益，伤害兄弟友情。以季札之"仁心慕义无穷"，岂能接受？更何况此举将破坏君位继承法，后患无穷？所以，"季札让不可"。

第二，"季札让不可"后，诸樊立，"摄行事当国"；"已除丧"后，又欲"让位季札"。先前有父命，季札尚且拒让，如今兄长让位，焉能顺从。前拒后从，岂不自失立场，反复无信。诸樊已摄行事当国，为寿梦主丧，便是新君（嗣君当为先君主丧）。诸樊于除丧后让位，季札若不谢绝，岂非"尔任其劳，我享其福"；未能为先君主丧，如何敢继嗣君，能不愧对寿梦？且诸樊前已当国，此时将置诸樊于何地？假令诸樊让心真诚，季札亦将情何以堪，怨难从命。故季札谢绝，并明告以"愿附于子臧之义"。

第三，诸樊卒后，兄弟以次相传，历余祭、余昧而欲授季札，季札更无受国之理，因为：1. 寿梦"欲立"，诸樊"让位"，尚且不能顺从；则余昧授国，益发不能接受。金居敬说："季子，守节者也。其兄与之而不受，其兄之子与之而受，是变节也。季子之于徐君，犹曰吾不倍其心而解剑云尔，岂于其兄之子而倍其心哉？"[33]接受便是变节。2. 诸樊在位十三年，余祭十七年，余昧四年[34]，共三十四年，同样是兄长，三十四年前诸樊让位能拒绝，三十四年后余昧授国却接受；早知如此，何必当初？同样是接受，三十四年前，事情单纯，只牵涉同一辈兄长的意愿；三十四年后，事态复杂，将影响到下一代子侄的权益。若要受国，便当在三十四年前；此时接受，便是不智。

第四，季札"逃位"后，吴人立余昧之子僚为王（《公羊传》以僚为季札庶兄），公子光弑僚，是为王阖闾（间）。《史记》只记公子光曰："我真王嗣，当立。……季子虽至，不吾废也。"并未明言让位季札。但《公羊传·襄公二十九年》却说："阖闾使专诸刺僚，而致国乎季子。"虚让一下，理或有之。假使阖闾果真"致国"季札，季札能否受国？前此三让犹不足，必待四让才称心么？前此兄长和平传国不满足，必待子侄屠戮转让才如意吗？假如受了这血腥的王位，岂不变成弑君的首谋主犯？[35]能辞篡贼之名吗？故《公羊传》

记季子之言曰:"尔杀吾君,吾受尔国,是吾与尔为篡也。"季札倘若此时受国,则岂止是"变节""不智",简直是不仁、不义了(仁者爱人,义者正己)。

(二)季札如肯受国,吴国是否不致乱亡?

依理而言,季札不宜受国,已如上述;但若就事而论,季札如肯受让,吴国是否便能不乱?论者之意,盖以为季札何必如此"爱身""自洁",不妨委曲从权,受国以止乱。然而,季札无意从权,从权也不能止乱。

1.此所谓"乱",是指僚与公子光相争以致公子弑僚事;此所谓"从权",是指余昧授国时季札当受国。"权"不可轻言轻用,不到事态严重、情非得已,不可言权(嫂溺援之以手,何计授受,但非"溺"不"援")。诸樊之时,吴不必乱,无须从权。王僚继位去诸樊三十四年,光弑王僚去诸樊四十六年;故诸樊让位时,僚与光尚在幼小,或未出世。季札虽称明敏,但是人非神,究不能逆知数十年后僚光之事也。

2.以事势言之,季札若于余昧卒后从权受国,则生前不能自保,身后亦不免诸子相争。季札受国能否止乱,此事固与季札之智略德望有关,但也关涉吴国之民性,光、僚之个性与野心。王世贞说:"吴之俗,狠戾而好战,日寻楚之干戈。而僚以贪愎躁勇之性,光以忍诟狡悍之资左右焉,其人目睒而齿击,盖未尝一日而忘乎王位也。"[36]吴俗"狠戾好战",王僚"贪愎躁勇",公子光"忍诟狡悍",二人皆不忘王位,志在必得。在此情势下,明缪昌期曰:"使季子一日有国,而窟室之惨,不中于僚而中于札,必矣。光之借札,以辞也,非为札地也;札如听之,而专诸之匕首,又将转属焉,势也。"[37]

明张燧也说:"夫季子在齐,知齐政将有归;在晋,知晋国必有难；闻乐，知卫之后亡，桧之早灭；岂独不知阖闾之为人乎？彼阖闾者，阴狠而忌，日夜谋所以刃僚取吴，散财养客，数十年而幸就。就而一旦致之乎季子，岂贤季子而甘为之下乎？畏忌季子也。季子于此掩然而受之，吾恐刃僚之血未干，季子且以次及矣。"㊳

见解相同，且更深入。再进一层想，"及季子身，光、僚或可无事；而季子身后，能保诸子之不争乎？"㊴此非过虑。舍身殉国而能救国，志士仁人无不甘受；若舍身不能救国，反而滋乱，岂是智者之所为？吴之政治人物如此，吴之政局演变至此，神仙也难措手，非是季札独力能挽。臧琳说："吴之兴亡，季札必筹之熟、虑之深矣。特时势流转，有非人力所能挽者。与其以身徇之、躬受篡弑之祸而不能有所济，孰若见几而去、全身洁己之为愈哉！"㊵

设身处地一想，能有比"见几而去，全身洁己"更好的做法吗？

（三）季札为何前不让逃，后不讨贼？

季札兄弟相让，结局却为弑君，论者引以为憾，甚至责怪季札为何不于寿梦"欲立"之时让逃，一如太伯之托词采药；如此一来，吴国岂不是可以免去一场乱事？此说似是，但不合情理。

1. 太伯为古公嫡长，君位本为他有（至少较诸弟优先），故古公欲传季历以及昌，太伯可以让逃。今季札为少弟，寿梦虽欲传位，君位本非他有，不是自己的东西，说什么让和逃，岂不惝尔？故只要力陈"不可"，无须为"让"而"逃"。

2. 寿梦卒后，诸樊摄行事当国，于除丧后让位季札。诸樊为长子，既已"当国"，又为先君主丧，是国有新君，君位已定；季札更何必逃而"让"之，岂不好笑？季札只需辞谢，并进一步明告以"有国非吾节也""愿附于子臧之义"。吴人还要"固立"季札，季札"弃其室而耕""乃舍之"。季札在言语上明节之后，行动上更"弃其室而耕"，吴人才"舍之"（放过他）。既已"舍之"，事已结束，那更无须逃了。

3. 诸樊卒后，遗命以次传弟；故余昧卒后，又欲授弟季札。"季札让逃去。于是吴人曰：'先王有命，兄卒弟代立，必致国季子。季札今逃位，则王余昧后立，今卒，其子当代。'乃立王余昧之子僚为王。"事情本来早已结束，偏偏遗命传弟，故余昧欲授国时，季札只有"让逃去"，而被称为"逃位"了。季札不是"不逃"，而是前此不须逃时不逃，必须逃时决然"逃去"，谁说"不逃"？

王僚十三年四月丙子，公子光使专诸刺僚，是为阖闾，时季札出使在晋。季札返国后，既不受阖闾之让，又不讨平阖闾，论者遂谓：弑君为贼，季子为何返不讨贼？此说有理，但未得其情。《左传·昭公二十七年》记载：

季子至，曰："苟先君无废祀，民人无废主，社稷有奉，国家无倾，乃吾君也，吾敢谁怨乎？哀死事生，以待天命。非我生乱，立者从之，先人之道也。"复命，哭墓，复位而待。（《史记·吴太伯世家》本此）

《公羊传·襄公二十九年》载：

（阖闾）于是使专诸刺僚，而致国乎季子。季子不受曰："尔杀吾君，吾受尔国，是吾与尔为篡也。尔杀吾兄，吾又杀尔，是父子兄弟相杀，终身无已也。"去之延陵，终身不入吴国。

综合史料，细加揣摩，似可做以下理解：

1. 季札返吴，阖闾"致国"于季札，此虽非嫁祸之计，也属脱罪之辞。季札当然不能受国，否则即变成谋篡之主，等同弑君之贼。赵穿攻杀晋灵公，赵盾为正卿，只因"亡不越竟（境），反不讨贼"，太史即书曰："赵盾弑其君。"[41]何况受国于弑君者之手？

2. 季札既不受国，但也不讨贼。季札不讨贼，不是如杜预所说"力不能讨"[42]。陈恒弑其君，孔子请讨[43]。鲁弱齐强，又是他国之事，孔子不以力不能讨而自划。否则，遇弱则强，遇强则弱，变成只问强权，不问公理。弑君之贼，人人可讨，季札若欲讨贼，其力诚有不逮，但真正理由并非在此，而是怕"父子兄弟相杀无已也"。为了争国，公子光刺僚，是兄弟相杀；为了讨贼，季札杀阖闾或阖闾杀季札，都是父子相杀（季礼为诸父）。讨贼之后，君位谁继？季札自任，还是由诸樊、余祭、余昧之子孙嗣位？夺国之恨，父兄之仇，势必还要引起父子兄弟间之相争相杀。这样杀来杀去，岂不是相杀无已时？错误已经造成，但若再讨贼，只有造成更多的错误；悲剧已然产生，但若再讨贼，只有制造更大的悲剧。为季札想，除了终止相杀，还有更佳的选择么？此一选择，并非完美，但能把错误与灾祸减到最少。在此心理背景下，只要先君有人祭祀、百姓有人作主、社稷之神得到奉献、国家能够安定，"立者从之，先人之道也"（谁立为国君，我就服从谁，这是先王的常法），已经落为季札不欲讨贼的第二义了。

3. 有条件地承认先君。季札既不受国，又不讨贼（讨贼只是后人的意见，事实上，季札只说"乱"，未说"贼"，详下），就只有接受新君，但系有条件地接受："只要祖先有人祭祀，百姓有人作主，国家有人事奉，那个人就是我的国君，我不敢怨谁。"在此重要时刻，季札想得最多的是国家、人民、祖先和家庭伦理，并不是自己；说他善于"自牧"，只知"自爱"，未免太不公平了！

4. 从"哀死事生"，到"去之延陵"。既然承认新君，季札奉使归来就必须先向新君"复命",然后才哭旧主王僚之墓,最后回到自己在朝廷的本位上待命[44]。季札说是"哀死事生,以待天命。""哭僚墓"是"哀死","复命"与"复位而待"是事生,自己能做、该做的都做了,剩下的(自己和吴国的命运)就只有看上苍的意思了。"复位而待",《公羊传》写作"去之延陵,终身不入吴国",论者以为所传不同。其实,只要不解作同一时间之事,二书所传并无不同,合讲比较完整。"复位而待"是"哭僚墓"后事,当时必须有此一步,否则即是不认新君,现出有"怨"。"去之延陵",是后来之事;经此事变,阖闾是刺眼之人,义不可仕,吴都是伤心之地,岂可淹留,不久自当告归封地,终身不愿再入吴国了。

(四)生乱、滋乱与止乱

依上文分析,以理而言,季札不能受国;就事而论,因时势流转,季札受国亦不能济事,反而引火上身或遗祸后人,故只能见几而去、全身洁己。吴国终有弑君主乱,论者又怪罪季札事前不能让逃,事后不能讨贼,有陷吴国于乱亡之嫌。把焦点与目标都集中在季札身上,一切的期待与成败都寄望于一人。之所以如此,是因为季札在吴国是罕有的君子贤人,故不免求全责备,甚至吹毛求疵,以致种种议论,不近情理,远于事情。须知吴国不止一人,季札不是圣人,若能通盘考察各个角色,追本探寻阶段变化,便知生乱、滋乱者不是季札,能止乱者也不止一人。

历史有因果,光弑王僚只是果(当然也可以成为后续事件的因),其发端肇因却在于寿梦的欲立季札。假若寿梦不存此心,则诸樊不必传弟,僚光不致相争,弑君之乱可免。但君位继承已有常法,变法易常,寿梦不应有此非心;然则,为何不首责寿梦而欲罪季札?此其一。

假若诸樊临终不传弟而传子，则乱事亦可中止。据《吴越春秋》，传弟致国是寿梦遗命，[45]《吴世家》也说"以称先王寿梦之意"，当属可信。但即使是寿梦遗命，那也是乱命（变法易常）。当此之际，孝子事父，亦当如忠臣事君，"将顺其美，匡救其恶"[46]，不能如妾妇之"以顺为正"，助成其乱，酿成其祸。况且，诸樊除丧让位，季札自道："有国，非吾节。"吴人固立季札，季札"弃其室而耕"；诸樊并未违背父命，而是季札言行一再拒绝。故诸樊如果不死守乱命，即便黄泉相见，亦有合理说辞，岂不两美。后人不责诸樊不从权背父以止乱，反而罪季札不达变受国以滋乱，岂不怪哉！此其二。

假若余眜卒后，王僚不代立而让光，或王僚代立后而光不争位，则弑君之乱亦可免去。僚之代立，吴人曰："先王有命，兄卒弟代立，必致季子。季子今逃位，则王余眜后立，今卒，其子当代。"有国人支持，但可以不代；光之争位，自言："吾父兄弟四人，当传至季子。季子即不受国，光父先立，则不传季子，光当立。"也说得有理，但可以不争。光之与僚，但有一人不争、不代，则后难可免；而季札即使从权受国，却未必弭争止乱。季札能够逃位，僚、光为何争代？后人不主控僚、光之必可免难，却偏罪季札之未必能止乱，是何道理？此其三。

总而言之，假如寿梦不有乱命，则乱无由起；诸樊不从父命，则其乱不延；光、僚不争天命，则乱事不成。三者有一，则吴乱可免。然而事实却是：寿梦乱命在先，诸樊从而不改；王僚当"王"不让，最后遂成刺僚之乱。此犹如贾生过秦，秦皇无道在先，二世不能"正倾"，子婴不能"救败"，而秦遂亡。[47]由此可知，季札"非我生乱"之言，并非推诿之词。其实，生乱的固然不是季札，真正"滋乱"与能够"止乱"的，也不是季札。但季札并非未曾设法止乱，只是他的止乱方法未生效罢了。

（五）吴亡之前，季札为何无有一言？

吴国先乱后亡，论者以为吴乱为覆亡之阶，故以吴亡咎季札。但前文已言吴国之乱（生乱、滋乱与止乱），罪不在季札，则吴国之亡，更非季札之过。论者又以为，吴历阖闾、夫差而亡，中间季札曾无一言，似乎难辞其咎。

《左传》载，夫差十一年（哀公十年，公元前485年），楚伐陈，季子救陈；次年，吴杀子胥；又后十二年，吴亡。子胥自刎前曾言："抉吾眼置之吴东门，以观越之灭吴也。"[48] 伍子胥预见越之灭吴，以季子之明敏，亦断无不知之理。然而，季札终无一言者，是因为：

1. 阖闾夺国后，季札已经去之延陵，终身不入吴国，彼时义不可仕，不愿面君，故既无意愿，也无可能向阖闾进言。

2. 夫差十一年，季子虽曾奉命救陈，但不曾面君，否则不能说是"终身不入吴国"。其时，吴势方兴，败越之余，争雄北方，子胥数谏、强谏，终遭赐死。子胥为吴大功臣，先朝老臣，夫差尚且拒谏，不难杀之，则又何难于季子？苏轼云：

> 救陈之明年而子胥死，季子知国之必亡，而终无一言于夫差，知言之无益也。夫子胥以阖闾霸，而夫差杀之如皂隶，岂独难于季子乎？呜呼，悲夫！吾是以知夫差之不道，至使季子不敢言也。[49]

季子固不敢言，然实亦不愿言。自寿梦欲立季札以来，季子专让固逊，言之多矣，曾无一效；乃以八十上下之老人，能再进言而获听夫差乎？季札非当国者，言皆不用，如何能罪之以亡吴？季札卒年不知，假若早死，吴是否能不亡？金居敬曰："且使季子而先是死，其又何以责诸？故吴之亡不亡，非季子所能为也。"[50]

四、论季札的志节与"以让化争"

吴之乱亡，罪不在季札，但吴之乱亡，季札不能无关心。季札身处乱亡之吴，何以自处？何以救济？应再作进一层之探讨。

欲知季札自处之道，须先明其志节。诸樊除丧后，让位季札，季札谢曰：

> 曹宣公之卒也，诸侯与曹人不义曹君，将立子臧。子臧去之，以成曹君。君子曰："能守节矣。"君义嗣，谁敢干君？有国，非吾节也。札虽不材，愿附于子臧之义。（《吴世家》）

季札自言"愿附于子臧之义"，子臧之义本事详见《左传》成公十三年、十五年、十六年，试综合论述如下：春秋中期，秦晋交争，成公十五年夏五月，晋侯（晋厉公）率诸侯之师伐秦，包括鲁侯、齐侯、宋公、卫伯、曹伯以及邾人、滕人。曹伯为曹伯卢（《公》《穀》作"伯庐"），即曹宣公。是月，曹宣公卒于师，曹人使公子负刍（曹宣公庶子）留守，使公子欣时（《公羊传》作"喜时"，即子臧，子臧为欣时之字，亦为宣公庶子，乃负刍之庶兄。）往逆曹伯之丧。是秋，公子负刍杀宣公太子而自立，是为曹成公。曹人不义曹成公，伐秦之诸侯亦请直接往讨曹成公。但晋侯以伐秦之役劳苦，请俟他年。是冬，葬曹宣公（诸侯五月而葬，自五月卒至是满五月）。既葬，公子欣时（子臧）以不义负刍故，将亡；国人（城中之人）皆将从之。曹成公（负刍）乃惧，告罪于子臧，且请留，以系国人之心。

子臧乃返国，致采邑于曹成公。鲁成公十五年春，晋厉公会诸侯于戚，讨曹成公，以践前言。晋侯执曹伯（成公）归于京师，诸侯欲引见子臧于天子而立为曹君。子臧辞曰："前志有之，曰：'圣达节，次守节，下失节。'为君，非吾节也。虽不能圣，敢失守乎？"遂逃奔宋。鲁成公十五年，曹人一再向晋侯请愿，大意谓："自宣公卒、太子被杀，国人忧患，而贵国又讨伐我寡君，因而使镇抚我国家的公子（子臧）逃亡，这岂不是要大举灭曹么！难道是先君宣公有罪？可是若宣公有罪，君王当年又怎会让先君参与伐秦之师？君王以往正是因为不失德、不失刑才能伯诸侯，如今难道独独对我们小国不再讲究刑德赏罚的公正了？"晋侯只好与子臧讲条件，使人对逃亡在宋的子臧说："子臧反，吾归而君。"子臧回国，晋侯也循情告于天子，释放曹伯（负刍）回国。但子臧却把他的封邑和卿职，全部交出，不再出仕。

季札"愿附于子臧之义"，"子臧之义"，一言以蔽之，即是"为君，非吾节也"，故季札之谢辞亦曰："有国，非吾节也。"但子臧所讲的"节"是"守节"，不是"达节"，更不是"失节"。他引古语说"圣达节"，即只有圣人才能做到真正的通权达变，应变无方，进退存亡都不失其正，如尧舜禅让（不传子、传弟而传贤）、汤武征诛（易姓革命）是也；"次守节"，即谨守规矩分寸，虽不能通权达变，但能保住节义，犹不失为一君子（杜注解为贤者），如宋公子目夷（子鱼）、楚公子启（子闾）、卫公子郢之让国是也；"下失节"，即丧失操守，无有节义，唯利是从，那是下等的小人（杜注解为愚者），如宋庄公、晋惠公、郑周公、卫出公之即位是也。子臧之意，志在守节，不敢以圣自居，也不甘为下流小人，此子臧之初衷本意。故诸侯欲诛负刍并请天子立子臧为曹君时，子臧既不愿因富贵而自违其初心，亦不愿因诛负刍而获立为国君。此子臧之让国也。[51]

《公羊传》记子臧让国事,有一段文字为《左传》所无。即曹伯(负刍)之归自京师,与公子喜(子臧)之"内平其国而待之,外治诸京师而免之"[52]有关。曹伯之未见杀并为曹人所接受,公子喜时实尽力成全;在国内,调和众意,接纳曹伯归国;在国外,于京师活动,免曹伯之罪。此真非至仁君子不能办到。[53]故《春秋》贤子臧让国,但不在成公十六年"曹伯归自京师"条。昭公二十年《经》书"夏,曹公孙会自鄸出奔宋。",《公羊传》载:"奔未有言自者,此其言自何?畔也。畔,则曷为不言其畔?为公子喜时之后讳也。《春秋》为贤者讳,何贤乎公子喜时?让国也。其让国奈何?曹伯庐卒于师,则未知公子喜时从与?公子负刍从与?或为主于国,或为主于师。公子喜时见负刍之当主也,逡巡而退。贤公子喜时,则曷为为会讳?君子之善善也长,恶恶也短;恶恶止其身,善善及子孙。贤者子孙,故为之讳也。"公孙会为公子喜时之后,先据郭而叛,后力屈,盗郭以奔宋(据何休注)。此为畔也,当如襄公二十一年《经》书"邾娄庶其以漆闾丘来奔"之例,书"曹公孙会以鄸出奔宋"。《春秋》不书者,讳也。非为会而讳,乃为公子喜时之后讳也。《春秋》为贤者讳,何贤乎公子喜时?让国也(传文即简叙其让国之事)。《春秋》于此经,贤喜时让国而崇让,此为一义。贤喜时让国,则为喜时讳即可,为何讳公孙会?因公孙会为喜时之后,乃"贤者子孙,故君子为之讳也"。非为会也,乃《春秋》借此经发"君子之善善也长,恶恶也短。恶恶止其身,善善及子孙"之义,此又为一义。《春秋》乃借事明义,"以制义法"[54]。

　　子臧之让国如是,子臧之守节如是;故季札"愿附于子臧之义",即是效法子臧之让国守节。季札志在守节,守节则必让国,明乎此,则知"持志守节,专让不受",即是季札居乱亡之吴的自处之道。回视季札让国始末,当寿梦以季札贤而"欲立之"时,季札"让不可";

诸樊已除丧,"让位"季札时,季札谢以"子臧之义";当吴人"固立"季札时,季札"弃其室而耕";当余眜卒,欲"授弟"季札时,季札"让逃去";当光弑王僚,"致国"季子时,季札"哀死事生,以待天命",哭墓、复位,终身不入吴庭。季札之让,始终一贯,以义自处㊺未有变改;其持志守节,言行如一,既忠而诚,可昭日月。此所以自古学者只称"季札让国",不言"诸樊让国"。吴本非季札所有,让国的是诸樊,季札只是辞让,然而从来不言"诸樊"让国者,正因诸樊让心不足而让术差差也。

何以言诸樊让心不足而让术差差也?

1. 诸樊必欲致国季札,故轻慢鬼神,"仰天求死"(《吴越春秋》),"轻死为勇士""饮食必祝",曰:"天苟有吴国,尚速有悔于予身。"(《公羊传·襄公二十九年》)故不能说诸樊无让心。但诸樊果真让心十足,则何不效法太伯"偕仲而逃",岂不简单省事?

2. 诸樊"欲传以次",而及季札。试问:兄弟出生,可以长幼有序;兄弟亡故,岂必长幼有序?万一季札不幸先亡,则传弟之计划不落空?

3. 幸而三兄先亡,果如祝愿,请问少弟年岁几何?传位老年少弟,又有多大意义?况又将破坏君位继承法,埋伏政争导火线。上文曾言,诸樊元年至夷眜之卒,前后历时三十四年,季札约六十岁。季札寿在八十以上,但此非常例,不可期必,况人生壮盛之年不在六十以后也。

4. 鲁襄公三十一年,余眜使屈狐庸聘于晋,晋赵文子问以季札是否终将立为吴君?观诸樊陨于问巢(鲁襄公二十五年)、余祭为阍所弑(鲁襄公二十九年),似乎天启季札(上天为季札之立开路也)?狐庸对曰:"不立。是二王之命也!非启季子也。若天所启,其在今嗣君乎!甚德而度,德不失民,度不失事,民亲而事有序,其天所启也。有吴国者，必此君之子孙实终之。季子，守节者也；虽有国，不立。"㊾ 狐庸为楚亡大夫申公巫臣之子，寿梦先令为行人，后相国事，实为外臣。季子乃守节者，必不肯立，狐庸尚且知之（并断有吴者终为余昧之子孙），三君岂皆不知？然而三君皆因循让国，行礼如仪。由此可知，诸樊非无让心，但让意不如太伯之精纯完足。其德固远不及太伯，其智亦有天渊之别。太伯有让心而无让事，托言采药、偕仲而逃、文身断发而已。口不言让，而心行在让，不欲人知，不求报偿，泯然无迹，既免天伦之憾，遂成家国之美，真乃满瓶不响，至诚若神。诸樊则有让事而让心不足，口言让而始终不能成其让。前后三君，复及阖闾，凡三十四年，口皆言让，让让不已，吴人皆知，列国悉闻，遂启光僚之弑，酿成家国之变，岂非几事不密，累多必败？其为智术，岂不差差！

传国季札，原非诸樊之意，乃出诸寿梦。寿梦为何欲传国季札？《吴越春秋》载："季札贤，寿梦欲立之。季札让曰：'礼有旧制，奈何废前王之礼，而行父子之私乎？'寿梦乃命诸樊曰：'我欲传国及札，尔无忘寡人之言。'诸樊曰：'周之大王知西伯之圣，废长立少，王之道兴。今欲授国于札，臣诚耕于野。'王曰：'昔周行之德，加于四海。今汝区区之国，荆蛮之乡，奚能成天子之业乎？且今子不忘前人之言，必授国以次，及于季札。'"㊿ 寿梦元年当鲁成公六年（公元前585年），在位二十五年，其卒当鲁襄公十二年（公元前561年）。春秋中期，秦晋由交好而相争，颉颃不下，秦人乃联楚制晋；晋腹背受敌，亟思突破，而吴势方兴，故晋亦联吴以制楚，此即寿梦即位、吴通上国之国际背景。故寿梦二年楚亡大夫申公巫臣自晋使吴，教吴乘车战阵，教之叛楚，寿梦悦之，并令其子狐庸为行人，此吴通晋叛楚之由来。故寿梦二年，吴始伐楚，入州来；寿梦十六年，楚共王亦伐吴，至衡山（横山）。㉘ 寿梦十年，吴与鲁始通，会钟离；

十八年，吴会鲁、卫于善道，又会诸侯于戚；二十三年，吴会诸侯于祖。寿梦卒于二十五年，合而观之，可知其卒前吴已通晋叛楚，既启吴楚之衅，复有争雄中国之心也。寿梦既贤季札，其所以欲立季札者，实欲有佳子继位，以内理吴政，外争中国。故寿梦之欲立季札，纵如其言，不敢奢望"天子之业"，然不免有"争雄中国"之想，总是出于争心也。其奈季札让志早决，义辞不受，而寿梦心犹不灰，遂有传弟之乱命，而为生乱之原。

寿梦既开吴楚之衅，故卒后吴楚兵争不断。诸樊元年（鲁襄公十三年），吴侵楚，败还；二年，楚伐吴，吴人败之；十二年，楚为舟师以伐吴；十三年，吴子伐楚，门于巢，卒；余眛六年（鲁昭公四年）秋，楚伐吴；冬，吴伐楚，执齐庆封杀之；七年冬，楚伐吴，执吴蹶由；八年，楚伐徐，吴人救之，败楚师于房钟；十五年冬，吴灭州来；王僚二年（鲁昭公十七年）冬，吴与楚战于长岸；四年，楚人城州来，楚归吴蹶由；五年，楚伍员奔吴；八年，吴伐州来，败楚师于钟离，取楚夫人以归；十二年春，吴伐楚，围潜；阖闾四年（鲁昭公三十一年），吴伐楚，侵六、潜；六年，吴败楚，取巢；九年，吴入郢；十一年，吴伐楚，败楚舟师；夫差十一年（鲁哀公十年）冬，楚伐陈，吴延州来季子救陈；十六年，楚伐吴，吴人辞之。

晋既联吴制楚，楚人腹背受敌，畏吴之逼，遂亦联越制吴；故吴楚兵争之外，又有吴越交争。阖闾五年（鲁昭公三十二年），吴始用师于越；十九年，吴代越，越败吴于檇李，阖闾伤以死；夫差二年（鲁哀公元年），吴败越于夫椒，遂入越；十四年，越入吴，冬，吴及越平；十八年春，越伐吴，败吴于笠泽；二十年春，越人侵楚以误吴；二十一年，越围吴；二十三年（鲁哀公二十二年），越灭吴。

吴与楚、越先后交兵之外，又北伐会盟，争雄中国。诸樊二年，吴会诸侯于向；王僚九年，吴灭巢；阖闾三年，吴灭徐，子章羽奔楚；

夫差二年，吴侵陈；三年冬，吴迁蔡于州来；七年，吴伐陈；八年，吴会鲁于鄫；九年，吴伐鲁，盟而还；吴伐邾；九年，吴城邗沟，通江淮；十二年春，齐伐鲁，吴与鲁败齐；十三年，吴会鲁于橐皋，又会卫于郧；十四年，吴与晋会黄池；吴使公孙骆朝京师。

综上所述，阖闾通晋谋楚，启吴楚之衅，兵争不断；楚畏吴偪，联越制吴，吴越相伐，亦兵争不断；此犹不足，吴又北伐盟会盟，伐灭小国，最后与晋争盟主，皆源于争雄中国之心也。寿梦始开吴国争心，故欲传国季札，传国不成，而有传弟之乱命以生乱；诸樊不正乱命，三君沿袭不改，益以滋乱，遂成光僚之弑。吴国内而兄弟争国，骨肉相残，外而争雄中国（争楚、争齐、争晋、争鲁、争越），兵连祸结，终为越所灭。兴亡固非一端，然就让与争言之，则吴之兴也以让，吴之灭也则以争[59]，非关季札之让。太伯开吴，其德在让；僚光争国，阖闾、夫差争雄，其失在争，而卒以亡吴。毕振姬云："开国承家，祖宗以此始，子孙必以此终。"[60]为之一叹！

季札处此内则争国、外而争雄之乱吴，能以何术救济之？曰：亦唯有"让"之一字而已。吴之生乱，由于寿梦；吴之滋乱，由于三君；而吴之成乱，则由于僚、光相争。僚、光争国，季札岂能不知，但以二人资性、志在王位，非言语所能化解，况乎美言不如善行，言教不如身教，季札唯有以身示之以让，冀能以礼息斗、以让化争。二人倘能稍体先祖之美，感悟季子之诚，稍戢其狼子野心，则窟室之谋无所用，而专诸匕首不必施也。夫让者，礼之主也。[61]礼之精神在让，不在争，故俗称礼让，晏子曰："惟礼可以已乱。未有躬不由礼，而能拨乱反正者也。"[62]季札焉能自己当"国"不让，反讽僚、光不争；自己不尊"前王之礼"，反劝他人守礼乎？故知季札居乱亡之吴，其自处之道在于"持志守节，专让辞国"，而其救济之道，亦正在此"让"之一字也。礼以息斗，让以化争，让正所以已乱，季

札并非固执己见,"洁身""自爱"而已。孔广森论《春秋》通义云:

> 《春秋》拨乱之教,以让为首。君兴让,则息兵;臣兴让,则息贪;庶人兴让,则息讼,故天下莫不乱于争,而治于让。㊃

季札之意,有近于是乎?前人乃谓季札"让以诲争""让国生乱",此不仅不合事实,且亦违背《春秋》经教。鲁哀公十年,楚父子结(子期)帅师伐陈,季子救陈,对楚将子期说:"二君不务德,而力争诸侯,民何罪焉?我请退,以为子名。务德而安民。"乃还师。此因哀公六年吴伐陈,楚昭王救陈而死;九年,楚人伐陈,讨其就吴,无成;故十年冬,楚将子期又伐陈,而季子救陈。季子之意,吴楚二君,力争诸侯,皆不务德,两大之间难为小,陈民何罪,屡被兵灾,故宁愿自动退师,成就敌将声名,不愿为此打仗流血,并劝楚将"务德而安民"。于兵争扰攘之世,而发此声言,季子之"仁心""慕义",于此再见。季札心中不知发扬吴国"国威",亦不知爱惜自身"名誉",唯知"安民"而已。此为史籍所见季札最后一事,而其动人如此。观此,益可信季子"以礼息斗,以让化争"之始终一贯而又内外一诚也。

季子专让守节,并欲"以让化争",然而僚、光之争不化,而其斗不息,终成弑乱。此则无可奈何。君子以义自处,必能正己,但不必能正人、化人,此中有天人之际。孔子虽圣,不能正鲁;季子虽贤,不能救吴。此亦命也,天乎!孔子欲行道救世,而不为天下所宗。方其厄于陈蔡,曰:"君子能修其道,纲而纪之,统而理之,而不能为容。"颜子曰:"夫道之不修也,是吾丑也。夫道既已大修而不用,是有国者之丑也。不容,何病?不容,然后见君子!"㊄吾人岂亦以季札道之不容以为季子丑乎?

五、从《春秋》经义看季札让国

上文论季札让国，谓季札持志守节，专让不受，以义自处，以让化争，故吴之乱亡，罪不在札。但恐学者犹生仁智之见，故不妨再考察太史公与孔子二人对季札之看法。太史公为贤人，孔子为圣人。古云："群言淆乱衷诸圣。"意即常人各是己非人，是非难有定夺，不得已而抬出知识与聪明皆较常人为高之圣贤，作为是非之标准，以息争止讼。此言在今日有"诉诸权威"之嫌，不易为众人接受。但即使侪圣贤于常人地位，其言论见解至少亦有一份参考价值也。请自太史公始。

《史记·自序·叙目》云：

> 太伯避历，江蛮是适。文武攸兴，古公王迹。阖闾弑僚，宾服荆楚。夫差克齐，子胥鸱夷。信嚭亲越，吴国既灭。嘉伯之让，作《吴世家》第一。

《吴世家·赞》则记太史公曰：

> 孔子言"太伯可谓至德矣；三以天下让，民无得而称焉。"余读《春秋》古文，乃知中国之虞与荆蛮句吴兄弟也。延陵季子之仁心、慕义无穷，见微而知清浊。呜呼，又何其闳览博物君子也！

"叙目"与"赞"都提到太伯，并引孔子称赞太伯"至德"之语，明言是为了嘉美太伯让国才作《吴太伯世家》，并列为世家之首。"叙目"未提到季札，亦无贬语。说"信嚭亲越，吴国既灭"，可见太史公认为吴之灭亡,与夫差信用伯嚭大有干系,而与季札让国无关。"赞"语有褒无贬,称许季札是一位有"仁心"而又"慕义"的"君子",这位君子"闳览博物",能"见微而知清浊"。"闳览博物"是指博学多闻,如观周乐而知其德。"见微而知清浊"是指能见微知著,如聘列国而知兴衰。"仁心"是指爱人不自私,如对初交贤大夫多有动人的忠告(说晏平仲而告之免难之法,说叔向而恐其好直以罹难等是)。"慕义"无穷是指正己不自利,如以诸樊为"义嗣",慕"子臧之义",守节让国到底。观此,司马迁不但未认为季札专让与吴亡有关,而且似在称赞他的让国守节。赞语只提二人,都是正面评价,赵恒曰:"论泰伯之德,而继之以季子之仁心慕义无穷,言不愧乃祖也。"[65] 应是正解。

但太史公只是贤人,学者如认为太史公之论、贤人之言犹不足信,则不妨直探"至圣"孔子的见解。《论语》中只见太伯,不见季札。《礼记·檀弓》则曾言及:

> 延陵季子适齐。于其反也,其长子死,葬于嬴博之间。孔子曰:"延陵季子,吴之习于礼者也。"往而观其葬焉。其坎深不至于泉,其敛以时服;既葬而封,广轮掩坎,其高可隐也;既封,左袒、右还其封,且号者三,曰:"骨肉归复于土,命也;若魂气则无不之也,无不之也。"而遂行。孔子曰:"延陵季子之于礼也,其合矣乎!"

孔子学礼、好礼,并以知礼闻名,故闻知"习于礼"的季札将葬其长子,即往观礼(一说使人观之)。此事应发生在周敬王五年,鲁昭公二十七年(公元前515年)的齐鲁边地[66],孔子时年三十七岁。葬礼过程不是本文要点,此处不论,但孔子在观礼后即称赞季札葬子合礼。为何合礼？此则涉及古人的形神观或魂魄观。王船山云：

> 礼，丧长子，斩衰；其亦重矣。然君子以魂形之离也，魂为性之丽，形为养之具。君子贵性而轻养，故于葬也，实土三而主人反哭，急于迎精以反，而不恋恋于归土之形。则所致哀于死者，固必有其道矣。季子哀其子之客死，虞祔不行，魂无所依，而封筑号还，及节而止。故夫子称其合礼。[67]

简言之，季札葬子，致哀有道，行礼有节。这件故事与季札让国无关。但礼以息争止乱，吾人当不致相信孔子会认为知礼并葬子合礼的季札，其让国会悖礼、滋乱、导亡吧！孔子作《春秋》，《春秋》中言及季子：

（一）襄公二十九年经书"夏吴子使札来聘"

《公羊传》：

> 吴无君无大夫，此何以有君有大夫？贤季子也。何贤乎季子？让国也。其让国奈何？谒也，余祭也，夷昧也，与季子同母者四。季子弱而才，兄弟皆爱之，同欲立之以为君。谒曰："今若是迨而与季子国，季子犹不受也；请无与子而与弟，弟兄迭为君，而致国乎季子。"皆曰诺。故诸为君者皆轻死为勇，饮食必祝曰："天苟有吴国，尚速有悔于予身。"故谒也死，余祭也立；余祭也死，夷昧也立，夷昧也死，则国宜之季子者也。季子使而亡焉。僚者，长庶也，即之。季子使而反，至而君之尔。阖闾曰："先君之所以不与子国而与弟者，凡为季子故也。将从先君之命与，则国宜之季子者也；如不从先君之命与，则我宜立者

也,僚焉得为君乎?"于是使专诸刺僚,而致国乎季子。季子不受,曰:"尔杀吾君,吾受尔国,是吾与尔为篡也;尔杀吾兄,吾又杀尔,是父子兄弟相杀(终身)无已也。"去之延陵,终身不入吴国。故君子以其不受为义,以其不杀为仁。贤季子则吴何以有君有大夫?以季子为臣,则宜有君者也。札者何?吴季子之名也。《春秋》贤者不名,此何以名?许夷狄者,不壹而足也。季子者所贤也,曷为不足乎季子,许人臣者,必使臣;许人子者,必使子也。

《左传》有长文记述季子历聘列国之事,为《史记·吴世家》所本,但与经义无关。《公羊传》则依经起问,解说经义;传文完全不记季札历聘列国之事,却在发明经文的书法褒贬之义,并因而述及季札让国之事(而非聘使之事)。据《公羊传》,《春秋》"贤"季子让国,孔子以"仁""义"许季札[68]并无责季札专让辞国,导吴乱亡之意。

依《公羊传》义,孔子修《春秋》(已非鲁史与百国春秋)在此之前不记吴国君臣之事(吴无君无大夫)。因为《春秋》立"三科九旨"之义,讲"存三统,张三世,异内外",而异内外之义则与张三世相通。何休云:

> 于所传闻之世(指隐、桓、庄、闵、僖五世,即据乱世),见治起于衰乱之中,用心尚粗觕,故内其国而外诸夏,先详内而后治外;于所闻之世(指文、宣、成、襄四世,即升平世),见治升平,内诸夏而外夷狄;至所见之世(指昭、定、哀三世,即太平世),著治太平,夷狄进至于爵,天下远近大小若一。[69]

《春秋》治法,与时俱进,由近及远、详大略小,最后才"远近大小若一"。据此，襄公当升平世之末（是理论，不是事实），吴犹被视为夷狄（是事实，也是理论）[70]，此时之治法为"内诸夏而外夷狄"；《春秋》对吴国君臣之事理应略而不记（是理论，不必是事实），现在却写"吴子使札来聘"，故弟子问"吴何以有君（吴子余祭）有大夫（札）"？孔子答以是因为贤季子让国的缘故。贤季子让国，则《春秋》书"臣"即可，何必记"君"？一个国家有贤臣若此，能用如此贤臣[71]，则这个国家应当有君也；换言之，是因为看重这个臣才承认这个君，而不是因为尊重这个君才承认这个臣。《春秋》借事明义，经文一方面反映了三世治法不同的观念，同时也传达了崇让的思想。

《春秋》有称名例，"州不若国，国不若氏，氏不若人，人不若名，名不若字，字不若子。"（庄公十年《公羊传》文）如"荆"是州名，称"楚"比称"荆"进一级，称"字"比称"名"更进一级，但最尊敬的称呼则是称"子"（称爵，《春秋》伯、子、男，一也）。经文称"吴子"使札，而非"吴"或"吴子余祭"[72]使札，自是尊称。但经文称"吴子"不始于此。

1.襄公十二年《经》书"秋，九月吴子乘卒。"吴子乘即寿梦。《公羊》无传，但何休《解诂》云："至此卒者，与中国会同本在楚后，贤季子，因始卒其父。"楚大吴小，楚近吴远，楚人在传闻之世已数与中国会同，而吴人至所闻世乃会，故《经》书楚子卒的年代较早（宣公十八楚子旅卒，公元前591年），书吴子卒的年代较晚（襄公十二年吴子乘卒，公元前561年）。以上就史事与经义两方面讲皆可通。但"贤季子，因始卒其父"，则是公羊家之经义，仍与季札让国有关。

2.襄公二十五年《经》书"十有二月，吴子谒伐楚门于巢，卒。"谒（遏，诸樊）因伐楚而卒，三家对"门于巢"的解释不同，《左传》述史事，《公》《穀》则另发经义；因非本文要点，此处暂且不论。自襄公十二年后，吴君之卒，《经》皆书之，例称吴子（襄公二十九年"阍弑吴子余祭"；昭公十五年"吴子夷末卒"；昭公二十七年"吴弑其君僚"，弑君另有书法，不称子；定公十四年"吴子光卒"；越灭吴在哀公二十二年，在《春秋》之后，故《春秋》不书夫差之卒）。但公羊家强调襄公十二年因贤季子始卒其父，襄公二十九年因贤季子始记"吴子使札来聘"。《吴世家》记楚之亡大夫申公巫臣奔晋使吴："令其子为吴行人，吴于是始通中国。"《左传》成公七年也记"巫臣请使于吴，晋侯许之，吴子寿梦说之；乃通吴于晋……教吴乘车，教之战阵，教之叛楚；置其子狐庸焉，使为行人于吴"。

吴自寿梦始适中国，以狐庸为行人，但《春秋》皆不记其聘使之事，惟记吴子之卒，至季札来聘始书"吴子使札来聘"，君臣并见，故曰"有君有大夫"；若非季札出使并贤季札，则《春秋》经将不书此条，仍远而外吴。此乃《春秋》借事明义，假褒贬以示法，学者幸无以"吴本为子爵，何进之有？"[73]等考史眼光看待之也！唯其是"假褒贬以示法"，故《春秋》"降字书名"称"札"，也不是真的认为季子有"不足"或贬义，而是借此至少发明二义：① 在由升平世之"内诸夏而外夷狄"进到太平世之"夷狄大小远近若一"之时，要"许夷狄不壹而足"，即不能太快、一次完成，要逐渐升进；② "许人臣者必使臣，许人子者必使子"，即称许人臣时必使对方确像个人臣，称许人子时也必使对方确像个人子。因为臣子之心莫不希望自己的尊荣"与君父共之"，称许臣子太过、太高，反而会离远君父，显得君父低了，"不足隆父子之亲，厚君臣之义"（何休《解诂》）。这是在讲经说法，不是在讲历史；可惜二千年来许多学者看不明白真切，哓哓争辩不休。胡安国不知此点，以书"札"为贬，并认为是季札"让国生乱"之故，这完全是误会和臆解！[74]

（二）昭公二十有七年经书"夏四月吴弑其君僚"

此经《公》《穀》无传，但何休《解诂》云："不书阖闾弑其君者，为季子讳；明季子不忍父子兄弟自相杀。让国阖闾，欲其享之，故为没其罪也。不举专诸弑者，起阖闾当国，贱者不得贬，无所明文，方见为季子讳。本不出贼，以明（一本作除）阖闾罪虽可贬，犹不举。月者，非失众见弑，故不略之。"公羊家重师说口义，师说口义不尽著诸竹帛，见于《公羊传》；《公羊传》之外，特别看重董生《繁露》、邵公《解诂》。此经既无传，以下即据董、何之说分疏。

1.《经》书"卫州吁弑其君完"（隐公四年），"宋督弑其君与夷"（桓公二年），"齐无知弑其君诸儿"（庄公八年），"宋万弑其君捷"（庄公十二年），"晋里克弑其君卓"（僖公十年），"楚世子商臣弑其君髡"（文公元年），"齐公子商人弑其君舍"（文公十四年），"晋赵盾弑其君夷皋"（宣公二年），"郑公子归生弑其君夷"（宣公四年），"齐崔杼弑其君光"（襄公二十五年），"卫宁喜弑其君剽"（襄公二十六年），"蔡世子般弑其君固"（襄公二十年），"楚公子比弑其君虔"（昭公十三年），"许世子止弑其君买"（昭公十九年），"齐陈乞弑其君荼"（哀公六年），皆书弑君贼名（称国、称人以弑者，另见下文）。今弑君者明是专诸而由阖闾（公子光）主使，为何《经》不书"阖闾弑其君僚"？主要是"为季子讳"，讳其不讨贼也。季子若讨贼，则将成为父子兄弟自相杀，故何休云："明季子不忍父子兄弟自相杀，让国阖闾，欲其享之，故为没其罪也。"这是表扬季子让国与让国之心（陈立《公羊义疏》云："以遂贤者之志"）。如果直书"阖闾弑其君"，固然不会隐没阖闾弑君之罪，但也就不能为季子不讨贼讳，而季子让国之心也就不明了。所谓隐讳，只是手段，不是目的；不是歪曲真相、湮灭事实，而是用这种方式指示提醒，要传达另外一种思

论吴太伯与季札让国 | 419

想。否则，干脆否认事实，一字不提便好，何必说"隐"说"讳"？这也是在"借事明义"，近代学者每不明此而轻加评弹，当另有专文申论。

2.《经》也不书"专诸弑其君僚"，因为专诸不是首谋主犯，首谋主犯是指使专诸、后来"当国"的阖闾。若写"专诸"，则弑君之贼已定，阖闾岂不脱罪？何况，专诸只是"贱者"，不具身份地位，不够资格指名加贬。所以，只有不明白写出，既不书"阖闾"也不书"专诸"（无所明文，不出贼），才能达到"为季子讳"的目的以及因"贤季子让国"才"为季子讳"的口义（此口义最早流传在师说口授上）。[75]

3. 不书"阖闾""专诸"而书"吴"，是为称国以弑。不但如此，《经》书"夏五月"，还书月。称国以弑，始见文公十八年"冬，莒弑其君庶其"，《传》云："称国以弑何？称国以弑者，众弑君之辞。"为何是"弑众君之辞"？何休《解诂》云："一人弑君，国中人人尽喜，故举国以明失众，当坐绝也。例皆时者，略之也。"据此，称国以弑，"例皆时"，不书月；一如定公十三年"冬，薛弑其君比"，也是因为失众当绝，才省略月日。有如所见世（太平世）小国卒例书日月（远近大小若一），昭公三十一年《经》书"夏四月丁巳，薛伯谷卒"（薛为小国），有日月；但定公十二年《经》书"春薛伯定卒"，即省略日月。何休注《公羊》，对此有解释："不日月者，子无道，当废之，而以为后。未至二年，失众见弑，危社稷宗庙。祸端在定，故略之。"意谓：比为定子而无道，薛伯定当早废之，不应使为嗣君，终致比为国，未至三年而失众见弑，不但身死辱父，且危及宗庙社稷；稽其祸端，皆由薛伯定之不早废比也，故亦省略日月。此乃《春秋》借事明义，论治主张慎始谨微、防微杜渐之意。今回原题，"夏四月，吴弑其君僚"，既称国以弑，则例当书时不书月，但《经》书"四月"。

何休解释说:"月者,非失众见弑,故不略之。"何休未明言王僚何以"非失众",但《吴世家》载:"季札让,逃去。于是吴人曰:'先王有命,兄卒弟代立,必致季子。季子今逃位,则王余昧后立。今卒,其子当代。'"是王僚之立,亦有"吴人"支持,并非全无民意;盖季札让国志节早明,故僚、光二人皆各自拥众,图谋经营也。僚既"非失众见弑","故不略之"而书"四月";更何况经本为不出贼(阖闾与专诸)而书"吴",以为季子讳,原非为"失众见弑"而称国也。由此可见《春秋》经文之细密,岂断烂朝报云乎哉!但僚虽"非失众见弑",其得国终非以正,故董仲舒云:"非其位,不受之先君而自即之,《春秋》危之,吴王僚是也。"⑦垂戒之意较然,此公羊家之说《春秋》也。

4. 阖闾弑僚让札在昭公二十七年(公元前515年),季札聘鲁在襄公二十九年(公元前544年),寿梦卒则在襄公十二年(公元前561年)。据《公羊传》,《春秋》贤季子让国,不在昭公二十七年,而预先在前此二十九年的襄公二十九年。何休《解诂》云:"季子让在杀僚后,豫于此贤之者,移讳于阖闾,不可以见让,故复因聘起其事。"《经》于"吴弑其君僚",以"为季子讳"为主;于"吴使札来聘"则以"贤季子"为主;须先"贤季子",才可以"为季子讳",二条经文各有所主。若《经》于"吴弑其君僚"条"为季子讳",则不能见季札让国之节,因为阖闾不为贼而为君(称"吴弑"),则焉能于彼言季札之让国?故因季札聘鲁而起其让国之事也。孔广森云:"让国事在昭公时,豫贤之于此者,因其可贤而贤之。所以得起其让者,迄春秋吴大夫皆不得以名见,足知札特书名为贤故矣。"⑦吴自寿梦始通中国,但寿梦元年(成公六年,公元前585年)至襄公二十九年(公元前544年)四十年间,吴非无聘之事,而经营不书;独于季札来聘书之者,因季札贤,故"因其可贤而贤之"。何以知《经》贤季札?《春秋》

经于吴大夫唯季札一人书名，其余不见，故知贤季札；此为一义，乃就季札个人相对全体吴大夫而言。《春秋》贤者不名（称字为尊），既贤季札而又称名者，"许夷狄者，不壹而足"，此又为一义，乃就《春秋》治法夷狄渐进于中国而言，并非贬季札。季札何贤？让国也。因贤季札之让国，故《经》始录来聘之事，于《春秋》治法言，吴始"有君有大夫"；故"始卒其父"寿梦（此至少是何休义。自史实言之，自不妨看作寿梦已适中国，并朝京师，故录之。但公羊家言《春秋》是经义非史义），然其肇因，由于季札让国之贤，而《春秋》重让也。

由上可知，《春秋》贤季札让，孔子以"仁""义"许之，并未有丝毫贬词，此与太史公之称季札为"仁心、慕义"之君子，实义同一贯也，又何疑乎？古者不封不树（不做坟包，不立墓碑），相传碑墓始于孔子，孔子曾为季子立碑，手题其墓曰："乌乎有吴延陵君子之墓"（见《淳化阁帖》，《淳化阁帖释》作十二字"乌鸣延陵博道有吴君子之墓"），为十字篆文。欧阳修《集古录》云："吴季子墓铭，相传为孔子所书。"宋朝朱彦亦说，延陵王季札墓在江阴暨阳乡暨阳门外二十里申港之侧，孔子书十字碑于墓前，并谓"开元三十五年，敕殷仲容摹刻孔子十字，树碑于太宗御赞殿后。"[78]可见十字墓铭，至晚在唐朝以前便有。

十字墓铭是否孔子亲书，就历史考证言，自然不无疑问[79]；但若就人物评论言，假定十字墓铭系出自后人，此十字亦下得甚有分教。何则？明缪昌期云：

> 称"呜呼"，以吊其人；称"有吴"，以不夺其国；称"延陵君子"，以不没其志。而季子有此，不朽矣！[80]

墓铭书"呜呼"二字，似为仅见，甚为奇特，但很能表示吊者的感慨同情。季札虽为爱人的君子，但晚年葬其长子，眼见吴之将亡，能不深心悲痛，令人掬泪？此犹孔子凄惶救世，亦晚年丧子（孔子七十岁伯鱼卒）、哭高弟（七十一岁颜回、宰我死；七十二岁，子路死，孔子七十三岁卒），叹"天下莫能宗予"。[81]一生悲剧，令人感伤。故铭文"呜呼"，虽为一声叹辞，实寄慨深长，包括净尽也。铭文终称季札为"君子"，非"圣人"，知此可思过半矣。

  太伯之让国，乃主动逃让，偕仲而逃，且托采药出，不还奔丧，文身断发；其心单纯，其行彻底，泯然无迹，周至圆满，既让一国，复开一国，事迹虽寡，实为古今一奇伟人物，圣如孔子，亦许为"至德"。但若以尧舜"禅让"之"三要件、三思想"观之，则太伯所让在家人兄弟之间，非"侧陋"；季历虽贤，昌有"圣瑞"，终无"试可"之过程；唯一近似者，不待太王之卒，不待已身之没，托采药出，有类于"生让"，其让国之所以能善始成终者，亦有赖于此（益可证公羊家言"生让"义之重要）；至于"公天下，传天下，则天无为"之思想，则完全不见踪影，太伯只是一本孝友之心，礼让之意，率性为之。这样讲，并无损太伯之伟大，只是要彰显"禅让"与"让国"之不同。至于季札之让国，并非"让与"，而是"辞让"；但季札处乱亡之吴，能持志守节，专让不受，以义自处，以礼息斗，以让化争。其后，吴虽不救，非札之罪，故孔子贤其让国，太史公亦称其为"仁心慕义"之"君子"，季札言行可考者较多，亦数千年历史中一稀有人物。但若以"三要件、三思想"衡量季札之让国，则可谓无一具备。这样讲，亦无妨季札之清高，同样是要彰显"让国"与"禅让"之不同。贤如季札，至德如太伯，其让国与尧舜之"禅让"悬隔如此，可知《尧典》所述尧舜"禅让"陈义之高，实远在一般想象之外。《尧典》为《尚书》首篇，《尚书》古称《书经》，在传统四部分类中，并不列"史"部而列在"经"部，此正值得今日吾人之深思也。

《尚书》列在经部，《春秋》亦列在经部而不在史部，而今日亦同样视《春秋》为史，甚至是"断烂朝报"。本文第五节"从《春秋》经义看季札让国"，是从"经义"看，不是从"史义"看；所言是否有当，另当别论，但旧说原义，索解非易，自亦足供后人之参考。否则，不有真解，谈何批判？笔者深知，民国以来，国人厌弃经学，尤恶《公羊》，诋冒之辞，无所不加；但孟子、董生、太史公所说《春秋》义，明白属于《公羊》，此则无可回避。《史记》欲继《春秋》，太史公推尊孔子为"至圣"，并以"接周孔"自期，可见由孔子至司马迁、由《春秋》至《史记》，为中国古代学术之一大脉络；亦可见中国古代学术中经史关系之密切。经史不可分离，通经融史，方能深入堂奥；读史而不研经，乃画地自限，自断源头，终受其蔽，且不自知。此理本自浅显，但恐不合时宜。蓄积年久，不吐不快；甘受挞伐，且待知音。

（阎君鸿中，细心校阅，并提供改进意见，书此志感。）

◎ 注释

① 《伯夷传》："夫学者载籍极博，犹考信于六艺。"是"学者"重考信；"说者曰……此何以称焉。"是疑"说者"之言，与六艺不相称也。

② 归有光：《泰伯至篇》，见周木淳校点《震川先生集》，台北：源流书局影本，1983年，第696页。

③ 《论语·泰伯篇》皇侃疏，见《〈论语〉集解义疏》（《无求备斋论语集成》知不足斋丛书本）。程伊川说："泰伯之让，非谓其弟也，为天下也。"见《二程集·河南程氏经说卷第六》（台北：里仁书局影本）。明顾宪成也说："立文王，则道被天下，故太伯以天下之故而让也。是在天下起念，以天下让也。"见《四

书讲义·太伯可谓立德也已矣章》(《小石山房丛书》)。均本皇侃《疏》意而来。

④ 顾炎武:《原抄本日知录》卷九(三以天下让),台北:明伦,1970 年。

⑤ 萧穆:《泰伯论》,见《敬孚类稿》(沈云龙主编《近代中国史料丛刊》第 43 辑第 6 种)卷一。

⑥ 方大淳:《太伯让商说》,转引自吴子垣遗编《吴氏春秋》,台北:吴氏宗亲会,1969 年,第 61 页。

⑦ 杨名时:《四书箚记》(《影印文渊阁四库全书》)。

⑧ 见《公是弟子记》,转引自《吴氏春秋》。

⑨ 刘宝楠:《〈论语〉正义》,台北:世界书局,1956 年,卷九,第 155 页。

⑩ 钱穆:《〈论语〉新解》,台北:三民书局,1978 年,第 264 页。

⑪ 崔述:《丰镐考信录》卷一《辨太伯不从翦商之说》(《崔东壁遗书》,台北:河洛影本,1975 年)。

⑫ 李元度:《太伯论》,转引自《吴氏春秋》。

⑬ 曹之升语,转引自《吴氏春秋》。

⑭ 同注⑤。

⑮⑯ 同注⑥。

⑰ 《史记》但记大王云:"我世当有兴者,其在昌乎!"未尝有大王欲翦商之说。朱子《四书集注》之《泰伯》章,沿《史记》之文,病在添一"志"字。(朱子一生精力在四书章句,文义偶有未协。黄勉斋云:"朱子晚年改《〈论语〉集注》,至《关雎》章而止。"则此章之注,固未为定论也。参程树德《〈论语〉集释》。)元金仁山,明归有光已有论辩,清阎百诗、张惕庵、崔东壁、许石云皆著文反复辩驳,其义益明。方大淳撮其大略而成《太伯让商说》,本文大略本此。

⑱ 同注⑫。

⑲ 汪中《释三九》云:"一奇二偶,不可为数。二乘一则为三,故三者数之成也。"见《述学·内篇一》。

⑳ 《礼记·乡饮酒义》:"让之三也,象月之三日而成魄,故古人揖让辞受皆以三为数。"

㉑ 程伊川:《二程集·何南程氏经说第六》。

㉒　除各种《论语》注疏外，尚有一些专文，如南朝刘敞《太伯可谓至德》、宋黄震《太伯至德说》、宋史尧弼《太伯可谓至德》、明顾宪成《太伯可谓至德也》、清焦袁熹《子曰泰伯其可谓德也已矣章》、明顾炎武《三以天下让》、明归有光《太伯论》、清陆陇其《太伯三让论》、清吴定《太伯三让论》等，俱收在《吴氏春秋》。

㉓　清吴定：《太伯三让论》，转引自《吴氏春秋》。

㉔　阎若璩：《四书释地又续》卷上（《影印文渊阁四库全书》210册）。

㉕　杨名时语，见《四书节记》卷三（《影印文渊阁四库全书》210册）。

㉖　见萧穆：《泰伯论》文后评语，《敬孚类稿》卷一。

㉗　阮芝生：《论留侯与三略》（下），《食货月刊复刊》11卷3期，1981年。

㉘　《论语·卫灵公篇》。

㉙　吴齐贤语，见《史记评林·补标》（台北：兰台书局影本，地球出版社影印本）。

㉚　武王克殷于"甲子朝"，1976年出土之"利簋"，业已证实。但究竟是哪一年的"甲子朝"，国内外史学界共有二十余种说法。其中定年最早的是前1130年。董作宾定为前1111年（《武王伐纣年月日今考》，见《台湾大学文史哲学报》第3期，1951年；《西周年历谱》，见《史语所集刊》第23本，1952年）。定年最晚的是前1025年（劳干《商周年代的新估计》，见《第一届国际汉学会议论文集》）。据《史记·周本纪》，文王在位五十年，季历年数不详，若以二十五年计算，则自季历元年至周夷王三年，约627年。此为参考数字。

㉛　此段文字中，包含许多故事，俱见《史记·吴太伯世家》，此不具引。

㉜　参看朱鸿《论鲁国"一生一及"的君位继承制度》，见《台湾师范大学历史学报》第9期，1981年。

㉝　金居敬：《吴季札论》，转引自《吴氏春秋》。

㉞　《史记·吴世家》记余祭在位十七年，余昧四年。但王观国曰："《春秋》襄二十九年，阍杀吴子余祭，是余祭嗣位四年被弑也。《左氏》《公羊》《穀梁》《史记·十二诸侯年表》皆同，唯《世家》称十七年余祭卒。"《学林》（《影印文渊阁四库全书》第851册）《史互疑》，卷三第38页。梁玉绳亦云："余祭四年，夷昧十七年，史误倒。"（《史记志疑》卷十七）

㉟ 鲁昭公元年《经》"冬十有一月，楚公子出奔晋。"十三年《经》"夏四月，楚公子比自晋归于楚，弑其君虔于溪。""楚公子弃疾弑公子比。"孔广森云："卷（楚共王）缢而比出，比归而虔（公子围，楚灵王）缢，比自谓于虔无一日君臣之义，然而君子恶比与弃疾之弑己而乐成其弑也，故归弑于比，以为后世大防。比不立而弑虔，谓之讨贼。比立而杀虔，是弑而已矣。"（《春秋公羊通义》，见《皇清经解》卷六八八）陈立云："孔氏此论，可谓持平矣。故吴弑僚致国季子，季子不受，去之延陵，终身不立吴国；君子于其不受为义，于其来聘焉贤之。其不杀光者，札力不能讨，君子恕之。若受光之让，能逃弑君之罪乎？"（《公羊义疏》卷六三）

㊱ 王世贞：《读书后》（《影印文渊阁四库全书》第1285册）。

㊲ 缪昌期：《吴季札论》，转引自《吴氏春秋》。

㊳ 张燧：《季子之贤有定论》，见《千百年眼》，河北人民出版社，1987年校点本，页27—28。

㊴ 张士元：《吴季子论》，转引自《吴氏春秋》。

㊵ 臧琳：《春秋名季子辨》，见《经义杂记》卷五（《拜经堂丛书》本）。

㊶ 见《左传·宣公二年》。

㊷ 见《左传·襄公二十九年》杜注。

㊸ 见《论语·宪问篇》。

㊹ 服虔解为"复命于僚，哭其墓也。"（《史记集解》引）本文不取。大使奉总统之命或政府之令，返国复命述职时，即使换了新总统与新政府岂有不向新总统与政府报告，反向先总统复命之理？但若讲作先向新君述职，后向旧主致哀复命，则亦合理。

㊺ 见汉赵煜《吴越春秋》卷一：寿梦命诸樊曰："我欲传国及札，尔无忘寡人之言。"（《影印文渊阁四库全书》第465册）。

㊻ 见《管晏列传·赞》。

㊼ 贾谊《过秦论》语，见《史记·秦始皇帝本纪》。

㊽ 见《史记·吴太伯世家》。

㊾ 苏轼：《延州来季赞并引》，见《东坡全集》卷九十四（《影印文渊阁四

库全书》)。

(50) 金居敬:《吴季札论》,转引自《吴氏春秋》。

(51) 参朱元英意见,见竹添光鸿《江传会笺》卷十三。

(52) 成公十六年“曹伯归自京师”条,《公羊传》文。

(53) 成公十六年“曹伯归自京师”条,何休《解诂》云:“贤喜时为兄所篡,终无怨心,而复深推精诚,忧免其难,非至仁莫能行之。”

(54) 太史公语,见《史记·十二诸侯年表序》。

(55) 马骕云:“昔伯夷逃,而叔齐亦逃。虽国人立其中子,而孤竹终以不昌。终世不以叔之逃为非者,贤其能以义自处也。”见《〈左传〉事纬》卷六(台北:广文书局影本)。

(56) 见《左传·襄公三十一年》。《吴越春秋》载:“余昧立四年卒,欲授位季札。季札让,逃去,曰:‘吾不受位明矣。昔前君有命,已附子臧主义,洁身清行,仰高履尚,唯仁是处。富贵之于我,如秋风之过耳。’遂逃归延陵。吴人立余昧子州于,号为吴王僚也。”故知后事俱如狐庸所断。

(57) 同注㊺。

(58)《左传·襄公三年》“楚子重伐吴,为简之师,克鸠兹,至于衡山。”钱大昕曰:“乌程,吴之南境,楚兵不能深入至此。今当涂县北有横山,即春秋衡山也。”

(59) 陈仁锡曰:“吴之兴以让,始于太伯乎,季札继之矣;吴之亡以争,阖闾启之矣。”见《史记评林补标》卷三一。

(60) 毕振姬:《读吴世家》,见《西北文集》卷四(山右丛书本)。

(61)《左传·襄公十三年》:“君子曰:‘让,礼之主也。’”

(62)《晏子春秋》。

(63) 孔广森:《春秋公羊通义》(《皇清经解》卷六八八)。

(64)《史记·孔子世家》篇末。

(65) 赵恒语,见《史记评林增补》卷三一。

(66) 鲁昭公二十七年,孔子在齐。齐大夫欲害孔子,齐景公不能用孔子,于是孔子自齐返鲁。(见《孔子世家》)是年,“吴使季札于晋,以观诸侯之让”(《吴世家》),故曾聘齐。季札自齐返,其长子死,葬于嬴、博之间。嬴、博二邑,在山东泰安附近，为临近鲁境之齐地，故孔子往观其葬礼。昭公二十七年公子光弑僚以后，史籍即不见季札有聘使活动。襄公二十九年，季子聘鲁观乐，其时孔子年方八岁，不可能称赞季札"习于礼"，并往观葬礼。故此事当在昭公二十七年。

⑥⑦　王船山：《礼记章句·檀弓下》卷四。

⑥⑧　《传》文"故君子以其不受为义，以其不杀为仁"之"君子"，当指孔子。《公羊传》哀公十四年末尾："君子曷为为《春秋》？拨乱世、反诸正，莫近诸《春秋》。则未知其为是与？其诸君子乐道尧舜之道与？末不亦乐乎尧舜之知君子也。制《春秋》之义以俟后圣，以君子之为，亦有乐乎此也。"文中"君子"，亦指孔子。

⑥⑨　何休：《解诂》隐公元年。

⑦⑩　成公十五年《经》书"冬十有一月，叔孙侨如会晋士燮、齐高无咎、宋华元、卫孙林父、郑公子鳅、邾人会吴于钟离。"《左传》云："始通吴也。"（诸夏至此始与吴通）。成公在所闻世（升平世），经文置吴于末，且不称人，不称公子，不称氏，是为"殊会"。《公羊传》"曷为殊会吴？外吴也。曷为外也？《春秋》内其国而外诸夏，内诸夏而外夷狄。"成公当升平世（所闻世），正属内诸夏而外夷狄之时。

⑦①　《穀梁传》解此经文，较简单："吴其称子为何？善使延陵季子，故进之也。身贤，贤也；使贤，亦贤也。延陵季子之后，尊君也，其名成尊于上也。"讲"使贤，亦贤也"，可与《公羊》义相发明。

⑦②　此吴子是余祭，而非夷昧。"阍弑吴子余祭"，在襄公二十九年夏五月。傅隶朴曰："于礼，诸侯五月而葬，旧君在殡，嗣君不得出令。即使吴用夷礼，嗣君（夷昧）使其来聘，以知礼如季札者，应守臣居君丧之礼，怎能请观周乐？《传》叙其如晋，过戚，闻钟声，批评孙文子说'君犹在殡，而可以乐乎？'由此看来，札在聘途中，根本不知道有余祭被杀之事，故杜注以为嗣君即指余祭。余祭于五月被杀之前，使札来聘，札于六月至鲁，此时吴赴尚未来，故鲁与札均不知有余祭被弑之事。"见《春秋三传比义》，台北：商务印书馆，1983年，第861页。

⑦③　同注⑦②，第862页。

⑦④　臧琳也说："尝读宋儒胡安国《春秋传》，至吴子使札来聘，未尝不叹胡氏之谬也。"（《经义杂记》卷五）

⑮ 陈立云:"明不举专诸弑有二义也,一则不足起阖闾当国,一则欲盈为季子讳也。"(《公羊义疏》卷六七)亦即此意。

⑯ 董仲舒:《春秋繁露·至英篇》。

⑰ 孔广森:《春秋公羊通义》(《皇清经解》)。

⑱ 朱彦:《延陵王墓志》,转引自《吴氏春秋》。

⑲ 哀公十年,季子救陈,是年孔子在卫。若以诸樊元年季札为十五岁计算,则此时季子亦已八十岁,是否犹能将兵?但此亦非不可能。金居敬云:"卫武公年九十五,犹箴诫于国,恪恭于朝。盖古之君子,精神智虑,耄而不衰,往往能然也。"(《吴季札论》,转引自《吴氏春秋》。)季子卒于何年,不知。但孔子于哀公十一年自卫返鲁,至十四年卒,孔子皆在鲁,中间是否曾去鲁为季子立碑书铭,史无记载。故不无疑问。

⑳ 缪昌期:《吴季札论》,转引自《吴氏春秋》。

㉑ 见《史记·孔子世家》。

论《史记》中的孔子与《春秋》

一、前　言

本文是《〈史记〉如何继〈春秋〉》之前篇与先行研究。太史公自称《史记》"继《春秋》"，这大家都知道，但《史记》究竟如何"继《春秋》"的，论者就不免语焉不详或人言人殊。之所以如此，乃是因为这个问题的认真解答，须先有一前提，即对《史记》与《春秋》同时具备比较全面而深入的如实理解，而《史记》与《春秋》恰恰都是难懂的书，至今仍读不透彻（至少笔者认为如此）。中国人读《史记》已逾二千年，在近现代史学史的研究著述中，《史记》仍高居第一热点（1949—1988年）[①]。这说明《史记》中仍有不少未知未明之处。况且，太史公有言，"非好学深思，心知其意，固难为浅见寡闻道也"[②]，而研读《史记》者却很少有人看重并引用此言。至于《春秋》，自古有三传之别、今古之争，夹杂纠缠，莫衷一是；近代则疑古标新、批孔废经，故六经之中，《易》以卜筮行，而《春秋》言《左氏》，《公》《穀》几成绝学了。在此情形之下，不能深知《史记》，如何讲《史记》"继《春秋》"；不能深知《春秋》，又据何而言《史记》如何"继《春秋》"？因此，今若有人以此命题述论，其困难度与危险性，可想而知。笔者不才，虽于孔、马二书涉猎经年，有心钻研，但实所得有限。现今率尔操觚，妄有所论，实深怀戒惧，唯恐本欲探骊得珠，最后竟成盲人摸象。谨告罪在先，请以引玉之砖视之。

在正式进行探究《史记》如何"继《春秋》"此一课题之前，必须先声明以下几点：第一点，司马谈临终遗命："有能绍明世，正《易传》，继《春秋》，本《诗》《书》《礼》《乐》之际，意在斯乎！意在斯乎！"③司马迁敬谨承命曰："小子何敢让焉！"据此，吾人本应全面探讨《史记》与六艺（经）的关系才是，但本文限于篇幅，为了集中焦点、突出主题，故约缩范围，仅探讨其中最主要的"继《春秋》"的问题。第二点，一般理解，《史记》所继的《春秋》，应是孔子修作的《春秋》，但孔子与《春秋》之关系（包括孔子有无作《春秋》，《春秋》有无义例，有无微言大义等），是古今聚讼之老问题。本文不能在此重新全面处理这些问题，以免旁生枝节、自陷泥淖，而仅能探讨司马迁所认知的孔子与《春秋》，并据以讨论《史记》如何"继《春秋》"。至于司马迁的认知正确与否，则是另外一个可以开放讨论的问题，后人尽可另有意见，但不能以主观臆测替代客观论证。第三点，"继"的意涵要厘清，以免观念混淆，导致无理争论。所谓"继"，应是指与著书之目的、宗旨或思想、精神有关者，而不应是指著述体裁或史料选取等而言。第四点，《史记》究竟如何"继《春秋》"，应落实去讲。故拟将分别从外部考察（著述目的、读者对象、起讫首尾、篇名篇第）及内部考察（是非褒贬、书法微辞、主题思想、成书性质）两方面进行论述。内外之间互有关联，但仍有区分。以上是一般说明与基本观念，以下即据此思路进行解析。本文仅为前篇，专论《史记》中的孔子与《春秋》。

二、《史记》中的孔子

本文探讨《史记》如何"继《春秋》",选取一个新的切入点,即先不直接回答《史记》与《春秋》的关系,而反从更基本的一个问题——"《史记》中的孔子"研究起。

《史记》经常提到孔子,太史公十分看重孔子,这是读者的共同印象,但却说不精确、完整。现今,借助电脑检索之便,我们可以对《史记》中出现的孔子做一次完整的扫描与检视。检索词条包括"孔子""孔丘""仲尼""子曰""孔氏"以及"夫子"与"圣人"七目,后三者检索出的人物,若是指谓孔子,皆经筛选、确认。文章引述本有明引与暗用之别,用以上七目检索只能查出《史记》明引孔子的部分,但不排除另有暗用的实例。全部明引资料见附录表一"《史记》中的孔子资料一览表"。根据附表一的资料,便可进行以下的分析。

(一)出现次数

《史记》有一百三十篇,却有五十二篇一百二十九条提到孔子,而且其中的《孔子世家》(二百多条)与《仲尼弟子列传》(一百多条)两篇都只各算一条,否则总数将达五百条左右(数字用以示意,过度精细应无必要)。这在《史记》之中,实无他例可比。中国人孔、老并尊,但老子(李耳)在《史记》中只出现二十二次,后来被尊为亚圣的孟子,也才出现十次,均远不及。《史记》略远详近,对汉初以来,尤其是"今上"记述篇幅特多,一百三十篇中提及汉武帝的资料非常丰富,也仅有五十六篇[④],约略相当;然而,帝王与平民,岂能一视同仁做比较?由此可见,孔子在《史记》书中出现次数频繁之异常。

（二）分布情况

一百二十九条并非集中在某几篇或某一时期，而是分散在五体五十二篇、上下二千余年史事之中。其中，本纪体七篇（五帝、夏、殷、周、秦、秦始皇、孝文），表二篇（三代、十二诸侯），书五篇（礼、乐、律、天官、封禅），世家十七篇（吴、齐、鲁、燕、管蔡、陈杞、卫康叔、宋微子、晋、楚、郑、赵、魏、田敬仲完、孔子、外戚、留侯），列传二十一篇（伯夷、管晏、老子韩非、伍子胥、仲尼弟子、樗里子甘茂、孟荀、平原君、范雎蔡泽、鲁仲连邹阳、吕不韦、李斯、万石张叔、匈奴、儒林、酷吏、滑稽、龟策、游侠、货殖、太史公自序）。孔子是春秋晚期鲁国人，《史记》中属于此一时期的篇章记述他的言行，固属正常，但本纪中时代在他之前的《五帝》《夏》《殷》本纪，与在他之后的《秦》《秦始皇》《孝文》本纪也都提到他；同样的情形也存在于其他四体。孔子是研究古代历史文化的，时代在他之前的人物传记以及讲制度之《礼》《乐》《律》《天官》《封禅》诸书中引述他的意见和评论尚有可说，但世家中如汉之《留侯》《外戚》，列传中自《仲尼弟子》以下《樗里子甘茂》《孟荀》《平原君》《范雎蔡泽》《鲁仲连邹阳》、秦之《吕不韦》《李斯》、汉之《万石张叔》，以及类传中之《酷吏》《滑稽》《龟策》《游侠》《货殖》诸篇亦时加称引，则不能不为之称奇。《史记》称引老子故事，除《老子韩非》本传之外，亦仅见于《孔子》《外戚》二世家以及《仲尼弟子》《乐毅》《万石张叔》《扁鹊仓公》《儒林》《日者》《货殖》数篇列传而已。《史记》首尾两篇，五体之首五篇（《五帝》《三代》《礼书》《吴太伯》《伯夷》）以及上下二千余年中与孔子并世、在他之前与在他之后的数十篇中，均提到孔子。凡此均可见太史公之念念不忘孔子。

（三）引述类别

五十二篇一百二十九条之中，太史公到底记述了孔子哪些事呢？大抵可类别为三。

1. 记述史事——即太史公对孔子本人人事活动的主动记载

司马迁立《孔子世家》，已将孔子一生由生至死的事迹作了大略完整的叙述，但却又在其他五十二篇一百二十九条中重复提到孔子的一些事。这些重复或另加记述的史事有以下几个重点。

（1）孔子生卒。

《孔子世家》开头便写："孔子生鲁昌平乡陬邑，其先宋人也，曰孔防叔。防叔生伯夏，伯夏生叔梁纥。纥与颜氏女野合而生孔子，祷于尼丘得孔子。鲁襄公二十二年而孔子生。"除"得孔子"外，三次讲到"孔子生""生孔子""孔子生"。书重辞复，本是为文避忌，太史公并非无知，这里只是强调凸显司马迁心中所认定的中国甚至人类历史上的第一号人物诞生了。此犹不足，司马迁还在《十二诸侯年表·鲁表》及《鲁世家》再记"孔子生"。《孔子世家》末记"孔子年七十三，以鲁哀公十六年四月己丑卒"，详记年月日。此外，《周本纪》与《十二诸侯年表·鲁表》《鲁世家》均再记"孔子卒"；这也罢了，因为孔子是周鲁国人。但太史公又于《燕世家》《陈杞世家》《卫世家》《晋世家》《郑世家》《儒林列传》等篇记"孔子卒"，于《老子韩非列传》记"自孔子死之后百二十九年，而史记周太史儋见秦献公"，《儒林列传》记"自孔子卒后，七十子之徒散游诸侯"，《自序》言"孔子卒后，至于今五百岁""自孔子卒，京师莫崇庠序"。可谓不厌重出，眷念不已。《史记》中本纪、世家、列传中的人物传记一般不记生卒年，尤其是各表更不能记，否则极易变成帝王将相等著名人物的生卒年表，成为生死的资料表，失去作表的大用。但《十二诸侯年表》却独记"孔子生""孔子卒"。除此之外，仅《郑表》记"子产卒"，《晋表》记"赵成子、乐贞子、霍伯、臼季皆卒"，《鲁表》记"季文子卒""季武子卒"（以上诸人皆贤大夫），《周表》记"后太子卒"（《周本纪》记"后太子圣而蚤卒"，梁玉绳疑"'圣而'二字乃'一寿'字之误"，但并无实据），但不记生。其他，《郑表》武公十七年，记"生大叔段"；《宋表》武公十八年，记"生鲁桓公母"；《陈表》厉公二年，记"生敬仲完，周史卜完后世王齐"；《周表》庄王元年，记"生子颓"——皆因与后来之史事演变、兴坏得失有关，但也只记为"生某某"，而非较正式的"某某生"。

（2）周游列国。

《孔子世家》记孔子周游列国事。此外，《鲁表》记"齐来归女乐，季桓子受之，孔子行"；又记"齐伐我。冉有言，故迎孔子，孔子归"；《鲁世家》再记"季桓子受齐女乐，孔子去"，"季氏用冉有，有功，思孔子，孔子自卫归鲁"；《管蔡世家》记"（昭侯）二十六年，孔子如蔡"；《陈杞世家》记"湣公六年，孔子适陈。……是年，楚昭王卒于城父。时孔子在陈"；《卫世家》记"三十八年，孔子来，禄之如鲁。后有隙，孔子去，后复来"，又记"（卫出公八年）孔子自陈入卫。……其后鲁迎仲尼，仲尼反鲁"；《宋世家》记"（景公）二十五年，孔子过宋，宋司马桓魋恶之，欲杀孔子，孔子微服去"；《楚世家》记昭王不欲移祸将相，曰："将相，孤之股肱也，今移祸，庸去是身乎？"亦不许祷河，曰："自吾先王受封，望不过江汉，而河非所获罪也。"时孔子在陈，闻是言，曰："楚昭王通大道矣。其不失国，宜哉！"《郑世家》记"孔子尝过郑，与子产如兄弟云"；《老韩传》记"孔子适周，将问礼于老子"和"孔子去（周），谓弟子曰……老子，'其犹龙邪'！"合而观之，除《孔子世家》外，太史公犹对孔子一生之"如、往、来、去、适、在、过、入、反、归",于《史记》中不时提到,何其念念不忘孔子耶!

（3）定年。

记述史事,写某年发生某事,基本语意便已完足。但太史公在《史记》中却有时将某年某事与孔子某事一并前后并书,但二者之间有何关系却不明显,只能视为有定年之作用。某史事发生之年,同于孔子某事之年,或孔子某事之年正是某史事发生之年。最常用做史事定年之事项有"孔子卒"与孔子"相鲁"。如《周本纪》记"（敬王）四十一年,楚灭陈。孔子卒"。孔子鲁人,并非显赫人物,此是《周本纪》,楚灭陈与孔子、鲁国何干?而太史公却在"楚灭陈"后书"孔子卒",一则表示是同年发生的事,二则尊崇孔子之意亦隐寓其中。《秦本纪》记"秦悼公立十四年卒,子厉共公立。孔子以悼公十二年卒",也是同类情况。《鲁周公世家》记"（哀公）十六年,孔子卒",《郑世家》记"（声公）二十二年,楚惠王灭陈。孔子卒",《卫世家》记"（庄公）二年,鲁孔丘卒",也有定年的意思。《孔子世家》记"定公十四年,孔子年五十六,由大司寇行摄相事",《秦本纪》记"惠公元年,孔子行鲁相事",《晋世家》记"（定公）十二年,孔子相鲁",《楚世家》记"（昭王）十六年,孔子相鲁",《魏世家》记"其后十四岁而孔子相鲁",《伍子胥传》记"其后四年,孔子相鲁"。此外,《老韩列传》记"自孔子死之后百二十九年,而史记周太史儋见秦献公",身后百余年的周太史去见秦国国君,此事与孔子何干?太史公却偏要如此记载,不是耐人寻味吗!

（4）作《春秋》。

《史记》中有好几处重复讲到孔子作《春秋》之事,详见第三节"太史公所认知的《春秋》"。

2. 征信折衷

有关选取材料、记述史事、评论人物等，太史公常引孔子之言以征信或作为论断之标准。这类文字大都见于"太史公曰"及《自序》中的"叙目"，因为《自序》及各篇中的"太史公曰"是太史公的个人论坛，可自由述评，故最能看出史家的真正意见。

（1）选取材料。

如《史记》始黄帝，主要依据是"孔子所传宰予问《五帝德》及《帝系姓》"，《三代世表》说："余读谍记，黄帝以来皆有年数。稽其历谱谍终始五德之传，古文咸不同，乖异。夫子之弗论次其年月，岂虚哉！"《伯夷列传》："孔子序列古之仁圣贤人，如吴太伯、伯夷之伦详矣。"伯夷居七十篇列传之首，为《史记》所记二千余年历史之第一号列传人物，正是因为经过孔子品题。

（2）论述史事。

孔子研究三代历史文化，好古敏求，备知因革损益，故《夏本纪》言"孔子正夏时，学者多传《夏小正》云"，《殷本纪》言"孔子曰：'殷路车为善，而色尚白'"，《礼书》记"仲尼曰：'禘自既灌而往者，吾不欲观之矣'"，《鲁世家》记"余闻孔子称曰：'甚矣！鲁道之衰也。洙泗之间龂龂如也'"，《晋世家》记"孔子读史记至文公，曰'诸侯无召王''王狩河阳'者，《春秋》讳之也"，《赵世家》记"孔子闻赵简子不请晋君而执邯郸午，保晋阳，故书《春秋》曰：'赵鞅以晋阳畔。'"都是显著的例子。

（3）评论人物。

《史记》书中时或征引孔子之言，以论断臧否历史人物。如《吴世家》引"孔子言：'太伯可谓至德矣！三以天下让，民无得而称焉。'"赞太伯"至德"。《晋世家》记孔子评："董狐，古之良史也，书法不隐。宣子，良大夫也，为法受恶。惜也，出疆乃免。"《楚世家》记孔子在陈，闻昭王不欲移祸祷河，曰："楚昭王通大道矣。其不失国，宜哉！"《郑世家》记孔子闻子产死，为泣曰："古之遗爱也。"《留侯世家》记："盖孔子曰：'以貌取人，失之子羽。'留侯亦云。"《伯夷列传》引"孔子曰：'伯夷叔齐，不念旧恶，怨是用希。'""求仁得仁，又何怨乎？"《管晏列传》记："管仲，世所谓贤臣，然孔子小之。岂以为周道衰微，桓公既贤，而不勉之至王，乃称霸哉？"《老子韩非列传》记孔子赞老子"犹龙"，因为"鸟吾知其能飞，鱼吾知其能游，兽吾知其能走。走者可以为罔，游者可以为纶，飞者可以为矰。至于龙，吾不能知其乘风云而上天。"《吕不韦列传》言"孔子之所谓'闻'者，其吕子乎？"《万石张叔列传》记"仲尼有言曰：'君子欲讷于言而敏于行'，其万石、建陵、张叔之谓邪？"《田叔列传》记"孔子称曰：'居是国，必闻其政'，田叔之谓乎！"《酷吏列传》引孔子曰："导之以政，齐之以刑，民免而无耻。导之以德，齐之以礼，有耻且格。"而称"信哉是言也！"孔子既能"序列古之仁圣贤人"，则太史公因尊孔子而常引其言也就不足为异了。

3. 他人称引

并非太史公主动称引述论，而是太史公记述历史人物事件时，由于其他历史人物的称引而连带叙及孔子。由此也可略见历史人物口中与心中之孔子。

《始皇本纪》记扶苏谏始皇曰："天下初定，远方黔首未集，诸生皆诵法孔子，今上皆重法绳之，臣恐天下不安，唯上察之。"又引贾谊《过秦论》言陈涉"非有仲尼、墨翟之贤"，《齐世家》记夹谷之会，齐国"犁钮曰：'孔丘知礼而怯……'景公害孔丘相鲁，惧其霸，故从犁鉏之计。"《商君列传》记赵良曰："孔丘有言曰：'推贤而戴者进，聚不肖而王者退。'仆不肖，故不敢受命。"《樗里子甘茂列传》记甘罗曰："大项橐生七岁为孔子师。今臣生十二岁于兹矣，君其试臣，何遽叱乎？"《平原君虞卿列传》记公甫文伯之母曰："孔子，贤人也，逐于鲁，而是人不随也。"《范雎蔡泽列传》记蔡泽曰："夫待死而后可以立忠成名，是微子不足仁，孔子不足圣，管仲不足大也。"又曰："进退盈缩，与时变化，圣人之常道也。故'国有道则仕，国无道则隐'。圣人曰：'飞龙在天，利见大人''不义而富且贵，于我如浮云'……"此"圣人"乃指孔子。《李斯列传》记赵高曰："卫君杀其父，而卫国载其德，孔子著之，不为不孝。……"《自序》记壶遂问"昔孔子何为而作《春秋》哉？"太史公引董仲舒之言回答："周道衰废，孔子为鲁司寇，诸侯害之，大夫壅之。孔子知言之不用、道之不行也，是非二百四十二年之中，以为天下仪表，贬天子，退诸侯，讨大夫，以达王事而已矣。"均属此类。孔子名动众口，非仅见重于孟荀与太史公父子而已！

（四）人物评价

由《史记》中一二九条记述孔子的资料中，可见太史公对孔子的评价极高，可说是史上第一人物。这可由以下数点证明。

1. 尊孔子为"至圣"

孔子生前已有人视为"圣人之后"，尊为"圣人"，但孔子谦称"若圣与仁，则吾岂敢"，⑤孔子卒后，孟、荀均尊孔子为圣人，但古代圣人不止一个。孟子称伊尹为"圣之任者"，伯夷为"圣之清者"，柳下惠为"圣之和者"，而孔子则为"圣之时者"，推算孔子犹在三人之上，为生民以来所未有，为金声玉振之集大成者。《蔡泽列传》引蔡泽曰："进退盈缩，与时变化，圣人之常道也。故'国有道则仕，国无道则隐'。圣人曰'飞龙在天，利见大人''不义而富且贵，于我如浮云。'"此"圣人"明显指称孔子。《礼书》谓"故圣人一之于礼义"，《乐书》云"故圣人曰'礼云礼云'"，虽是转抄自《荀子》之《礼论》与《乐论》，但太史公显然是赞同的。至于《儒林列传》称"及高皇帝诛项籍，举兵围鲁，鲁中诸儒尚讲诵习礼乐，弦歌之音不绝，岂非圣人之遗化，好礼乐之国哉？"则是直述孔子为"圣人"了。不仅如此，太史公更于《孔子世家》赞末直断孔子为"可谓至圣也矣"，意为圣人中之至高者，此后遂为定论。太史公亦尊老子，称其道"深远""微妙难识"，但仅称之为"隐君子"。太史公偏重孔子，于此可见。

2. 为孔子设专篇、列世家

太史公既尊孔子为"至圣"，又设为专篇，列于"世家"，可见其郑重。不仅如此，孔子有教无类，弟子贤众，太史公又因而特立《仲尼弟子列传》，先秦诸子之弟子另立传者独此一篇。又不仅如此，孔子之后学以孟、荀为大，太史公又立为《孟子荀卿列传》，冠于三邹、墨子之上。又不仅如此，太史公又特立一《儒林列传》，所传之人俱是经学博士之儒者，而博士所传之学，固皆孔子所传之经也。反观《老子韩非列传》，太史公以老、庄、申、韩合传，且篇幅短小，只作简要处理。道家以"无名自隐"为务，固不能以篇幅字数多寡定高下，但就史书文字上所呈现者观之，分别则甚明显，不能不说太史公著史之时于二者有畸轻畸重之别。

3. 引孔子言为标准

太史公于《史记》中多处引用孔子之言，作为选取材料、论述史事、评论人物之标准，都属征信、赞赏，从无违辞。太史公亦引老子之言，推重其学，但有一例外。《货殖列传》篇首引老子曰："至治之极，邻国相望，鸡狗之声相闻，民各甘其食，美其服，安其俗，乐其业，至老死不相往来。"但太史公紧接说："必用此为务，挽近世，涂民耳目，则几无行矣。"这话并非说老子所说的道理不对，只是认为时代变化，现今已做不到、不可能了。[6]太史公引孔子之言却从无此类保留意见，亦可见太史公著史实更看重孔子也。

三、太史公所认知的《春秋》

由上一节的述论，可见太史公对孔子的重视与眷念。太史公于《孔子世家》中记孔子"作《春秋》"，又自谓"继《春秋》"，则似可推言太史公欲继孔子之《春秋》。但因"春秋"一词使用广泛，非指一书：《公》《穀》《左氏》皆自谓传《春秋》，亦非只一家，故须对《史记》中出现的《春秋》再做一彻底的检视，并进一步确认太史公心中所欲"继"的《春秋》是哪一种《春秋》。

（一）《史记》中的"春秋"名义类别

今再由电脑检索，得知《史记》中"春秋"一词共出现九十一次（详见附录表二"《史记》中的春秋"资料一览表）。其名义类别有以下四类。

第一，季名："春""秋"原为四时之二。《史记》中有二例：《李斯列传》引太卜曰："陛下春秋郊祀。"（042，附表二序号，下同）《龟策列传》："春秋冬夏，或暑或寒。"（067）

第二，岁年：四时成岁年，举春秋以概四时，故春秋或作岁年解。

亦有二例。赵高说二世曰:"且陛下富于春秋",见《李斯列传》(041);田蚡以为武帝"初即位,富于春秋",见《魏其武安列传》(044)。彼二主皆年少登基(武帝十四岁即位),来日方长,有的是春秋佳日,故皆"富于春秋"。

第三,代名:指战国前之春秋时代,此代名则借用自孔子之《春秋》。《自序》称"春秋之后,陪臣秉政,强国相王"(090)。

第四,书名:其余八十五条皆属书名,但有通名与专名之别;所指何书,或可一望而知,或须细加分辨。

1. 古史通名

古代列国史官所记编年史之书,泛称《春秋》。单名宋之《春秋》、鲁之《春秋》、燕之《春秋》等,统称"《百国春秋》"。其在孔子修《春秋》之前者,又称"《不修春秋》",语见《公羊传·庄公七年》,应属编年史书。《史记》书中有十二例,分别见于《十二诸侯年表序》(003、006、007、011)、《高祖功臣侯者年表序》(016)、《乐毅列传》(039)、《虞卿列传》(037)、《司马相如列传》(049)、《游侠列传》(065)、《龟策列传》(068、069)、《自序》(089)。如《自序》云:"幽厉之后,周室衰微,诸侯专政,《春秋》有所不纪。"

2. 孔修《春秋》

指孔子据以鲁《春秋》为主的百国《春秋》(即不修《春秋》),所修作的《春秋》,亦即汉代以来被尊为《春秋经》者。《史记》中有五十二例,分别见于《三代世表序》(002)、《十二诸侯年表序》(004、012)、《六国年表序》(014)、《天官书》(017)、《晋世家》(021)、《赵世家》(022)、《孔子世家》(023—030)、《外戚世家》(031)、《梁孝王世家》(032)、《匈奴列传》(046)、《平津侯主父列传》(047、

048)、《司马相如列传》(051)、《儒林列传》(053—060、062)、《酷吏列传》(063、064)、《滑稽列传》(066)、《自序》(070—088)。

3.《穀梁春秋》

合《春秋经》与《穀梁传》而言，依经问答，编年排列，与孔子《春秋》直接有关。仅一见《儒林传》："瑕丘江生为《穀梁春秋》。自公孙弘得用，尝集比其义，卒用董仲舒。"

4.《左氏春秋》

编年纪事史，汉初尚独立成书，不与经合，后称《春秋左氏传》，与孔修《春秋》间接有关。至刘歆始引传文以解经。名称亦仅一见，《十二诸侯年表序》："鲁君子左丘明惧弟子人人异端，各安其意，失其真，故因孔子史记具论其语，成《左氏春秋》。"（005）详析见本文第五节"'失其真'与《左氏春秋》"。另《五帝本纪·赞》（001）、《十二诸侯年表序》（013）、《历书》（016）、《吴世家》（019）、《黥布》（043）五条，虽只标名《春秋》，但实指《左氏春秋》，可见太史公亦称《左氏》为《春秋》。⑦另详本文第五节"（三）太史公亦称《左氏》为《春秋》但其引文皆属史事史实"。

5.《虞氏春秋》

战国时赵孝成王相虞卿所著书，书名两见《十二诸侯年表序》及《平原君虞卿列传》（007、038）。已非编年史书，而属纪事本末体裁，⑧与孔修《春秋》无关。

6.《晏子春秋》

书名仅见《管晏列传》。晏婴春秋时期人，但此书编辑成书当在战国中期以后。⑨观后世所传《晏子春秋》,此书亦非编年体,与孔子无关,虽名"春秋",却属战国诸子之书。

7.《吕氏春秋》

《十二诸侯年表序》及《吕不韦列传》两次提及此书。战国末秦初吕不韦聚宾客,"上观尚古,删拾《春秋》,集六国时事,以为八览、六论、十二纪",凡"二十余万言,以为备天地万物古今之事,号曰《吕氏春秋》"。此书又名《吕览》,有组织结构,内容宏富,亦非编年体,而属子书,与孔修《春秋》无关。

8.《新春秋》

《司马相如传》载相如遗书《封禅书》,其中设辞"大司马进曰",劝武帝"作《春秋》一艺,将袭旧六为七,撼之无穷,俾万世得激清流,扬微波,蜚英声,腾茂实。"此《春秋》不在六艺之内,而与六艺合为七,非《新春秋》而为何?《春秋》一词此一用法,似仅见此,值得注意。

须特请注意者,《史记》中不见《公羊春秋》一词,但《宋世家》(020)、《外戚世家》(031)、《匈奴列传》(045)、《淮南衡山列传》(052)所称之《春秋》,俱系指《公羊春秋》而言。⑩另详本文第四节"'继春秋'与《公羊春秋》之(五)其他显例"。盖西汉公羊学盛,复立学官,故言《春秋》义即指《公羊》,不复别标;为示区别,言《穀梁》则有《穀梁春秋》之名。《公羊春秋》之名,文献上始见《汉书》(《五行志》《武五子传》《公孙刘田王杨陈郑传》《儒林传》)。

(二)太史公所认知的《春秋》

以上既明"春秋"一词在《史记》书中的指谓与用法,以下当探究太史公所认知的《春秋》是怎样的一部书。《史记》的《自序》《孔子世家》《十二诸侯年表序》《儒林列传》有或长或短的正面陈述文字，因较常见，且占篇幅，故不抄录，径作解析。[11]以此四篇中言及《春秋》的资料为主，太史公心中的《春秋》应有以下几个要点。

1. 孔子作春秋

（1）太史公相信孔子作《春秋》。既于《自序》中正面叙述"孔子厄陈蔡，作《春秋》"，又于《孔子世家》中明言孔子"乃因史记作《春秋》"，复于《儒林列传·赞》言孔子"故因史记作《春秋》"。

（2）《史记》书中并非太史公首倡孔子作《春秋》，其父司马谈临终遗命即言孔子"作《春秋》"；且"学者至今则之"，亦非司马谈独倡。太史公写《史记》欲继《春秋》，其友上大夫壶遂在与太史公讨论《春秋》之对话中，两次均提到孔子"作《春秋》"。当壶遂问"昔孔子何为而作《春秋》"之时，并不质疑孔子有无作《春秋》，而只问为何作《春秋》。壶遂是有学问的贤大夫。司马谈可能是当时最有学问的人，观其《论六家之要旨》，亦非偏信盲从儒家者，而皆直言孔子"作《春秋》"，况且尚为许多学者所称述。

（3）除"作《春秋》"外，太史公于《史记》中亦言孔子"为《春秋》""著《春秋》""书《春秋》""次《春秋》"；言非一端，文各有主，其实都是一样的。《孔子世家》记孔子"为《春秋》，笔则笔，削则削，子夏之徒不能赞一辞"，此"为"字即"作"字，用法同于称虞卿"为《虞氏春秋》"，吕不韦"为《吕氏春秋》"（俱见《十二诸侯年表序》）。《匈奴列传》称"孔氏著《春秋》"，此"著"即"为"，即"作"，《十二诸侯年表序》言虞卿"著八篇，为《虞氏春秋》"可证。《十二诸侯年表序》又称孔子"西观周室，论史记旧闻，兴于鲁而次《春秋》","次"是指编次、排列。孔子作《春秋》是"以《春秋》(《鲁春秋》《百国春秋》)为《春秋》(孔修《春秋》、笔削《春秋》)"⑫,孟子称"其事则齐桓晋文,其文则史",孔子作《春秋》主要是在旧史简册与文字上做编排、选择并加笔削之义。此处文字着重在史文的编选上,如《春秋》断自鲁隐,凡十二公,每公各年记事之多寡等。《赵世家》记"孔子闻赵简子不请晋君而执邯郸午,保晋阳,故书《春秋》曰'赵鞅以晋阳畔。'"按,《公羊春秋·定公十二年》经书"秋晋赵鞅入于晋阳以叛"(《左氏》经少一"秋"字),孔子直书"叛"字,此与书法有关,文意着重在笔削之"笔"。古人引书不会像现代人写学术论文这样严谨,每次都精确完整。太史公此文只是述其大意,不是直接引用其文。由此可见太史公记孔子《春秋》,称"作""为""著""书""次"为一,每次叙述重点不同,端视行文需要而定,用字虽异,本意则同,太史公采信的其实是自孟子以来的一贯讲法——孔子"作"《春秋》。

（4）《史记》从未称孔子"述《春秋》"。孔子曾自称"述而不作",故后人每疑孔子只能"述"不能"作"。其实"述而不作"是圣人的谦辞,真实的内涵是"述中有作""以述为作",此一问题笔者早在三十年前便已讨论过,⑬此处不赘。称"述《春秋》",始见于《汉书·五行志上》："昔殷道弛,文王演《周易》；周道敝,孔子述《春秋》"；但同样的内容,太史公的《报任安书》却写作"盖西伯拘而演《周易》,仲尼厄而作《春秋》"。《汉书》称"述",太史公称"作",称"述《春秋》"是晚出的用词。⑭

2. 孔子因"道不行"始作《春秋》

（1）孔子作《春秋》的个人历史背景是不能行道于天下。

时周衰世微,孔子欲行道济世,但所遇不合。用董仲舒的话说是:"周道衰废,孔子为鲁司寇,诸侯害之,大夫壅之,孔子知言之不用,道之不行也";用壶遂的话说是:"孔子之时,上无明君,下不得任用";用太史公自己的话说则是:"孔子明王道,干七十余君莫能用",或"仲尼干七十余君无所遇"。⑮

(2)作《春秋》的动机是因道不行而欲借作《春秋》,以传道自见。

孔子之志、之学在"修己以安人,修己以安百姓"⑯,即以道济天下。今既知"吾道不行"(不用孔子),天下"莫能宗予"(不从孔子),而天年将届,故欲传此道于天下,令后世君子得明此道以继起。故曰:"弗乎!弗乎!君子病没世而名不称焉。吾道不行矣,吾何以自见于后世哉?"⑰《论语》中当然有孔子之道,但《论语》是孔子弟子及再传弟子多人长年集结的论道之书,孔子生前并不知有此书;而《春秋》则是孔子晚年一人有意识、有计划的系统之作,孔子的政治思想与个人抱负主要见于此。故《春秋》与《论语》并不互相排斥,而应结合起来共同研究。

(3)《春秋》是圣人欲"通其道"的"发愤"之作。

太史公把"孔子厄陈蔡,作《春秋》"与"西伯拘羑里,演《周易》""屈原放逐,乃赋《离骚》""左丘失明,厥有《国语》""孙子膑脚,而传《兵法》""不韦迁蜀,世传《吕览》""韩非囚秦,《说难》《孤愤》",还有"《诗》三百篇"相提并论,认为都是"大抵圣贤发愤之所为作也","此人皆意有所郁结,不得通其道也,故述往事,思来者"。孔子热心济世,所遇不合,"诸侯害之,大夫壅之"是"意有所郁结";"言不用,道不行"是"不得通其道"。郁结而思发舒,不得通其道而欲其通,故发愤著述,以待"来者"。司马迁尊孔子为"至圣",故说《春秋》是圣人欲通其道的"发愤"之作。"发愤"不是怨愤,而是遭遇挫折后仍积极奋战、努力不懈,用头脑智慧选择适当的方式去达成原来的目的。太史公所举例证,有的不符史实,但吾人应心知其意，勿泥其辞，因文害意。

3. 作《春秋》的方法

（1）因鲁史作《春秋》。

孔子作《春秋》，不是自己重新写一部书，而是"因鲁史作《春秋》"。即假借或取材古代史官所记之旧史，但以鲁史（《鲁春秋》）为主。太史公称"西观周室，论史记旧闻"，故不排除曾参考"《百国春秋》"或"百二十国宝书"。

（2）《春秋》年代断限的考量。

《春秋》年代断限为鲁隐公元年至鲁哀公十四年，凡十二公，二百四十二年。鲁为周公封国，具天子礼乐，自周初至鲁隐公已历三四百年，故《鲁春秋》并不始于隐公，但孔修《春秋》断自隐公元年始。孔子卒于鲁哀公十六年，而孔修《春秋》终于哀公十四年，此与获麟有关。作《春秋》的时间，或曰在获麟之前，或曰在获麟之后。依《史记》，"孔子厄陈蔡，作《春秋》"，可解为厄陈蔡之时（遭困不遇）有作《春秋》之意，但主要成书阶段应在获麟之后，故太史公在《自序》中先述"河不出图、洛不出书"，孔子自叹"吾已矣夫"；继述颜渊死，孔子自言"天丧予"；再述西狩见麟，自伤"吾道穷矣"；最后才写知我其天、吾道不行，欲自见于后世，"乃因史记作《春秋》"。可见作《春秋》与获麟有关，《春秋经》终于哀公十四年也与获麟有关。哀公十四年经只记"春，西狩获麟"一条，未再记是年春以后之它事，亦可旁证。《春秋》始元终麟，是史事断限，亦是经义之所在。孔子作《春秋》，目的不在修史，而是假事（二百四十二年史事）示法（三世人群进化之治道与治法），故《十二诸侯年表序》称"王道备"，《公羊传》云"何以终乎哀十四年？曰：备矣！"其所备的是王道、王法，不是二百四十二年的历史；万余字的经文，所记的史事实甚简略，何能称"备"？

（3）笔削鲁史以见义。

加文为笔，去字为削。孔子只是在鲁史上加文去字，在文字上增减修饰。但笔削的目的不在增减修饰文字，而是借此文字表达孔子的思想义理。"至于为《春秋》，笔则笔，削则削，子夏之徒不能赞一辞"，说明笔削之时有义，此"义"为孔子个人之私自独断。此意与孟子所言"其事则齐桓晋文，其文则史，其义则丘窃取之矣"⑱相合。孔修《春秋》，重在"义"而不在"史""文"，故《世家》与《自序》均称"《春秋》以道义"，并累称"春秋之义"。

（4）笔削之时有是非褒贬。

孔子作《春秋》"是非二百四十二年之中""辨是非""明是非""善善恶恶，贤贤贱不肖"。一再强调《春秋》的辨明是非，分别善恶的批判精神。是则褒之，非则贬之，故有褒贬。"《春秋》采善贬恶，推三代之德，褒周室，非独刺讥而已也""有所刺讥褒讳抑损""贬天子、退诸侯、讨大夫"，似乎贬多褒少。刺、讥、贬、退、讨、讳，都属于贬义。褒贬是因为有是非，是非以义（礼由义出）断之（即要有一义理思想作为判准）。当作《春秋》之时，此"义"由孔子窃（私）取独断，"弗与人共"，故曰"子夏之徒不能赞一辞"。但此义并非孔子单凭个人私心自用，任意为之，其中有旧有新。孔子"述三王之道，明周召之法"，习旧史礼文，故其中自有传统文化之旧义。但孔子温故知新，百代可知，与时偕行，被称为"集大成"，则亦有圣人之独知独见，为凡众之所不知不及者，故不能说其中全无孔子个人之新义。新旧不必对立，新由旧来，旧能启新，述中有作，作中有述。圣人言述而不作，实则不妨以述为作，述而兼作也。⑲

（5）《春秋》之义主要在于口传，而不在经文上。

《十二诸侯年表序》明记孔子次《春秋》以制义法，"王道备，人事浃。七十子之徒口受其传指，为有所刺讥褒讳挹损之文辞，不可以书见也。"不可以书见，故孔子口传，弟子"口受"其传指。为何不可以书见？因为有刺讥贬损（只是要因，不是全因），故在文字上，要"约其文辞而指博""其辞微而指博"。"其辞微"义同"约其文辞"，也就是"夫《诗》《书》隐约者，欲遂其志之思也"之"隐约"，即畏时远害，避免直书明说，便于保存留传。而"指博"则是指《春秋》之义丰富广大，此则在于口头讲授，在万余字的《春秋》经文上几乎是看不出来的。孔子作《春秋》口授弟子，故称"弟子受《春秋》""口受其传指"。哪些弟子受《春秋》、传《春秋》？"七十子之徒"是泛称，主要应是孔子晚年的弟子"子夏之徒"，代表人物是子夏。"《春秋》属商，《孝经》属参"[20]，子夏是传《春秋》的最重要弟子，而不是唯一传《春秋》的弟子。

4.《春秋》为"礼义之大宗"

《春秋》重义不重事，然《春秋》之义甚多，为礼义之总会，被称为"礼义之大宗"。何以见得？太史公称《春秋》"文成数万，其指数千"。数者，计也（《说文》）；《春秋》之文以万计，《春秋》之义以千计，言其多也。又曰"万物之散聚，皆在《春秋》"，物者，事也；万物之散聚，指人事之分合成败。故下文紧接讲："《春秋》（二百四十二年）之中，弑君三十六，亡国五十二，诸侯奔走不得保其社稷者，不可胜数。察其所以，皆失其本已。"意即观察、总结此一时期的历史经验并追究其原因，都是由于欠缺或丢掉了"本"的缘故。这个"本"就是"礼义"（再上讲一层，便是"仁义"）。弑君、亡国之事不是一日造成的，是由于人君或人臣欠缺或不知礼义。故为人君者、为人臣者，必须知道礼义之旨；否则，"不通礼义之旨，至于君不君，臣不臣，父不父，子不子。夫君不君则犯，臣不臣则诛，父不父则无道，子不子则不孝。此四行者，天下之大过也。以天下之大过予之，则受而弗敢辞。故《春秋》者，礼义之大宗也。"宗者，主也，尊也〔"宗"字原为宗庙之神主，故有宗主（首领）、本原、根本、当受尊重之义。〕"礼义之大宗"即是礼义之大宗主、大本原，当为言礼义者之所尊重；亦即要讲礼义，《春秋》最多、最高、最大，当以它为依归。

5. 作《春秋》的目的是"制义法""拨乱世，反之正"

孔修《春秋》的重点不在事，而在义、道、法。故太史公一再讲《春秋》"上明三王之道""王道备"，为"王道之大者"，孔子是非二百四十二年之中，"以为天下仪表""贬天子、退诸侯、讨大夫""以达王事而已矣"，作《春秋》"以制义法""当一王之法""以当王法"，一再提到王事、王道、王法的名词与观念，看重的是义法，而不是史事与史文。《汉书·儒林传》也写作因《鲁春秋》"成一王法"。早期资料于孔子作《春秋》所强调的都不是要成一部良史。"一王之法"就是"王法"，壶遂说的"当一王之法"就是太史公所说的"以当王法""以制义法"。"一王之法"或"义法"是作《春秋》的实质内容（体），有此实质内容才可能有"拨乱世，反之正"的实际效用（用）。"后有王者举而开之，《春秋》之义行，则天下乱臣贼子惧焉"，太史公说话是有前提的，《春秋》之义"行"，天下乱臣贼子才"惧"，不"行"则不一定惧；而"《春秋》之义行"的前提则是要有"王者举而开之"。这比孟子说的"孔子成《春秋》，而乱臣贼子惧"[21]，要来得严谨。

孔子作《春秋》的动机是道不行而欲自见于后世，但只有动机不能自见于后世，要有一套具体的东西才可，这便是可"当一王之法"（"以制义法"）的"一王之法"。孔子的理想、抱负与一生学问均集中展现于此。有此"一王之法"，才能自见于后世，才能用以拨乱反正，才能使乱臣贼子惧；先后次第、体用本末要区别清楚。故说作《春秋》的目的是要"制义法"，所制之义法可"当一王之法"，可"当王法"，公羊家说得更直接明白——立一王之法。㉒

6.《春秋》乃孔子明志、立法、传道之书，似史而实为经

太史公并未明言《春秋》的性质是什么，甚至心中未必有此一问题，因为在当时并不存在此一问题。但我们可结合上述孔子作《春秋》的背景、动机、目的、作法、特色等来综合研究。基本上，《春秋》是孔子晚年的明志之书，其中有孔子一生追求而未实现的理想抱负（"吾道不行矣"之道）。孔子并未把自己的理想抱负作直接、正面的系统陈述，而是寄托、隐寓在对所断取的《鲁春秋》二百四十二年史事的史文笔削与是非褒贬之中。是非褒贬有义，《春秋》重义而非事、文。孔子作《春秋》是明王道、制义法，以为天下仪表。

太史公于《滑稽列传》引孔子曰："六艺于治一也"，又于《自序》引董生之言"《春秋》辨是非，故长于治人"，可见《春秋》是论治之书，主要讲治道、治法。孔子作《春秋》，是以制义法（当一王之法，制一王之法），主要目的不是写历史，而是假借修史、评史以立法垂教。即使是写历史，也不是讲过去历史本来如何，而是讲人类历史应当如何。《春秋》为"礼义之大宗"，而礼义是治人之大法，这也与"春秋长于治人"相应。治人本应是王者之事，董生也说"是非二百四十二年之中，以为天下仪表"，"以达王事而已

论《史记》中的孔子与《春秋》| 453

矣","王事"也就是孟子所说的"天子之事"。孔子以庶人而行天子之事,立法垂教,微言大义中不免有非常异义可怪之论,为时俗所不解,甚至引以为非者,故曰"后世知我者以《春秋》,而罪我者亦以《春秋》"。回视二千余年以来《春秋》学史或评论意见,孔子这话是有前见之明的。由此观之,孔子作《春秋》目的不在修史,《春秋》是孔子明志传道、立法之书。孔子以述为作,述中有作,他的这套学问源于传统的旧学术,又加上一生下学上达的新见解,遂使秦汉以前的"六艺"被推算为秦汉以后的"六经"。《春秋》自史而来而非史,后世列经部而不列史部,称经学而不称史学,此即与此书之性质有关也。

以上主要以《史记》中的资料为主,析论太史公心中的《春秋》是怎样的一部书,但未曾结合所有相关资料就《春秋》学的观点细说深论。即便如此,太史公对《春秋》的认知也应轮廓清楚,层次分明,纲要略备了。如果以上分析不误,则后人欲论断太史公所欲继之《春秋》是哪一种《春秋》,有无继《春秋》以及如何继《春秋》,均必须与此吻合,或不互相矛盾方可。

四、"继《春秋》"与《公羊春秋》

根据上节所析太史公对《春秋》的认知,吾人可以断言:太史公所言之《春秋》以及如果《史记》有"继《春秋》",则其所继之《春秋》,必为《公羊春秋》。

(一)太史公师承董生《公羊春秋》义

太史公在《自序》中所说的《春秋》,大部分引自董仲舒的话,而董仲舒是公羊大师。《儒林传》称："故汉兴至于五世之间,唯董仲舒名为明于《春秋》,其传公羊氏也。"董生传的是公羊《春秋》,则太史公据董生之言所说的《春秋》自应是公羊《春秋》。前言传《春秋》者为七十子之徒,主要是孔子晚年弟子,以子夏为代表,而非仅子夏一人。

孔子之后至董仲舒已历三百余年,《春秋》之学的传布应非单线传承,而是多线进行,且可能有分合变化与显隐之别,只是其详不可得知。可知者,《春秋》口说最晚至汉初著竹帛而为《公羊传》,传不能离经而独存,而董生所传者即为公羊氏一支所传之《春秋》。董生且为汉兴以来最明白《春秋》之人,亦即应为言《春秋》之正宗或代表人物。或谓:董生"名为明于《春秋》",不是以明于《春秋》著名,而是名义上如此[23],实际上不明《春秋》。这是曲解。

如果说太史公本意是董生只有虚名,不真明白《春秋》,则何必大段引用董生说《春秋》之言,并将此一有名无实的经师写入《儒林列传》?况且前面写董生治《春秋》,于孝景时为博士,专心治学,三年不窥园,"其精如此";又写公孙弘治《春秋》,"不如董仲舒";后面写公孙弘曾从学的胡毋生,亦于孝景时为《春秋》博士,"齐地治《春秋》者多受胡毋生",但也并无特别推赞之辞,看不出胡毋生之《春秋》高于董生;又写瑕丘江生为《穀梁春秋》,公孙弘得用后,"尝集比其义,卒用董仲舒",公孙弘是嫉妒董生之人,但在"集比其义"之后,还是采用董生所言之《春秋》义。可见董生讲《春秋》,无论内与同讲《公羊》之胡毋生比,[24]或是外与讲《穀梁》之瑕丘江生比,都是胜过一筹的;又写董生"弟子遂者"尝至梁相、长史,"弟子通者"官至命大夫,为郎、谒者、掌故者以万数,而董仲舒子及孙"皆以学至大官"。会合文中又言"董仲舒有行",居家后"终不治产业,以修学著书为事"来看,董生应是有实学,而非徒有虚名者。"故汉兴至于五世之间,唯董仲舒名为明于《春秋》",首字为"故",是正面说明汉代开国以来为什么只有董生以最明白《春秋》闻名,而非解释汉代以来为什么只有董生号称明白《春秋》而无实学。汉代开国以来最明白《春秋》之学者既是董生,而他所传的是《公羊春秋》,则太史公引董生之言所讲的《春秋》自应是《公羊春秋》。

(二)从口义流传看

欲辨别太史公所言之《春秋》是属于《左》还是《公》《穀》,必须存同辨异,即要从《公》《穀》与《左》之间的不同之处或各自特点立论。三家既然都讲《春秋》,必然有些共同的地方,不可能完全不同。三家都认为孔子修或作《春秋》,这大体相同,在这上面难以分辨,[25]但如何修作或修作之后的内容、思想是什么则有不同。故应在不同处分辨。而口说、口义之有无即是大不同处。

孔子作《春秋》,重义不重事,而义在口传,弟子"口受"其传指;故由口义之有无,可以辨认其是否为《春秋》之传承。依此而言,《公》《穀》有口义而《左》则无。《公》《穀》二传体裁相同,都是依经起问的问答体,这正是《春秋》笔削成书后口授相传在文字上遗留的痕迹。如《春秋经》始于隐公"元年春王正月",《公羊传》释曰:"元年者何?君之始年也。春者何?岁之始也。王者孰谓?谓文王也。曷为先言王而后言正月?王正月也。何言乎王正月?大一统也……"《春秋经》终于哀公"十四年春,西狩获麟",《公羊传》释曰:"何以书?记异也。何异尔?非中国之兽也。然则孰狩之?薪采者也。薪采者,则微者也。曷为以狩言之?大之也。曷为大之?为获麟大之也。曷为为获麟大之?麟者,仁兽也,有王者则至，无王者则不至。有以告者曰：有麢而角者。孔子曰：'孰为来哉？孰为来哉？'反袂拭面，涕沾袍。颜渊死，子曰：'噫！天丧予。'子路死，子曰：'噫！天祝予。'西狩获麟，孔子曰：'吾道穷矣！'……"合首尾看，都是逐字逐句起问、解答，然后引出笔削主义（《春秋》之义——如大一统、大获麟等）。《左氏春秋》则编年纪事，事详文赡，与《公》《穀》大异其趣，一望而知，分别属于两个系统。

《公》《穀》二传都起于师师相传、口口转授，经战国秦火之后，情势变化，始于汉初著为竹帛，但其师徒传习的形式风格仍保留在文字上。而且即使始著竹帛，并非已将所有口义完全写出。就传文看，有许多仍有待于经师之解说方能明白，例如何以要"大一统"，为何称"吾道穷矣"之类，都另有讲解，别有义理。《公》《穀》皆重口说、口义，两汉博士以为《左》不传《春秋》者，正是因为《左》无口说、口义。刘歆移让太常博士"信口说而背传记，是末师而非往古"[26]，口说之有无与从违，正是《公》《穀》与《左》不同之所在。然而太史公所言《春秋》之传授是有"口受"，亦即口说、口义的，其不指《左氏春秋》明矣。

（三）董生祖述子夏

子夏是孔子《春秋》的最重要传人，《公》《穀》均传出自子夏，而子夏订正"晋师三豕涉河"[27]的故事，也可以证明他对诸侯史记的熟谙。子夏为魏文侯师，他在西河讲授，《春秋》应是其中之重要科目。他的学生师春，在魏襄王时曾仿效《春秋》体例，编纂《竹书纪年》，晋时汲冢出书，中有此书。今存战国秦汉文献中，仍可看到少数子夏讲论《春秋》的话语。如《韩非子·外储说右上》载："子夏曰：'春秋之记臣杀君，子杀父者，以十数矣，皆非一日之积也，有渐而以至矣。'……故子夏曰：'善持势者，蚤绝奸之萌。'"刘向《说苑·复恩》记"楚人献鼋于郑灵公"之故事，文末引用子夏评语收结："子夏曰：'《春秋》者，记君不君、臣不臣、父不父、子不子者也；此非一日之事也，有渐以至焉。'"文意全同，仅文字小有出入。汉初，董仲舒《春秋繁露·俞序》也传述："有国家者不可不学《春秋》。不学《春秋》，则无以见前后旁侧之危，则不知国之大柄、君之重任也。故或胁穷失国，掩杀于位，一朝至尔。"至司马迁则于《自序》引董生之言曰："《春秋》之中，弑君三十六，亡国五十二，诸侯奔走不得保其社稷者不可胜数。察其所以，皆失其本已。故《易》曰：'失之毫厘，差以千里。'故曰：'臣弑君，子弑父，非一旦一夕之故也，其渐久矣。'故有国者不可以不知《春秋》，前有谗而弗见，后有贼而不知；为人臣者不可以不知《春秋》，守经事而不知其宜，遭变事而不知其权；为人君父而不通于《春秋》之义者，必蒙首恶之名；为人臣子而不通于《春秋》之义者，必陷篡弑之诛、死罪之名。其实皆以为善，为之不知其义，被之空言而不敢辞。"

比较上引四段文字，可知文句虽有详略，字句虽有出入，但基本要义——弑君、弑父，非一日之事，皆积渐所致，为人君父、臣子者当引以为戒，故不可以不知《春秋》——却是相同的。太史公详述闻诸董生之语，而其本始出于子夏，且于《韩非子》有见证。董生是《公羊》大师而祖述子夏之语，子夏是《春秋》最重要传人，故太史公所述《春秋》之义，应属《公羊春秋》。董生不在《左传》学传承内，早期为《左传》之学者亦不见传述董生之语。

（四）从对宋宣公废太子立弟的评论上看

《史记》兼采三传，三传对同一史事的评论时或有出入。经由存同辨异,太史公对三传评论之取舍,便可知《史记》引用《春秋》在义理上以何为主。兹举宋宣公废太子立弟一事说明。先列文字资料,后作评析。

《春秋》经传及《史记》载宋宣公废太子立弟事

《春秋经》	(隐公三年)八月庚辰宋公和卒。
《左氏》	宋穆公疾,召大司马孔父而属殇公焉。曰:"先君舍与夷而立寡人,寡人弗敢忘。若以大夫之灵,得保首领以没,先君若问与夷,其将何辞以对?请子奉之以主社稷。寡人虽死,亦无悔焉。"对曰:"群臣愿奉冯也。"公曰:"不可。先君以寡人为贤,使主社稷。若弃德不让,是废先君之举也,岂曰能贤?光昭先君之令德,可不务乎?吾子其无废先君之功。"使公子冯出居于郑。八月庚辰,宋穆公卒,殇公即位。君子曰:"宋宣公可谓知人矣,立穆公,其子飨之,命以义夫!《商颂》曰:'殷受命咸宜,百禄是荷。'其是之谓乎!"
《穀梁》	诸侯曰卒,正也。
《春秋经》	(冬十有二月)癸未葬宋穆公。(《左氏》"缪"作"穆")
《公羊》	葬者曷为或日或不日?不及时而日,渴葬也;不及时而不日,慢葬也;过时而日,隐之也;过时而不日,谓之不能葬也;当时而不日,正也;当时而日,危不得葬也。此当时,何危尔?宣公谓缪公曰:"以吾爱与夷,则不若爱女;以为社稷宗庙主,则与夷不若女,盍终为君矣!"宣公死,缪公立,缪公逐其二子庄公冯与左师勃,曰:"尔为吾子,生毋相见,死毋相哭!"与夷复曰:"先君之所为不与臣国而纳国乎君者,以君可以为社稷宗庙主也。今君逐君之二子,而将致国乎与夷,此非先君之意也。且使君而可逐,则先君其逐臣矣。"缪公曰:"先君之不尔逐,可知矣。吾立乎此,摄也。"终致国乎与夷。庄公冯弑与夷。故君子大居正,宋之祸,宣公为之也。
《穀梁》	日葬,故也,危不得葬也。

续表

《史记》	宣公有太子与夷。十九年（公元前729年），宣公病，让其弟和，曰："父死子继，兄死弟及，天下通义也。我其立和。"和亦三让而受之。宣公卒，弟和立，是为穆公。穆公九年（公元前720年），病，召大司马孔父谓曰："先君宣公舍太子与夷而立我，我不敢忘。我死，必立与夷也。"孔父曰："群臣皆愿立公子冯。"穆公曰："毋立冯，吾不可以负宣公。"于是穆公使冯出居于郑。八月庚辰，穆公卒，兄宣公子与夷立，是为殇公。君子闻之，曰："宋宣公可谓知人矣，立其弟以成义，然卒其子复享之。"……太史公曰：孔子称"微子去之，箕子为之奴，比干谏而死，殷有三仁焉"。《春秋》讥宋之乱自宣公废太子而立弟，国以不宁者十世……（《宋微子世家》）

观上表《春秋》经传及《史记》所载宋宣公废太子立弟事，可知：就史事言，《春秋经》只记宋公卒、葬，无具体内容，须合看《左氏》《公羊》与《史记·宋世家》，方见首尾始末之全貌。《穀梁》只提卒、葬义例，无历史记述。

就史事记述言，《左氏》叙之于"宋公和卒"经文后，《公羊》则叙于"癸未，葬宋穆公"经文后。

就义理言，《公羊》《左氏》大异，《左氏》引君子曰："宋宣公可谓知人矣，立穆公，其子飨之，命以义夫！《商颂》曰：'殷受命咸宜，百禄是荷。'其是之谓乎！"对宋宣公大加称赞。《公羊》则曰："故君子大居正，宋之祸，宣公为之也。"对宋宣公大加责难。《史记·宋世家》于记述史事时引《左氏》作"君子闻之，曰：'宋宣公可谓知人矣，立其弟以成义，然卒其子复享之。'"多一"闻"字，舍去《商颂》之词，又加上"立其弟以成义，然卒其子复享之"。但太史公又于"太史公曰"明引《公羊》，说："《春秋》讥宋之乱自宣公废太子而立弟，国以不宁者十世。"《史记》二传兼采，乍看矛盾，其实不然：《史记》述史，多取《左氏》，但经义则主《公羊》，义理攸关仍以孔子为主也。理由如下：

一是太史公意见应以"论赞"所述为主，因为"太史公曰"是太史公个人之论坛，是专属他直接发表个人意见之处。故正文所述若与"太史公曰"抵触，则应从"太史公曰"；若不抵触，可以兼容，则仍应以"太史公曰"为主。如《孔子世家》正文记述孔子"圣人之后"、为"圣人"，但"太史公曰"断孔子为"至圣"，则太史公真意仍应从"太史公曰"所述，以孔子为"至圣"而非只"圣人"也；"太史公曰"于"《春秋》讥宋之乱，自宣公废太子而立弟"文前引孔子称"殷有三仁焉"之语，太史公以《春秋》为孔子作，故此折衷孔子之义甚明；在此，太史公从"孔子"不从"君子"，或尊"孔子"在"君子"之上。

二是《太史公曰》于"《春秋》讥宋之乱自宣公废太子而立弟"文后，又有"国以不宁者十世"[28]一句。此句文字不见三传，不知是太史公别有所据，抑太史公以己意补之。无论是哪一种情形，均表示此是太史公之认知，并可补证太史公之采信、遵从《公羊》（《春秋》），讥"宋之乱（《公羊》作"祸"）自宣公废太子而立弟"之意。《太史公曰》取《公羊》义而称《春秋》讥宋之乱，即表示太史公之于《春秋》义取《公羊》也。

三是《左氏》引君子曰"宋宣公可谓知人"，是一时一事之小道理；《史记》引"《春秋》讥宋之乱自宣公废太子而立弟"，是君主制（家天下乱制）下国家治乱得失之大道理。"君子"何以谓宋宣公"知人"？因为宣公传国于弟，而其弟复传位于宣公之子。宋为殷后，殷人传位多兄终弟及。故宣公传弟，一则于殷人旧法亦有据，二则宣公识人，其弟复能还位于己子，宣、穆兄弟二人皆有让国之名，而宣公复不失其国。这个道理如果能讲得通，也只是就殷宋旧法、宣穆之事、宣公一人之料度成败而言，最多只是小道理。太史公于《宋世家》写作"君子闻之，曰：'宋宣公可谓知人矣，立其弟以成义（兄弟之义），然卒其子复享之。'"正是指此而言。但《史记》多一"闻"字，应是君子闻殇公（为宣公子）初立时之评语，其后宋郑长期交兵之事尚未显见，不知此是宋祸之一端也。君位继承，易启争端，制度不定，祸乱迭生。周人立嫡长子继承制，就是为解决此一问题。宋为殷后，殷先王兄终弟及亦因此致乱，《殷本纪》载："自中丁以来，废适而更立诸弟子，弟子或争相代立，比九世乱，于是诸侯莫朝。"故商代末期已改为传子制。由此言之，宣、穆公传弟复传子，就政权转换、社稷安定言，实非善策。知人是一事，乱国又是一事。《史记》为论治之史书，太史公论其事不是着眼于一时一人一事之得失（知人），而是通观前后数百年史事之得失（国以不宁者十世），以及君位继承制与国家治乱之关系（乱自宣公废太子而立弟，不只立弟，且为立弟而废太子）来看，故采取《春秋》经义，以宋之乱自宣公也。《春秋》经义的道理比《左氏》君子的道理大，《宋世家》记"君子曰"之辞，亦可视为记述史事（即在当时有一君子对此事做过这样的评论），但不是太史公最后的真正意见。此点另有一旁证。

《梁孝王世家》记窦太后爱少子梁孝王，后景帝废太子，"窦太后心欲以孝王为后嗣。大臣及袁盎等有所关说于景帝，窦太后议格，亦遂不复言以梁王为嗣事"。袁盎等人讲什么？褚先生于此事有补述："袁盎等以宋宣公不立正，生祸，祸乱后五世不绝，小不忍害大义状报太后。太后乃解说，即使梁王归就国。"可见景帝之时，此一《公羊春秋》之义亦有传布，故袁盎等能引据关说并为窦太后所接受。太史公于《宋世家·赞》中引的是经义，是大君子（孔子。圣贤皆可称君子，《礼运》称禹汤文武成王周公为六君子。尊之异之，故称大君子）的道理。大君子的道理较君子的道理高、深、远、大，太史公论赞取的是大君子的道理，而此道理出于《公羊春秋》。

四是就经义言，"宋之祸，宣公为之也"也还只是经义的一小部分。《春秋》是借事明义，假事示法，而义在口传，故若以《公羊传》文合董、何之注解（其中有《公羊传》未尽写出之口说），便知《公羊春秋》于宋宣公卒葬一事上，还另发"王鲁""通三统""大居正""生让"[29]诸义，[30]对宣、穆让传之别也有辨析。但须另为专文，方能详细讲明。本文只是就太史公之认知论太史公，则以上论证既详，自可毋庸赘叙。

（五）其他显例

从《史记》所称"《春秋》之义"明引自《公羊》者，还有以下数条显例：

太史公于《外戚世家》称："故《易》基乾坤，《诗》始《关雎》，《书》美厘降，《春秋》讥不亲迎。"按：《春秋》讥不亲迎出自《春秋经》隐公二年"九月纪履纶（《左氏》作'裂繻'）来逆女"之《公羊传》文："外逆女不书，此何以书？讥。何讥尔？讥始不亲迎也。"《左氏》无讥亲迎文字，仅作"卿为君逆也"。

《匈奴列传》载武帝下诏："高皇帝遗朕平城之忧，高后时单于书绝悖逆。昔齐襄公复九世之仇，《春秋》大之。"按，《春秋经》庄公四年"（夏）纪侯大去其国"，《公羊传》云："何贤乎襄公？复仇也。何仇尔？远祖也……远祖者，几世乎？九世矣。九世犹可以复仇乎？虽百世可也。"只有《公羊传》记大复仇之义。

《淮南衡山传》载胶西王讥淮南王安之罪时，言"《春秋》曰：'臣无将，将而诛。'安罪重于将，谋反形已定。""将而诛"之语出自《公羊》，《左氏》《穀梁》无有。《考证》引苏舆云："此《春秋》义说也。《公羊》庄三十一年、昭元年传并云'君亲无将,将而诛焉',义同而文小异。"《刘敬叔孙通列传》载陈胜起事后二世召问博士诸生,"博士诸生三十余人前曰:人臣无将,将即反,罪死无赦。"此亦公羊《春秋》义在战国秦时流传之一证。《春秋》所重在"义"。《滑稽列传》引孔子曰:"《春秋》以道义。"《十二诸侯年表序》称"上大夫董仲舒推《春秋》义",《儒林列传》记江公为《穀梁春秋》,公孙弘"尝集比其义,卒用董仲舒",《平准书》载"公孙弘以《春秋》之义绳臣下取汉相",《儒林列传》又记仲舒弟子吕步舒持节使决淮南狱,"于诸侯擅专断,不报,以《春秋》之义正之"。诸文所言、所重的都是《春秋》之"义",而非"事";而其义皆取自《公羊》也。

(六)彻底研究的做法

彻底的研究与论证应是,将《史记》中所有记述春秋时代的文字取与《春秋经》及"三传"比对,然后观其在史料及义理上的取舍。事实上,此一工作已由张添丁做过(详见本文第五节"'失其真'与《左氏春秋》"),而其结论正好不谋而合,证明吾人上述的观点,即《史记》义主《公羊》,太史公所欲继的《春秋》是《公羊春秋》。请看下文第五节第三项之论述。

五、"失其真"与《左氏春秋》

上文虽已论证太史公所认知与所欲继之《春秋》应为公羊《春秋》,但学者恐仍不免疑惑,并引据《史记·十二诸侯年表序》之文,断《左氏春秋》方为不"失其真"。《十二诸侯年表序》云:

> 是以孔子明王道,干七十余君,莫能用,故西观周室,论史记旧闻,兴于鲁而次《春秋》,上记隐,下至哀之获麟,约其辞文,去其烦重,以制义法,王道备,人事浃。七十子之徒口受其传指,为有所刺讥褒讳挹损之文辞不可以书见也。鲁君子左丘明惧弟子人人异端,各安其意,失其真,故因孔子史记具论其语,成《左氏春秋》。

近儒刘师培(1884—1919年)即于《司马迁左氏义序》中引此文,并谓"是太史公以《左传》为《春秋》故传也",进而主张"太史公仅以《公羊》为《春秋》别派,不以《春秋》传《公羊》也","是太史公以仲舒述《春秋》,于义未尽,安得谓太史公说本仲舒?又安得谓太史公以《公羊》为《春秋》哉?"[31]按:刘氏虽引此文,却未加以分析,而直断"太史公以《左传》为《春秋》故传"。但此段文字若细加分析,便知正是太史公不以《左氏》为传《春秋》之铁证。

(一)左丘明非孔子弟子

左丘明非孔子弟子,故未从孔子受《春秋》,未"口受其传指",无师说口义,故《左氏》为不传《春秋》。何以知左丘明非孔子弟子?

《史记·仲尼弟子传》记孔子重要弟子七十七人,中无左丘明。七十七弟子中自子石(公孙龙)以上三十五人,"显有年名及受业闻见于书传",后四十二人为"无年及不见书传者"。"受业闻见于书传"者,中有子游、子夏而无左丘明。左丘明有名且贤,若果曾受业于孔子,《仲尼弟子传》中不应不记,且《孔子世家》中亦无踪影。

《儒林列传》记孔子卒后,七十子之徒散游诸侯,其中有子夏,亦无左丘明;其叙作《春秋》事,亦未提到左丘明;叙汉代传经诸儒,"言《春秋》,于齐自胡毋生;赵自董仲舒",而传《春秋》之胡毋生与董生均未言及左丘明。

太史公称"鲁君子"左丘明,即表明不以左丘明为孔子弟子。《史记》书中对孔子弟子从未有类似之称呼。皮锡瑞言:"太史公以丘明为鲁君子,别出于七十子之外,则左氏不在弟子之列,不传《春秋》可知。"③② 这是正确理解。《论语·公冶长》记孔子言:"左丘明耻之,丘亦耻之。"提及左丘明,不像是称颂弟子之语气。③③

退一步讲,若丘明为孔子弟子,则《十二诸侯年表序》这一段文字便讲不通。《史记》言弟子口受孔子《春秋》之传指,因理解记忆之不同而有出入,然皆自以为是。此即所谓"弟子人人异端,各安其意"。左丘明乃因惧"弟子人人异端,各安其意,失其真",故成《左氏春秋》。倘若丘明是孔子弟子,亲受《春秋》传指,则他本人就是"人人异端,各安其意"的弟子,是纷争的当事人之一,他如何能跳脱出来裁断是非,并自谓不"失其真"?试问,其他人人异端的弟子谁肯承认自己"失其真"?孰不认为他人"各安其意,失其真"?

(二)此"真"应作"本事"解

"失其真"之"真"应作"本事"解,左丘明是因"孔子史记"成《左氏春秋》,而非因"孔子《春秋》"成《左氏春秋》。

依据前文第三节"太史公所认知的《春秋》"之分析,孔子作《春秋》不是修史,是借事明义,重义不重事,而义在口授。然而弟子对口说之微言大义,在知解记诵上,不能无详略精粗之差异,故师授虽一,领受则不齐,而皆自以为是孔子原意。口义不一,各自为是,孰能定之?此是一忧。另一方面,《春秋》既重义不重事,故史事只讲个大概,因为是借事明义、假事示法,故史事有时又不必求真、求备。③④ 如此则连春秋之历史亦不能讲清楚,此又是一忧。长此以往，恐有两头落空之虞；左丘明乃因此而惧，故作《左氏春秋》，欲以保存春秋时代之历史，亦即保存孔子作《春秋》时所据以评论或假托明义示法的历史事实。故惧"失其真"的"真"，是指"本事"，而非孔子口说《春秋》之"本义"或"真义"。"真"若解为"本义"或"真义"，则左氏须为孔子口受《春秋》之弟子，此无根据，不符事实，已如上述。《左》记事详赡，远胜《公》《穀》，但无口义师说。既无口义师说，又如何能定口义纷争之真呢？

按上下文义，"真"字应作"本事（史实）"解，这并非个人私见，而是汉代学者的正确理解。《汉书·司马迁传·赞》云："及孔子因鲁史记而作《春秋》，而左丘明论辑其本事以为之传。"《汉书·艺文志·六艺略·春秋类》下亦言："（孔子）以鲁周公之国，礼文备物，史官有法，故与左丘明观其史记，据行事，仍人道，因兴以立功，就败以成罚，假日月以定历数，藉朝聘以正礼乐。有所褒讳贬损，不可书见，口授弟子，弟子退而异言。丘明恐弟子各安其意，以失其真，故论本事而作传，明夫子不以空言说经也。"班固（及刘向）在这两段文字中都明白将"真"字解为"本事"，亦即史实或历史记录。此一正确解释，治古文者虽未必都真正理解其意义，但至少亦未对之提出异议。而此一正确解释，又正好与本文前述左丘明"因孔子史记"而成《左氏春秋》之论点印证相合。

况且，左丘明是"因孔子史记"而非"因孔子《春秋》"，具论其语，成《左氏春秋》。太史公明载孔子"论史记旧闻而次《春秋》"，与《孔子世家》《儒林传》所记"因史记作《春秋》"相合。史记是史官之所记之"百国春秋（含《鲁春秋》）"。换言之，左丘明所成之《左氏春秋》与孔子所作（孔修）之《春秋》，其所根据的是同一批历史材料，但孔子《春秋》重义（后人称为经义），而《左氏春秋》则述事。左氏不是因孔子《春秋》而成《左氏春秋》，如何能说是传孔子《春秋》之口义？又如何能定人人异端之真？又何以能以《左氏春秋》之名传孔子之《春秋》？（《史记》无《公羊春秋》之名，只称董生"其传公羊氏也"。《公羊春秋》与《穀梁春秋》俱系后起之名，乃合经传而言，《左氏春秋》则是成书之名称，倘若孔子《春秋经》失传，《左氏春秋》一书亦可单独存在。）此义非我独见，至迟民国学者王树荣早已指出："惟太史公不曰'因孔子《春秋》'而曰'因孔子史记'，则其所因者乃历国之史，而非《春秋》之经；不曰成《左氏传》，而曰成《左氏春秋》，则其所成者乃记事之史，而非传经之传。"[35]

根据上文的分析，《春秋》之义在于师说口传，故口说、口义之有无是辨别是否传承《春秋》的最佳判准。而据《十二诸侯年表序》此段文字，左丘明写《左氏春秋》所根据的史料，跟孔子作《春秋》所根据的材料（史记）是一样的，其目的是保存春秋的史实（本事），而非记录《春秋》的口义。故这段文字实是《左氏》不传孔子《春秋》的铁证。但古文家看不明白，反而据以证明《左氏》是《春秋》的故传（亦即正传），《左氏》才得孔子《春秋》微言大义的"真"传。今文学者亦未看明白，但都反对，而有的反对方式却不出于真解正途。例如崔适研究《史记》，谓《史记》本属今文经学，但由于刘歆窜乱，乃杂有古文说，他看《史记》满目生疑，遂断《十二诸侯年表序》"自'鲁君子左丘明'以下一百二十六字，皆为刘歆之学者所窜入，今删。"[36]大笔一挥，便自以为将此问题解决了，实则主观武断，鲁莽灭裂，硬生生地将一段对今文家最有利的真实材料，一份足以证明《左氏》不传《春秋》的铁证，白白地送给古文家，并武断为刘歆的伪窜，遂使一段细读便能清楚明白的叙述文字，经由各自门户立场的解读折射，变成一桩纷争困扰的糊涂公案。

本节论《左氏》只传《春秋》之"本事"，而不传《春秋》之口义，目的不在重提今古之争，再现门户成见，而是就事论事，就太史公文字言太史公之认知。事实上，依吾人对《史记》这一段文字的理解，不但未降低《左氏》，反而提高其地位。因为《左氏》保存《春秋》之本事，虽非孔子作《春秋》之目的，但亦有助于对于《春秋》口义产生背景之理解，二者可以平行并尊，是平辈关系；而《公》《榖》虽有师说口传，传《春秋》口义，但二者是上下传承关系，《公》《榖》是晚辈。只是，《公》《榖》虽是晚辈，却不能否定或贬低其传承自家学问之事实与价值。《左传》本名《左氏春秋》，可与孔子《春秋》平行并尊，相辅相成，改称《左氏传》，并非尊崇之道。称《春秋左氏传》始于《汉书·艺文志》，而本于向、歆，是后起之说也。但若学者坚持将传做宽松解释，如清人陈澧（1810—1882年）所言"《左传》依经而述其事，何不可谓之传！"[37]以及黄彰健先生所说"他（《左传》）的体裁，遂与《公》《榖》不同。我们不能拘泥《公》《榖》，而认为只有《公》《榖》才是《春秋经》的传"[38]的讲法，喜将《左氏》称为或视为"传"，则亦无不可；但论实不论名，必须加注说明或将之理解为乃传《春秋》本事（史实）之传，而非传微言大义（口说）之传。如此还原归真，各就其位，相信为《公》《榖》之学者是不会有异议，且会举双手赞成的。

（三）太史公亦称《左氏》为《春秋》，但其引文皆属史事史实

太史公亦称《左氏》为《春秋》，但其引文皆属史事史实。书名之《春秋》原有多义，观其实际内容，固可等同《公羊》，但亦指称《左氏》。《五帝本纪》载太史公曰："予观《春秋》《国语》，其发明《五帝德》《帝系姓》章矣，顾弟弗深考，其所表见皆不虚。"《十二诸侯年表》亦载太史公曰："于是谱十二诸侯，自共和讫孔子，表见《春秋》《国语》学者所讥盛衰大指著于篇。"此二处《春秋》系指《左氏》

言。《吴世家》太史公曰："余读《春秋》古文，乃知中国之虞与荆蛮句吴兄弟也"；《黥布列传》太史公曰："英布者，其先岂《春秋》所见楚灭英、六，皋陶之后哉？"此皆指《左氏》而言，但皆记事述史。唯一有异者，《历书》记载："幽厉之后，周室衰微，陪臣执政，史不记时，君不告朔。故畴人子弟分散，或在诸夏，或在夷狄，是以其机祥废而不统。周襄王二十六年闰三月，而《春秋》非之。"按，周襄王二十六年为鲁文公元年，《春秋经》并不记闰三月之事，三传中唯有《左氏》于经文"二月癸亥日有食之。天王使叔服来会葬"条下有"于是闰三月，非礼也"之文字，故知"《春秋》非之"之《春秋》乃指《左氏》而言。鲁文公元年闰三月，不合古代礼制。杜预注："于历法，闰当在僖公末年，误于今年三月置闰。""非礼"是从礼制旧统的观点做批评，与《春秋》经义无关，故《史记》称"非之"而不称"讥之"；《史记》中凡取《春秋》经义作评者只称"讥"而不作"非"（电脑检索可证）。由此可知，《史记》中的"春秋"一词，虽有时亦指谓《左氏春秋》，但皆取其史料，与经义无关。

（四）《史记》义取《公羊》，史采《左氏》

《史记》引用《左氏春秋》之实况——采用《左氏》之史料、史说，而鲜见采撷《春秋》义例。如上所述，《左氏》既为保存《春秋》的"本事（史实）"而作，则依理推之，《史记》述春秋史事，理应大量采用《左氏》；《左氏》既不传孔子《春秋》之义，则《史记》中的《春秋》义理，理应取自《公》《穀》而非《左氏》。但这不能仅凭推理来论定，而必须返回《史记》本书去验证。当然，《左氏》学者大概不会愿意相信、承认《史记》中的《春秋》义理，不取《左氏》。近儒刘师培，世传左氏学，撰有《司马迁左氏义》，观其书名便知其主张，但此书未成，仅存序例。1962年，刘正浩乃依其说而撰《太史公左氏春秋义述》。此书作法,"据《史记·十二诸侯年表》,上起隐公,下讫哀公十八年,按鲁之十二公,厘为十二卷。每卷首参《史》传,制成年表,俾考订年次,有所皈依;再则比丽二书文辞,析为若干条,经史交辉,精义于是乎具备;更就力之所逮,采撷众说,附赘按语。"㊴全书共二十余万言,卷帙可观。但一则单据《左氏》,不与《史记》中之《公》《穀》文字合参,难见全貌;二则所谓"义述"者,观其所述,几乎全属音义训诂、史实考证,后儒论辩之文字,实不见或罕见"义"在何处。全书只是逐年排比材料,后加按语,未见通论太史公所取之"《左氏春秋》"义"为何?若径以此为太史公所取于《左氏》之"义"以及左氏所解《春秋经》之"义",则恐怕吾人不免要怀疑、看轻太史公以及《左氏》,甚至孔子及其《春秋》了。

继刘正浩之后,张添丁于1985年撰成博士论文《司马迁春秋学》㊵(以下简称"张文")。作者详细研究《史记》引用三传之文字,并取与三传原文做比较、归类、分析。在分析时常使用"史料""史说""义例"三个名词加以区别。"史料"是指叙述历史事迹所依据之原始资料;"史说"是指对历史事迹的始末因果所作之解说;"义例"则为与义理、书法有关者。如《史记·十二诸侯年表》鲁表于襄公十二年(公元前561年)书"公如晋",《鲁周公世家》又书"(襄公)十二年,朝晋"。其中,"公如晋"乃本《左氏》以及《春秋经》文,"朝晋"则是据《左氏》是年所载"公如晋,朝且拜士匄之辱,礼也"所做之解说;"礼"与"非礼"与义例有关(有旧史之义例,与《春秋》之义例),但《史记》并不采用。作者以此分析《史记》引用三传之各种情况,逐条讨论,节目详密,全文逾四十万言,例证俱全。为省篇幅,本文不能也不必举例说明,仅节录其重要见解如下:

其一,《史记》所述春秋事迹,多取《春秋》经传(《春秋经》

及三传）所载，"太史公于《春秋》三传之史料，皆有所采录"，其"源自《左传》者十之八九，或转录之，或简述之，或衍补之，或删易之（见张文之第三章第一节）；而《公羊传》之史料虽少，然太史公亦未尝全弃而不用；《穀梁传》文字见于《史记》者，多与《公》《穀》二传相雷同。"（张文，第421页）

其二，"太史公采《左传》之说《春秋》者，惟在析解《春秋》事迹之始末及其事端之缘由。"（张文，第427页）张文历举诸例证明："凡此《左传》所析者，皆春秋攻伐战役之事端，非《春秋》之经义微言之所系者也，而太史公采其史说以为文"，"凡此《左传》所明者，皆春秋事迹之载文误漏之缘由，非《春秋》义理、书法之大则也，而太史公亦采其说以为文"。又或"说事之缘起，并非《春秋》义理也"，"就春秋史事之源起以为说而无关《春秋》义理也"。"若夫物态之析解（按，指"星霣如雨""六鹢退飞"之属），皆就事而论其原委，非关《春秋》义理及书法大义之辨也。"最后说："盖太史公以史书视《左传》，故载春秋之事，于析解其因果始末之关系，太史公均录《在传》之史说以为文也。"（张文，第427—428页）

其三，"《史记》所载，未见《左传》义例之文字"（张文，序，第1页），太史公"盖以《左传》为保存春秋史实之'真'也，故《史记》采录于《左传》者，惟史料与史说耳（见张文，第三章）。至若《左传》所载解经之义例，则《史记》固未尝稍见载及也。"（张文，第428页）"甚者，《左传》有义理、史说并见，然太史公仅录其史说而不采其义例者。"（张文，第429页）

其四，《张文》的结论是："《史记》一书之于《春秋》经传，乃经与史并重，事与理兼顾，义取《公羊》，史采《左氏》也。"（见张文，《自序》）

《史记》与三传的关系，原是本文应做的基础研究，但张文已经做了，而且相当彻底。本文得以直接引用，省却许多气力，应表衷心感谢。张文的结论，《史记》"义取《公羊》，史采《左氏》"，并不新鲜，中外都有学者说过，[41]学界也有不同意见。但一则张文作者并非公羊学派，不易如刘逢禄般被视为门派之争或门户之见；二则张文是迄今为止，《史记》引用三传情况之最精细而完整的研究（全书逾四十万言），故应另眼相看。张文的彻底研究正好印证吾人上文之见解，可见学术研究自有其客观性。张文并非全无短处，[42]但其结论终不可移。此文似未见称引，[43]愿研究《春秋》与《史记》之学者能予披读并加复检，便知本文所引所论之真假是非也。

六、结　语

本文系就《史记》中的记述论太史公所认知的孔子与《春秋》。从孔子在《史记》中的出现次数、分布情况、引述类别以及人物评析，可见太史公对孔子的重视与眷念，实超过任何其他历史人物。太史公明白记述孔子作《春秋》，作《春秋》不是为修史，而是"以制义法""当一王之法"；从作《春秋》的背景、动机、目的、方法、特色，可以推断《春秋》一书的性质——《春秋》是孔子明志、传道、立法之书，似史而实为经；《春秋》借事明义、假事示法，而义在口受。《公》《穀》传义，《左氏》传事，《史记》之于三传实为"义主《公羊》，事采《左氏》"，故《史记》所言与所欲继之《春秋》应为《公羊春秋》，这是确乎无可疑的。

以上结论系经由彻底研究、详密论证而来，并非要张大门户之见或重启门户之争。《左氏》之于《春秋》是平辈朋友关系，《公》《穀》

之于《春秋》是晚辈师徒关系，本文仍意在尊《左氏》。虽尊《左氏》，但《左氏》只传《春秋》之"本事"，而不传《春秋》之口义，口义流传主要在《公》《穀》（还有邹、夹），而太史公所言《春秋》之义则取自《公羊》。此系就事论事，各归其位，此一基本问题必须要弄清楚，不是要故意贬低《左氏》。自刘文淇倡议为《十三经》作新疏以来，刘氏世传《左氏》之学，四世一经（刘文淇、刘毓崧、刘寿曾、刘师培），迄未成书（《春秋左氏传旧注疏证》非完书），且闻于今七世矣，能不为之动容起敬？然而若据《史记》之言与太史公之认知，刘师培以《左氏春秋》为"《春秋》故传"（以广义言，此尚无不可），且以《公羊》为"《春秋》别派"（此则大误），此一基本认识恐怕是错误的。甚矣！学术之难也。

本文既已证明太史公所认知与所欲继之《春秋》为《公羊春秋》，则下篇《〈史记〉如何继〈春秋〉》，将直接就公羊学之思想义理来阐述此一问题，而不再随处为公羊之说作考证、辩解。读者幸无以门户之见、邪淫之说视之。鄙意，门户之见固不可有，然而学术确是有门有户、千门万户的。吾但愿得窥门径，进而登堂入室，不愿长作门外汉。外而能内，入而能出，私心慕之。

附表一："《史记》中的孔子"资料一览表

序号	史　文	篇　卷/页
001	太史公曰：……孔子所传宰予问五帝德及帝系姓，儒者或不传。	《五帝本纪》1/46
002	太史公曰：……孔子正夏时，学者多传夏小正云。	《夏本纪》2/89
003	太史公曰：……孔子曰，殷路车为善，而色尚白。	《殷本纪》3/109
004	四十一年，楚灭陈。孔子卒。	《周本纪》4/157
005	惠公元年，孔子行鲁相事。	《秦本纪》5/198

续表

序号	史　文	篇　卷/页
006	秦悼公立十四年卒，子厉共公立。孔子以悼公十二年卒。	《秦本纪》5/198
007	始皇长子扶苏谏曰："天下初定，远方黔首未集，诸生皆诵法孔子，今上皆重法绳之，臣恐天下不安。唯上察之。"	《始皇本纪》6/258
008	陈涉……非有仲尼、墨翟之贤……	《始皇本纪》6/281
009	太史公曰：孔子言："必世然后仁。善人之治国百年，亦可以胜残去杀。"诚哉是言！	《孝文本纪》10/437
010	余读谍记，黄帝以来皆有年数。稽其历谱谍终始五德之传，古文咸不同，乖异。夫子之弗论次其年月，岂虚哉！于是以五帝系谍、尚书集世，纪黄帝以来讫共和为《世表》。	《三代世表》13/488
011	太史公曰：……孔子因史文次《春秋》，纪元年，正时日月，盖其详哉。至于序尚书，则略无年月；或颇有，然多阙，不可录。故疑则传疑，盖其慎也。	《三代世表》13/487
012	太史公读《春秋历谱谍》……是以孔子明王道，干七十余君，莫能用，故西观周室，论史记旧闻，兴于鲁而次《春秋》，上记隐，下至哀之获麟。约其辞文，去其烦重，以制义法，王道备，人事浃。七十子之徒口受其传指，为有所刺讥褒讳挹损之文辞不可以书见也。鲁君子左丘明惧弟子人人异端，各安其意，失其真，故因孔子史记具论其语，成《左氏春秋》。	《十二诸侯年表》14/509
013	太史公曰：……于是谱十二诸侯，自共和讫孔子，表见《春秋》《国语》学者所讥盛衰大指著于篇，为成学治古文者要删焉。	《十二诸侯年表》14/511
014	孔子生。(鲁)	《十二诸侯年表》14/640

续表

序号	史 文	篇 卷/页
015	孔子相。齐归我地。(鲁)	《十二诸侯年表》14/668
016	齐来归女乐,季桓子受之,孔子行。(鲁)	《十二诸侯年表》14/669
017	孔子来,禄之如鲁。(卫)	《十二诸侯年表》14/670
018	孔子来。(陈)	《十二诸侯年表》14/670
019	孔子过宋,桓魋恶之。(宋)	《十二诸侯年表》14/673
020	孔子自陈来。(卫)	《十二诸侯年表》14/676
021	齐伐我。冉有言,故迎孔子,孔子归。(鲁)	《十二诸侯年表》14/677
022	孔子归鲁。(卫)	《十二诸侯年表》14/677
023	孔子卒。(鲁)	《十二诸侯年表》14/681
024	仲尼曰:"禘自既灌而往者,吾不欲观之矣。"	《礼书》23/1158
025 026 027	自子夏,门人之高弟也,犹云"出见纷华盛丽而说,入闻夫子之道而乐,二者心战,未能自决",而况中庸以下,渐渍于失教,被服于成俗乎?孔子曰"必也正名",于卫所居不合。仲尼没后,受业之徒沉湮而不举,或适齐、楚,或入河、海,岂不痛哉!	《礼书》23/1159
028	故圣人一之于礼义,则两得之矣;一之于情性,则两失之矣。故儒者将使人两得之者也,墨者将使人两失之者也。是儒墨之分。	《礼书》23/1163

续表

序号	史　文	篇　卷/页
029	自仲尼不能与齐优遂容于鲁，虽退正乐以诱世，作五章以刺时，犹莫之化。	《乐书》24/1176
030	故圣人曰"礼云乐云"。	《乐书》24/1196
031	宾牟贾侍坐于孔子，孔子与之言，及乐，曰："夫武之备戒之已久，何也？"	《乐书》24/1226
032	子曰："若非武音，则何音也？"	《乐书》24/1228
033	子曰："唯丘之闻诸苌弘，亦若吾子之言是也。"	《乐书》24/1228
034	子曰："居，吾语汝。夫乐者，象成者也……"	《乐书》24/1229
035	太史公曰：……孔子所称有德君子者邪！	《律书》25/1243
036	是以孔子论六经，纪异而说不书。至天道命，不传；传其人，不待告；告非其人，虽言不著。	《天官书》27/1343
037 038	其后百有余年，而孔子论述六艺，传略言易姓而王，封泰山禅乎梁父者七十余王矣……或问禘之说，孔子曰："不知。知禘之说，其于天下也视其掌。"……及后陪臣执政，季氏旅于泰山，仲尼讥之。	《封禅书》28/1363
039	十五年，孔子相鲁。	《吴太伯世家》31/1467
040	太史公曰：孔子言："太伯可谓至德矣！三以天下让，民无得而称焉。"	《吴太伯世家》31/1475
041 042	四十八年，与鲁定公好会夹谷。犁鉏曰："孔丘知礼而怯……"景公害孔丘相鲁，惧其霸，故从犁鉏之计。方会，进莱乐，孔子历阶上，使有司执莱人斩之，以礼让景公。景公惭，乃归鲁侵地以谢，而罢去。	《齐太公世家》32/1505
043	二十二年，孔丘生。	《鲁周公世家》33/1538

续表

序号	史 文	篇 卷/页
044	十年,定公与齐景公会于夹谷,孔子行相事。齐欲袭鲁君,孔子以礼历阶,诛齐淫乐,齐侯惧,乃止,归鲁侵地而谢过。十二年……季桓子受齐女乐,孔子去。	《鲁周公世家》 33/1544
045	季氏用冉有,有功,思孔子,孔子自卫归鲁。	《鲁周公世家》 33/1545
046	十四年,齐田常弑其君简公于徐州。孔子请伐之,哀公不听。十五年,使子服景伯、子贡为介,适齐,齐归我侵地。	《鲁周公世家》 33/1545
047	十六年,孔子卒。	《鲁周公世家》 33/1545
048	太史公曰:余闻孔子称曰:"甚矣,鲁道之衰也!洙泗之间龂龂如也。"	《鲁周公世家》 33/1548
049	十四年,孔子卒。	《燕召公世家》 34/1553
050	二十六年,孔子如蔡。	《管蔡世家》 35/1569
051	孔子读史记至楚复陈,曰:"贤哉楚庄王!轻千乘之国而重一言。"	《陈杞世家》 36/1580
052	愍公六年,孔子适陈。……是年,楚昭王卒于城父。时孔子在陈。	《陈杞世家》 36/1583
053	是岁,孔子卒。	《陈杞世家》 36/1583
054	三十八年,孔子来,禄之如鲁。后有隙,孔子去。后复来。	《卫康叔世家》 37/1598
055 056	(卫出公八年)孔子自陈入卫。九年,孔文子问兵于仲尼,仲尼不对。其后鲁迎仲尼,仲尼反鲁。	《卫康叔世家》 37/1599
057	子路曰:"君子死,冠不免。"结缨而死。孔子闻卫乱,曰:"嗟乎!柴也其来乎?由也其死矣。"	《卫康叔世家》 37/1601

续表

序号	史 文	篇 卷/页
058	二年，鲁孔丘卒。	《卫康叔世家》37/1602
059	（景公）二十五年，孔子过宋，宋司马桓魋恶之，欲杀孔子，孔子微服去。	《宋微子世家》38/1630
060	太史公曰：孔子称："微子去之，箕子为之奴，比干谏而死，殷有三仁焉。"《春秋》讥宋之乱自宣公废太子而立弟，国以不宁者十世。襄公之时，修行仁义，欲为盟主。其大夫正考父美之，故追道契、汤、高宗，殷所以兴，作《商颂》。襄公既败于泓，而君子或以为多，伤中国阙礼义，褒之也，宋襄之有礼让也。	《宋世家》38/1633
061	孔子读史记至文公，曰"诸侯无召王""王狩河阳"者，《春秋》讳之也。	《晋世家》39/1668
062	孔子闻之，曰："董狐，古之良史也，书法不隐。宣子，良大夫也，为法受恶。惜也，出疆乃免。"	《晋世家》39/1675
063	十二年，孔子相鲁。	《晋世家》39/1685
064	三十三年，孔子卒。	《晋世家》39/1685
065	十六年，孔子相鲁。	《楚世家》40/1717
066	孔子在陈，闻是言，曰："楚昭王通大道矣。其不失国，宜哉！"	《楚世家》40/1717
067	孔子尝过郑，与子产如兄弟云。及闻子产死，孔子为泣曰："古之遗爱也！"	《郑世家》42/1775
068	二十二年，楚惠王灭陈。孔子卒。	《郑世家》42/1775
069	孔子闻赵简子不请晋君而执邯郸午，保晋阳，故书《春秋》曰"赵鞅以晋阳畔"。	《赵世家》43/1791
070	其后十四岁而孔子相鲁。	《魏世家》44/1837

续表

序号	史 文	篇 卷/页
071	太史公曰:盖孔子晚而喜《易》。《易》之为术,幽明远矣,非通人达才孰能注意焉!	《田敬仲完世家》 46/1903
072	(略,以一条计算)	《孔子世家》 47/1905-1948
073	然而陈涉……非有仲尼、墨翟之贤……	《陈涉世家》 48/1964
074	孔子罕称命,盖难言之也。非通幽明之变,恶能识乎性命哉?	《外戚世家》 49/1967
075	太史公曰:……盖孔子曰:"以貌取人,失之子羽。"留侯亦云。	《留侯世家》 55/2049
076	太史公曰:……孔子序列古之仁圣贤人,如吴太伯、伯夷之伦详矣。余以所闻由、光义至高,其文辞不少概见,何哉?	《伯夷列传》 61/2121
077	孔子曰:"伯夷、叔齐,不念旧恶,怨是用希。""求仁得仁,又何怨乎?"	《伯夷列传》 61/2122
078	且七十子之徒,仲尼独荐颜渊为好学。然回也屡空,糟糠不厌,而卒蚤夭。天之报施善人,其何如哉?	《伯夷列传》 61/2124
079	子曰:"道不同不相为谋。"亦各从其志也。故曰:"富贵如可求,虽执鞭之士,吾亦为之。如不可求,从吾所好。""岁寒,然后知松柏之后凋。"	《伯夷列传》 61/2126
080	伯夷、叔齐虽贤,得夫子而名益彰。颜渊虽笃学,附骥尾而行益显。	《伯夷列传》 61/2127
081	管仲,世所谓贤臣,然孔子小之。岂以为周道衰微,桓公既贤,而不勉之至王,乃称霸哉?	《管晏列传》 62/2136

续表

序号	史 文	篇 卷/页
082	孔子适周，将问礼于老子。老子曰："子所言者，其人与骨皆已朽矣，独其言在耳。且君子得其时则驾，不得其时则蓬累而行……"孔子去，谓弟子曰："鸟，吾知其能飞；鱼，吾知其能游；兽，吾知其能走。走者可以为罔，游者可以为纶，飞者可以为矰。至于龙，吾不能知，其乘风云而上天。吾今日见老子，其犹龙邪！"	《老子韩非列传》63/2140
083	或曰：老莱子亦楚人也，著书十五篇，言道家之用，与孔子同时云。	《老子韩非列传》63/2141
084	自孔子死之后百二十九年，而史记周太史儋见秦献公……	《老子韩非列传》63/2142
085	庄子者，蒙人也……以诋訾孔子之徒，以明老子之术。	《老子韩非列传》63/2144
086	其后四年，孔子相鲁。	《伍子胥传》66/2178
087	（略，以一条计算）	《仲尼弟子传》67/2185—2221
088	赵良曰："仆弗敢愿也。孔丘有言曰：'推贤而戴者进，聚不肖而王者退。'仆不肖，故不敢受命……"	《商君列传》68/2233
089	甘罗曰："大项橐生七岁为孔子师。今臣生十二岁于兹矣，君其试臣，何遽叱乎？"	《樗里子甘茂列传》71/2319
090	退而与万章之徒序《诗》《书》，述仲尼之意，作《孟子》七篇。	《孟子荀子列传》74/2343
091 092	其游诸侯见尊礼如此，岂与仲尼菜色陈蔡，孟轲困于齐梁同乎哉！……灵公问陈，而孔子不答。	《孟子荀子列传》74/2345
093	盖墨翟，宋之大夫，善守御，为节用。或曰并孔子时，或曰在其后。	《孟子荀子列传》74/2350

论《史记》中的孔子与《春秋》 | 481

续表

序号	史 文	篇 卷/页
094	其母曰:"孔子,贤人也,逐于鲁,而是人不随也……"	《平原君虞卿列传》76/2373
095	蔡泽曰:"……夫待死而后可以立忠成名,是微子不足仁,孔子不足圣,管仲不足大也。夫人之立功,岂不期于成全邪?……"	《范雎蔡泽列传》79/2421
096	蔡泽曰:"……进退盈缩,与时变化,圣人之常道也。故'国有道则仕,国无道则隐'。圣人曰'飞龙在天,利见大人''不义而富且贵,于我如浮云'……"	《范雎蔡泽列传》79/2422
097	昔者鲁听季孙之说而逐孔子,宋信子罕之计而囚墨翟。夫以孔、墨之辩,不能自免于谗谀,而二国以危。何则?众口铄金,积毁销骨也。	《鲁仲连邹阳列传》83/2473
098	太史公曰:……孔子之所谓"闻"者,其吕子乎?	《吕不韦传》85/2514
099	(赵)高曰:"……卫君杀其父,而卫国载其德,孔子著之,不为不孝……"	《李斯列传》87/2549
100	太史公曰:仲尼有言曰"君子欲讷于言而敏于行",其万石、建陵、张叔之谓邪?	《万石张叔列传》103/2773
101	太史公曰:孔子称曰"居是国必闻其政",田叔之谓乎!义不忘贤,明主之美以救过。仁与余善,余故并论之。	《田叔列传》104/2779
102	太史公曰:孔氏著《春秋》,隐、桓之间则章,至定、哀之际则微,为其切当世之文而罔褒,忌讳之辞也。世俗之言匈奴者,患其徼一时之权,而务谄纳其说,以便偏指,不参彼己;将率席中国广大,气奋,人主因以决策,是以建功不深。尧虽贤,兴事业不成,得禹而九州宁。且欲兴圣统,唯在择任将相哉!唯在择任将相哉!	《匈奴列传》110/2919

续表

序号	史　文	篇　卷/页
103 104	太史公曰：……故孔子闵王路废而邪道兴，于是论次《诗》《书》，修起《礼》《乐》。适齐闻韶，三月不知肉味。自卫返鲁，然后乐正，雅颂各得其所。世以混浊莫能用，是以仲尼干七十余君无所过，曰："苟有用我者，期月而已矣。"西狩获麟，曰："吾道穷矣。"故因史记作《春秋》，以当王法，其辞微而指博，后世学者多录焉。	《儒林列传》 121/3115
105 106	自孔子卒后，七十子之徒散游诸侯，大者为师傅、卿相，小者友教士大夫，或隐而不见……于成、宣之际，孟子、荀卿之列，咸遵夫子之业而润色之，以学显于当世。	《儒林列传》 121/3116
107	陈涉之王也，而鲁诸儒持孔氏之礼器往归陈王……而缙绅先生之徒负孔子礼器往委质为臣者，何也？以秦焚其业，积怨而发愤于陈王也。	《儒林列传》 121/3116
108 109	及高皇帝诛项籍，举兵围鲁，鲁中诸儒尚讲诵习礼乐，弦歌之音不绝。岂非圣人之遗化，好礼乐之国哉？故孔子在陈，曰："归与归与！吾党之小子狂简，斐然成章，不知所以裁之。"	《儒林列传》 121/3117
100	礼固自孔子时而其经不具，及至秦焚书，书散亡益多，于今独有《士礼》，高堂生能言之。	《儒林列传》 121/3126
111	自鲁商瞿受《易》孔子；孔子卒，商瞿传《易》；六世至齐人田何（字子庄），而汉兴。	《儒林列传》 121/3127
112	孔子曰："导之以政，齐之以刑，民免而无耻。导之以德，齐之以礼，有耻且格。"老氏称："上德不德，是以有德；下德不失德，是以无德。法令滋章，盗贼多有。"太史公曰：信哉是言也！	《酷吏列传》 122/3131
113	太史公曰：……仲尼畏匡，菜色陈、蔡。	《游侠列传》 124/3182

论《史记》中的孔子与《春秋》｜483

续表

序号	史文	篇 卷/页
114	孔子曰："六艺于治一也。《礼》以节人，《乐》以发和，《书》以道事，《诗》以达意，《易》以神化，《春秋》以义。"太史公曰：天道恢恢，岂不大哉！谈言微中，亦可以解纷。	《滑稽列传》 126/3197
115	孔子闻之曰："神龟知吉凶，而骨直空枯。日为德而君于天下，辱于三足之乌。月为刑而相佐，见食于虾蟆。猬辱于鹊，腾蛇之神而殆于即且。竹外有节理，中直空虚；松柏为百木长，而守门闾。日辰不全，故有孤虚。黄金有疵，白玉有瑕。事有所疾，亦有所徐。物有所拘，亦有所据。罔有所数，亦有所疏。人有所贵，亦有所不如。何可而适乎？物安可全乎？天尚不全，故世为屋，不成三瓦而陈之，以应之天。天下有阶，物不全乃生也。"	《龟策列传》 128/3237
116 117	子赣既学于仲尼，退而仕于卫，废著鬻财于曹、鲁之间，七十子之徒，赐最为饶益。原宪不厌糟糠，匿于穷巷。子贡结驷连骑，束帛之币以聘享诸侯，所至，国君无不分庭与之抗礼。夫使孔子名布扬于天下者，子贡先后之也。此所谓得势而益彰者乎？	《货殖列传》 129/3258
118	讲业齐、鲁之都，观孔子之遗风，乡射邹、峄；厄困鄱、薛、彭城，过梁、楚以归。	《太史公自序》 130/3293
119	太史公执迁手而泣曰："……幽厉之后，王道缺，礼乐衰，孔子修旧起废，论《诗》《书》，作《春秋》，则学者至今则之。自获麟以来四百有余岁，而诸侯相兼，史记放绝……"	《太史公自序》 130/3295

484 | 史记的读法

续表

序号	史　文	篇　卷/页
120	太史公曰："先人有言：'自周公卒五百岁而有孔子。孔子卒后至于今五百岁，有能绍明世，正《易传》，继《春秋》，本《诗》《书》《礼》《乐》之际？'意在斯乎！意在斯乎！小子何敢让焉。"	《太史公自序》130/3296
121 122	上大夫壶遂曰："昔孔子何为而作《春秋》哉？"太史公曰："余闻董生曰：'周道衰废，孔子为鲁司寇，诸侯害之，大夫壅之。孔子知言之不用，道之不行也，是非二百四十二年之中，以为天下仪表，贬天子，退诸侯，讨大夫，以达王事而已矣。'子曰：'我欲载之空言，不如见之于行事之深切著明也。'……"	《太史公自序》130/3297
123	壶遂曰："孔子之时，上无明君，下不得任用，故作《春秋》，垂空文以断礼义，当一王之法。今夫子上遇明天子，下得守职，万事既具，咸各序其宜，夫子所论，欲以何明？"	《太史公自序》130/3299
124	退而深惟曰："……孔子厄陈蔡，作《春秋》……"	《太史公自序》130/3300
125 126	周室既衰，诸侯恣行。仲尼悼礼废乐崩，追修经术，以达王道，匡乱世反之于正，见其文辞，为天下制仪法，垂六艺之统纪于后世。作《孔子世家》第十七。	《太史公自序》130/3310
127 128	孔氏述文，弟子兴业，咸为师傅，崇仁厉义。作《仲尼弟子列传》第七。	《太史公自序》130/3313
129	自孔子卒，京师莫崇庠序，唯建元、元狩之间，文辞粲如也。作《儒林列传》第六十一。	《太史公自序》130/3318

★本表据"中央研究院"《汉籍全文资料库·二十五史·史记》检索制作，页数依中华书局校点本（1982年版）。

★原载《台湾大学历史系学报》1999年6月第23期。

◎ 注释

① 施丁：《中国史学史》，见萧黎主编：《中国历史学四十年》，北京：书目文献出版社 1989 年版。

② 《五帝本纪·赞》。

③ 《太史公自序》。

④ 篇数统计，见吕世浩《从五体末篇看〈史记〉的特质——以〈平准〉〈三王〉〈今上〉三篇为主》，台湾大学历史学研究所硕士论文，1998 年。

⑤ 《论语·述而》。

⑥ 以上参见阮芝生：《货殖与礼义——〈史记·货殖列传〉析论》，附论一《评〈货殖列传〉》引"老子曰"为赞同说。《台湾大学历史系学报》，1996 年第 19 期。

⑦ 可参金德建：《司马迁所称"春秋"系指〈左传〉考》，见金氏著《司马迁所见书考》，上海：上海人民出版社 1962 年版，第 105—111 页。

⑧ 金德建：《论〈铎氏微〉〈虞氏春秋〉为纪事本末体裁》，见金氏著《司马迁所见书考》。

⑨ 金德建：《晏婴的年代和〈晏子春秋〉的产生时代》，见金氏著《司马迁所见书考》。

⑩ 可参金德建：《司马迁所称〈春秋〉亦指〈公羊传〉考》，见金氏著《司马迁所见书考》。

⑪ 戴晋新：《司马迁"继春秋"辨》，《爱辅仁历史学报》1993 年第 5 期，第 107—118 页。引文甚长，但分析简略，本文详略异此。

⑫ "以《春秋》为《春秋》"，语见《公羊传》闵公元年子女子曰。

⑬ 阮芝生：《从公羊学论〈春秋〉的性质》，《台大文史丛刊》1969 年第 28 期，第 37—55 页。

⑭ 《春秋繁露·俞序》云："苟能述《春秋》之法，致行其道，岂徒除祸哉！乃尧舜之德也。"是谓后世王者苟能"述《春秋》之法"，不是讲孔子"述《春秋》"。近人杨伯峻力主孔子"述"《春秋》，未曾"修""作"（见杨伯峻《春秋左传注·前

言》，北京：中华书局 1990 年版)；其说多破绽，可参考张以仁对杨说之检讨，见《孔子与〈春秋〉的关系问题商榷》。

⑮ 语见《十二诸侯年表序》及《儒林列传》。孔子"干七十余君"之说，前人多疑之，如《论衡·艺增》云："孔子所至，不能十国，言七十余国，非其实也。"此言亦非，陈奇猷云："孔子见国君若干，当难考定。然春秋之世，有祀之国，不下数百，其见于《春秋》经传者即有一百四十八国（详顾栋高《春秋大事表》六十五"春秋列国爵姓及存灭表"），则中原之地，小国栉比。而孔子足迹所及，北起齐鲁，南至荆楚，奔走中原者十有四载，岂止见十国八国之君？王充不明春秋情况，臆为之说，安可为据？其见七十、八十，自有可能，虽无信史可征，亦不得遽断为妄。至于七十或八十，出之传闻之异，盖亦不必深究矣。"（见陈奇猷《吕氏春秋校释·卷十四·遇合》，上海：学林出版社 1984 年版，第 818 页。）

⑯ 《论语·宪问》。

⑰ 《孔子世家》。

⑱ 《孟子·离娄下》。

⑲ 阮芝生：《从公羊学论〈春秋〉的性质》，《台大文史丛刊》1969 年第 28 期，第 37—55 页。

⑳ 语见《公羊传》隐公元年及哀公十四年疏。

㉑ 孔子成《春秋》后，后世仍多乱臣贼子，故学者每疑此言为虚。可参见皮锡瑞著：《论孔子成春秋不能使后世无乱臣贼子，而能使乱臣贼子不能无惧》（见《经学通论》四）；钱大昕《潜研堂文集》卷七"答问曰"亦有长文回答，结论谓："秦汉以后，乱贼不绝于史，由上之人无以《春秋》之义见诸行事故尔，故惟孟子能知《春秋》。"

㉒ "立一王之法"是旧名词，不易讨好，但实精确。欲深入理解，须明《公羊春秋》义，可参见阮芝生《从公羊学论〈春秋〉的性质》（《台大文史丛刊》1969 年第 28 期）。

㉓ 刘师培《左庵集·卷二·〈史记〉述〈左传〉考·自序》："是太史公仅以公羊为《春秋》别派，不以《春秋》即《公羊》。其曰'名为明于春秋'者，犹言世俗以为明《春秋》，疑盖之词溢于言表。《十二诸侯年表序》云：'士大夫

董仲舒推《春秋》义，颇著文焉。''颇'为稍略之词，是太史公以仲舒述《春秋》于义未尽，安得谓太史公说本仲舒？又安得谓太史公以《公羊》为《春秋》哉？"

㉔ 《汉书·儒林传》称胡毋生"治《公羊春秋》，为景帝博士，与董仲舒同业，仲舒著书称其德。"

㉕ 今本《公羊传》言孔子"为"《春秋》（哀公十四年传），"修"《春秋》（从庄七年传），"不修《春秋》"推知。晋杜预《春秋左氏经传集解序》曾设问："《春秋》之作，《左传》及《穀梁》无明文。"可见杜预所见《公羊传》古本当有"作"《春秋》之明文，而今本无之。唐孔颖达《正义》引东晋孔舒元《公羊传》本，《公羊传》于哀公十四年"有王者则至，无王者则不至"句下多二句："然则孰为而至？为孔子之作《春秋》"，并说"是有成文也。《左传》及《穀梁》则无明文。"孔舒元何人？据清人臧琳考证，孔衍，字舒元，晋人，孔子二十二世孙，曾为东晋广陵相，著有《公羊传集解》，《隋志》《两唐志》并著录（《经义杂记·孔舒元公羊传》条）。《左传》成公十四年："君子曰：《春秋》之称，微而显。志而晦，婉而成章，尽而不污，惩恶而劝善。非圣人，孰能修之？"此圣人指孔子。据此《左传》言"修"《春秋》，左氏学者至贾逵始言"孔子制作《春秋》"。但太史公于《十二诸侯年表序》言孔子次《春秋》，以制义法，而左丘明因孔子史记"成"《左氏春秋》；似乎孔子《春秋》之为"修"，为"作"，对太史公与左氏来讲均不成一问题。但公羊家言《春秋》亦同时用修、作、为、著、次、成等字，故二者应无大差别，所别者应在修作的目的或实际内容上。

㉖ 《汉书·楚元王传》。

㉗ 《吕氏春秋·察传》记载："子夏之晋，过卫，有读史记者曰：'晋师三豕涉河。'子夏曰：'非也，是己亥也。夫"己"与"三"相近，"豕"与"亥"相似。'至于晋而问之，则曰'晋师己亥涉河'也。"

㉘ 何以说"国以不宁者十世"，请合看《十二诸侯年表》中的《宋表》与《郑表》便知大概了。《宋表》宣公十九年"公卒，命立弟和，为穆公"，之前《宋表》于国君薨卒外，仅于宋武公十八年记"生鲁桓公母"，《郑表》亦仅记"郑桓公始封"、为犬戎所杀及郑伯克段数事，宋、郑之间无事。自宣公立弟后，《宋表》于宣公九年书"公属孔父立殇公，冯奔郑"，殇公二年书"郑伐我，

488 | 史记的读法

我伐郑",七年书"诸侯败我,我师与卫人伐郑",宋公冯元年书"华督见孔父妻好,悦之,华督杀孔父及杀殇公"。宋公冯十三年《郑表》书"诸侯伐我,报宋故";宋襄公十三年《郑表》书"君如楚,宋伐我",《宋表》书"泓之战,楚败公";宋文公三年《宋表》书"楚郑伐我,以我倍楚故",《郑表》书"与楚侵陈,遂侵宋";宋文公四年《宋表》书"华元以羊羹陷于郑",《郑表》书"与宋师战,获华元";宋文公十二年《郑表》书"晋、宋、楚伐我",宋文公十七年《郑表》书"佐楚伐宋,执解扬";宋平公十二年《宋表》书"晋率我伐郑",次年《宋表》书"郑伐我,卫来救";宋平公十四年《郑表》书"与楚伐宋",《宋表》书"楚战我";宋景公二十二年《宋表》书"郑伐我",《郑表》书"伐宋";宋景公三十一年《宋表》书"郑围我,败之于雍丘",《郑表》书"围宋,败我师雍丘,伐我";宋景公三十二年《宋表》书"伐郑",宋景公三十四年《郑表》书"宋伐我";宋景公三十五年《宋表》书"郑败我师",《郑表》书"败宋师"。观此可知宋自宣公九年(公元前739年)至景公三十五年(公元前482年),前后历十三世二百五十八年。宋郑之间之多事与交相伐战。战伐原因固非一端,然太史公于《郑世家》庄公二十四年书公子冯奔郑,于二十五年书"卫州吁弑其君桓公自立,与宋伐郑,以冯故也"。可见宋郑长年战伐之本始源于"公子冯奔郑",而公子冯之奔郑是由于穆公逐子(《左传》及《史记》作"使公子冯出居于郑",名为出居,其实逐也),而穆公之逐子是报其兄宣公让位,欲还国于其子。追源溯本,总由宣公之废太子而立弟一事引起,故曰宋之祸(乱)自宣公也。

㉙ "生让"义,时贤皆未言及。可参看阮芝生《论禅让与让国——历史与认知的再考察》。

㉚ 可参陈立《公羊义疏》隐公三年宋宣公卒葬诸条,但若不明公羊家说《春秋》之方式,则不易真明白。傅隶朴《春秋三传比义》(台北:台湾商务印书馆,1983年版)于此完全不论,仅反对宣公为祸之说。《比义》一书于《公羊》每见詈骂之辞,称"《公羊》妖妄邪淫之说"(《自序》),犹存学界积年旧习。然批评是个人权利,未理解又不尊重却是事实,且亦不自知;此为民国以来学界之通病。今《比义》一书通行两岸,奈何!

㉛ 《左盫外集·卷三·司马迁左氏义序》。

㉜ 皮锡瑞：《经学通论》四"论左氏不在七十子之列，不得口受传指"条。

㉝ 倘若作《左传》之左丘明是战国时代的另一人，则此左丘明非孔子弟子，无口授师说，自然也就不能证明传孔子《春秋》之义。

㉞ 皮锡瑞《经学通论》四"论春秋借事明义之旨，只是借当时之事做一样子，其事之合与不合，备与不备，本所不计"条。

㉟ 见王树荣《读左持平》，（台北：艺文印书馆景印原刻《绍劼轩丛书》二，），第12页。此点原自以为读书得间，后因曾与台大哲学系林义正教授商讨，林教授告以王树荣已言及此，归来检阅，果然。

㊱ 崔适：《史记探源》卷四，北京中华书局1986年版，第70页，卷四。崔适常以己意辨伪、删削，武断偏私，多不足取。1953年，洪业在哈佛大学为柯立夫教授（Francis Cleaves）的《史记》课上所做的三次讲演中，当提到《史记探源》时，曾劝学生当"视崔适如毒药"。见童元方《洪业教授及其〈史记三讲〉》，载《传记文学》1986年第五十三卷四期。

㊲ 陈澧：《东塾读书记》，商务印书馆"人人文库"卷十。

㊳ 黄彰健：《经今古文学问题新论》。

㊴ 刘正浩：《太史公左氏春秋义述》，《台湾师范大学国文研究所集刊》1962年第六号。

㊵ 张添丁：《司马迁春秋学》，政治大学中国文学研究所博士论文，1985年。

㊶ 日本学者泷川资言《史记会注考证》（1934年）书后有《史记总论》，其论《史记》资材时有云："《史记》记事取《左氏传》《国语》最多，而其义则概用《公羊传》。"在这一点上，他与早期中国学者的见解是一样的，如清邵晋涵即言《史记》"其叙事多本《左氏春秋》……其义则取诸《公羊春秋》"（见《南江文钞·卷三·史记提要》）。吉本道雅《史记述春秋经传小考》（《史林》1988年第七十一卷六号），经由检讨《史记》引用《公羊》《穀梁》的实态（《左传》部分，他大体信赖镰田正《左传的成立与其展开》的研究，1992年），以考察《史记》引用《春秋》经传的性格，但仍奉泷川之说，只是想多知道一些为何记事采《左氏》而断义用《公羊》而已。但以上这些文字，论规模与完整性都不能与张添丁文比。又，张鹏一有《史记本于公羊考》（见《陕西教育月刊》1937年

第三期），但此文遍寻不得，实未见。

㊷ 张添丁文名为《司马迁春秋学》，但在"学"上似着墨不多，未见深入，是其不足之处。

㊸ 张素卿：《叙事与解释——〈左传〉经解研究》（台湾大学中国文学研究所博士论文，1997年），其"参考文献"中即未列张添丁文。

论 留 侯

时代前进，学术研究亦随之递变；史学是学术之一支，自然也不例外。故历史研究的范围不断扩大，题目层出不穷，方法花样翻新，理论争奇斗艳，似乎不停地在变。然而，人类研究历史的兴趣永远不变；人是历史的创造者，历史研究的对象归根结柢不外是绵亘不断的时间序列中的人与事（各种类、各层面的活动），也将永远不变。事是人做出来的，而人具知、情、意，最有灵性，也最复杂多变。故了解人乃是了解事的主要关键，而了解人群中出类拔萃的人物，更是了解历史事件与时代潮流的终南捷径。不但如此，历史人物一生的遭逢际遇极易引人入胜、感发兴叹，其成败得失亦往往可为后人借鉴、知所趋避；故历史人物亦将永远是历史研究中最饶兴味的主题之一。

中国历史悠久，地广人众，数千年来不知出过多少人物，以及人物中人物。这些人物乃是在中国的历史文化中产生的。不同的历史文化背景，将会产生不同类型、风貌的历史人物。孔子只能产生于中国；同理，释迦牟尼与耶稣亦只能产生印度与犹太文化中，此乃易明之理。故研究国史上之人物，若能随处于此用心，并以之与其他历史文化中产生之人物比对观看，则当能有助于对东西历史文化的深入理解。

本文所探讨的人物为留侯张良，他在中国可说是家喻户晓的人物，是汉朝的开国元勋。除了三国时代的史事与人物，国人最熟悉的恐怕要数楚汉之际这一段了，而张良是楚汉之际最特殊超群的人物；并且他还有一段传诵千古的圯上纳履的故事。但留侯一生的际遇、智计、人格与学术，其中实有许多隐微曲折，恐怕未为一般人所深悉；尤其老父所授的《太公兵法》一书之存亡真伪，为千余年来中国学术界所共同注目而未有定论的公案，实有再做进一步讨论之必要。本文将先解析太史公怎样写《史记·留侯世家》，并以此为基础逐一探讨上文所提出的几个问题，至祈大雅君子赐正。

一、太史公怎样写《留侯世家》

欲识张良，必须先究《史记·留侯世家》。《汉书》有《留侯列传》，全抄《史记》文字，仅少数地方字句略有增删改易。比较《史》《汉》文字，其得失显而易见，应以《史记》为主。留侯虽列世家，但除去篇末"留侯不疑，孝文帝五年坐不敬，国除"十四字，通篇都是叙述留侯的事迹。故知此篇与萧、曹、陈、绛四篇世家一样，其实都是列传体。那么，太史公怎样传张良呢？请先解析《留侯世家》的结构：

第一段，为韩报仇（"留侯张良者"至"亡匿下邳"）：包括家世背景与"博浪椎秦"两部分。因为先有"五世相韩"的家世背景，才可能有买通力士狙击秦皇的报仇行动。

第二段，圯上纳履（"良尝闲从容"至"从良匿"）：张良为任侠与项伯从匿，俱是在下邳时事，故应与圯上纳履合为一段。太史公叙之于此者，乃为下面鸿门宴伏案。《史记》文章原是通篇一气呵成，本不应该界断提行，今之分段标点，乃是后人为了阅读研究方便所为。

第三段，道遇沛公（"后十年"至"不去见景驹"）。

第四段，说立韩王（"及沛公之薛"至"往来为游兵颍川"）。

第五段，破秦入关（"沛公之从雒阳"至"子婴降沛公"）。

第六段，谏留秦宫（"沛公入秦宫"至"乃还军霸上"）。

第七段，固要项伯（"项羽至鸿门下"至"语在项羽事中"）。

第八段，烧绝栈道（"汉元年正月"至"间行归汉王"）。

第九段，捐关三人（"汉王亦已还定三秦"至"时时从汉王"）：卒破楚者，韩、黥、彭三人之力，那么张良做什么？即末句："张良多病，未尝特将也，常为画策臣，时时从汉王。"故应属上文为一段，不应另起一小段。

第十段，借箸销印（"汉三年"至"令趣销印"）。

第十一段，语在二事（"汉四年"至"语在项籍事中"）：蹑足就封与计约诸侯二事。

第十二段，让功封留（"汉六年正月"至"与萧何等俱封"）。

第十三段，急封雍齿（"上已封大功臣"至"我属无患矣"）。

第十四段，劝都关中（"刘敬说高帝曰"至"杜门不出岁余"）：高帝即日驾，故"留侯从入关"一句应属上文共为一段，太史公叙之于此，有深意。

第十五段，计存太子（"上欲废太子"至"留侯本招此四人之力也"）：此段最长，包括强要留侯画计，四皓说建成侯，四皓对高祖，高祖歌鸿鹄四节。

第十六段，愿从赤松（"留侯从上击代"至"子不疑代侯"）。

第十七段，并葬黄石（"子房始所见"至"祠黄石"）。

第十八段，太史公曰（"学者多言"至"留侯亦云"）。

除去最后一段是太史公的评论，其余所载有关张良的事情，有的独见本篇，有的也见于《史记》他篇；或此详而彼略，或此略而彼详，二者应参看互明。详略互见者，因事有主客轻重，故位置各从其宜。如蹑足就封事，详见《淮阴侯传》，计约诸侯共击项羽事，详见《项羽本纪》，故于本篇只略提一下，此之谓"繁简得中"。但张良一生就只有这十几件事情吗？当然不止。那么，太史公何以只写这十几件事情呢？可见必有选择，而选择必有标准。太史公写《史记》，有全书之取材标准，如《五帝本纪》赞曰："择其言尤雅者"；有单篇之取材标准，如在本篇所见者便是。张良是一人物，而人物之格局大小、分量轻重各有不同，作史者必须各求铢两悉称，丝毫不爽，才能剪裁得宜，如实再现。故欲知《留侯世家》的取材标准，必先明了太史公对张良的根本认识或评价为何。

高祖既得天下，置酒雒阳南宫，问所以得天下之故。高起、王陵对曰："陛下慢而侮人，项羽仁而爱人。然陛下使人攻城略地，所降下者因以予之，与天下同利也。项羽妒贤嫉能，有功者害之，贤者疑之，战胜而不予人功，得地而不予人利，此所以失天下也。"高祖说："公知其一，未知其二。夫运筹策帷帐之中，决胜于千里之外，吾不如子房。镇国家，抚百姓，给馈饷，不绝粮道，吾不如萧何。连百万之军，战必胜，攻必取，吾不如韩信。此三者，皆人杰也，吾能用之，此吾所以取天下也。项羽有一范增而不能用，此其所以为我擒也。"[①]这是刘邦自道胜败关键在于能用三杰，而张良为三杰之首。张良之功何在？则为"运筹策帷帐之中，决胜于千里之外"。此句见于《留侯世家》："高帝曰：运筹策帷幄中，决胜千里外，子房功也。"[②]又见于《赞》："上曰：夫运筹策帷帐之中，决胜千里外，吾不如子房。"[③]而《太史公自序》讲作《留侯世家》之故时又说："运筹帷幄之中，制胜于无形，子房计谋其事，无知名，无勇功，图难于易，为大于细，作《留侯世家》。"[④]四次重见，仅文字小有出入，此在《史记》中乃绝无仅有之事,故知太史公乃视张良为汉之第一谋臣,最高军师,以"计谋"决胜。

所以,太史公写《留侯世家》,通篇主要是写他的计谋。从道遇沛公,以《太公兵法》说沛公开始,说立韩王,破秦入关,谏留秦宫,固要项伯(赴鸿门宴),烧绝栈道,捐关三人,借箸销印,语在二事,让功封留,急封雍齿,劝都关中,计存太子,愿从赤松诸事,莫非张良的计策谋划。篇中"常用其策""为画策臣""用其计""用臣计""为我画计""出奇计"诸词又先后出没,贯穿全篇⑤;张良之鲜明形象于此可见,而太史公之善于摹篇图人亦从而可知。凡此所录之谋划计策,无一不是军国大事,与天下之存亡有关者(个人避祸之计在外),故曰:"所与上从容言天下事甚众,非天下所以存亡,故不著。"⑥这就是太史公写《留侯世家》取材之标准。倘若有闻必录,巨细靡遗,必将有失剪裁,规模不称,变得臃肿不堪,成了流水账簿,模糊了张良的形象,也将不见精彩了,这岂是太史公所为?明乎此,方知留侯子张辟强计脱丞相祸事,何以不载世家而载于《吕太后本纪》。但这犹可说事关"吕氏权由此起"⑦,故列之《吕太后本纪》为宜。可是,张良活至惠帝时代,孝惠六年齐悼惠王刘肥薨,惠帝使留侯赴齐立太子襄为齐王,是为齐哀王(是年留侯卒),此事见于《吕太后本纪》及《齐悼惠王世家》⑧,何以不书于《留侯世家》之篇末以终其事?此事一般人多不注意,吕祖谦曾解释说:"齐王之子例得为太子,特遣张良立之者,尊天子之使,立之而后立也。以留侯之重,又当其季年,乃亲为此行者,盖齐之地势号为东西秦,汉朝待之不与他藩国同,故屈元老以策命之,又特赦于境内,非常例也。"⑨可见此事并非完全不重要,但一则非张良之计谋;二则非天下所以存亡,不能与世家所书诸事相比;三则若以此事终篇,不若以并葬黄石事收尾来得恢奇神妙,故以不书为宜。明乎此,即可知留侯之为人，并可悟太史公作史之法。

张良固然天资超卓，善于计谋，但何以独用其智慧以助汉呢？曰非助汉也，实为韩也。这必须先明张良的本心。张良本是韩国的世家子弟，祖、父两代曾为韩昭侯、宣惠王、襄哀王、釐（僖）王、悼惠王之相；父卒后二十年（秦政十七年，公元前230年），秦灭韩，张良年少未仕，却"弟死不葬，悉以家财求客，刺秦王，为韩报仇，以大父、父五世相韩故。"[10] 太史公写张良的第一件事，便是欲为韩报仇，所以后面才有"博浪椎秦"的实际行动。虽然运气不佳，误中副车，但足见"为韩报仇"是张良的本心。亡居下邳时"为任侠"，陈涉起兵时，张良"亦聚少年百余人"（为任侠之果），为韩报仇之心始终未忘。道遇沛公以后，虽知"沛公殆天授"，但俱往见项梁时，仍说项梁立韩诸公子横阳君成为韩王，并身为韩司徒之官[11]，"与韩王将千余人西略韩地，得数城，秦辄复取之，往来游兵颍川"[12]，仍是为韩。其后，引兵从沛公，"沛公乃令韩王成留守阳翟，与良俱南"。这是借将，张良仍是韩王的人，故项伯私见张良，"欲与俱去"时，张良说："臣为韩王送沛公。"[13] 故灭秦前，张良助刘邦破峣入关，乃报韩仇于秦；入关后谏刘邦勿留秦宫，固要项伯以解鸿门之危，烧绝栈道使项羽误认刘邦"无还心矣"，凡此都是尽其借将之职责，仍是为韩，并非全为刘邦。等到项羽杀韩王成于彭城，张良"间行归汉王"，才一心事汉。其实，这仍是为韩，而非为汉，张良欲借刘邦报韩仇于项羽耳。故魏禧说："天下之能报韩仇者莫如汉，汉既灭秦而羽杀韩王，是子房之仇昔在秦而今又在楚也。"[14] 故张良之助汉，乃是为韩助汉，其助汉乃是借汉报韩仇。

留侯晚年，欲从赤松子游，"乃称曰：家世相韩，及韩灭，不爱万金之资，为韩报仇强秦……"[15] 自道心事明白。太史公于《留侯世家》中前后重出"为韩报仇"二次，也写得留侯一生明白。故张履祥说:"予读《留侯世家》,观其生平唯报韩仇一事而已。"⑯窃以为以文章论,《留侯世家》极似一串光彩夺目的珍珠项链。从弟死不葬、博浪椎秦开始,太史公所写每一段令人喜爱赏玩的恢奇故事,岂不是像一颗颗晶莹圆润的明珠吗?这些明珠是由一条用智谋做成的金链串连起来的,而赋予这串珍珠项链生命光彩的,却是"为韩报仇"的志节心愿。吴汝纶曾说:"此篇以多病画策为主。画策以著其功,多病以著其免于猜忌也。"⑰"画策"说的固是,"多病"则犹一间未达,而略去"报韩"不道则万万不可。

二、与萧、韩、范增之比较

子房虽智慧高超,聪明过人,但古今易代鼎革之际,每多奇才异能之士,以智著称者,岂在少数?以刘项之争论,楚有范增,汉有三杰,陈平也以智计著名。然而张良居于其中,似乎尤为特出。人物本有高下,智术亦分优劣。太史公视子房高于他人,故其笔下摹写留侯自然异于他人。以下试从四方面来比较。

(一)功业

三杰之功,张良为大。黄震说得最简明:"利啖秦将,旋破峣关,汉以是先入关;劝还霸上,固要项伯,汉以是脱鸿门;烧绝栈道,激项攻齐,汉以是得还定三秦;败于彭城,则劝连布越;将立六国,则借箸销印;韩信自王,则蹑足就封,此汉之所以卒取天下。劝封雍齿,销变未形;劝都关中,垂安后世;劝迎四皓,卒定太子,又所以维汉室于天下既得之后。凡良一谋一画,无不系汉得失安危,良又三杰之冠也哉!"⑱虽然只举九件事,但每一谋划都关系汉之安危得失,张良功最大即此可以论定。

其次为萧何。高祖自道:"镇国家,抚百姓,给馈饷,不绝粮道,吾不如萧何。"换言之,萧何是刘邦的最佳宰相兼后勤司令,故太史公叙萧何功之大者不外:第一,收秦图书律令,使汉王"具知天下阸塞,户口多少,强弱之处,民所疾苦者。"[19] 第二,进韩信为大将。第三,收巴蜀,镇抚谕告,使给军食。第四,守关中,兴关中卒补缺,转漕给军。四者中,最重要的其实只有两项。一为进韩信。功莫大于进贤,故刘邦也说:"吾闻进贤者受上赏。"[20] 二为守关中。高祖"数亡山东,萧何常全关中以待"。[21] 故鄂千秋推为"万世之功"。[22]

再次为韩信。"连百万之军,战必胜,攻必取,吾不如韩信。"换言之,韩信是刘邦手下的第一大将,敌前总指挥。故太史公叙韩信之大功为:第一,与高祖起汉中,定三秦。第二,虏魏豹定魏,破代禽夏说。第三,下井陉,诛成安君陈馀,擒赵王歇。第四,胁燕定齐,摧楚兵二十万,卒斩龙且。第五,破楚垓下。以攻战言,韩信造汉之功非他将可比。

此三杰一为将(武臣),一为相(辅臣),一为军师(谋臣),真是最佳搭配。昔公子重耳流亡国外,有从者三人(狐偃、赵衰、贾佗),都具相国之器,君子知其必将得国。[23] 今当高祖斩蛇大泽之中,逐鹿中原之际,得此三杰为佐,则亦可无疑于天命之所归了。

三杰于刘邦俱不可缺,但其功业是有高下之分的。观乎上文所叙,便可明白,而这也是刘邦之本意。一者刘邦论三杰之功的次第,本来就是先张次萧后韩。其时为汉五年,韩信尚未降为淮阴侯(降侯之事在汉六年),应为公论。二者汉五年论功行封,群臣争功,以为萧何"未尝有汗马之劳,徒持文墨议论不战",而反居上。刘邦以猎喻之:"夫猎,追杀兽兔者,狗也;而发踪指示兽处者,人也。今诸君徒能得走兽耳,功狗也;至如萧何,发踪指示,功人也。"[24] 功狗功人之喻，千古名论，但未免太戏谑了，高祖轻士善骂于此可见。依此而论，韩信犹不免功狗之讥，与萧、张终是有别。萧、张虽同为功人，但刘邦却视张良功大，故"自择齐三万户"封张良。齐地最富饶，三万户又最大，刘邦亲自择地封人也仅此一次。张良让功封留，以后萧何才居侯功第一。又《周礼·夏官·司勋》辨臣功有六等："王功曰勋，国功曰功，民功曰庸，事功曰劳，治功曰力，战功曰多。"㉕郑康成于战功下注云："克敌出奇，若韩信、陈平。"是韩信当属战功，又于国功下注曰："保全国家，若伊尹。"萧何足以当此国功，又于王功下注云："辅成王业，若周公。"㉖汉固不能与周比，但以王功论，张良庶乎近之。三人功业的高下，岂不昭然？

（二）智计

草昧之际，英雄才士莫不以智图功，但大都只能在一件事上表现其智。韩信将兵，多多益善，出奇无穷，所向皆克。但其智也仅限于"将兵"，遇到善于"将将"㉗的高祖，便只好就擒了。勇冠三军，功深百战，最后竟死于妇人之手，事甚可哀；然则不能说韩信之智没有缺陷啊！萧何从秦刀笔吏出身做到汉相国，其智当然有足称者。从拒应秦御史之征到"置田宅必居穷处"㉘，处处均可见萧何的聪明智慧。但萧何之智似乎是守成之智，未见大奇特处。偶尔失察，还要旁人提醒，并代为谋策。他与刘邦是同乡患难故交，竟要用"贱强买民田宅数千万"㉙的自污办法来博取刘邦的欢心，最后仍被"械系"，捉进牢去。虽然不久赦出，但以一个佐成帝业、为汉元功的老相国，还要"入徒跣谢"（汉朝谢罪皆免冠叩头，特别重的才徒跣——赤足亲地）。㉚这是何等光景？智者而落此地步，还敢自夸其智吗？但萧何之智还是高于韩信。韩信逃离汉王，是他追回来荐为大将的。他有用韩信之智，也便有杀韩信之智。吕后是用萧何之计，"诈令人从上所来,言陈豨已得死",萧何并劝韩信"虽疾,强入贺",㉛才骗得韩信来杀掉。韩信岂是死于吕后一人之手!

  萧何之智有所局限,故有时而尽,唯独张良智大,故能应变无穷。由《史记》观之,刘邦虽也接受萧、曹、韩、陈、娄、郦之徒一谋一策的贡献,但临大事,决大疑,处大缓急之时,却要凭张良一言而决。第一,南阳之捷,沛公引兵过而不入,欲急入关时,张良谏言:"秦兵尚众距险,今不下宛,宛从后击,强秦在前,此危道也。"㉜刘邦即改变主意。第二,沛公入秦宫,看到"宫室帷帐狗马重宝妇女以千数",便欲享用。樊哙谏沛公出舍,不听;张良说了一番话,"愿沛公听樊哙言"㉝,沛公才还军霸上。同样是一谏,别人说不听,他说才听。第三,郦食其劝汉王立六国后"以桡楚权",汉王称善,已命人赶快刻印;恰巧张良从外来谒,汉王即问"于子房何如?"㉞张良力陈八不可之说,汉王乃大骂郦生,命人赶快销印。已行之事,由他一言而改。第四,娄敬说高帝都关中,"上疑之",张良辨析了一番,最后说:"刘敬说是也。"㉟高帝"即日驾",西都关中。都是一个道理,别人说了不信,他说才信,而且立决而行。其余计破峣关、捐关三人、蹑足就封、急封雍齿数事,也都可见刘邦对他的言听计从。所以,张良与汉兴诸臣的地位,便不相同。

  刘邦善骂轻侮,自称"而公"(乃公,你老子),骂人"鲰生"(小子)"竖儒"㊱,喜溺儒者之冠㊲,笑骑周昌之项㊳,唯独对张良"折节以下之而不敢慢,赤心以信之而不敢疑,委曲以从之而不敢逆。帝平日之待诸臣,无有不用笼络之术,独于留侯犹有古君臣质实诚信之风"㊴,故不敢直呼其名,而尊曰"子房",这是萧、韩等人从未享受之待遇。不仅如此,刘邦似是尊张良为师。留侯晚年自称"今以三寸舌,为帝者师"㊵,倘若无此事实,谁敢为此大言?以通俗的比喻来说,萧何是刘邦的管家,韩信则是獒犬,而张良乃其师傅,

论留侯 | 501

三人岂能不分轩轾？张良最令人艳称的是，他懂得功成身退之道，最后能够全身远害，垂名万世。这个智慧，更不是萧、韩所能望其项背的。

三杰之外，汉有陈平，也以智谋取功，称"奇谋之士"㊶，与张良最为相近。但二人格局大小、智慧高低，仍然有别。张良决策机先，而无留滞，从不发生困难。陈平则定计事后，偶有疑滞、困难。陈平曾"六出奇计"㊷，但等到诸吕擅权时却束手无策，"常燕居深念"㊸。最后，陆贾致以"将相和调""交欢太尉"㊹之术，才能除去吕氏之祸。明人胡广德认为，陈平"当危疑之际，不自用而取人之长以成事功，此所以为贤也"㊺。这是指自己不能而能取他人之长，胜于刚愎自用而言。倘若他人无长可取，或是取不到他人之长，则终不如自己有能以成事功。张良正是如此，他似乎从未发生困难而向人请教过。

（三）疑与不疑

凡人皆有疑心，人主尤甚。刘邦乃雄猜之主，疑心最重，大臣诸将无不受疑，唯独张良例外。萧何最受信任，但也最受怀疑。第一，汉三年，刘邦与项羽相距京索之间，关中交与萧何专责看管。刘邦屡次派人入关慰劳丞相，他犹不自觉。鲍生说："王暴衣露盖，数使使劳苦君者，有疑君心也。"他才觉悟，用鲍生计，派遣子孙昆弟到前线助战，才使"汉王大说"。㊻第二，汉十一年，陈豨反，高祖自将至邯郸，韩信谋反关中，吕后用萧何之计杀韩信。高祖听说韩信被杀，便派人拜丞相萧何为相国，益封五千户，"令卒五百人、一都尉为相国卫"㊼。众人皆贺，召平独吊："祸自此始矣。上暴露于外，而君守于中，非被矢石之事，而益君封置卫者，以今者淮阴新反于中，疑君心矣。"萧何又觉悟，用召平之计，"悉以家私财佐军""高帝乃大喜。"㊽第三，汉十二年初，黥布反，高祖自将击之，"数使使问相国何为"。萧何因高祖在前线作战，就尽心尽力安抚百姓，并且"悉以所有佐军"，自以为尽忠职守。有人对他说："君灭族不久矣。夫君位为相国，功第一，可复加哉？然君初入关中得百姓心十余年矣，皆附，君常复孳孳得民和。上所为数问君者，畏君倾动关中。"萧何又用其计，自污以解祸。[49]以上数事，若非用计得宜，几次都要被族诛了。

　　黄震说："高帝平生亲信无过萧何者矣，而且疑之，况信耶？"[50]韩信善于用兵，刘邦爱而忌之。灭楚之前，刘邦乐用其才。但汉三年刘邦与项羽苦战于荥阳成皋之间，兵不利，六月某晨自称汉使，驰入赵壁，夺韩信、张耳两人军，已有疑忌之意。等到韩信请求假王镇齐，遂动刘邦之怒而增其疑。灭楚之后，刘邦"畏恶其能"。故垓下之围才破项羽，还至定陶，即"驰入齐王壁夺其军"[51]。五年正月，又迁齐王韩信为楚王，因为齐地太重要了，而疑忌猜防之深也由此可见。继而高祖伪游云梦，计虏韩信，降为淮阴侯。韩信"由此日夜怨望，居常鞅鞅"[52]，终至被舍人弟告反受诛。宋周紫芝曾论韩信未尝反，高祖疑之而反，谓："高祖始有疑信之心，信亦自是怏怏，反状遂萌。"[53]实为公正之论。陈豨逆死，韩信被诛，则其他异姓诸王无不疑惧。汉兴异姓而王者八，而反者六国，只有张耳、吴芮以智免。其实六王之反，大多是先有疑（被疑、自疑），而后生惧，终至于反（有反状或具体行动）。陈豨监赵、代边兵，而有宾客千余乘[54]，卒以见疑，而以反诛。韩王信请求徙王太原，遣使与匈奴和解，汉王责之，遂走匈奴，高祖是以有白登之围。卢绾与刘邦是通家世交，居同里，生同日，学同师，壮又相爱[55]，非有大功而封为燕王。陈豨死，刘邦召卢绾，他却称病，恐惧说："非刘氏而王，独我与长沙耳。"[56]终以贰心自成疑惧而走匈奴。吕后杀韩信，黥布"因心恐"，是夏，汉又诛彭越，吕后使人"盛其醢，遍赐诸侯"，黥布见醢"因大恐"，于是"因令人部众兵候伺旁郡警急”(57)，也是先有反状，终至发兵反。凡此种种，都是由“疑”之一字生出。

诸将大臣无不受疑或自疑，唯独张良例外。勉强要找的话，唯有一次。项伯欲与张良俱去，张良入告刘邦，刘邦反问：“君安与项伯有故？”(58)似乎有疑于他。但在当时情况下，为了澄清事情，这是必要之一问，不能认真。此外，《史记》中从未见刘邦对张良有任何疑忌。不但未见疑忌，而且尊礼有加。相形之下，方知张良之伟大。读书论人，固当从“实”处、“有”处看，但有时也应从“虚”处、“无”处看。从“实”“有”处看，张良之智表现于《留侯世家》所载的每一条“画计”；从“虚”“无”处看，张良之智慧与人格，尤其表现在他的“不疑”上。人生在世，能不受疑，此是何人？而况于雄猜之主？留侯有子袭爵，名曰“不疑”。“不疑”者，不疑人乎？不疑于人乎？不自疑乎？抑兼而有之乎？呜呼留侯，吾于此而识其有不测之智！

（四）汉用与用汉

末代英雄豪杰并兴，野心大者，妄冀天命，其次则思攀龙附凤以取王侯。刘项之争，天下贤杰皆会于二人麾下，但也都为二人所用。以汉而论，刘邦之所以能集大命而成帝业，是因为他能用萧何、曹参为腹心股肱以固其根本，用张良、陈平等运筹帷幄以出奇制胜，用韩信、彭越等统兵率众以克国擒敌，用樊哙、靳歙等为之披坚执锐以御侮捍难，用隋何、郦生等为之口说谈辩以驰驱诸侯，此外还有娄敬论都长安、叔孙通制定朝仪等。凡此诸人，皆贤杰之士，凭其智、勇、辩、力一官之能，以建功业而取富贵，但皆为高祖所用。其中唯独张良不同。本志为韩报仇，其先仇在秦，故助沛公入关灭秦；其后仇在楚，故又借汉灭楚。不爱万金，不贪爵位，最后功成身退。故程伊川说：“言高祖用张良非也，张良用高祖尔！”(59)明人黄天全也说张良"不得已借沛公以成其志"⁶⁰。故汉虽用张良,但那是因为张良要借汉报仇,汉才能用张良;用与不用,权在张良。张良除报仇外,不慕富贵,于汉一无所求,这与诸将功臣便大不同。刘项之争,项羽欲与刘邦单独决斗,刘邦笑曰:"吾宁斗智而不斗力。"⁶¹凭此一言即可断定刘邦之智在项羽之上。刘邦豁达大度,智本"天授",故天下豪杰尽为牢笼所用;能用刘邦者,唯一张良耳!于此可见,留侯之智不但高出萧、韩,而且高出一世。

汉有三杰,楚则有范增,亦"好奇计",为智谋士,可与张良再作比较。但奇怪的是,遍阅《史记》,范增之奇计甚少,一共只有三条。

其一,说项梁立楚后:"陈胜败固当。夫秦灭六国,楚最无罪。自怀王入秦不反,楚人怜之至今。故楚南公曰:'楚虽三户,亡秦必楚也。'今陈胜首事,不立楚后而自立,其势不长。今君起江东,楚蜂起之将皆争附君者,以君世世楚将,为能复立楚之后也。"⁶²于是项梁把流落民间替人牧羊的楚怀王孙熊心找回来,立为楚怀王。说立楚后,可看成"为楚",犹之乎张良说立韩王是"为韩";也可看成是"为项",立楚怀王只是手段,乃是"用楚"。倘若是为楚,为何后来不再见他为楚谋划?项羽放逐义帝,并派人击杀江中,为何也不见他稍加劝阻?可见不是为楚,不能与张良之"破家为韩"相比。倘若是为项,则此计未免短视。因为,第一,立楚之后只能收楚人之心,并不能号召九国(六国加宋、卫、中山)之人。但这还可说是为了灭秦,各立六国之后以为号召。可是揆诸以后的行动,他是要佐项氏争天下,并非只是灭秦。如此,则说立楚后终是急功近利的短视作法。第二,既要争天下,便不应让项王烧秦宫室,尊怀王为义帝而成天下共主。君臣名分一立,如何能改?末代革命,君臣之义自可另有解说。但楚、项君臣关系的建立,寻人在先,尊帝在后,一切都是自发自动;况且,项羽也受了怀王的任命(次将),并受封为"鲁公"。君臣关系一旦建立,如何便能视同儿戏!项羽灭秦,可说是革命;但杀义帝,便只能说是弑君。若说立义帝时尚未想到争天下,但既已防范沛公,则天下最后非刘即项,如此,岂不是见机太晚,一错再错,慢了两步?第三,既要争天下,至少不该在未将对手击倒前,先杀了义帝。如此等于授人以柄,给予刘邦一次"为义帝发丧"[63]的大好表演机会。春秋中期,王室已衰,齐桓、晋文尚且懂得假勤王之名以成霸业;战国晚期,周室益微,虎狼暴秦在时机未成熟之前,也知道"吞周"为恶名,而项羽范增竟不之知。清人管同说:"夫以匹夫取暴主天下,其名甚正,而必借助于无足轻重之楚后,以自成其篡弑之名,而使天下得以借口项氏之用人如此,吾固知其非汉敌也。"[64]为项氏谋臣的范增,闻此能不愧煞吗?这与张良之借箸代筹、销六国印,甚至明代的刘基力阻朱元璋欲奉韩林儿[65]相比,高下可以立判。元人杨翮曾为项羽代筹妙策:"当其力方强,气方盛,秦军既坑,函谷既入,子婴既降,而咸阳之未屠也,于是乎建大号,登大宝,号令诸侯,自立为天子,天下其谁敢拒之?天下虽间有未定,吾得以天子之名临之矣!"[66]此计确实高明,至少胜算居多,大有可为。而项羽未曾实行之者,若非当时未曾想到,便是已有怀王在上,一时难以变换处置。所以项羽分五诸侯之后,便自称霸王;既为霸王,便只好推尊怀王为义帝,终成日后篡弑之名。推原本始,总是由于范增说立楚后的失策。

其二,易封巴蜀。"项王、范增疑沛公之有天下,业已讲解,又恶负约,恐诸侯叛之,乃阴谋曰:'巴蜀道险,秦之迁人皆居蜀。'乃曰:'巴蜀亦关中地也。'故立沛公为汉王,王巴蜀汉中,都南郑。"[67]怀王"先王关中"之约,天下尽知,假称"巴蜀亦关中地也",岂能欺瞒天下、蒙骗刘邦?只有逼使刘邦想方设法重回关中而已。不久,汉王用张良之计,烧绝栈道。项王固然不觉,范增亦坠其术中,二人智慧之高下岂不是很明白吗？欲王天下而不能布公心、昭大信，又岂能长久？此计实是巧而不巧。

其三，急杀沛公。沛公在霸上，范增说项羽："沛公居山东时，贪于财货，好美姬。今入关，财物无所幸，此其志不在小。吾令人望其气，皆为龙虎，成五采，此天子气也。急击勿失。"⑱计在"急击勿失"。鸿门宴上，"范增数目项王，举所佩玉玦以示之者三，项王默然不应。范增起，出召项庄，谓曰：'君王为人不忍，若入前为寿，寿毕，请以剑舞，因击沛公于坐，杀之。不者，若属皆且为所虏。'"⑲计在项庄舞剑，"杀之"。汉之三年，汉军缺粮，汉王请和，条件是割荥阳以西为汉地，项王欲听之，范增谏曰："汉易与耳，今释弗取，后必悔之。"⑳《高祖本纪》也载："亚父是时劝项羽遂下荥阳。"㉑观以上所引文字，他对项羽的献策不外"急击""杀之""取""下"，无一不是杀人的办法。两雄相争，你死我活，杀死对方当然也是不得已的办法，但不能除了"杀"再无办法，或是一切办法都是为了"杀"。纵观《史记》，除了上述两个短视、不巧的计策外，范增再无别计。难道竟是太史公漏记了？都说太史公"好奇"，范增真要别有奇计妙策，太史公应该不会割舍不记的。况且，纵把沛公杀了，天下暂为项王所制，倘若别无他术以安天下，难道便再也无人起而抗争了吗？秦灭六国，屠戮甚惨，堕城销兵，迁徙豪俊，愚弱之计既行，以为子孙可以万年，岂料不久揭竿而起的竟是"瓮牖绳枢之子"㉒的陈涉？宋陈傅良说："项氏之毙，惟其暴也。力疲亟战，勇衰于屡逞，而恩信失于好杀。是皆羽之所以取亡，而增也又佐而决之；犹御奔马且疾鞭，马汗而不知止，以速其远至，焉有不败者哉？是故亚父未去，楚亡兆矣！何者？其锐尽，则其末固易取也。"又说："盖尝论之，羽虽悍戾，犹有可感而入者。欲坑外黄，而愧于舍人儿之一言；欲烹太公，而悟于项伯之微谏。则戮子婴，弑义帝，斩彭生，坑秦二十万众,亚父独不可以尝试晓之耶?不惟不晓羽,意者增实教之也。观其始末劝羽,自急攻之外无异策,是所谓以火济火也。使增之计一行,而楚果亡汉,则羽又一秦也,增又一商鞅也,天下岂能久安于楚哉!"⑬实在是说得好啊!

陈文只讲到戮子婴,弑义帝,斩彭生,坑秦卒,却未提及斩宋义一事。实际上,此事范增绝对有份,若非主动,至少也是被动。试想,怀王命宋义为上将军、项羽为次将、范增为末将救赵,今次将要杀上将军,能容末将置身事外吗?前言范增"为项",不"为楚",故此事范增若非主谋,必然且成。《史记》未载项羽何时尊范增为"亚父"。若在斩宋义之前,则他们二人早已是一家同党,必然联手;若在斩宋义之后("亚父"之称,最早见于破秦军于巨鹿之后的鸿门宴上),则在此之前必然有一段共患难、同生死的过程。项羽斩宋义,若范增置身事外,项羽日后能尊之为"亚父"(次于父,犹桓公称管仲为"仲父"),并听计于他吗?项羽为何要杀宋义呢?有两个原因:第一,怀王乃项氏所立,项氏世为楚将,项羽又勇悍,怀王恐为项氏所制,早怀疑惧之心。故怀王一听齐使者称道宋义知兵,即召见宋义,"与计事而大说之",马上命其为上将军,"诸别将皆属宋义""号为卿子冠军"⑭,目的在于压制项羽,以夺其权而分其功,如此怎能不为项羽所恨?第二,宋义救赵,留军安阳四十六日不进。项羽主张与赵里应外合破秦军;宋义却认为应"先斗秦赵",秦"战胜则兵疲,我承其敝;不胜,则我引兵鼓行而西,必举秦矣"。其时,天寒大雨,士卒冻饥,宋义却"遣其子宋襄相齐,身送之至无盐,饮酒高会"。⑮宋义实是心虚,在此紧要关头送子相齐,纵非胆怯,至少有私心。"先斗秦赵",不外"卞庄刺虎"之智,但那必须双方都是虎才行。今秦虎而赵狼,虎必噬狼,其理至明。所以项羽说:"今岁饥民贫,士卒食芋菽,军无见粮,乃饮酒高会,不引兵渡河因赵食，与赵卒并力攻秦，乃曰'承其敝'！夫以秦之强攻新造之赵，其势必举赵。赵举而秦强，何敝之承？且国兵新破，王坐不安席，扫境内而专属于将军，国家安危在此一举！今不恤士卒，而徇其私，非社稷之臣。"此话不错，安危确实在此一举，故项羽晨朝上将军，"即其帐中斩宋义头"[76]。于公于私，实逼出此啊！苏东坡有《范增论》一文，以为项羽杀宋义为弑义帝之兆，范增当于劝阻项羽不听后离去。[77]试问在此紧要关头，范增岂能离去？项羽又岂能任范增离去？明王世贞说："义送子相齐，盖欲以为遁穴，而侥幸于目前之未战，乃佯为大言以压项籍。不杀宋义，赵必下，楚必溃。楚之溃在呼吸之间，而无他术可以解；为籍计者，何以不杀义也？增于此时去籍，则秦追僇亡楚之末将而族之，必也。籍胜则恨增以为宋义之党，而先去以为三军之望，族之亦必也。即两俱免族，而当叛臣偾将之名，为增计者，何以去也？夫增，奇策士也，岂惟不去而已，当与籍谋而杀义。不然，何杀义之后，事事日取增计而尊之为亚父也？"[78]可谓洞烛幽微之论。东坡文章虽好，事理未透。由此可知，范增助项羽杀宋义，实是唯一生路。此事可见范增之智，但也可见范增之智始终不脱一"杀"字。范增说项梁时，年已七十，暮年垂老，杀气犹如此之重，欲以佐成帝业，岂不难乎？何曾有留侯借箸八难、招迎四皓的深谋，以及让功封留，从赤松子游的高致？

　　范增与张良曾有一次（仅有的一次）短兵相接的斗智比赛，那是在鸿门宴上。刘邦先行入关，而项羽则在巨鹿之战后为诸侯上将军。是时天下未定，刘、项都尚未称王，因此鸿门宴就成为决定领导权谁属的一次集会。刘邦冒险赴会，即表示接受项羽的领导，而无他意；项羽则想借此机会收服刘邦，否则便杀之。鸿门宴上，"项王、项伯东向坐，亚父南向坐。亚父者，范增也。沛公北向坐，张良西向侍。"[79]余英时先生《论鸿门宴的座次》一文，根据《史记集解·如淳注》所引"宾主位，东西面；君臣位，南北面"[80]，解释当时项羽坐西面东位最尊，项伯坐北面南位次尊，刘邦坐南面北乃是最卑的臣位，而张良坐东乃是"侍"；这个座次，乃是为了适应当时的政治需要而特别安排出来的。余英时先生说：

> 因此，从鸿门宴的背景和全部发展过程来看，我们必须承认坐次的最后排定，当以项伯在入席前的斡旋调停为多，而暗地里则刘邦的阴忍和张良的智谋也都起了重要的作用。即使认为项、刘、张三人事先对坐次的安排已有默契，也是情理中可有之事。针对着项羽的坦率和自负而言，这是祛其疑而息其怒的最巧妙的一着棋。项羽最后同意自己"东向坐"和刘邦"北向坐"，这说明他已把刘邦看作他的部属，并正式接受了刘邦的臣服表示。所以当主客都入坐之时，项羽已不复有杀刘邦之心。《史记》紧接着便说："范增数目项王，举所佩玉玦以示之者三，项王默然不应。"上文叙坐次的排列便恰恰是这句话最确切的解说。范增的暗号当然也是和项羽事前约好的，但是他万万料不到他的杀人计划竟被对方如此不落痕迹地化解了。[81]

本来是一个极具爆炸性的场面，经过精心安排后，终于由松弛而消散了。通观鸿门之会的整个过程，会前的固要项伯，入席前的排定座次，宴会中项庄舞剑后的召樊哙入内，以及沛公脱归后的献璧，处处都可见张良一心要救刘邦，而对方则是范增一意要杀沛公。其时项强刘弱，刘邦又身入虎穴，最后竟能化险为夷，实非有至高的智慧和忠诚莫办。故鸿门之会，从表面看是刘项之争的一段重要插曲；从本质看实是张良与范增一次最精彩的斗智表演，其胜负当然足以判定双方的高下。

范增佐项羽，其本人最后的结局如何呢？汉三年，项王与范增急围荥阳，汉王患之，乃用陈平的离间计："项王使者来，为太牢具，举欲进之。见使者，佯惊愕曰：'吾以为亚父使者，乃反项王使者。'更持去，以恶食食项王使者，使者归报项王，项王乃疑范增与汉有私，稍夺之权。范增大怒，曰：'天下事大定矣，君王自为之。愿赐骸骨归卒伍。'项王许之。行未至彭城，疽发背而死。"[82]陈平此计本未见高明，气力盖世的项王不能识破，犹有可说，好奇计的范增不能明察，却甚可怪。以亚父之尊、七十老人，而不能自明取信于项王，这和刘邦对年少于己的张良之崇信不衰相比，真是差得太多了。乱世君固择臣，臣亦择君，智者岂能轻易委身事人。亚父择主如此，焉能称为上智？智者不怒，项羽稍夺之权，他竟"大怒"，张良、陈平临事似乎从未怒过。范增最后"疽发背而死"，结局也不好。以吾观之，范增之智似乎不及陈平，更不必说留侯了。以上并非有意贬低范增。范增能数困高祖，为高祖所畏，自是"人杰"（苏东坡语），其智当有可观，只是难与张、陈比肩罢了。依史文追根究底，只能讲成上述这般，并非存心藐视于他。

三、圯上纳履故事之分析

从以上的分析比较，可以看出张良比萧、韩、范增等人高出甚多，但这样的人物是怎么产生的呢？天资高自是必要的条件，但精金美玉也要经过锤炼琢磨才能成器，不能把一切都归功于先天的资质，否则会抹杀掉后天人力的作用，而且会把问题简单化。留侯天资固高，却也有一段学习、磨炼的过程；其中最重要也最富戏剧性的一段，便是他曾在下邳圯上受过老父的调教。圯上纳履的故事，千古传诵，令人神往，现在暂且不辨其真伪，先把它当作真实的故事来研究，看看有无发现或意义，再作道理。先请再读一遍《留侯世家》所记的这段美妙文字：

> 良尝闲从容，步游下邳圯上。有一老父，衣褐至良所，直堕其履桥下，顾谓良曰："孺子，下取履。"良愕然，欲殴之，为其老，强忍，下取履。父曰："履我。"良业为取履，因长跪履之。父以足受，笑而去。良殊大惊，随目之。父去里所，复返，曰："孺子可教矣。后五日平明，与我会此。"良因怪之，跪曰："诺。"五日平明，良往，父已先在，怒曰："与老人期，后何也？"去，曰："后五日早会。"五日鸡鸣，良往，父又先在，复怒曰："后何也？"去，曰："后五日复早来。"五日，良夜未半往。有顷，父亦来，喜曰："当如是。"出一编书，曰："读此则为王者师矣。后十年兴，十三年孺子见我，济北谷城山下黄石，即我矣。"遂去无他言，不复见。旦日视其书，乃《太公兵法》也。良因异之，常习诵读之。

这段故事甚奇怪，一般人多只注意到它的故事性与传奇性，很少认真加以分析研究。本文先信它为真，然后从故事中产生疑问，发现问题，进一步追究后，才知道原来里面大有文章。

第一个问题，老父与张良是否偶然相遇？当然不是。通观整个故事，老父乃是隐名埋姓的高人或异人，他身怀道术，欲择人而传。《易》曰："苟非其人，道不虚行。"道术岂可轻传于人，又岂是任何人皆可得传？天资、品性、功夫、机缘四者缺一不可。天资不高，难成大器；天资虽高而品性低劣，又恐助他为恶；天资高、品性好而疏懒成性，不肯用功，又怕中道而废，白费气力；三者俱备，而无授受机缘，亦恐难免遗珠之憾。明乎此理，则知弟子固求明师，师亦求贤弟子。今老父欲传其道，自然必先择人，但如何知他是载道之器呢？此则必须试后方知。然而人海茫茫，又岂能遇人便试？故知凡是他所试的，必定是被试者已具相当资格，需要进一步确定，断非泛泛普通之常人。换言之，他对被试者先已有若干认识了解，绝非一无所知。张良在下邳桥上漫步，一老父走来故意（直堕）[83]把鞋子掉到桥下，然后命张良下桥取鞋（下取履），既取上来又令他穿鞋（履我），而且大模大样伸出脚让他穿上、扬长而去（以足受，笑而去）。从故事首尾看，老父乃是正常之人，故知凡此所为都是故意的，其目的是要试验张良；也可知在此之前老父对张良绝非从未谋一面或一无所知（否则即成见人便试，那才不正常。）。这个试验，张良通过了，故说："孺子可教矣！"这句话更可说明，前面所说所做都是试验。

　　张良是如何通过这项试验的？从他的反应表现上可知。张良的反应可分五层：一愕然（事出突然，莫名其妙）；二欲殴之（头次见面，便呼孺子；非亲非故，却命取履）；三为其老（一念之转，别开新机）；四强忍（屈己从人，勉强行义）；五下取履（这次认了）。取履上来，老父又命"履我"。先前所为，已是傲慢无礼，至此更加蛮横。而张良的反应则是：一履之（这时若不替他穿上，先前便不该替他捡上来，否则失算而前功尽弃，一错再错）；二长跪履之（索性人情做尽，故曰："业"为取履，"因"长跪履之）。张良先则"欲殴之"（此时张良才二十许，尚有血气，故能椎秦为任侠），还只是常人；到"为其老"，强忍下取履的时候，已可看出他的心地品性（这或许是张良曾"学礼淮阳"的缘故吧）；到他替老父"履之"的时候，已可看出是个聪明人；而张良竟"长跪履之"，则可断定他必是非常人了。在短短一会儿的工夫里，张良的反应变化曲折这么大，从这过程中可以见到张良的机变与能忍。而这两点正是一个政治人物或做大事业的人最可贵的品质。无机变则不足以应变成功，不能忍则不能待时，而足以败事。陈平渡河，裸衣刺船，即是机变；张良蹑足，沛公改口，即是能忍。一切知识、技能，均可借助他人，唯有这两点必须自己本身具有。擅机变，则能应变出奇；能忍则知柔、下、不争。张良有此品质，岂非可教？再从博浪椎秦一事来看，以秦帝之狠戾、秦法之严酷，张良敢伙同力士去刺杀，是为有胆（大胆）；功败垂成，全身而退，不但自免，而且并免力士，是为有智（神智）。有智者未必有胆，有胆者未必有智；而张良兼而有之，其胆识之过人，于此可见。倘若老父亦知张良此段历史，则一位擅机变、知忍柔、极具胆识的青年，岂不是踏破铁鞋无处觅的最佳传人吗？所以老父笑而去，去而复还，还而曰："孺子可教矣！"

第二个问题，老父有无教张良？似乎没有。圯上初会后十五日，老父授张良一书，"遂去无他言"，张良回去到天亮后才知这书是《太公兵法》，可见这是两人最后一面。老父既未即时讲解，更未为他停留以便传授，岂不奇怪？可见老父不但知道张良识字（近代以前，中国文盲居多），而且程度不错（识字者未必能读书），而且以他的智慧可以自己读懂，不必传授。这更能证明老父对张良以前绝非一无所知，授书时必已有甚深了解，否则便是轻传妄授，这岂是老父所为？更奇怪的是，老父授书后告诉张良"读此则为王者师矣"，以后张良果然如此，似乎老父不但知道张良的过去，还知道张良的未来，即看透了张良的一生；又说："后十年兴，十三年孺子见我，济北谷城山下黄石，即我矣。"后来也应验，如此则老父不但看透张良的一生，也看透自己的一生了。这样的人物可能有吗？只能说稀有罕见，不敢说绝对没有。在过去几千年中国文化所涵蕴的社会里，懂得医卜星相、琴棋书画的隐士逸人并不少见，有的正史还特地为他们立一个专传——《隐逸传》。所以东坡说黄石公是秦末的"隐君子"[84]，并不是什么鬼怪之物。这个故事，人奇事也奇，本来就是千古罕见，所以才传诵千古；不能只凭未见、罕见，便遽定它为假。

第三个问题，老父真的未教张良吗？恐怕不然。老父既以张良为"可教"，如何可能未教？倘若所教只是授书一编，为何不于五日后初会时即授予张良，而必要待到一波三折之后的十五日呢？老父约五日后"平明"（天刚亮）会，张良届时"平明"往，老父已先在，"怒曰：'与老人期，后何也？'"明明是他自己早到，却要倚老骂人。再约五日后"早会"，这次张良"鸡鸣"（天未亮）就到了，老父又先在，"复怒曰：'后何也？'"前次老父早到，尚可说是老人起早，无事便来；此次早到，则分明是故意抢先为难，又要骂人。再约五日后相会。这次张良顿悟，"夜未半"就到了。"夜未半"尚在零时以前，则老父"有顷"即到，当在零时前后。本来与人约定"平明"会面，最后却会到夜半之时去，岂不奇怪？到这时，老父才开心地说：应当这样才对（"喜曰：'当如是'"）。然后才肯授书，并说了一些莫名奇妙的遥远的话。可见整个约会过程，都是老父故意安排的，目的是要给张良一次教训。张良平明往，老父"已先在"，已出其不意；鸡鸣往，老父"又先在"，再出其不意。两次均被老父占"先"。最后张良方悟，"夜未半往"，前一天到，即早得不能再早，如此方占先；但这是被老父逼出来的。换言之，整个过程都在老父算计之中，张良处处被老父算到，而抢了先机。在此之前，只有张良算计别人；博浪椎秦，他以匹夫而敢斗暴君，虽未成功，但能与力士俱免，也不算失败。这次他却被老父算计了，从头到尾都在老父掌握之中。最后张良虽比老父早到，但那是被老父逼出来的，正要他如此也。"喜曰：当如是"者，所喜的不是张良终于做到了应比老人早到之礼，而是张良终于搞通了。兵法说制敌机先，"致人而不致于人"[85]。在这次无形的斗智比赛中，老父主动，处处占先机；张良被动，而且轻敌，至少是有点粗心。第一次后到，尚可说不知这是竞赛与圈套，第二次后到，则至少是警觉不够，所以两次都败。兵法又说："先为不可胜，以待敌之可胜。""胜可知而不可为。"[86] 老父要他早到，他只有早一天到，才能立于不败之地，即"先为不可胜"。如果老父在零时以后到，则这次是张良先到，此之谓"以待敌之可胜"。如果也在零时以前到，则两人不论谁先到，都只能算平手，因为还未到"后五日"，此之谓"胜不可为"。故只能"先为不可胜"。要胜敌，必须制敌机先，才能先发制人，或后发先至，那就得算。但敌方亦人，谁人不读兵书，焉有不算之理？敌我皆算，那就看谁算得多，"多算胜，少算不胜"[87]，多少是相对的，多则先，少则后。"鸡鸣而往"先于平"明"，此先乃"相对的先"；"夜未半往"，才是"绝对的先"。算到"绝对的先"，才能立于不败之地（不可胜），以待敌之可胜。老父胜张良者，是"相对的先"；但他要教张良做到的，乃是"绝对的先"。故"夜未半"的"未"字，非常重要。《汉书·留侯列传》删去"未"字，是班固无识。荀悦《前汉纪》将此故事缩写，说"凡三期而良先至，老父乃喜，送书一编"[88]，可见完全未懂。班固也曾删去"父曰：'履我。'良业为取履"九字，张泰复批评他说："强忍下取履，正模写妙处，《汉书》削之，可以观班马优劣。"[89] 说得很对，但仍未注意到比这更重要的"未"字；班固固未了了，张氏亦有间隔。

张良在未遇老父之前，已经是个人物了。博浪一椎，震动天下；全身而退，智勇双绝。纵然不遇老父，应该也能自建功业；但经老父在圯上调教后，却变得更深细。刺杀未成，亡匿下邳，时方年少，恐怕气犹未平（粗）。全身而退，进退从容，难免自负其智，目空一切（疏）。老父猝然临之以横逆，继而责之以礼数，而张良则委曲应变，机智绝伦；老父自始至终命令呵责，张良则从头到尾跪诺无违。

张良既不畏暴君，则又何惧乎一老父；圯上纳履，实难于韩信胯下受辱。张良自始以善意、忍柔、谦下、机智来对应，而最后终于有悟有得，乃深信智取胜于力争（倘若张良殴老父或避而去之，则纵有奇遇，也将一无所获），制敌贵乎机先，而尤贵乎敌明我暗、静以制动。圯上之会，老父所以能胜张良，最重要的是深藏自己，使人不知不疑；待他疑而知时，已经晚了。倘若张良自始便知老父与他斗智，老父未必便能胜过，料其只能平手。故知贵乎使人不知不疑，方能由"算到"绝对的先，进而"占到"绝对的先也。以上所说道理，张良未必完全不知。只是经此事件后，变得智勇沉深，意气和平；在常诵习《太公兵法》后，变得比以前更深更细，从此出处进退，可以游刃有余，无往不利了。凡此深心密意，老父并不明告，未有一言之教。因为能言之未必能行之，非知之为贵，行之为贵。故以身教代言教，给予当头棒喝，使他觉得深创巨痛，毕生不忘；道不在多，贵乎勤行而能终生受用也！故老父对张良并非真的未教，只是所教者不在言，亦不在书（老父只授书），而是不言之教。明人邵宝说："教在意不在言，而况书哉！是故为帝师而不自为，用智而不用力，守柔持谦而豫以待事。凡旬日数见，意之所示者至矣！良平生有一出此乎？"⑨真是先获我心。言教要说，但说出来便粗了，言有时而穷，言不尽意故。老父之教在意，故即事见意，意圆而密，方能尽其精微。据说儒道两家都有"心传"，如果真有的话，大概就如圯上老父之于张良吧？

东坡又有《留侯论》，比《范增论》一篇尤为著名，大意谓："子房以盖世之材，不为伊尹、太公之谋，而特出于荆轲、聂政之计，以侥幸于不死，此圯上老人所为深惜者也。是故倨傲鲜腆而深折之，彼其能有所忍也，然后可以就大事，故曰孺子可教也。……观夫高祖之所以胜，而项籍之所以败者，在能忍与不能忍之间而已矣。项籍唯不能忍，为不能忍是以百战百胜而轻用其锋。高祖忍之，养其全锋而待其弊，此子房教之也。"㉛张良教高祖能忍固是，但刘、项之争胜负之总纲在于"斗智而不斗力"一句，能忍只是其中之一目。而张良能忍并非老父所教，老父所教别有所在。而所以教之者，正因为张良有能忍之品质，因果先后，岂可倒置？椎秦功败，全身而退，正见子房神智，未可完全视为"侥幸"。观上文所叙便知。东坡文章虽好，实非至论。

以上文字分析，常觉言不尽意，因为详此则略彼，详彼则略此。虽加用在括弧内补述的方法，犹觉意犹未尽；实在是这段故事启发无穷，令人玩味不尽啊！伟大哉老父，舍他谁能教此高徒！伟大哉留侯，舍他谁人肯受教于老父！伟大哉太史公，舍他谁人有此史笔能传此一字不易、千古不磨之故事！

十年之后，陈涉起义，张良果然辅佐刘邦而成帝业，观其一身本领，大抵不出圯上之会时自身原有以及老父之所教。谓予不信，请以下文证明：其一，怀王之约，先入关者王。项羽走北线，苦战河北；刘邦走南线，西入武关。《留侯世家》记，刘邦欲以兵二万攻峣关，张良说："秦兵尚强，未可轻。臣闻其将屠者子，贾竖易动以利。愿沛公且留壁，使人先行，为五万人具食（五万灶），益为张旗帜诸山上，为疑兵（兵不厌诈），令郦食其持重宝啖秦将。"秦兵果叛，欲连和俱西袭咸阳。刘邦欲听之，张良又说："此独其将欲叛耳，恐士卒不从。不从必危，不如因其解击之。"这便可见张良的机变与忍狠（忍即狠）。先则欲军事解决（强攻），继则改为政治解决（收买），最后又变成军事解决（因懈）。前后数变，每次都因机乘时。先则见"贾竖易动以利"之机，而欲因之；继则见"不从则危"之机，而先制之。两次都是先发制人，致人而不致于人。其二，鸿门之宴，沛公之所以能入虎穴而脱虎口者，主要是张良的功劳。鸿门宴座次的安排，使得范增的杀人之计失败，又再次表现出张良制人先机的高明技巧。所以太史公于叙目中称赞他说："为大于细，图难于易。"[92]其三，项王背约，王沛公巴蜀汉中。张良说汉王烧绝栈道，使项王无西忧汉心；又以齐王田荣反书告项王，使项王发兵北击齐。先使项王不疑，误之于西，既又引之使北，遂使刘邦能够还定三秦。这是调虎离山之计，项羽、范增都坠其术中。张良在此事中完全采取主动，致人而不致于人。其四，鸿沟之约，中分为二。汉王欲西归，张良、陈平都说："汉有天下太半，而诸侯皆附之。楚兵罢食尽，此天亡楚之时也，不如因其机而遂取之。今释弗击，此所谓'养虎自遗患'也。"[93]"机"不可失，懂得调虎离山的人，当然不会纵虎归山。汉王从之，遂灭楚。其余"借箸销印"与"蹑足就封"等事，也都可看出张良的识时知机，先发制人。

但最能表现张良有特殊智慧的是计存太子。高祖以爱欲易太子，这是国事，也是家事。清官难断家务事，疏不间亲，小不加大，故"大臣多谏争"，无效。吕后恐，使建成侯吕泽劫张良"画计"。张良先则曰："骨肉之间，虽臣等百余人何益？"吕泽"强要"，才又说："此难以口舌争也。"而献招迎商山四皓之计，以为"则一助也"。可见张良对此事早已看透，知道骨肉之间外人难说话，不能以口舌争，只能以智取。他并非无办法，只是不肯自己先说，必要待吕泽一再强要后才肯说出；全是不先、不争，而以智取。黥布反，高祖亲征，张良抱病至曲邮送行，"因说上曰：令太子为将军，监关中兵。"高祖答应，并说："子房虽病，强卧而傅太子。"这正是他的目的，乘"机"保全太子。第二年（汉十二年）高祖击破黥布归来，"愈欲易太子"，张良"谏，不听，因疾不视事"，[94]先前"大臣多谏争"的时候，他不谏，因为事情未到需要他谏的时候，况且谏也无用。此时进谏，是因为已到最后关头，他不能一次都不讲话，吕祖谦说是

论留侯 | 519

"以其职谏"[95],略尽职责而已。他也知道还是无用,但早已下了一着棋在那儿,故借病抽身退开,静待四皓发生作用。这比起叔孙通"称说引古今,以死争太子"而"上详(佯)许之"来,真是高明太多了。以后四皓从太子侍宴,"年皆八十有余",须眉皓白,衣冠甚伟,上怪之,问曰:"彼何为者?"如此打扮,正是要他怪而后问。四人各前对名姓后,"上乃大惊曰",正是要他大惊。四人对曰:"陛下轻士善骂,臣等义不受辱,故恐而亡匿。窃闻太子为人,仁孝恭敬爱士,天下莫不延颈欲为太子死者,故臣等来耳。"一切布置作为,最后目的就是要在高祖面前用四皓来说这段话。但一定要等到高祖自己发现,怪而大惊以后才讲,才能发生作用。若由四皓自去报到称说,便一文不值了。高祖因而改变主意,太史公最后说:"竟不易太子者,留侯本招此四人力也。"[96]

张良此计所以能奏功,是因为他懂得高祖的心理,对症下药,预占先步。高祖既得志,视天下为私产,今值年老疾病,心所忧者是刘家天下能否传之子孙而不为他人所夺。观乎异姓八王,反者六国,淮阴受辱,萧何械系,便知他心中所想何事。今太子仁柔不肖,而功臣枭将有在者,怎能不为自己百年之后忧心呢?故所谓"终不使不肖居爱子之上"者,并非是为了爱子而欲易太子,乃是以为太子不肖才欲以爱子易太子。以太子为不肖者,乃是恐怕他将来不能镇抚功臣枭将,断送了刘家的江山。这就是为什么大臣"多谏争"、叔孙通"称说引古今,以死争"都无效的真正原因。张良洞悉根窍,故招迎四皓,四皓之语中最重要的就是"窃闻太子为人,仁孝恭敬爱士,天下莫不延颈欲为太子死者,故臣等来耳",即欲改变刘邦对太子的估计,使他认为太子得人心,羽翼已成,刘家江山没问题了。所以高祖立刻决定不易太子,并说:"烦公幸卒调护太子。"此计真是委婉曲成、幽深入微,而有合于《大易》"纳约自牖"之道。程伊川《易程传》坎卦六四爻辞注云：

> 纳约，谓进结于君之道。牖，开通之义。室之暗也，故设牖所以通明。自牖，言自通明之处以况君心所明处。《诗》云："天之牖民，如埙如篪。"毛公训："牖为道，亦开通之谓（一作义）。"人臣以忠信善道结于君心，必自其所明处乃能入也。人心有所蔽，有所通；所蔽者暗处也，所通者明处也。当就其明处而告之，求信则易也，故曰纳约。自牖能如是，则虽艰险之时，终得无咎也。……且如汉祖爱戚姬将易太子，是其所蔽也。群臣争之者众矣，嫡庶之义，长幼之序非不明也，其如蔽而不察何？四老者，高祖素知其贤而重之，此其不蔽之明心也。故因其明而及其事，则悟之如反手。且四老人之力，孰与张良、群公卿及天下之士？其言之切，孰与周昌、叔孙通？然而不从彼而从此者，用攻其蔽与就其明之异耳。

依上文分析，高祖并非蔽于嫡庶之义，《易程传》此解未的；但张良借四皓以重太子，正是就其明而攻其蔽（疑太子不能全天下），正合"纳约自牖"之道，《易程传》大义是正确的。元人杨翮也曾论及此事：太子将废，难以口舌争，这是张良"智之所不及"；今招四皓能解高祖心中之结，这是张良"智之所见"。张良能"以其智之所见，有以济其智之所不及"，这才是大智。他说：

> 呜呼！是乃张良之所以为智也。《易》曰："纳约自牖。"又曰："遇主于巷。"古之大臣，所以格其君不惟有以因其明而入之，而又能求之以委曲之道。盖天下之所谓大智，非其身自任之为难，而能使人任之以济吾之所不及者为难。张良之事，盖若此矣。良

以智得名，而太子将废之势已兆于此，而无策以定其位，是其为智亦已甚穷。惟其济之者有术，则其所以为不可及也。当此之时，苟无四老人之力，太子盖几不免于废，是何也？高祖之爱既移，而赵王夺嫡之渐；以情而言，终不能以不肖子居爱子上，其事亦已定矣。特良之智有以知夫高祖之素所尚慕者有在，是以四老人之力得以行于其间。使他人以区区之小智而当是智所不及之时，太子之位易矣，可得而定哉！㊉

"遇主于巷"为睽卦九二爻辞。火泽睽䷥，九二以刚中之德居下，上应六五之君，本为正应相济，但因"居睽之时，乖戾不合，必委曲相求而得合遇，乃得无咎"㊈。《易程传》详细解释说："二与五为正应，相与者也。然在睽乖之时，阴阳相应之道衰，而刚柔相戾之意胜；学《易》者识此，则知变通矣。故二五虽正应，当委曲以相求也。二以刚中之德居下，上应六五之君，道合则志行，成济睽之功矣。而居睽离之时，其交非固。二当委曲于相遇，觊其得合也，故曰'遇主于巷'，必能合而后无咎。君臣睽离，其咎大矣。巷者，委曲之涂也。遇者，会逢之谓也。当委曲相求，期于合遇与之合也。所谓委曲者，以善道宛转将就，使合而已，非枉己屈道也。"其中"委曲"之义，《易程传》解释最好，张良之计正合此道。

此外，张良最后能全身而退，更可以看出他有深远不测之智。高祖诛除功臣诸将甚亟，张良独能例外，这绝非偶然。刘邦待功臣诸将虽薄，但他们也有自取之道。关中是刘邦的命根子，萧何镇守关中十余年，位高权重，竟不深懂刘邦的心理，遂至"械系"。韩信地广、兵强、善战，早为刘邦所忌，又无鲍生、召平之徒为之献计，终于被戮。张良功虽大，但不肯为王；让功封留，地少力薄，又非要冲，自然不引人瞩目。萧何见机不早，疑而后解；韩信兔死狗烹，临死追悔。张良则先见预审，才一举步进时，便已想到退了。张良进黥、彭、韩三人破楚，太史公于下文写道："张良多病，未尝特将也。常为画策臣，时时从汉王。"[99]多病则文弱不足畏；未尝特将则不曾带领军队独当一面，故无兵；常为画策臣乃为汉王画策，是助汉。既文弱，又无兵，又常帮忙有用，如此则刘邦不但不疑忌，而且还非常需要和欢迎。这一节文字，正是张良的保命金丹、全身妙方。高祖西都关中，张良从入关，《史记》又载张良："性多病，即道引不食谷，杜门不出岁余。"闭门不问外事，不与功臣诸将往来，避开是非纠纷；导引不食谷，则表示兴趣不在人间富贵；性多病，则更使人放心。陆深说："性固多病，叙事乃从入关时著其杜门不出，得子房心矣。"[100]邵康节说张良"善藏其用"，即此可见。谏高祖不听，"因疾不视事"，也是一例。由此观之，张良不建立私人势力，不搞小圈圈，既无班底，亦无群众，功劳虽大，却谦让不争，最后"愿弃人间事，欲从赤松子游"，示人取舍异路，超尘脱俗，真可谓"鸿飞冥冥，弋者何慕"啊！故以高祖之雄猜而敬之，以吕后之悍妒而德之，终能进退从容，全身远害，垂名万世。

以上所述留侯之本领：凡制敌机先，致人而不致于人，忍柔不争，善藏不疑等，岂不是都见于张良的品质以及老父之所教吗？要想否认老父与张良的关系及张良曾受教于老父，那是不可能的，也是不合理的。

四、学术本源

张良既经老父调教，遂成百炼精钢，从此再作人间之游，可以屈伸自如、游刃有余了。然则，老父所授何术？张良所学何学？常言道：不学无术。反过来说，学则有术。张良之学术本源何在？众人虽然也知张良所学乃是道家老子之术，但是语有深浅详略。

物极必反。"反者，道之动；弱者，道之用。"⁽¹⁰¹⁾故老子主张"用反"；在人事的对应上，即是"用弱"。用反有二：正面用反，即是守柔、执后、处下，不争；反面用反，即是将欲必固的"微明"之术⁽¹⁰²⁾。其实，二者都是"用弱"。朱子答弟子问"反者道之动"章时曾说："缘他看得天下事变熟了，都于反处做起。且如人刚强咆哮跳踯之不已，其势必有时而屈，故他只务为弱；人才弱时，却蓄得那精刚完全，及其发也自然不可当。故张文潜说：'老子惟静，故能知变。'然其势必至于忍心无情，视天下人皆为土偶尔，其心都冷冰冰地了，便是杀人也不恤。"⁽¹⁰³⁾朱子又说："老子之学最忍。他闲时似个虚无卑弱底人，莫教紧要处发出来，更教你支梧不住。如张子房是也。子房皆老氏之学。如峣关之战，与秦将连和了，忽乘其懈击之；鸿沟之分，与项羽讲解了，忽回军杀之。这个便是他柔弱之发处。可畏！可畏！他计策不须多，只消两三次如此，高祖之业成矣。"⁽¹⁰⁴⁾张良所为以及他所教高祖者，大抵隐忍柔弱，因机乘时，其柔弱处，正是其可畏处。弱之反面为强，故知留侯少子取名"辟强"，实有深意。辟强与不疑，可说都是张良一生最得力处。伯丰弟子问："程子曰：'老子之言窃弄阖辟'者何也？"朱子答说："如'将欲取之，必固与之'之类是。他亦窥得些道理，将来窃弄。如所谓代大匠斫则伤手者，谓如人之恶者不必自去治他，自有别人与他理会。只是占便宜，不肯自犯手做罢。"问："此正推恶离己。"朱子又说："固是。如子房为韩报秦，撺掇高祖入关；及项羽杀韩王成，又使高祖平项羽。两次报仇，皆不自己做。后来定太子事，他亦自处闲地，又只教四老人出来定之。"⁽¹⁰⁵⁾以上朱子所论，都是鞭辟入里的见解。

司马谈《论六家要旨》曾扼要说明道家的思想："道家无为，又曰无不为。其实易行，其辞难知。其术以虚无为本，以因循为用。虚者，道之常也；因者，君之纲也。"故"虚""因"二字，实为道家思想之宗纲。以因循为用，凡事只是因机乘时，绝不以人力人意强为，如此方能无为而无不为。张良椎秦博浪，以人意人力而为的成分居多，只因神智绝人，故能全身而退。但经老父调教后，即变得极为乖巧，凡事只是因循做去，故费力少而成功大，人亦往往不觉。老父命"履我"，张良念业为取履，"因长跪履之"；利啖秦将，恐士卒不从，遂"因其解击之"；汉王遣张良归韩，张良"因说汉王"烧绝栈道；高祖自将击黥布，张良抱病强起至曲邮见高祖，"因说上曰：令太子为将军，监关中兵"；高祖击英布归，愈益易太子，张良谏不听，"因疾不视事"。凡此都是"因循"做去，都是一个"因"字。知道因"机"，则必要乘势，要乘势，则必定喜爱借力，凡事不肯自己费力先做，尽是借用或偷机取巧（此非世俗之义）。如谋刺暴秦，借助力士；说立韩王，借助项梁；既借沛公灭秦，又借汉王灭项；借韩、英、彭三人破楚；借雍齿弭祸未形；借四皓定太子；乃至借箸销印，借赤松子委婉避祸等，凡其所为，泰半借力，当身自任者极少，故不但"步步在人前"，而且"着着在事外"[106]。朱子说张良，"只是占便宜，不肯自犯手做魯。又凡只到半中央而止，如看花切勿看离披是也。"[107]正如老子所说的那句话："夫代大匠斲者，希有不伤其手者矣。"[108]真是精得可爱而又可怕。老子又说："圣人被褐怀玉。"[109]君子盛德，容貌若愚，虽有道术或本领，绝不显山露水。故老父但"衣褐"，不异常人，此张良之所以堕其术中；张良也以"如妇人好女"[110]之貌藏其神智，未尝特将，时然后言，故能屡发每中。使人不知不疑，这是老父以及张良的最乖巧处。

可是要"因机乘势""偷机取巧"，必须能"识"时"知"机才行；此则必须洞悉人事、深观时变。老子似是饱读史书，饱历沧桑，再加上张文潜所说的"老子惟静",故能知变。此即老子所说:"致虚极,守静笃。万物并作,吾以观复。"⑪所谓"静",不是指形体,而是指主宰形体的心能寂然不为外物所动。故"静"字上面有时加一"清"字,而说"清静为天下正""我好静而民自正"⑫。只有能静而至静到底(守静笃)的人,才能观变照物;也只有圣人(实即政治领袖)能先清静,才能使百姓自动复归于正,使这混浊的社会逐渐自行澄清。"静"自何来?老子说:"见素,抱朴,少私,寡欲。"⑬故真正道家人物其行为自然高人一筹。张良少私、寡欲,所以才能欲浅机深,应变不穷;这是张良以及道家人物智慧泉源之所从出。其实,这与儒家主张"节欲",由定、静而生安、虑、得,基本上没有什么大不同。其余如"以无事取天下""以道佐人主者,不以兵强天下""不自伐,故有功;不自矜,故长""夫唯不争,故天下莫能与之争""功遂、身退,天之道"⑭等,也都与张良的事功有关,但见文知意,在此也就不一一细说了。

朱子曾经论古今人物之欲大有表显于政事者,如贾谊、董仲舒、王通诸人,他说:"汉儒惟董仲舒纯粹,其学甚正,非诸人比。只是困善无精彩,极好处也只有正义明道两句。下此诸子皆无足道,如张良、诸葛亮固正,只是太粗。"⑮钱宾四先生以为朱子此条分析甚精,但进一步解释:"谓张良、诸葛亮太粗,乃是粗在明道上,非粗在应事上。"⑯说得比较明细。但此处所说的道,恐怕是指儒家之道,主要是从宋儒心性之学的观点来看。明道、应事,两皆难事。朱子仁精义熟,在明道上自然胜过他人;但在应事上却不免有失(韩侂胄用事,朱子上疏"斥言左右窃柄之失,因而罢官")⑰,由此可见应事未必比明道容易。况且,明道、应事,不应分为两橛。张良能够应变不穷,亿则屡中,应事至此,何以复加?似乎不应只是有"术",而无更高一层之"道"以为依据;只不过所据之道,乃是道家之道罢了!

但若以为张良所学完全是道家老子之术，那也不对。《留侯世家》篇首明白记载"良尝学礼淮阳"。"礼"字正是儒家所重而为道家所轻，不然怎么说"礼者，忠信之薄而乱之首也""失义而后礼"[118]呢？而儒家则认为"安上治民，莫善于礼"。明人陈仁锡说："子房不同众人，根原在'学礼'之二字。"[119]可谓只眼独具，可惜说得太简略。清汪之昌有《留侯论》一篇，阐发极详：

> 汉高嫚视臣下，而留侯独以礼始终。据《留侯世家》，"良尝学礼淮阳"，师授虽不可知，而为礼则有明文，综其行事，大抵由礼居多。无论行兵、葆祠两端与《礼器篇》载"战则克，祭则受福"之训相表里。即筹六国不可复封，曰"发巨桥之粟，散鹿台之钱"；曰"倒置干戈，覆以虎皮，以示天下不复用兵"；曰"伏马华山之阳，放牛桃林之阴"，咸《小戴记·乐记》文，尤灼然可知。《世家》言"悉以家财求客刺秦王，为韩报仇，以大父、父五世相韩故"，《曲礼》所谓"父之仇不共戴天"也。为圯上老人取履，盖习知《曲礼》《少仪》之经，事长之道固宜。良之从沛公也，以《太公兵法》说，沛公善之，常用其策，良为他人言皆不省，《少仪》所谓"事君量而后入"乎？沛公入咸阳，眩曜于居处玩好，良谏宜为天下除残贼，殆本《儒行》"委之以货财，淹之以乐好，见利不亏其义"之大指。项伯知项羽欲击沛公，邀良俱去而不去，则又《檀弓》言"事君服勤至死"者。其劝高祖定功行封，亦与《月令篇》"行赏封诸侯"合。高祖之征黥布也，留侯病不能从，观其所云"臣宜从，病甚"，殆据《曲礼篇》"君使士射，不能则辞以疾，曰某有负薪之忧"之义，是区区之词令未尝逾乎《礼经》。且留侯佐汉高定天下外，功莫著于安惠帝于储君，盖见《文王世子篇》"一有元良，万国以贞"之古记；而进

四皓尤合"设四辅"之成规。然则《世家》所述留侯勋业，洵所谓"为国以礼"者。奉祀黄石，鬼神为礼教所不废。至于行兵，《内则篇》子生设桑弧蓬矢，弧矢于五兵为最先。何一不本礼学以为设施？以视习容仪、守章句为传礼学，判然已！[120]

汪氏所说，真是言人所未言。虽然过于附会《礼记》文字，但说张良一生行事"大抵由礼居多"，大意却是不差。"我战则克，祭则受福。"是孔子所说，见《礼记·礼器篇》。"父之仇，不共戴天。"见《曲礼上》。《曲礼》《少仪》两篇都曾言及事长之道，《曲礼上》有"年长以倍，则父事之"[121]之文，则为老父取履一事，自然合乎事长、事父之道。儒家讲事君之道，"进思尽忠，退思补过"[122]。张良以太公兵法说沛公，自合此义，不必强以"量而后入"解之。"残贼"一词，本于《孟子》"贼仁者谓之贼，贼义者谓之残，残贼之人谓之一夫"，乃指暴君。谏留秦宫，以儒行证之，似嫌迂曲。项伯欲与张良俱去，其时张良于刘邦乃借将，若于此时亡去，于公则未尽臣职，于私则做人有亏（不义），《檀弓上》"事君有犯而无隐，服勤至死"，但张良不一定当时便想到这一句话。《月令篇》："立夏之日，天子亲帅三公九卿大夫以迎夏于南郊，还及行赏封诸侯，庆赐遂行，无不欣悦。"张良劝高祖定功行封，自是当时需要，强引《礼》文证明，似是隔了一层，而且以后销六国印又作何说？张良"性多病"，不能从征黥布，"病甚"是实情，并非"不能则辞以疾"。《文王世子篇》"记曰：虞夏商周有师保，有疑丞，设四辅及三公，不必备，唯其人，语使能也。"《礼疏》引《尚书大传》云："古者天子必有四辅，前曰疑，后曰丞，右曰辅，左曰弼。"[123]张良招四皓，乃是借以行计，并非要照"设四辅"的成规去做。因此，总括来说，张良行事并非处处先想到《礼》文，否则便太拘泥。但张良既学《礼》，考其一生行事，不是与儒家所言之礼相合，至少也是不违，这是绝对不错的。张良学《礼》，能见诸行事，以身行之，这自然比那些"习容仪，守章句"的儒生要高明许多，汪氏这点讲得极透。如此说来，张良可说是：做人本儒家之礼，而应世则用道家之术。

汪文中最值得注意的是"报仇"一义。复仇是儒家之义，道家老子并未明言。《春秋》之义，灭国者贬。可是庄公四年齐襄公灭纪，孔子却大书特书曰"纪侯大去其国"。《公羊传》解释说："'大去'者何？灭也。孰灭之？齐灭之。曷为不言齐灭之？为襄公讳也。《春秋》为贤者讳，何贤乎襄公？复仇也。"又说："九世犹可以复仇乎？虽百世可也。国君一体也，先君之耻，犹今君之耻也；今君之耻，犹先君之耻也。"陈柱说："此可谓深得君子以国与身、亲与身为一体之义者矣。国与身一体，此古之君子所以教忠也；亲与身一体，此古之君子所以教孝也。忠孝，则国与亲之仇，犹己之仇也，可以远而不复乎？"[128]张家"五世相韩"，则身受国恩隆厚。张良之父卒时，去韩国之亡才二十年，其时张良年少，无论"未仕"或"才仕"[129]，国仇即父仇、家仇。故张良为韩报仇，在国为忠，在家为孝。是大丈夫，必有真性情；张良恩怨分明，他一生的事业都是从为韩报仇的志节心愿做出来的，亦即从忠孝至性中发出来。倘若没有这忠孝之心，也就没有他这一生的事业以及历史上留侯这个人了！

然则，对张良不能仅从智谋一方面去认识，以为全是挟数用术，还应从品格上再做理解。观其一生，始则"弟死不葬"，破家为国，忠义尽见。继则椎秦博浪，天下振动；"六国之亡，无一义士""自此陈胜、吴广、田儋、项梁之徒，始相寻而起"[130]，以匹夫而欲诛暴君，其胆识过人可见。项伯欲与俱亡，此时命在旦夕，而张良以为"亡去不义"，又见其本性忠义。汉王赐金百溢（镒），珠二斗，张良"具以献项伯"，足见不爱财。功臣诸将"日夜争功"，刘邦"自择齐三万户"封张良，张良却让功封留，足见不贪爵位，有让德。最后"愿弃人间事，欲从赤松子游"，大存遗世出尘之慨。一般人多以张良多病、学辟谷、道引轻身与杜门不见宾客，纯是避祸之术，其实不然。张良"性多病"，并非伪装，故篇中前后重出多病数次。张良不慕财宝爵位，心中忻慕实别有在，杜门不见宾客，学辟谷道引轻身，大有"可哀唯有人间世，愿绝生平未了因"之境界，故仰望神仙，可以为友，愿从赤松子游。然而此种志行，实兼有委婉避祸之作用，亦可谓之"术"。但此术是从更高一层的"道"来的，本末先后须加区别。

由以上分析可知，张良不仅智慧高超，而且人格高洁；这才是他之所以能高标一世、传颂千载的真正原因。唯其人格高洁，故即使以儒家的道德标准来衡量，也无可疵议。唯其人格高洁，遂使智慧更加高超。道德与智慧本无必然关系，有智者未必有德，有德者也未必有智，但最高之智慧必与最高之道德相合。张良之神智，固由天资，但也与其人生修养有关。庄子说："嗜欲深者，其天机浅。"[127]反过来说，天机深者，其嗜欲必浅。张良不爱财、不慕势、不贪色、不争功，除了报韩之心志以外，似乎一无所求；志贞心洁，故能至诚感人，机深难测。王船山曾说："子房身方事汉，而暴白其终始为韩之心，无疑于高帝之妒。其忘身以伸志也，光明磊落，怛然直剖心臆于雄猜天子之前。且曰：'愿弃人间事，从赤松子游。'视汉之爵禄为鸿毛，而非其所志也。忠臣孝子青天皎日之心，不知有荣辱，不知有利害，岂尝逆亿信之必夷，越之必醢，而厪以全身哉！抑惟其然，高帝固已喻其志之贞而心之洁矣；是以举太子以托之，而始终不忮。呜呼！惟其诚也，是以履虎尾而不疚。"[128]讲得好极。故高帝之不疑张良，不仅由于张良有避祸之计、先见之智，更由于他的人格至诚有以感召。张良间行归汉时，刘邦即封他为"成信侯"。[129]这是刘邦第一次封人。身才归汉，便"诚信"已孚，试问这是"术"，还是"德"？至诚即妙术，最高之道德亦即最高之智慧啊！周公佐成王业，让位成王，乃成不朽之大业；倘若杀侄自王，害道损德，便绝非历史上所称道的立功、立德、立言三者俱全的周公了。

张良欲浅，故机深无死地；韩信欲深，故其智遂为其欲所蔽，终至丧身；观其甫定齐地，即请镇齐可知。一般人多以为云梦之俘、未央之斩，伏于请王之日；王船山独以为"而机动于登坛之数语"。韩信登坛拜将之时，批评项羽"有功当封爵者，印刓敝，忍不能予"，不知"封爵者，因乎天之所予而隆之，非人主所以市天下也。……抑信之为此言也，欲以胁高帝而市之也。故齐地甫定，即请王齐，信之怀来见矣。挟市心以市主，主且窥见其心，货已仇而有余怨"；又劝高祖："以天下城邑封功臣，何所不服？"不知"为人主者可有是心，而臣子且不可有是语，况乎人主之固不可以是心市天下乎"？故曰："机动于登坛之数语，刀械发于志欲之妄动，未有爽焉者也。"[130]真真是见道之言（于此可识船山）！故知韩信所以请王者，实由于"内不胜其欲"。[131]内不胜其欲，而其才又足以济之，于是其欲遂成为其死地，而其才适足以害之。故知韩信只是善于"将兵"的才士，而非抱道蓄德的君子。胡致堂说："智谋之士，急于求用，非如抱道蓄德之君子，舍之则藏也。"[132]故韩信稽留汉中，"见王未有以处之，则思而他适"[133]；陈平归汉，也对汉王说："臣为事来，言不可过今日。"[134]张良与韩、陈之大别，便在于此。

唯其人格高洁，故张良之智谋有异于陈平。陈平以智谋著称，而且少时也"好黄帝老子之术"。但张良主谋是"深谋"，而陈平主谋乃是"阴谋"，观其自道"我多阴谋，是道家之所禁"[135]可知。张良开始即无功名利禄观念，陈平则始终是富贵中人，当其割肉俎上之时便说："嗟乎，使平得宰天下，亦如是矣。"[136]张良绝无此念头。

陈平归汉后说:"臣裸身来,不受金无以为资。"然则,盗嫂是假,受金却真,与张良赠金项伯、让功封留远不能比。张良智以谋国,从来不以其智谋为身家计;其先为韩报仇,封留后犹出谋画计者,则皆利国利民。陈平则智以谋身,而多阴谋,六出奇计总不脱以智谋建功名取富贵之意。故太史公笔下对两人评价便不同:于《陈丞相世家》,赞其"智谋"[137],于《留侯世家》则赞其"魁梧奇伟"[138]。鲁实先先生曾说:"陈平是汉代的要人,张良则是汉代的伟人。"[139]可谓知言。明人茅坤甚至称赞张良说:"自其道术之深,而善处功名之间,以之进则薄日月,退则混龙蛇,入污泥而不滓,轶埃壒而不蔽,抑古今之际所仅见者。"[140]

从数千年国史上来看,周孔以上是圣人,可不必比。周孔以下,伍子胥能报父仇,可谓智勇且孝;但为报父仇而引外兵,不惜覆其宗国,不可谓忠。范蠡助勾践复国,竟雪会稽之耻,智勇而忠,但不足称孝。最后扁舟泛湖,明哲保身,与张良极相像,但因时代环境不同,功业限于一隅。太史公似乎不太重视他,并未为他特别立传,而只是附于《越世家》中。荀彧有"王佐才"[141],料事如神,"德行周备",钟繇甚至此之颜子[142],曹操得之,称为"吾之子房"[143],但荀彧后来因阻曹操进爵国公(魏国公),终为曹操赐食而死[144]。张良岂能为刘邦所杀?刘邦而杀张良,则亦非刘邦了。清河崔浩,"纤妍洁白,如美妇人。而性敏达,长于谋计。常自比张良,谓己稽古过之。"史臣称其"才艺通博,究览天人,政事范策,时莫之二,此其所以自比于子房也"。[145]世祖称其"才略之美,当世无比"[146]。但是,谋虽盖世,最后竟以"受赇"伏诛,且置于槛内,"卫士数十人溲其上,呼声嗷嗷,闻于行路"。[147]结局甚惨;才略虽美,而无留侯之道德,最后不但不能自全,而且害得"清河崔氏无远近,范阳卢氏,太原郭氏,河东柳氏,皆浩之姻亲,尽夷其族"[148]。邺侯李泌,"以白衣相天子,絷四将,调两宫,临德、代猜暗之朝,而名若泰山"[149],然而"谈神仙诡道,或云尝与赤松子、王乔、安期羡门游""长于鬼道""及在相位,随时俯仰,无足可称"。[150]意境不如张良,前人讥为"虚诞"。大唐李卫公,"才兼文武,出将入相"[151],"有王佐才"[152],功业彪炳,太宗称为"古韩、白、卫、霍何以加"?[153]晚年"散金之赏,拟迹疏公;松子之欢,比肩张傅"[154],与张良极相似。但少时自称:"丈夫遭遇,要当以功名取富贵,何至作章句儒!"[155]立志不同,稍逊一筹。真足与张良相提并论的,应该还是那位三分天下、六出祁山、鞠躬尽瘁、死而后已的诸葛武侯吧!虽然两人性格功业有别,但都是智慧超卓,志贞心洁,在三千年史中称得上是寥寥可数的。故知张良不但是汉代的伟人,更是国史上的伟人(人物中的人物)。而这样的人物,乃是在以儒道二家思想为主的历史文化背景中产生的,若与世界其他民族所产生的伟人相比,实在不同其典型啊!

五、余下的几个问题

(一)故事真伪

圯上纳履的故事,过于神奇动人,难免令人怀疑它的真实性。日本人中井积德便说:"黄石公谁见而谁传?皆出于留侯之口也。即后来辟谷之术也。后人好评论之,皆受留侯之诳也。"又说:"《太公兵法》,乃留侯之秘权,非实说。"[156]须知吾人今日讨论张良的基础,是《史记·留侯世家》;除非认为太史公伪造或误记,否则任何立说创见都必须尊重《世家》所载的事实,不得任意臆测。从《史记》看,圯上纳履的故事不是太史公编造,只能是张良自己讲出。张良是否会编造故事诳人？根据上文对张良的研究，应该不会。以伪欺人，并用以自高自神，绝非最高明的做法；以此看张良，不是抬高他，而是贬低。张良之智，绝不至为此。况且，谁又能编出这样简单、美妙而又动人的故事来？若有编造这样故事的智慧，则也不用以伪欺人、自高自神了。观《世家》之文，"张良数以《太公兵法》说沛公"，可见是有一部书。纵无授受之事，以其椎秦博浪的经历与全身而退的神智，亦足以动高祖而说了，何必伪托黄石？既说"沛公殆天授"，则似乎张良自己实有所受，所以才以"天授"赞美刘邦。后十三年，张良从高帝过济北，"果见谷城山下黄石，取而葆祠之"，果然应验，似乎真有其事。《世家》篇末又记"并葬黄石"事，与篇首圯上纳履事相应，似乎不认此事为虚无，最多只是觉得"可怪"。张良死，"并葬黄石（于张良）冢"[57]，倘若此事子虚乌有，难道死后还要骗人吗？"每上冢伏腊祠黄石"，难道更要进一步骗自己子孙到底吗？

老父"出一编书"，那是秦朝之事，文字书于竹简之上，故可能有人怀疑：倘若真有此事，那老父岂不是要扛一大捆竹简去才能授书吗？故知必伪。这个问题可分三层答复。第一，倘若无老父其人其事，则一切议论都是多余。倘若真有老父其人，而老父亦果有兵书欲授张良，则不论此书之轻重大小如何，老父必不厌烦重，亲自扛去或用车载去，甚至用其他方法交与张良。《史记》只说"出一编书"，怎么"拿出""取出"，由于文字过于简洁（"良尝闲从容"至"乃《太公兵法》也"，才二百一十六字），并无明白记载。因为这并不重要，重要的是曾否拿出一部书来。第二，钱存训《中国古代书史》曾讲到战国汉初竹简，晋人不准盗发魏襄王墓，发现大批战国竹简，"皆长二尺四寸，每简四十字"。1972 年初至 1973 年底，长沙马王堆两座西汉墓中先后发现竹简将近千件，都是公元前 2 世纪之物。其中一墓出土竹简三百一十二件，"长 27.6 厘米，宽 0.7 厘米……每简字数自二字至二十五字不等"。[158]但这些都属于战国与汉初的竹简,尚非秦简。1975年12月,在湖北省云梦县睡虎地十一号墓出土了内容丰富的秦简一千一百余枚。其中的"大事记",记载了从秦昭王元年(公元前306年)到秦始皇帝三十年(公元前217年)的一些战争及墓主人喜的生平大事,时代最与老父授书之时接近(始皇帝二十九年,公元前218年。)。这批秦简,据《简报》说:"整简一般长为23.1—27.8厘米,宽为0.5—0.8厘米。简文为墨书秦隶,字迹大部分清晰可辨;有的两面均有墨书文字,大部分只书于篾黄上。"[159]每简字数多少,未见报告,但从秦法律令的影版上可以数出,整简每枚可有三十八字[160]。如此,则秦简制度和战国汉初相去甚微,大约每简可写三四十字。今传《三略》(宋何去非校南宋刻《武经七书》本),《上略》二一〇五字,《中略》六五八字,《下略》一〇五三字,共计才三八一六字。倘若老父所授是像《三略》这样的一部书,则以秦简每枚三十八字为度,不过一百枚竹简便可容纳,每枚竹简长不过28厘米,宽不过0.8厘米,则一百枚竹简加起来最多也只有一捆,由老父怀中取出亦非不可能啊!第三,何况当时还有简便的帛书。钱存训说:"公元前4、5世纪的我国缯书出土,以及文献中的记录,更使我们相信书帛之用于书写,至迟当在公元前6、7世纪,其后延续使用,将近千余年。"[161]1934年在长沙发现的"楚缯书",长38.7厘米,宽47厘米,"主文分二段,一直书,一倒写,各分八行及十三行,约共七百五十字,惟字迹漫漶,其文四周有以彩色绘成的图像,各有标题及简短的说明,约共二百五十四字。全帛通计一千多字"。[162]如果全部用以书写文字,全帛统计的字数当更增多。如此则像《三略》这样的一部书,不过四块帛书就已足够书写,不论收藏或携带都极方便。竹简常用作草稿,缣帛价昂,用于最后的定本,"大概仅限于重要而有永久价值的书籍"[163]。故《汉志》所收兵书七九〇篇,虽然

论留侯 | 535

全是竹书，但老父既宝秘《太公兵法》，则此书也有可能写于缣帛。授书之事，夫又何疑？

（二）背约不义，销印不忠

鸿沟之约，中分天下，刘邦欲西归，张良谏曰："今释弗击，是养虎自遗患也。"这是背约行为。故程子批评说："张良才识高远，有儒者气象，而亦以此说汉王，不义甚矣。"[164]此一问题，可借明人杨慎之言答复："程子之言迂矣！张良此言，正所以为义也。且张良之佐汉，本为韩报仇。报仇者谁？先则无道之秦，后则不仁之羽也。且秦之无道，甚于商纣；羽之不仁，埒于嬴秦。高祖之诛秦灭项，何异于《书》所谓'兼弱攻昧，取乱侮亡'，《易》所谓'汤武革命，顺天应人'？乘此机不取，则大事去矣，天下何时而息肩乎？程子之所谓'义'，必欲汉王守小信而西归，项羽复炽，则天下生灵死于干戈又不止长平四十万而已。儒者立论何其迂哉！"[165]计破峣关亦与此事类似。利啖秦将，已经连和了，却劝刘邦"不如因其解击之"。宋儒也有人说："此事不类子房平日所为。"[166]其实，这是回护过当。吕祖谦说："《高祖功臣侯者年表》中，载子房封侯功状曰：'言上张旗志（帜），秦王恐降。'则汉人以为大功也。"[167]可见此事并非子虚。兴兵诛暴，报仇强秦，兵不厌诈，有何不可？背鸿沟约，可讲得通，则此事自然亦讲得通。

论者又批评张良先则说立韩王，后则劝阻刘邦立六国后，为不忠于韩。清人史念祖甚至讥张良"终不称始"，竟说："嗟乎，当其破家求客，弟死不葬，何其壮也？此其心，惟一义在而无旁挠，成败更所不计。汉王具必王之资，必成之势，良料之审矣，欲藉以自立千古之名，是成败萦乎中而又有自利之私焉。见利忘义，良之谓乎？太史公曰：'高祖离困者数矣，良常有功力焉。'苏长公曰：'豪杰之士，必有过人之节。'所谓功者、节者，实足以重良之羞耳！"[168]

此问题可分三层答复：第一，须知张良本志只是为韩报仇，并非一定要拥立韩王。钟惺说："秦灭韩，子房椎之、灭之；羽杀成，子房计灭之。此亦足以报而见五世祖于地下矣。"[169]第二，韩不能必兴。欲报韩仇则必助汉，六国立则汉不兴而仇不报矣。魏禧说："子房知韩不能以必兴也，则报韩之仇而已矣。天下能报韩仇者莫如汉，汉既灭秦而羽杀韩王，是子房之仇昔在秦而今又在楚也。六国立则汉不兴，汉不兴则楚不灭，楚不灭则六国终灭于楚。夫立六国损于汉无益于韩，不立六国则汉可兴、楚可灭，而韩之仇以报，故子房之志决矣。子房之说项梁立横阳君也，意固欲得韩之主而事之，然韩卒以夷灭，韩之为国与汉之为天下，子房辨之明矣。范增以沛公有天子气，劝羽急击之，非不忠于所事，而人或笑以为愚。"[170]第三，神器有归，违天不祥。钟惺说："必纷纷多事，而逆天以立韩，此匹夫之节，非帝师之智也。况神器有归，历数已定，违天不祥。子房断不为矣。"[171]魏禧也说："且夫天下公器，非一人一姓之私也。天为民立君故能救生民于水火，则天以为子而天下戴之以为父。子房欲遂其报韩之志而得能定天下之祸乱之君，故汉必不可以不辅。夫孟子学孔子者也，孔子尊周而孟子游说列国，惓惓于齐梁之君，教之以王。夫孟子岂不欲周之子孙王天下而朝诸侯？周卒不能，而天下之生民不可以不救。天生子房以为天下也，顾欲责子房以匹夫之谅，为范增之所为乎？亦已过矣！"[172]

从以上三层解答，可知史氏责张良"见利忘义"，乃是以张良为小人而度之。张良所为，对韩来说，已是仁至而义尽，岂可再以一家一姓万世一系的君臣之义加以苛责？道家之人，不好声色，不贪财货，也不爱做官，甚至不欲人知。老子"不知所终"，名姓至今犹在争论。老父也无名姓留传，除去圯上一事以外，后人对他一无所知。张良倘非为"报韩"而出来"用汉"，恐怕别人也未必知他。观其让功不争,岂是奸名之徒?"夫唯不争,故天下莫能与之争",那是行为自然之结果,岂可伪为而得?如今却要说他有"自利之私""欲藉以自立千古之名",如此深求苛责,过矣!

(三)伪召四皓

四皓是否有其人?《史记》未载四皓名姓,《索隐》虽有注解,但脱绮里一人,而且其他人的名姓似为后人安立。太史公叙招四皓存太子事独详,而《通鉴》却阙而不载。颜师古说:"四皓盖隐居之人,匿迹远害,不自标显,秘其氏族,故史传无得而详。至于后代,皇甫谧之徒及《诸地理书》竟为四人施安姓氏,自相错互,语又不经。班氏不载于书,诸家皆臆说,今并弃略,一无取焉。"[113]张照从之,以为"师古之见卓矣"![114]

此问题可作两点解说:第一,四皓绝对有其人,而且有名有姓。"四人前对,各言名姓。"可见有名有姓。"曰东园公、甪里先生、绮里季、夏黄公",是太史公总叙之词;四人面对高祖,绝不可能自称某公某先生。太史公略去名姓,改从时人之尊称,一方面是简化文字叙述,一方面也是要烘托出四人之身份地位,正见其史笔高妙。《留侯世家》中,沧海君、力士、圯上老父以及四皓都无名姓,未必太史公都不知道,只是不写比写更虚活神奇,那又何必多此一举?后人倘若只以搜求史料的眼光来读古代名著,而必欲责其记事完备,那是难以深入堂奥的。今观《留侯世家》,一篇之中十二次用"四人"二字[115],事实具体,可无置疑。《汉书·王贡两龚鲍传》说:"此四人者,当秦之世,避而入商雒深山,以待天下之定也。其后,吕后用留侯计,使皇太子卑辞束帛致礼,安车迎而致之。"[116]可见班固也相信有此四人。第二,陈汉章有《商山四皓里居故》[117]一文,考证极为精细,结论为:东园公当作园公,今本《史记》衍"东"字。园公即圈（平声）公（颜师古不知），居陈留襄邑之圈地。黄其姓，夏其所居里名。"夏，大也。鄞之大里，即所谓夏里。"故举其里居，则曰夏黄公；但举其姓，则曰黄公。居会稽鄞县之大里。称甪里先生者，居会稽吴县之禄里。禄里即甪里，甪音禄，故亦作禄，角亦音禄。绮里季者，盖季其字，绮里其所居地名，后世以为姓，或别为绮氏，居河内积县之绮里。四皓隐居在今商州之楚山，《读史方舆纪要》谓商山亦称楚山。四皓未偕隐时，其里居固各异也。此文泷川资言《考证》未引，似未见到。

王阳明又怀疑张良所招四人，非真四皓，而是张良伪为。他说：

> 果于隐者必不出，谓隐而出焉，必其非真隐者也。《世家》谓留侯招四皓为太子辅，余疑非真四皓也，乃子房为之也。夫四人遁世已久，形容状貌，人皆不识之矣，故子房于吕泽劫计之时，阴与筹度，取他人之眉须皓白者，伟其衣冠以诳高帝，此又不可知也。良、平之属，平日所挟以事君者，何莫而非奇功巧计，彼岂顾其君之罪哉！况是时高帝之惑已深，吕氏之请又急，何以明其计之不出此也？[18]

阳明此说实是深巧而诬。第一，须知四皓并非生而隐者，只因刘邦"轻士善骂""义不受辱"，才"恐而亡匿"。今太子"卑辞厚礼"，安车固请，可以为国出力，则又何必非隐不可？观其说建成侯以及面对高祖，可见其有先见之明，是有真本领的。本志非隐，何必定要他隐？第二，宋元之说："易称'知进退存亡而不失其正者，其惟圣人乎！'先生避秦，知亡也；安刘，知存也；应孝惠之聘，知进也；拒高祖之命，知退也。四者备矣，而正在其中，先生非圣而孰为圣乎？若其秦乱而不避，则焚书坑儒，高、斯之流矣！汉危而不

论留侯 | 539

出,则索隐行径,巢、由之徒矣!应高祖之命,则溺其冠而骑项矣!拒孝惠帝之命,则功不立而名不彰矣!引而伸之,先生可谓全德者矣!"[179]这个讲法比"隐而出焉,必其非隐者也"要高明得多。第三,说召来之四人是假四皓,纯属臆测。清人萧穆甚至说张良早窥高帝之心,于是与吕泽,"相与谋之,访于民间,求老成练达者四人而客之、而教导之"[180]。更不可思议。留侯之画计,明明是吕泽先"劫"而后"强要",如何能说成二人"相与共谋"或"阴与筹度"?四人年皆八十有余,须眉皓白,莫说古貌高龄难寻,即令寻得四人,能教得四皓之智吗?明是四皓说建成侯,怎么说成建成侯教四人呢?四人若是冒牌,难道都不畏欺君之罪了吗?纵然都不畏欺君之罪,难道张良、吕泽也不畏欺君之罪吗?吕泽身当利害关头,可以不顾欺君之罪,张良本志在报韩仇,何必为此?况且,以张良之智计(先为不可胜,立于不败之地)与品德(志贞心洁,以至诚为妙术),绝不至出此下策。这个讲法跟茅坤把张良指"沙中偶语"为"谋反"解释为"特假此恐喝高帝"[181],同样都是推求过甚。以刘邦对张良之尊信,何必恐喝?即令有此必要,也必定在事态紧急、别无他策时才用,决不会贸然轻用。况且,依前文分析,张良不至出此"恐喝"之下策。更何况高帝是何等主?岂能轻易恐喝!钟惺说得好:"高帝何如主,而可以傀儡偶人弄之乎?非惟不知四皓,并亦不知高帝矣!"[182]

阳明此说,令人想起《通鉴》所载之另一故事。吕不韦知邯郸姬有身,而子楚"为寿请之",《史记》只写:"吕不韦怒,念业(又是一业字)已破家为子楚,欲以钓奇,乃遂献其姬。"[183]怒在先,不得已顺水推舟、想占大便宜在后,甚合情理。而温公《通鉴》却写成:"不韦佯怒,既而献之。"[184]由"怒"变成"佯怒",真是太可怕了。谁谓儒者迂腐?他想的比别人做的还坏!阳明与温公未必肯为此事,但别人若想以此计欺他，却都在他料中，瞒他不得。余每读此，未曾不叹温公与阳明之智。即此一事，便可知二人可以从政建功；而观东坡所写《范增论》《留侯论》，便知他只能为文人学者。然而，温公、阳明之言，绝不可信。

★原载《食货月刊复刊》1981年第11卷第2、3期。原题《论留侯与〈三略〉》，收入本书时，删掉了"六、《三略》真伪问题重探"一节，作者搜罗之历代关于留侯的诗歌画赞，原注中的"引用书目"。

◎ 注释

① 《高祖本纪》。引《史记》原文皆据泷川资言《史记会注考证》（简称《考证》）。

②③ 《留侯世家》。

④ 《太史公自序》。

⑤ 陈仁锡先言及此。见《史记评林补标》卷五五。

⑥ 《留侯世家》。

⑦⑧ 《吕太后本纪》。

⑨ 吕祖谦：《大事记解题》卷九。

⑩ 《留侯世家》。《索隐》云："谓大父及父相韩五王，故云五代。"赵翼《廿二史札记》卷一"五世相韩"条亦有考。

⑪ 《留侯世家》谓"以良为韩申徒"，《集解》引徐广曰："即司徒耳。但语音讹转，故字亦随改。"

⑫⑬ 《留侯世家》。

⑭ 魏禧：《留侯论》，见《魏叔子文集》卷一（易堂藏版）。

⑮ 《留侯世家》。

⑯ 张履祥：《书留侯世家后》，见《杨园先生全集》卷二〇。

⑰ 吴汝纶：《桐城吴先生点勘史记》卷五五（南客邢氏刊本）。

⑱ 黄震：《黄氏日抄》卷四六（四库珍本二集）。

⑲—㉒ 《萧相国世家》。

㉓ 见《左传》襄二十三年及《国语·晋语四》。

㉔ 《萧相国世家》。

㉕㉖ 见《周礼注疏》卷三〇。

㉗ 《淮阴侯列传》。

㉘㉙ 《萧相国世家》。

㉚ 《考证》卷五三《萧相国世有》引洪颐煊曰："案，凡谢罪皆免冠。《黄霸传》：'尚书令受丞相对，霸免冠谢罪。'《霍光传》：'光入免冠顿首谢。'《朱云传》：'左将军辛庆忌免冠解印绶，叩头殿下。'其尤重者始徒跣。《匡衡传》：'免冠徒跣待罪。'《申徒嘉传》：'通至丞相，免冠徒跣谢。'皆是。"

㉛ 《淮阴侯列传》。

㉜—㊱ 《留侯世家》。

㊲ 《郦生陆贾列传》。

㊳ 《张丞相列传》。

㊴ 宋王迈：《高帝论七》，见《跃轩集》卷三（四库珍本初集）。故汉王将之国，张良将归韩，"彼此互送，至褒中而别"，"正见君臣情义之笃。"（王叔岷：《史记斠证》卷五五。）

㊵ 《留侯世家》。

㊶㊷ 《陈丞相世家》。

㊸㊹ 《郦生陆贾列传》。

㊺ 胡广：《陈平论》，见郑贤辑《古今人物论》卷七。

㊻—㊾ 《萧相国世家》。

㊿ 黄震：《黄氏日抄》卷四六。

(51) 《高祖本纪》。

(52) 《淮阴侯列传》。

(53) 周紫芝：《汉高帝论》，见《太仓梯米集》卷四四（四库珍本初集）。

㊹—㊻《韩信卢绾列传》。

㊼《黥布列传》。

㊽《项羽本纪》。

㊾《二程全书》卷一九（四部备要）。

㊿ 黄天全：《张良》，见郑贤辑《古今人物论》卷七。

61 62《项羽本纪》。

63《高祖本纪》。

64 管同：《范增论上》，见《因寄轩文初集》卷二。（傅馆）

65《明史·刘基传》："初，太祖以韩林儿称宋后，遥奉之。岁首，中书省设御座行礼，基独不拜。曰：'牧竖耳，奉之何为！'因见太祖，陈天命所在。"

66 杨翮：《项羽论》，见《佩玉斋类稿》卷九（四库珍本初集）。

67—70《项羽本纪》。

71《高祖本纪》。

72 贾谊《过秦论》语，亦见《考证》卷六《秦始皇本纪》引。

73 见《十先生奥论前集》卷六（四库珍本初集三）。《通鉴御批》卷一二也说："使范增而在，有愧是儿多矣。"

74—76《项羽本纪》。

77 苏轼：《范增论》，见《校正经进东坡文集》卷一四。

78 王世贞：《书苏子〈范增论〉后》，见《读书后》卷一（四库珍本六集）。

79 80《项羽本纪》。

81 余英时：《论鸿门宴的座次》，见《沈刚伯先生八秩荣庆论文集》，台北：联经出版公司1976年版，第91页。

82《秦本纪》。

83 王念孙云："案'直'之言'特'也，谓特堕其履于桥下，而使良取之也。……直与将古同声而通用。"见《读书杂志》志三。

84 苏轼：《留侯论》，见《校正经进东坡文集》卷七。

85《孙子·虚实篇》。

86《孙子·形篇》。

⑧⑦ 《孙子·计篇》。

⑧⑧ 荀悦:《前汉纪》卷一(四部丛刊初编)。梁玉绳说:"案,《汉传》无'未'字是。"(《史记志疑》卷二六)乃是误断。

⑧⑨ 《史记评林增补》卷五五引。

⑨⓪ 邵宝:《学史》卷二(四库珍本三集)。

⑨① 苏轼:《留侯论》。

⑨② 《太史公自序》。

⑨③ 《项羽本纪》。

⑨④ 《留侯世家》。

⑨⑤ 吕祖谦:《大事记解题》卷九(百部丛书)。

⑨⑥ 《留侯世家》。

⑨⑦ 《易程传》。

⑨⑧ 杨翮:《张良论》,见《佩玉斋类稿》卷九(四库珍本初集)。

⑨⑨ 朱熹:《周易本义》。

⑩⓪ 《易程传》。

⑩① 《留侯世家》。

⑩② 《史记评林》卷五五。

⑩③—⑩⑤ 朱熹:《古香斋朱子全书》卷五八。

⑩⑥ 钟惺曰:"留侯一生作用,着着在事外,步步在人前。"见《史记评林补标》卷五五引。

⑩⑦ 《史记评林增补》卷五五引。

⑩⑧ 《老子》第七四章。

⑩⑨ 《老子》第七〇章。

⑩⑩ 《留侯世家》。

⑩⑪—⑩⑭ 《老子》第一六;四五、五七;一九;五七、三〇、二二、六六、九章。

⑩⑮ 《古香斋朱子全书》卷五八。

⑩⑯ 钱穆:《朱子新学案》。

⑩⑰ 见《宋史》卷四二九。

⑱ 《老子》第三八章。

⑲ 《史记评林补标》卷五五。

⑳ 汪之昌：《留侯论》，《青学斋集》卷十四。

㉑ 《礼记注疏》卷一。

㉒ 孔子语，见《孝经·事君章》。

㉓ 《礼记注疏》卷二十。

㉔ 陈柱：《公羊家哲学·尚耻说》。

㉕ "未任"之"未"，吴汝纶说："未当，依《通志》作'才'。父卒已二十年，不应尚未仕宦。"见《桐城吴先生点勘史记》卷五五。

㉖ 《史记评林》卷五五引。

㉗ 《庄子·大宗师》。

㉘ 王夫之：《读通鉴论》卷二。

㉙ 《考证》卷五五引。

㉚ 王夫之：《读通鉴论》卷二。

㉛ 王世贞：《淮阴侯辨》，见《古今人物论》卷二。

㉜㉝ 转引自吕祖谦《大事记解题》卷八。

㉞—㉟ 《陈丞相世家》

㊳ 《留侯世家》。

㊴ 1970年闻诸先生。曾国藩说张良计画"亦不出战国策士气象"（《求阙斋读书录》卷三），观上文所述，可知其非。

㊵ 茅坤：《张良从赤松子游》，见《古今人物论》卷七。

㊶ 《三国志·魏书》卷一〇。

㊷㊸ 裴注引《彧别传》，见《三国志》卷一〇。

㊹ 裴注引《魏氏春秋》曰："太祖馈彧食，发之乃空器也，于是饮药而卒。"见《三国志》卷一〇。

㊺—㊽ 《三国志·魏书》卷三二五。

㊾ 茅坤：《张良从赤松子游》，见《古今人物论》卷七。

㊿ 《旧唐书》卷一三〇。

论留侯 | 545

(151) 王珪谓："兼资文武，出将入相，臣不如李靖。"见《新唐书》卷九八。

(152)(153) 《新唐书》卷九三。

(154) 见《唐故尚书右仆射、特进、开府仪同三司、上柱国、赠司徒、并州都督、卫景武公之碑》(简称《李靖碑》)，日本东京株式会社二玄社拓影发行（列入"书迹名丛刊)"，1976年。

(155) 《新唐书》卷九三。

(156) 《考证》卷五五引。

(157) 《留侯世家》。

(158) 钱存训：《中国古代书史》，香港：香港中文大学出版社1975年版，第89页。

(159) 《湖北云梦睡虎地十一号秦墓发掘简报》，《文物》1976年第6期，第3页。

(160) 《竹简影版见云梦秦简释文（二）》，《文物》1976年第7期，第11页。

(161)—(163) 钱存训：《中国古代书史》第108、114、163页。

(164) 程子曰："张良才识尽高，若鸿沟既分，而劝汉王背约追之，则无行也。"见《二程全书·遗书十八》(《四部备要》)。

(165) 杨慎：《张良》，见郑贤辑《古今人物论》卷七。

(166)(167) 俱见《大事记解题》卷八。

(168) 史念祖：《留侯论》，见《俞俞斋文稿》卷一（大华文史丛书第一辑）。

(169) 《史记评林》卷五五引。

(170) 魏禧：《留侯论》，见《魏叔子文集》卷一（易堂藏版，博馆）。

(171) 《史记评林》卷五五引。

(172) 魏禧：《留侯论》，见《魏叔子文集》卷一。

(173) 《汉书·王贡两龚鲍传序注》卷七二。

(174) 《考证》卷五五引。

(175) 牛运震：《空山堂史记评注》卷六。

(176) 《汉书·王贡两龚鲍传序注》卷七二。

(177) 陈汉章：《商山四皓里居考》，见《缀学堂初稿》卷二。

(178) 《史记评林》卷五五引。

⑭ 引自《历代名贤确论》卷四〇（四库珍本三集）。
⑮ 萧穆:《书留侯世家后》,见《敬孚类稿》卷三。
⑯⑰ 《史记评林》卷五五引。
⑱ 《吕不韦列传》。
⑲ 《新校资治通鉴注·周纪五·赧王五八年》。台北：世界书局1969年版,第185页。

《伯夷列传》析论

伯夷何许人也？孔子以为"贤人"，曰："古之贤人也"；孟子以为"圣人"，曰："圣之清者也"；而太史公则以为"义人"。此盖借姜太公"此义人也"之言以断之（此例《史记》中多见[①]），故篇中称"义不食周粟"，叙目曰："末世争利，维彼奔义。"[②] 夫孔、孟之意，迁固熟知，而必以"义人"归之者，此在太史公为有深意，熟玩本传，反复全书，的然可知也。

伯夷之"义"，于何见之？曰：于其独行不顾见之。夫伯夷以让国而逃始，以饿死首阳终，故启人疑伯夷之有怨，惑天道之不与。太史公文字于此亦信信疑疑、是是否否，若不得其意者。实则太史公于发此二大疑问后，即引孔子之言解之曰："道不同不相为谋，亦各从其志也。"夫伯夷心所向往者，乃虞、夏揖让之世，故以父命义不受国。其叩马而谏[③]，义规武王，盖复欲善与人同也。其义不食周粟、饿以终死。（饿死者，及饿且死也。且，将也。采薇故饿，且死故犹能歌。俗解非。[④]）盖至死矢志不渝也。此伯夷之独行其是。夫伯夷积仁絜行而饿死，颜渊好学屡空卒早夭，盗跖日杀不辜竟以寿终，是不能无疑于天道之聩聩。故世俗不能不以积仁絜行而遇祸灾而饿死为"其轻若此"，以专行不义而逸乐富厚而寿终为"其重若彼"[⑤]，而思去轻就重也。若夫君子，特立独行，"岂以其重若彼、其轻若此哉"！故太史公下文又引孔子之言"岁寒然后知松柏之后凋"⑥，而谓"举世混浊，清士乃见"，此亦由道不同各从其志之故也。盖世俗之知有轻有重，以有"计算心"故；以"利"计算，故有轻重而思趋避。君子则不然。君子怀刑（型），不怀利心；故无所计算，唯义所适，义无所逃。故君子非唯"明其道不计其功"，亦且不计其害⑦。故天道或有祸善福淫者，君子不以改其行，非必不知，直是"穷天地、亘万世而不顾也"⑧。其所以能独行不顾者，以"信道笃而自知明"⑨也。故太史公于"伯夷之怨否？天道之与否？"先暂不直接作答，而直以伯夷之"志"之"道"解之。以世俗之心度之，则有怨与不怨、与或不与，以伯夷之"义"观之，则不知有此也。

抑又思之，以义称者，非独伯夷。豫让"漆身为厉，吞炭为哑"，为智伯报仇，赵襄子亦许为"义人"⑩，太史公亦高其"义不为二心"⑪，何以独崇伯夷至若是？豫让之死，以"忠臣有死名之义"⑫，究不如伯夷为义之高也。伯夷之高义何在？一者，伯夷让国饿死。让国者，让之至大者也；饿死者，节之至难者也。二者，以武王之圣君，从周公、太公之贤臣东伐暴纣，诸侯从之，天下归之，而伯夷犹视为"以暴易暴"⑬，哀天下之不知其非，而思归虞、夏，此其所以为高也。而太史公特赞曰："末世争利，维彼奔义。"⑭盖深知利为乱之原，以争利故，君臣相斫、父子反目、兄弟成仇、夫妇无情、朋友背信者不可胜数⑮。《史记》所记太史公废书而叹者三，皆为利也⑯。其一为厉王好利，恶闻己过；其二为公孙弘广厉学官之路，欲以利禄诱进仕途⑰；其三为读《孟子》至梁惠王问"何以利吾国"，而曰："嗟乎，利诚乱之始也！夫子罕言利者，常防其原也。故曰'放于利而行，多怨。'自天子至于庶人，好利之弊何以异哉？"⑱夫好利则争，争之大者曰国曰天下，争之道曰杀曰战，往往生民涂炭而犹兵连祸结，此世所常有者，乃今忽有人于"末世争利"之时独奔义焉,此其所以为"特立独行"、难能可贵也。与"争"相反者为"让",让之大者其大于国,伯夷让国而逃,此其所以为"奔义"也。太史公著一"奔"字,动人已极。奔者乃一往不反、义无反顾,"子奔父丧""文君夜奔"之奔。伯夷之"奔义",乃孔子所谓"好德如好色"[19]者也。故太史公之崇伯夷,盖欲以让("让者,礼之实也。"[20])弭争,以义防利也。故太史公于《平准书》第八(八书者,太史公自言所以究天人、通古今者也[21])篇终赞曰:"以礼义防于利。"欲拨乱反正,安上治民,舍此莫由也。故太史公曰:"春秋者,礼义之大宗。"[22] 此乃太史公作史大义之所本,亦即《史记》之继《春秋》处。故《史记》一书,非仅记事而已,太史公亦即此而论"治道"焉。司马谈论六家要旨曰:"阴阳、儒、墨、名、法、道德,此务为治者也。"[23] 司马迁考信六艺、折衷于夫子而曰:"六艺于治一也"。[24] 其所着意者,实在"治"之一字。太史公作《史记》欲"盈古今之受",通者欲其"通变不倦"[25],使民不厌,以礼义防于利者,即太史公之通古今之变也[26]。读《伯夷传》者,于此岂可忽哉!

然究其实,伯夷怨乎?不怨乎?曰:不怨也。以伯夷之义观之,不怨也;以太史公之意观之,亦不怨也。太史公于开篇已云:"夫学者载籍极博,犹考信于六艺。"考信六艺,此太史公所以为全书发凡起例[27]。故《孔子世家》赞曰:"自天子王侯,中国言六艺者折中于夫子。"所谓群言淆乱衷诸圣之意。载籍以六艺为断,六艺以孔子为归,而太史公已引孔子之言:"求仁而得仁,又何怨乎?"是故知其不怨。然则轶诗之辞又作何解?曰:考信六艺,折中孔子,则是不取轶诗。且即轶诗以观,亦是不怨。弟子问伯夷怨乎,盖因伯夷为善无报,反受其咎[28],所问之怨,近于怨愤、怨恨之意,乃怨天尤人之"怨"。轶诗之怨则否,盖怨天下不知"以暴易暴"之非,哀天下人之心死也。伯夷所向往者,乃虞、夏揖让之世,及饿且死亦但曰"我安适归",而叹"于嗟徂兮,命之衰矣",固非为一己为善受祸而怨,故此怨乃"诗可以兴、观、群、怨"之"怨",非怨天尤人之怨。二者高下悬殊,细味自然有别。夫《诗》之所怨,固有所刺,而其目的实欲人即其刺而知改过;此犹医之有砭刺,刺之者正所以爱之、救之。怨而不怼,哀而不伤,此诗教之所以为"温柔敦厚"也。

然则,天道常与善人乎?不与善人乎?曰:天道难知,而人道可期,实不即与而终与也。世俗之论天道,皆以当身之富贵寿考论,然天道岂可以福寿康宁论哉!伯夷虽及身无善报(世俗疑为怨),然求仁得仁,固如其志(伯夷之志),死后得孔子之赞而名益彰,其"心"其"志"固显扬于后世。故太史公以生前之"志"解世俗以为怨之疑,又以死后之"名"慰其生前之志。此伯夷之似无报而终有报,天道之似不与而仍与也。欲深了此,犹须更明古人对"名"之重视。《孝经》以"立身行道,扬名后世"为孝之终,孔子谓"君子疾没世而名不称"[29],司马迁亦云:"立名者,行之极也。"[30] 名有美、恶、实、虚之列,凡此所称者,皆有实之美名。实者何?或为德(含节、义),或为功,或为言,故身亡而名存,足以传世不朽。太史公曰:"天下君王至于贤人众矣,当时则荣,没则已焉。"[31] 此乃指明因富贵权势而得之名,但能显赫一时,非君子之所求。君子之所求者,乃名实相符,没而犹传之真名,故能显己扬亲,为孝之大者。伯夷当时不荣,采薇饿死,此似天道之不与;然死后终享大名,垂诸久远,天道岂果聩聩哉!

虽然,伯夷之贤,终须待孔子表扬而始益彰;颜渊之行,亦终须附骥尾而始益显。但等、次伯夷之贤与颜渊之行者,非必无人,而名皆不传。是名之传与不传,亦有命也。夫君子砥行,是人能弘道矣,而砥行者或传名或不传名,则是"人能弘道,无如命何"[32] 矣!天道固难知,然即其名之已传者究之,则知天道之成亦须有待于人道之立。盖天不能自为，须假手于人以完成之；是天道之显，乃于天人交接处见之。君子知此，故不能不尽人事以希天意。若世无孔子、太史公之伦，则将无传伯夷、颜渊之人。太史公因此复悲"岩穴之士"类名湮灭而不称㉝，故窃比"青云之士"，欲传砥行立名者。盖显微阐幽，史家之责也，太史公以此自任，故身遭极刑，隐忍苟活，发愤著史，既述往事，复思来者㉞。太史公知名之传与不传有命，而复发愤著史，此司马迁知天而不任天，尽人以事天处，亦即司马迁究天人之际处。故曰：天道难知而人道可期也。故《伯夷列传》文短事少，通篇以议论为主，太史公实即此篇而寓其"究天人之际，通古今之变"㉟之思想。熟读之，深思之，而后有见乎比也。余读《伯夷列传》，既析而论之，复悲其志，因为赞颂之，其辞曰：

> 为善无报，不如其已。
> 慕义无穷，何云报矣。
> 高山景行，于嗟往矣。
> 我思伯夷，焉能自已。

★原载《大陆杂志》1981年3月第63卷第3期。

◎ 注释

① 《史记》中，太史公有自下文字、明断其人者，如称孔子为"至圣"（《孔子世家》）；谓老子为"隐君子"（《老子列传》）。亦有借他人口，以叙事代论断者，如从太公称伯夷为"义人"（《伯夷列传》）；从赵襄子称豫让为"义人"（《刺客列传》）；借尉缭及侯生、卢生口论始皇为人"少恩而虎狼心""专任狱吏""贪于权势"（《秦始皇本纪》）；借辕固生口断公孙弘为"曲学以阿世"（《儒林列传》）。

② 《史记·太史公自序》(泷川资言:《〈史记〉会注考证》卷一三〇。本文引用《史记》,文皆本《考证》)。

③ 唐写本"叩"作"扣"(《敦煌秘籍留真新编》)。叩,俗字。说见王叔岷《〈史记·伯夷列传〉斠证》(《新社学报》1967年第一期,第9页)。扣马而谏事,前人每议其无有。胡应麟曰:"夫三代之书,迁所取证者,六经、孔、孟之外,国语、短长、庄、荀、韩、吕数子而已尔。孔子于夷则贤之矣,孟子于夷则圣之矣,而未尝概叩马之事也。孔子于夷称其饿矣,孟子于夷述其清矣,而未尝概叩马之言也。《采薇》一歌,足发明武未尽善,而孔则删之;食粟之耻,有大于不听恶声,而孟则置之。揆之事理,胡舛缪也。先秦之文详于识文、武者,宜莫逾左氏;勇于非汤武者,宜莫逾庄周。而《左》《国》诸书,言者弗引;《庄》《列》诸书,引而弗言。书出于汉之后而足以证周之前者《汲冢》,而《汲冢》诸篇又始终亡一语及也。然则叩马之谏,太史氏果采何书也?夫三代之书,其传于后世常寡,而三代之迹,其轶于上古常多,至圣贤大节,未有不具载于六经而互见于子史者,若之何舍六经、诸子、诸史而茫无一证也?故吾断以为夷、齐无叩马之说也。然断非遭创之,盖战国游谈之口,而迁信之太果也。"(《少室山房笔丛·史书占毕·卷三》)。明人张燧谓:"若谏伐一事,尤为舛谬。使果有之,夷、齐当谏于未举事之初,不当俟其戎车既驾而后出奇骇众于道路也。"(《夷齐辨》,见《千百年眼》卷一)刘大櫆以耻食周粟及叩马而谏之事,为"委巷小人之谈",并谓"太史迁之作纪传,唐、虞、三代皆直书其事,其于伯夷传独尊'其传曰'三字,然则迁亦姑存其言,而未必深信其事者欤?"(《读〈伯夷传〉》,见《海峰文集》卷一)按:太史公著史,取材甚广,即今可以考见者尚有八十余种(卢南乔《文史哲》1955年三九期;阮芝生《太史公怎样搜集和处理史料》,《书目季刊》1974年七卷四期)。武帝时广开献书之路,故"百年之间,天下遗文古事靡不毕集太史公"(《太史公自序》)。则太史公所见绝不止此八十余种,遑论仅限于六经、诸子、诸史。太史公"厥协六经异传,整齐百家杂语"(《太史公自序》),载籍既"考信六艺",复折中孔子(《伯夷传》),取材贵"择言尤雅"(《五帝本纪·赞》),述事欲"盖其慎哉"(《三代世表序》),其态度之谨严可见。扣马而谏事(《五帝本纪·赞》),太史公必有所本,纵非完全事实,亦属"疑则传疑"

(《三代世表序》），未宜径指"舛谬"，轻斥"误人"也。（张燧《千百年眼》卷一谓"是此诗误迁，而迁误后世也。"）窃谓：前人所疑，取备一说则可，未可遽信为真。又，扣马而谏事，太史公据"其传曰"，潘重规谓："即《世本》之传也。"（《史记伯夷列传称"其传曰"考释》，《大陆杂志》1959 年一八卷五期）。

④ 义不食周粟者，不食周禄也。梁玉绳总揽先儒之说，辨轶诗之说有十不可信，然其文中所称"即云耻食周粟，亦止于不食糈禄而已，非绝粒也。《战国策·燕策》：'苏秦曰：伯夷不肯为武王之臣，不受封侯。'（《苏秦传》有）《汉书·王贡两龚鲍传序》曰：'武王迁九鼎于洛邑，伯夷、叔夷薄之，不食其禄。'"（《史记志疑》卷二七）实是正解。王叔岷曰："案《广雅》释诂四：'粟，禄也。'王念孙疏证引此文为证，与梁说合。《庄子·让王篇》称武王使叔旦往见夷、齐，与之盟曰：'加富二等，就官一列。'（《吕氏春秋·诚廉篇》"二等"作"三等"）二人避之，北至首阳而饿死。正所谓'义不食周禄'矣。"（《史记伯夷列传斠证》，《新社学报》第一期）《庄子·让王篇》谓夷、齐北至首阳之山，"遂饿而死焉"。郭象注："《论语》曰：'伯夷、叔齐饿于首阳之下。'不言其死也，而此云'死焉'，亦欲明其守饿以终，未必饿死也。"此是确解，而俞正燮引此却谓郭象之言甚怪（《读〈史记·伯夷列传〉》，见《癸巳类稿》卷七，《百部丛书集成》九〇二册），实则郭说正所以去怪也（王叔岷《斠证》已言及此）。不食周禄故采薇，采薇故饿。饿死者，饿以终死也，非不食而死。后人不解此义，辄生疑焉。如胡应麟曰："夫孔子饿于陈、蔡，灵辄饿于翳桑，而皆未尝死，胡为乎首阳之下，夷、齐独死于饿也？食粟采薇，其因饿之一言而附会欤？"（《少室山房笔丛》，《史书占毕》卷三）张燧谓太史公"好奇轻信""论语称伯夷、叔齐饿于首阳之下，未尝言其以饿而死也。而史迁何自知之？饿者岂必皆至于死乎？"（《夷齐辨》，见《千百年眼》卷一）甚至滋生他说，增益其事，如"独不思山亦周之山，薇亦周之薇？""此亦周之草木也""汝不食周粟，何食周草木？"（诸说参见梁氏《史记志疑》卷二七及俞正燮《癸巳存稿》卷七）皆不可信。

⑤ "轻""重"作何解，泷川资言《考证》引顾炎武、方苞、恩田仲任三说，而断以顾说为长。顾曰："'其重若彼'谓俗人之重富贵也，'其轻若此'谓清士之轻富贵也。"然通玩文义，鄙解似长。

⑥ 后凋犹不凋，说见王叔岷《斠证》。

⑦ "正其谊而不谋其利，明其道而不计其功。"董生此语大醇。能正其义、明其道，则不谋其利而利在其中矣，不计其功而功自不遗矣。倘若先存计谋功利之心，其流弊必至见利而忘义，因功而害道。谋利计功，必先有"计算心"，所计算者，"利害"二字而已，其极也足以败人伦，灭恩义。故产男则贺，产女则杀，韩非谓："父母之于子女也，犹用计算之心以相待也，而况无父子之泽乎？"（《六反篇》）君子所贵者，明道正义，既不计其功，则自亦不计其害。门人曰："闻'君子祸至不惧，福至不喜。'"孔子曰："有是言也。"（《孔子世家》）。君子正道而行，岂复计吉凶祸福？

⑧⑨ 韩愈：《伯夷颂语》，见《韩昌黎文集校注》卷一。

⑩ 《刺客列传》。

⑪ 《太史公自序》。

⑫ 《刺客列传》。

⑬ "以暴易暴"又作"以乱易暴"（《御览》引，《吕览·诚廉篇》《庄子·让王篇》），又作"以暴以乱"（《后汉书·宦者列传》章怀注引《史记》《文选·范蔚宗宦者传论》李善注同），说见王叔岷《斠证》；钱钟书《管锥编》第一册，钱氏谓"三者各明一义，言之皆可成理。"而主《史记》古本作"以暴易乱兮"（钱钟书《管锥编》）；王氏似主"以乱易暴兮"（同上），窃谓：传注称引未必字字精确；转抄翻刻，更添文字差异。[贺次君谓裴骃《集解》："征引众家文义，皆依原文，鲜有更易。而宋以来翻刻者，往往以今易古，又或增字足义，致与原书不合。"（《史记书录》）似征引文义，皆依原文者不多。] 故若非在《史记》版本上有所根据，不宜轻改《史记》原文。今传《史记·伯夷列传》最早唐钞本作"（以）暴易暴兮"（《敦煌秘籍留真新编》），故本文沿而不改。

⑭ 《太史公自序》。

⑮ 例繁不举。《吕氏春秋·明理篇》谓："至乱之化，君臣相贼，长少相杀，父子相忍，弟兄相诬，知交相倒，夫妻相冒。日以相危，失人之纪，心若禽兽，长邪苟利，不知义理。"（《吕氏春秋集释》卷六）似同此意。

⑯ 包世臣首言及此（《论史记六国表叙》，见《艺舟双楫》安吴四种卷九）。

《伯夷列传》析论 | 555

⑰ 《儒林列传》。班固谓西汉经学之盛，一经说至百余万言，大师众至千余人，"盖禄利之路然"也（《汉书·儒林传》）。

⑱ 《孟荀列传》。

⑲ 《论语·子罕篇》，《卫灵公篇》。

⑳ 《左传·襄公十三年》君子曰："让，礼之主也。"《左传·昭公十年》晏子谓："让，德之主也。"此言"让，礼之实也。"以让为礼之本质，取其无让不成礼之义。此亦前人成语，然亦难考其始。

㉑ 《太史公自序》："礼乐损益，律历改易，山川鬼神，天人之际，承敝通变，作八书。"已隐含究天人、通古今之意。

㉒㉓ 《太史公自序》。

㉔ 《滑稽列传》。

㉕ 《易·系辞下》二曰："通其变，使民不倦。"

㉖ 阮芝生：《试论司马迁所说的"通古今之变"》第五节，《沈刚伯先生八秩荣庆论文集》，联经出版公司1976年版。

㉗ 章学诚《文史通义·书教下》："《伯夷列传》乃七十篇之序例，非专为伯夷传也。"马其昶亦言："此自明其作述义例以六艺为归，所为成一家之言者也。"（《民彝杂志》一卷五期；《抱润轩文集》卷二）

㉘ 弟子问："伯夷怨乎？"当是总伯夷一生行为之结果而问，并非只就某一件事而言。而俞正燮曰："孔子言夷、齐不怨者，兄弟间事也。不怨者，仁也。其传言夷、齐怨者，君臣间事也。怨者，亦仁也。"（《癸巳存稿》卷七）王叔岷同此意见，谓"实则齐、夷之怨与不怨，乃判然二事。兄弟以让为仁，故无怨；见武王以臣伐君，安能无怨哉？"（《斠证》）说理固是，而解事嫌窄，本文不取。伯夷怨否，说各不同。王应麟引《朱子语类》谓："孔子谓：'求仁得仁又何怨？'《传》但见伯夷满身是怨。"（《翁注困学纪闻》卷一一，四部备要本）若以此歌辞为真，则是认伯夷有怨，且"满身是怨""怨悱特甚"（语见马其昶《读伯夷列传》，《民彝杂志》一卷五期）也。后人多同此说。又严可均论"不念旧恶，怨是用希"，谓"希之言少，每念及此，不无余怨，怨亦几希。孔子推见至隐，为此微言。近释乃云人亦不甚怨之，人孰怨夷、齐哉！"（《铁桥漫稿》卷八）是认

伯夷不无余怨也。然伯夷果有怨乎？杨慎谓朱子所言"殊不公"，"试取《伯夷传》读之，始言天道报应差爽，以世俗共见闻者叹之也。中言各从所好，决择孔生轻重，以君子之正论折之也。一篇之中错综震荡，极文之变，而议论不诡于圣人，可谓良史矣。宋人不达文体，是以不得迁之意，而轻为立论。真西山《文章正宗》云：'此传姑以文取其言'。又谬。若道理有戾，即不成文，文与道岂二事乎？盖见其不知文也。本朝又有人补订《伯夷传》者，异哉！"（《升庵全集》卷四七）清吴德旋亦谓："夫太史公岂果致疑于夷、齐之有怨乎？太史公怨者徒也。若夷、齐之无怨，轶诗之不足据，则太史公固知之矣。"（《初月楼文续钞》卷一）是认伯夷无怨也。本文亦主此说而加进，当文自见。又刘光蕡曰："夷、齐闻文王作，盖虞、芮质成后文王受命称王之年也，夷、齐已避纣矣。则前此文王立纣之朝温温无所试，夷、齐必谓文王亦四方之多罪遁逃，目为富桀辅桀。及文王被囚而归，阴行善政，夷、齐闻而翻然归之，遂不念其前日之曾为纣所信使崇长也。故此为夷、齐'不念旧恶'之确证也。"（《论语时习录》卷五之伯夷叔齐章）似可解严可均之疑，并录备考。

㉙ 《论语·卫灵公篇》；又见《孔子世家》，"疾"作"病"。

㉚ 《报任安书》，见《汉书》卷六二；又见《文选》。

㉛ 《孔子世家·赞》。

㉜ 《外戚世家》。

㉝ "严穴之士，趣舍有时若此，类名埋灭而不称，悲夫！"泷川资言《考证》断句作："趣舍有时，若此类名埋灭而不称。"其误甚明。王叔岷作"趣舍有时若此类，名埋灭而不称"，"类"字属上读（《斠证》）。窃谓"若此"意已足，"类"字当属下。《汉书·尹翁归传》："类常如翁归言，无有遗脱。"师古注："颣犹率也。"（《汉书》卷七六）。此处"类"亦作"率"解，义长。

㉞ 《太史公自序》："故述往事，思来者。"

㉟ "究天人之际，通古今之变，成一家之言。"三句见于《报任安书》，《史记》中只有"成一家之言"（《自序》）一句，其余二句，但隐括其义，见注㉑。《史记》未再明书此三句者，盖太史公深信《报书》必传，故文不重复也。

《伯夷列传》析论 | 557

《伯夷列传》发微

《太史公书》为"史家之绝唱,无韵之离骚",古今嗜者无数。百三十篇中最脍炙人口者,约有十数,而《伯夷》一篇其尤。诸篇如珍馐美馔,食者知味,学者见解纵有出入,然俱异口颂仰,差异不大。独《伯夷传》篇幅最小,而问题最多,自古号称难解。此篇不论历史考证或思想义理,俱都古今众说杂陈,中外异见横生[①]。此盖由于太史公取材所本难考,文字变化反复,而理蕴事中,意在言外,故令人难以捉摸。余前为"析论"[②],网罗诸家,剪裁镕铸,继踵前修,更出新义;虽已大端粗陈,而余义未尽。今欲更端发论,补苴前说,通观古今,抉其幽微,然亦不知其有当乎否,谨就教于高明。

一、篇章结构

大凡深入之探讨,均应有其坚实之基础。此篇争议既多,号为难解,则亟应全面顾及版本、句读、训诂、考证、文章与思想各项,不得偏废。究明思想(太史公写作本意)是最后目的,但思想之究明须建立在版本以至文章研究之坚实基础上。相关版本、句读、训诂、考证之问题，零落散见，宜各别讨论。唯文章则有其通篇结构、整然系统；此而不明，遽欲引申发挥，则极易蹈虚、竟成戏论也。

　　本篇可分十一段（章）。第一段考信六艺（篇首至"虞夏之文可知也"）。此言"学者考信"，首出"学者"。第二段虞夏之文（"尧将逊位"至"若斯之难也"）。此言尧舜"传天下难"，虞夏之"文"乃"文德"之文，非"文字"之文。第三段由光不称（"而说者曰"至"何以称焉"）。"称"去声。此言让由光事为"传天下易"，首出"说者"。第四段不少概见（"太史公曰"至"何哉"）。此以孔子序列而"疑说者言"，"余以所闻"亦闻于说者之言也。首出"孔子"。第五段又何怨乎（"孔子曰"至"可异焉"）。"睹轶诗可异"即考信六艺，两引孔子即"折衷孔子"。第六段怨邪非邪。此大段言"让国饿死"，可分三小段（节）：① 让国而逃（"其传曰"至"立其中子"）。"其传"乃司马迁综合先秦材料所为。② 叩马而谏（"于是伯夷"至"扶而去之"）。出"太公曰"，以叙事代论断。③ 采薇而歌（"武王已平殷乱"至"怨邪非邪"）。"其辞曰"即轶诗。第七段是邪非邪。此大段言"颜夭跖寿"，可分四小段：① 天道无亲（"或曰"至"如此而饿死"）。"或曰"乃假或人间，实即自问之辞。② 回也屡空（"且七十子"至"其何如哉"）。此段"即颜以疑天道之不足信"，出"仲尼"，两引论语孔子语。③ 跖以寿终（"盗跖日杀"至"较著者也"）。此段"即跖以终天道不可信之意"。④ 不可胜数（"若至近世"至"是邪非邪"）。"余甚惑焉"者，司马迁代或人问、代或人惑也。第八段各从其志（子曰至其轻若此哉）。此段"以志释怨"。"子曰"者，"太史公曰"也。假孔子之言以答前两段之疑，此文系自问自答也。"子曰""故曰"，凡三引孔子语，亦是折衷孔子意。第九段贤名益彰（"君子疾"至"行益显"）。此段"以名慰志"，亦可分为四小段（节）：① 疾名不称。② 烈士徇名（"贾子曰"至"众庶冯生"）。引贾子语以终上文"各从其志"之意。③ 圣人作睹（"同明相照"至"万物睹"）。引《易·系辞》文，太史公以《系辞》

《伯夷列传》发微 | 559

为孔子作,见《孔子世家》。④贤名益彰("伯夷"至"行益显")。第十段堙灭不称("岩穴之士"至"悲夫")。此言"名亦有命"。第十一段窃比青云(末句)。欲尽己责,以传砥行立名者,此即"以人合天"。以上凡十一章,又细分十一节,庶几一目了然,便于掌握。附表如下:

《伯夷列传》章节表

1. 考信六艺(学者考信)	学者	
2. 虞夏之文(传天下难)		
3. 由光不称(传天下易)	说者	
4. 不少概见(疑说者言)	孔子序列 余以所闻→亦说者言	
5. 又何怨乎(折衷孔子)	孔子曰→两引 睹轶诗可异焉→即考信。	余悲
6. 怨邪非邪(让国饿死) ①让国而逃 ②叩马而谏 ③采薇而歌	其传曰 太公曰 其辞曰→即轶诗	
7. 是邪非邪(颜夭跖寿) ①天道无亲 ②回也屡空 ③跖以寿终 ④不可胜数	或曰→自问之辞 仲尼独荐 余甚惑焉→或人之惑	
8. 各从其志(以志释怨)	子曰→太史公答 故曰→凡三引	
9. 贤名益彰(以名慰志) ①疾名不称 ②烈士徇名 ③圣人作睹 ④贤名益彰	贾子曰 (《易·系辞》)	
10. 堙灭不称(名亦有命)		悲夫
11. 窃比青云(以人合天)		

560 | 史记的读法

二、怨报真情

若明以上所析篇章结构,则"伯夷是否有怨""天道是否与善"两大问题,在篇内都有解答。让国饿死,颜夭跖寿,此天道报应差爽,疑若有怨,然系以世俗共闻见者叹之,并非太史公之最后见解。要点在"或曰"乃太史公假或人自问之辞,"余甚惑焉"亦是或人惑而非太史公惑,"子曰"实即太史公答曰。俗情有惑,故设为或人难端,自问自答;既可推进思惟,复为文章助生波澜,然而宗旨别在(苟不解此,则鲜不以司马迁为敢于怀疑天道,并从而誉之矣)。实则此意前人亦已言之,清人方苞如曰:"不知'是邪非邪'以上,皆太史公设为或人难端,所谓余者代或人自余云尔,其下则太史公折之也。"[③]但太史公并非以己言折之,而是以孔子之言折之:"道不同不相为谋,亦各从其志也。""各从其志"一句已解两大疑问:一者,让国全天伦,义不食周粟,此乃从吾所好,固如其心,固如其志,求仁得仁,则又何怨?前已引孔子之言断之,此不过再引孔子之言解之耳。若行仁求报,无报则怨,则是求利,不是求仁;求仁不是所好,所好乃在求利,求仁翻成求利之手段矣。二者,既曰"各从其志",则志定不可移,必不因报之有无而改其心志(否则,如何说是"所好"?大凡有所好,必有所牺牲)。天道与否,事前难知,即若先知(无报),岂能改行?故"各从其志"者,不但"不求"有报,抑且"不顾"无报也。如此方是所好,如此方见真志。俗人心存计算,有报与不报之惑;若夫伯夷,有向往真志,根本抛开此问题也。虽然,伯夷不求有报,而终非无报。太史公于"各从其志"后,写伯夷得夫子而名益彰,即以身后之名慰其生前之志,又引贾子"烈士徇名"之语以终上文各从其志之意。伯夷身死名垂,传诵千古,至今不绝,岂非有报?俗人必以富贵寿考论报爽,则是强天从人。然而天道广大

《伯夷列传》发微 | 561

莫测，固难以一人而论定其与善否也。程子有言："天道甚大，安可以一人之故妄意窥测。如曰颜何而夭、跖为何而寿，此皆指一人计较天理，非知天也。"④

抑退而思之，若必以伯夷为有怨，则怨者非仅伯夷，圣贤皆当有怨。颜渊好学为仁，屡空早夭，固无论矣。即如至圣，亦当有怨，且其怨尤深。盖幼孤少贱，好学不倦，栖皇救世，而诸侯害之，大夫壅之，饿于陈蔡，几不免于桓魋。不仅此也！伯鱼先死，白发送黑；颜渊早亡，天意丧予；终其一生"天下莫能宗予"，岂非尤当深怨？乃意曰"不怨天""知我者其天"⑤，岂非可怪？并此不信，则唯有斥孔子"欺心"，罪孔子为"大伪"耳！要之，言考证，当知"学者"与"说者"不同；论义理，须辨"俗心"与"道心"之分也（近人唯知指斥"道心"之伪，并以"考信六艺"为迷信经学权威，是亦无可奈何）。

今问轶诗有怨乎？曰：有，然而有别。"怨"义大别有二：一曰怨恨（《广雅释诂四》《说文》），由怨心（怨恨之心，《秦策》："臣恐其皆有怨心"）而生怨毒（《伍子胥传》："怨毒之于人甚矣哉"），其极乃至怨入骨髓（《秦本纪》："缪公之怨此之人，入于骨髓"），即恨入骨髓也。二曰怨望（《周语》："怨而不怒。"注："怨，望也"），内无"怨女"（《梁惠王》），乃怨望之女，非怨恨之女。《殷本纪》："百姓怨望，而诸侯有畔者。"故同一"怨"字，义或偏"恨"，或意偏"望"，浅深不同，寻文而解。今轶诗言"以暴易暴""不知其非"，自是有怨；但此怨是怨望，不是怨恨。怨恨日深，必趋报怨，若以武王伐纣为"以暴易暴"，则起而报怨又何异于"以暴易暴"？然而伯夷只是采薇而歌，未尝起而报怨。叩马而谏、非孝非仁者，只是心中有一更高标准在，谏乃望其改过，歌乃刺天下不知以暴易暴之非。诗中有刺有望，然固非为一己受祸而怨（怨天之怨）也。近日翻书，偶见井上寿老曰："是怨则怨矣，有异于常人之怨焉。常人之怨为己，而首阳之怨为人。然则其所云命者，以己命系于天下后世之命也；而悲其命之衰矣，即悲天下后世或有沉沦于祸乱也。要之，其心至公，无一毫之私焉。"[6]此言先获我心，余论非孤意独伸也。

诗之有怨，怨之为刺，自古已然。《诗击鼓正义》引郑注云："怨谓刺上政。"《论语·阳货篇》："诗可以兴观群怨。"孔安国注云："怨，刺上政。"《汉书·礼乐志》："周道始缺，怨刺之诗起。"此悉旧说。政有得失，故诗有美刺，理固宜然。刺之，乃欲其改过，正所以爱之救之也。太史公曰："《国风》好色而不淫，《小雅》怨诽而不乱。"(《屈贾列传》)此"怨"犹有望爱也。昔高子以"小弁"之诗怨，故斥为"小人之诗"，孟子曰："固哉，高叟之为诗也！有人于此，越人关弓而射之，则己谈笑而道之；无他，疏之也。其兄关弓而射之，则己垂涕泣而道之；无他，戚之也。小弁之怨，亲亲也；亲亲，仁也。固矣夫，高叟之为诗也！"(《告子下》)"小弁"之怨为"仁"，明乎此，可与言诗教。轶诗有怨刺，但并不只是消极地抱怨不满（更非为己抱怨不满），而是有其正面向往，此即虞夏禅让之治。虞夏之文，有无其实，另当别论；要之，其心中有此高远之理想，并欲善与人同，则是其意。此怨中有"望"，与《论语·述而篇》弟子所问之"怨"（皇疏："怨，恨也"）不同，故曰："有，然而有别。"

虽然，依篇首考信六艺之意，太史公未必取信轶诗。此轶诗盖古谣谚，非必真伯夷之歌。桂馥曰："古者谣谚皆谓之诗，其采于道人者，如《国风》是也。未采者，传闻里巷，凡周秦诸书引诗不在四家编内者，皆得之传闻，故曰逸诗。"[7]太史公于《三代世表》著"详"（"盖其详哉"）"慎"（"盖其慎也"）二字，见其著史谨严，《伯夷列传》亦同。"孔子序列古之仁圣、贤人如吴太伯、伯夷之伦详矣"，著一"详"字；由、光高义，与虞夏之文不称，故不著，则是其"慎"。

《伯夷列传》发微

考信六艺，不取轶诗，亦是"疑以传疑""盖其慎也"之意。二篇正可相互印证。

三、传首微义

《史记》百三十篇，列传七十而伯夷居首。《易》基乾坤，《春秋》始元，其旨深哉。下至《论》《孟》《荀》《庄》，诸书之首莫不有义。《吕览》《鸿烈》，体制加密，亦有可说。《史记》体大思精，其书首亦当有义，自不待言。明人杨慎已言："《尚书》首《尧典》《舜典》，《春秋》首《隐公》，世家首《太伯》，列传首《伯夷》，贵让也。"⑧举《尚书》《春秋》者，明此思想之来源；举世家、列传，则为《史记》书内之例证。《吴世家》篇首记太伯、仲雍"乃奔荆蛮"，篇中记"季札让逃去"，篇末"太史公曰"引孔子言："太伯可谓至德矣，三以天下让，民无得而称焉。"叙自明言"嘉伯之让，作《吴世家》"，是此篇作意较然。伯夷传叙目云："让国饿死，天下称之，作《伯夷列传》。"篇内叙虞夏之文及让逃事，亦同此慧。杨氏所言甚是，然而不仅于此。

陈直云："丹阳吉凤池先生语余云：《史记》年表首共和，本纪首黄帝，世家首太伯，列传首伯夷，皆表扬让位，反抗君主者。"⑨是吉先生于世家、列传外，又增益本纪与表。今观《五帝本纪》内容，大半篇幅在写尧舜，而尧舜之主要事迹正是禅让。且"《五帝本纪》全讲五帝德，见其治未见其乱，见其盛未见其衰，此太史公深意也"。⑩叙目亦称："维昔黄帝，法天则地，四圣遵序，各成法度，唐尧逊位，虞舜不台，厌美帝功，万世载之，作《五帝本纪》。"是《史记》首五帝亦有贵让崇德之义。吉氏言"年表首共和"，是指《十二诸侯年表》第二。表首为共和元年，国人流王于彘，"大臣共和行政"，此固有反抗君主之意，第十表首《三代世表》而非《十二诸侯年表》也。余受此启示，复读《三代世表》，而后知《世表》之首亦有崇让之意也。何以知之？

远略近详，故《世表》所记以世系国号为主。其所记载之第一件事为"帝启伐有扈，作甘誓"。何以伐有扈？《夏本纪》曰："有扈氏不服，启伐之，大战于甘。"何以"不服"？盖父死子继为家天下之始，与尧舜之禅让殊也。不服者，当服之以德，今乃以战服之，则其为德如何？《淮南子·齐俗训》云："昔有扈氏为义而亡。"以有扈氏为"义"，则启为"不义"明矣，是古人本有此说。高诱注云："有扈，夏启之庶兄也，以尧舜举贤，禹独与子，故伐启，启亡之。"世固有假美名以逞私欲者，然不得因曹魏之篡夺遂诬尧舜之禅让并夺其理。有扈氏或系为争位而战（此近人所易喻者），然其所以立旗帜、号天下者，当非在此也。徐克范曰："夏表书帝启作《甘誓》，见世变也。征苗之誓惟曰：'一乃心力，其克有勋。'《甘誓》则曰：'不用命，孥戮汝。'故君子谓读甘誓则知唐虞之风微，商周之运至矣。"⑪ 为争天下而战，不用命则"孥戮汝"⑫，其德可知；比事对文，方知微意。以帝启为非，则其崇尧舜之德让可知。然则不必言《年表》首共和有反抗君主之意，直言十表首书"帝启伐有扈，作《甘誓》"有崇让之意可也。表外又有书，八书首礼。让者，礼之实也；无让不成礼，故曰礼让。合而言之，可知《史记》五体之首皆寓贵让崇礼、礼让为国之意，此为千真万确之事实。然则贵让崇礼（重义），不但是《伯夷传》一篇之义，亦是五体之首共有之义；不但是五体之首共有之义，亦是《史记》全书共有之义。司马迁著史何以如此？此则须明太史公"通古今之变"之思想，方能深知也。⑬

抑有进者，《史记》是一部通史，上起黄帝下迄当代。试思：二千五百余年间历史上有多少人物，而太史公仅以七十列传括尽，其事甚难；其难不在传目之多而在传目之少，写多不难写少难也。然则七十篇内，何人入传，何人不入传，何人当立专传，何人仅须附传，何人当与何人合传，又几多人宜共一类传？凡此均须煞费苦心，具大见识。今观七十列传，首《伯夷》，殷末周初人也；次《管晏》，春秋时人也；次《老子韩非》，春秋末战国时人也。春秋约三百年，其时封建体制日趋崩溃，然亦古典文明渐臻烂熟之时，故名公巨卿辈出，贤士大夫史不绝书，观乎《左传》所载可知（如展季、蘧瑗、铜鞮、伯华、叔向、季札等），而太史公却独取管晏。二人是大政治家，不乏史料，俱可各立专传，而太史公偏将此相去百余年之二人合传，且略其政绩而详其交友，是亦可怪。西周约四百年，无传，正确言之，乃周初至管仲约五百年无传。再往上推之，自黄帝至殷末周初约一千五百年，仅得一传，而此一传所写又实事少而议论多；且就实事言，读来亦若在真假有无之间，岂非尤怪？千五百年间，岂俱无史料可据？太史公所见先秦古书犹多，不得尽谓无米难炊。千五百年间，岂无人物可述？虞廷皋陶以下可以不论，即殷商之阿衡、伊陟、巫咸、祖尹、傅说等人，岂俱不足迎？又况孔子言"殷有三仁"？然而太史公不为立传，偏从伯夷写起，是必有所取义。盖写史者，不患无材料可写，要在写些什么？怎么写？写它有何意义也？

此一问题，前人似未明白提出，但明人陈仁锡曾论伯夷、管晏二传次序之意，曰："《伯夷传》忠孝兄弟之伦备矣，故《管晏传》于朋友三致意焉。"⑭ 余受此启示，复查二传。伯夷让弟以遵父命是孝，兄弟相让而逃是悌，采薇而食、不臣二姓是忠，《管晏传》写管鲍之交、晏子赎越石父是朋友，陈氏所言不误。但《管晏传》所写不仅于此，《晏婴传》末段云：

晏子为齐相，出，其御之妻从门间而半窥夫。其夫为相御，拥大盖，策驷马，意气扬扬，甚自得也。既而归，其妻请去。夫问其故，妻曰："晏子长不满六尺，身相齐国，名显诸侯。今者，妾观其出，志念深矣，常有以自下者。今子长八尺，乃为人仆御，然子之意自以为足，妾是以求去也。"其后夫自抑损，晏子怪而问之，御以实对，晏子荐以为大夫。

此段固借御者妻口写出晏子其人神貌，并及其察人用贤，但其实际内容则为御者与其妻。家有贤妻，犹国有良相。御者幸有贤妻，故能夫以妻贵。听谏抑损，从善改过，此其夫妇之际亦足可传诵，立为楷模。故知太史公立《伯夷》《管晏》二传，实欲于写史之中纲纪人伦，各留榜样，垂教后世也。此意太史公虽未明言，然循文考实，当系如此，不得尽谓事出偶合、义属牵强。余怀此意良久，犹未深信，近查《〈史记〉半解》，汤谐云："列传首《伯夷》、次《管晏》，世序故也。然伯夷叔齐所全者，君臣父子兄弟之伦，而《管晏传》独于朋友之道三致意焉。维持人纪之义备矣，作史者其有忧患乎！"[15]虽于五伦中仅言其四，未见全貌，但末句讲得极好。善哉其言，"维持人纪之义备矣，作史者其有忧患乎"！

五伦者，古往今来人间五种基本之人际关系，司马迁乃各为举例。若兄弟让逃、管鲍之交等，俱系人伦之最高典型（或极高典型），具有超脱时空、垂范永久之价值，书之于史，足可永远引起人类心灵之共鸣也。中国文化特重人伦，此在经、子、集部固属常见，但史部著作能于写史之中隐含此意并以昭示后人者，太史公要为开山。此在中国史学中固属罕见，即在世界史学史上恐亦难寻其例。中国而有此书，即此可见中国文化以及太史公史学之特色。亦可证《史记》一书并非单纯的史部著作，与后世一般所谓的史书大不相同也。

《伯夷列传》发微 | 567

四、画龙点睛

《史记》是散文大宗，其中名篇佳作甚多。但正如斋藤正谦所说："一部《史记》固为'群玉圃'，但其中不能无'千金之玉'与'连城之宝'之差等，而《伯夷列传》'是连城之宝也'。"[16]（罗大经则推为"文章绝唱"）[17]然而，就文章言，此一"连城之宝"究竟好在何处？

窃谓《史记》名篇不论其为鸿篇巨制或短幅小文，每有所似。《太史公自序》如"长江万里图"，《留侯世家》似"一串珍珠项链"，《五帝本纪·赞》像"九节鞭"（本文不详），《伯夷列传》亦有所似。从文章结构与文气来看，此篇读来似龙。邓以赞说："此文如传龙变化，可以意求，难以言尽。"[18]"传龙"当系指民俗演艺之舞龙，传龙之时，屈伸俯仰，周旋穿插、极尽变化之灵妙，邓氏盖有取于此。但只以变化状龙，似不足以形容。窃谓此篇固龙也，而太史公之写此篇则有似"画龙点睛"。

夫龙之为物，身首角爪各有所似，而俱非其物。个别视之，首自牛（或谓鳄鱼）也，身自蛇也，爪自鹰也，角自鹿也，但不得以牛蛇鹰鹿为龙。虞夏之文、许由之冢、夷齐之让，叩马之谏，采薇之歌，各是龙体之一，但执一为龙则乖。"龙举而景云属"（王肃语），所谓神龙见首不见尾，故高手画龙无全身涌现者（雕刻在外）。而太史公之写《伯夷传》，凡其信信疑疑、是是否否、自问自答、三反四复之处，皆一若景云焉，而龙举其中，变化升腾矣。龙有骨，其骨非凡，外虽不见，中实贯串。《伯夷传》通篇以孔子为主宰，开首已示考信六艺、折衷孔子之意，中间又称"仲尼""子曰""故曰""夫子",明引暗用,不下八次。短短一篇之中,首尾不离孔子,故曰折衷孔子之意是其龙骨也。画龙难在点睛,一身精神见于此。《伯夷传》从考信六艺说起,中经层折变化,最后才含蓄说出窃比青云之意。既以《伯夷》名篇,自然要传伯夷,中间虽发两大疑问,但本篇之写作目的并非要讨论伯夷是否有怨?天道是否与善?乃是借此引出自己作为史家的责任与最后觉悟——欲传砥行立名者。因为有此觉悟,才有以下数十篇列传,才能在列传中传颜渊、原宪、御者妻等人。故曰窃比青云、以人合天之意方是画龙点"睛"。然此窃比青云之意,亦只含蓄吐露,未尝明白道出,此犹画家落笔点睛之时,未尝实画一满圈,亦仅一点一转,而龙飞矣(以上取譬,皆就国人心中之龙而言,幸无张手求索)。

然而此一"连城之宝"若仅以文章视之,亦浅乎其见。窃谓《伯夷列传》"深",故古今诵者无数而真义难明;《伯夷列传》"悲",司马迁悲伯夷,悲自己,亦悲历史上同时并世与天下后世的类似人物;《伯夷列传》"通",崇让尚义,以人合天,其中隐含的究天人、通古今的思想,在中国、在世界,对个人、对人类,于古往、于今来,应该都讲得通;《伯夷列传》"美",不仅美在文章,而且美在思想,不仅美在思想,而且美在感情,更扼要言之,美在作者司马迁的人格。盖文章是人写的,不只是技巧,若非司马迁这样的人,这样的人格,绝写不出这样的文章也。此一作品固然伟大,更重要者是其作者伟大。若就作品言,此一"深、悲、通、美"之文章,总共不过六百八十八字,宁非奇文?试问,世界古今中外之文学中,能再觅得一例否?

五、诗文余响

《史记》为正史之鼻祖，故《伯夷列传》为廿五史列传之冠冕，伯夷为中国数千年文明史上列传中出现之第一号人物。斯篇既为名文，知书者无不爱诵，则无论其事之真伪如何，伯夷一传对此后二千余年来中国士人心胸所产生之激荡，必极为深远。今就诗文中所见者，择要言之，无论其为颂为刺，心中无不有一伯夷在也。

《文心雕龙·哀吊篇》云："胡、阮吊夷齐，褒而无间；仲宣所制，讥呵实工。然则，胡、阮嘉其清，王子伤其隘，各（如）其志也。"阮者阮瑀，为阮敦子，其《吊伯夷诗》曰：

> 余以王事，适彼洛师。瞻望首阳，敬吊伯夷。东海让国，西山食薇。重德轻身，隐景潜晖。求仁得仁，报之仲尼。没而不朽，身沉名飞。（《艺文类聚》卷三七）

阮瑀为曹操司空军谋祭酒，管记室，常在魏武左右，随行征伐。此诗当亦成于军旅之中，诗中言让国采薇、求仁得仁、身沉名飞，对伯夷只有赞语而无讥评。[19] 仲宣者王粲有《吊夷齐文》：

> 岁旻秋之仲月，从王师以南征……览首阳于东隅，见孤竹之遗灵。心于悒而感怀，意惆怅而不平。望坛宇而遥吊，抑悲古之幽情。知养老之可归，忘除暴之为世。絜己躬以骋志，愆圣哲之大伦。忘旧恶而希古，退采薇以穷居。守圣人之清概，要既死而不渝。厉清风于贪士，立果志于懦夫。到于今而见称，为作者之表符。虽不同于大道，合仲尼之所誉。（《艺文类聚》卷三七）

此文虽赞伯夷"守圣人之清概""合仲尼之所誉",但又讥其"知养老之可归,忘除暴之为世,絜己躬以骋志,愆圣哲之大伦",且"不同于大道",此所以为"讥呵实工"。王粲有"异才",曹操辟为丞相掾,后赐爵关内侯,其有讥呵当与其依附曹操、立场不同有关[20]。

魏末晋初有阮籍(210—263年)《首阳山赋》一首:

> 正元元年秋,余尚为中郎,在大将军府,独往南墙下,北望首阳山,作赋曰:
>
> 在兹年之末岁兮,端旬首而重阴。风飘回以曲至兮,雨旋转而濡襟。蟋蟀鸣乎东房兮,鹈鴂号乎西林。时将暮而无俦兮,虑悽怆而感心。振莎衣而出门兮,缨委绝而靡寻。步徙倚以遥思兮,喟叹息而微吟。将修饰而欲往兮,众蹉蹉而笑人。静寂寞而独立号,亮孤植而靡因。怀分索之精一兮,秽群伪之射真。信可宝而弗离兮,宁高举而自俟。聊仰首以广颅兮,瞻首阳之冈岑。树丛茂以倾倚兮,纷萧爽而扬音。下崎岖而无薄兮,上洞彻而无依。凤翔过而不集兮,鸣枭群而并栖。飚遥逝而远去兮,二老穷而来归。实囚轧而处斯兮,焉暇豫而敢诽。嘉粟屏而不存兮,故甘死而采薇。彼背殷而从昌兮,投危败而弗迟。比进而不合兮,又何称乎仁义。肆寿夭而弗豫兮,竞毁誉以为度。察前载之是云兮,何美论之足慕。苟道求之在细兮,焉子诞而多辞。且清虚以守神兮,岂慷慨而言之。(《全三国文》卷四四)

此赋成于正元元年(公元254年)深秋,阮籍自称在大将军府作。据《魏志·齐王纪》之《高贵乡公纪》,是年秋九月大将军司马景王将谋废帝,以闻皇太后。甲戌(十九日)太后令废帝,丁丑

《伯夷列传》发微 | 571

（二十二日）以高贵乡公髦嗣位，十月庚寅（初五日）公入于洛阳，同日即皇帝位，改元正元。其间正阮籍居大将军府之时。正元元年冬十月甲辰，命有司论废立定策之功，封爵、增邑、进位、班赐各有差。同时封关内侯者二人，其一为司马氏左右"历机密十余年，颇豫政谋"之钟会；其二为阮籍，封爵之外复有进位，过于钟会。故何启民谓阮籍"预谋明甚""有废立定策之大功"[21]。阮籍之前半生，曹魏已代汉，其后半生正值司马氏阴谋夺魏之时，"务伐英雄，诛庶桀以便事"[22]。阮籍有隽名，故司马氏置之左右，"既防为人所用，亦以示重名贤"[23]，冀收己用。而阮籍一生与司马氏周旋十余年，敷衍应酬，隐忍苟全，"口不论事""酣饮为常"，其内心痛苦可知，"何尝出卖过自己的灵魂"[24]。及发为诗文咏怀，其旨"遥深"（《文心》）"渊放""归趣难求"（《诗品》）。《首阳山赋》作于大将军府，时当废帝之际，自是与他当时之处境、心情大有干系。明人陈德文刻《阮嗣宗集》说其"当魏晋交代，志郁黄屋，情结首阳，托言于夷齐，其思长，其旨远，其辞隐"，此赋自有寄意，赋中所言必有所指，惜其真意难明。意者，彼时阮籍身陷局中，不得不与其谋，然此仅为全身免祸，不得不尔，并非苟求富贵；观其日后不乐仕宦、放诞佯狂可知。今将此赋往复回诵，但觉有悲气哀情，而不见其得意欢喜，亦可窥知其一时之心境。窃疑"此进而不合兮，又何称乎仁义"二句本指夷齐叩马而谏事，然在此恐为自解之辞。盖阮籍并非自归司马氏，而系为司马氏置之左右。既非自进，自无所合，既无所合，则又何必、何能在废帝之际谏其"可谓仁乎""可谓义乎"？此时唯豫谋能自保尔。然所为非出衷心，亦背夷齐高行，心中哀苦，故独往"南"墙下，"北"首阳山，为此赋以告白自解耳，而其心中之有首阳、有伯夷，亦从而可知也。

下迄东晋末南宋初，有陶渊明（365—427年）。陶诗言夷齐者有

二,其一曰:

> 积善云有报,夷叔在西山;善恶苟不应,何事空立言。九十行带索,饥寒况当年;不赖固穷节,百世当谁传。(《饮酒二十》之二)

既曰"善恶苟不应,何事空立言",则是认为有应,应在百世传名也(即阮瑀所谓"身沉名飞")。所传者何?"固穷节"也。其二曰:

> 二子让国,相将海隅。天人革命,绝景穷居。采薇高歌,慨想黄虞。贞风凌俗,爰感懦夫。(《读史述九章》之一)

前诗咏伯夷高节,但未及让国;此诗则咏让国并及采薇。渊明诗文中言及夷齐、固穷者尚多见,如董仲舒先作《士不遇赋》,司马迁继作《悲士不遇赋》,陶渊明再作《感士不遇赋》,中言"夷投老而长饥,回早夭而又贫""留诚信于身后,动众人之悲泣""宁固穷以济意,不委曲而累己",通篇虽感士之不遇,"而归于固穷笃志"(孙人龙评注)。朱子谓:"陶元亮自以晋世宰辅子孙,耻复屈身后代,自刘裕篡夺势成,遂不肯仕。"[25]前引《饮酒》与《读史述》二首,皆晋禅以后之作,故诗中有"天人革命""绝景穷居"之叹。汤武革命,顺天应人,夷齐犹绝景穷居;刘宋篡夺,难拟天人,其当固穷守节益明。故自述"饥食首阳薇,渴饮易水流"(《拟古》之八),"意抱固穷节,饥寒饱所更。"(《饮酒》之十六)陶诗复有《咏贫士》七首,其一言"孤云",乃自比高洁,以下六篇"皆言圣贤惟能固穷,所以辉耀千载,迥立于万族之表"[26]。可惜当世之人,"闾阎懈廉退之节,市朝驱易进之心"(《感士不遇赋·序》),"有酒不肯饮,但顾世间名。"(《饮酒》之三)此"世间名"系指名位爵禄等"世荣"(世荣者,"当时则荣,没则已焉。"《孔子世家·赞语》)渊明固穷,不求世荣;任真自得,但求称心遂志而已。《饮酒》之十一云:"颜生称为仁,荣公言有道。屡空不获年,长饥至于老,虽留身后名,一生亦枯槁。死去何所知,称心固为好。"但求"称心",并非求名(此名是身后名,非世间名),而名自留。夷、齐、颜、荣皆非希身后名者,只是称心自遂其志,而固穷节在其中,故能名垂后世。渊明当晋宋之际,感兴正同,故亦传述至今也。

降至唐代,韩愈有《伯夷颂》,主旨在"士之特立独行,适于义而已,不顾人之是非,皆豪杰之士,信道笃而自知明者也……若伯夷者,穷天地、亘万世而不顾者也。"(此篇名文,文长不录)钱基博谓《伯夷颂》一篇是"论体而颂意""其实乃补《伯夷列传》后一篇赞耳。《原毁》以慨世道,为是非之公言之也;《伯夷颂》则以自况,为斯道之重言之也。《原毁》赋,而《伯夷颂》则比意。"㉗《伯夷列传》首尾完整,并不缺赞,补赞之说非也;但钱氏谓《伯夷颂》是"自况",是"比意",则有深见。然何以言是"自况"?其文未详。钱宾四先生言:"盖至唐朝,方崇释教,圣道浸微,和尚称师,为孔孟学者不得称师,否则共笑之。而韩昌黎独排众议,谏迎佛骨;著《原道》,谓中国有一道统,尧、舜、禹、汤、文、武、周、孔,至轲之死不得其传,而隐然欲上继此一道统;倡《师说》,谓'师者,所以传道授业解惑',自居为师,以教后学,欲以延旧道统而开新文运。㉘"凡其言行,在当时皆属特立独行,不顾人之是非,而其所以具此虽千万人吾往矣之精神者,岂非"信道笃而自知明"乎?故《伯夷颂》乃所以自况,既颂伯夷复以自慰也。唯贤知圣,观文知人,余于《伯夷颂》见圣贤心印,知伯夷并知昌黎韩文公也。

逮及明末清初,有昆山顾炎武(1613—1682年),入清不仕,奔走南北,冀图恢复,故其发为诗文者每见忠义之气。有《谒夷齐庙》一首:

言登孤竹山，忾焉思古圣。荒祠寄山椒，过者生恭敬。百里亦足君，未肯汩吾性，逊国全天伦，远行辟虐政。甘饿首阳岑，不忍臣二姓。可为百世师，风操一何劲。悲哉尼父穷，每历邦君聘。楚狂歌凤衰，荷蒉识击磬。自非为斯人，栖栖无乃佞。我亦客诸侯，犹须善辞命。终怀耿介心，不践脂韦径。庶几保平生，可以垂神听。（《亭林诗集》卷三）

明亡之时，亭林嗣母王氏绝食十五日殉国，遗言："汝毋为异国臣子。"是后亭林一意反清复明，数十年如一日。其为学倡"博学于文""行己有耻"。行己有耻，即重视进退、出处、辞受、取与之际。故亭林为文，用隆武纪年，以明"存正朔"之意；自订诗集，按年编次，于题下系以岁阳岁名，盖与渊明所著文章"义熙以前，则书晋氏年号，自永初以来，唯云甲子"同义[29]。时清廷行荐举，多有复出者，而亭林则逃之，以游为隐，此"不仅在明亲志，存大节，盖亦欲以身为率，默移风气，因人格之潜力，昭夷夏之大防，而使后之士君子能行己有耻也"[30]。亭林与同邑叶讱庵书云："先妣未嫁过门，养姑抱嗣，为吴中第一奇节，蒙朝廷旌表。国亡绝粒，以女子而蹈首阳之烈，临终遗命，有无仕异代之言，载于志状。故人人可出，而炎武必不可出矣。"此书以嗣母绝粒比烈首阳，谓人人可出而己必不可出，则当其谒夷齐庙时，心中感激，自非常人之比。谒诗咏伯夷让国采薇，不臣二姓，末言"终怀耿介心，不践脂韦径。庶几保平生，可以垂神听"，则其自抒怀抱，隐然以伯夷自命之意可见也。明唐顺之亦有《谒夷齐庙》[31]三首，诗名全同。唐亦善文，为名学者，然其一生遭遇不同，感应自异；故二诗气格高下，悬殊立见。

夷齐高风，非仅学士吟咏，历朝帝王亦有褒封。唐玄宗天宝七年命祀义士八人，夷齐与焉。宋真宗大中祥符四年，遣官致祭夷齐庙；徽宗政和三年封伯夷为"清惠侯"，叔齐为"仁惠侯"。元世祖至元十八年，追封伯夷为"昭义清惠公"，叔齐为"崇让仁惠公"。明宪宗成化九年，颁清节庙额及祝册，谥仍前代。祝册曰："逊国全仁，谏伐存义。惟圣之清，千古无二。德仰高风，曰笃不忘。庸修岁事，永范纲常。"㉜可见历代褒封，立祠致祭，昭崇"义""让"，推尊"仁""清"，虽在帝王，亦知尊敬。近人或谓：此乃帝王欲利用之以"永范纲常"，巩固帝制。然夷齐让国是高行，纵非可贵，亦属难能；肯饿死（饿以终死）是好人，虽曰于人无益，至少无害。窃谓：姑不论其动机为何，能对为难能之事的好人表示尊敬，总是好事。要之，夷齐自古莫不尊仰（王粲讥中有仰），奸雄如曹操，亦云："伯夷叔齐，古之遗贤，让国不用，饿殂首山。"（《善哉行》之三）而近代竟有斥为"于国于民不负责，又反对武王革命"，此实亘古未有、大破天荒也。余前著《析论》，为赞颂伯夷；今复撰《发微》，历叙古今，若见伯夷精神未灭，犹在人心（此即古人所谓不朽）。抑世变流转，追古伤今，心中实不能无感激云尔。

附记：《伯夷列传析论》初稿曾于1972年夏呈正于沈师刚伯先生，并蒙斧削。1985年6月29日余应邀在日本国京都大学文学部讲《史记·伯夷列传》，即以《析论》旧作并同新撰《发微》提出报告。兹值沈师辞世十周年，谨以此文纪念。回首前事，恍如昨日。

★原载《台湾大学文史哲学报》1985年12月第34期。

◎ 注释

① 近代日本学者讨论伯夷、叔齐之论文，似较国人为多。今举知者九篇：1.石田公道《伯夷叔齐传说考》，（北海道学艺大学函馆人文学会）《人文论究》

1950 年第 1 期。2. 井上源吾《儒家と伯夷盗跖说话》。3. 伊藤德男《伯夷列传における夷齐说话の意义》,《东北大学教养部文科纪要》1961 年第 8 期。4. 安本博《伯夷、叔齐について》,《待兼山论丛》1968 年第 2 期。5. 山崎禅雄《伯夷、叔齐像考察》,《史观》1970 年第 85 期。6. 新田幸治《伯夷管窥》,《东洋大学文学部纪要》1970 年第 23 期。7. 下见隆雄《史记の伯夷叔齐以前》,(广岛大学)《哲学》1972 年。8. 川久保广街《伯夷列传考》,《二松学舍大学论集昭和 53 年度》,1979 年 3 月。9. 吉田照子《史记伯夷列传考——'天道是か非か'》,《福冈女子短大纪要》1980 年第 20 期。以上九篇,唯伊藤德男之文未见。本文所论,取径不同,详略亦异。故若非必要,一概不及是非,读者比对便知。

② 阮芝生:《伯夷列传析论》,《大陆杂志》1981 年第 62 卷第 3 期。

③ 方楘如:（文辀）《伯夷列传解》,见《集虚斋学古文》卷一。此书近日在东京大学东洋文化研究所始得见。此篇论《伯夷列传》与拙著《析论》颇有暗合之处,益见学有先后,然心同理同也。

④ 翁元圻注《困学纪闻》卷十一引。

⑤ 此语出《论语·宪问篇》,刘宝楠《论语正义》据《史记》证此言盖发于获麟之后。孔子卒于获麟后二年,是至死不怨也。

⑥ 井上寿老:《读史记》。

⑦ 转引自池田四郎次郎《史记补注》卷六一,明德出版社 1975 年版。

⑧ 转引自《史记评林》卷三一。

⑨ 陈直:《史记新证》,天津:天津人民出版社 1979 年版,第 119 页。

⑩ 转引自《史记评林补标》卷一。

⑪ 徐克范:《读三代世表补》,见《廿五史补编》第一册。

⑫ 《夏本纪》作"不用命,僇于社,予则帑僇女。遂灭有扈氏,天下咸朝。"

⑬ 参见阮芝生:《试论司马迁所说的"通古今之变"》,见《沈刚伯先生八秩荣庆论文集》。施丁:《论司马迁的"通古今之变"》,见《历史研究》,1980 年第 12 期;张维华:《论司马迁的通古今之变究天人之际》,《文史哲》1980 年第 5 期,二篇讨论题目与拙著相同,但名同实异。

⑭ 转引自《史记评林补标》卷六二。

《伯夷列传》发微 | 577

⑮　汤谐：《史记半解》第二册《管晏列传》（康熙乙未，慎余堂藏故）。此书在京都大学人文科学研究所得见。

⑯⑰　泷川资言：《史记会注考证》第十册《史记总论》中"史记文章"引。

⑱　转引自《史记评林补标》卷六一。

⑲　《艺文类聚》卷三七载胡广《吊夷齐文》残文："遭亡辛之昏虐，时缤纷以芜秽；耻降志于污君，混雷同于荣势。抗浮云之妙志，遂蝉蜕以偕逝；微六军于河渚，叩王马而虑计。虽忠情而指尤，匪天命之所谓；赖尚父之戒慎，镇左右而不害。"（《文选·思旧赋》注亦录有残文）周振甫曰："按胡文有'虽忠情而指尤，匪天命之所谓'，指出夷齐谏阻周武王伐纣的行为不合天命，还带有批评。"（《文心雕龙注释》）并非"褒无间"，故正文中不予讨论。

⑳　范文澜云："王粲依附曹操，故有'知养老之可归，忘除暴之为世'之讥。"见《文心雕龙注》卷三。

㉑㉓　何启民：《竹林七贤之研究》，中国学术著作奖助委员会 1966 年版，第 32—36 页。

㉒　见干宝：《晋纪·总论》，《文选》卷四十九。

㉔　林宏作：《嵇康及其幽愤诗》，《阪南论集·人文自然科学编》1981 年 16—2，第 42 页。

㉕　朱熹：《向芗林文集后序》，见《晦庵先生朱文公集》卷七六（四部丛刊）。

㉖　何焯注语，见杨勇《陶渊明集校笺》。

㉗　钱基博：《韩愈志·韩集籀读录第六》。

㉘　以上节取钱穆《为诽韩案鸣不平》（原载《联合报》1977 年 10 月 1 日）一文大意及平日听讲心得。

㉙　潘重规：《亭林诗文用南明唐王隆武纪年考》，《新亚学术年刊》，1966 年第 8 期。

㉚　柳作梅：《亭林之出游索隐》，载《顾炎武学术思想研究汇编》（荐萃学社编集，大东书局），第 320 页。

㉛　《唐荆川文集》卷四有《谒夷齐庙》二首，其一："未访箕山冢，来经孤竹墟。精光犹日月，冠冕肯泥涂。国合归中子，心元避独夫。千年北海辙，还见

盍归乎。"其二："归周仍避纣，渭叟况同襟。叩马何饶舌，采薇还苦吟。当年谏武意，昔日事殷心。生死知晋在，明夷用独深。"同书卷四又有《谒夷齐庙》一首："为仰风流百世稀，长歌招隐坐渔矶。昔人何处群麋鹿，此地深秋尚蕨薇。征诛揖逊有今古，饿显禄隐无是非。但使斯人皆可侣，不妨到处坐朝衣。"(载《常州先哲遗书集类》，见艺文印书馆影印《丛书集成》三编。)

㉜ 以上褒封资料取自明人张玭所编之《夷齐录》；此书中一册、一卷，蓝印本，明嘉靖二十四年刊本，现藏日本东京都国立公文书馆（原内阁文库）。此书池田四郎次郎原著、池田英雄新编之《史记研究书目解题》增补（661）有登录（长年堂世版、明德出版社1978年版）。

滑稽与六艺
——《滑稽列传》析论

一、前　言

《史记》有类传十篇——《刺客》《循吏》《儒林》《酷吏》《游侠》《佞幸》《滑稽》《日者》《龟策》《货殖》，名播众口；《刺客》《游侠》《滑稽》《货殖》四篇尤为人所乐道。其中《货殖》一篇最长，笔者已撰写《货殖与礼义》[①]一文详析细论，多有抉发，不无新义；且进一步实证过去多年对《史记》一书特质的一贯见解：《史记》是百王大法，论治之书。文章不在短长，但看内容深浅。《伯夷传》才六百余字，其微旨深意两千年来论辩不绝[②]。《滑稽列传》亦不过两千字，两千年来亦为读者津津乐道，但论辩颇少，其质与量皆逊于《伯夷》《游侠》《货殖》诸名篇。翻查《历代名家评史记》（杨燕起、陈可青、赖长扬编，1986年），前贤论评者自刘勰以下不过十人，且多为零散短篇之"书后""感言"。至于近代研究，据《司马迁与〈史记〉研究论著专题索引》（徐兴海主编，1995年），长短总计亦不过八篇，而日人居半。八篇之中，研究太史公《本传》与褚生《续传》者各有四篇；有三篇在解释词句[③]，两篇在讨论西门豹治邺的史实真伪与史料问题[④]，另有两篇在研究人物描写与评论[⑤]。其中真正与太史公《滑稽列传》思想义旨有关的文章只有一篇——徐仁甫《〈史记〉"滑稽"解》,[6]又不可得见。由此可知,迄今尚无人对《滑稽列传》一篇的思想义旨,做过全面完整的分析与讨论。似乎大家都认为此篇易懂,问题不多,争论不大,所以也没什么好多说的。《滑稽列传》真的这么容易懂吗?

本文企图分析与讨论司马迁写《滑稽列传》的作意与本旨,以及与此相关的问题。因为这才是《史记》一书最重要也最有价值的部分,最应受到重视同时也最不易理解的部分。本文主要研究以下几个问题:此篇篇名《滑稽》,"滑稽"究竟是什么意思?太史公为何要特为"滑稽"立传?既为"滑稽"立传,为何又偏从"六艺"说起,"滑稽"与"六艺"有何关系?《史记》之后,正史无滑稽之传,唯有褚先生作《续传》"附益"在《本传》之后,另有苏辙据太史公与褚生文字改写成《古史·滑稽列传》。究竟褚《续》苏《传》与太史公《本传》有无不同?得失如何?这些基本问题的正确答案,可能将会使我们对《滑稽》一篇以及《史记》本书得到一番新认识、新理解与新评价。一如以往,我们仍将从最基础的研究——篇章结构开始。

二、篇章结构

《滑稽列传》的文章并不长,可以很清楚地分为十节。兹将节题与起讫表列于下,其篇章结构可一目了然。

第一段谈言微中("孔子曰"至"亦可以解纷")。

淳于髡(齐)

第二段说之以隐("淳于髡者"至"语在《田完世家》中")。

第三段仰天大笑("威王八年"至"夜引兵而去")。

第四段一石亦醉("威王大说"至"髡尝在侧")。

优孟（楚）

第五段仰天大哭（"其后百余年"至"无令天下久闻也"）。

第六段抵掌谈语（"楚相孙叔敖"至"此知可以言时矣"）。

优旃（秦）

第七段临槛大呼（"其后二百余年"至"使陛楯者得半相代"）。

第八段麋鹿触之（"始皇尝议欲大苑囿"至"以故辍止"）。

第九段漆城荡荡（"二世立"至"数年而卒"）。

第十段太史公曰（"太史公曰"至"岂不亦伟哉"）。

三、"滑稽"四要件

《滑稽列传》写淳于髡、优孟、优旃三人，共有八件故事——"说之以隐""仰天大笑""一石亦醉""仰天大哭""抵掌谈语""临槛大呼""麋鹿触之""漆城荡荡"。但什么是"滑稽"？司马迁并未明言。除篇名《滑稽》之外，"滑稽"一词在《传》中只出现一次，即篇首言淳于髡"滑稽多辩"，余外即未再见。但此"滑稽多辩"之"滑稽"是何意思，太史公未再解释，似乎是通行的俗语熟词，故无须解释，便是要读者自己去体会。

为求正确理解，我们只有去看前人的注释，但马上就会发现：各家说法不一，"滑""稽"二字的读音、字义不同，"滑稽"一词的词义也不一样。关于读音，"滑"字可读"猾"（《酷吏传》："滑贼任威"。"滑贼"亦作"猾贼"，核拔切），又读"骨"（《樗里子传》张守节《正义》云："滑读为汩，水流自出。"《国语·晋语》："则不如置不仁以滑其中。"焦赣《易林·蛊·既济》："涌泉滑滑"）。关于字义，"滑"字可解为"利"（《说文》："滑，利也"），又可解为"乱"

（邹诞解，见《樗里子传》下《索隐》，《正义》引颜师古注亦作此解）。"稽"字可解为"计"（《樗里子传》下《正义》。"会稽"之"稽"，音义皆同"计"），又被解为"碍"（只有颜师古作此解）。至于"滑稽"一词的词义，则有以下四种：

第一，言辞辩捷之人。司马贞《索隐》曰："滑，乱也。稽，同也。言辩捷之人言非若是，说是若非，能乱异同也。"颜师古虽解"稽"为"碍"，但他解"滑稽"为"转利之称也""言其变化无留滞也"，应是指语言变化流利而言，可以并归此解。

第二，巧计多智之人。此解可以王叔岷先生为代表："'滑稽'犹言'利计'，亦即'巧计'矣。（《离骚》：'余犹恶其佻巧。'王《注》：'巧，利也。'）《庄子·徐无鬼篇》：'昆阍、滑稽后车。'以'滑稽'为人名，盖巧计之人也。樗里子亦巧计多智之人耳。"[⑦]

第三，流酒器或转注之器。《索隐》引崔浩曰："滑稽，流酒器也。转注吐酒，终日不已。言出口成章，辞不穷竭，若滑稽之吐酒。"唐王睿《炙毂子录·滑稽（稽）》云："滑稽（稽），转注之器也。若今人以一器物底下穿孔注之不已，亦若漏卮之类。以类人言语便给，应对不穷，似滑稽转注不已。故辩捷之人为滑稽。""出口成章""应对不穷"，可归之第一种"言辞辩捷之人"，但此处是先认定有一"滑稽"之流器或转注之器，而此一器之特性是"转注吐酒，终日不已"，故即以它来称呼言辞辩捷之人。

第四，诙谐幽默。"滑稽"一词后世沿用至今，含义已有变化，今日大约用为诙谐幽默之意。

以上所述字音、字义、词义不一，究应何去何从？汉字本可一字数音多义，词义也会随时代风尚与个人习惯而改变。在此我们不是要专门讨论文字学与训诂学上的问题，而是要研究"滑稽"一词在《滑稽列传》中的含义。就此而论，我们除了应掌握相关的文字学、训诂学的知识，以及前人的注释之外，更重要的是要细读《太史公自序》中的"叙目"。太史公自己说："不流世俗，不争势利，上下无所凝滞，人莫之害，以道之用，作《滑稽列传》第六十六。"太史公看重"滑稽"什么，其中有很重要的提示。最后还要回到《滑稽列传》中所记的具体的人、事内容，互相印证。如果这个方法可行，则我们必须说司马迁心中的"滑稽"包含有四个要件：

第一，话语流利。滑，利也；流利、通利、滑利。滑稽之人个个话语流利，出口成章，词不穷竭，辩解敏捷，没有阻滞，似行云流水一般。滑稽之人莫不具有此种口才，淳于髡"一石亦醉"、优孟"抵掌谈语"都是最好的例证。

第二，巧于智计。稽，计也；计谋、计策、计算。无智者不能设计、用计，智者设计、用计往往巧妙。滑稽之人也个个巧于智计，能饮能优，歌哭无常，随机乘势，应变无方。淳于髡"仰天大笑"、优孟"仰天大哭"也是好例证。话语流利再加上巧于智计，故往往口是心非，言行颠倒，真伪莫辨，似愚若狂。始皇欲扩大苑囿，优旃明明心中反对，口上却予鼓励，说："善。多纵禽兽于其中，寇从东方来，令麋鹿触之足矣。"优孟心中明明反对楚庄王以大夫礼葬马，但口中却说："以大夫礼葬之，薄，请以人君礼葬之。"这其中都有智，都是计，都修辞，都巧妙，所以最后都达到目的。但乍听之下，不免令人有"言非若是，说是若非"之感，所以司马贞把"滑稽"解为"能乱异同也"。

第三，人莫之害。滑稽之人是"智"者（聪明人），智者行巧计，又懂修辞应变，甚或"正言若反"，故纵使不能达到目的，至少不会害到己身。从《滑稽列传》看，滑稽之人言行的对象大多是国君，天威难测，"人莫之害"的"人"，主要指国君。因滑稽而丧身丢命，就绝不是太史公心中的"滑稽"了。《传》中三人个个身心安泰，得其天年。

第四，以道之用。只有以上三样，还不是"滑稽"。巧妙的计策、流利的口才若只用在保身防患或谋一人一家之私利，那也不是"滑稽"。中外古今正不乏这种人，太史公又何能都为他们立传，又何认立传？试观《滑稽列传》所写三人八事，无一事是为一己一家之私利谋，每一事的结局都是排难解纷，获得正果，于君、于国、于民有利的。所以"叙目"所说的"以道之用"是最重要的一个条件。王叔岷先生说："太史公所传滑稽诸人，尤重其能'以道之用'。之犹为也，谓诸人能以正道、大道为用也。《文心雕龙·谐隐篇》：'子长编史，列传滑稽，以其辞虽倾回，意归义正也。'甚符太史公之旨。"⑧这是好见解。刘勰说"辞虽倾回，意归义正"，即是指无论言辞怎么含蓄、绕弯，甚至歪斜，他的起始动机与最后目的都是正当的、良好的，所以说是"义正"。优旃"善为笑言，然合于大道"。太史公写《滑稽》时，并没有忘掉"道""义"。

《滑稽列传》中的"滑稽"包含有四个要件，话语流利、巧于智计、人莫之害与以道之用，四者缺一不可，尤其是"以道之用"。以上四要件，前贤均曾个别言及，我们只是把它们清楚、具体、整齐而有系统地陈列出来并加以解说，相信有助于观念的厘清。太史公之前应当已有"滑稽"一词，《史记·樗里子列传》"樗里子滑稽多智，秦人号曰'智囊'"，《孔子世家》"晏婴进曰：夫儒者滑稽而不可轨法"，《孟荀列传》"鄙儒小拘如庄周等，又猾稽乱俗"，甚至东汉班固称武帝之时，人才辈出，"文章则司马迁、相如，滑稽则东方朔、枚皋"⑨等，其中的"滑稽"大抵皆就"巧于智计"而言，少量及于辩捷。此与司马迁的"滑稽"观念差之甚远。至于后世或近代把"滑稽"解为"诙谐幽默"，视作"说笑逗趣"，那更是远之又远了！

滑稽与六艺 | 585

四、讽谏与"谈言微中"

  我们已知太史公所言之"滑稽"包含有四要件,但这并不等于"滑稽"。话语流利、巧于智计、人莫之害、以道之用四者,想得完整,说来好听,试问臣子如何做到(用哪一种方法才有可能做到)?答案是讽谏,只有讽谏才有可能做到。所以《滑稽列传》中,太史公两次明点"讽谏"二字,他叙完淳于髡"一石亦醉"的妙论后加了一句——"以讽谏焉",又说优孟"常以谈笑讽谏";其他六事虽无"讽谏"二字,但都实写讽谏之事。可见此传的要点是讽谏,也可以说司马迁是为"讽谏"立传,意在颂美"讽谏"。但什么是"讽谏"?为何只有"讽谏"才有可能达成四要件?这必须从"谏"与"五谏"谈起。谏者,正也。《说文·言部》:"谏,证也。""证,谏也。从言,正声。"则"谏""证"二字互训。"证"是形声字,形声必兼会意,"证"是正言,所以"谏"有"正"意。丁福保说:"《慧琳音义》六卷十六页'谏'注引《说文》:'正也。'盖古本如是。"⑩即使古本无此"正也"之明文,至少以"正"解"谏"这个意思是不错的。《广雅·释诂一》正是解作"谏,正也"。正者,正其不正。《周礼·地官·保氏》:"保氏掌谏王恶,而养国子以道。"郑玄的注解就说:"谏者,以礼义正之。""以礼义正之"也就是以道正之。以"道"或"礼义"正人(君)是"谏"的目的,但方法不止一种,这就必须进一步讲到"五谏"。谏有五种,《白虎通·五谏》《说苑·正谏》与《孔子家语·辩政》三篇都讲五谏,文字小异,义理大同。以下先抄两段重要文字,再做分析:

  人怀五常,故有五谏。讽谏,智也;祸患之萌,深睹其事,未彰而讽告,此智性也。顺谏,仁也;出辞逊顺,不逆君心,仁之性也。窥谏，礼也；视君颜色，不悦且却，悦则复前，以礼进退，此礼之性也。指谏，信也；指者质也，质相其事而谏，此信之性也。陷（伯）谏，义也；恻隐发于中，直言国之害，励志忘生，为君不避丧身，义之性也。孔子曰："谏有五，吾从讽之谏。事君进思尽忠，退思补过，去而不讪，谏而不露。"故《曲礼》曰："为人臣不显谏"者，纤微未见于外，如《诗》所刺也。若过恶已著，民蒙毒螫，天见灾变，事白异露，作诗以刺之，幸其觉悟也。明主所以立谏诤者，皆为重民而求已失也。（《白虎通·五谏》）

夫不谏则危君，固谏则危身，与其危君宁危身。危身而终不用，则谏亦无功矣。智者度君权时，调其缓急，而处其宜，上不危君，下不危身，故在国而国不危，在身而身不殆。昔陈灵公不听泄治三谏而杀之，曹羁三谏曹君，不听而去，《春秋》序义虽俱贤，而曹羁合礼。（《说苑·正谏》）

依上文所言，人臣进谏的方法依其施压力度的轻重可以分为五种，即"讽谏""顺谏""窥谏""指谏"与"陷（伯）谏"。"讽谏"最轻，"陷（伯）谏"最重，而孔子优先采用"讽谏"，所以说："吾从讽之谏。"（《说苑》作"吾其从讽谏乎！"）为什么要优先采用"讽谏"？这可分为几个层次说。

第一，理论上，人臣事君应"将顺其美，匡救其恶"。要"匡救其恶"[11]就必须进谏，"不谏则危君"，失职偷安，变成尸位素餐。古代"师箴，瞍赋，蒙诵，百工谏"[12]，为人臣者怎可不谏？

第二，《曲礼》曰："为人臣不显谏。"《繁露·竹林篇》也说："《春秋》之义，臣有恶，君名美。故忠臣不显谏，欲其由君出也。"《尚书·君陈篇》也讲："尔有嘉谟嘉猷，入告尔君于内，而乃顺之于外，曰：'此谟此猷，惟我君之德。'善则称君，恶则归己。"这是为人臣之法，古代良大夫事君皆如是。我们即使不赞成此观念，也不能主张"善则归己，恶则称君"吧！"显谏"便是在他人或众人面前暴露国君的短处或错误，近于"彰君之恶"。顺谏、窥谏、指谏与陷（伯）谏，或多或少都是"显谏"，而以"陷（伯）谏"最为严重。陷谏就是干君之过，正言直谏，犯颜强（固）谏。"固谏则危身"，三番两次强谏到底，就有可能成为"死谏"，如伍子胥之谏夫差⑬，真可说是"为臣不避丧身"。生前屡谏不听，又不死，临死前犹欲借死做最后一谏，那就变成"尸谏"，如史鳅（子鱼）之谏卫灵公⑭。孔子曾说："直哉，史鱼！"⑮史鳅真是"直"到底了，于此可见，圣人一字褒贬之精当。"显谏"的结果不免彰君之恶，君臣交恶，甚至牺牲性命。牺牲性命而未达目的，就没有多大意义，儒家并不鼓励，所以说："危身而终不用，则谏之无功矣。"

第三，谏是以道正人，能去邪归正，拨乱反正，办好事情才是目的。就此而言，"讽谏"是比较有效而且安全的好方法，这从"讽谏"的字义和词义上便可理解。《白虎通》说："讽谏，智也。祸患之萌，深睹其事，未彰而讽告。"由此可知：第一，讽谏者必是个智者，智者看得远，想得深（深睹），在事情才发端（萌）尚未成问题（未彰）时，他已经知道并要处理。处理的时间早，阻力小，自然比较容易。冒芽露尖，只手可取；长成大树，便非砍不可了。第二，讽谏者处理的方式必然是间接的、暗示的，重视言语措辞的。《说文》以"讽""诵"二字互训，郑玄则以为"信文（背诵）曰讽，以声节之曰诵"⑯。可知重视言语声调。《玉篇·言部》："讽，譬喻也。"譬喻则又重措辞，其方式属间接、暗示，亦即有技巧。此技巧不外"或托兴诗赋以见于辞，或假托他事以陈其意，冀有所悟而迁之善"⑰。像这样在事情才开始的时候，就由智者以技巧的方式来间接暗示，并讲究言语措辞，不失礼貌地进谏，即使不能让国君马上接受，至少也不会冒犯君颜,危害自身。所以《毛诗序》说:"下以风刺上,主文(讲究言语措辞)而谲谏(不是正言直谏,而是其他许多技巧的方式),言之者无罪,闻之者足以戒,故曰风。""讽"字正是从言从风,"讽谏"之义实有合于诗之"风"义。所以说"讽谏"是比较有效而且安全的好方法,难怪孔子要说"吾从讽之谏"。讽谏者必是智者,用技巧的方式迂回进谏,所以合于"巧于智计";讽谏者讲究言语措辞,本身又是智者,文学高,口才好,所以能"话语流利",以上两点加起来,至少"言之者无罪",自然"人(君)莫之害"。谏者,正也,以道(礼义)正人,自己若不正,如何能正人。要正人就是要让对方(人君)的行为合于礼义(道),即拨乱反正。讽谏者"不流世俗,不争势利",已不是世俗小人,有些道德修为,所以才会有心有资格去进谏,而其进谏才有可能"以道之(为)用"。所以说,只有"讽谏"才有可能达成"滑稽"的四要件;我们读《滑稽列传》所记的三人八事,可以说无一不与此相合。《滑稽列传》事实上就是在写"讽谏",为"讽谏"立传。陈仁锡说:"《滑稽传》,美讽谏也。直词无益于君与身,不若为言可以成务,子长示人之旨远矣。"[18]

《滑稽列传》是在写讽谏,但若以为"讽谏"等于"滑稽",则仍一间未达。试观历史上的国君,拒谏的多,听(纳)谏的少;历史上的人臣,逢君的多,进谏的少。即使如此,历史上还是有不少进谏的人臣和故事,其方式也有许多,但是"显谏"的多,"讽谏"的少。可知讽谏甚难,因为条件多,难度高。即使有能力讽谏的人,也不必每次言动都是讽谏(如淳于髡的"造诈成辞")、每次讽谏都必能奏功,因为这不由讽谏者单方面决定,也要看对象之国君如何。不是每个国君都能接受讽谏,即使能接受讽谏的国君也未必每一次都接受讽谏,这其中有一些变数或微妙的因素。因此,我们可知讽

滑稽与六艺 | 589

谏是难能可贵的，而"成功的讽谏"更属稀有宝贵。《滑稽列传》所写的八件故事都是成功的讽谏，没有一个失败的例子，但那不是理所当然的。滑稽是指成功的讽谏，也就是"谈言微中"。微是"显"的对文，隐微不显，在有意无意之间、若隐若现之际。微者，妙也，巧妙、微妙，迂曲背反，异乎常情。中者，中的。微中即是隐中、妙中，有意无意之间、若隐若现之际，巧妙、微妙地说中、击中要害或目标，这自然是成功的讽谏。"中"是最后的结果，既称"妙"中则必包含许多因素，除了巧于智计外，包括许多言语动作，如话语流利，歌、哭、优、隐等，太史公只以"谈言"二字概括，因为滑稽中的言语动作都离不开说话，歌、哭、优、隐中也必有（漂亮的）说话。说话不外一人独言，或二人对言。"言"就是一人独言（《说文》："直言曰言。"甲骨文"言"字就像舌从口中伸出的形状），"谈"就是二人对话（《说文》："谈，语也。""语，论也。"《玉篇》："谈，论言也"）。"论""语"必须二人对话、讨论、辩论才行。滑稽之人都会说话，说话漂亮而流利，技巧方式巧妙而高明，太史公只以"谈言"二字概括，因为这是核心重点。"微中"的才是滑稽，虽微（妙、不显）而不中不能称为"滑稽"，《滑稽列传》中所记之滑稽八事是无一不中的。由此可知，"谈言微中"才是《滑稽列传》的真正要领，或文章眼目。成功的讽谏，才是真正的"滑稽"。我们可以说太史公为讽谏立传或称美讽谏，却不可以说讽谏等于滑稽。"滑稽"指成功的讽谏——"谈言微中"。

五、滑稽与六艺

明白了太史公《滑稽列传》中的"滑稽"实指"谈言微中"之后，

便可进一步探讨"滑稽"与"六艺"的关系。《滑稽列传》篇首只有二句:"孔子曰:'六艺于治一也。《礼》以节人,《乐》以发和,《书》以道事,《诗》以达意,《易》以神化,《春秋》以(道)义。'太史公曰:天道恢恢,岂不大哉!谈言微中,亦可以解纷。"一开始便起得庄重,从孔子总论六艺之言讲起。孔子说六艺的形式与功能虽有不同(《礼》可以节制人的欲望与行为,《乐》可以增进人与人之间的和谐,《书》可以传述历史上重要的人事经验以为后人鉴戒,《诗》可以表达人们的思想感情以及反映民意,《易》可以说明推测宇宙以及人间事物的变化,《春秋》可以辨别是非,建立人间的义理),却有大同处,即六艺的义理都与"治"道(修己、治人之道)有关,同条共贯,不可分割。但这话与"滑稽"有何关系?因为"滑稽"就是"谈言微中"。而谈言微中"可以解纷"。"纷"是乱("纷"有"乱"之义。《史记·淮阴侯列传》:"听不失一二者,不可乱以言;计不失本末者,不可纷以辞。"此"纷"即乱也),"乱"之反为"治","解纷"就是解乱"致治"。所以滑稽"致治"的功用和六艺是一样的。天道甚大,(恢恢,大貌。《老子》:"天道恢恢,疏而不失。")"大"则无所不有,无所不包(至大无外),"六艺"是大道,天道之中能包有大道之"六艺",岂不能容一小道之"滑稽"?小大兼容,贵贱不遗,才显得出天道之"大",所以说"岂不大哉"!更何况"滑稽"致治的功用与六艺同归一致呢!《礼》"以"节人,《乐》"以"发和,《书》"以"道事,《诗》"以"达意,《易》"以"神化,《春秋》"以"道义,是有益于"治",但滑稽亦可"以"解纷啊!所以姚祖恩说:"将'天道恢恢'二句总揽六艺,将'亦可以'句顶着六个'以'字,见滑稽之雄固将掇六艺之精英而无不可者也。"[19] 曾国藩也说:"言不特六艺有益于治世,即滑稽之'谈言微中'亦有裨于治道也。"[20] 把滑稽与六艺联结在一起,这是太史公的特识,而首节开宗明义,发凡起例的用意也就很明显了。

滑稽与六艺 | 591

《滑稽列传》所记八事，无一不是解"纷"致"治"。淳于髡以大鸟之"隐"喻，威王"乃朝诸县令长"；以禳田之豚酒喻，威王乃益金璧，赵王"与之精兵"；以一石亦醉之"饮"喻，威王乃"罢长夜之饮"；优孟"仰天大哭"，请以"人君礼"葬马，庄王乃"以马属太官"；"抵掌谈语"，歌"廉吏安可为"，庄王乃封孙叔敖子。这些都是"谈言微中，亦可以解纷"的明证。但齐威王、楚庄王是令主，至少不是昏主、暴君，他们肯受谏改过，尚不足奇。而优旃以一倡优侏儒，"临槛大呼"却能令始皇让近卫"得半相代"（轮番休息）；"麋鹿触之"之论，使始皇"欲大苑囿"之心为之"辍止"；"漆城荡荡"之赞，亦使二世停止"漆城"。始皇残虐，是个暴君，二世亡国，是个昏主，但优旃的讽谏竟也能奏功，岂非甚奇！帝王喜欢打猎，多养珍禽异兽，是中外历史上常见的事情，但肯听谏的少，纵欲的多。听谏改过的例子，如徐中行说："齐宣王好鸟兽鱼鳖，盼子曰：'王之所处兽鱼鳖，无不得其所矣。彼必感王之德，而知所以报王矣。今济与洸斗，河、济、洸、泗同溢，民庶流离，无人以拯之，臣请举虎；瀛、博之间海溢，水冒于城郭，无人以疏之，臣请举鳖；四郊多垒，烽火不绝，狗偷鼠窃，秕时而兴，无人以治之，臣请举狐。'于是宣王下令，放禽兽，开沼泽与民共之。此正与优旃麋鹿触寇之说相似。"㉑齐宣王纳谏，但春秋时代的卫懿公则不同。卫懿公好鹤，有的鹤受到大夫秩禄的供养（乘轩车），国人不满。鲁闵公二年冬十二月，狄人伐卫，卫君在战前发甲兵给国人御敌，国人推辞不愿战，说："使鹤，鹤实有禄位。余焉能战？"最后，"卫师败绩"，狄人灭卫。以上三个故事，情节约略近似，结果各有不同，肯听谏则国君寡过，人民受福；不肯听谏，甚至亡国丧身，人民遭殃。而滑稽以赘婿、倡优、侏儒之人却能"谈言微中"，解"纷"致"治"，"合于大道"，何负于圣贤？何异于"六艺"？试问，假使孔孟当宣王、秦皇之事，能以"六艺"挽回君心、拨乱反正吗？恐怕此时"六艺"无所用，圣贤难措手，孔孟也要为之甘拜下风吧！难怪太史公会称赞滑稽"岂不亦伟哉"！

  为臣之道，必须进谏，而进谏是有风险的，如遇昏君暴主，更是不测。禹拜昌言，闻过则喜，那是圣贤才有的修养。历史上多的是因谏获罪、被杀的例子，不然怎会有比干剖心、子胥伏剑的故事？始皇为人多疑好杀，宁枉勿纵。中人泄语，案问莫服，便尽杀当时在旁者；韩非入秦，著书《说难》，最后不免于囚死。则优旃进谏何异于捋虎须、批逆鳞？然而不但"人（君）莫之害"，而且还能奏其肤功，此无他，讽谏而已。二世是亡国之主，亡国之主皆好谀恶直，不愿听信真话。有一故事可以说明。陈胜造反，地方官上闻，二世召问博士诸生怎么回事，博士诸生都说敢造反就该派兵攻打，二世最讨厌听说有人造反，立即"怒作色"。此时叔孙通即上前说：现在天下一家，明主在上，哪里有人敢造反，这些人不过是"鼠窃狗偷"而已，何足挂齿，不必忧虑。二世听后才转怒为喜，下令御史将说造反的都下吏治罪，说是窃盗的都无罪放回，并特别赏赐叔孙通，拜为博士。可见二世是听不得真话且轻易降罪的人。叔孙通出宫后，其他的博士先生就责备他在宫中讲假话阿谀皇帝。叔孙通回答说："公不知也，我几不脱于虎口。"[22] 即不这样讲，可能会没命的。于是"乃亡去之薛，薛已降楚矣"。而优旃何以敢对始皇说"寇从东方来，令麋鹿触之足矣"，对二世说"漆城荡荡，寇来不能上"？此亦无非因为是讽谏。姚祖恩称赞他说："嬴秦方炽之际，举朝阿谀，寇祸日深，而无敢一字齿及。虽以叔孙通之为人，犹借鼠窃狗偷之言仅得免于虎口。而优旃独两提'寇'至，矢口惊心。长歌之哀，深于痛哭矣，岂非奇士哉！"[23] "讽谏"进可以解纷致治，合于大道，退可以避祸全身，人莫之害，为人臣者应当知此。太史公将之比于

"六艺"是有深见的,为其专门立传是有特识的。而以武帝时代的政治环境与司马迁的个人遭遇而言,他写《滑稽列传》是感慨尤深的。太史公正因为李陵降匈奴事直言贾祸,倘若他当时懂得讽谏,又何至在被判"诬上"(欺骗君上)罪名后自请宫刑以隐忍苟活?倘若当时有人懂得讽谏,李陵事件也不至于酿成国家更大的悲剧,造成更大的损失。武帝大兴儒术,五经皆立博士,当时朝廷不阙懂六艺的博士,独少真正的滑稽之雄啊!为何不知滑稽?何必看轻滑稽?清人柏秀说:"汉自武帝践位以来,颇多过举,游宴、征伐、神仙、土木之事,史不绝书。此正臣子撄鳞折槛之时也。而当日之所谓谏官者,长孺以外,无一人焉。司马长卿则上《封禅书》矣,主父偃则创立朔方郡矣,盈庭唯诺,顺旨饰非。求如齐髡以一言而罢长夜之饮,优孟以一言恤故吏之家,优旃以一言而禁暴主之欲者,渺不可得。而其微行上林之谏,置酒宣室之谏,独出于曼倩一人,滑稽亦何负于国哉!宋广平择优人以悟明皇,司马公传滑稽以悟武帝,其意一也。而必谓非诗、书、礼、乐之正轨,彼古人蒙、瞍、师箴之法,夫固有不可以人废言者,而何必非夫滑稽。"㉔文中对滑稽的正面肯定是正确的,但东方朔的上林之谏、宣室之谏固是讽谏,甚至连司马相如的《封禅书》也是讽谏㉕,然而不能算是滑稽,因为那些都是失败的讽谏,并未"谈言微中"。汉廷多博士,独少一滑稽!

太史公在《自序》中说:"先人有言:'自周公卒后五百岁而有孔子,孔子卒后至于今五百岁,有能绍明世,正《易传》,继《春秋》,本《诗》《书》《礼》《乐》之际?'意在斯乎!意在斯乎!小子何敢让焉。"表明他作史是要本六艺,宗孔子,继《春秋》。全书多次讲到六艺,《自序》中说:"《易》著天地、阴阳、四时、五行,故长于变;《礼》经纪人伦,故长于行;《书》记先王之事,故长于政;《诗》记山川、溪谷、禽兽、草木、牝牡、雌雄,故长于风;《乐》乐所以立,故长于和;《春秋》辨是非,故长于治人。是故,《礼》以节人,《乐》以发和,《书》以道事,《诗》以达意,《易》以道化,《春秋》以道义。拨乱世反之正,莫近于《春秋》。"这是讲六艺的"别义",分两层说明而归重于"长于治人"的《春秋》。太史公又于《滑稽列传》首说:"孔子曰:'六艺于治一也。《礼》以节人,《乐》以发和,《书》以道事,《诗》以达意,《易》以神化,《春秋》以道义。'太史公曰:'天道恢恢,岂不大哉!谈言微中,亦可以解纷。'"这两段文字看似重复,其实《滑稽列传》所举孔子之言是明《六艺》之"通义"。柳诒徵说:

> 《六艺》形式不同,然其义理之关于政治则一,故曰:"六艺于治一也。"不知此义,不能知中国史学之根本,亦即不知中国一切学术之根本。故太史公一再言之,而其通义不发于他传,独于《滑稽列传》发之,最为可以注意。滑稽者,最无关于政治者矣,太史公以为世变迁流,有国者已不知正义,故不可以庄语,仅可以谈笑讽之,其于政化何如哉?既为此传,恐学者不喻其义,特举孔子之言庄严郑重而出之,所以示学者治史宜观其通也。㉖

柳氏此言十分精要,我们以上所论也可与之参证。讲求治道(修己治人之道)是中国史学甚至中国学术的根本,治史者应当能观其会通。"六艺于治一也",而"滑稽"之"谈言微中"一样能解纷致治,只要能够致"治",又何论庄谐、何分贵贱?太史公是从"论治"的观点把"滑稽"与"六艺"联结在一起,他从孔子写起是很严肃、庄重的。其次,时代演变,对象不同,当国君不知正义为何物,无法同他认真讲道理时,滑稽之谈笑讽谏犹胜于"六艺",即使不能奏功,至少还可免害,为人臣者应当知此。庄子"以天下为沉浊,不可与庄语"[27],遭逢李陵之祸的司马迁恐怕也有此感。他写《滑稽列传》的另一心情应是沉重的、忧患的。他特为"滑稽"立传,写给后世的"圣人君子"看,是有一番深心远识的。此义看似明白,实际上是似明而晦,似晦而明,不点不破的。《滑稽列传》并不易懂,太史公早已说过:"非好学深思,心知其意,固难为浅见寡闻道也。"[28]真读懂《滑稽列传》,也便会更加深信我们过去对《史记》的一贯看法——《史记》是百王大法,为论治之书。

六、评《褚续》所记滑稽六章

《史记·滑稽列传》虽只叙述滑稽三人、故事八件,但就滑稽有稗于治道或为讽谏立传之主旨而言,意思已经完足。今《本传》后,附有褚先生所续故事六章。褚先生自谓:"窃不逊让,复作故事滑稽之语六章,编之于左。可以览观扬意,以示后世,好事者读之,以游心骇耳,以附益上方太史公之三章。"由此可知:第一,褚先生以一章当一人,"太史公之三章"明指淳于髡、优孟、优旃三人,则他所作的"六章"必然指记六人之事,而一人不必只记一事。第二,这"六章"文字,乃"编之于左",也就是置于太史公《本传》之后。太史公《本传》全篇俱在,其中并无阙漏,褚先生复作六章只是《续传》,并无订正《本传》或补完《本传》阙漏之意。因此褚先生的文字称《褚续》要比一般通称的《褚补》来得正确。第三,此处《褚续》是写给后世"好事者"看的,认为可以扩大见闻,耸动视听,愉悦读者心目。他说"窃不逊让",多少有些自负与自信。在我们透彻明白太史公所讲的"滑稽"是什么以及为何要为"滑稽"立传之后,这不免引起我们极大的兴趣,想要知道褚先生所记的滑稽之事是哪些，它们与太史公所记的滑稽之事是否性质相同？以下即逐一抄录《褚续》六章，然后分别做评析。

（一）郭舍人（尚何还顾）

> 武帝时有所幸倡郭舍人者，发言陈辞虽不合大道，然令人主和说。武帝少时，东武侯母常养帝，帝壮时，号之曰"大乳母"。率一月再朝。朝奏入，有诏使幸臣马游卿以帛五十匹赐乳母，又奉饮糒飧养乳母。乳母上书曰："某所有公田，愿得假倩之。"帝曰："乳母欲得之乎？"以赐乳母。乳母所言，未尝不听。有诏得令乳母乘车行驰道中。当此之时，公卿大臣皆敬重乳母。乳母家子孙奴从者横暴长安中，当道掣顿人车马，夺人衣服。闻于中，不忍致之法。有司请徙乳母家室，处之于边。奏可。乳母当入至前，面见辞。乳母先见郭舍人，为下泣。舍人曰："即入见辞去，疾步数还顾。"乳母如其言，谢去，疾步数还顾。郭舍人疾言骂之曰："咄！老女子！何不疾行！陛下已壮矣，宁尚须汝乳而活邪？尚何还顾！"于是人主怜焉悲之。乃下诏止无徙乳母，罚谪谮之者。

此章记武帝乳母家人仗势横暴长安城中，有司请求将她徙边，武帝所宠之郭舍人教以"疾步数还顾"之计助她脱罪。故事中，郭舍人"疾言骂之曰：'咄！老女子！何不疾行！陛下已壮矣，宁尚须汝乳而活邪？尚何还顾！'"显示他言辞便给，巧于智计，懂得利用人主心理弱点，反言若正，以退为进，既达成目的，本人也自安泰。但整个事件的结果是，武帝在悲怜之下不但不将乳母徙边，而且还"罚谪谮之者"。犯法者未受处罚已是不公了，更何况还要处罚告诉之人？这条智计虽巧，却只能助恶人免罪逃罚，损害王法、天理，

滑稽与六艺 | 597

并酿成了国君的过失,这不但谈不到"以道之用",连"正义"与"人情"都罔顾了。太史公所说的"滑稽",岂能是如此!郭舍人能"令人主和说",应是佞幸之流。岂可归之"滑稽"!

(二)东方朔(避世朝廷　彼一时也　朔乃肯言　且死谏曰)

武帝时,齐人有东方生名朔,以好古传书,爱经术,多所博观外家之语。朔初入长安,至公车上书,凡用三千奏牍。公车令两人共持举其书,仅然能胜之。人主从上方读之,止,辄乙其处,读之二月乃尽。诏拜以为郎,常在侧侍中。数召至前谈语,人主未尝不说也。时诏赐之食于前。饭已,尽怀其余肉持去,衣尽污。数赐缣帛,檐揭而去。徒用所赐钱帛,取少妇于长安中好女。率取妇一岁所者即弃去,更取妇。所赐钱财尽索之于女子。人主左右诸郎半呼之"狂人"。人主闻之,曰:"令朔在事无为是行者,若等安能及之哉!"朔任其子为郎,又为侍谒者,常持节出使。朔行殿中,郎谓之曰:"人皆以先生为狂。"朔曰:"如朔等,所谓避世于朝廷间者也。古之人,乃避世于深山中。"时坐席中,酒酣,据地歌曰:"陆沉于俗,避世金马门。宫殿中可以避世全身,何必深山之中,蒿庐之下。"金马门者,宦者署门也,门傍有铜马,故谓之曰"金马门"。时会聚宫下博士诸先生与论议,共难之曰:"苏秦、张仪一当万乘之主,而都卿相之位,泽及后世。今子大夫修先王之术,慕圣人之义,讽诵《诗》《书》、百家之言,不可胜数。著于竹帛,自以为海内无双,即可谓博闻辩智矣。然悉力尽忠以事圣帝,旷日持久,积数十年,官不过侍郎,位不过执戟,意者尚有遗行邪?其故何也?"东方生曰:"是固非子所能备也。彼一时也,此一时也,岂可同哉!夫张仪、苏秦之时,周室大坏,诸侯不朝,力政争权,相禽以兵,并为十二国,未有雌雄,得士者强,失士者亡,故说听行通,身处尊位,泽及后世,子孙长荣。今非然也。圣帝在上,德流天下,诸侯宾服,威振四夷,连四海之外以为席,安于覆盂,天下平均,合为一家,动发举事,犹如运之掌中。贤与不肖,何以异哉?方今以天下之大,士民之众,竭精驰说,并进辐凑者,不可胜数。悉力慕义,困于衣食,或失门户。使张仪、苏秦与仆并生于今之世,曾不能得掌故,安敢望常侍侍郎乎!传曰:'天下无害灾,虽有圣人,无所施其才;上下和同,虽有贤者,无所立功。'故曰时异则事异。虽然,安可以不务修身乎?诗曰:'鼓钟于宫,声闻于外。鹤鸣九皋,声闻于天。'苟能修身,何患不荣!太公躬行仁义七十二年,逢文王,得行其说,封于齐,七百岁而不绝。此士之所以日夜孜孜,修学行道,不敢止也。今世之处士,时虽不用,崛然独立,块然独处,上观许由,下察接舆,策同范蠡,忠合子胥,天下和平,与义相扶,寡偶少徒,固其常也。子何疑于余哉!"于是诸先生默然无以应也。建章宫后合重栎中有物出焉,其状似麋。以闻,武帝往临视之。问左右群臣习事通经术者,莫能知。诏东方朔视之。朔曰:"臣知之,愿赐美酒粱饭大飧臣,臣乃言。"诏曰:"可。"已飧,又曰:"某所有公田鱼池蒲苇数顷,陛下以赐臣,臣朔乃言。"诏曰:"可。"于是朔乃肯言,曰:"所谓驺牙者也。远方当来归义,而驺牙先见。其齿前后若一,齐等无牙,故谓之驺牙。"其后一岁所,匈奴混邪王果将十万众来降汉。乃复赐东方生钱财甚多。至老,朔且死时,谏曰:"诗云:'营营青蝇,止于蕃。恺悌君子,无信谗言。谗言罔极,交乱四国。'愿陛下远巧佞,退谗言。"帝曰:"今顾东方朔多善言?"怪之。居无几何,朔果病死。传曰:"鸟之将死,其鸣也哀;人之将死,其言也善。"此之谓也。

此章故事较长，其内容实包含"避世朝廷""彼一时也""朔乃肯言""且死谏曰"四节。东方朔"公车上书"时，凡用三千奏牍，已显露其才学；到人以为狂时，他说出一套"避世朝廷"之论，又可见他懂得避害全身，智计口才兼备；博士诸先生诘问为难他时，他却能引经据典地说出一番"彼一时也，此一时也"的皇皇大论，令诸先生"默然无以应"，更可看出他的辩才无碍、聪慧过人；建章宫中出现怪兽，无人识得，武帝找他来问，他却两次讲价加码才肯说出那是"驺牙"，为自己赢得了美酒、梁饭以及数顷公田、鱼池、蒲苇，一年后混邪王来降又印证了他所说的"远方当来归义，而驺牙先见"的话语，并再度获赐许多钱财，这更证明他的博学、智计与料事之能。以上数事所见东方朔的学问、口才、智计都是一流的，但他都用来为自己辩护、谋利、保身，并未用来匡佐国君、拨乱反正，"以道之用"，所以他是寿终正寝的。"人之将死，其言也善。"他死前终于发善言进谏："愿陛下远巧佞，退谗言。"这话说得太直，是"正谏""直谏"，终非滑稽之"讽谏"也。

（三）东郭先生（诚以其半）

武帝时，大将军卫青者，卫后兄也，封为长平侯。从军击匈奴，至余吾水上而还，斩首捕虏，有功来归，诏赐金千斤。将军出宫门，齐人东郭先生以方士待诏公车，当道遮卫将军车，拜谒曰："愿白事。"将军止车前，前东郭先生旁车言曰："王夫人新得幸于上，家贫。今将军得金千斤，诚以其半赐王夫人之亲，人主闻之必喜。此所谓奇策便计也。"卫将军谢之曰："先生幸告之以便计，请奉教。"于是卫将军乃以五百金为王夫人之亲寿。王夫人以闻武帝。帝曰："大将军不知为此。"问之安所受计策，对曰："受之待诏者东郭先生。"诏召东郭先生，拜以为郡都尉。

东郭先生久待诏公车,贫困饥寒,衣敝,履不完。行雪中,履有上无下,足尽践地。道中人笑之,东郭先生应之曰:"谁能履行雪中,令人视之,其上履也,其履下处乃似人足者乎?"及其拜为二千石,佩青绂出宫门,行谢主人。故所以同官待诏者,等比祖道于都门外。荣华道路,立名当世。此所谓衣褐怀宝者也。当其贫困时,人莫省视;至其贵也,乃争附之。谚曰:"相马失之瘦,相士失之贫。"其此之谓邪?王夫人病甚,人主至自往问之曰:"子当为王,欲安所置之?"对曰:"愿居洛阳。"人主曰:"不可。洛阳有武库、敖仓,当关口,天下咽喉。自先帝以来,传不为置王。然关东国莫大于齐,可以为齐王。"王夫人以手击头,呼"幸甚"。王夫人死,号曰"齐王太后薨"。

此章记武帝赐大将军卫青千金,方士东郭先生遮道献计,劝卫青分出一半转送给新近得宠于武帝的王夫人,以讨人主之欢心。这件故事虽未呈现流利口才,但确是一条巧妙的智计,东郭先生自称是"奇策便计"。但这条"奇策便计"却用来为卫青邀宠固信,并为自己赢得"郡都尉"以致后来"拜为二千石,佩青绂出宫门",而不是用来劝谏人主,更别说是"讽谏"了。此章离"滑稽"太远。

此章后附记王夫人事一节,令人不解。因为这个故事与东郭先生无关,而又不能以王夫人为滑稽。王夫人是帝王宠幸的夫人,岂可以当滑稽之人?而且故事中也无滑稽之事。母宠者子爱,武帝主动欲封其子,王夫人只是被动地回答"愿居洛阳"与"幸甚"两句,并未显露出智计、口才或进谏之意,自然更谈不上什么"讽谏"或合于什么"大道"了。如此说来,此一故事中既无滑稽之人亦无滑稽之事,褚先生只是因为东郭的"奇策便计"中涉及王夫人,故顺便"附益"一条王夫人的故事,以便"好事"的读者可以增广见闻,

滑稽与六艺 | 601

（四）淳于髡（造诈成辞）

> 昔者，齐王使淳于髡献鹄于楚。出邑门，道飞其鹄；徒揭空笼，造诈成辞，往见楚王曰："齐王使臣来献鹄，过于水上，不忍鹄之渴，出而饮之，去我飞亡。吾欲刺腹绞颈而死，恐人之议吾王以鸟兽之故令士自伤杀也。鹄，毛物，多相类者，吾欲买而代之，是不信而欺吾王也。欲赴佗国奔亡，痛吾两主使不通。故来服过，叩头受罪大王。"楚王曰："善。齐王有信士若此哉！"厚赐之，财倍鹄在也。

此章讲齐王使淳于髡到楚国献鹄（天鹅），淳于髡在路上让鹄飞跑了，于是他就提了空笼子去见楚王，说了一番话，楚王不但没有怪罪，反而厚赏了他。淳于髡在自杀、逃亡、买替与服罪四种处理方式中选择了最后一种，固然也说得有理，但他早已料到楚王是不会怪罪他的。褚先生说他是"造诈成辞"，可见他心里并不真是要去服罪。从"造诈成辞"中，可以看出淳于髡的机变智巧，口齿伶俐，但也只是用来转危为安、因祸为福、自救自利而已，并不合于"讽谏"之旨、"滑稽"之义，司马迁未将此故事选入《滑稽列传》是有道理的。

（五）王先生（非臣之力）

> 武帝时，征北海太守诣行在所。有文学卒史王先生者，自请与太守俱："吾有益于君，君许之。"诸府掾功曹白云："王先生嗜酒，多言少实，恐不可与俱。"太守曰："先生意欲行，不可逆。"遂与俱。行至宫下，待诏宫府门。王先生徒怀钱沽酒，与卫卒仆射饮，日醉，不视其太守。太守入跪拜。王先生谓户

郎曰："幸为我呼吾君至门内遥语。"户郎为呼太守。太守来，望见王先生。王先生曰："天子即问君，何以治北海令无盗贼，君对曰何哉？"对曰："选择贤材，各任之以其能，赏异等，罚不肖。"王先生曰："对如是，是自誉自伐功，不可也。愿君对言，非臣之力，尽陛下神灵威武所变化也。"太守曰："诺。"召入，至于殿下，有诏问之曰："何以治北海，令盗贼不起？"叩头对言："非臣之力，尽陛下神灵威武之所变化也。"武帝大笑，曰："於呼！安得长者之语而称之！安所受之？"对曰："受之文学卒史。"帝："今安在？"对曰："在官府门外。"有诏召拜王先生为水衡丞，以北海太守为水衡都尉。传曰："美言可以市，尊行可以加人。君子相送以言，小人相送以财。"

此章记文学卒史王先生自请随北海太守赴武帝行在待诏，待诏时却又日日沽酒买醉，不理太守；等到太守跪拜请教时，才教他在武帝诏问时如何对答；大守如教对言，为武帝察知，最后以太守为水衡都尉（掌管上林苑），拜王先生为水衡丞（副手）。王先生自请随太守赴召时，自称"有益于"太守，可见其自信与自负。他果真有智计、能料事、擅言辞、知应对，但最后也只是为长官及自己加官晋禄而已，其事与"讽谏"无关，也无"解纷"的表现。故其人、其事都与太史公所说的"滑稽"无关。

（六）西门豹 （烦报河伯　凿渠引河）

魏文侯时，西门豹为邺令。豹往到邺，会长老，问之民所疾苦。长老曰："苦为河伯娶妇，以故贫。"豹问其故，对曰："邺三老、廷掾常岁赋敛百姓，收取其钱得数百万，用其二三十万为河伯娶妇，与祝巫共分其余钱持归。当其时，巫行视小家女好者,云是当为河伯妇,即娉取。洗沐之,为治新缯绮縠衣,闲居斋戒;为治斋宫河上,张缇绛帷,女居其中;为具牛酒饭食,行十余日;共粉饰之,如嫁女床席,令女居其上,浮之河中;始浮,行数十里乃没。其人家有好女者,恐大巫祝为河伯取之,以故多持女远逃亡。以故城中益空无人,又困贫,所从来久远矣。民人俗语曰'即不为河伯娶妇,水来漂没,溺其人民'云。"西门豹曰:"至为河伯娶妇时,愿三老、巫祝、父老送女河上,幸来告语之,吾亦往送女。"皆曰:"诺。"

至其时,西门豹往会之河上。三老、官属、豪长者、里父老皆会,以人民往观之者三二千人。其巫,老女子也,已年七十;从弟子女十人所,皆衣缯单衣,立大巫后。西门豹曰:"呼河伯妇来,视其好丑。"即将女出帷中,来至前。豹视之,顾谓三老、巫祝、父老曰:"是女子不好,烦大巫妪为入报河伯,得更求好女,后日送之。"即使吏卒共抱大巫妪投之河中。有顷,曰:"巫妪何久也?弟子趣之!"复以弟子一人投河中。有顷,曰:"弟子何久也?复使一人趣之!"复投一弟子河中。凡投三弟子。西门豹曰:"巫妪弟子是女子也,不能白事,烦三老为入白之。"复投三老河中。西门豹簪笔磬折,向河立待良久。长老、吏傍观者皆惊恐。西门豹顾曰:"巫妪、三老不来还,奈之何?"欲复使廷掾与豪长者一人入趣之。皆叩头,叩头且破,额血流地,色如死灰。西门豹曰:"诺,且留待之须臾。"须臾,豹曰:"廷掾起矣。状河伯留客之久,若皆罢去归矣。"邺吏民大惊恐,从是以后,不敢复言为河伯娶妇。

西门豹即发民凿十二渠,引河水灌民田,田皆溉。当其时,民治渠少烦苦,不欲也。豹曰:"民可以乐成,不可与虑始。今父老子弟虽患苦我,然百岁后期令父老子孙思我言。"至今皆得水利，民人以给足富。十二渠经绝驰道，到汉之立，而长吏以为十二渠桥绝驰道，相比近，不可。欲合渠水，且至驰道合三渠为一桥。邺民人父老不肯听长吏，以为西门君所为也，贤君之法式不可更也。长吏终听置之。故西门豹为邺令，名闻天下，泽流后世，无绝已时，几可谓非贤大夫哉！传曰："子产治郑，民不能欺；子贱治单父，民不忍欺；西门豹治邺，民不敢欺。"三子之才能谁最贤哉？辨治者当能别之。

此章记西门豹革除"河伯娶妇"此一陋俗之故事，故事内容实包括"吾往送女""烦报河伯""凿渠引河"与"传曰"四节，而其重点当为"烦报河伯"一节。褚先生前此所写五人，郭舍人是"倡"，东方朔为"郎"，东郭是"方士"，淳于髡出身"赘婿"，而曾为"诸侯主客"，王先生为"文学卒史"，都是身份、地位不高甚至卑下且为世俗所轻之人。而西门豹则是"邺令""贤大夫"，近于循吏，不应在"滑稽"之列。故事中，西门豹假意顺从地方风俗，在河伯娶妇时也要前往"送女"，届时却借口女丑，先后把大巫妪、三弟子与三老投入河中去"入报河伯"，待求得好女后再送，吓得"邺吏民大惊恐"，从此"不敢复言为河伯娶妇"。可见西门豹智计深沉、言辞便给、手段激烈。"烦报河伯"之举终是一时的诡称权变，其对象是地方的巫妪、吏民，而不是国君，事先无告诫训诲，更谈不上什么劝谏、讽谏；虽然他立意良善，勇于革去恶俗，但先后把四个活人投入河水，手段严酷，未免"术而未仁"[29]，恐怕不能说是"以道之用"。人既非滑稽之人，事又非滑稽之事，褚先生把他列入《史记·滑稽列传》之后的《续传》，应是不相宜的。董份说："西门豹，贤令也，徒以一时权诡而遂列之《滑稽》，未当。"[30]这个见解是正确的。至于西门豹"凿渠引河"以溉邺田一事，虽是历史事实[31]，但实与滑

滑稽与六艺 | 605

稽无关，尤不应入传。

总结以上六章评析，《褚续》所记郭舍人、东方朔、东郭先生、淳于髡、王先生、西门豹六人十事，即"尚何还顾""避世朝廷""彼一时也""朔乃肯言""且死谏曰""诚以其半""造诈成辞""非臣之力""烦报河伯""凿渠引河"。先有滑稽之人才会有滑稽之事，但也要有了滑稽之事后才能将其人其事写入《滑稽列传》或《续传》。今观《褚续》所记十事，无一合于太史公心中"滑稽"的标准，故虽其事可传，文亦可诵，但实不宜"附益"在《史记·滑稽列传》之后作为《续传》（单独成文或另加标题则可）。前文分析太史公心中的"滑稽"包含四个要件——话语流利、巧于智计、人莫之害、以道之用，四者缺一不可，而《褚续》中之十事却只见前三者而不见最后也是最重要的"以道之用"。六人个个有智计、有辩才，但除西门豹外都用此智计、口才来自谋、自救、自利，而非"讽谏"国君，"解纷"致治；如此一来，当然"人莫之害"，但"以道之用"也就自然不见了。褚少孙正是因为没有真正读懂太史公的《滑稽列传》，不知太史公所说的"滑稽"的真正含义是什么，所以才会选此六人十事作为《续传》。他只是好读书，爱《史记》，勤搜材料，提供有趣的故事给"好事"的读者"览观扬意""游心骇耳"，其实他是不懂太史公作《滑稽列传》的本旨与深意的。他若真知"滑稽"是什么，便不会在东郭先生章末缀以王夫人"愿居洛阳"一节与"滑稽"毫不相干的故事。"西门豹引漳水溉邺"，《史记·河渠书》有记载，但太史公在《滑稽列传》中并不记载西门豹此人此事；褚少孙若真知"滑稽"是什么，便也不会把太史公所舍弃的材料或故事写入《续传》。太史公《滑稽列传》从淳于髡写起，而且写了三个故事（说之以隐、仰天大笑、一石亦醉），可见太史公对淳于髡是很熟悉的，《褚续》中所记淳于髡"造诈成辞"一段故事，太史公未必不知，但却未写入，因为不符太史公心中"滑稽"之标准。褚少孙若真知"滑稽"是什么，便也不会再把不属"滑稽"的弃余捡回并"附益"在《滑稽列传》之后。总之，《褚续》六章，事皆可传，文亦可观（比他处好）[32]，就搜辑史料、愉悦读者言，确有贡献；但若作为《滑稽列传》的续传，则实不足取。

七、评苏辙《古史·滑稽列传》

《褚续》只是褚少孙为《史记·滑稽列传》增添数事，并未改动《史记》文字，而且将文字列于《本传》之后。但宋代苏辙（1039—1112年）却在其所著《古史》中重新编写《滑稽列传》，并且更动太史公原文。读《古史》之《原叙》与跋语，便知苏辙认为司马迁"其为人浅近而不学，疏略而轻信""其记尧舜三代之事，皆不得圣人之意"，故"窃悲之"，作《古史》，欲"追录圣贤之遗意，以明示来世"[33]。书成之后，又说"尧舜三代之遗意，太史公之所不喻者，于此而明；战国君臣得失成败之迹，太史公之所脱遗者，于此而足"。[34]《史记》真有"不足"，太史公真有"不喻"，而《古史》之"刊正"[35]果真高明吗？这不免令人好奇。我们不妨就此《滑稽列传》一篇探个究竟。这必须先仔细阅读《古史》中之《滑稽列传》（原文较长，不便抄录于此，已作为"附录"置于本文之后），看他如何改写，然后再取与《史记》原传对照。本文第二节已解析过《史记·滑稽列传》的篇章结构，此处不妨再解析《古史·滑稽列传》一篇，并列表对照，似较清楚，且便于讨论。

《史记·滑稽列传》	《古史·滑稽列传》
1. 谈言微中	优 孟
淳于髡	1. 仰天大哭
2. 说之以隐	2. 抵掌谈语
3. 仰天大笑	西门豹
4. 一石亦醉	3. 河伯娶妇——吾往送女　烦报河伯　凿渠引河
优 孟	淳于髡
5. 仰天大哭	4. 说之以隐
6. 抵掌谈语	5. 仰天大笑
优 旃	6. 一石亦醉
7. 临槛大呼	优 旃
8. 麋鹿触之	7. 临槛大呼
9. 漆城荡荡	8. 麋鹿触之
10. 太史公曰	9. 漆城荡荡
	10. 苏子曰

据此，我们可作以下几点分析：

第一，两《传》最大的不同处在于，《史记》只写淳于髡、优孟、优旃三人，而《古史》却多写西门豹一人，而且取材自《褚续》，只是文字略有增删。写西门豹实只记"河伯娶妇"一事，故事核心在"烦报河伯"一节，但那只是贤臣能吏的一时权变。其实，西门豹其人非滑稽之人，其事亦非滑稽之事，是不应列入《滑稽列传》的，上文已有详细分析（"西门豹"一节），此处可以不论。《褚续》只列在《本传》之后，而苏辙却把它补入《史记》正文之中。《褚续》已是续貂，而《古史》竟成乱雅也。

第二，苏辙将"太史公曰"一节删去，而代以"苏子曰：太史公传滑稽三人，褚先生一人，皆以优笑有益于事，故并录之。然西门豹，古循吏，非滑稽者也，特以止河伯娶妇事，发于俳，故巧而捷，是以载之滑稽而实非也"。可见苏辙明知西门豹"非滑稽者"，而是"古循吏""贤大夫"，却仍要将他载入《古史·滑稽列传》，岂不是自相矛盾？《古史》本欲"正"《史记》之非，但以西门豹入《滑稽列传》，岂不是以非为是，如何自圆其说？

第三，苏辙又删去《史记·滑稽列传》篇首"谈言微中"一节，此点可以证明苏辙不真明白司马迁为什么要写《滑稽列传》。因为"谈言微中"就是讽谏，讽谏得当，即使以倡优之人行之，也可能有意想不到的效果，厥功至伟，同样可以解"纷"致"治"（解除纷乱，把事情处理好，回到正常的轨道，也就是"拨乱反正"）。所以太史公在文章末尾列举滑稽三人之事后，只以"岂不亦伟哉"一句收结，可见是首尾相应的。太史公是为"讽谏"立传，成功的"讽谏"才是"谈言微中"。苏辙改写《史记·滑稽列传》，可以"苏子曰"替换"太史公曰"，但不可以删去"谈言微中"一节；删去这一节，太史公的本旨与作意就不见了。而经过增删之后的《古史·滑稽列传》，也就像散钱无串一般，失去了能够贯串前后的核心观念，变成一些个别人物与事件的组合，虽有血肉，却不见灵魂或主宰。

苏辙明知西门豹非滑稽者，却硬要把他写入并与其余三人同传，这总要给个理由。他的理由是"皆以优笑有益于事，故并录之"，这是事实不符而且含义不明的话。首先，西门豹不是"优"。其次优或滑稽之人，不止会"笑"，也会"哭"，如优孟之"仰天大哭"。既然如此，怎么可以下"皆"字呢？且依上文分析，太史公用"谈言"二字比"优笑"二字来得精要。再次，"有益于事"是何意思？这当然可以直译为对事情有帮助，但对何"事"有益，何以会有"益"？却不易看出来。而太史公作传却明言"讽谏"可以解纷致治，这比苏辙所说的"发于俳，故巧而捷"，不但简要、明确，而且高明得多。苏辙显然并未真读懂《史记·滑稽列传》，否则他绝不至于删去"谈言微中"一节。正因为不懂太史公为讽谏立传之旨，所以他才会把褚少孙误续的西门豹故事妄加进《滑稽列传》里去；正因为不懂太史公为讽谏立传之旨，所以他才敢把太史公所写优孟"抵掌谈语"一节的最后一句话"此知可以言时矣"删掉。为孙叔敖衣冠，抵掌谈语是"知"（智），但此智计也要在"置酒为寿"时上演才可能有效，讽谏也要讲求时间、场合，才能奏功，所以用"时"字。"谈言微中"就是讽谏，有意无意之间，若隐若现地说中或击中一件事情的要害，其中正有一个"时"字。所以，"此知可以言时矣"一句正是与"谈言微中""解纷""致治""不亦伟哉"等观念前后呼应的。苏辙若真读懂此篇，便不致将此句视为无关紧要而一笔删去。

第四，《古史·滑稽列传》先写优孟，后写西门豹、淳于髡、优旃，其顺序异于《史记》之淳于髡、优孟、优旃。理由何在？苏辙虽未明言，但可得而论。《史记》说淳于髡是"齐威王之时"人；又说"其后百余年，楚有优孟"，而优孟是"楚庄王之时"人；又说"其后二百余年，秦有优旃"，优旃是秦始皇、二世之时人。这牵涉时代世次的问题，历代学者从唐朝刘知几到清代沈家本颇有置疑者[36]。清末崔适在《史记探源》中更明白说：

> 孟事楚庄王，髡事齐威王，威王之立，后庄王之卒二百二十年，是则髡在孟后二百余年，此文转谓孟在髡后百余年，世次颠错至此。旃事秦历汉。则在孟后三百七八十年，此云二百余年，亦非也。且楚庄时岂有韩、赵、魏国？楚相之子，何至负薪？庄王之贤，何待孟言而封敖子？孟但衣冠像敖，王即欲以为相；若复像王，且让国乎？《吕氏春秋·异宝篇》："敖

疾将死，戒其子曰：'王封汝，无爱利地。'王果以美地封其子，而子辞，请寝之丘。"是则不因优孟之言也。此章（优孟章）世次既差，立言复谬，其为赝鼎显而易见，今删之。[37]

崔适所提世次、年代差误的问题，客观明确，无可抵赖。问题是司马迁不是没有时间观念、不知时代先后的人。他在《孟荀传》载淳于髡见梁惠王事，又在《滑稽列传》记髡事齐威王，是明知淳于髡为战国时人，何至于会说髡后一百余年乃有春秋楚庄王时之优孟在呢？王叔岷先生对此曾进一步做解释："太史公决不致荒谬至此！窃疑'其后百余年'，乃后人传写之误，盖本作'其前二百余年'。何以先记淳于髡事，后记在前之优孟事？盖由优孟后即记优旃事，孟与旃同为优人，当连类记之耳。"[38]"传写之误"与"连类记之"是好解释，但无法绝对证实，此一问题仍值得再研究。我们不必在此节继续讨论崔适所指摘的"立言复谬"的问题，而只想就原题指出一点：除非能证实现存《史记·滑稽列传》中之可疑文字不是太史公原文，或能证明太史公先记淳于髡后记优孟的写法另有他意、深意；否则，苏辙《古史·滑稽列传》将优孟置于西门豹与淳于髡之前，即使不说他比较正确，至少也不能说他错误。

第五，就修辞言，苏辙改动太史公文字较少，改动褚少孙文字较多。——比对罗列不免琐碎，以下只能举例示意。基本上，太史公所记滑稽三人八事，苏辙全部照抄，只在小处改动文字。有的改动无关宏旨，不必定其高下，如将文中多次出现的"优孟"删去"优"字，改"黄金千溢"之"溢"字为"镒"。有的改动则影响词气缓急、语意轻重，实未见其是，如将"未尝屈辱"改成"不能屈辱"，将"国且危亡，在于旦暮，左右莫敢谏"一句中之"在于旦暮"四字删掉（在叙述上，难免会用文学夸张笔法，何必计较）。有的改动

滑稽与六艺 | 611

显然错误,如把上文所讨论过的"此知可以言时矣"一句删掉,又如将"善为笑言,然合于大道"中"大道"二字改为"义理"。太史公认为滑稽有裨于治道,合于六艺之旨,故文章从孔子之言起,说得庄重正大,故把滑稽(讽谏)视为"合于大道"(滑稽本身不是大道,但滑稽之"谈言微中"却"合于"大道)。苏辙显然并不真明白此一深义,所以才会妄改"大道"为"义理",这也可以再次说明他为什么会删去"谈言微中"一节以及"此知可以言时矣"一句。他的真正盲点在此。褚少孙《续传》写六人,苏辙虽只选取西门豹一人,但在改动文字的幅度上较大。如将首句"魏文侯时,西门豹为邺令。豹往到邺,会长老……"改为"西门豹事魏文侯,为邺令。初到邺,会长老……"又如改"欲合渠水,且至驰道合三渠为一桥"为"欲合三渠为一桥",径删"故西门豹为邺令,名闻天下,泽流后世,无绝已时,几可谓非贤大夫哉"一句,最后又将文末之"三子之才能谁最贤哉?辨治者当能别之",改为"豹虽不如子产、子贱,然要为贤大夫矣"。显然,这已不只是在修饰文字,而是在改文章了。褚先生的文字自然不能与太史公比,苏辙连太史公的文字都敢更动修饰,他对褚少孙的文字自然放胆自在地修改下去了。

第六,总结以上析论,苏辙《古史·滑稽列传》记滑稽四人九事,全部取材自《史记·滑稽列传》与褚少孙《续传》,只是将人物重新按时代先后排列,改动文字时有增减修饰,最后加"苏子曰"一节收结,可以说这篇文章绝大部分都不是他写的,而只是改写他人的文章。依时代先后将优孟、西门豹置于淳于髡之前,自是合理;修改褚少孙的文章,也不无道理;但整体来看,人物与事件的取材标准不一,甚至自相矛盾,而整篇文章的作意或主旨不明,"有益于事"一词模糊不清,缺少力量。苏辙改写这篇文章,事实上是失败的。其根本原因在于,他未真读懂《史记·滑稽列传》,不知太史公是在为"讽谏"立传,"谈言微中"有裨于治道,未尝不可比于六艺。正是由于苏辙不知太史公此一作传的本旨与作意,所以他才会截头去尾,把体现全篇精神、主旨的"谈言微中"与"太史公曰"二节删掉,才会把"此知可以言时矣"此一要句删掉,才会把"合于大道"改为"合于义理",才会把明知"非滑稽者"的西门豹从《褚续》中请出再放进太史公的《滑稽列传》中,才会有自信和勇气去"正"《史记》之非并敢妄改太史公的文字,其根源总在没有看懂古人的文字便自以为是而欲订正之也。苏辙是唐宋八大家之一,自然不能以偏概全,以此一篇来否定《古史》的价值;但如单就《古史·滑稽列传》一篇而论,则显然是一个失败的例证、反面的教材。苏辙讥太史公"浅陋而不学,疏略而轻信",说得太过了,《四库提要》的作者曾评苏辙《古史》说:"平心而论,史至于司马迁,犹诗至于李、杜,书至于钟、王,画至于顾、陆,非可以一支一节比拟其长短者也。辙乃欲点定其书,殆不免于轻妄。"[39]《古史》全书是否"轻妄"不敢说,但至少以"轻妄"二字来总结苏辙改写的《滑稽列传》应是不错的。褚先生的《续传》至少提供了可贵的史料,有趣的故事,可观的文字,而苏辙改写的《古史·滑稽列传》却只能说是:事无增益,理反减损,文无可观。

八、结　论

"滑稽"一词,沿用两千多年,前后含义不同。春秋战国时代,滑稽意指"智计"与"辩捷",后世则视同"诙谐幽默",这都不等于太史公在《滑稽列传》所讲的"滑稽"。太史公所讲的"滑稽"包含有四个要件——话语流利,巧于智计,人莫之害,以道之用——

缺一不可,最后一个要件尤其重要。只有讽谏才有可能满足此四要件,所以《传》文两次明白提到"讽谏"。人臣讽谏成功,才有可能做到义不讪上、智不危身、匡君之恶,又"合于大道"(或礼义),这就是"谈言微中"。"滑稽"指"谈言微中",也就是成功的讽谏。《传》中所叙八事,无一不成功,无一不具备四要件。所以说,《滑稽列传》是在颂"讽谏",司马迁是为"讽谏"立传。

司马迁既为"讽谏"立传,却又偏从孔子论六艺讲起。"六艺于治一也",已点出一"治"字。六艺本是王官学,是先秦时代治道、治术的大本,可用于修己治人,拨乱反正;然而治道或治术却不必仅见于六艺,"滑稽"之"谈言微中""亦可以解纷","解纷"就是解"乱"致"治",原来想要致"治","滑稽""亦"可以的,不必别庄谐,何必分贵贱(《传》中三人不外倡优、侏儒、赘婿)。此正所以见天道之大也,治史者应当观其会通。此是何等见识!"六艺于治一也"是孔子所讲;《六艺》中的《春秋》尤其"长于治人",而《春秋》是孔子所作,"吾其从讽谏乎"又是孔子所主。而太史公特为"讽谏"立传,并从孔子论六艺写起,《传》末又特别称赞"滑稽"之讽谏"岂不亦伟哉"(六艺"伟",滑稽"亦"伟),可知太史公是完全从"论治"的观点来设篇立传,仍然是"本六艺""宗孔子""继《春秋》"之意。因为是在"论治",所以文章起得庄重正大,后文所写的歌、哭、优、隐等,若谐似谑,但也都归于义正,"合于大道"。太史公并非在作"游戏文字"。太史公自谓作史乃"述往事,思来者",而"滑稽"之讽谏进可以解纷致治,退亦可以全身远害,此人臣事君之一法,亦应为后世"君子"之所共知。而其自身却正因为李陵事向武帝直言获罪,故太史公写《滑稽列传》之心情,于庄重、严肃之外当另有一番感伤、忧患,此须"好学深思,心知其意"方可得之。

上述太史公的立传本旨与微意,褚先生与苏辙似乎全未理会,所以《褚续》与《苏传》所附益、选取的故事俱缺"以道之用"一项内容,甚至背反,当然也就谈不上"解纷致治"了。然而,《褚续》虽非,少孙尚有附骥之意,其所附益故事尚有史料价值与可读性;而苏辙竟存"刊正"之心,甚至讥太史公为"浅近而不学,疏略而轻信",实则其所合抄改写之《苏传》"事无增益,理反减损,文无可观",自陷于"轻妄"而不自知也。褚少孙是西汉博士(博士称先生),好《太史公书》,去太史公时代又近,苏辙则为唐宋八大家之一,古文家亦推崇先秦两汉之书,尤重《史记》,然而二人均未真正读懂《史记·滑稽列传》,可见"《史记》非易读之书,太史公非易解之人"[40],至今仍不免生此感也。

大凡对事物的探究,"从认识到了解,到批判,到评价,是一条漫长而辛苦的思想道路"[41]。要先有正确的认识与了解,才可能有客观的批判与公正的评价。以《滑稽列传》为例,知道它是《史记》十类传之一,位列《佞幸列传》《日者列传》之间,记三人八事等,这只是初步认识;进一步知道"滑稽"有四要件,实指"谈言微中"——成功的讽谏,太史公乃为"讽谏"立传等等,这是了解;就史文、史事之真伪、是非以及思想义旨等提出个人之意见,这是批判,如说"疏略而轻信"或"不虚美、不隐恶"之"实录""讽刺文学""游戏文字"或"论治之书"。认识与了解的正误、详略、深浅,自然会影响至其后批判的客观性以及最后评价的正负、高低,如评太史公为"浅近而不学",《史记》为"谤书"或"正史鼻祖"(正史中最早也是最好的一部),"六经之后,唯有此作"等是。本文析论《滑稽列传》一篇,实亦经历此一探究之全程,从解析篇章结构开始,直至论断太史公在《滑稽列传》一篇中亦在论治,《史记》是论治之书,实乃百王大法,而这也是我们对《史记》一贯的观点与见解。如果我们能在考证、辨伪与训诂、文章之外,再加上这个观点去读《史记》，相信还会继续有新的发现；否则，难免有时会有知一不知二、见小不见大，想不通、看不透、说不圆之处也。鄙见如此，旧作可证，尚有多篇待撰。

【附录】太史公言六艺之别义与通义

司马迁于六艺，屡言不一言，而所举有别义、有通义。

《自序》称："《易》著天地、阴阳、四时、五行，故长于变；《礼》经纪人伦，故长于行；《书》记先王之事，故长于政；《诗》记山川、溪谷、禽兽、草木、牝牡、雌雄，故长于风；《乐》乐所以立，故长于和；《春秋》辨是非，故长于治人。是故，《礼》以节人，《乐》以发和，《书》以道事，《诗》以达意，《易》以道化，《春秋》以道义。拨乱世反之正，莫近于《春秋》。"历举六艺，分两层说明，而归重于《春秋》。此别义也。

《滑稽列传·序》："孔子曰：'六艺于治一也。《礼》以节人，《乐》以发和，《书》以道事，《诗》以达意，《易》以神化，《春秋》以道义。'太史公曰：天道恢恢，岂不大哉！谈言微中，亦可以解纷。"其文若与《自序》重复，实则举孔子之言以明其通义也。

六艺之形式不同，然其义理之关于政治则一，故曰"六艺于治一也"。不知此义，不能知中国史学之根本，亦即不知中国一切学术之根本，故太史公一再言之。而其通义不发于他传，于《滑稽列传》发之，最为可以注意。滑稽者，最无关于政治者矣。太史公以为世变迁流，有国者已不知正义故不可以庄语，而仅可以谈笑讽之，其于政化何如哉？既为此《传》，恐学者不喻其义，特举孔子之言庄严郑重而出之所以示学者。治史宜观其通也。

然犹不独此也。《司马相如传·赞》曰："《春秋》推见至隐，《易》

本隐之以显,《大雅》言王公大人而德逮黎庶,《小雅》讥小己之得失,其流及上。所以言虽外殊,其合德一也。"则更明白表示《诗》《易》与《春秋》之义相通,不可泥于形式。观王公大人之言可以推之黎庶,观小己之得失可以知政教之迁流,其言何等显豁呈露!使治史者明于此义,自不至病吾国史籍只述朝政不及民众社会,目为"帝王家谱",更不至帝王制度已更,谓《资治通鉴》为"帝王教科书",而今之学者不必研究矣。司马相如一文人耳,然《子虚》《上林》诸赋,可与大、小《雅》比较其时代之变迁,读史者即可推见汉武之至隐。故就相如一文人,说明《易》《诗》《春秋》相通之大义。不举《书》《礼》者,《书》《礼》之形式,世人多知为史,不必赘述也。

合《司马相如传·赞》与《滑稽列传·序》观之,始可以悟太史公郑重说明六艺通义,在即小以见大,举此以例彼。治经史者由此悟入,则知类通达,不为形式所囿矣。

《班书》无《滑稽传》,而《相如传》犹钞太史公之语,至"与《诗》之风谏何异",而续以扬雄之言。《书》则专就相如论相如,非太史公《书》即相如推阐六艺相通之义。夫就相如论相如,专以大、小《雅》引起可矣,何必及《易》《春秋》乎?又《班书》删去"言虽外殊"之"外"字,作"所旨虽殊",是固明了,而"外"字实极可注意。"外"者,今之所谓"表面"也。表面虽殊,内容相通,故曰"言虽外殊,其合德一也"。《范书》以降,恒有《文苑传》;而如班、张、崔、蔡、韩、柳、欧、苏之类,皆为特传,不列于《文苑》。固亦可观社会之风尚,然本马、班之体而扩充之,实未喻马之用意也!

* 原载《台湾大学历史系学报》1996 年 11 月第 20 期。收入本书时略去附录苏辙《古史·滑稽列传》原文。

◎ 注释

① 阮芝生：《货殖与礼义——〈史记·货殖列传〉析论》，《台湾大学历史系学报》1996 年第 19 期。

② 阮芝生也有两篇文字专论《伯夷传》：1.《伯夷列传析论》，《大陆杂志》1981 年第 63 卷第 3 期；2.《伯夷列传发微》，《台湾大学文史哲学报》1985 年第 34 期。

③ 1. 徐仁甫：《〈史记〉"滑稽"解》，《文史杂志》1986 年第 1 期；2. 张本富：《"如嫁女床席"试解》，《辽宁师院学报》1983 年第 4 期；3. 张耕夫：《"斋以姜枣"辨释》，《中国语文》1986 年第 4 期。

④ 1. 徐日辉：《褚续"西门豹治邺"史实的真伪——读〈史记·滑稽列传〉札记》，《河北师范大学学报》1986 年第 3 期；2. [日] 藤田胜久《西门豹的水利事业について——〈史记·滑稽列传〉の后世补记》，《中国水利史研究》1989 年 19 号。

⑤ 1. 吹野安：《滑稽人东方朔论——"答客难"な中心として》，《汉文学会报》1976 年 22 辑；2. 星野春夫：《史记滑稽列传の人物描写について》，庆应义塾大学《艺文研究》1980 年 41 期。

⑥ 徐仁甫：《〈史记〉"滑稽"解》，《文史杂志》1986 年第 1 期。

⑦⑧ 王叔岷：《史记斠证》。

⑨ 见《史记·平津侯主父列传》文后所附班固赞语。

⑩ 丁福保：《说文解字诂林》三上（台北：商务印书馆影印杨家骆先生藏本）。

⑪ 当是古语，见《史记·管晏列传·赞》。

⑫ 《国语·周语上》邵公谏厉王弭谤之语。

⑬ 《史记·吴太伯世家》。

⑭ 《新序·杂事第一》："卫灵公之时，蘧伯玉贤而不用，弥子瑕不肖而任事。卫大夫史鳅患之，数以谏灵公而不听。史鳅病且死，诏其子曰：'我即死，治丧于此堂。吾不能进蘧伯玉而退弥子瑕，是不能正君也。生不能正君者，死不当成礼。置尸此堂，于我足矣。'史鳅死，灵公往吊，见丧在北堂，问其故。其

子具以父言对灵公。灵公蹴然易容,寤然失位曰:'夫子生则欲进贤而退不肖。死且不懈,又以尸谏,可谓忠而不衰矣。'于是乃召蘧伯玉而进之以为卿,退弥子瑕,徙丧正堂成礼而后返。卫国以治。史鳅,字子鱼,《论语》所记'直哉史鱼者也。'"

⑮ 《论语·卫灵公》。

⑯ 《周礼·春官宗伯·大司乐》郑注。

⑰ 《初学记》卷二八。

⑱ 《增补史记评林》卷一二六。

⑲ 姚苎田:《史记菁华录》卷六。

⑳ 曾国藩:《求阙斋读书录》卷二。

㉑ 转引自《增补史记评林》卷一二六。

㉒ 见《史记·刘敬叔孙通列传》。

㉓ 姚苎田节评:《史记菁华录》卷六。

㉔ 柏秀:《沅湘通艺录·卷二·书〈史记·滑稽传〉后》。

㉕ 阮芝生:《三司马与汉武帝封禅》一文第四节,专论司马相如的《封禅书》。

㉖ 柳诒徵:《国史要义》,台北:中华书局1957年版,第133—135页。

㉗ 《庄子·天下篇》。

㉘ 《史记·五帝本纪·赞》。

㉙ 邵宝曰:"先是数年,秦以君甥妻河,盖夷俗之渐久矣!此政父老所苦者。巫不杀则妖不止,然曷不先之以教乎?孟子论杀有所谓生道者,豹盖近之。吾独怪其术之胜耳,不然何愧于陈子亢之止殉葬哉!子亢仁术也,豹术而未仁。"转引自《补标史记评林》卷一二六。

㉚ 《史记评林》卷一二六。梁玉绳也说:"若夫西门豹,古之循吏也,而列入《滑稽》,尤为不伦。"见《史记志疑》。

㉛ 西门豹治邺,古代有异说,但有多种正史与地理志书可以证明,参看徐日辉:《褚续"西门豹治邺"史实的真伪》,《河北师范大学学报》1986年第3期,第103—105页。

㉜ 此篇《褚续》比他处好,特别是西门豹《烦报河伯》一章,董份曰:"褚

滑稽与六艺 | 619

先生序事每学太史公，欲恣肆而无法，故乡失主于繁琐。而此序西门豹投巫妪事。一时如见，盖旧文也。"（《史记评林》卷一二六）

㉝　苏辙：《古史·原叙》（《文渊阁四库全书》本）。

㉞㉟　苏辙：《古史·跋语》。

㊱　参见池田四郎次郎《史记补注》卷一二六，东京：明德出版社1975年版。

㊲　崔适著、张烈点校：《史记探源》，北京：中华书局1986年版，第222—223页。

㊳　王叔岷：《史记斠证》。

㊴　见《钦定四库全书总目》（影印武英殿本）卷五〇。

㊵　阮芝生：《货殖与礼义——〈货殖列传〉析论》，《台湾大学历史系学报》1996年第19期，第31页。

㊶　杜维明语，见《从身心灵神四层次看儒家的人学》，载《中国哲学范畴集》，北京：人民出版社1985年版，第290页。

货殖与礼义

——《货殖列传》析论

一、前　言

  《货殖列传》是《史记》的十大类传之一，也是《史记》的名篇与长篇，文辞浩瀚，观点前进，所以普受读者的喜爱与学者注目。数十年来中、日文中有关《货殖列传》之研究论文与专著，为数可观，重点各异。有的对全篇进行斠证（王叔岷，1979），校释（晏炎吾，1981），新诠（潘吟阁，1931）；有的探讨体例（彭久松，1984），正误地理（贺次君，1935），考证物价[①]；有的改正训读（蔡诚鉴、周怀宇，1983，1984），研究人物（周德昌，1994），并动作札记。[②]但自 1980 年代起，随着祖国大陆政经的改革开放，研究主题转移至司马迁的经济思想[③]，及其义利观或功利观[④]。至于对《货殖列传》的基本认识，一般倾向主张：司马迁重视经济地理的研究，首创经济史传；《货殖列传》是重要的经济著作，"是记载商人活动和经济学术的名篇"[⑤]；除了反映自春秋战国迄西汉前期社会经济的突出变化和司马迁的进步经济思想外，他还开创了中国史学研究社会经济活动的范例；司马迁"借商人的谋生本领和经商艺术，启迪人们的智慧，是司马迁作《货殖列传》的目的所在"[⑥]。以上讲法，未为无理，但恐未能尽悉太史公之深意与史心；因为这只是站在个人立场，运用现代观点去读史，而未能站在史家的立场，顺着他的观点与思路去理解他为何以及如何写《货殖列传》也。

本文主要探讨司马迁写作《货殖列传》的本意或原意，经由探悉作传本旨以洞见史家用心。篇名"货殖"，太史公又言"富者，人之情性所不学而俱欲者也"，故本文即以货殖与人性之关系为主题，旁涉与此主题相关问题之探究。本文不强调有什么特殊的材料、方法或理论，但希望尽可能掌握前人的研究成果，扣紧主题，针对实际需要解决个别问题，逐步深入，逼近答案。文中有关版本校勘、图表制作、训诂考据、义理评论以及比较分析之文字，或多或少，或前或后，皆系因形就势，出于需要；尽可能避免予人以跳跃而不连贯的感觉。本研究朝"入乎其内，出乎其外"之方向努力。要入出其内，就必须深入《货殖列传》内作基本的文章结构分析，看他到底写了什么，如何叙述。要出乎其外，就必须跳出《货殖列传》，从百三十篇看《货殖列传》这一篇，甚至从更高的视野——先秦学术史的背景，特别是周、孔、孟、荀这一主线——观察思考，才能真知他为什么这样写及其意义价值之所在。为政不在多言，且看力行之结果。

二、解析篇章结构

研读《货殖列传》，一如《河渠书》，当有图表依据，方为便利，且易于深入。《货殖列传》是长篇大文，内容繁复，洪纤毕载，初阅往往不能终篇。因为古人为文，通篇连书，段落不明，标点缺如，所以初读骤难理解把握。因此，若能精确解析文章结构，另有地图参考，必能事半功倍，甚至有通体把抓、一目了然的透视之感。尤其是长篇文章，更有此必要；否则，易犯读后忘前、详此略彼、片断记忆、零散议论之病。但学者往往视为粗浅，而轻忽不为。殊不知此为基本功夫，大有妙用，用后方知也。笔者前此堂上讲授与课后撰述，无不先下此一笨功，自觉受益良多。今将剖析《货殖列传》鸿文，仍然一本旧贯；自居不才，以勤补拙，并为后生劝。至于地图，则借用史念海先生所绘之《战国时代经济都会图》。此图实据《货殖列传》绘制，颇为实用，故直接移录于本文《货殖列传》章节表后。

《货殖列传》可分四大段十九节：1. 引《老子》曰（"《老子》曰"至"最下者与之争"），可标"善者因之"。2. 自然之验（"夫山西饶材竹"至"自然之验邪"），亦可标"不召自求"。以上二节乃"货殖总论"，为第一大段。

第二大段可分八节，言汉以前之货殖。3. 衣食之原（"《周书》曰"至"拙者不足"），即"农、工、商、虞"。4. 货殖之祖（"故太公望"至"至于威、宣也"），指"太公管仲"。5. 千乘患贫（"故曰"至"而况匹夫编户之民乎"），言"熙来攘往"。6. 治积道理（"昔者越王"至"称号五霸"），讲"范蠡计然"。7. 范蠡居陶（"范蠡既雪"至"皆称陶朱公"），表"富好行德"。8. 子赣最饶（"子赣既学"至"得势而益彰乎"），证"得势益彰"。9. 白圭之术（"白圭"至"非苟而已也"），亦可标"终不告之"。10. 猗郭乌清（"猗顿"至"岂非以富邪"），言"礼抗万乘"。

第三大段可分四节，言汉兴以来天下之地理、物产、风俗、谣服，可简称为"地物风谣"。11. 关中（"汉兴"至"什居其六"）。此节可再分五小节：（1）总冒（"汉兴"至"于京师"）；（2）汧雍以东（"关中自"至"而事末也"）；（3）南则巴蜀（"南则"至"易所鲜"）；（4）天陇北上（"天水陇西"至"唯京师要其道"）；（5）收结（"故关中"至"什居其六"）。12. 三河（"昔唐人"至"致其蓄藏"）。此节可再分四小节：（1）总序（"昔唐人"至"纤俭习事"）；（2）河东附及种代（"杨平阳"至"得所欲"）；（3）河内附及中山、燕、赵、郑、卫（"温轵西贾"至"真番之利");(4)河南附及齐、鲁、梁、宋("洛阳东贾"至"致其蓄藏")。13. 三楚("越楚则有三俗"至"谓之夏人")。此节可再分三小节:(1)西楚("夫自淮北"至"清刻矜己诺");(2)东楚("彭城以东"至"江东一都会也");(3)南楚附及江南、颍川、南阳、宛("衡山九江"至"谓之夏人")。14. 总收("夫天下物"至"田畜而事蚕")。

第四大段有五节,从"由此观之"起,有一长段文字,乃太史公之大议论。15. 归于富厚("由此观之"至"而让财矣")。16. 乐比素封("谚曰"至"亦足羞也")。17. 以末致财("凡编户之民"至"则非吾财也")。18. 当世富者("请略道当世"至"不可胜数")。本节可再分十小节:(1)蜀卓氏;(2)程郑;(3)宛孔氏;(4)鲁曹邴;(5)齐刁间;(6)周师史;(7)宣曲任氏;(8)塞桥姚;(9)长安无盐氏;(10)关中富商大贾。19. 必用奇胜("夫纤啬筋力"至"非也")。

以现代作文眼光审视《货殖列传》,其结构严整,井然可观,和《史记》其他名篇一样,经得起仔细分析。

《货殖列传》章节表

章	节
一、货殖总论	1. 引《老子》曰(善者因之) 2. 自然之验(不召不求)
二、汉前货殖	3. 衣食之原(农工商虞) 4. 货殖之祖(太公管仲) 5. 千乘患贫(熙来攘往) 6. 治积道理(范蠡计然) 7. 范蠡居陶(富好行德) 8. 子赣最饶(得势益彰) 9. 白圭之术(终不告之) 10. 猗郭乌清(礼抗万乘)

续表

章	节
三、地物风谣（汉兴以来）	11. 关中 （1）总冒 （2）汧雍以东 （3）南则巴蜀 （4）天陇北上 （5）收结 12. 三河 （1）总序 （2）河东→种代 （3）河内→中山、燕、赵、郑、卫 （4）河南→齐、鲁、梁、宋 13. 三楚 （1）西楚 （2）东楚 （3）南楚→江南、颍川、南阳、宛 14. 总收
四、由此观之	15. 归于富厚 16. 乐比素封 17. 以末致财 18. 当世富者 （1）蜀卓氏 （2）程郑 （3）宛孔氏 （4）鲁曹邴 （5）齐刁间 （6）周师史 （7）宣曲任氏 （8）塞桥姚 （9）长安无盐氏 （10）关中富商大贾 19. 必用奇胜

货殖与礼义 | 625

战国时代经济都会图

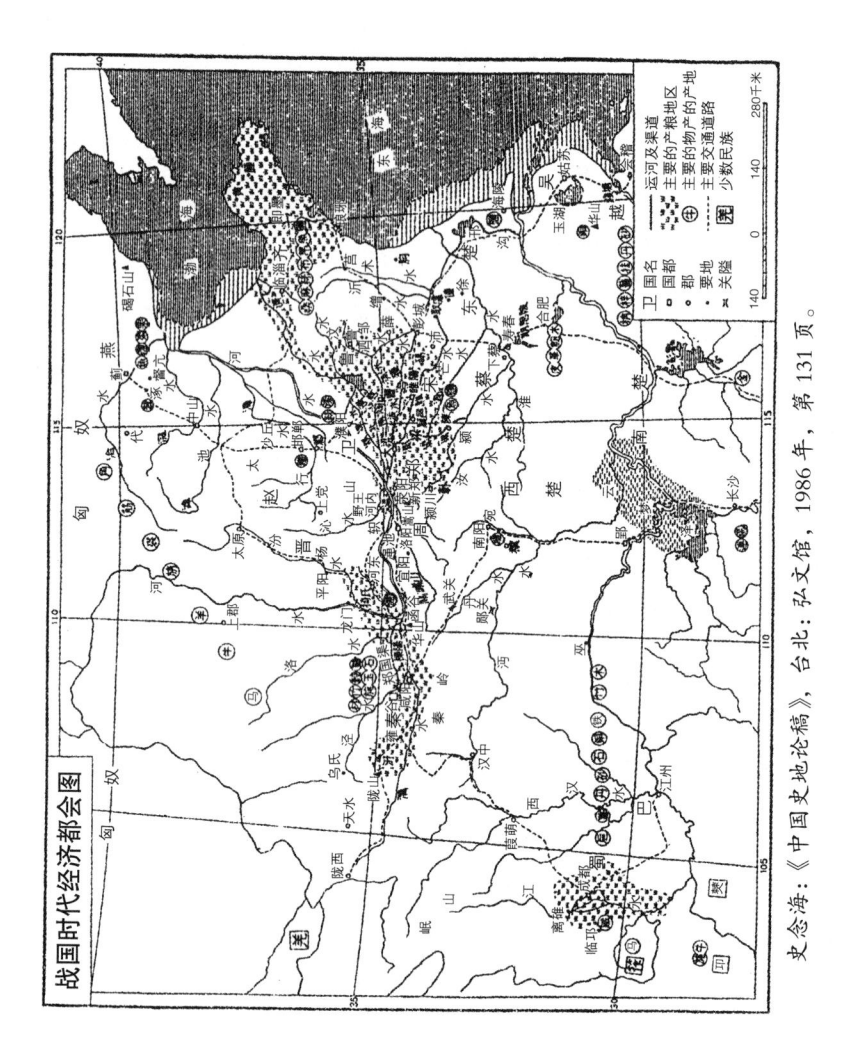

史念海：《中国史地论稿》，台北：弘文馆，1986年，第131页。

626 | 史记的读法

三、货殖与情性

（一）货殖名义

欲析《货殖列传》，首先须明"货殖"一词之来历与含义。试作三点说明：第一，"货殖"一词始见《论语·先进篇》，孔子曰："赐不受命而货殖焉。亿则屡中。"可见"货殖"一名出于孔子，太史公借为传名，立篇设题之时已有宗主孔子之意。此犹如《史记》首黄帝，乃根据"孔子所传"之《五帝德》与《帝系姓》；世家首吴太伯，乃因孔子赞为"至德"；列传首伯夷，亦因孔子表彰其不怨；至于十表首三代，八书首礼，篇中均屡次言及孔子以为凭依。[⑦] 总皆发于太史公"宗圣"之心也（"宗圣"二字，近人多不喜闻，但是实情）。第二，"货殖"原意是积聚货财；此处"货"指货物、商品，"财"指金钱、钱财。《易经·系辞传下》："聚天下之货，交易而退。"此"货"是"货物""商品"之义；《周礼·秋官·职金》："掌受士之金罚、货罚，入于司兵。"此"货罚"之"货"，郑玄解为"泉贝"，是"金钱"之义。古代金钱不只泉、贝，金、银、刀、布等皆是。《尚书·洪范》，一曰食，二曰货，可见"食货"关系民生最要。古人以为："食莫大于谷，货莫大于钱。"[⑧] 故"货"原来的主义是钱。"殖"有数义，与本文有关者：（1）蕃也（韦昭注）、生也（《史记·货殖列传》《正义》），孳生、繁殖之义，《国语·晋语四》："同姓不婚，恶不殖也。"（2）积也（《广雅·释诂一》），积聚、聚集之义，《伪古文尚书·仲虺之诰》："惟王不迩声色，不殖货利。"能孳生、繁殖，自然导致积聚；已积聚之后，不难再孳生、繁殖。二者相促进，互因果。但就子赣（贡）言，贱买贵卖，亿则屡中，以致富饶，是由积聚来孳生、繁殖，并非由孳生、繁殖来积聚。故子赣之"货殖"乃是积聚货财，何晏《集解》曰：

"惟货财是殖",应是的解。子赣"不受命"而"货殖"者,乃是当时未受命或不肯受命于公家,任职官府,"而自以其私财市贱鬻贵,逐十一之利"⑨,自为私商贾也。第三,司马迁所说的"货殖",是生产、繁殖、积聚货财,但《货殖列传》所述"货殖"之内容,范围较大,显露史家写作时视野广而用心深,详见本文第五节。

(二)嗜欲已开

《货殖列传》讲经济,经济活动始于生产、流通。但人们为何要生产、流通?因为人们有物质需要及心理欲求,简称"欲望""欲求",或一个"欲"字。太史公于本篇开端已言:

> 夫神农以前,吾不知已。至若《诗》《书》所述,虞夏以来,耳目欲极声色之好,口欲穷刍豢之味,身安逸乐,而心夸矜势能之荣使,俗之渐民久矣。虽户说以眇论,终不能化。

此即明示:第一,人们有欲,至少从有文字记载以来的历史(神农以后)是如此。耳目"欲"极声色之好,口"欲"穷刍豢之味,固然是欲;身"安"逸乐与心"夸矜"势能之荣使,也是欲。即人之身(兼含耳目口)心都有欲(不言鼻,而鼻在其中)。第二,嗜欲已开。身心不但有欲,而且为满足此欲,已经极其好、穷其味、安逸乐、矜荣使;不以得到已有为满足,而以追求最高享受(穷、极)为满足。此即嗜欲已开,驰逐"以得所欲"。第三,因为嗜欲已开,所以想要让人们改变观念行为,不去驰逐欲望,而回到上古淳朴的社会,过简单原始的生活,那是办不到的,故说:"虽户说以眇论,终不能化。"所谓"眇论",即指篇首的"《老子》曰:'至治之极,邻国相望,鸡狗之声相闻,民各甘其食,美其服,安其俗,乐其业,至老死不相往来。"老子主张"小国寡民",不相往来;在上位者,"绝圣弃智""不贵难得之货",不知美之为美,"我清净而民自正";治民则本"不见可欲,其心不乱"之旨,"常使民无知无欲",使民自甘、自美、自安;认为这才是理想的社会或治理国家的最高境界。返璞归真,与道合一,这种道理未尝不高不正。这种社会或许上古曾有,这种道理或许圣人能行,只是历殷、周、战国、秦汉至武帝时,嗜欲已开,喜好不绝,久已成俗,再要让人民目不见好色、耳不听音声、口不图厚味、身不安美服逸乐,甚至心不夸矜权势,那是不可能的。所以司马迁才说,即使挨家逐户用老子所说的这种眇(妙)论去劝导,也改变不了。正因为如此,司马迁在《老子》引文之后即说:"必用此为务,挽近世,涂民耳目,则几无行矣。"即倘若一定要照老子的话去做,把近世(战国以下)的社会拉回到上古(神农以前)去,重新蔽塞耳目,不使闻见美好,以挽回近世之俗,那几乎是做不到、行不通的。太史公并未说老子的道理不对(其实是"眇论"),只是说行不通、做不到;但终是有保留。太史公对孔子称引不绝,从无违辞,由此亦可见孔子在《史记》中之地位终在老子之上,太史公处处显露"宗圣"之心。此句训读有异议,参见文后"附论一"考辨。

(三)地物人事

耳目口身心皆有"欲",为满足此欲,人们生产物资("物"),制造并流通商品("物"变成"货"),进而累积财富(货物经由交易而转换成金钱,简称"钱""币"或"财")。但什么地方生产货物?天下有哪些货物?什么人生产、流通货物并追求财富?货物的生产、流通与财富的追求,又会产生或出现哪些经济活动与行为?《货殖列传》中对此均有全面而深入的描述,分述如下:

第一,货殖之地。有土地必有物产,正别在种类、多寡与良窳。

太史公于"货殖总论"中将全国之物产与产地,分为:(1)山西(崤山或华山以西);(2)山东(崤山或华山以东);(3)江南;(4)龙门碣石北四大区域叙述;只举大纲,粗见轮廓。但在第三大段叙汉兴以来之"地物风谣"时,则将天下物产分为关中、三河、三楚三大区域叙述。每一大区域之下,又分几个小区域叙述。如:关中又可分(1)汧雍以东;(2)巴蜀;(3)天、陇、北、上三个小区域。而在叙述每一小区域时,特重都会,如临淄、陶、睢阳等;又可旁及邻近地区,如叙巴蜀而旁及"南御滇僰""西近邛笮",叙"天陇北上"而旁及"西有羌中之利,北有戎翟之畜"。总而言之,太史公写《货殖列传》,目光遍及当时之全中国甚至天下。

第二,货殖之物。中国之大,四海之广,无奇不有,亦无所不产。故《货殖列传》所载之物产亦至为繁富:大者如铜、铁、盐,其次如材竹谷纑、枏梓姜桂、漆丝声色、马牛筋角。贵者则丹沙犀象、瑇瑁珠玑,贱者如果隋蠃蛤、酰浆薪槀。殆于飞潜动植、珍奇异物,巨细备载,无所不录。必如此描述,方能见中国人民所喜好,以及从事货殖者之真情也。

第三,货殖之人。四方物产不同,为满足欲望、追求财富而从事货物之生产与流通者,大别有四类,曰农、虞、工、商。以人物论,上溯货殖之祖(太公、管仲),下及当世富者(蜀卓氏等人);贵若王侯千乘(万乘天子,见《平准书》,亦暗含在内),贱如编户细民;中间又有贤臣、谋士、廉吏、隐士、闾巷少年、赵女郑姬、游闲公子、医方技术诸人,无不尽收笔下。必如此扫尽,方能显货殖之为古今通谊与贵贱同心也。

第四,货殖之事。货殖之人于货殖之地出货殖之物,以求富益货,遂有诸般货殖之事。"农而食之,虞而出之,工而成之,商而通之。"农夫种田地,虞人出山产,工匠成器械,商人通货物,这些都是"事",

而且"各劝其业,乐其事,若水之趋下,日夜无休时"。这只是言其大体。若个别言之,则有太公劝女功、通鱼盐,管仲设轻重九府,越用计然五策,朱公不责(债)于人,子赣废著鬻财,白圭乐观时变等。其下者又有"设为名高,不避汤火","攻剽椎埋,掘冢铸币","目挑心招,不择老少","弋射渔猎,斗鸡走狗","舞文弄法,刻章伪书",可谓百态尽出,显隐毕见。太史公甚至写到当时的租税、利息,以及当时陆地、水居、山居、市肆各种货物的生产与价格,尤见细密。必如此笼括,方能见诸般行业、上下人等,于货殖大事之为万众一心、殊途同归也。

(四)富与情性

故天下之人(不分行业、贵贱)于天下之地(中国四夷、水陆山泽)出天下之货(物,飞潜动植、铜铁金银等),而于人事上现货殖之百态;且都不假外力,自动自发,真诚自然。之所以如此者,乃根源于人有耳目口身心之欲,为"得其所欲"(遂欲),人们才努力生产物资,流通商品,追求财富。物资(物)可以满足人们物质的、生理上的欲望,物资经由流通、交易才成为商品(货),并可转换为金钱(财);金钱又可换取各种有形的商品,而大量的金钱更可发挥其他无形的支配力量,进一步满足人们精神的、心理的欲望。故金钱多多益善,以期生前逸乐恣欲,死后子孙富厚永保。故《货殖列传》从人们有"欲",写到"得欲"(遂欲),甚至"恣欲"(逞欲、纵欲、极欲),最后必然归结到"求富益货""归于富厚"简称"富"——是人性的需求与表现。太史公终于大声说出:

> 由此观之,贤人深谋于廊庙,论议朝廷,守信死节隐居岩穴之士设为名高者,安归乎?归于富厚也。

> 农、工、商、贾、畜长，固求富益货者也。
>
> 富者，人之情性，所不学而俱欲者也。

太史公把（求）富视为人之"欲"，此"欲"不学而能，与生俱有，故说是人之"性"，他说是"情性"。既然是人"性"，故人们皆各竭尽其能力以求富，"若水之趋下"，日夜无休，不召自来，不待"政教发征期会"，无须外力强制推动，这"岂非道之所符，而自然之验邪"？道理本不难懂，但太史公能把求富益货的活动说成"道"符"自然"，便觉得深细入微，益见人"性"之不可违逆也。

（五）乐比素封

人"性"求富，究竟财"富"会带来何种利益？司马迁并未集中回答这个问题。但是根据《货殖列传》的叙述内容，却可条理出相当完整的答案，简述如下：

第一，物质享受。千户侯（千户之君）食租税，当时一年的收入是二十万钱，足够应付其朝觐聘享等岁时之需。至于庶民，无论农工商贾，只要是百万之家（有百万财富），一年的利息收入亦有二十万，足供更徭租赋，而且"衣食之欲，恣所好美矣"。其富裕与享受，"皆与千户侯等"，可以说是乐比封君。

第二，地位名望。乌氏倮以畜牧起家，秦始皇帝"令倮比封君，以时与列臣朝请"；巴寡妇清财产无数（家亦不訾），秦始皇帝"以为贞妇而客之，为筑女怀清台"。司马迁说："夫倮，鄙人牧长，清，穷乡寡妇，礼抗万乘，名显天下，岂非以富邪！"讲得足够明白。天下寡妇与贞妇何止一人，然而始皇并未尽"客之"，为"筑台"。春秋晚期以来，富商巨贾周流天下与"王侯"分庭抗礼的例子固然多有，但未有如巴妇清之能"礼抗万乘，名显天下"者，况且此一"万乘"还是中国历史上第一个"皇帝"。

第三，道德仁义。"富者得势益彰"，又说"人富而仁义附焉"，此即表示有钱的富人（年收入二十万钱以上）不但能享受，受尊重，而且也容易有道德。太史公在《游侠列传》也曾引《庄子》的话："侯之门，仁义存。"隐喻大盗盗国，不只是窃取政权，连道德仁义也都盗取。综合来看，权者和富人，都比较容易自认为或被人认为有道德。

第四，支配他人。司马迁综观天下的货殖现象之后，提出一个心得报告："凡编户之民，富相什则卑下之，伯则畏惮之，千则役，万则仆，物之理也。"即钱越多，支配他人的力量也就越大。如《游侠列传》所说的"设财役贫"即是一例。有钱能使人低声下气，使人忌惮畏惧，使人奔走服役、自居下人，岂不显见支配他人的力量？故称"心夸矜势能之荣使"，难怪贫者求富，而富者更富了！

第五，自卫自救。有钱财容易自卫。巴寡妇清"用财自卫，不见侵犯"。寡妇而能，何况丈夫？有钱财，容易自救。谚曰："千金之子，不死于市。"虽非定律，却是常情。经由缴交公订赎金或进行私人贿赂，而获致减死一等或开脱无罪者，中外多有。陶朱公中子杀人而不救者，是长子惜金之过，并非黄金无效。有人将"千金之子"解为"知荣辱，耻犯法"，故"不死于市"⑩，显然是误解。

以上所说财富的利益，至少有物质享受、地位名望、道德仁义、支配他人、自卫自救五种，但都必须是财产在百万以上或年收入在二十万钱以上者。财富愈大，这五种利益的程度也就愈高。《货殖列传》结尾说："千金之家比一都之君，巨万者乃与王者同乐，岂所谓素封者邪？非也？"此即表示，富者小则乐比封君，大则乐同王者，可当"素封"之名。何谓"素封"？司马迁说："今有无秩禄之奉、爵邑之入，而乐与之比者，命曰素封。"即是无"封君"之名义（爵、邑、秩禄），而有等同之收入，无其名而有其实也。"素封"为太史公创语，当从"素王"一词转来。"素，空也"，素王即空王。有王者之德而无王者之位，虽无王者之位但宜居其位，虽宜居其位但并未居其位，无位而空王之，故只能称"素王"。此词始见《庄子·天道》，今文家讲《春秋》用以尊孔子。司马迁从董仲舒受《公羊春秋》，亦以《春秋》"当一王之法"，熟知其义。故"素封"一词，当从"素王"转来。自今观之，钱财的好处仍不外以上所说五种，只能添加（如买博士学位，做美容手术等），而不能减少。五种好处，只用"素封"一词便能概括，故富的利益可以简单说成一句"乐比素封"也。富的好处多且诱人，难怪天下人要"归于富厚"（富了更富）。不，应该说是"奔于富厚"。⑪

四、一之于礼义

求富既是人之情性，人人俱欲，不学而能，则"归于富厚"或"奔"于富厚就成为不可避免的自然趋势。若"情性"就是人性，则人性岂容违逆，吾人岂不是只能顺从此人性（情性）生活行动？这是否即是司马迁《货殖列传》的必然结论与最后见解？唯唯，否否。此一问题问得虽好，还须先厘清一些观念，才能综合回答。

（一）贵利与情性

人性求富，富是人之所欲，但人并非只求富、欲富。孟子曾言："人亦孰不欲富贵？"⑫ 孔子也说："富与贵，是人之所欲也。"⑬ 可见人也有欲贵之心，但太史公为何只言"求富益货"，全篇用"富"字近五十次，却不说人欲贵、求贵？盖人皆欲富贵，但"富"犹可求而得（勤俭可致小富），人人可为，亦即人人可以希求；"贵"则须有条件，倘若主客观条件不足（如识字、机缘等），终将心余力拙，故"欲"者多而"求"者寡也。进而论之，人只欲富贵乎？耳目口身心有欲，而心为一身之主，富是心之欲。心欲富，也欲贵，但心之所欲又岂止富贵？财色名利、三多九福，莫非心之所欲。心"好利"，人"趋利"，"利"字实包含至广。狭义言之，"利"指赢利，钱财（逐什一之利），广义言之，"利"指利益、好处（《尚书·秦誓》："以保我子孙黎民亦职有利哉"），此"利"指一切好处，富贵等均可包含在内。一切好处、利益中，最普遍存在、直接有效又人人可追求者，厥为财富、金钱，故司马迁才特别标举"富者，人之情性所不学而俱欲"，并非不知人之欲贵、欲利、欲其他也。故吾人今日欲论司马迁对财富与人性的看法及其对治之道，不能只限于"富"与"情性"两个观念，而应该把"利""欲"与富贵、情性等放在一起综合思考，方能见全貌而得真象。

又太史公以求富为人之"情性"，"情性"指何而言？是否等于人性？"情性"一词，首见《荀子·性恶篇》："故顺情性，则不辞让矣；辞让，则悖于情性矣。"（《韩非子·五蠹篇》亦言："人之情性，莫先父母。父母皆见爱，而未必治也。"）太史公当本此而来。荀子主张性恶论，是从人的"情性"讲。他说："今人之性，饥而欲饱，寒而欲暖，劳而欲休，此人之情性也。"[14] 这是把"情性"视同"性"，而此"情性"是指身体官能的欲望（欲）。又说："若夫目好色，耳好声，口好味，心好利，骨体肤理好愉佚，是皆生于人之情性者也；感而自然，不待事而后生之者也。"[15] 文中提到耳目口心身（骨体肤理），不待事而后生（即"不学而能"），与《货殖列传》所述虞夏以来"耳目欲极声色之好，口欲穷刍豢之味，身安逸乐，而心夸矜势能之荣使"，在用字与观念上几乎一样。其中包含有生理欲望（欲）

与心理欲望（情）。《性恶篇》又记载一段尧和舜的问答。尧问舜："人情何如？"舜答曰："人情甚不美，又何问焉？妻子具而孝衰于亲，嗜欲得而信衰于友，爵禄盈而忠衰于君。人之情乎！人之情乎！甚不美，又何问焉！"此事真伪且不论，而荀子之观念如此。人"情"不美，人"性"不善，结论自然是"性恶"了。但孟子却从"心善"论性善。此"心"指仁、义、礼、智四端之心（恻隐、羞恶、辞让、是非之心），从心善见性善。此"性"是天所赋予，亦是从天而来，故说是性。天命（赋予）之谓性，故在天曰命，在人曰性，主乎一身曰心。性是体，心是用；四端之心都是显发之用，但必有体才能发用。由体可以显用，则自然可以即用而识体。体是性，此性由天赋予，天无不善，则此性自然不能恶，抑且是善了。故孟子所讲"性善"之性，指"本性"（儒者另有其他异名，如本心、明德、峻德、天良、性智等），而非"情性"，指人的道德主体性或德性也。窃谓孟、荀都谈人性，但人性复杂，渊深不测，高上难量，各家所言人之行为，大体可分属三个层次，即"性—情—欲"。人莫不饮食，即以食言，饥不择食，此纯是"欲"（生理欲望、需求）；嗜甘忌辛，不只有"欲"，而且见"情"（喜、怒、哀、乐、爱、恶、欲是七情）；"性定菜根香"⑯，则不只有"情"，抑且"性"现了。"疏食饮水，乐在其中"⑰，其乐与众不同，性天之乐，非众所能知也。故同是饮食行为，其层次与境界不同；所见与认知不同，其论断自然有异，不足怪也。荀子从"情性"论人性，所言"情性"乃属于以上所别之"欲"与"情"的层次（欲、情细别为二，但二者容易合一）。孟子从"心善"论人性，讲的是人最初不昧之"本性"，乃属于以上所别之"性"的层次。（"情"与"性"有别，但若情发中节，则此"情"即是"性"，故儒者主"性其情"而非"情其性"，但发皆中节为难耳）。故知孟荀论人性，虽结论相反，实未对针，不妨两存而各是。故知"情性"

是人性，但只是人性的一部分；它不等于人性的全部，也不是人性最高层次的部分。这是在讨论司马迁的财富观或人性论之前，必须先要弄清楚的。

（二）三富与二等

求富发于人之情性，故天下滔滔，沛莫能御，太史公并不反对；但须知《货殖列传》之言富，又有"三富"与"二等"之分别。

第一，"三富"者，本富、末富、奸富。司马迁明白地说："是故本富为上，末富次之，奸富最下。"本富指由劳动生产而致富，农、畜、工、虞属之；"夫纤啬筋力，治生之正道也。"农、畜、工、虞，都在"治生"，属于"正道"。末富指经由商业交易致富，商、贾末业属之。行商坐贾，大小不等，大者贸迁四方，小者零售杂货，而皆能发挥其通商、通货的作用。太史公云"商则通之""交易之物，莫不通得其所欲"，可见是承认"商"的作用和地位的。劳动生产，种瓜豆得瓜豆，一分耕耘一分收获，无欺无邪，所以视为本业、正道；商贾则将"治生"之"物"转为"货"，易生机心，容易取巧，获利倍增，故太史公认为是"末业"（当时人的观念）、"末富"。奸富指作奸犯科而致富，如掘冢（盗墓）、铸币（印假钞）、博戏（开赌场）、劫人作奸、篡逐幽隐（杀人越货、绑架撕票）以及斗鸡走狗、不择老少等恶业。奸富之人，行为不合道德标准，甚至触犯国家法律，无道不法。整体来看，司马迁对三富的态度应该是，称赞"生人"的本富，容许"取人"的末富，反对"害人"的奸富。[18]

第二，"二等"者，君子富与小人富。司马迁说："故君子富，好行其德；小人富，以适其力。""好行其德"者为范蠡，先富国后富家，居陶为朱公，"十九年之中，三致千金，再分散与贫交疏昆弟；此所谓富好行其德者也。"发财以后，行善积德，此乃"仁者以财发

货殖与礼义 | 637

身",唯有君子能行。"以适其力"者如土豪劣绅,设财役贫,争强斗力,逞其霸道,皆是小人之行径。故知,致富之行业与巧妙虽各有不同,但既富之后如何使用财富,则君子与小人大有分别。太史公无疑是重君子而轻小人的。

(三) 一之于情性

求"富"只是行为现象,其根源在于人心欲"利",而人心欲利之根源又在于人有"欲",此"欲"生来就有,故说是"性",荀子和太史公都把它称为"情性"。从论治的观点看,为治者应当如何面对人的"情性"?这是严肃而根本的问题。厘清以上基本观念、具备必要知识之后,现在再问:司马迁既认为富是人之所欲,而且发自情性,情性不可违逆,那么他是否主张:人应当任随情性自由发展?答案是否定的。《礼书》有言:

> 礼由人起。人生有欲,欲而不得,则不能无忿,忿而无度量则争,争则乱。先王恶其乱,故制礼义以养人之欲,给人之求;使欲不穷于物,物不屈于欲,二者相待而长,是礼之所起也。故礼者,养也。稻粱五味,所以养口也;椒兰芬茝,所以养鼻也;钟鼓管弦,所以养耳也;刻镂文章,所以养目也;疏房床笫几席,所以养体也。故礼者,养也。君子既得其养,又好其辨也。所谓辨者,贵贱有等,长少有差,贫富轻重皆有称也。……孰知夫出死要节之所以养生也!孰知夫轻费用之所以养财也!孰知夫恭敬辞让之所以养安也!孰知夫礼义文理之所以养情也!人苟生之为见,若者必死;苟利之为见,若者必害;怠惰之为安,若者必危;情胜之为安,若者必灭。故圣人一之于礼义,则两得之矣;一之于情性,则两失之矣。故儒者将使人两得之者也;墨

者将使人两失之者也：是儒墨之分。治辨之极也，强固之本也，威行之道也，功名之总也。

结尾说："一之于情性，则两失之矣。"即如果人生完全由情性做主，纵情极欲，就会两者都丧失。"两"是指礼义与情性。丧失礼义，则人不像人；丧失情性，则人的基本欲求也不能获得适当解决。这种恶劣情况和不智做法，司马迁是明显反对的。但何以"一之于情性"的结果，会变成礼义与情性俱失？这可分两点说明：一则"一之于情性"是统由情性作主，自然无礼义；犹之乎见利忘义、不顾义，自然不能有义。二则统由情性作主，纵情极欲，起先自是快意，但后果会变成不能持久，而且可能适得其反。因为欲求的满足须依赖物资，若人人纵情极欲，则将造成物资匮乏或提早耗尽；若个人纵情极欲，也会难以为继，反受其害。二者都将使欲求的追逐，变成不能持久，甚至适得其反；犹之乎见利忘义，为利而利，其结果不必皆利，甚至是害也。一个人如果只是偷生，只知求利（我活就好，有利就干，其余一概不顾，肆无忌惮），其结果必将是求生反得死，求利反受害。

"一之于情性，则两失之矣。"司马迁不会同意人生应任随情性自由发展，纵情驰性。求富既是人之情性，则司马迁自然也不会无条件赞同一切求富的行为。他会赞同治生正道的"本富"，也会容许通货财的"末富"，但是否定为奸犯法、为富不仁的"奸富"；他会称美"君子富"，但会鄙视"小人富"。问题在于致富的方法、手段、过程与使用财富的目的。现今社会流行一句话："有钱不是罪恶。"其实此话与"有钱不是德行"一样毫无意义。有钱可以是罪恶，也可以不是罪恶，有罪无罪端看钱是怎么来的、怎么去的；杀人越货、鼠窃狗偷以致富，能无罪恶？此句若改为"有钱不必是罪恶"，便无语病。正如"有钱人不必是君子（或小人）"一样，是君子还是小人，要看他怎么用钱,或其他实际行为,而不在钱之本身。这仍不外司马迁所说的"三富二等"之义。由上所论,可知司马迁不会盲从情性,歌颂财富。至于《礼书》材料真伪问题,参见文后"附论二"。

(四)一之于礼义

人生有欲,人怀利心,为治者处嗜欲已开之世,既不能使生民无知无欲,返之上古,如老子之所望;又不能使生民纵情极欲,一于情性,而导之于乱亡。两端皆不是,则唯有执两用中,节制有方,预防在先,方是正道。故《礼书》明白主张"一之于礼义",而且认为可以"两得之",即同时保有礼义并让情欲获得合理满足。既用礼义"挂帅",统制情欲的需求,那怎么又会让情欲获得合理的满足?那是因为礼义的制定,动机是息争止乱,目的是"养人之欲,给人之求",做法是"贵贱有等、长少有差、贫富轻重皆有称"—即依贵贱、长少、贫富之不同,其欲求之养给皆有相称之等差(成为定制,便是等级制度。)。因此,君子(贵族)以"稻粱五味"养口,"椒兰芬茝"(香草)养鼻,"钟鼓管弦"养耳,"刻镂文章"(雕器与华服)养目,疏房床第几席(敞亮屋、舒适床、好家具)养体。庶民之养,书中未讲,低于君子可知。至于天子之养,胜于君子,故以"大路越席"(辇车垫蒲草席)养体,"侧载臭茝"(车上备有芳香茝草)养鼻,"前有错衡"(辕轭上绘着华丽采纹)养目,"和鸾之声、步中武象、骤中韶濩"(车马铃铛之响声,缓行时适应《武》《象》的节拍,快跑时符合《韶》《濩》的旋律)养耳,"龙旗九斿"(九斿蛟龙图案大旗,表明天子身份)养信,"寝兕持虎、鲛韅弥龙"(车轮上图画趴着的雌犀和蹲着的猛虎,用鲛皮制作马腹带,车轭上装饰着金龙)养威,"大路之马,必信至教顺,然后乘之"(天子大辂的驾马,要调到驯顺,才用来拉车)养安。以上只是举例说明,并非仅此数项。

但据此可以获得几点认识：

第一，耳、目、口、鼻、身、心皆有欲，制礼是为了养欲，而非去欲、灭欲。

第二，养欲有等差，依贵贱、长少、贫富而有不同。故君子（贵族）异于庶民，天子胜于君子，此即有等差，有分别。礼主分别，故"礼"字除了"养"之义外，尚有"别"（"辨"）之义。

第三，养欲有等差的真义是，对于欲，一方面有供给，一方面又有节制。因为有供给，能适当满足人们的欲望，所以礼是"养"。因为有节制，不让情欲溃决泛滥，才能"使欲不穷于物，物不屈于欲"（使欲望不会因为物质有限而感到不满足，物质不会因为欲望无厌而出现匮乏）。物资不因人的恣情纵欲而被耗尽，人类才能恒久有物资可资利用以满足物欲，"二者相待而长（相约相成，协调进行），是礼之所起也"。其中已有现代"永续利用"的观念，所以"节制"也是为了"养"。自今视之，贵族高于庶民，天子胜过贵族，是分等级，不平等，享特权；此话固然，但并不全面。须知制礼原意在于，赋予特权之同时即是限制其特权。除非人类能根除特权，消除差异，否则特权差异以能合理限制为宜。可惜后人常不能反面去想，故每曲解礼意，错生议论。人类迄今仍未能免于贵贱、长少、贫富之差别，只要其一尚存，则"轻重皆有称"（多少要相称）仍不失为一种有价值的节制物欲需求的参考原则。故制礼养欲，养之中有"禁""防"之义。《太史公自序》云："礼禁未然之前。"《礼记·坊记》："礼者，因人之情而为之节文，以为民坊（防）者也。"而"禁""防"亦正所以为"养"。

第四，"养欲"之有节制，其设计不仅表现在"量"上，也表现在"质"上。《礼书·序》云："人体安驾乘，为之金舆错衡，以繁其饰。目好五色，为之黼黻文章，以表其能（美化仪表，能读态）。耳乐钟

货殖与礼义 | 641

磬，为之调谐八音，以荡其心（荡涤邪秽）。口甘五味，为之庶羞酸咸，以致其美。情好珍善，为之琢磨圭璧，以通其意。故大路（帝王祀天礼车）越席（垫蒲草席），皮弁（临朝戴鹿皮帽）布裳（下裳用白布制成），朱弦（琴瑟丝弦为大红色）洞越（底部开着小孔），大羹（祭祀用不加调味的肉汁）玄酒（水），所以防其淫侈，救其雕敝。"这是一方面在耳目口体之养上，"致"其美好以"遂"其欲，但并非"恣"其美好以"纵"其欲。所以食用五味庶羞，但非珍禽异兽，漫无节制；乐用钟磬八音，但非郑卫淫声、下里巴音，而且钟磬八音正所以要荡涤其心之邪秽。此乃所以称为"养"其欲。另一方面，天子祀天临朝，服用皆主素朴，故礼车垫蒲草席，礼服穿白布裳，瑟底开小洞（不使声音高扬，以调性情），玄酒就是水，以免人主之侈心淫欲得以假公济私，借题发挥，故说是："所以防其淫侈，救其雕敝。""防""救"至此地步，真可说是防微杜渐，用心良苦，亦可见制礼者之深通人性、人情，故司马迁说："余至大行礼官，观三代损益，乃知缘人情而制礼，依人性而作仪，其所由来尚矣！"

五、传末篇终微旨

（一）武帝变世易俗

《史记》末篇《太史公自序》的内容是全书的自序与目录，故《货殖列传》实际上是全书之终与列传之末。司马迁为何以《货殖列传》殿末？此中有深意，但不能从单篇传文上看出，而必须从全书综合考察，才能识其微旨。

《货殖列传》写人有情性，欲利欲富而"求富益货"。司马迁虽主"一之于礼义",但历史现实不是如此。情性不节,则将人人奔于富厚,竞相争利。不止吏民患贫求富,即天子王侯亦不免。《货殖列传》于"天下熙熙,皆为利来;天下壤壤,皆为利往"句后,即曰:"夫千乘之王、万家之侯、百室之君,尚犹患贫,而况匹夫编户之民乎?"文虽未及"万乘之主",但正是要讲天子也患贫,只是不敢明言指斥罢了。天子"贵有天下,富有四海"[19],何至患贫?天子富有四海本不贫,但若多欲侈心,纵情极欲,则"以四海养一人"犹有不足,能不患贫?贫而求富,则唯有见利而争了。清代学者朱鹤龄对武帝之争利曾有一扼要总结:

> 夫天子之富,藏于山海。高祖初兴,开关梁、弛山泽之禁,是以富商大贾周流天下,交易之物莫不通得其所欲,此非所谓因之与利道之者乎!迨至武帝,征伐四夷,大兴神仙土木之事,国用耗竭,其势不得不出于争。与贫民争,而千里负担馈粮,率十余钟致一石,益漕余粟,关中、太仓、甘泉皆满矣;与富民争,而鬻爵、输粟、入羊为郎之令下矣;与诸王列侯争,而朝贺皮币荐璧,以酎金失侯者百余人矣;与商贾争,而铸铁、煮盐、算缗、告缗之法纵横四出矣。至于京师置平准,受天下委输,大农诸官尽笼天下货物,贵即卖之,贱即买之,则天子自为商贾。子长心伤之而不忍尽言,故首举计然之贵极征贱、贱极征贵,白圭之人弃我取、人取我与,以深致其意。若曰:平准之法,权衡物价轻重间者,乃陶朱、白圭、猗顿诸人治生家之所为也,奈何以万乘之尊而出此乎!(《愚庵小集》卷十三《读货殖传》)

据《平准书》,汉兴至武帝已七十年,长期休养生息之结果,国用富足,"都鄙廪庾皆满,而府库余货财。京师之钱累巨万,贯朽而不可校。太仓之粟陈陈相因,充溢露积于外,至腐败不可食"。但武帝好大喜功,纵情极欲,故连年征伐四夷,大兴土木,求仙求药,封禅求合不死,以致财用耗尽,府库不足。不足则患贫而求富,故重用桑弘羊等兴利之臣,立专卖、均输、平准之制,行算缗、告缗、鬻爵之法,诸般措施,无非与贫民争,与富民争,与诸王列侯争,与商贾争,而天子遂自降为商贾也。天子尚犹患贫,与民争利,自降为商贾,则诸王列侯以至编户之民自亦莫不患贫,各尽其能以相争。如此则举国患贫,上下交争利,人皆化商贾矣,是皆天子有以导之也。故朱鹤龄又言:

> (《货殖列传》)中言五方都会,百货所出,商贾辐凑,苟得其道以御之,何至患贫?且求富者,人之同情也,自廊庙、岩穴、从军、任侠,以至于赵女郑姬、游闲公子、诸技之人,皆为财利,天子之职当重本抑末,使贫富不相耀,以和其心,而乃笼货利以导之争,则杂业何所不至乎?末又历数程卓、宛孔、曹邴、刁间之徒以及奸事辱处者,皆得比于素封,以见天子与商贾争利,则人皆化为商贾;所以叹汉业之衰,而高祖之开关梁、弛山泽为不可复见也。(《愚庵小集》卷十三《读货殖传》)

天子患贫,可用权势立制行法以争利,吏民无权势,则唯有各竭其能,或以力争(间巷少年,攻剽椎埋),或以色争(赵女郑姬,目挑心招),或以技能争(医方技术,焦神极能),或以巧作争(吏士舞文伪书),盖不论业之奇正、富之奸义,几于无人不争,无不归于富厚而乐比素封矣;此俗之所以变坏,而为武帝之过也。武帝变世易俗之实际情况,元帝时贡禹曾上书痛言之:

武帝始临天下，尊贤用士，辟地广境数千里；自见功大威行，遂从(纵)耆(嗜)欲，用度不足，乃行壹切之变。使犯法者赎罪，入谷者补吏，是以天下奢侈，官乱民贫，盗贼并起，亡命者众。郡国恐伏其诛，则择便巧史书、习于计簿能欺上府者，以为右职。奸轨不胜，则取勇猛能操切百姓者，以苛暴威服下者，使居大位。故亡义而有财者，显于世；欺谩而善书者，尊于朝；悖逆而勇猛者，贵于官。故俗皆曰："何以孝弟为？财多而光荣。何以礼义为？史书而仕宦。何以谨慎为？勇猛而临官。"故黥劓而髠钳者，犹复攘臂为政于世，行虽犬彘，家富势足，目指气使，是为贤耳。故谓居官而置富者为雄桀，处奸而得利者为壮士。兄劝其弟，父勉其子，俗之坏败，乃至于是！察其所以然者，皆以犯法得赎罪，求士不得真贤，相守崇财利，诛不行之所致也。(《汉书·贡禹传》)

可见武帝初时尊贤用士，功大以后骄淫，"纵嗜欲"，以致用度不足而"行壹切之变"，而俗大变。百姓皆曰："何以孝弟为？何以礼义为？何以谨慎为？"兄劝其弟，父勉其子者如此，风俗败坏至是！

《货殖列传》言货殖之人、地、事、物之外，也讲各地的风俗。天下甚大，各地风俗不同，大抵与地理条件、历史背景有关；历史背景中又特别与人物有关。《货殖列传》叙关中自汧雍以东地区，"其民犹有先王之遗风，好稼穑，殖五谷，地重，重为邪"，原因除地理条件好("膏壤沃野千里")之外，主要是历史上长期受贤君治理(公刘适邠，大王、王季在岐，文王作丰，武王治镐)。邹鲁"犹有周公遗风，俗好儒，备于礼……俭啬，畏罪远邪"，因为前有周公教化，后为孔孟故乡。但"及其衰，好贾趋利，甚于周人"。太史公在

货殖与礼义 | 645

叙述当世富者时，再言"鲁人俗俭啬，而曹邴氏尤甚。以铁冶起富至巨万，贳贷行贾遍郡国。邹鲁以其故，多去文学而趋利者，以曹邴氏也"。太史公再言"犹有先王之遗风""犹有周公遗风"，心中系念，但邹鲁之人却因曹邴氏而"多去文学而趋利""好贾趋利，甚于周人"。可见人物的出现对风俗的形成与变化所产生的影响。明白这一点，便当想到汉初以来风俗的变化。武帝以前，汉帝大抵"循古节俭"，不为奢侈；武帝功大之后，才纵情极欲，"争为奢侈，转转益甚，臣下亦相放效"[20]。武帝以天子而患贫争利，自为商贾；风行草偃，遂亦导民于争利，化天下人为商贾，而变风俗。刘光蕡云："风俗者，政教之效也。史所以存政教之迹，故太史公之书终于此也。"[21]故《货殖列传》末段"由此观之"以下所载"归于富厚"之论，"乐比素封"之喻，与夫"以末致财""当世富者"诸文，非所以歌颂财富或替商人辩护；乃实记武帝之变世易俗，驱民于利，并深致其哀痛耳。特此意不可显见，故太史公正言若反，辞若诡激以饰之，然实如姚鼐之所言："讥其贱以绳其贵，察其俗以见其政，观其靡以知其敝，此盖子长之志也。"[22]《史记》曾被毁为"谤书"，其言虽误，却非无缘故。

（二）以礼义防于利

《货殖列传》有讥刺，但有讥刺之文不止《货殖列传》。前人多言《货殖列传》与《平准书》相表里；列传终于《货殖》，犹如八书终于《平准》，皆非偶然。赵汸说："《平准书》是讥人臣横敛以佐人主之欲，《货殖传》是讥人主好货，使四方皆变其俗趋利。"[23]前者讥上之失政，后者讥下之末俗，二者有相应之处，故尚镕说："迁论《孟子传》云：'自天子至于庶人，好利之弊，何以异哉！'此《史记》以《货殖》为殿之深意。"[24]人主好货，臣民趋利，上下交争，而国危民溺（没于利），然则何以救正之？太史公于《平准书》后已明白揭出"以礼义防于利",这实是太史公"通古今之变"后的总结论,其思想散见全书。《货殖列传》是列传之末,列传之首为《伯夷列传》,而太史公《叙目》云:"末世争利,唯彼奔义,作《伯夷列传》第一。"刘光蒉说:"《伯夷传》是欲义之极,此传是欲利之极。"㉕奔义与争利,正是要与《货殖列传》对照首尾。《货殖列传》是全书之终,而全书之首为《五帝本纪》,五帝见治不见乱,全篇言五帝之"德",尤重尧舜之禅让;《叙目》曰:"维昔黄帝,法天则地,四圣遵序,各成法度,唐尧逊位,虞舜不台,厥美帝功,万世载之,作《五帝本纪》第一。"是五帝皆法天则地,所贵在德,尤重禅让。此篇与《货殖列传》首尾,隐示"德、让"与"利、争"之对比与成效,亦犹《大学》所云贵德贱货之意。(《大学》云:"德者,本也;财者,末也。")礼义为治人之大法,以义防利,以礼化争,其义散见全书,此为太史公论治之归趣,亦即其所以归本于《春秋》之故,惜乎二千年来知者盖寡也。

析论至此,必须再强调太史公并非否定货殖,不要富利。太史公于古今货殖人事中,不仅见到人性(情性),而且也说出道理。"本富为上,末富次之,奸富为下。"只要不是弄法犯奸,他并不反对,甚至推许(治生之正道)。孔子"先富后教"之说,管子"礼生于有"之论,太史公均熟知,问题只在生财有道,取用有道而已。货殖亦非易事,《货殖传》中不乏有关货殖之理的名言精语。白圭之术,兼取三家(道、兵、法);老子之言,"人弃我取""乐观时变""与时俯仰""无财作力,少有斗智,既饶争时""以末致财,用本守之;以武一切,用文持之"等,都是言简理精,一针见血之论。致富有道术,巧者有余,拙者不足,其中固有智巧,亦由"诚壹之所致"。但司马迁亦仅以"智"许之。《叙目》云:"布衣匹夫之人,不害于政,不妨百姓,取与以时,而息财富,知者有采焉,作《货殖列传》。""不害于政,不妨百姓"以致富,又有何妨?但这讲的是"布衣匹夫之人",彼能"取与以时"以致富,是有智的。"知者有采焉"是其中亦有智的意思,而非即是智,即是正智、大智也。犹如太史公传《游侠》,谓"仁者有采""义者有取焉",亦即游侠亦有仁义,而非就是仁义、正义也;故曰:"其行虽不轨于正义,然其私义廉洁退让。"货殖之人"亦有智",太史公有品题,但并不给最高评价。太史公看重的是道德、仁义(礼义),而不是财、智。《货殖列传》中太史公中意的货殖人物,是"富好行其德"的君子,亦仅数人而已。篇中着墨最少的"德""义",才是他的最爱,读者幸勿看反。

司马迁也并非看轻或否定人"欲"或"情性",因为:一则人有欲,不可灭,必须"养",且要养得其正。"一之于礼义,则两得之",才能养得其正。二则人有欲,欲如水火(语云"人欲横流",以水喻;"欲火烧身",以火喻),要能"防";不知防范节制,则有灭顶焚身之虞。如何防?"以礼义防于利",才能保身自重。三则人有欲,须识其正大。须知,第一,耳目口身心皆有欲,此欲不是恶;此欲是人欲,即圣贤亦不能无。欲并不即是恶。第二,遂欲不害人,发情能中节,即是正,即是善或无所谓不善。"饮食男女,人之大欲存焉",自食其力,不比鼠窃狗偷;婚姻匹配,异于抢男霸女。"圣王不能罪食稻衣锦之民,曰汝何不毛血卉服,去民之欲以为治。"[26]"欲"本身并无不正,纵情极欲、自私自利、损人利己才有邪恶。第三,更要识得欲之大者(非大小之大,乃高下之大)。耳目口身心有欲,而心为主。心欲利、欲富,此固然;但心之所欲并非只是利,心不是只能欲利。心亦可欲义、欲仁。孔子曰:"我欲仁,斯仁至矣"[27]"求仁而得仁"[28],可见"仁"亦心之所欲所求;"不义而富且贵,于我如浮云"[29]"见得思义"[30],可见"义"也可以是心之所欲所求。孟子曰:"理义之悦我心,犹刍豢之悦我口。"[31]《礼书》云:"自子夏门人之高弟也,犹云:出见纷华盛丽而说，入闻夫子之道而乐；二者心战，未能自决。""夫子之道"，指礼义或道义，可见"礼义"亦可令人心悦乐。欲利、欲义，都是欲，也都是心之发用；端看存心何在，在所欲用耳。前言欲犹水火，水能覆舟，亦能载舟；火能焚物，亦可炼丹。为圣为贤、成仙成佛或为禽为兽、作魔作怪，都是此欲，都如其欲，都是其心之别择与发用。大哉！此心之欲也。子夏见"华"而说，闻"道"又乐，"二者心战，不能自决"，若"道"胜"华"，则为君子之上达；"华"胜"道"，则为小人之下达（若颜子者，箪食瓢饮，不改其乐，则心不必战，或战而立决）。"君子乐得其道，小人乐得其欲。"[32] 求仁得仁，求不仁得不仁，皆此心之欲，自求自得之也。耳目口身心有欲，心欲利欲富，此非真大欲；心也可以欲道、欲仁、欲义，此乃真大欲。故"欲"应识其大而能成全。方法为何？答案还是"礼义"二字。"以礼义防于利"，明礼义于天下，可以正身，可以成务，治身治国之道胥在于此。太史公作《孟荀列传》，谓"明礼义之统纪，绝惠王利端"[33]。孟、荀都讲礼义，但在荀子以为"礼义"乃圣王制作之"伪"，是"外铄"我者也；孟子则以为四端之心，我固有之，"由仁义行，非行仁义"也[34]。四端之心是本性，利欲之心是情性。要以利欲熏心，还是以礼义熏心，端看人之认知与用心耳。但圣贤论治，圣王治民，总期望全生人之性，登斯民于衽席，故主张"一之于礼义"以两得之也。

（三）篇名《货殖列传》之故

现在回头再问：此篇为何名为《货殖列传》，而不称《商贾列传》？

俞樾以为"古者商贾皆官主之"，子赣"不受命而货殖"，乃"不受命于官，而自以其私财市贱鬻贵，逐什一之利""盖不属于官，即不得列于太宰之九职，故不曰商贾而曰货殖。"[35] 这是以商贾皆属官府，私人逐利称货殖，不称商贾。由此演成数十年来之流行见解："古者商贾由公家主之""春秋时，工商皆世袭食于官，盖为贵族御用，非民间之自由营业。"[36]但实不确。据曲英杰之研究，官府手工业制度，在春秋时期前后均长期存在，但春秋时期实不存在所谓官府经营的商业。所谓"工商食官"（《国语·晋语四》）之"商"，即官贾，"也不是为官府经营商业者。这些人的职守，主要是为官府了解市场行情和购买货物"。[37]《国语·齐语》记管仲对桓公曰："处工，就官府；处商，就市井。"学者或认为这是"工商食官"制度在齐国的反映。但据杜勇之研究，恐怕也不符历史实际。因为当时的城市布局，一般是"面朝后市"（《考工记·匠人》），所谓"工贾近市"（《管子·大匡》），指"工贾靠近市场居住，也就等于靠近官府居住。这就是'处工就官府，处商就市井'的真实含义"。[38]春秋时有私商贾，不存在所谓官府经营的商业，则以商贾皆属官府，私人逐利称货殖的讲法是不确的。何况，若以"货殖"称私人逐利，则《货殖列传》中便不应列入范蠡、管仲与太公；因为范蠡先富国后富家，管仲、太公甚至只富国而不富家。太史公不但把管仲、太公写入《货殖列传》，而且尊为货殖之祖。

晏炎吾则另有一解："是商贾之事，乃不曰商贾而曰货殖，此究何说？考子长之述货殖，虽多见商贾之事，然究非止于商贾者。齐太公、管仲、范蠡等，皆非商贾之所能该。观子长之持论，盖齐生产流通而并观之，统农工商虞于一贯，而以生民生资所出为其本源。其所以多见废著商贾之事，盖由流通以统生产生活，其流易见。以此为基础，兼及土俗民情，斯则货殖之涵义，殆颇与今言'经济'主义相当。故于商贾之外，别有货殖之称，当时成语，或如此耳。"[39]这是以"货殖"所言不止于商贾，太公、管仲、范蠡等皆非"商贾"所能该；又以"货殖"涵义颇与今言"经济"之义相当。前者所言甚当，后者以"经济"解"货殖"，则虽较前解为进步，但仍欠精确。

因为，第一，如果货殖就是经济，则篇中不必讲理想政治、风俗民情、礼乐荣辱等事；第二，篇中只写经济人物便好，不必写朝廷大官、岩穴之士、闾巷少年、赵女郑姬、游闲公子、舞文吏士、医方技术诸人；第三，"传"以写人为主，"书"以记事为主，若要写经济活动，名为《货殖书》似更合适。

《货殖列传》不能称为《商贾列传》，因为太史公并非专为商人立传，称《商贾列传》则农、工、虞、畜及其他各类人等便写不进去。太史公写《货殖列传》是要写尽天下人，但"士"不在列。"货殖"是生产、积聚货财，发于情性而"归于富厚"；换言之，货殖即是追求财富。《货殖列传》即是为追求财富的人立传；天下人人追求财富，故乃为天下人人立传也。但天下人中有一种人不在其内，此即士君子。何以故？因为"士志于道"⑩"君子谋道不谋食""忧道不忧贫"⑪；志趣不同，道路各异。士既不追求财富，自然不便写入传中；如或有之，只有两种情况：其一，非真士，如"设为名高"的隐居岩穴之士，并非真隐，乃"阴为厚利，而显为名高"（《韩非子·说难》）。其二，货殖之士有品，与其他货殖之人不同。士而明货殖之理从事货殖，其上者如太公、管仲，但只富国而不富家；其次如范蠡，先富国而后富家，再散千金，乃"富好行其德者"；又其次如子贡，使孔子名布扬于天下，后为夫子庐墓六年（非"商人重利轻别离"），此所谓"得势而益彰者"。《货殖列传》记货殖之士仅数人，但皆有品；其致富道术、致富目的与财富使用均与众人异。太公、管仲甚至被视为货殖之祖。此其中自有深意。

须知《史记》是论治之书，百三十篇都在论治，末篇《货殖列传》也不例外（《太史公自序》亦复如是）。故开首引《老子》"至治之极"一语，已提出"治"字；治的对象是"民"，下文"民各甘其食"一句也点出"民"字；民（人）皆有欲，为治者必须面对处理此欲。老子的办法是"常使民无知无欲",使民自甘自美,不相往来。太史公则以为,虞夏以来,嗜欲已开,久已成俗,不可能做到;"俗之渐民久矣"一句,点出"俗"字。欲不可无,也不可极。否则,纵情极欲,必致去本趋末,争于机利,驯至毁情灭性;若在上位者与民争利,风行草偃,鼓荡利心,尤易激成末俗,如太史公所处武帝之世。故执两用中,唯有出之节制一途;司马迁遂主张"一之于礼义",以养"情性"而全人道,并明言"以礼义防于利"以救病致治。礼义用以修身,亦即所以治国,司马迁在此已将治身之道与治国之道合而为一。但此答案并不见于本篇,且非司马迁个人之新发明。礼义大统乃儒家之旧物,太史公既倡言礼义,自必归本于为"礼义之大宗"之《春秋》,并以作《春秋》之孔子为宗主。必如此讲,太史公于《自序》所言欲接周孔、继《春秋》者,方有着落;太史公不过将此周孔大道在数千年历史中重新印证一番,另用史书形式表述而已。然此非通读全书,熟玩大体,并探本周孔,深入《春秋》(《公羊传》),不能真知深信也。

总之,《货殖列传》不是要为商贾立传,而是要为天下所有追求财富的人立传;除士君子外,天下所有人都追求财富,是《货殖列传》即等于为天下人人立传也。追求财富根源于人之有"欲",而人"欲"不限于财富,求富不过是人"欲"之显著者。人既有欲,则士君子求道修身,必须识己之有欲而有以治之;为国者治国理民,必须知民之有欲而有以处之。《货殖列传》从"欲"讲起,即表示司马迁要认真讨论此一古今中外欲修己治人者(涵盖政治、经济、社会、宗教、伦理、艺术等各领域)所必须面对的最根本的问题,他在寻源探本。他于《货殖传》中写货殖之人、地、事、物、理、俗,固然是写历史。但目的是要探治本论治道,发为正本清源之论,垂教后世,以待圣人君子之观览。其深心闳识,远瞩千古,实出一般人之想象。而学者或不明此，爱其文辞之美，惑其说富道贫，遂失其本旨，纷纷呶呶，错生议论，良可叹也。孟坚父子，未知微旨，遂讥太史公"轻仁义""崇势力而羞贫贱"[42]；胡适等人，不明底蕴，乃颂司马迁替商人或资本家辩护矣[43]！太史公地下有知，起而览读其文，恐又不免"废书而叹"也。

六、结　语

"货殖"即是追求财富，财富的利益至少包括有物质享受、地位名望、道德仁义、支配他人、自卫自救五种；并可用"乐比素封"（乐比王侯）总结。追求财富是天下人人心中之"欲"，而不只是商贾之事，但士不在列。所以，《货殖列传》不名为《商贾列传》，因为司马迁不只是为商贾立传，而是为天下人人立传也。

求富发于人之"情性"，源自人心有"欲"。人心欲富、欲贵、欲利，但不能因其为"情性"而放任驰逐；否则，虽天子亦将患贫而与民争利，自为商贾，导民于争，激成末俗。《货殖列传》写上下人等奔于富厚之现象，即是武帝变世易俗之结果。故《货殖列传》讥下之好货，实与《平准书》讥上之失政相表里。太史公慨叹："自天子至于庶人，好利之弊何以异哉！"其对策则为"以礼义防于利"。故列传首篇写伯夷之"奔义"，与末篇《货殖列传》写末世之"争利"，实为前后相映；而五体之首皆隐含推崇礼让之义，亦与《货殖列传》之利争首尾对照。以义防利，以礼化争，司马迁论治之意较然。

欲不可无，亦不可纵，既要"防"其淫佚，又要"养"得其正；要让"欲"获得合理的满足，同时也要让"人"像个人，唯有"一之于礼义"，才能"两得之"。司马迁不否定欲，亦不反对追求财富；

但富有三别，人分二等，本富为上，富好行德，唯在求之有道，取用有道而已。况且，欲亦有正大者，人亦欲仁、欲礼、欲义，要能识其正大而成全之。"君子乐得其道，小人乐得其欲。"能"以礼义防于利""一之于礼义"，则是以礼义熏心，人皆可化为士君子。圣贤论治与圣王治民之归趣在此，司马迁论治，归本于"礼义之大宗"之《春秋》以及作《春秋》之孔子者，亦由此故。

《货殖列传》有正论，亦有讥刺。司马迁从人"欲"讲起。其真正用意在于探治本论治道，非为一时一人而作，亦非只想写一经济史传；正如司马迁写《河渠书》，也不只是要写古代水利工程史，而是要"观世变，通古今，究天人，有垂法后王之意。"[44]《史记》是论治之书，为"百王大法"，此为真正要义；惜乎两千年来学者多重其文辞，爱其故事，誉为文史名著，而不知其瞩照千古，意存万世，真可贵者尤在其论治之思想义理也。"礼义"二字并非太史公之发明，自周、孔迄董、马，礼义之统纪已历千年之发展与淬炼，其渊深壮阔、精彩迭见，实已构成古代学术思想之一大脉络，值得吾人之精思密探。但恐近代学者习闻"吃人礼教""封建道德"之语，乍见"礼义"一词，便心生反感，掉头不顾，而不肯细究其本源与真义。《史记》是难读之书，太史公非易解之人，观于《货殖列传》一篇两千年来学者之所论可知。夫孔子为至圣，孟子是亚圣，太史公则可当一贤人。慨乎今世，贤且不识，圣何能知。[45]圣贤是中国历史文化中所产生的第一等人物，"礼义"则为圣贤之共同遗教。中国自古称"礼义之邦""衣冠上国"，于今时移世异，万事不必同，但不妨有一大同。窃谓，衣冠犹可弃，礼义不可阙；管仲亦有四维之教，愿国人能三复其言。

附论一：评《货殖列传》引"《老子》曰"为赞同说

《货殖列传》首引"《老子》曰"一段文字，太史公原意如何？学界有两种意见，一为传统的"批判说"，一为近年新出的"赞同说"。新说大意是"司马迁引用《老子》之说，并非否定它，更不是批判它，而是赞同其说。非但赞同而已，而且明确提出：'必用此为务'，即一定要采用此说去做。"（苏诚鉴、周怀宇：《〈史记·货殖列传〉篇首训读异议》，《文献》1983年一五辑，第120页）新解将史文重新标点为："必用此为务。挽近世涂民耳目，则几无行矣。"以为"挽""晚"古字通用，读为"晚近世"；"无行"解为"没有道德品行"。句意变成：一定要采用老子的办法去做。晚近世（汉武帝统治的时期）推行涂民耳目的政治，简直是没有道德品行。遂将太史公原意解为，"从广义上指责汉武帝丧失了清明的政治""非但不是批评《老子》，相反却赞同《老子》的主张。"（周怀宇：《司马迁批评〈老子〉了吗？》，《史学月刊》1984年第6期，第106页）此解新异，但通读全篇上下，细心考证，深入理解，终究难通。理由如下：

（一）将"挽近世"解为"晚近世"，乃不词无据。1.《史记》中有"近世"，无"晚近世"。经由电脑检索，《史记》中"近世"一词出现十二次，"挽近世"一次，"晚近"与"挽近"均无。可见除了新解将"挽近世"解为"晚近世"外，其余均未见，实为无据。2."挽""晚"古字通用，是司马贞《索隐》的讲法，前此似未见其例，应存疑。即使"挽""晚"古字通用，在此处也不应是，因为并无"晚近世"之词。况与司马贞同时之张守节解"挽""与挽同，引也。"3."晚近"通，"晚近世"不通，但《史记》连"晚近"与"挽近"均无。4.纵然"晚近世"之词通，新说以"挽近世"指汉武帝时期（同

货殖与礼义 | 655

前引周怀宇文），也说不通。因为汉武帝时期应是今世或当今，太史公作的是《今上本纪》，以"晚近世"加于武帝时期，无论如何讲不通。

（二）新说未解"涂民耳目"之"涂"字与"虽户说以眇论，终不能化"之"眇论"。"涂"，塞也（见《正义》）；泥也，引申为"堵塞"之义（《汉语大词典》引《荀子·正论》"譬之是犹以砖涂塞江海也"及马王堆帛书《经法·称》"若未可涂其门，毋见其端"为证。）"眇论"指老子之论，其论微妙、高妙，故称"眇论"。虞夏以来，耳目口之欲皆穷极其好，心亦夸矜势能之荣使，久已渐民成俗；今若欲实行老子之论，则势必将人民之耳目堵塞起来，使之不见、不闻、不知、不欲方可。但人民嗜欲已开，久已成俗，老子之论再高妙，即使挨家逐户去劝导，也是改变不了。故说若一定要照老子之言去做，把近世拉回到上古（或挽救近世之俗），重新把人民的耳目堵塞起来，"则几无行矣！"（无论解成"那几乎是办不到的"或"那简直是没有道德品行"，都讲得通，并无大异。）

（三）对司马迁与老子或道家思想关系之论断，不够全面。新解谓："考察司马迁的思想，基本倾向于道家。在《论六家要旨》中，司马迁引述其父司马谈的观点，对于阴阳、儒、墨、名、法各家都进行了'一分为二'的分析批判，唯独对道家思想全面肯定。他认为道家兼采诸家之长，是完美无缺的。再查《史记》全书中有三十余处提到老子或引用《老子》的观点，凡有涉及之处，其态度基本上是褒而无贬。其中，有的是直接称赞，有的称赞于记叙之中。由此可见，司马迁对老子的思想观点乃是一脉相承，并有发展。如果强言《货殖列传》的篇首是'指斥老子'，则不合司马迁的思想逻辑。"这可分以下几点回答：（1）太史公父子之学综罗百家，不拘一格，虽博而有宗主。百家约为六家，六家儒道为尚；但就《史记》之述作言，其思想基本倾向于周、孔与《春秋》，是儒家而非道家，细看《自序》便知。(2)《论六家要旨》是司马谈作,即使以之代表司马迁的思想,亦须知《论六家要旨》写作的原始动机或真正用意是假论学以论治,目的是论治,对象是武帝,乃有为之言。必须如实理解,不可夸大解释;且文中所言"博而寡要、劳而少功"之儒家,并不包括孔、孟在内。笔者已有文字详析,此处不赘(阮芝生:《司马谈父子与汉武帝封禅》第三节,见《秦汉史论丛》第五辑,北京:法律出版社1992年版)。(3)《史记》百三十篇中,有五十七篇提到孔子,引用一百三十二次(《孔子世家》全篇只算一次),较提到或引用《老子》三十余次多出许多。

(四)新说谓:"《老子》曰一段,引用《老子》第八十章,并没有完全照抄原文,而是对老子思想进行了精心的改造。《老子》中'小国寡民'的落后思想成分被扬弃了。经过扬弃的引文非常形象地反映了汉初那种由道家之学演变过来的黄老思想的特征。"但是,(1)"小国寡民"是否为落后的思想成分,要当别论,但显然未被扬弃;因为《货殖列传》文仍引"邻国相望"四字,"邻国相望"不可能解为天下或中国只有两个大国。(2)如果司马迁也同司马谈一样,"唯独对道家思想全面肯定",就不应视"小国寡民"为"落后思想成分","对老子思想进行了精心改造"。(3)《货殖列传》之引文异于《老子》第八十章,这与文本依据及引书习惯有关,而不必是"并没有完全照抄原文,而是对老子思想引进了精心的改造"。古人引书未如近代学术著作之严谨,此是时空差异或个别差异;且有时本来只是以意叙述,不求字字吻合;有时则只是传钞本子不同。故同一事实,亦可换一角度解释。王叔岷曰:"案《庄子·胠箧篇》:'子独不知至德之世乎?……甘其食,美其服,乐其俗,安其居。邻国相望,鸡狗之声相闻,民至老死而不相往来。若此之时,则至治已。'即本《老子》,与此引《老子》至洽合。此'安其俗,乐其业'二句,《考证》

引王弼本作'安其居,乐其俗'1973年湖南长沙马王堆汉墓中所发现之《老子》甲、乙两本,俱倒作'乐其俗,安其居。'与《庄子·胠箧篇》合,最为可贵。"⁴⁶(4)"由道家之学演变过来的黄老思想的特征"是什么?内文似未说明。

(五)新说续谓:"司马迁完全倾向并赞同于这个思想。在《史记·律书》中,司马迁充分表露过这个思想。他在该文中颂扬汉文帝的美好政治时说:'文帝时,会天下新去汤火,人民乐业,因其欲然,能不扰乱,故百姓遂安,自六七十岁翁亦未尝至市井,游敖嬉戏如小儿状。'又说:'百姓无内外之繇,得息肩于田亩,天下殷富,粟至十余钱,鸣鸡吠狗,烟火万里,可谓和乐者乎!'这与司马迁在《货殖列传》中所引'老子曰'一段含义完全一致,毋宁说正是那一段话的改写。由此可见,司马迁引用《老子》此说,不是提出批评,而是改造和吸收了老子思想中积极的一部分内容,提出'必用此为务'。"上文中《律书》引文是很好的材料,但不必然导致"由此可见"的结论。(1)《律书》序文简叙历代兵事,自黄帝迄孝文。高祖偃武修息,至孝文时,将军陈武等议讨南越、朝鲜,文帝下诏愿"结和通使""且无议军"。此诏仅见于《律书》,下文即接"故百姓无内外之繇"句,此句在前,且句首有一"故"字。此是称扬文帝息兵休宁之功,也是要暗比武帝之征伐四夷、好大喜功。(2)此句后即接"文帝时"句,但句首有"太史公曰"四字,是太史公的评论;句末"如小儿状"后有"孔子所称有德君子者邪"句作为收尾。司马迁说文帝"因其欲,然能不扰乱,故百姓遂安",亦是暗比武帝多欲而与民争利,扰乱其民使之不安也。序文只写至文帝而不及武帝,正要读者在空白处玩味。(3)《律书》此文只是客观写实,重点在言兵论治,而不在"改造和吸收了老子思想中积极的一部分内容";末句"孔子所称有德君子者邪!"可译为"文帝就是孔子所称赞的看《自序》便知。(2)《论六家要旨》是司马谈作,即使以之代表司马迁的思想,亦须知《论六家要旨》写作的原始动机或真正用意是假论学以论治,目的是论治,对象是武帝,乃有为之言。必须如实理解,不可夸大解释;且文中所言"博而寡要、劳而少功"之儒家,并不包括孔、孟在内。笔者已有文字详析,此处不赘(阮芝生:《司马谈父子与汉武帝封禅》第三节,见《秦汉史论丛》第五辑,北京:法律出版社 1992 年版)。(3)《史记》百三十篇中,有五十七篇提到孔子,引用一百三十二次(《孔子世家》全篇只算一次),较提到或引用《老子》三十余次多出许多。

(四)新说谓:"《老子》曰一段,引用《老子》第八十章,并没有完全照抄原文,而是对老子思想进行了精心的改造。《老子》中'小国寡民'的落后思想成分被扬弃了。经过扬弃的引文非常形象地反映了汉初那种由道家之学演变过来的黄老思想的特征。"但是,(1)"小国寡民"是否为落后的思想成分,要当别论,但显然未被扬弃;因为《货殖列传》文仍引"邻国相望"四字,"邻国相望"不可能解为天下或中国只有两个大国。(2)如果司马迁也同司马谈一样,"唯独对道家思想全面肯定",就不应视"小国寡民"为"落后思想成分","对老子思想进行了精心改造"。(3)《货殖列传》之引文异于《老子》第八十章,这与文本依据及引书习惯有关,而不必是"并没有完全照抄原文,而是对老子思想引进了精心的改造"。古人引书未如近代学术著作之严谨,此是时空差异或个别差异;且有时本来只是以意叙述,不求字字吻合;有时则只是传钞本子不同。故同一事实,亦可换一角度解释。王叔岷曰:"案《庄子·胠箧篇》:'子独不知至德之世乎?……甘其食,美其服,乐其俗,安其居。邻国相望,鸡狗之声相闻,民至老死而不相往来。若此之时,则至治已。'即本《老子》,与此引《老子》至治合。此'安其俗,乐其业'二句,《考证》

引王弼本作'安其居，乐其俗'1973年湖南长沙马王堆汉墓中所发现之《老子》甲、乙两本，俱倒作'乐其俗，安其居。'与《庄子·胠箧篇》合，最为可贵。"[46]（4）"由道家之学演变过来的黄老思想的特征"是什么？内文似未说明。

（五）新说续谓："司马迁完全倾向并赞同于这个思想。在《史记·律书》中，司马迁充分表露过这个思想。他在该文中颂扬汉文帝的美好政治时说：'文帝时，会天下新去汤火，人民乐业，因其欲然，能不扰乱，故百姓遂安，自六七十岁翁亦未尝至市井，游敖嬉戏如小儿状。'又说：'百姓无内外之繇，得息肩于田亩，天下殷富，粟至十余钱，鸣鸡吠狗，烟火万里，可谓和乐者乎！'这与司马迁在《货殖列传》中所引'老子曰'一段含义完全一致，毋宁说正是那一段话的改写。由此可见，司马迁引用《老子》此说，不是提出批评，而是改造和吸收了老子思想中积极的一部分内容，提出'必用此为务'。"上文中《律书》引文是很好的材料，但不必然导致"由此可见"的结论。（1）《律书》序文简叙历代兵事，自黄帝迄孝文。高祖偃武修息，至孝文时，将军陈武等议讨南越、朝鲜，文帝下诏愿"结和通使""且无议军"。此诏仅见于《律书》，下文即接"故百姓无内外之繇"句，此句在前，且句首有一"故"字。此是称扬文帝息兵休宁之功，也是要暗比武帝之征伐四夷、好大喜功。（2）此句后即接"文帝时"句，但句首有"太史公曰"四字，是太史公的评论；句末"如小儿状"后有"孔子所称有德君子者邪"句作为收尾。司马迁说文帝"因其欲，然能不扰乱，故百姓遂安"，亦是暗比武帝多欲而与民争利，扰乱其民使之不安也。序文只写至文帝而不及武帝，正要读者在空白处玩味。（3）《律书》此文只是客观写实，重点在言兵论治，而不在"改造和吸收了老子思想中积极的一部分内容"；末句"孔子所称有德君子者邪！"可译为"文帝就是孔子所称赞的有德行的治国者吧！"不言老子，反提孔子，此句归宿似在孔子儒家，至少不会只是道家。

新说不能成立，以上所举五点理由已足证明，余次不必一一细辨。但本文虽不接受"赞同说"，却也不欲盲从"批判说"。因太史公并不以老子之言为不是，甚至称之为"眇论"；其论微妙、高妙，只是在嗜欲已开之后，为治者做不到而已。如若有人在历史上某个时期做到，他不会反对，甚至可以赞美。因此，只能说太史公对老子之言有保留，而非正面批判或批评；故不妨名之曰"保留说"。

附论二：再论《礼》《乐》二书之真伪

本文论《货殖列传》，主要观念与论据之一，为《礼书》"一之于礼义，则两得之矣"之文。但《礼书》是否为太史公原文，为《史记》研究史上一公案，必须交代清楚，否则易贻误妄之讥。笔者二十年前曾撰一小论——《〈礼〉〈乐〉二书疑仍出于太史公论》，作为一篇论文之"附说"[47]，迄今学未加进，犹自不知悔改。今仍一本旧作，增补论据，以自辩解；至于详论，则非专篇不能尽也。

《礼》《乐》二书，或以为太史公原作，或以为后人增补，或以为仅《礼书》后所录《荀子》之《礼论》《议兵》之文，《乐书》后所录《礼记·乐记》《韩非子·十过》之文为后人妄增。论者不止十余家，辩难实繁。笔者始读二书，信为太史公原作；继而惑于"十篇缺"之说，又信为后人增补；其后再读二书，又觉非他人所能补；今则不信为他人所补，而疑二书大体应为太史公原作；非疑其不可信，乃疑其仍可信也。书缺有间，不能确指；古事难稽，不能期必。今但略申己见，以明取材所本而已。

（一）

褚少孙补《礼》《乐》书，是唐人张守节以后的讲法。班固《汉书·司马迁传》说："十篇缺，有录无书。"但未举篇名。魏人张晏始指出十篇的篇目是《景纪》《武纪》《礼书》《乐书》《兵书》《汉兴以来将相年表》《日者列传》《三王世家》《龟策列传》(傅靳列传)，并说："元成之间，褚先生补缺，作《武帝纪》《三王世家》《龟策》《日者》传。"(《汉书·司马迁传》注引) 褚补有四篇。至唐人张守节，始进一步说十篇全是褚先生所补，并批评"言辞最鄙陋，非太史公之本意也"(见《史记正义·龟策列传》)。自此以后，始有言《礼》《乐》二书为褚少孙所补者。以下试作几点分析：

1. 班固说"十篇缺，有录无书"，当是实话，但这只能解为孟坚父子所见之《史记》本子已缺十篇，而不能说成《史记》传到孟坚父子时代已缺十篇。因为《史记》在成书时至少有两个本子，正本藏"名山"，副本在"京师"。据易平考证，"名山"实指太史公府，故正本乃藏于国家书府；副本为传本，传予杨恽，即《报任安书》所说的"传之其人"。武帝能毁书府藏本，但副本仍传。[48] 司马迁死后，"其书稍出"，其外孙杨恽"祖述其书，遂宣布焉"(见《汉书·司马迁传》)。既已"稍出"并"宣布"，可见《史记》在民间已开始流传，读其书者必不止一人一家。而从武帝没年至班彪，约有百年，其间之传钞流布(不论是单篇，还是全书)实难估量。班固父子所见《史记》本子，当是宫中秘府藏本，因故毁了十篇，可以理解。但不能将彼之言做成绝对解释，说成《史记》至班固时已缺了十篇；否则，将成为班固父子未见之书，天下遂无此书也。

2. 魏人张晏去班固又已百余年，十篇之目当可信，但他也只说褚少孙补了四篇（《武帝纪》《三王世家》《龟策传》《日者传》）。唐人（玄宗时代）张守节去张晏又已五百年，却说十篇都是褚补。张守节去褚少孙约八百年，不知如何得知？故知褚补之说，明为后出，且后来居上，越放越胖。余素不服顾颉刚"古史层累造成说"，但"褚补十篇"说却可为"古史层累造成说"多一例证。

3. "十篇缺"中有《景纪》，今本《史记》中却有，信张晏之说者，遂谓《景纪》乃后人取《班书》补之；明人凌稚隆且断言"此《纪》乃元成间褚先生取班《书》补之，非太史公本著也。"[49]《景纪》是否取《班书》补之？且看近代好疑的崔适之见解："此《纪》之文，亦有详于《汉书》者，如三年徙济北王以下五王，五年徙广州王为赵王，六年封中尉赵绾为建陵侯，至梁、楚二王皆薨，《班书》皆无之；则非取彼以补也。盖此《纪》实未亡耳。"[50] 明人陈仁锡也说："《景纪》用编年例，惟书本事而已。此必太史公本书，非后人所补也。"[51] 宋人吕祖谦亦认为"此其篇俱在"，并谓："学者取司马氏、班氏二《纪》观其去取详略之意，其才识之高下可默喻矣。此《纪》所载，间有《班书》所无者，不唯非生班孟坚后者所能补，亦非元成间褚先生所能知也。况用意高远，岂他人所能辨乎！"[52] 众口不一，惟在自择，学者宜用自本心、后得智比观而断之。《景纪》是否由褚少孙取班《书》补之？应细读清人盛百二以下之言："按《索隐》原文但论补书之短长，初不云褚少孙补也。乃张守节《正义》则云元成间十篇有录无书，褚少孙补《景、武纪》《将相年表》《礼书》《乐书》《三王世家》《蒯成侯》《日者》《龟策列传》，是以十篇皆褚少孙补矣。于是晁氏《读书志》亦承其谬，而凌氏《评林》遂云《景帝纪》褚少孙取《班书》补之，不及《班书》远甚，几忘褚氏为前汉人矣。至陈卧子《史记测义》，述《索隐》而改易其文云：'《景纪》《律书》，元成间褚少孙取《班书》补之。'何弗思之甚也！"[53] 观此可知，不但有人造说，而且有人改文。西汉人用东汉人的著作来补西汉前期人的著作，连这样的讲法都会产生，看来顾氏"层累造成说"也是不无道理的。

4.《史记》至少有两个元本，流传百年以上，秘府所藏虽缺十篇，但不必全绝；理论上，正本亡篇可以用流传之副本补入而复见、复出。若前文所言《景纪》为太史公原书为确，则《景纪》乃复出之书。《景纪》可以复出，则其他九篇自亦有复出之可能，"十篇缺"之言非定论。《礼》《乐》二书，自亦有可能为复出者，但要个别论证耳。余嘉锡曾质疑："若以为本《太史公书》亡而复出，则试问出于何时？将出于班固之前耶？不当云'十篇缺，有录无书'；将出于班固之后耶？固安得从而录之也。"[54] 但答不出复出之书"出于何时"？并不能证明亡篇复出为不可能；余氏主张"十篇除《武纪》外，皆为元成及王莽时人之所补作"[55]，亦仅为推论，并无确证。余氏又以为若亡篇出于班固之前，则"不当云'十篇缺，有录无书。'"[56] 此话须有一前提方能成立，即班固尽见天下所有《史记》流传之钞本，不知谁人敢讲此话。疑古辨伪者之言，实不可轻信。

（二）

如上所书，纵谓《礼》《乐》二书并非亡而复出，仍为后人所补，但亦绝非褚少孙所补。何以故？因《史记》中凡褚补者，皆有"褚先生曰"四字，并降格以示区别；而今存《礼》《乐》二书与此异，故应非褚先生所补。司马谈父子为太史令，人尊称为太史公，其著作即以此号自尊其书，故《史记》原名《太史公》也；[57]褚少孙为博士，博士称先生，故其著述亦名《褚先生》。其称"褚先生曰"，亦犹《史记》之称"太史公曰"也。张晏谓褚少孙补《武纪》《三王世家》与《龟策》《日者》二传。今就此四篇言之。今本

《史记·龟策传》篇首有"太史公曰",《日者传》与《三王世家》篇尾有"太史公曰";但三篇之后,均附有"褚先生曰"以下一段或长或短之文字,且都降格书写与正文不相混。至于《武纪》,则并无"褚先生曰"之文。古今各家均承认《今上本纪》已亡阙,今本乃后人所补,钱大昕且认为今本已非褚补,褚补亦亡。因为"少孙补史皆取太史公所缺,意虽浅近,词无雷同,未有移甲以当乙者也(案:指今本《武纪》绝大部分抄《封禅书》而言)。或晋以后少孙补篇亦亡,乡里妄人取此以足其数尔"。[58] 余嘉锡直谓"《武纪》已亡"[59],鄙意以为有语病。太史公原本写的是《今上本纪》,《今上本纪》亡;今本是后人补的《孝武本纪》,《孝武本纪》简称《武纪》者并不亡。因为是后人所补,非太史公原作,故篇名称"孝武",开篇即书"孝武皇帝者",明示非太史公原文,并无意假冒替代也。至于今本《武纪》是褚补还是少孙以后妄人所补,难以确证,补的总是《武纪》。除以上三篇外,《三代世表》《外戚世家》《梁孝王世家》《田叔列传》《滑稽列传》五篇后均附有"褚先生曰"一段文字,亦降格书写不相混;《建元以来侯者年表》则于太史公本表后另立孝武、孝昭、孝宣封国名表,"褚先生曰"文字在表格内,亦不与本表相混。以上九篇有"褚先生曰"文字者,皆附在篇后,八篇降格书写,一篇写在新表格内,皆不与正文相混。准此,今本《礼》《乐》二书皆无"褚先生曰"之文,其非褚补明矣。

(三)

不是褚先生所补,又是何人所补?余嘉锡以为系冯商诸人所续,谓:"不知此十篇中,除褚少孙所补者外,尚有冯商等人之作。商受学刘向,奉诏续《太史公书》,其高才博学可知。即褚先生亦经学大儒,以鲁诗名家,夫岂章句小生所可比拟?"[60] 此说乃本于刘知几《史通·古今正史篇》：" 《史记》所书，年止汉武太初，已后阙而不录。其后，刘向、向子歆及诸好事者若冯商、卫衡、扬雄、史岑、梁审、肆仁、晋冯、段肃、金丹、冯衍、韦融、萧奋、刘恂等，相次撰续。迄于哀平年间，犹名《史记》。至建武中，司徒班彪以为其言鄙俗，不足以踵前史，又雄、歆褒美伪新，误后惑众，不当垂之后代者也。于是采其旧事，旁贯异闻，作《后传》六十五篇。其子固以父所撰未尽一家，乃起高皇，终乎王莽，十有二世，二百三十年，综其引事，上下通俗，为《汉书》纪表志传百篇。"但日人泷川资言云："盖冯衍诸人纪天汉至哀平，上以续太史公，下以起班掾者，于《史记》文字无所增损也。"[61]又《汉书·艺文志》春秋家有冯商所续《太史公》七篇，韦昭《注》且谓冯商："受诏续《太史公》十余篇，在班彪别录。" 细读之下便知，以上皆言"续"而不言"补"。"补"者，补其原有之缺，如衣破补洞，原本无洞也；"续"者，续其本来所无，如裤短续长，原本少布也。二者不同，岂可混为一谈？《礼》《乐》二书原具，后来始缺，冯商等人只是"续"《太史公》，何曾补二书！况今本二书中，亦不见有武帝后之文。班彪书称《后传》，亦是"续"之意，班固《汉书》亦是续非补也。

（四）

《史记》元本有二，正本藏名山，副本在京师，司马迁似已虑及《史记》未来的流传。秘府藏本曾缺是事实，民间传本则有可能补正本之佚而复出。但这也只是臆测之辞，不能断其必有，也不能断其必无。无已，只有就《礼》《乐》二书的本文来研究，看是否有可能为太史公之原作。今本《礼》《乐》二书之文字，宜各分二部分讨论，即前面的"序"文与后面抄录的"论"文。先论序文。《礼》《乐》二书序文，必为太史公原作，理由有三：

1. 《礼书》自"太史公曰"至"垂之于后云",《乐书》自"太史公曰"至"黯诽谤圣制当族",皆概述古今礼乐之演变,其叙事简明,文义高古,读来与太史公他篇并无二致,实非太史公莫能为。以文章别真伪,考史本有此一法,但事涉主观,意见难一,惟高明者能寡过。文章神气,理境高下,非熟悉深入、体会入微,不能论断,但学者所得不同,所见自异。即以《日者传》论,张晏以为褚补"言辞鄙陋,非迁本意";而吕祖谦则谓:"自'余志而著之'以上,皆太史公本书。欧阳文忠每有制作,必取此传读数过,然后下笔,其爱之如此!"[62] 欧公为唐宋八大家之一,或许考史非其所长,但论文亦无法眼,一至于作文之前必先读"鄙陋"之《日者传》数过然后下笔乎?众口不一,贤者自择,多言亦无益。《礼》《乐》二书序文之优劣,唯有自玩味以得之,此处所论仅供参考而已。

2. 《礼》《乐》二书篇首均有"太史公曰",《礼书》中有"事在袁盎语中"及"今上即位"之语,《乐书》中有"至今上即位"及"世多有,故不论"主语,明为太史公手笔。若必谓是后人模拟之作,则有何证明?且《礼书》首云:"余至大行礼官,观三代损益,乃知缘人情而制礼,依人性而作仪。"《乐书》篇首云:"余每读《虞书》,至于君臣相敕,维是几安,而股肱不良,万事堕坏,未尝不流涕也。"模拟补作者,但叙其事理而已,岂有连太史公至何处观何物而知何事,读何书至何处而必流涕,亦加模拟之理乎?补史者有是作法乎?又《自序》载《礼书叙目》称:"维三代之礼,所损益各殊务,然要以近情性,通王道,故礼因人质为之节文,略协古今之变,作《礼书》第一。"此段太史公原文与《礼书》内容正相印证。又《乐书》叙目称:"乐者,所以移风易俗也。自雅颂之声兴,则已好郑卫之音,郑卫之音所从来久矣。人情之所感,远俗则怀,比乐书以述来古,作《乐书》第二。"雅颂声兴与《乐书》"成王作颂,推己惩艾,悲彼家难,

货殖与礼义 | 665

可不谓战战恐惧,善守善终哉"相应;郑卫之音又与"治道亏缺而郑音兴起"相应。

若又必谓后人据叙目模拟补作,则依此理以考证,不但伪篇可证成其伪,即真篇亦可证成其伪矣!而余嘉锡犹以"太史公曰"与"今上即位"等语为补作者之因袭模拟,并说:"凡古书已亡,后人补作者,必因袭其体制,模仿其文辞,追古人而代之立言,惟恐其不效,束晳《补亡诗》可证也。补太史公书,自当称太史公,曷足怪乎?若曰太史公乃子长自书其官,后人苟非有心作伪,不当以此自称。不知褚先生明言求《三王世家》不能得,而其所补作仍称太史公,则非有心作伪也。且古人作文,摹其体则托之其人。傅武仲《舞赋》,规抚屈宋,则曰:'楚襄王既游云梦,使宋玉赋高唐之事。'谢惠连《雪赋》,希迹马卿,则曰'梁王不悦,游于兔园,召邹生,延枚叟,相如末至,居客之右。'谢希逸《月赋》。师法建安,则曰:'陈王初丧应刘,端忧多暇,抽毫进牍以命仲宣。'复托为仲宣之言曰:'臣东鄙幽介,长自丘樊,昧道懵学,孤奉明恩。'盖模拟之文,体例固应如此,非作伪也。补《史记》者自名太史公,而称武帝为今上,《龟策传》又言'余至江南',亦若此而已。若必断断焉以此辨真伪,则韩愈《毛颖传》,通篇作秦汉人语,末亦称太史公,岂可谓为真子长之笔,抑昌黎有心作伪欤?江文通《杂拟》三十首,命题寓意,皆依仿古人。而陶征君《田居》一首遂羼入陶集,此自编辑者之失,非文通之罪也。今因补史之入《太史公书》,遽斥为后人伪托,其亦不思而已矣。"⑥余氏之言,甚为博辩,故详录于此,但莫被吓倒,其言虽辩而伪也。因为:

(1)模拟之作,是中国文学传统之一,余氏亦仅举数例而已。观其举例,非诗(束晳《补亡诗》)即赋(《舞赋》《雪赋》《月赋》)都是文学作品。但文学作品的写作与史学作品不同。文学重创作,允许虚构；史学贵求真，言必有据，此为基本分野。余氏以文比史，是为文史不分。试想，若以文学创作之摹拟（追古代言，唯恐不效）作为史书写作之常式（"体例固应如此"），则将视史学为何物？置史家于何地？史书将如何取信于人？余氏思未及此。

（2）文人作文，可以摹拟；史家补史，可以补作，但不可以摹拟。文人之作，不讳其为摹拟，读者亦识其为摹拟。诗赋依仿，不生误解；《杂拟》之名，明告是"拟"；韩愈《毛颖传》，通篇作秦汉人语，文末称"太史公"，但并不置于《史记》书内，乃收在《昌黎集》中，人知是韩文公之文而非太史公之史，亦不致误解。余氏谓"补《史记》者自名为太史公，而称武帝为今上，《龟策传》又言'余至江南'"是摹拟之文"体例固应如此，非作伪也"。此话不确，倘若补作是放在补作者自家文集内，则是摹拟而非作伪；倘若将摹拟之补作置于他人书内，则是摹拟之伪作。二者岂容混淆？试观《廿五史补编》，历代补史者多矣，有无将补编羼入正史之内？有无冒替史家之名与言行以著述者？

3. 褚先生补作，并不称"太史公"。前文已言《史记》中褚少孙之文字皆称"褚先生曰"，且附于《史记》该篇之后，降格书写不相混；史书后人可以补作，但不会冒替混淆（否则必受严谴）。今传《孝武本纪》若是褚补，褚少孙亦明标《孝武本纪》，不是《今上本纪》，并不作伪；《纪》后抄录《封禅书》之"太史公曰"，亦无欺蒙之嫌，读者不会误解。但余氏犹认定《三王世家》为褚补，篇中的"太史公曰"是褚少孙自称。此说亦不可信，因为：

（1）若今本《三王世家》是褚补，"太史公曰"是褚少孙自称，则篇后又有"褚先生曰"长段文字，将变成《三王世家》由褚少孙一人用二名分两部分写，正文称"太史公"；附录称"褚先生"。如此甚不合理。既敢摹拟冒代，何不径合为一篇？太史公著史亦无先写正文，后作附录，且两文异名之例。

（2）褚少孙好览观太史公之列传，知有《三王世家》，文辞可观，但求不能得。自谓："窃从长老好故事者，取其封策书，编列其事而传之，令后世得观贤主之指意。"今本《三王世家》中正载有三王"封策书"，余氏遂据此定为褚少孙作。此亦未足据，因为前述引文之后还有下文："谨论次其真草诏书，编于左方，令览者自通其意而解说之。"汉文书写，下行而左。"编于左方"即是编于下方，亦即褚氏所录之"封策书"原本是抄在"褚先生曰"一长段文字之后，而今本《三王世家》正文则在"褚先生曰"之前，应是上方，二者不相契合。由此可知，褚少孙先写"褚先生曰"后录"封策书"，乃是写自己的著作，并无冒替《三王世家》之意。回视《龟策传》，亦可佐证。褚先生曰："臣往来长安中，求《龟策列传》不能得。故之大卜官，问掌故文学长老习事者，写取龟策卜事，编于下方。""编于下方"就是写在后面，褚少孙在后面抄录了与龟策传有关的大量资料，这才是褚少孙的著述，与前面"太史公曰"的序论绝不相混。《三王世家》与《龟策传》后的"褚先生曰"应是同一写法。

（3）《三王世家》与《日者》《龟策》二传未亡，恐皆佚而复出，学者多有论者。吕祖谦、王鸣盛且力主十篇唯《武纪》（应称《今上本纪》）一篇亡，其余俱在。[64]窃疑《三王世家》重出后，褚少孙所抄录之《封策书》已无价值，故后人将"褚先生曰"一段附于《三王世家》后时，省去褚补《封策书》。余氏不察"编于左方"之意，反攀引《三王世家》之封策书，而误断"太史公曰"为褚少孙之自称也。

（五）

若以上所论《礼》《乐》二书之序文为真，则二书后所接之"论"

(《礼书》后节引《荀子·礼论·议兵》之文,《乐书》后节引《礼记·乐记》《韩非子·十过》之文)亦当为真。因为:

1. 若《礼》《乐》二书序文已是完篇,则其后不须再有续补;即使有人续补,亦当如褚少孙之自题"褚先生曰"。二《书》"论"前并无署名;且褚补均系探访搜辑,有其史料价值,但二《书》不过节取《荀子》《礼记》《韩非子》之文,并非难见之书,又何必要抄录许多续貂?

2. 《乐书》叙目称:"比乐书,以述来古。"《天官书》叙目亦言:"比集论其行事,验于轨度以次。""比"是编次、排比之义(《礼记·乐记》:"律小大之称,比终始之序,以象事行。")或并列、排列之义(《书·牧誓》:"称尔戈,比尔干。")叙目既称"比"乐书(与乐有关的篇籍),则《乐书》后部所录《乐记》《十过》之文,叙目已有明证。《乐书》可录《乐记》《十过》之文,则《礼书》自亦可录《礼论》《议兵》之文。

3. 《礼》《乐》序文之后,是否有再写"论"之必要?此须视学者对《史记》一书之性质以及"书"体功用的认识而定。窃谓《史记》是"百王大法",论治之书;八书不只是记朝章国典,太史公的目的是"观事变,通古今,究天人,有垂法后王之意"[65]。太史公之意,汉兴至武帝时,本当接三代绝业(不接暴秦),观三代损益而重新制作汉代之礼乐;然武帝多欲嗜利,名为崇儒兴礼,其实专饰钟鼓玉帛以欺世。太史公痛礼乐之真废,惧古礼乐自此不可得复见,故既略协礼乐古今之变,又录《礼论》《议兵》《乐记》《十过》之文,加以剪裁,以见礼乐之本义与大用,期以救正当时并传诸后世。必了悟太史公此一思想背景,方能深信其有录此等文字之必要。并非后人见其文字短促,不足成篇,遂取《礼论》《乐记》诸文以补之也。此等文字"非俎豆珪币之详"[66];且录之既有深意,故亦不能比于"其书世多有，故不论"[67]。

4. 太史公作《礼》《乐》书，既有深意，故二书所录之文俱系经过剪裁，材料有选择，次序有升降，文字有修饰，非漫然直抄、块然移置者，此与太史公他篇取材之惯常作风相同。《礼书》约分四节：首节即序文，叙礼之起源及古代迄汉制定之情形；二节自"礼由人起"至"儒墨之分"，出于《荀子·礼论》；三节自"治辨之极"至"刑措而不用"，出于《荀子·议兵》；四节自"天地者生之本也"至末，又出《荀子·礼论》。后"论"取自《荀子》者，不过三节而已，而且取自《礼论》之二节中间插入《议兵》一节，其材料剪裁、次序升降之迹至为明显。又"儒墨之分"以上采《礼论》，"治辨之极也，强固之本也"以下采《议兵》；但《议兵》与《韩诗外传·四》"治"上有"礼者"二字，"固"字作"国"。太史公去"礼者"二字，易"国"为"固"（泷川资言："治辨、强固对言。"），把《礼论》与《议兵》之文合成一句，全文变成"是儒墨之分，治辨之极也，强固之本也，威行之道也，功名之总也"。此其一。《荀子·礼论》原文为："是故刑罚省，而威行如流，无他故焉，由其道故也。"《史记·礼书》照抄，但下文多出"故由其道则行，不由其道则废"十二字之总结。此其二。《礼书》第四节"太史公曰：至矣哉，立隆以为极，而天下莫之能损益也……"一段，亦采自《礼论》，但《礼论》原文是"礼岂不至矣哉"，《礼书》去"礼岂不"三字，另加"太史公曰"四字冒头，遂把以下文字变成《礼书》之赞了；此其三。由以上三例，可见其文字修饰镕铸之迹，亦至为明显。至于《乐书》，臧庸已言《礼记·乐记》原有二十三篇，《乐书》取《乐记》共十三篇[68]，其次序已有升降，与今文《礼记·乐记》之文不同，且较《礼记》所载者更有伦序，分明经过整理剪裁。此非三言两语可尽，学者比观自得。杨循吉说："《礼记》原笔于汉儒，此篇虽颠倒经文，亦有条理；如列三问乐于后，而文之升降反整于经。

似子长次之，非皆少孙意也。"[69] 此一显证，余嘉锡犹欲加以抹杀，曰："然恐是《乐记》别本如此，与刘向校订本及小戴所见本原自不同，未必补史者以意为升降也。"[70] 立意不信者，任何证据皆有以化解之也。

（六）

《乐书》为太史公原作真正之疑点，为序文末尾一段文字："又尝得神马渥洼水中，复次以为《太一之歌》。歌曲曰：'太一贡兮天马下，沾赤汗兮沫流赭。骋容与兮跇万里，今安匹兮龙为友。'后伐大宛得千里马，马名蒲梢，次作以为歌。歌诗曰：'天马来兮从西极，经万里兮归有德。承灵威兮降外国，涉流沙兮四夷服。'中尉汲黯进曰：'凡王者作乐，上以承祖宗，下以化兆民。今陛下得马，诗以为歌，协于宗庙，先带百姓岂能知其音邪？'上默然不说。公孙弘曰：'黯诽谤圣制，当族。'"梁玉绳以为获宛马作歌，事在太初四年（公元前101年），而公孙弘卒于元狩二年（公元前121年）三月，年月不合。又汲黯未曾为中尉之官，得渥洼马时黯在淮阳为太守，无缘面讥武帝；得大宛马时，黯卒已十二年，又安得诽谤圣制？[71] 所言证据确凿，故崔适、吴汝纶亦俱以此篇为伪[72]，甚至因视《乐书·序》为伪，而推论《礼书·序》亦为伪作。

这确是一难题，学者的反应可分两种。其一，认为"世多有，故不论"以上是太史公原文，"又尝得马"以下一段则是后人续记。刘咸炘说："按：梁氏所疑仲尼五章，不可考，不足疑；李斯之主焚书，乃以愚民，非谓君臣不说学，谏语不足怪。惟后半载武帝诗及弘语之舛谬，则证据确凿。然前半实词旨深美，颇不易作，即非迁书，亦良史也。"篇此文当至"世多有故不论"句止，"十九"之"九"当是误文，自"又尝得马"以下乃后人续记耳。若采《景纪》掺《韩子》，则赵、张、方氏皆知其非原文，更不得因之而概斥首段为伪。[73] 果真如是，问题

货殖与礼义 | 671

自然解决，但这个讲法虽有可能，却不能必定。其二，汲黯当为汲仁，公孙弘当为公孙贺。泷川资言曾辩解说："据公卿表，太初四年得大宛马时，公孙贺方为丞相，则'弘'字当为'贺'字之讹。《史记·汲黯传》云：'上以黯故，官其弟汲仁，至九卿。'苏秦有弟苏代、苏厉，乐毅子有乐间兄弟，亲戚资性近似者，往往有之。面讥武帝者，安知不汲仁乎？后人校《史记》者，熟公孙弘、汲黯名，而不究其事，以意妄改，亦未可知也。"[74]但余嘉锡反驳云："然汲仁之名，不见于《百官公卿表》，太初四年中尉无姓名，盖班固时已不可考，未必即是汲仁。且表首明言'中尉，武帝太初元年更名执金吾'，当四年得大宛马时，安得更有中尉？公孙弘、汲黯之名纵为后人所改，岂'中尉'二字亦后人所妄改乎？"[75]余氏所驳亦甚辩。综合来看：

1. 泷川资言之解确有巧合处，关键人物汲黯、公孙弘二人之名与汲仁、公孙贺仅有一字之差；公孙弘为丞相，而公孙贺于太初四年得马时亦为丞相。

2. 汲仁名虽不见《百官公卿表》，但《汲黯传》明言汲仁官"至九卿"，中尉属九卿之一，故汲仁绝对有可能为中尉，《公卿表》不载，只是班《书》无考或失察，不足以否定。

3. 后人"熟公孙弘、汲黯名，而不究其书"，因而校史者"以意妄改"或传抄者"一时笔误"，其事容或有之，非无可能。

4. 真正之疑点在于，即使位至九卿的汲仁在太初四年曾为"中尉"，但武帝已于太初元年将"中尉"更名"执金吾"，官名有误。此事有三种可能：一是此段序文本为后人补作、伪作，因不知而作，露出马脚。二是此段序文仍为太史公原文，但一时失察，误称旧名。三是此段序文仍为太史公原文，太史公并非不知事前三年"中尉"已更名为"执金吾"，但仍沿用旧名。三者何者为是，无法确指，但不妨进一步探察一下"执金吾"的名义。武帝时有卫尉与中尉，卫

672 | 史记的读法

尉"主宫阙之内"(《汉旧仪》)主要任务是宿卫，巡行宫中；中尉"掌徼循京师"(《公卿表》)，后改名为"执金吾"，主要职掌是担任宫殿之外、京城之内的警卫工作，亦即京师治安长官。二者"相为表里，以擒奸讨猾"(《后汉书·百官志》刘昭《补注》引胡广曰)。执金吾者，执"金吾"也。什么是"金吾"？据俞樾考据，"金吾"就是两头涂黄金的铜制大棒，执金吾巡行京城或为皇帝出行先导时，就要手执这根两头涂黄金的铜制大棒，"以御非常"或"禁备盗贼"。执金吾出行时，手执金吾，"从六百骑，走六千二百人"(《北堂书钞》五四《设官部》引《汉宫仪》)，队伍庞大，仪仗威武，难怪后来光武在长安初见执金吾"车骑甚盛"时，因叹曰："仕宦当作执金吾。"[76] 汉代中央集权政制历经数十年的发展，至武帝时才告完成，其尊君抑臣的思想也反映在官制与官名的更定上。"中尉"易名"执金吾"，目的是要与诸侯国内的"中尉"官名区别。"金吾"是两头涂黄金的铜制大棒，是用来威吓、打杀人的；故"执金吾"的立名取义，不外是尚力示威。私见以为，崇礼尚德的司马迁，恐怕是不会喜欢使用这个新名词的。《史记》中仅两见"执金吾"，"中尉"则出现许多次。据杜佑《通典》所载，"执金吾"一名至魏武秉政时又复为"中尉"。《乐书》末段序文若为《史记》原文，司马迁不可能不知"中尉"更名之事，或许他不喜"执金吾"新名之义，而仍沿用旧名称汲仁。但这也只是一种合理的推测，未足以为定论，恐亦不能解余氏之疑也。善疑非易，解疑尤难。笔者能事已尽，唯有俟诸高明，留待公断。

总之，《礼》《乐》二书为太史公原作或后人补作，双方立论皆不能毫无破绽，此由《史记》在古代流布传抄之真相不能全知，故仁智互见，因人而异。但如上所论，今本《礼》《乐》书为褚补说，是后起之论，疑者甚至造说改文以就己意，其诸疑点，均不能成立。唯一可疑者为"中尉汲黯"之文，但亦非死证。故笔者宁信二篇大体为太史公原作，惟经过二千年之传抄刻印，其文字间或难免有羼乱与出入耳！

★本文为"纪念司马迁诞辰2140周年国际学术讨论会"（1995年8月，西安）提报论文，1996年5月改定，发表于《台湾大学历史系学报》，1996年6月第19期。谨以此文纪念故京都大学教授平冈武夫先生。

◎ 注释

① 《货殖列传》可以考证西汉的物价，著者如：1. 宫崎市定：《史记货殖传物价考证》，见《京都大学文学部五十周年纪念论集》，1956，收入《宫崎市定全集》5（东京：岩波书店，1991年版）；2. 陈其：《汉代的米谷价及内郡边郡物价情况》，收入《两汉经济史论丛》（西安：陕西人民出版社1980年版）；3. 佐藤武敏：《前汉的谷价》（《人文研究》1967年第183期）。

② 以"札记"为名者有：1. 崔凡芝：《读〈货殖列传〉札记》，《山西大学学报》（社会哲学科学版）1984年第1期；2. 苏诚鉴：《读〈史记·货殖列传〉札记》，《江汉论坛》1986年第3期；3. 陶礼天《司马迁的地域文化观——读〈货殖列传〉札记》，《第五届全国史记学术会议论文》，1993年。其他名异实同者不列。

③ 讨论司马迁经济思想的论文有：1. 李守庸：《略论司马迁的若干重要经济观点》，《南京师院学报》（社会科学版）1982年第2期；2. 刘含若：《司马迁经济思想的初探》，《学习与探索》1981年第3期；3. 朱枝富：《司马迁的经济思想》，《陕西师大学报》（社会哲学科学版）1983年第2期；4. 张大可：《司马迁的经济思想述论》，《学术月刊》1983年第10期；5. 周怀宇：《司马迁工商经济思想述论》，《安庆师范学院学报》1983年第2期；6. 萧黎：《论司马迁的经济思想》，《中南民族学院学报》（社会科学版）1984年第1期；7. 王明信：《论司马迁的经济思想》，《中国历史文献研究集刊》1984年第4期；8. 韩兆琦：《试析司马迁的经济思想》，

《人文杂志》1985年第2期；9. 韦苇：《司马迁经济思想与当代市场经济》，见秦始皇兵马俑博物馆、陕西省司马迁研究会编《司马迁与史记论文集》，西安：陕西人民出版社1994年版，第174—193页。见于专书者不列。

④ 关于这方面的论文有：1. 张仲良：《司马迁的功利观》，《江汉论坛》1983年第2期；2. 朱枝富：《论司马迁的义利观》，《中国社会科学院研究生学报》1985年第6期；3. 李淑萍：《论司马迁求富的义利观》，见秦始皇兵马俑博物馆、陕西省司马迁研究会编《司马迁与史记论文集》，西安：陕西人民出版社1994年版，第194—207页；4. 宋超：《从史汉货殖传看两汉义利观的演变》，《求索》1988年第5期。

⑤⑥ 王双、王文治：《〈货殖列传〉与经济艺术》，南宁：广西人民出版社1991年版，第4页。

⑦《史记》五体之首皆引孔子，并有深意。参见阮芝生《伯夷列传发微》（《台湾大学文史哲学报》1985年第34期）第三节"传首微义"。

⑧ 语见《辽史·食货志》，义则本于古。

⑨ 钱穆：《论语新解》，台北：三民书局1978年版，第382页。

⑩ 引自《史记会注考证》卷一二九。

⑪《货殖列传》谓郑女赵姬"出不远千里，不择老少者，奔富厚也"。司马迁亦用"奔"字。

⑫《孟子·公孙丑下》。

⑬《论语·里仁》。

⑭⑮《荀子·性恶》。

⑯ 洪应明：《菜根谭·原序》。

⑰《论语·述而》。

⑱ 本富"生人"，末富"取人"，奸富"害人"，语见刘光蕡《〈史记·货殖列传〉注》，《烟霞草堂丛书》，1919年苏州刊本。

⑲ 语见贾谊《过秦论》。

⑳《汉书·贡禹传》。

㉑ 刘光蕡：《史记货殖列传注》《烟霞草堂丛书》，1919年苏州刊本。

货殖与礼义 | 675

㉒　姚鼐：《惜抱轩文集·卷五·书〈货殖列传〉后》。

㉓　赵汸：《皇明文衡·卷四六·读〈货殖传〉》。

㉔　尚镕：《史记辨证》(《持雅堂全集》)卷十。

㉕㉖　刘光蕡：《史记货殖列传注》《烟霞草堂丛书》，1919 年苏州刊本。

㉗—㉙　《论语·述而》。

㉚　《论语·宪问》："见利思义"；《论语·子张》："见得思义"。

㉛　《孟子·告子上》。

㉜　《礼记·乐记》。

㉝　《孟子荀卿列传》。

㉞　《孟子·离娄下》。

㉟　俞樾：《群经平议》卷三一。

㊱　语见钱穆《论语新解》，台北：三民书局 1978 年版，第 382—383 页；《国史大纲》上册，台北：商务印书馆 1978 修订版，第 6 页。

㊲　曲英杰：《"工商食官"辨析》，《中国史研究》1985 年第 2 期，第 11 页。

㊳　杜勇：《"处工就官府，处商就市井"新解》，《中国史研究》1992 年第 1 期。

㊴　晏炎吾：《史记货殖列传校释》，《华中师院学报》1981 年第 1 期，第 101 页。

㊵　《论语·里仁》。

㊶　《论语·卫灵公》。

㊷　见《后汉书·班彪传》及《汉书·司马迁传·赞》。

㊸　胡适：《司马迁替商人辩护》第一集，《胡适学术文集》香港：三达影本，第 570—576 页；胡寄窗对此有批评，见胡氏著《中国经济思想史》，上海：上海人民出版社 1962 年版，第 50 页。

㊹　详见阮芝生《〈史记·河渠书〉析论》，《台湾大学历史系学报》1990 年第 15 期。

㊺　赵汸曾说："予独谓其书明白谆复如是，千百年来，读者犹未能深悉其意，况乎六经之古远渊奥，而传注家自谓尽得经旨可乎？"(《皇明文衡·卷

四六·读货殖传》）读此有感。

㊻ 王叔岷：《史记斠证》。

㊼ 阮芝生：《试论司马迁所说的“通古今之变”》，见《沈刚伯先生八秩荣庆论文集》，台北：联经出版公司1976年版。

㊽ 易平有：《太史公书藏之名山副在京师考识》及《杨恽与太史公书》两文稿考其事。

㊾《史记评林补标》卷一一。

(50) 崔适：《史记探源》，北京：中华书局点校本1986年版，第65页。

(51)《史记评林补标》卷一一。

(52) 易平有：《太史公书藏之名山副在京师考识》及《杨恽与太史公书》两文考其事。

(53) 盛百二：《柚堂笔记》卷二。转引自杨燕起、陈可青、赖长扬编《历代名家评史记》，北京：北京师范大学出版社1986年版，第229—230页。

(54)—(56) 余嘉锡：《太史公书亡篇考》，收入《余嘉锡论学杂著》，北京：中华书局1963年版。

(57) 钱穆：《太史公考释》，收入《中国学术思想史论丛》（三），台北：东大出版社1977年版。

(58) 钱大昕：《廿二史考异·卷一·孝武本纪》。

(59)(60) 余嘉锡：《太史公书亡篇考》，收入《余嘉锡论学杂著》，北京：中华书局1963年版。

(61) 泷川资言：《史记会注考证》卷一〇。

(62) 吕祖谦：《辨史记十篇有录无书》，见《东莱吕太史别集》卷一四。

(63) 余嘉锡：《太史公书亡篇考》，收入《余嘉锡论学杂著》，北京：中华书局1963年版。

(64) 吕祖谦：《辨〈史记〉十篇有录无书》；王鸣盛：《褚先生补史记》，见《十七史商榷》卷一。

(65) 详见阮芝生：《〈史记·河渠书〉析论》，《台湾大学历史系学报》1990年第15期。

㊅㊅ 《封禅书·赞》。

㊅㊆ 《孟荀传》《孙吴传》《司马穰苴传》《乐书》等皆有是语。

㊅㊇ 臧庸:《褚少孙补史记十篇》,见《拜经堂日记》卷九。

㊅㊈ 《史记评林补标》卷二四引。

㊆〇 余嘉锡:《太史公书亡篇考》,收入《余嘉锡论学杂著》,北京:中华书局 1963 年版。

㊆① 梁玉绳:《史记志疑》卷一五。

㊆② 崔适:《史记探源》,第 99—100 页;吴汝纶:《桐城吴先生点勘史记读本》卷二三。

㊆③ 刘咸炘:《太史公书知意·书·乐书》。

㊆④ 泷川资言:《史记会注考证》卷二四。

㊆⑤ 余嘉锡:《太史公书亡篇考》,收入《余嘉锡论学杂著》,北京:中华书局 1963 年版,第 49 页。

㊆⑥ 有关"执金吾"的名称与职掌,参考安作璋、熊铁基《秦汉官制史稿》(济南:齐鲁书社 1984 年版,第 217—223 页)。

道善人文经典文库
让你能知味的中华经典解读丛书

图书・音视频・讲座
敬请关注

毓老师作品系列

毓老师说论语（修订版）	爱新觉罗・毓鋆讲述
毓老师说中庸	爱新觉罗・毓鋆讲述
毓老师说庄子	爱新觉罗・毓鋆讲述
毓老师说大学	爱新觉罗・毓鋆讲述
毓老师说老子	爱新觉罗・毓鋆讲述
毓老师说易经（全三卷）	爱新觉罗・毓鋆讲述
毓老师说（礼元录）	爱新觉罗・毓鋆讲述
毓老师说吴起太公兵法	爱新觉罗・毓鋆讲述
毓老师说公羊	爱新觉罗・毓鋆讲述
毓老师说春秋繁露（上下册）	爱新觉罗・毓鋆讲述
毓老师说管子	爱新觉罗・毓鋆讲述
毓老师说孙子兵法（修订版）	爱新觉罗・毓鋆讲述
毓老师说易传（修订版）	爱新觉罗・毓鋆讲述
毓老师说人物志（修订版）	爱新觉罗・毓鋆讲述
毓老师说孟子	爱新觉罗・毓鋆讲述
毓老师说诗书礼	爱新觉罗・毓鋆讲述

刘君祖作品系列

易经与现代生活	刘君祖
易经说什么	刘君祖
易经密码全译全解（全9辑）	刘君祖
易断全书（上下）	刘君祖
刘君祖经典讲堂（全十卷）	刘君祖
人物志详解	刘君祖
春秋繁露详解	刘君祖
孙子兵法新解	刘君祖
鬼谷子新解	刘君祖

人与经典文库（陆续出版）

左　传（已出）	张高评	孙子兵法	刘君祖
史　记（已出）	王令樾	人物志	刘君祖
大　学（已出）	爱新觉罗·毓鋆	春秋繁露	刘君祖
中　庸（已出）	爱新觉罗·毓鋆	孔子家语	崔锁江
老　子（已出）	吴　怡	明儒学案	周志文
庄　子（已出）	吴　怡	黄帝内经	林文钦
易经系辞传（已出）	吴　怡	指月录	黄连忠
韩非子（已出）	高柏园	宋词三百首	侯雅文
说文解字（已出）	吴宏一	西游记	李志宏
诗　经	王令樾	世说新语	尤雅姿
六祖坛经	吴　怡	老残游记	李瑞腾
碧岩录	吴　怡	文心雕龙	陈秀美
论　语	林义正	说　苑	殷善培
墨　子	辛意云	闲情偶寄	黄培青
近思录	高柏园	围炉夜话	霍晋明
管　子	王俊彦	元人散曲	林淑贞
传习录	杨祖汉	戏曲故事	郑柏彦
尔　雅	卢国屏	楚　辞	吴旻旻
孟　子	袁保新	水浒传	林保淳
荀　子	周德良	盐铁论	林聪舜
孝　经	庄　兵	抱朴子	郑志明
淮南子	陈德和	列　子	萧振邦
唐　诗	吕正惠	吕氏春秋	赵中伟
古文观止	王基伦	尚　书	蒋秋华
四库全书	陈仕华	礼　记	林素玟
颜氏家训	周彦文	了凡四训	李懿纯
聊斋志异	黄丽卿	高僧传	李幸玲
汉　书	宋淑萍	山海经	鹿忆鹿
红楼梦	叶思芬	东坡志林	曹淑娟
鬼谷子	刘君祖	……	